U0938194

经治
财法

8

财税法学前沿问题研究

事权与支出责任的法治化研究

中国法学会财税法学研究会／主办
刘剑文／主编

CAISHUIFAXUE
QIANYANWENTI
YANJIU

SHIQUAN YU
ZHICHUZEREN DE
FAZHIHUAYANJIU

法律出版社
LAW PRESS·CHINA

序　言

2017 年 9 月 16 ~ 17 日，中国法学会财税法学研究会第二次会员代表大会、2017 年年会暨第 27 届海峡两岸财税法学术研讨会在江西财经大学法学院成功召开，来自北京大学、中国人民大学、中国政法大学、中国社会科学院、武汉大学、浙江大学、南京大学、厦门大学、吉林大学、台湾大学、东吴大学等高校科研机构的 200 余位专家学者齐聚南昌，围绕"事权与支出责任的法治化研究""个人所得税与房地产税立法问题研究""供给侧改革背景下法学教育与财税法课程建设"等议题展开了深入的讨论。

中国法学会财税法学研究会第二次会员代表大会审议通过了第一届理事会、监事会工作报告，并依据《中国法学会关于财税法学研究会换届的批复》和研究会章程进行了换届选举工作，白晓峰等 228 人当选研究会理事，曹义孙等 50 人当选研究会常务理事，刘剑文当选研究会会长，熊伟当选研究会常务副会长，贾绍华、刘佐、陈少英、廖益新、张怡、张富强、朱大旗、施正文、刁义俊、马海涛、曹义孙、刘丹冰、杨志勇、蒋悟真 14 人当选研究会副会长，周序中当选研究会秘书长。会议选举徐爱国、朱为群、滕祥志组成监事会，徐爱国任监事长，朱为群任副监事长。研究会决定聘任汤贡亮、徐孟洲、俞光远、赵大光为研究会顾问，并成立了学术委员会、发展与资格审查委员会、学术道德与纪律考评委员会、财务委员会、财税法基础理论专业委员会、财税法教学与学科建设专业委员会、国际税法专业委员会、金融税法与财政投融资法专业委员会、财税法应用专业委员会等专门委员会，旨在通过组织机构和队伍建设，在理论与实务研究方面更好地发挥研究会的学术引领作用。

中国法学会财税法学研究会 2017 年年会暨第 27 届海峡两岸财税法学术研讨会的研讨主题涉及事权与支出责任的法治化、个人所得税与房地产税立法问题等财税法治建设的理论和实务热点，同时还就供给侧改革背景下法学教育与财税法课程建设进行了研讨，参与研讨的人员既有高校科研系统的学者，也有立法机关、司法机关和专业服务机构的专家。此外，本次会议还评选了青年优秀论文，设置了青年学者主题研讨，鼓励财税法青年才俊成长。

会议期间召开了两场中国法学会主办的立法专家咨询会，即"《预算法》实施后基建投资预算管理专家研讨会暨中国法学会 2017 年第 23 期立法专家咨询会”和“《烟叶税法(草案)》《耕地占用税法(送审稿)》专家研讨会暨中国法学会 2017 年第 24 期立法专家咨询会”。这既是中国法学会首次在北京以外召开立法专家咨询会，也是法学各专业学会第一次在举办年会的同时承办两期立法专家咨询会，足见本研究会与国家财税立法工作紧密联系。

本次会议共收到 150 余篇参会论文，经会长会议研究决定，一如继往遴选出版优秀论文，最终编入本书出版的文章是 47 篇论文，分为“财税法基础理论与课程建设”“事权与支出责任法治化”“税收法定与税制改革”“中国台湾地区学者专栏”等栏目。编委会在遴选论文时，以质量和主题契合度为原则，但囿于篇幅，不少优秀的论文虽然获得了作者授权，但最终仍未能收入，同时编入本书的部分论文也因篇幅过长而在编辑过程中进行了必要的删减处理。此外，第十三届全国人民代表大会常务委员会第五次会议于 2018 年 8 月 31 日审议通过了《关于修改〈中华人民共和国个人所得税法〉的决定》，鉴于本书收入的论文都是 2017 年的成稿，而且此次修法变动较大，故在编辑出版过程中，我们维持了论文的原貌，没有集中对与《个人所得税法》相关的论文进行相应的修改，特此说明。

本书由中国法学会财税法学研究会副会长、中国人民大学法学院教授朱大旗统筹编辑出版工作，中国法学会财税法学研究会副秘书长、中国人民大学法学院教授徐阳光协助朱大旗教授统稿，中国人民大学法学院博士研究生范志勇、武诗敏，法律出版社财经分社编审沈小英社长、分社长助理陈妮和编辑毛镜澄等人在编辑出版过程中付出了大量心血，特此说明并致谢。

希望本书的出版能够进一步扩大中国财税法学研究成果的影响力，继续发挥“理论改变社会，思想构筑未来”的作用，助推中国财税法治事业的进步。同时，因时间与能力所限，编辑过程中纰漏和错误在所难免，恳请作者和读者们不吝赐教。

是为序。

中国法学会财税法学研究会

2018 年 9 月 23 日

目　　录

一、财税法基础理论与课程建议

二、事权与支出责任法治化

三、税收法定与税制改革

四、中国台湾地区学者专栏

一、财税法基础理论与课程建议

落实税收法定原则的意义与路径*

刘剑文**

非常感谢全国人大常委会在党的十九大即将召开之际举办这次专题讲座，这充分体现了全国人大对党中央决策部署的坚决贯彻落实，对税收法定原则的高度关注，对税收立法工作的高度重视。下面，笔者就税收法定原则的核心要义、基本内涵、成就与不足和实施路径等问题谈些个人看法。

税收法定原则，又称税收法律主义，是指由立法者决定税收问题的税法基本原则。即如果没有相应法律作为依据，政府不能征税，公民也没有纳税的义务。征税主体必须依且仅依法律的规定征税；纳税主体必须依且仅依法律的规定纳税。它是依法治国理念在税收领域的具体表现。党的十八届三中全会通过的《中共中央关于全面深化改革若干重大问题的决定》（以下简称《决定》），首次明确提出"落实税收法定原则"；党的十八届四中全会通过的《中共中央关于全面推进依法治国若干重大问题的决定》，又将制定和完善"财政税收"法律作为"加强重点领域立法"的一项任务。落实税收法定原则已经成为全社会普遍关心的热点，其重要意义逐渐为各界广泛认知。相应地，我国税收立法进程在循序渐进的基础上不断提速。2015 年 3 月 15 日十二届全国人大三次会议审议通过了关于修改《立法法》的决定，将《立法法》原第 8 条规定的"只能制定法律"的税收基本制度，细化为"税种的设立、税率的确定和税收征收管理等税收基本制度"，单列为一项，且位居第 8 条第 6 ~ 9 项，是与公民财产权保护相关的法律保留事项中的首位。这无疑是我国税收法治乃至整个依法治国进程的里程碑。作为一项伴随人类文明进程而生的税法基本原则，税收法定原则不仅具有推进民主法治、保护纳税人权利的功能，还有助于凝聚和提升人民对税收的认同和遵从度，增强政府的公信力，化解潜在的社会矛盾，成为国家治理现代化和依法治国战略的关键举措。无疑，落实税收法定原则事关党和国家事业

---

* 本文为刘剑文教授于 2017 年 9 月 1 日在第十二届全国人大常委会专题讲座上给张德江委员长和全国人大常委会委员所做讲座的全文；2006 年 10 月 31 日他曾在第十届全国人大常委会专题讲座上给时任委员长吴邦国和全国人大常委会委员做过讲座《我国的税收法律制度》。

** 北京大学法学院教授。

继往开来,事关中国特色社会主义前途命运,事关最广大人民根本利益。

既然贯彻落实税收法定原则已成为共识,“如何落实”就成为我国当务之急。根据2015年3月26日新华社刊发的“全国人大常委会法工委负责人就《贯彻落实税收法定原则的实施意见》答问”,已经中央批准的《贯彻落实税收法定原则的实施意见》对2020年之前将税收暂行条例上升为税收法律、完成现有税种立法工作的时间表和路线图作出了具体安排。《环境保护税法》作为落实税收法定原则提出后的第一部新税法已经于2016年审议通过。本次全国人大常委会会议初审了《烟叶税法》(草案)。但是,面对落实过程中可能遇到的诸多复杂、特殊的实践问题,还需要根据习近平总书记关于依法治国的重要指示精神和中央的相关决定,从中国的实际出发,按照我国财税法律体系的发展规律,进一步完善全面落实税收法定原则的有效路径。

一、税收法定原则的核心要义

税收是国家与人民进行分配的基本形式,关系到人民最基本的财产利益与经济自由,必须加以法律甚至是宪法的约束。在现代社会中,人民与纳税人的范围基本相当。因此,税收法定原则强调税收基本问题的民主化和法定化,其核心就是人民的同意,即整体和抽象意义上的纳税人的同意,就是要取得人民选举的代表所组成的代议制机关对税收基本问题的同意和立法,这与人民当家做主、依法治国等理念天然契合。我国《宪法》第2条明确规定:“中华人民共和国的一切权力属于人民。人民行使国家权力的机关是全国人民代表大会和地方各级人民代表大会。”征税权属于重要的国家权力,自然也应当由人民代表组成的人民代表大会行使。可以说,税收法定原则与罪刑法定原则是人类社会法治文明的两大优秀成果,共同构成公民财产权和人身权保护的两大基石。作为税法领域的基本原则,税收法定原则的实质在于通过民主程序来规范征税活动,进而保护纳税人的权利,维护人民的尊严和主体性。

税收法定原则有深刻的历史积淀,与现代法治国家的产生和发展过程紧密相连,内含民主法治价值。历经1215年《大宪章》和1628年《权利请愿书》的提炼和概括后,英国通过不成文宪法的方式确立了税收法定原则,对后世产生了广泛而深远的影响。时至今日,无论在经济水平、文化观念、社会传统、意识形态等方面存在何种差异,只要是倡导和实行法治的国家,无不普遍遵循税收法定原则,并往往将该原则写入宪法之中。例如,法国《宪法》第34条规定:“各种性质的税收的征税基础、税率和征收方式必须以法律规定”;俄罗斯《联邦宪法》第75条规定:“将税款纳入联邦预算的税收制度和俄罗斯联邦收费的一般原则,由联邦法律予以规定”;日本《宪法》第84条规定:“新征税收或变更现行税收必须有法律或法律规定的条件为依据”;美国《宪法》第1条第8款规定:“国会应有下列权力:规定和征收直接税、间接税、进口税与货物税,以偿付国债、提供合众国共同防御与公共福利,但所有间接税、进口税与货物税应全国统一”;等等。也有一些国家没有直接从征税权归属的角度规定,而是以公民义务的形式在宪法中加以体现,明确公民仅负有法定的纳税义务,不承担法律规定以外的纳税义务,从而将公民纳税义务与税收法定原则结合起来。例如,阿拉伯联合酋长国《宪法》第42条规定:“按照法律规定交税和交纳公共费用是每个公民的义务”;乌克兰《宪法》第67条规定:“每个人均有依照法律规定的程序和数额缴纳税收和收费的义务”;我国《宪法》第56条也采用了这种立法方式。

可见,各国宪法大多是从征税主体的征税权与纳税主体的纳税义务这两个方面对税收法定主义加以规定,其中尤其强调征税权的行使必须限定在法律范围内,征纳双方的权利义务必须以法律规定的税收要素为依据。

进一步说,税收法定原则是民主法治理念在税收领域的具体体现。税收虽然在微观上表现出无偿、强制和固定的特性,但在宏观上应当被理解为国家提供公共物品和公共服务的必要成本。抽象地看,纳税人缴纳税收和国家提供公共物品、公共服务之间,有一定的对应关系。因此,税收的征收和使用均应当获得人民同意,或者由代议机关制定法律来规定税收事项。依法律征税就意味着以民主方式征税,税法是人民意愿的表现和国家征税权的依据。

从财政收入的来源渠道看,税收成为许多现代国家最主要的财政收入来源,一般将此种形态的国家称为“税收国家”。在“税收国家”语境下,坚持税收法定原则,一方面是对国家征税权的行使施加合理的规范和约束,以严格的立法程序来确保民主性和代表性在税收领域获得最大限度的实现,从而保障纳税人的合法财产权益。另一方面,坚持税收法定原则,也确认了法律框架内国家税收活动的正当性和权威性,在人民同意的基础上,每个纳税人都能确信自己的利益和愿望通过法治途径得到公正对待,从而增强对税收的支持度和遵从度。可见,税收法定原则既彰显着对纳税人基本权利的尊重和保障,也有助于促进国家征税权与公民财产权的良性互动、协调共赢,实现国家的长治久安。

对我国而言,坚持税收法定原则意义尤其重大。党中央决定“落实税收法定原则”,是实现坚持党的领导、人民当家做主和依法治国有机统一的体现,不仅有利于实现纳税人依法纳税、征税机关依法征税、国家依法取得财政收入,也有利于建立科学、完备的税收法律体系,优化税制。当前,落实税收法定原则,至少在如下三个方面起到了重要的作用:一是加强民主政治制度建设,推动人民代表大会制度与时俱进,坚持并彰显人民主体地位,发挥人民代表大会制度的根本政治制度作用;二是提升税制改革的整体质量,优化财政收入的正当性基础,并推动税制改革从行政管理向法治治理的转型;三是增强行政机关和纳税人的法治意识,并得以在税收法治的基础上拓展全面法治,推动实现依法治国,促进国家治理体系和治理能力现代化。同时,收入分配正日益成为我国面临的重大挑战,税收直接关系到国民财富再分配,对促进分配正义的作用最为明显和直接。

总之,坚持税收法定原则,符合我国宪法尊重和保障公民基本权利的精神,符合建设法治中国的发展趋势,也符合社会主义市场经济对税法的稳定性和可预期性的客观需要,对保障公民财产权益、维护社会经济稳定、促进收入公平分配具有不可替代的重要意义。

二、税收法定原则的基本内涵

税收法定原则的基本内涵,可以归纳为三个方面:一是税收要素法定,即纳税人、征税对象、税率、计税依据、税收优惠、税收征收程序等税收基本要素应当由法律规定;二是税收要素确定,即税收法律的规定必须明确清晰,尽可能避免出现漏洞和歧义;三是征税程序合法,即征税机关必须严格按照税收法律规定的程序和权限征收税款,非经法定程序,不得随意加征、减征、停征或免征税收。

准确理解税收法定原则,应当把握好以下四个方面问题:

第一,准确理解税收法定原则之"法"。必须强调,税收法定原则中的"法",仅限于狭义的法律,即立法机关通过法定程序制定的法律文件。在我国,就是指全国人大及其常委会制定的法律,而不包括行政机关制定的行政法规、规章及其他规范性文件。为什么强调法律?因为立法机关是民意代表机关,能够最好地实现对征税权的规范。同时,法律制定过程本身具有规范、公开、透明的特点,能够以严格的程序保证征税权的规范运行,使其具有基本的形式理性和程序正义。

特别强调税收法定的"法"是狭义法律的一个重要现实价值在于:过去,我们更多地关注税收、税法所具有的宏观调控职能,从而基于宏观调控需要具备"相机抉择"的特征,对税收事项的规范性、法定性水平强调得不充分,甚至片面地认为过于强调税收事项的人大立法可能阻碍其宏观调控功能的发挥。因此必须明确的是,税收是一种财政收入的形式,本质上是国家对于纳税人财产的"分享",将体现人民整体"同意"的法定原则置于最重要的地位,是内在要求;而对于税收可能发挥的宏观调控功能,则具有附随性、补充性,不宜强调过度。

第二,准确理解税收法定原则之"税"。需要特别指出的是,税收法定原则要求所有税收基本要素都由法律规定。虽然修改后的我国《立法法》第 8 条第 6 项只点出税种的设立、税率的确定和税收征收管理,但其后的"等税收基本制度"意味着纳税人、征税对象、计税依据、税收优惠等税收基本要素都属于税收基本制度,只能由法律规定。这一修改对税收法定原则的落实是一个巨大的推动,特别是其中"税率法定"的明确规定意义重大,因为税率是决定纳税人税负轻重的核心要素。应当注意的是,明确税率由法律规定,并不排除税收单行法律可以确定一个合理的税率幅度,同时授权国务院或地方在该幅度内来确定和调整具体适用税率。比如,我国《环境保护税法》第 6 条规定,"应税大气污染物和水污染物的具体适用税额的确定和调整",由省级政府在该法所附《环境保护税税目税额表》规定的税额幅度内提出,报同级人大常委会决定,并报全国人大常委会和国务院备案。这种对税率的立法方式是科学、合理的,且符合我国国情:既通过在法律中明确设定一个税率幅度,确保了统一性和基本范围,又运用规范的税收立法授权,有利于因地制宜,发挥地方的自主性。

第三,准确把握税收法定原则与税收授权立法的关系。根据我国《立法法》第 8 条、第 9 条、第 10 条、第 11 条的规定,基本的税收要素和征管制度关系到公民的财产权、平等权等基本权利,只能由法律规定;当尚未制定法律、并且制定法律的条件不成熟而经济社会发展现实又确实需要立法时,全国人大及其常委会有权授权国务院对其中的部分事项先制定行政法规,但必须做专门的税收立法授权决定,明确授权的目的、事项、范围、期限以及被授权机关实施授权决定应当遵循的原则等。这表明,落实税收法定原则并不意味着绝对地否定和排斥税收授权立法,而是强调在法定范围内、按法定程序并通过法定方式来行使税收授权立法权。相应地,税收授权立法也不会天然等同于削弱税收法定,而恰恰是以承认税收法定为前提的,建立在法律相对保留的基础上。

但需要特别引起重视的是,还有一种授权手段为法条授权,即立法机关在其制定的税收法律中,运用某一条款或者若干条款,将某些特定立法权授予有关机关。我国《企业所得税法》《个人所得税法》就存在为数不少的法条授权,例如,《企业所得税法》第 20 条授权国务院财政、税务主管部门规定"收入、扣除的具体范围、标准和资产的税务处理的具体办法",第 36 条授权"国务院可以制定企业所得税专项优惠政策",第 33 条、第 34 条、第 35 条、第 48 条、第 57 条中均有授权规定。《个人所得税法》第 2 条第 11 项规定"经国务院财政部门确定征税的其他所得"应纳个人所得税,第 3 条、第 4 条、第 5 条、第 6 条、第 9 条、第 12 条、第 14 条中亦有授权规定。这些法条授权属于全国人大及其常委会在已经制定的税收法律中,授权国务院及其部门对税收优惠、税目、税额等实体性税收基本要素予以确定,容易致使法律的实施效果大打折扣,不利于维护税收法律本身的稳定性、确定性和权威性,因而亟须对此加以规范和约束。它虽然不同于授权国务院就某个税种先行制定一部行政法规,但由于税收优惠等事项具有创设性,直接关系纳税人的实体权益,因此其授权同样应当贯彻授权范围的限定性、被授权主体级次的特定性等要求。

在此,需要区分这种对创设性事项的授权条款与其他那些对非创设性、程序性、操作性事项的授权条款,后者属于我国《立法法》第 65 条第 2 款第 1 项所指的"为执行法律的规定需要制定行政法规的事项",具有国务院职权立法与授权立法相竞合的性质,旨在具体细化、解释和便于实施税种法律,比如我国《个人所得税法》第 14 条、《企业所得税法》第 59 条、《税收征收管理法》第 93 条"国务院根据本法制定实施条例(或细则)",就都是执行性的法条性授权情形,两者不应混同。

此外,在有关涉及地方税的税收法律中,授权地方人大及其常委会就地方税税种的某些要素做出规定。对于如何合理进行这方面的税收立法授权,我国《环境保护税法》为地方税立法起着示范作用。

在现代法治国家,税收授权立法具有适度减轻立法机关的负担、补充立法机关的不足,以及补救立法机关立法缓不济急的优势。因此,理性的做法是,在贯彻落实税收法定原则的前提下,坚持税收法律在税法体系中的主体和主导地位,同时审慎、严格、规范地进行税收授权立法,并加强授权后的监督与效果评估,合理规范发挥税收授权立法及行政机关在税收法治中的优势和作用。

第四,准确处理税收法定原则与税收公平、效率等其他基本原则的关系。税收法定原则是统领税法体系的首要原则,但不是唯一的税法原则,而是与税收公平、效率、量能课税等原则共同构成税收法治的基本框架。随着建设中国特色社会主义法治国家不断深入,在贯彻落实税收法定原则的同时,也需要重视税收的公平和效率等价值,它们分别从形式与实质上构成税收正当性的基础,共为税收法治之两翼,前者强调税收事项的立法完备、有法可依,后者则对所立之法的质量提出更高标准的要求。税收法定原则的落实只是起点,在税法中融入公平、效率原则,以实现税收领域的"良法之治"才是更高追求。

三、落实税收法定原则的成就与不足

随着依法治国理念逐步深入人心,税收法定原则在我国已经得到了相当程度的贯彻落实。全国人大及其常委会始终高度重视税收法定原则的推行,积极推动税收领域的立法和法律修订工作,取得了显著成绩。具体地说,可以大致归纳为三个方面:

第一,制定了多部税收法律。1980 年出台了《个人所得税法》,并根据实际情况先后进行了 6 次修改,在修法过程中多次向社会公开法律草案征求意见,充分体现了民主立法、科学立法的理念。1980 年和 1981 年先后制定了《中外合资经营企业所得税法》和《外国企业所得税法》,1991 年制定了《外商投资企业和外国企业所得税法》取代上述两部法律,2007 年制定了《企业所得税法》,实现了内外资企业所得税的统一立法。2011 年制定了《车船税法》。此外,在税收程序法方面,于 1992 年制定了《税收征收管理法》,并经过多次修改。

第二,高效地建构了较为完整的税制和税收规范体系。改革开放初期,考虑到经济改革和建设刻不容缓,而税收制度和税收法律的建立、完善任务错综复杂、耗时较长,且缺乏相关经验,全国人大及其常委会依据我国《宪法》第 89 条关于全国人大及其常委会可以授予国务院其他职权的规定,先后在 1984 年六届全国人大常委会七次会议上通过了《关于授权国务院改革工商税制发布有关税收条例草案试行的决定》(以下简称 1984 年全国人大常委会授权决定),在 1985 年六届全国人大三次会议上通过了《关于授权国务院在经济体制改革和对外开放方面可以制定暂行的规定或者条例的决定》(以下简称 1985 年全国人大授权决定)。国务院根据上述授权决定,在较短时间内颁布实施了一系列税种的暂行条例,与几部税收法律一起形成了适应社会主义市场经济需要的税制框架。尽管这两次授权决定因其宽泛性而日渐受到质疑,但它们在当时,乃至 30 余年来经济社会发展中所发挥的重要作用不容忽视。

第三,党的十八届三中全会《决定》提出"落实税收法定原则"以来,税收法制工作不断取得新的进展和成果。有关方面积极落实改革部署,提出相关举措,积极推进税收法定进程。2016 年 12 月第十二届全国人大常委会第二十五次会议审议通过了《环境保护税法》,是中央明确强调落实税收法定原则之后出台的第一部税收法律,作为一部新税种法律,对我国未来的税收立法具有示范作用。例如,我国《环境保护税法》在税收授权立法方面十分规范和合理，该法第6条、第9条将应税大气污染物和水污染物的具体适用税额等税收要素授权由省级人大常委会决定，契合于税收法定的要求，颇值得肯定。可以说，《环境保护税法》对于落实税收法定原则，优化中央与地方、立法与行政、国家与纳税人等多重治理关系和权力配置结构，取得了突出的进步。目前，我国《烟叶税法》（草案）已经提请全国人大常委会初次审议。在全面依法治国和全面落实税收法定原则的指导下，我国税收立法和法治建设显现出强劲的发展态势。

我国《宪法》第56条规定"中华人民共和国公民有依照法律纳税的义务"，确立了税收法定原则。2000年我国《立法法》和1992年《税收征收管理法》也规定了税收法定原则，然而，税收法定原则从文本上的确立到实践中的落实无疑要经过一个艰难的跳跃。贯彻落实税收法定原则，仍然任重而道远，需要坚定不移地按照既定的时间表和路线图，以敢于担当的精神，切实推动将各项税收行政法规上升为税收法律。当前，我国税收立法仍然存在法律供给不足、操作性不强、执行不严等现象和缺陷。具体来说，以下三个方面的问题需要格外关注：

第一，税收法律的供给不足。当前，我国只有个人所得税、企业所得税、车船税、环境保护税4个税种制定了相应法律，另有1部规范税收征纳程序的《税收征收管理法》，也就是整个税法体系中仅有5部法律，却有约30部税收行政法规、约50部税收行政规章和超过5500部税收规范性文件。在实践中，发挥作用的主要是这些税收规范性文件，也就是由财税主管部门制定颁布的税收规则。这主要是全国人大及其常委会对国务院的两次授权立法之下所形成的税收立法行政化体制的必然结果。1984年全国人大常委会授权决定已于2009年被全国人大常委会废止，但1985年全国人大授权决定仍然有效。1985年全国人大的授权决定采取无特定目标、无特定范围、无特定期限的抽象授权，而且曾有一段时间，财政部、国家税务总局等财税主管部门经国务院转授权，多次变动消费税、资源税、增值税、房产税等税种的课税要素。举例来说，2007年5月30日凌晨财政部、国家税务总局联合发文《关于调整证券（股票）交易印花税税率的通知》（财税字〔2007〕84号），上调证券（股票）交易印花税税率为3‰。以规范性文件的形式在一夜之间调整税率，虽然其目标在于防止过度投机，具有目的正当性，但在程序的规范性和合法性上有待加强。

按照当前法治国家建设的时代要求，1985年全国人大授权决定已不符合我国《立法法》第10条关于授权明确性原则的规定，迫切需要加以调整；转授权更是给税收法治建设带来了困惑和不良后果，如容易导致部门利益制度化，程序不够公开、透明和规范，缺少公民的诉求表达和参与机制，因稳定性不足而影响税法权威和市场预期的确定性，等等。

正因如此，学界一直呼吁全国人大收回设税权。在2013年全国人大会议上，一些全国人大代表提交了《关于终止授权国务院制定税收暂行规定或者条例的议案》。

第二，税收法律的可执行性不够强。由于我国目前的税收法律有较多抽象宽松的原则性规定,缺乏必要的定义性条款,使税收要素不够明确清晰,甚至是直接笼统地授权给国务院或财税主管部门规定,法律的可执行性不强。税法过于简短,也为税法执行中的行政解释提供了过大的空间,甚至容易导致一些随意性执法行为。税法解释原本是为了正确适用税收法律所作的具体说明,但在实践中,部门的“批复”或“决定”却取代了被解释对象,成为实际上直接发挥效力的依据,甚至有时还突破了税法规定的文义,相当于变相立法。例如,《关于非营利组织企业所得税免税收入问题的通知》(财税〔2009〕122号)和《关于非营利组织免税资格认定管理有关问题的通知》(财税〔2009〕123号)规定的基金会能够享受的免税范围比我国《企业所得税法》及其实施条例的范围要小,这就招致了一些慈善机构的质疑。

诚然,这种积极的税法的行政解释能够填补税法不完善带来的实践漏洞,但也应当看到,由于税收法律自身不够严谨,法律的严肃性、权威性和纳税人权益可能受到损害。可以作为对比的例子是,美国的《国内收入法典》蔚为大观,国内有学者选译其中部分章节成书后即十分厚重,而我国现行的《企业所得税法》只有60条,《个人所得税法》只有20条。

第三,税收法律的执行状况不佳。税法的一些规定在现实中被打折扣、搞变通。比如,一些地方政府自行设定税收优惠或降低法定税率,以进行“低税竞争”。这折射出我国税收执法领域“依法征税”意识有待加强,依法治税还需不断强调。近年来,在国务院领导下,“过头税”“按指标征税”和税收政策无序竞争等现象已经大幅收敛,但依然有必要加以防范。

四、税收法定原则的实现路径

党的十八届三中全会《决定》提出:“到二〇二〇年,在重要领域和关键环节改革上取得决定性成果,完成本决定提出的改革任务。”落实税收法定原则是全面深化改革和全面依法法国的一项重点任务,《贯彻落实税收法定原则的实施意见》已经为2020年前完成相关立法工作规划了明确的时间表、路线图,针对开征新税应制定相应的税收法律、将现行税收条例修改上升为法律、废止1985年授权决定等做了切实部署。从现在起到2020年只有不到3年的时间,尚有10多部税种法待制定。时间紧迫,必须制定更加积极、稳妥的任务书。

党的十八届四中全会明确提出,建设中国特色社会主义法治体系,必须坚持立法先行,发挥立法的引领和推动作用,实现立法与改革决策相衔接,做到重大改革于法有据、立法主动适应改革和经济社会发展需要。因此,全国人大及其常委会可以结合税制改革进程,在新税种上积极行使税收立法权,并将现有税收行政法规逐步、逐级、逐层地清理,最终将其全部上升为法律。正如《贯彻落实税收法定原则的实施意见》所要求的:

第一,不再出台新的税收条例。对于拟新开征的税种,应根据相关工作的进展情况,同步起草相关法律草案,并适时提请全国人大常委会审议。我国《环境保护税法》的出台就发挥了很好的示范作用。

第二，有计划地将现行税收条例修改上升为法律并相应废止条例。不涉及税制改革的税种，应根据工作进展和实际需要，依循积极、稳妥、有序、先易后难的理念，将相关税收条例平行上升为法律。对于需进行改革的税种，应配合税制改革进程，适时将相关税收条例上升为法律，并相应废止有关税收条例。

实现税收法律化和"一税一法"的目标，要分清轻重缓急，将条件相对成熟、社会关注度较高的税种先行立法。比如，优先制定烟叶税法和船舶吨税法，正是考虑到这两个税种的规则已经较为完备，且不涉及较大幅度的税制改革，其法律化难度较低。

第三，由全国人大废除 1985 年授权立法，明确全国人大及其常委会作为税收立法主体的主导地位。依据《贯彻落实税收法定原则的实施意见》所安排的步骤，待全部税收条例上升为法律或废止后，再提请全国人大废止 1985 年授权决定。如同前文所提到的，税收法定原则并不意味着禁止税收授权立法，也并未绝对排斥其他法律渊源在税收事项上的效力。相反地，它承认并要求税收行政法规、规章和其他规范性文件在宪法、法律统领下，在各自效力范围内发挥作用，形成层次分明、结构完整、有机联系的税收法律制度统一整体。

五、对落实税收法定原则的两点建议

第一，落实税收法定原则，应注意提高立法质量，不仅要有法律，而且应当是"管用的良法"。实践已经证明，不是什么法都能治国，也不是什么法都能治好国。人民群众对立法的期盼，已经不是有没有，而是好不好、管不管用、能不能解决问题。

一方面，应当按照"税收要素确定"的要求，增强税法的可执行性。鉴于国情的复杂性与不平衡性，我国立法机关往往倾向于在法律中仅作原则性规定，具体内容留待法规、规章甚至是司法解释去规定。这种做法有一定合理性，但也潜藏着加大法律冲突、留存法律真空的风险，最终可能会损害法律的权威。特别是对于税法而言，如果法律仅有原则性条款，就很难实质性地约束行政机关的征税行为，纳税人也难以据此形成稳定预期，税收法定原则的实际功用将大打折扣。一般来说，税法条文应当足够具体到能够为纳税人提供较为确定的预期。对此，张德江委员长在 2014 年全国人大常委会工作报告中已明确提出，要增强法律的可执行性、可操作性，"能具体就尽量具体，能明确就尽量明确，努力使制定和修改的法律立得住、行得通、切实管用"。这应当成为贯彻落实税收法定原则的一项重要内容。

另一方面，提高税法内容的实质正当性，更多地回应民众诉求，在不同的利益群体中达成平衡与协调。而要提高立法质量，重要的途径就是坚持科学立法和民主立法。也就是说，在制定不同层级的税收法律规范时，应当建立起不同程度的民意机制，将正当程序理念引入涉及纳税人实质利益的法规、规章和规范性文件的制定过程中。要强调立法全过程的公开透明，通过公布法律草案、座谈、听证、评估等方式，保障社会公众对税收立法的广泛参与和监督；通过聘请法律顾问、设立税收立法咨询专家库等方式，发挥专家学者的积极作用。在此基础上，还应当推动人民代表大会制度与时俱进，进一步充实全国人大自身的立法力量,完善立法工作机制和程序;强化全国人大及其常委会在立法过程中的主导性,避免部门利益主导立法过程;等等。

第二,全面落实税收法定原则,让税法在实践中得到尊重和奉行。党的十八届四中全会《决定》提出“建设中国特色社会主义法治体系,建设社会主义法治国家”的总目标。“中国特色社会主义法治体系”比过去常用的“中国特色社会主义法律体系”更进一步,强调“科学立法、严格执法、公正司法、全民守法”的全过程、全覆盖。换言之,就是要真正实现其所蕴含的规范国家征税权的要求,有效、完整地保护纳税人权利,经由“税之良法”实现“国之善治”。对我国而言,这一点尤为重要。

要真正实现市场主体“法无禁止即可为”、政府部门“法无授权不可为”,关键在于强化监督和责任制度。同样的,落实税收法定原则,也不仅要求有法可依,更要求有法必依、违法必究,真正地将税收法律作为征税的主要依据。同时,要建立和完善对税收执法的监督和问责机制,切实保障纳税人获得救济,特别是司法救济的权利。全社会应当改变过分追求“税务零纠纷”的传统思维,自觉通过税务诉讼等法治方式来解决纠纷、化解矛盾,通过税收司法来提高整个社会的税法遵从度。2017 年 6 月最高人民法院公布了行政审判十大典型案例,其中就包含了两起税收案件,即广州德发房产建设有限公司诉广州市地方税务局第一稽查局税务处理决定案,以及儿童投资主基金诉杭州市西湖区国家税务局税务征收案。这表明税收司法正逐渐受到应有的重视,而税收司法对于税法的准确解释和适用,以及税收争议的法治化解决是大有裨益的。

增强税法遵从度和人民满意度,保护纳税人的合法权益,是落实税收法定原则的基本要求。因此,从实现良法善治的角度考量,很有必要对我国现行《税收征收管理法》中的“两个前置”等不合理规定加以修改。我国《税收征收管理法》第 88 条规定,纳税人与税务机关在纳税上发生争议时,必须先缴纳税款或提供担保,才能提起行政复议,这是“纳税前置”;同时,对行政复议不服的,才可依法起诉,这是“复议前置”。“两个前置”实际上剥夺了经济条件不佳的纳税人寻求救济的机会,给人以“花钱买救济”的不良观感,故而有必要降低纳税人行使诉权的门槛。

此外,应当健全税收司法保障机制。鉴于税务纠纷的特殊性,需要加强涉税案件审判队伍专业化建设,由相对固定的审判人员、合议庭审理涉税案件。在此基础上,“税收法定”便上升为“税收法治”,实现了税收立法、执法、司法、守法整个环节的法治化。

如果站在更高的层次,只关注收入面的税收法定仍然不是最终的完美状态。在现代财税法视野下,税收的征收和使用已经被打通为一个整体。税收具有公共性,源于纳税人,也最终服务于纳税人和全体人民,即“取之于民、用之于民”,税收的收入和支出都与纳税人的福祉紧密相关。只有将法定的范围从征税扩展到用税,乃至扩展到整个财政领域,才能形成对纳税人权利的完满保护。对此,应当落实预算法定和预算民主,加强人大预算审查监督。

总体上要实现的理想蓝图是:财政收入,合理、合法、合宪;财政支出,公开、公平、公正;财政管理,有规、有序、有责。当然,从税收法定到财政法定,对我国来说确实是一项任重而道远的事业,需要更多的耐心、更强的坚持和更大的智慧。

六、结语

"法律是治国之重器,良法是善治之前提。"税收法定原则是现代国家治理理念与法治财税观念的双重彰显。落实税收法定原则,其意义不仅限于立法本身,而是对于改革整体进程都具有良好的"外溢性"。落实税收法定原则,可以廓清税收立法权的配置和归属,由此理顺立法机关与行政机关、中央与地方各级国家机关之间的关系;也可以界定纳税人与国家、税务机关之间的法律关系,实现纳税人依法纳税,税务机关依法征税,国家依法取得财政收入;还可以带来诸多助推改革的"额外效益",如加强税收立法势必会推动全国人大及其常委会进一步强化能力、明确职责,而这对于各领域的改革和法治建设都有不可估量的意义。可见,财税改革绝不仅是经济改革,还是法治理念和框架下的法律改革,更是温和、稳妥的政治改革和社会改革,在法定轨道上有序推进财税改革,确实能收到行稳致远之效。

"财政是国家治理的基础和重要支柱,科学的财税体制是优化资源配置、维护市场统一、促进社会公平、实现国家长治久安的制度保障。"当前,在高举中国特色社会主义伟大旗帜,继续统筹推进"五位一体"总体布局,协调推进"四个全面"战略布局的新阶段,落实税收法定原则的使命,不仅在于推进税收领域的法治化,更在于以此为切入点,由点及面、由面及体,逐渐延伸至改革全局,是促进国家治理体系和治理能力现代化的关键环节。在税收观念转型与制度变迁的交相辉映之下,税法方能真正展现它作为公共财产法、纳税人权利保护法和收入分配正义法的强大生命力,进而为经济的持续发展、社会的公平正义和国家的长治久安筑牢财政保障;为决胜全面建成小康社会,夺取中国特色社会主义伟大胜利,实现中华民族伟大复兴的中国梦奠定法治财税根基。

量能课税的探寻:英国19世纪所得税法对"所得"的驯服

陈国文*

税制发展的历史就是一部寻求测度纳税能力标准的历史。古往今来,在各种文明形态中,人头、财产、消费、产品等都曾被当作测度纳税能力的适当指标。但是随着生产力的发展,社会结构的变迁,人类的生产方式和财富形态日益复杂化,上述几种在特定时期尚能表征纳税能力的指标渐渐地与纳税人的实际能力日益脱节。随着工业时代的来临,人类急需探索新的能最精确反映纳税人纳税能力的指标,以期把税收负担建立在正义的牢固基础之上,这个指标就是所得。但是对所得予以准确把握并征税面临着诸多困难:一方面,对所得征税就意味着对社会中较为富裕的阶层征税,这在富人通常垄断政治权力的等级社会是不可能的,因此开征所得税需要一个较为平等的、通常是政治权力较为开放的现代社会结构。另一方面,准确把握所得需要克服经济技术上的困难,即国家的行政能力达到一种前所未有的水平,能较为有效地控制社会各行各业获得收入的渠道并能准确界定所得。众所周知,英国是第一个进入现代社会的国家,也是在整个19世纪征收所得税最为成功的国家,但是我们不可忘记,从1797年皮特的"三倍估价税"到1910年劳合·乔治最终在所得税法中确立累进原则,整整花费了1个多世纪的时间。因此简要回顾英国19世纪所得税的立法史,看看他们是如何克服对所得征税面临的各种困难,自当对我国目前的税制转型及所得税法的完善有所助益。

需要说明的是:第一,所得税与社会结构的关系虽然对理解所得税法十分重要,但过于复杂,本文不得不加以忽略,因此本文主要侧重于从立法上把握所得界定的技术层面。第二,本文主要取材于塞利格曼所著《所得税:国内外所得税的历史、理论和实务研究》(以下简称《所得税》)一书。塞利格曼是马寅初负笈哥伦比亚大学时的业师,也是美国进步时代改革活动的积极参加者,更是当时举世公认的财政学大师。《所得税》一书分上下两篇,上篇主要论述国外所得税的发展,重点是英国从皮特到1910年累进原则的引进

* 兰州大学法学院副教授,法学博士。

之间100 多年的历史,另外也花了一定篇幅涉及德国和法国所得税的历史,同时简略涉及奥地利、意大利和瑞士 3 国的情况,对于这 3 国来说,塞利格曼认为有值得重视的教训可供即将通过的美国所得税法所借鉴。下篇详细论述美国从殖民地时期到 1913 年宪法第 16 修正案通过之前的历史。塞利格曼此项研究开始于 1894 年美国所得税法通过旋即被最高法院宣告违宪之时,结束于辩论宪法第 16 修正案为开征所得税扫清法律障碍之际,历时 17 年,其目的就是为美国制定一部理想的所得税法提供理论和经验基础,堪称是学术报国的典范。

一、第一次世界大战在即之时的英国财政情势

财政史家称英国所得税是"打败拿破仑的税",[①]由此可见所得税起源于战时财政的紧急需要。在战前 30 年英国的财政收入几乎完全依赖关税和国内消费税,土地税则由于土地主控制议会而变成了一种摊派税,且税额是 1692 年评定的,自那以后的 100 多年里,地租大涨而税额不变,即使以最高税率 4 先令也只能征得 200 万英镑,因此土地税的财政贡献已经变得微不足道。美国独立战争爆发,财政开支增加,当时的首相诺斯在一定程度上接受斯密的建议,效法荷兰开征新税,包括按租金价值征收的住屋税、继承税以及对各种富裕生活设施的征税。[②] 1785 年皮特将这些零星征税加以组合,统称为"估价税"(assessed taxes)。尽管开征这些新税,但所获财政收入极为有限。1792 年,即英法战争爆发的前一年,在 1725 万英镑的总税收中,土地税为 200 万英镑,房屋和设施税仅为 125 万英镑,其他收入依然来自关税和货物税。到了 1797 年尽管征税范围不断扩大,先后对茶叶、宝石、食盐、旁系继承、狗、钟表等这些表征富裕程度的物品征税,财政收入仍然困窘,尤其是曾经浮动在 70 英镑左右的国债下跌到 48 英镑,英格兰银行不得不一度暂停货币兑付。在此危机情势之下,皮特提出了他的"三倍估价税",这是驯服所得的关键一步。

二、皮特的"三倍估价税"

与前述"估价税"所采行的对各种消费品分别估价、分别确定税额不同,皮特提出一种综合税,即对拥有财产的人征一种综合税,这种税应当尽可能与其实际收入相一致(a general tax on persons possessed of property commensurate as far as prctical with their means)。在 1797 年 11 月 24 日的法案一读中,皮特强调新税应避免对财产的调查,并对负担能力最低的人予以豁免或者减轻税收负担。在 1797 年 12 月 14 日法案二读中,皮特发表了据称是财政史上最伟大的演讲,当时的观察家称其为"一部公共经济学的教程,一

---

① 英国学者 B. E. V. Sabine 所著《所得税史》一书第二章的标题即为"The Tax that beat Napoleon"。See B. E. V. Sabine, *A History of Income Tax*, London, Routledge Taylor & Fancis Group, 1966, p. 26.

② 英文为"taxes on establishmens",具体的征税对象为富人所消费的男仆、马匹等,其实质是对富人的财富或收入征税,但财富和收入不易准确界定,因此通过可观察到的外部行为来间接接触及富人的财富或收入。参见[美]埃德温·罗伯特·安德森·塞利格曼:《所得税研究:历史,理论和实务》,经济科学出版社 2014 年版,第 53 页。

部关于财政理论与实践的杰作”。[①] 在这次演讲中,皮特强调对个人的财产金额是不可能掌握的,因此只能求助于个人的支出,而估价税征税过程中对各种消费品的估价是判断财产数量的最佳的外在标准。尽管遭到了激烈反对,皮特的新法最终于1798 年1月12 日通过,皮特本人为此付出了代价:他在去往圣保罗大教堂的路上遭到暴徒的袭击。

这部法律的正式名称为《援助和捐献法》“The Aid and Contribution Act”,其要点可简述如下。首先把所有的纳税人分为三大类:

第一类为富裕纳税人,判断标准是拥有马车、男仆、马匹等,这些人如皮特所言能够“随意消费奢侈品”。看来皮特的确掌握了斯密提倡的量能课税的精义。亚当·斯密的课税四原则第一条即为量能课税,“The subjects of every state ought to contribute towards the support of the government, as nearly as possible, in proportion to their respective abilities; that is, in proportion to the revenue which they respectively enjoy under the protection of the state.”(一国国民,均须在可能范围内,按照各自能力的比例,即按照各自在国家保护下享得的收入的比例,缴纳国赋,维持政府)[②]也就是说,公民应当按照各自的能力纳税,这一能力由公民从国家保护下获得的收入来衡量,公民能获得多少收入,就应当向国家纳多少税,贡献于国家者应与满足于个人者相当。这里的“in proportion to”不应当狭义地理解为纯粹的比例税,因为在《国富论》的其他地方,斯密曾明确提出“富者不但应该按照收入比例为国家提供费用,而且应该多贡献一些,难道可以说这是不合理的吗?”[③]对于这类富裕的纳税人来说,按其前一年根据纳税估定的支出额,再乘以相应的倍数,即得出其收入数,如前一年的支出为25 英镑,则乘以3 倍;25 ~ 30 英镑,则乘以3.5 倍;为30 ~ 40 英镑,则乘以4 倍;为40 ~ 50 英镑,则乘以4.5 倍;为50 英镑以上,则乘以5 倍。

第二类为中等纳税人,没有车辆、马匹等高档奢侈品,可根据住屋、窗户、钟表等外在标准判断,支出额15 ~ 20 英镑者乘以3 倍,依次类推,支出额超过50 英镑者也乘以5 倍。

第三类纳税人则是仅能付得起房租的穷人,其支出额超过30 英镑者,乘以2 倍。根据支出额乘以相应的倍数即为应纳税所得额,据此再乘以十分复杂的税率即为应纳所得税。可以看出皮特的本意虽然是要对所得征税,但所得的确定是间接的、迂回的,先是根据上一年的纳税情况估算出支出额,再根据纳税人所消费物品的奢侈程度确定相应的倍数。能消费奢侈品者,其收入必多,故确定的倍数大;只消费必需品者,其收入必低,故确定的倍数小。奇怪的是,三类纳税人确定其所得的最高倍数分别是5 倍、5 倍和2 倍,但

① [美]埃德温·罗伯特·安德森·塞利格曼:《所得税研究:历史,理论和实务》,经济科学出版社2014 年版,第57 页。

② Adam smith, Edited by Edwin Cannan, *The Wealth of Nations*, New York, The Modern Library, 1994, p. 888.

③ [英]亚当·斯密:《国富论》,郭大力、王亚南译,商务印书馆2015 年版,第809 页。

此税却称作三倍估价税,[①]因此塞利格曼认为应叫“二倍五倍估价税”才算名副其实。[②]

为了体现量能课税,对于根据上述方法确定的年收入不足 60 英镑者,免税;同时对于抚养人口众多的大家庭,则根据抚养孩子多寡分别给予减免额,如抚养孩子 4 ~ 7 人、8 ~ 9 人、10 人以上者,分别给予 10%、15%、20% 的减除额。至于税率则从最低 60 ~ 65 英镑的1/120 到最高 200 英镑以上的 1/10 不等。

从征税实际来看,皮特的“三倍估价税”无疑是失败了,皮特本来期望通过此税征得 450 万英镑的收入,但实际所收不过 200 万英镑。显然这种间接确定所得的方法是靠不住的,因为富人很容易通过隐瞒或改变消费的方式使纳税评估落空。但是皮特的方法毕竟是走向所得税的关键一步,因为当时普遍认为对所得征税是不可能的,如斯密就认为“国家不知道如何直接地并成比例地对人民的收入课税,他就努力间接地对他们的费用课税。这费用,被认为在大多数场合,与他们的收入保持一定比例。对他们的费用课税,就是把税加在那费用所由而支出的消费品上”。[③] 实际上皮特正是按照斯密的教导做的。

三、皮特转向所得税

1799 年皮特提出新的征税法案,即对无论何种来源的所有所得征税,这是一部真正的所得税。1799 年 1 月 9 日法案通过,1799 年 4 月 5 日开始实施。这部法律共 124 条,长达 152 页。法律过于繁复,为了便于公众理解并遵守法律,政府准备了精心制作的税法手册,详细介绍法律中的各种问题。

新法对旧法的重大改变在于确定所得作为衡量纳税能力的标准,代之以旧法中的支出标准。新法采用申报法,先是由估税员(assessors)向所在地区纳税人发出纳税通知,所有地区的每一位户主向估税员申报家庭人口、报告收入情况并确定应缴纳的税额。估税员将估税清册贴到教堂门口,供纳税人和公众核查。然后估税员把估税清册提交给税务专员秘书,由其安排召开税务专员会议,集中 14 ~ 21 天时间确定纳税人的应纳税额。土地税专员、税务专员、税务专员秘书、估税员等通常被认为代表地方和纳税人利益,因此中央政府派出核税员(surveyors or inspectors)参与税额的确定。核税员有权检查估税清册,提出修改税额的建议。纳税人也有权要求改正错误的税额决定。最终由税务专员确定应纳税额,对此核税员仍可加以更正,如双方意见不一,则可提交税务复议专员予以解决。当然纳税人也有权提起复议,但除非他全面回答提出的问题并自愿提交会计账簿,否则很难从复议中获得有效救济。

---

① 何廉将此税译为“三部合成捐”,从由三类纳税人组成的角度看并无不当,但不能体现此税的内容,参见何廉、李锐:《财政学》,商务印书馆 2011 年版,第 355 页。

② [美]埃德温·罗伯特·安德森·塞利格曼:《所得税研究:历史,理论和实务》,经济科学出版社 2014 年版,第 59 页。

③ [英]亚当·斯密:《国富论》,郭大力、王亚南译,商务印书馆 2015 年版,第 838 页。

纳税人如果拒不申报,则可处以20英镑的罚款,涉及税收征管的任一官员都必须立誓保守纳税人的涉税秘密。

在实体内容方面,新法保留了旧法中有关税率、免除额、减除额的规定,不过在减除额方面实行随富裕程度而递减的办法,如所得在60~400英镑者,每一抚养孩子减除5%;所得在400~1000英镑者,超过6个孩子,每个减除4%,6个孩子以下,每个减除3%;所得在1000~5000英镑者,超过6个孩子,减除3%,6个孩子以下,减除2%;所得超过5000英镑者,超过6个孩子减除2%,6个孩子以下,减除1%。这一立法非常精妙,抚养人数与纳税能力密切相关,抚养人数越多则纳税能力越低,因此税法给予的减除额越多,充分体现了所得税对人的税的属性,后来美国的所得税也沿袭了这一做法。

该法还有个创新之处,即人寿保险的保险费可以在税前扣除;①对于来自建筑物的所得来说,发生的维修费可以扣除,其限额自3%到10%不等。这些进步都是在向净所得迈进。

尽管与皮特的预期仍有差距,但与先前的"三倍估价税"相比,新的所得税法取得了显著成功。皮特估计当时全国应纳税所得为1亿英镑,因此应当能征到1000万英镑税,后来他发现这一预计过于乐观,因此调低到750万英镑,但实际情况表明这一预计仍然过高。1799年征到600多万英镑,1800年和1801年也是在此数上下波动。超过"三倍估价税"400万英镑的税收表明,对所得征税远比对支出征税有效,因此皮特的探索取得了丰硕的成果。

所得税是战时税,显而易见也是对富人征税,当时的富人正在从土地贵族向工商业资本家转变。在战时的紧张氛围之下,富人慷慨的爱国心压住了锱铢必较的利己心。一旦战事平息,和平在望,富人就会迫不及待地撤销对所得税的支持。1802年3月和平条约尚未签订,伦敦作为工商业利益的代表,提出请愿书,要求废除所得税而且措辞激烈,新闻界以及遍及全国的公共集会也表达了同样的愿望。1802年5月《亚眠和约》签订,接替皮特担任财政大臣的阿丁顿即以所得税不适合于和平时期将其废除。

四、阿丁顿的课源法

1803年战事再起,阿丁顿不得不求助于所得税。1803年8月11日新法通过,法律名称强调了它的临时税性质,②以便获得支持。阿丁顿在确定税额方面做出重要创新。皮特的税法是把来自各种来源的所得集中起来,对总额征税,是一种所得税;而阿丁顿则是把所得按其来源分成不同的种类,对每一种来源分别征税,实际上是多种同时开征的所

① 最近我国财政部、国家税务总局、保监会联合发出《关于将商业健康保险个人所得税试点政策推广到全国范围实施的通知》(财税〔2017〕39号),允许个人购买的符合规定的商业健康保险费在限额内扣除。

② 法律的标题"An Act for Granting to His Majesty until the sixth day of May next after the ratification of a definitive treaty of peace, a contribution of the profits arising from property, professions, trades and offices."一方面强调战时税的性质,即和平条约被批准后1804年5月6日该法效力终止;另一方面说明是对来自各行各业的利润征税。

得税。更重要的是，阿丁顿在分类时着重考虑一个问题，即尽量控制所得的来源并从源头上征税，为此对各种所得的支付者加以报告或扣税的义务（stoppage at source）。在一个工商业繁荣、债权债务关系发达的社会里，有收入者，就必有支付者，当时的英国有英格兰银行、南海公司、伦敦证券交易所及各类银行和保险公司，因此源泉扣缴的条件是当时全球最为成熟的。阿丁顿的税法认为所有的收入有四大来源，即土地、公债（包括证券）、经营活动和工薪，因此根据以上来源将所得分为五大类，分别是：

A类（Schedule A），来自土地和不动产的收入。对于这类所得，先是确定土地年值（rack rent），再减除维修费、土地税、下水道、篱笆、堤坝等费用，还有排水费（drainage rates），来确定税基。有些年度价值不易确定的土地类收入，如矿山，则归入D类。A类税率为5%。

B类（Schedule B），农业用地收入。这类收入本质上也是土地收入，但鉴于农业经营的特殊性，实行9便士的低税率。

C类（Schedule C），即来自固定资产（funded property）的收入，主要是公债利息、年金、红利等收入。

D类（Schedule D），这一类可称为是剩余类，凡是不属于其他四类的收入都属于该类，因此D类条款又叫作“兜底条款”。具体而言有三种情况，一是来自财产所得但财产不属于A、B、C三类；二是属于职业或受雇所得但不属于E类；三是来自各种职业活动、经营活动的收入。D类情况最为复杂，因此又分成6小类，分别确定税基。

E类（Schedule E），工薪收入，但主要指的是由公共资金支付的各种工作报酬。

阿丁顿税法的其他方面沿袭了皮特的旧制，比如年所得60英镑以下免税等。年所得在60～150英镑者，给予递减的减除额，以体现对纳税能力低的纳税人予以照顾；同时年所得150英镑以上税率统一为5%，而年所得60～70英镑者仅为3便士，依次递增到140～150英镑者为11便士。在孩子抚养扣除方面也略有变化。总之，新税法处处体现出量能课税的指导原则。

阿丁顿的新税法取得了巨大的成功，税率是原税法的一半，即5%。但获得的税收与原法相当（1803年为535万英镑，1801年560万英镑），这主要是因为源泉扣缴最大限度地避免了申报纳税中容易发生的欺诈、隐瞒等问题。因此塞利格曼反复强调，在财政实践中，优良的征税方法其重要性无论如何强调都不过分。①

1803年的税法在施行中暴露出一些问题，因此1806年对此作出一些重要修改，如扩大源泉扣缴的范围，取消财产性收入的豁免权，此后完全免税只适用于职业收入和劳动收入。另外完全免税额从60英镑降低到50英镑等。到塞利格曼写作《所得税》一书的1911年为止，1806年税法基本不变，可以说英国所得税法此时已基本成形。

---

① ［美］埃德温·罗伯特·安德森·塞利格曼：《所得税研究：历史，理论和实务》，经济科学出版社2014年版，第88页。

1815年滑铁卢战争之后,拿破仑彻底战败,因此"打败拿破仑"的税也就没有必要继续存在。1816年3月18日议会以微弱多数通过决议废除了所得税。

五、1842年以后的所得税

所得税废除之后,政府的财政收入缺了一大块,但支出有增无已,因此不得不求助于消费税、关税等间接税,这就导致了间接税的过分发展。1820年著名作家西德尼·史密斯发表在《爱丁堡评论》上的一篇为后世长期引证的名文,揭露过分倚重间接税的罪恶。朝野上下开始从总体上思考税制体系的正义性问题。1832年议会改革之后,英国从对法国大革命的惊恐中恢复过来,进入戴雪所说的"边沁主义时代"①或者说是改革的时代。在这一背景下,1842年皮尔再度引进所得税。

实际上作为代表土地贵族利益的保守党的主要创始人——皮尔,从1830年起一直反对所得税。但是1842年情势危急:一是1837年以来的经济危机持续不断;二是宪章运动开始显示出强大的力量;三是过去5年财政赤字连续发生;四是通过高额关税阻止谷物进口以保护土地阶层利益的《谷物法》日益不得人心。1842年的所得税法只不过是1806年所得税法的翻版,只在个别方面略有改动,如把原来只适用于职业所得和体力所得的150英镑的免除额扩大至所有所得,降低B类农业所得的税率,取消人寿保险保险费免税的规定等。皮尔的所得税是在和平时期开征的,它不同于仅为增加财政收入而开征的战时所得税,因此这种所得税已经开始承担筹集财政收入以外的新功能。一方面,一般消费税的负担往往落在广大社会下层,而所得税由于免除、减除等措施实际上是对富裕阶层征税,因此当皮尔说"在国家陷入商业危机之时,社会各界都应当对国家公共经费承担一个公平的份额",②这实际上是对富人发出呼吁。另一方面,消费税、关税的征收妨碍商品流通、妨碍贸易自由,不利于经济效率,所以皮尔在开征所得税的同时力主削减消费税的征税范围并废除保护性关税。皮尔在开征所得税时视野开阔,他把财政增收、社会负担公平与经济体制效率通盘考虑,这正符合熊彼特所说的一个"伟大财政"的标准。③

1842~1862年被塞利格曼称为所得税的"考验期",即所得税逐渐地从临时税变成了永久税。历任财政大臣、首相在提出年度预算案时为了获得通过,往往强调所得税的

---

① [英]戴雪:《公共舆论的力量:19世纪英国的法律与公共舆论》,戴鹏飞译,上海人民出版社2014年版,第125页以下。

② [美]埃德温·罗伯特·安德森·塞利格曼:《所得税研究:历史,理论和实务》,经济科学出版社2014年版,第119页。

③ 熊彼特在谈到格莱斯顿时提到这一标准,但笔者认为这同样适用于皮尔的贡献。熊彼特伟大财政的定义是"根据它所适用的国家的条件,极其充分地表达了那个时代的整个文明和需要;或者,稍微改变一下说法,它把一种社会的、政治与经济的看法——这种看法不但在历史上是正确的,而且是广博的——译成了一套协调的财政措施的条文"。参见[美]约瑟夫·熊彼特:《经济分析史》(第2卷),杨敬年译,商务印书馆2001年版,第39页。

临时性,再征收1年、2年、3年甚至7年即告废止,可是每次到期总是废除不了,逐渐地被社会各界从认知上、情感上、态度上接受了所得税,所得税与间接税成了格莱德斯通所说的“孪生两姐妹”,所得税深深地扎根于英国社会之中,吸引各国的财政家前来求学问道。

所得税既已成为永久税,那么从1799年开始一直困扰所得税的两个问题必须加以解决,即区别征税和累进征税。1907年财政大臣阿斯奎斯提出的法案正式引入区别征税,即对勤劳所得和资本所得区别对待,具体做法是对于资本所得或者非勤劳所得适用13便士的税率(13/240,约5.4%),而对于勤劳,即所得主要来源于劳动且总收入不超过2000英镑者适用9便士的低税率(9/240,3.75%),优惠的方式是从总所得中设定一个减除额,保证减除之后的适用税率是9便士。

在1909年的预算中,财政大臣劳合·乔治为了筹措养老金的费用,引进累进税制,即对总所得超过5000英镑者,其超过3000英镑以上的部分,每镑征收6便士的附加税(法律术语为super tax,有的地方译为超级税)。6便士的附加税,加上1先令2便士的正常税率,总共为20便士,即8.3%的税率。8.3%的税率在现在看来是很轻微的,但在当时的人们看来是了不起的进步,因而劳合·乔治的预算获得了“人民预算”的美誉。①

经过一个多世纪的探索,英国终于为世界各国提供了一个现代化所得税的范本。在英国人手中,所得税是一架精巧的财政机器,可以灵活自如地操作以实现各种政策目标。德国历史学派经济学大家施姆勒在1909年充满羡慕地写道:“如果有了如此能适应的因素,以致使税收得以在240万英镑(4800万马克)与2400万英镑(4.8亿马克)之间变化,如同英国在其所得税中所采取的形式,德国人民该是多么喜悦。”②

所得税的确定分为估定法、课源法和申报法三种,③英国早期数年之间尝试各种方法,最终确定了课源法,这是英国所得税成功的重要原因。但是切不可夸大课源法的作用,其实在英国各类来源中主要是A类、C类和E类适用课源法,B类和D类采用申报加评定法。据1908~1909年度财政统计,D类所得税占总所得税的61.9%,因此申报法仍然是主要方法。这是在选择综合所得税或分类所得税时应当加以注意的。

① T. O. Lloyd, *Empire to Welfare state*, *English History* 1906 – 1985, 3ed, Oxford University Press, p. 12.

② [英]彼德·马赛厄斯、悉尼·波拉德主编:《剑桥欧洲经济史》(第8卷),王宏伟等译,经济科学出版社2004年版,第320页。

③ 何廉、李锐:《财政学》,商务印书馆2011年版,第345页。

“发展促进型”税法之探微

——深化税法理论与实践以全面落实税收法定原则

陈阵香*

经济全球化的重要特征在于投资贸易的自由化、便利化、全球市场化。在经济全球化日益发展的今天,全球市场化决定了市场的竞争化。市场竞争化离不开竞争法治化的保障。在经济全球化的大趋势中,一个国家的财税收入也逐渐成为国家经营“公共物品”展开国际竞争所需的财产(客体),而整个税法也就必将日益成为系统地规范政府(主体)的税收经营(公共物品)行为的法。税法在此为实现国家治理体系与治理能力现代化,提升国际竞争力提供应有的法律保障。对此,应当从更深层次去诠释税法所包含的属性,即税法应是“发展促进型”税法,以此拓宽税收法定主义的适用范围和提高税法质量,推行税收的“良法善治”,切实地为我国经济社会可持续健康发展服务,促进政府与人民的合作共赢。本文尝试在“公共财产法”理论已解决了税法在征税上对“限制或者控制政府的公共财产权力”问题的基础上,为进一步解决“用税”即“政府运用公共财产(税收)提高效用”的权利义务问题,提出“发展促进型”税法略作探讨。

一、“全面落实税收法定原则”对充实、深化税法理论的需求

党的十八届三中全会作出的《中共中央关于全面深化改革若干重大问题的决定》提出要“落实税收法定原则”,并提出了“财政是国家治理的基础和重要支柱”。于此之后,依据《中共中央关于制定国民经济和社会发展第十三个五年规划的建议的建议》编制的、经过第十二届全国人民代表大会第四次会议批准的《关于国民经济和社会发展第十三个五年规划纲要》又提出,要“全面落实税收法定原则”。全面落实税收法定原则,这是我国税收法治建设的大事件,它牵涉对税收上多元利益博弈的理性处理,尤其关系政府与人民物质利益关系的有效调整。因此,对于支撑“全面落实税收法定原则”的税法理论需要进一步深化。

* 上海立信会计金融学院法学院专任教师。

（一）单纯强调限制或者控制政府征税权力的税法理论已显不足

西方国家，尤其是较早实行资本主义的英国，率先开始实践税收法定原则。税收法定原则初始，就以限制国家征税权力为核心展开，因其具有一定的普适性，便日渐在全世界推广。

一般认为，税收法定原则发端于1215年英国《大宪章》“除下列三项税金外，设无全国公意许可，将不征收任何免役税与贡金”[①]的规定。英国1627年的《权利请愿书》又规定：“自今而后，非经国会法案共表同意，不宜强迫任何人征收或缴付任何贡金、贷款、强迫献金、租税或类此负担。”[②]这样的规定，已经开始体现对权利与自由的捍卫、对统治者与权力的约束，并且有了基于法治的政治秩序而非基于统治者个人意志的政治秩序的倡导。当时英国的主要经济来源是海外贸易，社会财富集中在贵族和工商业者手中，国王想要金钱就须与他们博弈，权力自然受到了相应的限制。资本主义首先发生在了封建主义比较薄弱的国家，例如英国，而封建王权专制恣意的征税权也较早受到了挑战。

如1788年法国巴黎的议会否定了国王抽税及修改司法程序的通令。1789年法国发布了“人权宣言”，其中虽未直接规定征税问题，但规定人民财产不得任意侵犯，本质上包含了征税的问题。现行的法兰西共和国《宪法》第34条在“法律规定有关下列事项的准则”中就包括“各种性质的赋税的征税基础，税率和征收方式”。又如日本1889年明治《宪法》（大日本帝国《宪法》）规定：“课征新税及变更税率须依法律之规定”；1946年日本国《宪法》第84条规定：“课征新税或变更现行的税收，必须依法律或依法律确定的条件。”再如1947年的意大利共和国《宪法》第23条规定：“不根据法律，不得征收任何个人税或财产税。”因此，税收法定原则终于在全世界得以推行。如此，税收法定历史性地发生在了当今世界的众多国家。

实行税收法定原则，应是指由立法者决定全部税收问题的税法基本原则，其本身就存在超越征税法定范围的可能性。在学界，对于税收法定原则最基本的定性有很多。例如，日本学者金子宏认为，税的法律主义是“支配税法体系的基本原则”。[③] 我国台湾地区学者黄茂荣认为，“税收法定主义、量能课税原则（实质课税原则）与稽征经济原则并

---

① 英国1215年大宪章，“（12）除下列三项税金外，设无全国公意许可，将不征收任何免役税与贡金。即（一）赎回余等身体时之赎金（指被俘时）。（二）册封余等之长子为武士时之费用。（三）余等之长女出嫁时之费用——但以一次为限。且为此三项目的征收之贡金亦务求适当。关于伦敦城之贡金，按同样规定办理。”

② 英国1628年权利请愿书，“据此，彼等（请愿者两院议员——译者）伏祈圣主陛下：自今而后，非经国会法案共表同意，不宜强迫任何人征收或缴付任何贡金、贷款、强迫献金、租税或类此负担；亦不宜因此等负担，或因拒绝此等负担，而对任何人命令其答辩，或作答辩之宣誓，或传唤出庭，或加以禁闭，或另加其他折磨或困扰；亦不宜使任何自由人因上述种种致遭监禁或扣押；陛下宜调离上述海陆军队，俾民人等今后不再受累；又上述执行戒严法之钦差亦宜撤废；又今后不宜再委何人任此类特职，或令其以上述方式执行其职权，恐其有所凭借，竟违背国法民权，使陛下臣民皆有遭受陷害或被处死之虞”。

③ ［日］金子宏：《日本税法》，战宪斌、郑林根等译，法律出版社2004年版，第57页。

列为税捐法之建制的三大基本原则";[1]我国台湾地区学者陈清秀认为,税捐法定主义是"税捐的课征与宪法上的原则"。[2] 而对于税收法定原则中有关限制统治者权力,保障纳税人的合法财产权益不受国家征税权的过度侵犯的核心理念,一直被奉为税收法定的圭臬,备受学界推崇。[3]

为此,学界多援引古希腊、古罗马如亚里士多德等的法治思想,援引萌芽于古希腊的自然法思想和基督教的创世平等观,以及在文艺复兴和宗教改革运动以后的资产阶级启蒙思想家。如十七八世纪荷兰的格劳秀斯、斯宾诺莎,英国的霍布斯、洛克,法国的伏尔泰、狄德罗、卢梭等的天赋人权论;援引英国政治家、哲学家托马斯·霍布斯(1588~1679)和英国的哲学家约翰·洛克(1632~1704)等的社会契约论;援引源自古典学派(戴维·休谟,亚当·斯密等)后来又援引保罗·萨缪尔森(1915~2009)在《公共支出的纯理论》建立的公共产品理论,即公共产品由国家提供给全社会;而国民则以税收形式向国家提供费用的有偿交换论、公平分配论;援引孟德斯鸠(1689~1755)"凡是握有权力的人都容易滥用权力,这是万古不易的一条经验。从事物的性质来说,只有权力才能约束权力"等法制思想、三权分立思想等;援引德国税法学家阿尔伯特·亨泽尔(于1926年3月30日在明斯特召开的德国法学家大会上)提出的"税收债务关系说"等,从多学科、多角度来释明和支撑税收法定原则。这对释明税收法定原则具有限制统治者权力,保障纳税人的合法财产权益不受国家征税权过度侵犯的功能与正当性,自然是有较强说服力的。

应当认为,税收法定之限制统治者权力,保障纳税人的合法财产权益不受国家征税权的过度侵犯,这对纳税人而言无疑是有益的。但随着时代的发展,税收法定的价值内核理应进一步推进。当今时代下的税收法定,不仅能发挥其限制或者控制政府征税权力的功能,即不仅限于保障纳税人的合法财产权益不受国家征税权的过度侵犯;还能使税法在良法善治的意义上,促进政府"合理用税",使事权与财权进一步合理地配置,能在提供经济社会可持续健康发展的公共物品中,使纳税人与征税人共同可持续、可普遍地获利和实现共享发展。在经济全球化、全球市场化、市场竞争化、竞争法治化的大趋势下,使税收法定的本质要求进一步展开。

(二)着重限制政府征税权力的税法理论向着重保障发展公平演进的分析

在经济全球化、全球市场化、市场竞争化、竞争法治化的大趋势下,税收法定原则无论其适用范围,还是税收法定之"法"的内容等,都在不断地演进。在过去,税收法定原则着重限制统治者权力,保障纳税人的合法财产权益不受国家征税权的过度侵犯,它的实质是限制政府权力对纳税人现存或者既有财产利益的侵犯,这从资本主义代替封建主义

① 黄茂荣:《税法总论》(第1册增订三版),台北,植根法学丛书编辑室2012年版,第299页。

② 陈清秀:《税法总论》,台北,元照出版有限公司2014年版,第45页。

③ 至于税收法定的范围究竟有多大,税收法定对政府征税权的限制应否扩大到"用税"法定等,人们还缺乏更多的研究。

迄今，对纳税人而言都是必要的，因为它会影响纳税人的生活消费的支付能力与投入资本逐利竞争的本钱；但是，国家征税以及用税也是因出于制造“公共物品”与提供“公共服务”①的需要，使税法不但有维护社会整体存在的功能，也有了能应对各种危机（过剩的经济金融危机、环境资源危机、生活消费的人体能力危机和两极分化的社会危机）和协调各种生产要素的配置，保障经济社会可持续健康发展和共享发展的功能。可以说，税法的这两大功能，前者是重在限制统治者“征税”的权力，限制对纳税人既有（存量）财产权益的恣意侵犯，具有反专制性；后者则着重促进统治者“用税”的效益，保障经济社会可持续健康发展与共享发展，使纳税人有获得感。前者使纳税人尽可能减少损益，后者使纳税人尽可能获取收益。这两者都应是税法所追求的目标，在经济全球化、全球市场化、市场竞争化、竞争法治化的大趋势下，后者显然具有更为重要的意义。

税收法定原则在产生之初及之后的很长一段时间，重点在于限制公权力，限制对纳税人的过度征税。这是因为税收法定原则产生于资本主义取代封建主义时期，封建主义的经济与政治，是以个体小生产的和以土地要素为核心的自给自足的自然经济为基础，生产力低下而生活相对稳定，以土地为主的既有财产权益是人们生存与发展的主要条件，相应地保障既得利益的法制已经存在。而封建专制以“普天之下，莫非王土；率土之滨，莫非王臣”把土地与人民都当做统治者的私有物来处理，恣意征税被视为正当或是属于有法制保障的王权应有的既得利益。但代替封建主义的资本主义的经济与政治，是以社会化大生产为基础的和以资本要素为核心的交易竞争型市场经济，它既有巨大的生产力，也有巨大的破坏力；资本自由逐利及其民主与法制的政治制度，首先在批判封建主义中登场。税收法定原则就在扫荡封建专制统治者的恣意征税权中胜出，为资本自由逐利的市场经济的发展扫清了道路。

资本自由逐利的市场经济的资本个体理性，内在地存在整体非理性的问题。因此，纳税人并不能在尽可能少的纳税损益中解决其资本可持续盈利的问题，它部分地取决于作为征税人的政府如何“用税”，如何能高效经营税收而能为社会有效地提供“公共物品”“公共服务”，使一切市场主体的资本逐利，能在整体经济可持续健康发展的环境中，可持续、可普遍地进行下去，以及社会保障都能一兜到底，给全社会任何个人一个基本的生活保障。这是因为在以社会化大生产为基础的和以资本要素为核心的交易竞争型市

① 公共物品是与私人物品相对应的一个概念，消费具有非竞争性和非排他性特征，一般不能或不能有效通过市场机制由企业和个人来提供，主要由政府来提供。公共物品是相对那些可以划分为企业或个人消费单元的基本生活或生产资料等私人物品而言的共享性物质产品和服务项目。公共服务是使用了公共权力或公共资源的社会生产过程。假如一个社会生产过程没有使用公共权力或公共资源，那么就是纯粹民间行为，属于民间服务而不是公共服务。譬如，不仅政府和公立机构提供的教育是公共服务，民间教育机构假如有政府特许或者使用了公共资源，那么也是在提供公共服务。公共服务一定是公民所需的，能够使公民的某种直接需求得到满足的，使公民受益的和得到享受的。以税收经营公共物品与公共服务，在一国之内的各地之间，以及国家与国家之间则是存在竞争的。这里，“用税”与税法之税收国家经营论与税收国家经营法论是成立的。

场经济中,在经济全球化、全球市场化、市场竞争化、竞争法治化的大趋势下,发展尤其是经济社会可否持续健康发展问题,是关系纳税人乃至全社会民众生存与发展最大的难题,政府征税、"用税"行为的法律规制,就只能与有助于破解这一难题联系起来,税法建设体现税收法定原则的本质要求,应沿着这一方向进一步展开。

事实上,从税收法定原则产生以来,传统的征税法定对纳税人而言,他们不但难以抗拒税收立法低质量带来的纳税不公平;即便是经人民同意的征税立法本身,也因为没有真正涉及税收这种财产权利属性,以及缺乏理论来指导解决税收运作经营低效的问题,而难以适应需要。所以,需要提出"发展促进型"税法来解决这个问题,是符合时代之潮流与人民之需要的。

二、以"公共财产法"为基础的"发展促进型"税法的释明

"公共财产法"是我国财税法学人用来回答财税法属性或特质的财税法理论。这一理论是对"财税法是什么""财税法为什么"和"中国需要什么样的财税法"等问题的回应。刘剑文教授提出:"公共财产法的要旨是规范和治理公共财产,限制或者控制政府的公共财产权力,来实现对纳税人权利的有效保护。"因以"公共财产法"的财税法理论为基础,来提出"发展促进型"税法,是非常合适的。

(一)"发展促进型"税法需要"公共财产法"理论的指导

优良的税法对纳税人而言,它不但要保障纳税人尽可能地减少损益,还要使纳税人尽可能地获得收益。纳税人缴纳税收理应得到相应的国家公共物品的回报,不仅如此,还应有利于纳税人的可持续发展。反之,纳税人缴纳的税款未能用之合法、用之合理(贪污腐败、浪费等),则即使征税是公平的,纳税人也不是满意的。能够促进纳税人尽可能地获得收益,这是"发展促进型"税法的使命,而笔者要提出"发展促进型"税法,就不能缺乏"公共财产法"的财税法理论的指导。

"公共财产法"①的提出并认为,财税法属于"公共财产法",仅就税法而言,是从财产"侵权法"转变为税收"经营"法,即"发展促进型"税法的理论支撑,它对税法的完善影响极大。

应当认为,"公共财产法"的财税法理论是指财税法属于"公共财产法"范围的理论,它并不是财税法学人重新创立一种与"私人财产法"不同的"公共财产法"理论,因为"公共财产法"这一范畴此前已经存在,如我国《宪法》第12条就规定"社会主义的公共财产神圣不可侵犯。国家保护社会主义的公共财产。禁止任何组织或者个人用任何手段侵占或者破坏国家的和集体的财产"。② 这就有"公共财产法"的内容。对于税法属于"公共财产法"来说,这需要说明两点:

---

① 北京大学刘剑文教授提出,他"从2009年开始关注和研究财税法的公共财产法之性质。与我以往在财税法领域强调权力制约、民主和法治等理念有所不同……"

② 参见我国《宪法》第12条。

一是税法属于"公共财产法"必须先行确定国家的税收收入属于社会公共财产。而这与以往对于税收究竟归属于谁的理论有明显区别。在过去,其一,认为税收直接归属于国家所有的财产。正如恩格斯所言:"征税原则本质上是纯共产主义的原则,因为一切国家的征税权利都是从所谓的国家所有制来的。的确,或者是私有制神圣不可侵犯,这样就没有什么国家所有制,而国家就无权征税;或者是国家有这种权力,这样私有制就不是神圣不可侵犯的,国家所有制就高于私有制,而国家就成了真正的主人。"①其二,认为税收是纳税人让渡或者通过交易而交付给国家的财产。这主要是社会契约、权利转让论,以及有偿交换、税收之债论。前者认为人们具有天赋的人权,国家权力来源于契约者们权利的让渡。国家因此才有了征税权。后者认为公共物品由国家提供给全社会,而国民则以税收形式向国家提供费用,是有偿交换。这也是所谓的公法上的债、税收之债,税收是国家债权的实现。但是,这两种观点难以彻底说明税收为什么需要法定的问题。

首先,如果税收收入直接属于国家所有,由于这是国家向纳税人征收的所得,所以纳税人是财产原始的所有权人(纳税人所占有的财产中,全社会公众可主张权利的情况应另行研究)。同时,国家作为社会的正式代表,并不直接等于被代表的全社会。纳税人的财产被国家通过征税直接取走,如果这个税收所有权属于国家,那么,征税就无须制定税法,直接依照民法的规定,要求纳税人将其财产中属于国家的部分交付给国家即可。但这与近代以来世界性的税收法定入宪、实行税收法定原则的实践不相吻合。事实上,国家作为全社会的正式代表,除了构成这一代表(由国家机构组成的国家)的代表者个人可能拥有财产之外,国家是没有财产的。税法就因此而具有必要性,因其具有防范国家侵犯纳税人财产权的性质。

其次,如果税收收入是纳税人让渡其权利给国家的,其原始所有权人是纳税人;或者是纳税人为取得公共物品而与国家进行有偿交换的给付,税收收入是国家向纳税人给付公共物品之债权的实现。那么,这两种情形也可依照民法来处理,这时税收的所有权也在民事流通中转移到了国家手中。由此可见,按照权利让渡或者有偿交换,征税纳税也无须制定税法。事实上,纳税人对属于自己所有的财产,按照民法,他们有让渡和有偿交换自由权的,国家作为相对方只要认可、接受即可成立。这也与近代以来世界性的税收法定入宪、实行税收法定原则的实践并不吻合。

因此,笔者认为,税收既来自本属于纳税人的财产,又并不直接归属于国家,而是归属于全社会公众;但它又由国家代表全社会去征收,并为全社会提供公共物品去运用。由此,终于揭示了税收是什么,以及税收归属于谁所有的问题。

二是税收属于社会公共财产,那么税法自然属于"公共财产法",制定与实施税法就需要"公共财产法"理论的指导。在我国,社会公共财产不限于税收,还包括全民所有制的财产,集体所有制的财产(集体范围的社会公共财产),用于扶贫和其他公益事业的社

---

① 《马克思恩格斯全集》(第2卷),人民出版社1995年版,第615页。

会捐助或者专项基金的财产(由我国《刑法》规定),在国家机关、国有公司、国有企业、集体企业和人民团体管理、使用、运输中的私人财产,以公共财产论处的财产(由我国《刑法》专门规定),无主财产依法认定的属于社会公共的财产等。但是,这里有两点,税收也可能因转化为公共物品,成为以公共物品形式而存在的社会公共财产,从而可能与全民所有制财产有交叉或重复(这在只实行私有制的国家,由于不存在全民所有制,那就不会出现这种情况,但不影响税收成为社会公共财产);同时,在我国作为全社会公共财产的全民所有制的财产,也即属于国家所有,这里的国家所有应指全民所有,而非国家机构所有,虽然法律可以规定国有财产可由国务院行使所有权。[①] 由此可知,"公共财产法"实际上首先应是涉及所有的社会公共财产的一般法,税法作为一种特殊的公共财产法的制定与实施,就不能离开"公共财产法"理论的指导。

(二)"公共财产法"理论能够指导"发展促进型"税法

税收是一种社会公共财产,而且是一种特殊的社会公共财产。"公共财产法"是相对于"私人财产法"而言的。但私人财产法与公共财产法,只有法主体上的区别,内容都是针对财产(客体)归属的。所以,"财产法"的基本原则,对"公共财产法"也都适用。现在,笔者联系税收作为一种特殊的社会公共财产的实际,对税法构建的指导作用,做些"财产法"学及其"公共财产法"学的分析。

提出财税法属于"公共财产法"的学者认为:"一方面,对于国家集聚私人之财以形成的公共财产,在财税法的框架下自有其内涵,从而形成公共财产权;另一方面,公共财产权体现为对公共财产的取得、用益和处分,这种权力规制的核心在于控权,因此建构于公共财产权概念之上的公共财产法其核心也为控权。"[②]"财产权传统观点的逻辑局限在于:其一,仅关注权属问题而忽略分配事项,即只关注财产权的初始确认,而忽略财产经转化而归于政府后,政府对其的正当行使;其二,未重视私主体在财产领域对政府的有效监督,即私主体只能知晓和评估政府取得自身财产的正当性边界,未能进一步追踪和监督政府使用这些取之于私主体的财产的过程。"这里要强调两点:

一是明确了税法这种公共财产法的核心也是控权。明确税收是社会公共财产,税法属于"公共财产法",因此国家(国家机构)征税就须经过全社会公众同意,这是税收法定主义的来由。因为国家(国家机构)作为社会的正式代表只是有权集聚私人财产以形成公共财产,无权将纳税人私人的财产据为国家(国家机构)己有,虽然这里的国家(国家机构)与全社会公众具有同一法律人格,但它作为代表人与被代表的全社会,毕竟不能直接等同,所以,这里存在民主政治问题。纳税人的私人财产怎样通过征税(包括对什么征税、征多少税、如何征税等)被集聚为社会公共财产,这就需要通过全民公决或者代议议

① 参见我国《物权法》第45条:"法律规定属于国家所有的财产,属于国家所有即全民所有。国有财产由国务院代表国家行使所有权;法律另有规定的,依照其规定。"

② 刘剑文:《公共财产法:财税法的本质属性及其法治逻辑》,载《财经法学》2015年第1期。

决(都是按照多数决处理)取得人民的同意,而纳税人个人及其少数人都无法对抗这种集聚。同时,全社会公众作为税收这项财产的所有权人,因其是拟制的主体,其意思表示须通过全社会的代表人——国家(国家机构)及其公职人员来进行,它们依赖所掌控的公共权力执行这种集聚,纳税人个体及其少数人也无法对抗这种集聚方式,况且纳税人被征收的私人财产仍是以社会公共财产的形式存在,纳税人个体及其少数人的抗拒理由也不充分。但是,对征税的立法,对征税的行政执法等公权力的运用,任何一个纳税人作为组成全社会公众的一分子,都依法(包括税法)对税收这一社会公共财产的归属权,对税收是否被掌控着公权力的主体之国家(国家机构)所侵害,享有监督、控制权,并都有获得税收公平的权利。不过,这是一种消极的但有必要的控权。

二是税法作为公共财产法的控权,不限于对国家(国家机构)征税立法、征税行政执法的公权力的行使,就税收对这一社会公共财产的归属权是否受到侵害享有监督、控制权;而且更有对国家如何运用、经营税收这一社会公共财产享有监督、控制权。这是税收法定主义必然需要延伸到“用税”法定的根源。税收既然是社会公共财产,全社会公众自然既对税收的归属有监督、控制权,对税收如何运用、经营也有监督、控制权。事实上,由于国家(国家机构)作为社会的正式代表,因其掌握着公共权力,国家便可以政权的力量对税收独占地(垄断)取得用益物权(本来用益物权应由所有权人来设定①)无须给付对价,并独占地(垄断)用于经营公共物品(包括公共服务),而作为“用税”人的各种国家机构的公职人员,则能从中获得相应的工资薪金与福利等回报,并打入制造公共物品的成本。那么,全社会公众作为税收的所有权人就更有充分理由,享有监督用益物权人、经营权人的权利,更需要实行“用税”法定等,并以法律手段推进税收的“良法善治”,来防范腐败和促进国家治理体系与治理能力的现代化,使税收法定主义有利于理财治国、有利于经济社会可持续健康发展环境的形成,从而有利于征税人与纳税人合作共赢、共享发展的利益最终得以实现。作为纳税人也将直接享有提起税收公益诉讼、提出税收违宪审查和公平享用公共物品的权利等。这是一种积极的但又可行的权利。

应当认为,“公共财产法”论以“财产法”理论为基础,能够指导税法成为“发展促进型”税法。对于纳税人而言,其利益不仅在于他能否得以公平纳税,以及是否有权监督税收这一公共财产的归属状况;而且,在此基础上他还更加关心他纳税能给他带来什么利益,因此纳税人也可能更关心对国家“用税”的监督、控制,更加关心国家理财治国的状况。刘剑文教授提出,为落实税收法定原则,需要“一是形式法定与实质法定的统一。形式法定是指税收事项应当通过法律的高位阶形式规定,但该法律本身应是体现宪法精神和纳税人权利保护的法律,实现‘良法善治’。二是征税法定与用税法定的统一。税收法定是指税款征收应当严格按照法律的规定执行,但税款入库成为财政资金以后,依然应

① 参见我国《物权法》第40条:“所有权人有权在自己的不动产或者动产上设立用益物权和担保物权。用益物权人、担保物权人行使权利,不得损害所有权人的权益。”

当实施严格的预算管理,实行税款的全流程监督和管理。三是立法规范与法治运行的统一。立法需要与执法、司法相配套,实现良性互动。税收法定既要依托税收立法的严格性,也要依托税收执法的妥适性,还要依托税收司法的公正性"。[①] 事实上,此番论述说明了税收法定应包括"用税"的法定,以保障"用税"公平和促进"用税"合理高效,包涵税法应是"发展促进型"税法的意义。

(三)提出"发展促进型"税法、明确"税收国家经营"的权利义务

根据以上分析,笔者提出"发展促进型"税法,须借鉴"税收国家经营"以及"税收国家经营权"范畴的问题。

税收属于社会公共财产,由国家依法向纳税人强制取得,并垄断其用益物权和垄断享有经营权,这是一个事实。因此,税收国家经营的权利义务应当由税法加以规定,由于这种税法是国家经营税收追求效率、效益之法,故应是"发展促进型"税法。

一是必要性。有没有必要借鉴"税收国家经营",以"发展促进型"税法来规定国家(国家机构)税收经营的权利义务?虽然,这与经营"私人产品"的行为有所不同;但其原理有相同点。这主要是指接受税收政策指导的税法,"都必须考虑经济的开放性以及保持国际竞争力的需要","国际环境对国内税收政策的更直接影响,趋向于集中在竞争力问题上",[②]在经济全球化、全球市场化、市场竞争化、竞争法治化的大趋势中,基于各国财力的有限性,各国都必须考虑如何更好地理财治国,以适应保持国际竞争力的需要。各国的税法必须应对前所未有的资本流动性,防范自己在经济竞争中处于劣势。考虑到国与国之间,一国内部的各地之间,一国的过去与现在,都存在"用税"的比较或竞争,各国就不能不引入"税收国家经营",不能不以"发展促进型"税法来规范政府税收经营的权利义务。

二是可行性。我国借鉴"税收国家经营",以"发展促进型"税法来规定国家(国家机构)税收经营的权利义务,也是可行的。目前,市场主体从事经营已有比较完备的法制,例如公司法等企业法,市场竞争法(反不正当竞争法、反垄断法等),以及消费者权益保护法等。那么,引入"税收国家经营"意味着什么?用"发展促进型"税法来规范国家(国家机构)税收经营的权利义务是否可行?这当然是可行的,因为国家"用税"制造公共物品与国家机构的公职人员获得工资福利待遇等,这两者无论在国与国之间、一国内部各地区之间的竞争中,以及在一国的过去与现在的比较中,都存在密切的联系,即公职人员的所得不能不与国家"用税"制造公共物品的效益挂钩。因此,完全能够以科学确定税收法定的范围,如把"用税"法定也纳入税收法定;完善提高税收立法质量的法制;完善"用税"绩效评估(包含于预算绩效评估)的法制;完善税收工作责任制立法;完善税收违宪

---

① 刘剑文:《将税收法定原则落到实处》,载《人民日报》2016年7月19日,第7版。

② [美]B. 盖伊·彼得斯:《税收政治学:一种比较的视角》,郭为桂、黄宁莺译,江苏人民出版社2008年版,第20~21页。

审查制度、税收公益诉讼制度，以及强化纳税人权利保护的立法等，由此来完善国家（国家机构）税收经营的权利义务的法律规范体系。在经济全球化、全球市场化、市场竞争化、竞争法治化的大趋势下，在国家垄断了征税、“用税”权力行使的情况下，完善这些法律更是有可行的理由。

因此，确认、设定和保护国家（国家机构）的税收经营权利，特别具有重要的创新的意义。税收作为国家（国家机构）经营公共物品的社会公共财产，要说明以下两点：首先，国家对之垄断取得用益物权，这使国家（国家机构）经营公共物品有了财产条件的保障。这里，从事经营活动，主体要么是经营自己的财产（享有所有权的财产），经营失败自行承担自有财产损失的后果；要么是经营他人（别的私人或者公有）的财产（享有用益物权或担保物权的财产），经营失败应向所有权人承担财产责任。① 税收经营属于后者。这时，国家（国家机构）因对税收（社会公共财产）垄断取得用益物权，从而有了经营公共物品的物（财产）的保障，但也负有不得损害所有权人（全社会公众）财产权益的义务。其次，主体经营他人财产，因须付出自己的劳动力并进行劳动，从而他当然也有因经营成功而获得经济利益的权利。从物权利益方面看，国家（国家机构）对属于全社会所有的财产之税收，因有权垄断取得其用益物权，故有权无须给付对价；这种财产若有天然孳息也应依法归属于用益物权人的国家（国家机构）。② 不但如此，国家（国家机构）还有权在“用税”制造公共物品中，在履行了保障社会稳定和为经济社会可持续健康发展提供了公共物品义务的同时，国家机构的公职人员也有权享有工资福利待遇的回报，以及与纳税人共享经济社会持续健康发展的成果。已如上述，这是因为国家机构的公职人员在“用税”从事公共物品经营活动中，提供了自己的劳动力进行了劳动。③

一方面，税收被用之于支付经营公共物品（供全社会消费）的费用，全社会公众就因此收回了自己纳税的财产，这是财产所有权的实现；另一方面，经营公共物品还须投入公职人员的劳动力，他们作为公职人员提供劳动力进行制造公共物品的劳动，获得了工资福利的回报和共享了发展成果，以此实现税收经营权。“发展促进型”税法的重点就在于配置税收经营的权利义务。

三、以“发展促进型”税法全面落实税收法定原则的总体设想

随着经济社会的不断发展，税收法定原则的内容也会有所变化。因此，税收法定之“法”，抑或是税法都在不断演进之中。我国在全面深化改革中引入了税收法定主义，决定全面落实税收法定原则，就必须在继承前人控制政府征税权力制定税法的基础上，与

---

① 参见我国《物权法》第 40 条。

② 参见我国《物权法》第 116 条。

③ 参见我国《宪法》第 6 条。对国家机构公职人员也实行“各尽所能、按劳分配”的原则，虽然他们是以自己的劳动力运用税收从事公共物品经营而与经营私人物品有所区别。制造公共物品（含提供公共服务）的物质条件的耗费和人工费用的支出，构成公共物品的成本。对国家（国家机构）而言，须评估“用税”对经济社会可持续健康发展的贡献率和绩效；对公职人员而言，则需要考评其工作效率。

时俱进地着重“发展促进型”税法的构建。“发展促进型”税法,本身是以包括控制政府征税权力的税收立法为基础的税法,其特点在于增加了“用税”法定和实现税收“良法善治”的内容。

(一)税收法定主义之内容的变化

自西方国家在资本主义取代封建主义过程中出现了税收法定,直到我国在全面深化改革中借鉴税收法定,全面落实税收法定原则,税收法定主义的内容已经更加丰富,如前面所述,税收法定之“法”,不仅是对政府“征税”的法,而且也是政府“用税”之法,它更需要强调的是国家(国家机构)对税收经营的权利义务。这是完善纳税人权益的双重保护的需要,也是征税人与纳税人合作共赢、共享发展的必须。因为纳税人并不只关心被征了多少税(存量利益的减少能否减缓),而且也关心他纳了税又能得到些什么(增量利益的增多能否实现)。对于征税人与纳税人之间,则人们关心的是能否合作共赢、共享发展,而不是对立、对抗。税收法定主义内容的这个变化是必然的。

(二)“发展促进型”税法的体系构想

“发展促进型”税法,对税收法定的“法”有较大的拓宽,即税收法定主义的适用范围扩大了,税收法定之“法”的内容增加了,促进税收“良法善治”局面形成的法律措施丰富了。我们所要构建的“发展促进型”税法的体系大体如下:

一是完善税收法定与保护纳税人权利的宪法表达。现在,我国《宪法》是在“第二章公民的基本权利和义务”中规定“中华人民共和国公民有依照法律纳税的义务”。[①] 这里虽有税收法定的内容,但这是对公民有纳税义务的宪法规定,并与公民有宪法规定的基本权利相呼应。一方面,它不是特别针对纳税人的税收权利义务的宪法规定。另一方面,税收法定本来主要是针对征税人须依照法律征税而言的,但宪法对此规定并不明确。所以,完善税收法定的宪法表达,应考虑把“国家依照法律征税、用税,理财治国,保护纳税人权利”等内容写入宪法,当然对现行宪法的规定作出明确的立法解释也是可行的。

二是须制定税收基本法如税法通则。税收基本法的制定,不仅须对税收实体法、税收程序法和促进税收“良法善治”等作出原则规定,而且更要对不直接由税法规定而实际包含税法内容,或者与税收法定密切相关的事项,作出原则规定。这是应当制定税收基本法的主要理由。

三是须完善税收实体法。这首先是指须完善“一税一法”的征税的实体法体系。不过,它还应包括制定非税收入遵从税收法定的法律,税款入库成为财政资金后“用税”法定的法律规范(通过预算收支法定体现),以及治理税收收入不可完全预知的法律。

四是须完善税收程序法。这包括税法的行政执法程序与税收仲裁、诉讼程序的法律。这里,首先是税收征收管理法需要完善。同时,对于税收仲裁、税收诉讼的某些特殊事项,也须完善相应的法律规定。此外,还应完善税收公益诉讼制度,尤其是纳税人公益

① 参见我国《宪法》第56条。

诉讼制度应当创立与完善。由于严格实行税收法定原则,而经济社会的发展变化从而税收的发展变化,常有不可控因素,政府通常会以举债等方式来保障财政收入,这就有可能发生政府债务危机,这就须有应对政府破产的法律。

五是须有促进税收"良法善治"的法律措施。税收法定不但要在税收的实体法与程序法上有完备的法律,而且须不断促进税收的"良法善治"。这就要求我们完善税收立法权的配置、授权立法与释法权配置,及其运行程序的法律;完善税收立法(质量)、执法(如包含于预算绩效的"用税"绩效)的评估,以及立法、执法、司法与普法的责任制的法律;完善涉税违宪审查的法律;完善衡量税收法定主义指标、标准与程序的法律。

四、结语

法律是治国之重器,良法是善治之前提。[①]"发展促进型"的税法及体系的构建,旨在为全面落实税收法定原则寻找到可行的路径,使税法成为既能满足征税法定的需要,又能满足"用税"法定与促进税收"良法善治"的需要的良法。在全面深化改革、全面依法治国和经济全球化的背景下,应当将税法融合到发展的理念之中,体现税法的时代性及税收法定原则落实的本土化特征,以更好地保护纳税人的存量与增量利益,促进经济社会的健康可持续发展。

① 参见刘剑文:《落实税收法定原则是对深化改革的历史担当》,载《社会科学辑刊》2015 年第 4 期。

纳税义务平等与所得税制的正义追求

朱孔武[*]

收入及财富的分配是当下最富有争议的话题之一。分配不均是税制不公的成因也是结果,税制正义与社会良性发展已密不可分,现代财税制度是国家治理的基础和重要支柱,在当前我国深化经济体制改革,转变发展方式的大背景下,税制改革被提上一个前所未有的高度。鉴于收入分配矛盾和贫富差距矛盾挑战中国社会稳定发展大局,在考虑税制改革目标时,应该以避免扩大社会不公为前提。所有税目中,所得税无论在理论重要性或实际税收量上,均占有极为重要的地位。平等权当然应受宪法保障,但就税法而言,应如何落实平等权保障,确需仔细思量。

一、平等原则要求公民纳税义务负担平等

我国《宪法》对于平等权的规定比较详尽、完备,既包括有关于平等权的一般性规定,又包括有关民族平等、男女平等、政治权利平等具体性规定;既有授权性规范,又有禁止性规范;既有关于平等权的正面规定,又有关于反特权、反歧视的侧面规定。学者多将平等具体划分为立法平等、司法平等与执法平等,进而就平等权的效力范围展开了激烈辩论,至今尚无定论。我国1954年《宪法》对平等权表述为"中华人民共和国公民在法律上一律平等",1982年宪法修改为"在法律面前一律平等"。

从体系解释的立场而言,平等权似乎仅仅包括法律适用的平等。适用法律平等在我国有明确的法律文本依据,而并无立法平等的法条。我国1954年《人民法院组织法》第5条规定:"人民法院审判案件,对于一切公民,不分民族、种族、性别、职业、社会出身、宗教信仰、教育程度、财产状况、居住期限,在适用法律上一律平等。"理论界的主流观点认为,作为我国宪法原则之一的"法律面前人人平等",指的是法律适用上的平等,主要是司法平等。有学者指出,从法的阶级性出发,立法在人民内部是平等的,而法律适用则是在全体公民范围内的平等。

从我国《宪法》的结构来看,《宪法》第二章"公民的基本权利和义务"的首条订明"公民在法律面前一律平等",既体现了将平等视为普遍性和统领性的原则,又赋予公平要求

---

* 广东财经大学法学院教授,法学博士。

得到国家平等对待的权利。所有公民都平等地享有宪法和法律规定的权利,平等地履行宪法和法律规定的义务。关于基本权利平等在法学界已经没有什么争议,但在基本义务平等方面,还有许多争议。多数学者认为,宪法基本义务适用于全体公民,某些义务只适用于特定的人群。从常识思考,宪法基本义务显然是国家与国民之间关系的基础,如果认为特定人权可以不履行基本义务,显然是荒谬的。理应是每个国民都有履行基本义务的资格,其履行内容由其行为能力决定。

至于纳税义务,每一个消费者都在履行,但平等原则显然不要求所有国民无差别纳税。纳税义务平等作为宪法平等原则的下位原则,其内涵必须置于整个宪法秩序才能加以理解。平等课税包括规范上纳税义务平等和税收征收管理上的平等两个方面,税收公平不仅体现于形式公平更体现于内容公平。税是公共负担,每一个公民都有义务承担。"赋税是政府机器的经济基础,而不是其他任何东西的经济的基础。"国家课税以个人交出部分财产的义务,而没有任何对待给付。国家征税是对于公民财产权和其他权利的侵害,其正当性基础在于平等分配负担,这也是税收与其他权利侵害的根本区别所在。国家系众多纳税义务人所共同托付的公益受托人,法治国民主原则及依法行政原则要求国家税课高权的行使,应依法为之。而宪法上平等原则更要求法律适用的平等,国家乃通过稽征机关承担依法、平等地执行税法的宪法义务,同时税法执行的合法性与平等性也成为个别公民履行纳税义务的前提,盖纳税义务人有权信赖且要求有相同负担能力的邻人,亦应缴纳相同的赋税。

因此,宪法平等原则要求税法的制定必须重点考虑负担平等的要求,无论课税的目的,还是岁入的使用,纳税与受益的关系都不得成为某个具体的个人是否承担纳税义务的考虑因素。公民的纳税义务的唯一根据是"依其能力","平等原则要求考虑不同纳税人的具体状况,而不是交纳相等的人头税,应该废除所有的间接税,按照比例税率征收直接税"。

二、纳税义务平等体现为量能课税原则

从人权谱系的发展来看,纳税是人民居于"被动地位"的义务,成为最早"入宪"的部分,其积极意义在于以宪法来确定人民对国家的义务范围,排除封建时代对人民的若干不合理要求(如服劳役)。纳税义务负担平等是宪法平等权原则在税法上的体现,属于平等原则的下位要求。财政学上的"赋税公平"原则,并不是宪法上"纳税义务负担平等原则"的来源,后者是宪法平等原则在赋税事项上的体现。但财税领域的平等原则必须考虑到财税领域的特性,因此,必须探求财政学上税收公平原则的历史演化,才能认识其具体内涵。

几百年来财政学一直关注纳税人之间税负分配的公平。斯密在1776年的《国富论》里把平等原则作为赋税的一个重要原则。马斯格雷夫指出:"水平公平与垂直公平是一枚硬币的二面,二者必须紧密连结,如果没有垂直公平的配合,水平公平的要求充其量只能确保赋税不致为恣意的差别待遇而已。如果要达成更进一步的赋税公平原则,水平公平须立基于垂直公平。”不过财政学界所认为的理想税制构造理论，已渐渐从“税收公平理论”转移到“最适课税理论”。并认为，在最大赋税收入与赋税公平的冲突中，可以利用补偿原则来抉择，亦即只要基于最适课税理论所产生的利益增加，足以弥补因忽略赋税公平原则所产生的损失时，则整体的社会利益仍为增加，此时最适课税理论即应优先于赋税公平原则而适用。

传统的税收理论，从斯密、穆勒、埃奇沃斯、庇古，一直到现代最优税制理论，都在税收的背景下考虑平等问题，而没有涉及收入如何分配的问题。财政学上关于赋税公平之定义及认定标准大致包括三种学说：(1)绝对公平原则：每一位纳税义务人都应负担相等绝对金额的赋税，亦即政府以定额税或人头税课征。(2)受益(应益)性原则：各人的赋税负担应与其从政府得到的利益相同，因此，赋税负担随各个纳税义务人所享用的公共产品价值大小而异。(3)量能原则：在政府总税收既定之下，每位纳税义务人依据其缴纳税负能力作为课税的依据，每位纳税义务人所牺牲的效用相同。所得增加，边际效用随之递减，而负担赋税的能力也随之增加，累进税即以此为依据。

学说(1)忽视纳税义务人的经济能力以及个人从政府公共支出所受益大小的不同，已不受学者重视。历史上也曾经存在过课征人头税之例，尤其在 19 世纪末以及其后在美国南方的若干州，曾经颁布相关法令：未缴(人头税)税者，不得行使选举权，依据 1964 年所颁布的美国《宪法修正案》第 24 条以及 1966 年美国联邦最高法院判决，已经被宣告为违宪。英国 1988 年《地方政府财政法》设立的社区费(community charge)，又称“人头税”(Poll Tax)。根据该项税制，地方自治团体可以自主决定，依据选民名册所记载之人数，凡是年满 18 岁之地方居民，无论其所得与个人财产有多少，均缴纳相等数额之税捐。然而，此税引起了严重暴动与社会动荡，1992 年《地方政府财政法》废止了人头税。

学说(2)即“使用者付费”观念，被称为“应益负担原则”。以亚当·史密斯和林达尔为代表，以社会契约论为基础，“一国国民，都须在可能范围内，按照各自能力的比例，即按照各自在国家保护下享得的收入的比例，缴纳国赋，维持政府”。其优点为政府课征某种赋税的政策，能与公共支出效益间保持关联性，将使政府的决策更合理。但 200 年来没有能够提出一个有关纳税与受益之间正相关的有力证明。有两种计算方式，一是“受益负担”的观点，据实计算个人从国家所享受的保护或服务(利益)的客观价格，以决定其应负担税捐；二是从“成本费用补偿”的观点，计算国家因为提供人民保护与公共服务所产生的成本费用，再由享受该项保护与公共服务之国民共同负担，加以填补。“受益负担”观点在理论上颇具说服力。但在实务上欠缺具体办法计算国家所提供之各项保护或公共服务的客观价格。至于国防、治安等保护或其他诸如道路或下水道各项具体的公共服务，纳税义务人的具体使用利益究竟有多少？因此，在采受益性原则作为税收公平标准下，必然要舍弃前述“受益负担”观点，改用“成本费用补偿”观点，来反映出国民的受益程度。因为国家为提供人民保护与公共服务的成本费用，可以通过国家财政预算的形式计算出来。但税收负担总额与具体纳税义务人在各个税目中所应负担税额多寡并无任何具体关连性。税法规范不仅涉及国家于何种条件下可以对于国民课征何种税收的问题,更牵涉应如何合理分配国民彼此间之税负的问题。

学说(3)说以约翰·穆勒为代表,他将相等牺牲观念导入赋税分配理论,但是"效用"具有主观性,不能客观地测量,也不能对个人间之效用加以比较,并且较难顾及公共支出的效益问题。故现代宪治国家,赋税负担是否平等之衡量标准,非依对偿原则,而以量能原则为主。此种原则,许多国家明定于宪法。

财政学上的赋税公平原则在政治实践中具有悠久的规范传统。1789 年法国《人权宣言》第 13 条规定:"为了武装力量的维持和行政管理的支出,公共赋税就成为必不可少的;赋税应在全体公民之间按其能力作平等的分摊。"同时体现了学说(2)和(3),"应益负担原则"与"应能负担原则"在此时并未严重对立,因为它们主要都是用来对抗国家的恣意,或依照身份不同而差别课税的苛政。但是在法国大革命后封建式赋税制度崩溃,两种学说发生了严重的对立。19 世纪是量能课税原则的黄金时期,封建制度崩溃后,每个国民都应该平等负担赋税,相同所得的人应负担相同的赋税,这种水平公平的要求开始深入人心。但是,随着资本主义经济的发展,贫富差距悬殊,阶级对立严重。赋税分担问题的重心转移到穷人和富人之间的垂直公平问题上。19 世纪废止间接税的主张一度声势浩大,而量能课税的原则包含无赋税负担能力的人不必纳税的观点,备受大众瞩目。

随着历史的发展,财政观念的变化反映在宪法规范的变化上。19 世纪后半叶的财政学的重大问题是对所得税累进税率的理论证成,量能课税原则中的核心概念——赋税负担能力的内容如何,也是当时财政学理论关注的重要问题之一。其主要代表人物是魏格纳,他认为量能课税原则分配课税负担,不仅需要累进税率,还必须考虑影响赋税负担能力的各种具体状况,例如,维持生活必需的所得不应课税,赋税负担能力亦因所得种类不同而不同,劳动性所得和资产性所得赋税负担能力就不同。在间接税(主要是消费税)的情形下,主要是生活资料,人人都需要,富人的消费并不必然大于穷人,然而大部分的消费税都是由贫穷阶层的国民负担,主张量能课税原则的人主张废除消费税。这种主张的宗旨,是因为税制中累进所得税或累进直接税(财产税、遗产税)的制度创新。在 19 世纪后半叶,德国财政学界对量能课税原则有丰富的讨论,以肯定所得税的累进税率为前提,并尝试借财政学理论来正当化,讨论核心主要有二:(1)作为量能课税原则垂直侧面的累进税率问题;(2)量能课税原则的核心"赋税负担能力"的问题。德国在 20 世纪初产生了独立的税法学,接受了财政学的概念和体系。当时的思想反映在实定法上当属《魏玛宪法》第 134 条的规定:"国民,不分差别,应依据法律,称其资力,负担公共费用。"1947 年的意大利、1975 年的希腊、1978 年的西班牙、1982 年的土耳其、1988 年巴西、1990 年匈牙利、1990 年克罗埃西亚、1990 年瑞士以及 1999 年俄国等国家的宪法条文中,都出现国家应依照国民之经济上或事实上的负担能力课税,或相同意思的字眼的量能课税原则。

德国学者奥托马·比勒尔是以法实证主义的立场研究量能课税原则的开创者,它认为,仅仅以累进构造的程度等具体问题并不足以理解量能课税原则的内容,量能课税原则应作为立法上的一般指导原则。1919年的《魏玛宪法》第134条规定:“全体国民应依法律按其资力承担公共负担”,比勒尔教授以法律学观点认为量能课税原则应作为立法上的一般指导原则。但是,对于量能课税原则的具体内容以及立法者裁量的界限并没有得到清晰的阐述。阿尔巴特·亨塞尔教授进一步革新了税收法律关系理论。于深入研究《魏玛宪法》第134条的规定后,认为赋税立法者依照宪法负有义务,以特定的原则分配必要不可欠缺的公共负担,从而明确指出量能课税原则为宪法原则并拘束立法者。此外,1919年和1977年的德国《赋税通则》一直把负担平等作为赋税的构成要件之一。第85条规定:“稽征机关应按税法规定,平等地核课与征收赋税,并确保未短收或违法征收赋税,或者违法准许、拒绝退税与赋税优惠的请求。”

三、纳税义务平等原则在税法中的审查标准

法规范是否符合宪法平等权原则,其判断应取决于该法规范所涉及差别待遇立法目的是否合宪,其所采取之分类与规范目的间是否存有一定程度关联性。制定财政目的税法规范,需要高度的专业技术判断及相关信息以因应当前的财政需求,因此立法者对此拥有形成空间。但是,纳税义务负有普遍性和强制性,强烈限制了财产权和其他权利,因此必须对于立法目的进行限制:正当性、手段与目的合理关联性。其中立法目的的正当性取决于其是否符合量能课税原则的要求;手段与目的之间是否具有合理的关联性,亦应以量能课税原则作为标准,并辅以体系正义的观察。纳税义务负担平等的标准就是合理的差别待遇标准,构成平等原则在立法、行政和司法领域的判别标准。在司法领域,除了依法审判的形式标准外,司法者对立法者制定法律的内容进行司法审查的标准和立法者出于公正合理目的考虑进行立法所依赖的标准是可以共通的;在行政领域,如果出现行政立法的情况,毫无疑问可以适用纳税负担平等的标准,而在行政自由裁量的领域内,自由裁量所要求的公正合理性与合理的差别待遇无非是一枚硬币之两面的表述方式。“合理的差别待遇”,即是禁止恣意的差别待遇,禁止歧视。考察税收立法是否抵触平等原则时,首先必须确定在税收领域受差别待遇的人或生活事实的归类是否合理。其次根据财税领域事务的独特性分别予以考察。

对于“纳税负担平等”内涵的变化,德国联邦宪法法院在判决中逐渐形成了一套合宪性审查标准,即从平等原则导出量能课税原则,并承认此项课税原则具有宪法上的效力根据。对相同负担能力者课征相同赋税,对不同负担能力者则应予合理之差别待遇,故应兼顾水平公平及垂直公平。也就是按照人民彼此间不同的给付能力负担不等的赋税。税的负担平等是税收立法关注的首要问题,这一点特别适用于所得税,在立法过程被称为赋税正义原则的就是“依照每个人民的财政以及经济上的负担能力标准给予赋税负担”。德国联邦宪法法院则由《基本法》第3条、第12条平等原则中,导出赋税正义要求,其中最重要的要求,即为赋税负担须依个人之经济负担能力。基于量能课税原则,联邦宪法法院多次表明,私人扶养费用应切实于所得税负担扣除。立法者固然可以裁量选择征税客体及决定税率,但其赋税构成要件的规定应该遵循负担平等原则。因此,纳税义务负担平等包括规范上的纳税义务的平等和税收征收管理上的平等。

对于美国的立法归类和审查标准必须满足两项要求:(1)法律必须具备合宪目的,或者将法律目的简化为“消除公共危害”;(2)法律必须是取得合宪目标的合理手段,法律对人的“特征归类”必须和“危害归类”具有某种程度的重合。法院司法审查的焦点通常在于判断“特征归类”和“危害归类”的重合程度,形成了“双重基准”。审查标准要求严格时,需要“特征归类”和“危害归类”完全重合;而当审查标准宽松时,只要两者稍有关联,就会被认为符合宪法的“平等保护条款”。美国联邦最高法院在一个判决中指出,如果一种课税制度造成实际上相同价值的财产,在课税时产生巨大差异,此种差别待遇违宪。美国西弗吉利亚州宪法规定所有财产税的课征,无论是动产或不动产都依据财产的价值课税。系争差别待遇在于实际上相同价值的财产,以最近交易与否作为课税价值的分类标准,凡是最近交易之财产,便以其交易价格作为课税价值,至于最近未交易之财产,则依据前一次的评估价值,加上微幅的调整,作为课税的财产价值,因此造成实际上相同价值之财产,于课税时产生极大的差异。判决承认州政府在课税方面是具有广泛的裁量权限,包括要采取何种分类方式及赋税比例的分配,只要这些区别与负担具有合理的基础。判决指出,平等权并不要求课税的基础,须依据市场价格的波动而立即做出调整,但是也不认为系争差别待遇与立法目的(依据现时的财产价值予以课税)之间具有合理关联,而法院的着眼点在于差别待遇的持续期间及程度。只要在短时间内做适度的调整,使相同价值的财产不至于课税时差异过大即可,在平等保护条款之下,是可以容忍基于课税的目的偶尔所造成的错误。

纳税义务平等要求政府不得为不合法的差别待遇,因此要求平等原则必须具有能够适用于立法、行政和司法三个领域的判别标准。由于平等原则本身是具有高度价值性和抽象性的法律原则,其内容的空洞性必须由详实的判例加以补充。综观各国推进平等原则的司法适用,均是建立在一系列逐步推进的司法判例基础之上的。虽然各国理论与实践在确定合理差别标准上各有特色,但是合理差别标准本身却不是一个纯主观的标准。尽管在不同时期,不同社会中认定的结果会有不同,标准本身也不是完全明确的,但是,这是只要积累足够的案例就能弄清的问题。我国由于缺乏司法审查制度,平等原则对于立法的拘束体现于立法程序,立法者承担立法平等的举证责任,立法参与和协商过程构成平等原则对于法律的形塑过程。

四、结语:追寻正义的所得税制

税制把握课税的法律秩序,确立国家与人民间税收法律关系,公平分配税收负担。因此税制为能履行其对于国家、社会及人民之责任,必然永远追求正义。量能课税原则的纳税人负担能力是一个不确定法律概念,需要时时更新的操作概念才能实际发挥规范功能与解释作用。税收负担能力指的是现实上实现的负担能力(或经济能力、支付能力),税法所强调的是纳税义务人在现实上已经取得之经济成果与其所展现的纳税负担能力。基于量能课税原则,所得课税税基应以收入减除成本及必要费用后的客观净值,而非所得毛额。所得净额之计算方式系以总收入减除纳税人为获取收入所必须支付之成本及必要费用。

所得税法的修改应该符合纳税人义务平等原则，其内涵大致包括：(1)公平对待纳税义务人。为促进劳资双方之财富平均，缩小贫富差距，在税法上理应对于工薪阶层给予优惠，今资产阶层之营利事业所得及其他所得（执行业务所得、财产交易所得等）之计算，概均可扣除成本费用，更应一视同仁，准予薪资所得者扣除必要费用，才不至于对于劳工构成歧视差别待遇。(2)基本生活费所需所得作为扣除额。国家通过社会救助确保贫穷者保有起码尊严的基本生存权，换言之，人民为维持基本生存所必须之所得与财产不应被课税剥夺。国家不应先对于人民课税剥夺其维持基本生存所必须之所得与财产后，再以其欠缺生存能力而再给予社会救助返还被课税之税款。因此，在社会救助额度范围内的基本生活费所需要之所得，也包括私人疾病保险费用支出在内，应免纳所得税，以保障人民的生存权。(3)保障家庭的宪法原则在税法中应该体现。联合国《世界人权宣言》第16条明订："家庭是天然的和基本的社会单位，并应受社会和国家的保护。"我国《宪法》第49条规定"婚姻、家庭、母亲和儿童受国家的保护。"禁止对婚姻家庭设有不利待遇，在税法中自不得设下不利于婚姻家庭之待遇。法律所强制性的扶养减低了纳税义务人的负担能力，在计算课税所得时，须先扣除此种扶养义务所需费用，始有纳税能力。

论所得税的两次转型与未来变革

杨大春*

继“营改增”之后,我国税收改革中最受关注的税种是房地产税和所得税。已经成为国家主体税种,将来地位还将日益抬升的所得税前景如何?① 目前,众所周知的所得税改革方案无非是提高个税免征额、改变个税计税模式,从分类计税转变为混合或者综合计税、改变个税的征管模式,从代扣代缴为主转变为自行申报为主等。这些都属于具体的规范性改革。本文认为今后中国所得税应当进行结构性减税,从注重个人权利保护原则发展成注重社会福利保护原则,建设社会福利型所得税。

一、中外所得税的两次转型与三个本位

(一)所得税的两次转型

1799 年英国首创所得税。200 年来,所得税遍及世界。纵观这 200 余年历史,可见主要国家和地区的所得税大致都经历了两次转型。

第一次转型发生在各国开征所得税的初期。世界各国开征所得税有一个普遍特征,即多数国家都是因为战争或者内乱而导致财政紧张,为了寻找财源,支持战争胜利或者内乱后的经济重建。这显然是一种以聚财为目的的所得税。如 1799 年英国创造所得税,目的是为对付拿破仑战争。1808 年普鲁士在第四次反法同盟失败后,开征所得税是为筹措对法赔款。1871 年普鲁士取得普法战争胜利,完成德国统一,开征所得税是为了弥补战争损失,尽快恢复战后经济。1861 年美国议会制定《收入法案》,同意开征所得税,是因为北方联邦在内战中财政日益短绌,岌岌可危。1862 年该法案正式实施。第一次世界大战后,所得税停征。1894 年“因关税降低导致财政收入减少。为了弥补收入缺

* 中国财税法治战略研究院(常州大学)副教授。

① 20 世纪 80 年代之后,随着哈耶克(Friedrich A. Von Hayek)为代表的新自由主义经济学在欧美国家大行其道,学术界形成了一种否定所得税,认为其是“一种错误的概念”,主张以“一种累进的消费税”取而代之的论调。但是,这种论调没有成为当代财税学或者经济学的主流,也不可能根本否定我国所得税未来的存在(参见 Daniel S. Goldberg, *The Death of the Income Tax—A Progressive Consumption Tax and the Path to Fiscal Reform*, Oxford University Press,2013)。

口",美国议会重新把立法开征所得税提上日程。① 1887年为了扩充军费,侵略朝鲜和中国,日本立法开征所得税。1914~1917年处在第一次世界大战中的法国制定三部所得税法律,形成了法国所得税体系。"作为筹措战争的资金,澳大利亚联邦所得税于1915年开征。"②"作为一项为第一次世界大战筹措资金的临时措施,加拿大于1917年首次开征联邦所得税。"③中国开征所得税的历史也是受战争的影响,从满足财政目的的聚财型所得税开始。1910年晚清政府度支部拟制《所得税章程》,直接原因是八国联军战争后《辛丑条约》带来的巨额赔款。南京国民政府在1936年推出《所得税条例》,正式开征所得税,是为了开辟财路,应对磨刀霍霍的日本侵略者。改革开放后,中国在1980年开征中外合资企业所得税和个人所得税,而且是以法律公布之日为实施之日,原因是10年内乱之后民生艰困,财政紧缀,国家急需引进外资,发展经济,增加财政。可见,一国开征所得税皆以满足国家财政为目的,具有明显的聚财特征,称为国家财政型所得税。

当国家财政型所得税帮助国家渡过外战或者内乱的危机,社会稳定,经济恢复之后,以聚财为目的的所得税就会向以均富为目的的所得税转型。转型方式或者是在连续不断的实施所得税过程中修改法律,直接转型,或者是战事已过,先停征一段时间,然后再重新立法开征新型的所得税。前者,如日本在1887年开征所得税后,于1899年修改法律;旧中国的国民政府在1936年开征所得税,1943年制定《所得税法》,又于20世纪五六十年代在我国台湾地区修改"法律";新中国在1980年开征所得税后,于1994年施行新税制,实现所得税的大规模转型。后者,如英国,1799年第一次开征所得税后,于1815年停征,1842年又重新立法,使所得税成为固定税种;美国在1862年开征所得税后,1872年停征,1909年又重新开征公司所得税,1913年增加宪法第16修正案,重新开征个人所得税;德国(普鲁士)在1808年开征后又停征,1871年又重新立法开征。总之,所得税在各国战争结束,经济复苏之后都发生了不同程度的调整,都开始从单纯追求国家经济收益,满足财政需求转向保障纳税人权利,追求税负公平。这种新型所得税可以名之为个人权利型所得税。从国家财政型向个人权利型转型,是所得税的第一次转型。

第二次转型开始于世界经济更加繁荣,法治程度更加成熟的20世纪下半期,直到现在仍是进行时态。在这段时期里,整个社会不仅追求保护公民个人权利,实现个体之间的公平正义,而且开始关注社会不同阶层之间的和谐共处,注重保护弱势群体,推行社会福利,实现社会公平正义。这种追求在法律上表现为世界发达国家由民法时代向社会法时代转型,表现在所得税上就是各国普遍实施新型的社会福利型所得税。这种所得税的

① 杨慧芳:《中美个人所得税法比较研究》,载刘剑文主编:《财税法论丛》(第1卷),法律出版社2002年版,第329页。

② [美]休·奥尔特、[加]布赖恩·阿诺德等:《比较所得税法——结构性分析》,丁一、崔威译,北京大学出版社2013年版,第3页。

③ [美]休·奥尔特、[加]布赖恩·阿诺德等:《比较所得税法——结构性分析》,丁一、崔威译,北京大学出版社2013年版,第26页。

法律价值不仅在于纳税人个人权利,而且在于纳税人和其他社会成员的福利,用减免税的形式实际增加纳税人的福利待遇,同时也用减免税的方式鼓励纳税人承担社会福利事业,追求社会和谐。如在税前扣除中增加纳税人基本社会保险之外的人身性商业保险扣除,增加纳税人及其抚养子女的教育费用扣除,增加纳税人向社会公益事业的捐赠扣除,等等。所得税的这种转型是根本性的,重大的,是世界所得税史上的第二次转型。经过这次转型,社会原则成为税收公平原则之外的另一种原则。"税制朝向促进大行善事,鼓励扩大社会项目支出的方向设计,给个人慈善事业、教育、医疗和宗教事业以大力支持。"①从个人权利型向社会福利型转型,这就是所得税的第二次转型。

(二)所得税法的三个本位

综观世界所得税法律史,可见所得税经过两次重大转型,形成了三种立法原则,本文称其为三个本位,即国家本位、个人本位、社会本位。与此相应,形成了国家财政型、个人权利型、社会福利型三种所得税。

国家财政型所得税,以国家为本位,以满足国家财政需求为首要目标。国家财政型所得税都出现在一个国家开始征收所得税的初期,即从产生到第一次转型前的时期。个人权利型所得税是迄今为止所得税历史的主体阶段。这一时期,所得税立法的主要特征是个人本位,贯彻量能课税原则,采用累进税率,提高税前免征额,保障纳税人最低生活能力,增加税前扣除项目,降低纳税人负担,包括降低最高边际税率,以减少对高收入高财富人群的税收剥削。计税模式逐渐放弃分类征收模式而转向综合征收或者混合征收。征管模式从源泉扣缴,代扣代缴转向自行申报为主。这一时期,税收征收的基本目标已经从单纯追求财政收入转向兼顾保护纳税人权利,注重税负公平。这种类型的所得税在欧美发达国家,包括我国台湾地区通常都持续到 20 世纪七八十年代。社会福利型所得税是各国所得税目前正在经历,或者将要经历的类型,是所得税第二次转型的结果,是社会本位的法律观在所得税领域的体现。

(三)所得税转型的原因

所得税发生两次转型,特别是自 20 世纪七八十年代起,各国相继发生从个人权利型向社会福利型转型,不单纯是所得税一个税种的现象,其实也是整个世界形势转型的反映。在所得税转型的背后,有整个世界形势转型的大背景。这个大背景就是世界主要市场经济国家和地区在法律上走向社会法、经济上走向社会经济、财政上走向民生型财政。

法律走向社会法运动。人类的法律史大致可以分为王法时代、民法时代和社会法时代。王法时代指漫长的君主专制时代。自 12 世纪,罗马法复兴之后,欧洲国家陆续进入民法时代,以 1804 年拿破仑制定法国《民法典》为确立标志。中国法律从 20 世纪初的清末修律才开始逐渐民法化。19 世纪初民法时代轰轰烈烈到来的同时,社会法的观念也在酝酿。1802 年英国通过《学徒健康和道德法》,是社会法的萌芽。20 世纪社会法开始爆

① Robert M. Willan, *Income Taxes, Concise History and Primer*, Claitor's Publishing Division, 1994, p. 140.

发,并向21世纪延伸。1911年德国制定《社会保险法典》。1935年美国出现了世界上第一部《社会保障法》。"在20世纪的第二个25年,(美国)公法发展中最重要的一点就是为正在出现的福利国家奠定了宪法基础。"到20世纪60年代,"完全在立法者和执法者的努力之下,美国社会福利法的面貌发生了重大变化。"①目前,英国法治的重点方向就是"公共事业立法的绵延不断"和"社会保障法的全面建构"。② 总之,正如日本税法学家北野弘久所言:"从人权理论上说,21世纪必须是在20世纪基础上完善和发展'社会权的世纪',而社会权是20世纪留给21世纪的法文化遗产之一"。③

马克思、恩格斯说:"不应该忘记,法和宗教一样,是没有自己的历史的","无论是政治的立法或者市民的立法,都只是表明和记载经济关系的要求而已"。④ 20世纪欧美国家的法律社会化运动,是这些国家经济发展逐步注重社会价值的结果。为了缓解持续不断的工人运动和尖锐的社会矛盾,资本主义经济学界在20世纪开始被迫关注起资本的"社会正义"性质,主张企业和富人更多地承担社会责任,兼顾社会公平,提高社会福利,化解劳资纠纷。⑤ 20世纪中期,最具世界影响力的经济学理论是福利经济学和凯恩斯经济学。福利经济学力主通过税收,特别是累进所得税和财产税调节贫富,实现社会政策,建设福利国家。琼·罗宾逊更是直接主张"运用累进税和对奢侈品征重税等手段,体现政府的社会政策。"⑥进入21世纪后,西方资本主义国家虽然已经不再热衷于凯恩斯主义和"福利国家"的口号,但是为了资产阶级自身的统治,这些国家并没有废除,也不能废除已经确立的社会福利政策。借助国家手段促进社会和谐与公平正义,增强资本的社会价值的大方向不会改变。

在经济关注社会价值,法律追求社会和谐的大背景下,国家财政体制也遵循相同的路径发展演变,形成了民生财政的特点。可以说,"社会福利在20世纪后期遇到的挑战与变化,并没有否定集体主义福利的价值,而是指出了它的不完善性及人们对社会福利的误解,提出了改革传统福利观和福利制度中某些不合理性的必要性。"⑦今后福利国家仍然是欧美经济建设的基本方向,民生财政仍然是他们财政政策的基本内容。只不过需要对原先一些政策加以调整。

---

① [美]伯纳德·施瓦茨:《美国法律史》,王军等译,法律出版社2011年版,第217页。

② 王霄燕:《英国法治现代化研究》,法律出版社2012年版,第253~254页。

③ [日]北野弘久:《和平、福利国家的发展与纳税者权利保护》,郭美松译,载刘剑文主编:《财税法论丛》(第1卷),法律出版社2002年版,第321页。

④ 马克思、恩格斯:《德意志意识形态》,载《马克思恩格斯全集》(第3卷),人民出版社1965年版,第71页;《哲学的贫困》,载《马克思恩格斯全集》(第4卷),人民出版社1965年版,第121~122页。

⑤ [英]威廉·史考特:《经济思想史》,台北,三民书局1996年版,第341页。

⑥ 许建国、蒋晓蕙、蔡红英:《西方税收思想史》,中国财政经济出版社2016年版,第244页。

⑦ 钱宁:《社会正义、公民权利和集体主义——论社会福利的政治与道德基础》,社会科学文献出版社2007年版,第73页。

二、社会福利型所得税的四项原则与对应制度

不侵害本体财产、最低生活保障、量能课税,是所得税与生俱来的三项原则。是这三项原则作为基因结成了所得税的初胎。社会福利型所得税对所得税的三项原则要求更高,并且增加出第四项原则——社会福利原则。

(一)个人权利型所得税的三项原则

所得税从产生之日起就具有不侵害本体财产、最低生活保障、量能课税等三项原则。

1. 不侵害本体财产

不侵害本体财产是指所得税只针对所得部分征税,不针对本金。这一点在各国开征所得税之始即已明确,也是所得税作为现代直接税,与传统间接税的主要区别。但是,什么是所得?纳税人的哪些财产属于所得?这是一个需要不断细化,不断明确,甚至不断扩充的问题。可以说,所得是一个动态的概念,随着所得税从国家本位到个人本位的变化而变化。1914 年民国政府颁布的第一部所得税法律《所得税条例》中规定企业在税前可扣除项目只有 4 项,分别是:本年度之支出金、前年度之赢余金、各种公课及保险金、责任预备金。现在,就企业所得税而言,不仅原材料等生产成本,而且细化、明确成了劳务成本、管理费用、营业费用、财务费用、税金、损失等各个具体项目。个人所得税法规定出租财产的所得中允许扣除对出租财产的维修费用,转让财产所得中允许扣除财产的取得所得,按转让价格和取得价格之间的差价计算所得。对职工个人以股份形式取得的仅作为分红依据,不拥有所有权的企业量化资产,不征收个人所得税。被保险人所获得的保险赔款相当于被保险人在损害发生之前的本体财产,所以保险赔款也允许在税前扣除。这些越来越细致的法律规范都是出于"不侵害本体财产"的原则。由此可知,所得税中的本体财产范围是随着所得税类型的变化而变化的。

2. 最低生活保障

最低生活保障是指所得税必须预留税前免征额,以满足纳税人的基本生活需要,保障纳税人的生存权利。所得税在创办初期,对最低生活保障的规定都很简单,没有细致的区分。如 1799 年彼特在英国首次开征所得税时就规定"所得低于 60 英镑免税"。[①] 1914 年英国《所得税条例》只是规定个人所得税"500 元以下者免税"。1936 年英国《所得税暂行条例》规定"每月平均不及 30 元者"免征个人所得税。现在出于最低生活保障而规定的税前扣除项目除了每人每月的 3500 元工资薪金外,还包括很多方面,内容大大超出了 100 年前的草创时期。例如,现在《个人所得税法》规定按照国家统一规定发给干部、职工的安家费、退职费、退休工资、离休工资、离休生活补助费免税。按照国家有关城镇房屋拆迁管理办法规定的标准,被拆迁人取得的拆迁补偿款,免征个人所得税。个人转让自用达 5 年以上,并且是唯一的家庭生活用房取得的所得,暂免征个人所得税。对

① 滕淑娜:《税制变迁与英国政府社会政策研究,18 世纪—20 世纪初》,中国社会科学出版社 2015 年版,第 76 页。

国有企业职工,因企业依照《企业破产法》宣告破产,从破产企业取得的一次性安置费收入,免予征收个人所得税。职工与用人单位解除劳动关系取得的一次性补偿收入(包括用人单位发放的经济补偿金、生活补助费和其他补助费用),在当地上年职工年平均工资3倍数额内的部分,可免征个人所得税等。为了保障纳税人的基本人权,特别是生存权,现代税收国家对计税模式也予以重视,普遍采用综合计税模式,摒弃分类计税模式,从而全面衡量纳税人的综合纳税能力,保障其基本生活资金与需求。与综合计税模式相对应,税收征管也由以效率为先的源泉扣缴,代扣代缴模式转向自行纳税申报。诸如此类都可以说明,最低生活保障原则在当代个人所得税法中的应用范围呈不断扩大趋势。

3. 量能课税

量能课税指法律应当根据纳税人纳税能力的大小不同而平等分配各自的税负。与量能课税相对应的概念是量益课税,即不管纳税人的纳税能力大小,而只管根据纳税人的实际收益决定各自的税负。量能课税和量益课税都是税收中的公平价值的体现,但是二者有质的区别。量益课税是同样的收入,同样的税负,只根据纳税人直接的经济收益决定税负,不考虑纳税人经营或生活能力的差异。这种课税原则最直接的表现就是比例税率制度。这是一种形式公平的税收制度。量能课税不仅考虑纳税人的收益,而且要考虑纳税人的经营或生活能力的不同。因为即使同样的企业或者家庭结构,同样的收入水平,也可能由于纳税人成本、费用、住房、教育、医疗等负担的不同而导致扣除生产或者生活成本后的实际负税能力不一样。所以,量能课税反对简单无差别的比例税率原则,主张差别比例税率或者累进税率,尤其是超额累进税率。1799年彼特在英国初次开征所得税,规定"年所得收入超过200英镑,税率为10%;所得低于60英镑免税;在60~200英镑之间,其所得税税率按浮动折算制计算"。[①] 我国当前企业所得税法规定的25%、20%、15%三档税率属于差别比例税率,个人所得税的工资薪金类所得(包括工资薪金、个体工商户经营所得、企业承包承租经营所得)实行超额累进税率。超额累进税率也不是完全的量能课税。因为超额累进税率只是顾及了高低收入不同的人群之间的纳税能力差异,使可能具有较好纳税能力的高收入者更多地纳税,初步实现了纳税人之间的纵向公平。但是,同样收入的纳税人之间的纳税能力也有差异,如何实现纳税人之间的横向公平,累进税率对此却无能为力。欲贯彻量能课税原则,实现纳税人之间的横向公平,还需要针对税法中的征税对象和计税依据做文章,要考虑应开征或者免开征的征税对象,以及针对不同征税对象的计税方法。例如,个人所得税法中规定在计税方法上对工资薪金类所得采用超额累进税率,扣除免征额(目前为3500元)以后的第一档税率为5%。劳务类税收和财产类税收予以800元或者20%的税前扣除后的税率都为20%(稿酬所得还可以加计税额30%的扣除),是比工资薪金类所得相对较重的税负。对偶然所

① 滕淑娜:《税制变迁与英国政府社会政策研究,18世纪—20世纪初》,中国社会科学出版社2015年版,第76页。

得或者股息、利息、红利等资本类所得不作任何税前扣除，直接征收 20% 的最重的所得税。这些制度在所得税开征的早期阶段都还没有出现，是所得税法律经过历史发展后的产物，也是所得税由国家财政型向个人权利型转型后的产物，是量能课税原则的体现。

(二)社会福利型所得税的第四项原则：社会福利

社会福利型所得税是国家财政型所得税和个人权利型所得税的升级换代版。社会福利型所得税首先兼容了前面两代所得税的不侵害本体财产、最低生活保障和量能课税三项原则。在此基础上，社会福利型所得税又发展出第四项原则——社会福利原则。

社会福利是公民在正常享有民法所确认的生存权、人身权、财产权之外，还应当享有的因个人能力不足而需要国家、集体和他人照顾的利益。在民法时代，每个公民都以个人为本位，只需充分享有自身的权利和承担与自身权利相对应的义务。民法时代，每个人都可以自我为中心，在法律授权的范围内，在不干涉他人自由的前提下自由行使自己的自由。但是，社会法时代不一样。在社会法时代，“在法律上，强调的重点从普遍安全中的利益(谋生和交易的安全)转到个人生活中的社会利益”。[①] “谋生和交易的安全”是公民的民法权利。“社会利益”是公民的社会法权利，其集中表现就是公民享有社会福利的权利，尤其表现在公民的住房、医疗、教育和社会保障 4 个方面。

社会福利型所得税就是通过税收的方式，增加纳税人或者纳税人的家庭或者社会的福利供给，改善他们的福利状况，从而改善公民和整个社会的生活状况，提高全体公民的生活质量。通过社会福利政策实现所得税社会福利化，是制度供给的效能反应，是一种国家主动介入的社会福利建设方式。国家建设社会福利的方法通常都是发生在所得税纳税之后，国家将所获税款再投入到社会福利建设中去。这是一种先通过税收，获取税款，形成财政收入，然后再通过财政拨款方式进行社会福利建设的方法，可称为财政拨付式社会福利。除此之外，国家还可以采取税前减免的方法，即通过特定的减免税款或者所得额税前扣除方式，增加纳税人及其家庭的税前减免或者扣除，扩大纳税人的福利待遇，改善纳税人生活，或者通过特定的减免税款或者所得额税前扣除方式，鼓励纳税人向社会弱势群体或者公益性慈善机构捐赠善款，改进全社会的福利事业。这种通过所得税的税前退让而改善纳税人、纳税人家庭以及全社会福利状况的所得税就是从国家财政型到个人权利型升级换代之后的社会福利型所得税。在保障国家财政型所得税的财政收入，实现“效率”目标，又保障个人权利型所得税中的个人权利，抵制不合理税负，实现“公平”目标之后，社会福利型所得税以保障纳税人、纳税人家庭、社会弱势群体的福利待遇为宗旨，其所追求的法律价值，所要实现的法治目标是“和谐”。

从“效率”到“公平”，再到“和谐”，是人类所得税历史从国家本位的财政型所得税，到个人本位的权利型所得税，再到社会本位的福利型所得税所经历的三种历史形态。这三种形态的层层递进，反映了整个人类社会的进步轨迹和方向。

---

① [美]伯纳德·施瓦茨：《美国法律史》，王军等译，法律出版社 2011 年版，第 188 页。

社会福利型所得税的对象包括纳税人、纳税人家庭以及社会三个方面，与之相对应的社会福利型所得税的具体制度也分为纳税人福利、纳税人家庭福利和社会福利三个方面。在保障国家财政收入和纳税人个人权利的前提下，税法进一步关心纳税人个人和家庭的福利，鼓励支持纳税人主动承担社会公益事业，促进社会福利，是现代国家所得税法的立法重点，也是我国所得税进一步的发展方向。

三、结论

世界所得税已有200余年，中国所得税也经历了百年征程。回顾历史，可将所得税分为国家财政型、个人权利型和社会福利型三种类型以及相应的三个阶段。各种类型和阶段之间有互相渗透和交错，分段时间虽然不绝对，但总的趋势和特征仍然明显，将来的发展方向应当是在坚持不侵害本体财产、最低生活保障和量能课税三项原则基础上，再着力贯彻社会福利的原则，通过多种措施，对我国所得税进行结构性改造，使所得税的价值目标从效率到公平，再到和谐逐步升华，使所得税的类型从国家财政到个人权利，再到社会福利逐步转型。

供给侧改革下法学本科核心课程的结构调整*

刘剑文**

改革开放以来,我国法学教育取得了长足进步。30余年间,由于国家对法学教育的重视,大批高校法学院系相继成立,基础法学和部门法学茁壮成长,多个新型的现代法律领域勃然而兴,我国法学教育历经了一个蓬勃发展的时期。高等法学教育在其自身壮大的同时,也为市场经济建设和法治建设培育了大批法律人才,有力地助推了我国的改革和法治进程。

从如今法学教育的规模来看,我国已经能够保障法律人才在数量上的稳定输出,甚至出现了数量“过剩”的情况。但社会对于立法、执法、司法等环节的高端法律人才的需求缺口仍在持续扩大,能够满足国家经济社会发展需求的应用型、复合型法律人才依旧供给不足。这种状况在官方文件的相关表述中体现无余。①

一、供给、治理与法学教育现代化

在现代国家,法治是国家治理的基本方式,是国家治理现代化的重要标志,国家治理法治化是国家治理现代化的必由之路。② 法学教育现代化就其本质而言,是完善法治的关键,也是国家治理现代化的一个基本立足点。从“供给——需求”的角度探视,法学教育即为国家法治人才“供给侧”的组成部分,法学教育的质量直接决定了法治国家建设的质量和成效。

---

* 本文为笔者应邀于2016年7月29日在内蒙古呼和浩特市召开的“教育部高等教育法学教学指导委员会2016年年会”专题报告的整理稿。2016年3月20日笔者曾应教育部高等教育法学教学指导委员会秘书处的邀请,作“我国法学本科核心课程应当如何改革”的专题讲座。感谢胡翔、侯卓、熊伟、耿颖、梁文永、施正文、曹义孙为本文的资料收集、整理等方面所做的基础性工作。刊发于《政法论丛》2017年第3期。

** 北京大学法学院教授。

① 参见《教育部中央政法委员会关于实施卓越法律人才教育培养计划的若干意见》(教高〔2011〕10号),其中对该问题的描述为:“近年来,我国高等法学教育快速发展,体系不断完善,培养了一大批优秀法律人才,为我国经济社会发展特别是社会主义民主法制建设做出了不可替代的重要贡献。但我国高等法学教育还不能完全适应社会主义法治国家建设的需要,社会主义法治理念教育还不够深入,培养模式相对单一,学生实践能力不强,应用型、复合型法律职业人才培养不足。提高法律人才培养质量成为我国高等法学教育改革发展最核心最紧迫的任务。”

② 参见张文显:《法治与国家治理现代化》,载《中国法学》2014年第4期。

(一)法学专业就业质量与国家法治建设的矛盾

党的十八大以来,"全面依法治国"不断为决策层所强调,成为"四个全面"战略布局的重要组成部分,法治建设的重要性上升到了前所未有的高度。

法治工作的开展,特别是一些新兴法治领域的快速发展,迫切需要大量的高端法律人才。换言之,法治建设一定是以人为本的、以人才为支撑的建设,否则法治大厦不可能搭建起来。党的十八届四中全会《决定》指出:要"创新法治人才培养机制,培养造就熟悉和坚持中国特色社会主义法治体系的法治人才及后备力量。建设通晓国际法律规则、善于处理涉外法律事务的涉外法治人才队伍"。① 然而,需要反思的却是,近年来,②法学专业的就业状况不佳,出现了结构性问题,这反映出目前的法学教育并没有达到预期效果。

为了详细了解我国法学本科毕业生的就业状况,笔者搜集了麦克斯研究院2012~2016年发布的5份《中国大学生就业报告》,③这些报告显示,我国法学专业连续5年都位列于就业红牌专业④的名目之中(见表1)。

一方面,我国的全面法治建设刚刚起步,社会对高素质法律人才的需求仍存巨大缺口;另一方面,法学专业就业形势令人担忧。这就意味着,我国法治人才需求与高等院校的法律人才供给之间,存在错位的状况。进言之,伴随我国法学教育扩张而出现的"法学专业就业难",本质上就是一种"生产过剩"现象。在经济学意义上,所谓的生产过剩,主要是指低技术含量、低附加值的产品大量积压,而为社会所需的高技术含量、高附加值又严重供给不足。⑤ 在法律人才培养上,这种"生产过剩"可解读为低综合素养、低法治技能的学生"大量积压",但与此同时,为社会所急需的具有较高综合人文素养与较高法治运用技能的人才却严重短缺。故在这个意义上,绝对数量的高歌猛进与有效供给的不敷需要二者间,并不矛盾;而引致该种状况的关键在于法学本科专业人才培养模式相对陈旧,其实质是法学核心课程结构不尽合理。

---

① 《中共中央关于全面推进依法治国若干重大问题的决定》,载《人民日报》2014年10月29日,第1版。

② 参见葛云松:《法学教育的理想》,载《中外法学》2014年第2期。

③ 参见麦可思研究院编著:《2016年中国本科生就业报告》,王伯庆、郭娇主审,社会科学文献出版社2016年版;麦可思研究院编著:《2015年中国本科生就业报告》,王伯庆、郭娇主审,社会科学文献出版社2015年版;麦可思研究院编著:《2014年中国本科生就业报告》,王伯庆、周凌波主审,社会科学文献出版社2014年版;麦可思研究院编著:《2013年中国本科生就业报告》,王伯庆、周凌波主审,社会科学文献出版社2013年版;麦可思研究院编著:《2012年中国本科生就业报告》,王伯庆、周凌波主审,社会科学文献出版社2012年版。另外,麦克斯研究院是我国高校、社会大众、用人单位和政府公认的第三方权威数据机构,每年编著出版《中国大学生就业报告》(就业蓝皮书),且长期为国内多所高等院校提供年度数据跟踪与解决方案服务,是教育部、人社部、司法部、中国科协、中国社会科学院、中国机械工程学会、中国民办教育协会高等教育专业委员会、中国职教学会质量保证与评估研究会、世界银行、哈佛大学中国教育论坛等机构的合作单位。

④ 红牌专业意为失业量较大,就业率较低,月收入较低且就业满意度较低的专业,为高失业风险型专业。

⑤ 参见江国华:《法学本科教育改革研究》,载《河北法学》2012年第4期。

表 1 2012～2016 年本科就业红牌专业

年份	红牌专业
2012	动画、法学、生物技术、生物科学与工程、数学与应用数学、体育教育、生物工程、英语、国际经济与贸易
2013	动画、法学、生物技术、生物科学与工程、数学与应用数学、体育教育、生物工程、英语、美术学
2014	生物科学与工程、法学、生物技术、动画、美术学、艺术设计
2015	生物工程、美术学、生物科学、应用物理学、应用心理学、法学、音乐表演,其中法学、生物工程、美术学
2016	法学、语文教育、工程监理、建筑工程管理、应用心理学、化学、音乐表演、生物技术、生物科学、美术学

(二)供给侧结构性改革分析框架的引入

谈到"供给",党的十八届五中全会提出要"释放新需求,创造新供给",2015 年 11 月 10 日习近平总书记在中央财经领导小组第十一次会议上又指出,要"着力加强供给侧结构性改革,[①]着力提高供给体系质量和效率,增强经济持续增长动力,推动我国社会生产力水平实现整体跃升"。[②] 可见,"供给"作为我国新时期建设的关键词,将影响未来国家治理的各个方面。

供给侧改革不是强刺激也不是紧缩需求,而是要运用改革的方法,通过推进结构调整、改善供给水平、提高供给质量,从而矫正要素配置扭曲,提升市场需求,增强供给结构对需求变化的适应性和灵活性,更好地满足广大人民群众的需要,促进经济社会持续健康发展。单从字面理解,得出的结论可能较多的会涉及经济、民生等物质层面。但正如周恩来曾言:"物质生产的某种规律,同样适用于精神生产",[③]也如前文论及,法学教育是国家法治人才"供给侧"的组成部分。不妨通过供给侧结构性改革的分析框架,对上述矛盾进行探讨。

总体来看,供给侧改革的基本思路主要包括四个方面:祛除产能过剩、补齐发展短板、注重质量内涵和提升有效供给。将这四个方面投射到我国的法学教育中,便能清晰地辨识优化法学教育供给的三个要点,即转变外延粗放型的人才培养模式、完善法学教

① "供给侧"来源于 19 世纪初法国经济学家萨伊(Say)的供给自动创造需求的理论,即萨伊定理。它是 20 世纪初西方资本主义国家自由主义经济政策的理论基础。参见胡鞍钢、周绍杰、任皓:《供给侧结构性改革——适应和引领中国经济新常态》,载《清华大学学报》(哲学社会科学版)2016 年第 1 期。

② 《习近平主持召开中央财经领导小组第十一次会议》,载《人民日报》2015 年 11 月 11 日,第 1 版。

③ 参见《周恩来选集》,人民出版社 1984 年版,第 328 页。

育的体系结构、重视专业人才的有效供给。

转变粗放型的人才培养模式，就是要转变传统片面追求增加法学人才产出数量的培养模式。20世纪60年代由于政治原因，我国社会出现了人才断层的状况。恢复高考制度以后，国家为了尽快弥补人才断层所造成的影响，出台了大量的政策文件以扩张各个教育等级的规模。[①] 由于当时社会发展的现代化程度较低，法治也并不够健全，在追求增长速度的经济思维指引下，一种“产业化”的思维范式被移植到教育领域；典型表现即是过分强调教育普及的规模，重视教育的“量”，而不重视教育发展的“质”。也正是受此因素的作用，自高考制度恢复以来，我国的人才培养模式带有了经济增长的“粗放型”特征，至今仍未完全转变。在社会主义法治化程度需要进一步提升的背景下，法学教育的“质”决定了法律人才的“质”，法律人才的“质”又进一步决定了“法律共同体”及法治建设的“质”。

完善法学教育的体系结构，就是重视教育模式的调整与创新。我国经济新常态下的改革措施集中于供给侧，供给侧改革的核心是技术创新与全要素生产率的提高，而高等教育恰恰能够为技术创新与全要素生产率提升提供重要的人力资本。[②] 显然，如果高等教育难以跟上社会发展进程，那么其能提供的创新能力也必然是有限的。如此看来，还需要改良法学教育的结构和模式，以保证其与时俱进的。

重视人才培养的有效供给，是强调法学教育及其所培育的人才对社会的实用性和回应性。即法学教育应与其他专业教育有机统一，与此同时，其所培养的法律人才也应是符合各领域、各行业运行需要的，避免发生法学教育与实践的脱节。申言之，将供给侧结构性改革的思路引入法科教育，至少包括如下三个方面的优点：

首先，供给侧结构性改革的思维模式有利于增强法学教育的回应性。供给侧改革要求法学院校向社会输送更多优秀的法学专业人才。教育经济学和人力资本理论认为，社会对人才的有效需求首先表现在人才对职业稳定性、职业收入以及职业理想的理性预期上。而法律人才进入法律职业的基本学位的精准定位犹如划定了法律人才培养的坐标原点，有利于法学教育资源的合理分配，也有利于学生个体做出教育投资和就业选择的准确判断。[③] 供给侧结构性改革的思维本质上就是要在供给的“坐标原点”[④]上下工夫，

---

① 我国法学教育规模的扩张是在较短时间内实现的，过去的30年中，每一个10年法学教育都在规模上实现了跳跃式的发展。在此期间，法学教育规模的发展，不但表现在法学本科教育的院校增多方面，而且还表现在硕士研究生教育种类的增多和扩张。2000年前后，具有法学硕士学位授予权的高等院校有50余所，共有300余个硕士学位点，可以授予法学博士学位的教学科研机构共18所，全国获得法学硕士学位的毕业生有7000多人，获得法学博士学位的毕业生有400多人。时至2008年，法学硕士、博士的招生规模比2005年翻了大约一倍。2009年招收法学博士生约1000人，在校法学博士生近3000人，有法学博士学位授予权的高等院校和科研机构增至29个。参见冯玉军：《略论当前我国法学教育体制存在的问题》，载《政法论丛》2014年第1期。

② 程书强：《供给侧结构性改革视角下高等教育改革思路》，载《国家教育行政学院学报》2016年第8期。

③ 冯玉军：《略论当前我国法学教育体制存在的问题》，载《政法论丛》2014年第1期。

④ 供给侧改革的几大要素主要包括：劳动力要素、土地要素、资本要素、技术要素和制度要素，均为社会生产的“坐标原点”。

以促成“社会需要怎么样的法学人才，教育制度就能培养出怎样的法学人才”的目标。

其次，供给侧结构性改革的基本范式有利于破解法学教育困局。采取有效手段，化解长期以来困扰法学院校的低端法律人才供给过剩、新型高端法律人才供给不足问题。如前文所述，法学教育规模的急剧扩张，大幅增加了我国法律人才的数量，但由于准入评估的缺失以及“逐利”的培养机制，严重影响了法律人才的生源质量和培养质量。[①] 其直接后果是优质法律人才不足，但人才整体数量却十分庞大。这就类似于经济领域中诸如钢铁、煤炭行业的产能过剩，资源利用率较低的情形。故此，供给侧结构性改革中“去产能”的思维范式有利于破解现有法学教育困局。

最后，供给侧结构性改革的整体思路有利于从根本上扭转法学专业就业的严峻形势。供给侧结构性改革是为了建立与需求侧相适应的新平衡。在这种平衡中，不仅能够将法学背景的人才输送进特定的社会领域，还能保证这种输送过程是稳定、可持续发展的。与此同时，相应社会领域中的法律人才还有相当一部分应当具备多学科的知识背景，使其不仅能从事法律工作，也能在其他工作领域有所贡献。这也能从侧面解决潜在的法律人才过剩的问题。

（三）优化课程结构作为法学教育改革的核心

鉴于供给侧结构性改革覆盖的范围十分广泛，供给侧改革的思维在法学教育领域的适用切入点众多，本文无意做到包罗万象，唯有“目标明确”，方能“有的放矢”。笔者认为，择取恰当的改革突破口，能收到牵一发而动全身的效用，其中，不妨将法学核心课程结构的调整与优化作为法学教育改革的核心。

“课程改革是我国教育改革的不二法门。”[②]我国之所以需要通过课程改革带动教育体系改革，笔者认为，至少有以下三个原因：其一，课程内容是教育活动中意识形态运行的核心——“理论一经掌握群众，也会变成物质力量”；其二，这是我国教育体系改革惯性所形成的路径依赖；[③]其三，这还是作为“文化再生产”不可替代的工具。在教育大众化的趋势下，通过课程改革培养学生在人才市场的核心竞争力是改革者的共识，而核心竞争力的培养必须通过核心课程的建设来实现。因此，核心课程建设是高校课程改革的一个重要方向。[④] 党的十八届四中全会明确要求，“形成完善的中国特色法学理论体系、学科体系和课程体系”。[⑤] 在此“大势”下，呼吁完善法学核心课程体系具备现实可行性。

---

① 冯玉军：《略论当前我国法学教育体制存在的问题》，载《政法论丛》2014年第1期。

② 参见吴刚：《奔走在迷津中的课程改革》，载《北京大学教育评论》2013年第11卷第4期。

③ 自新中国成立以来，我国一共历经了8次教育体系改革。当然，有的观点认为“算得上真正意义的‘课程改革’只有5次”。（参见谢翌、马云鹏、张治平：《新中国真的发生了八次课程改革吗？》，载《教育研究》2013年第2期）笔者在这里无意给改革的次数下定论，但无论是8次的提法，还是5次的提法均肯定了，课程改革在历次教育体系改革中都扮演了重要角色，以此也形成了我国教育体系改革对课程改革的高度依赖性。

④ 参见秦艳芬：《高校核心课程建设及其制度架构》，载《高等工程教育研究》2012年第6期。

⑤ 《中共中央关于全面推进依法治国若干重大问题的决定》，载《人民日报》2014年10月29日，第1版。

由于大学本身的任务是“通过有计划地学业训练以及通过去除大量的错误方法”①培养学生的学术研究能力,应当重视如何安排“计划性的学业训练”,而这就依赖于学校的课程设计。加之法学是应用性很强的专业,这种训练就显得更为重要了。课程体系改革是法治人才培养的基础,由于法学本科核心课程的设置同法学教育国家标准建设密切相关,下面不妨结合法学教育国家标准建设的方向做一些思考。

首先,对法学核心课程体系进行结构优化,是法学教育国家标准建设的关键。② 教育部官方网站公布的提升高等教育的若干政策文件中,③多次指出要“强化教学环节”“更新完善课程内容”等,充分说明课程建设是国家高等教育建设的重要组成部分,也是改革的一个重要方面。

其次,抛开课程体系谈国家标准建设,将在客观上固化法学教育的痼疾,加重法学教育供需不匹配问题的严重程度。④ 虽然笔者认可智能技能的培育是专业法学教育的核心,⑤但是提升智能的关键点仍在于接受系统化的专业教育,而专业教育必然依赖于课程、教材、师资等要素。法学教育必须要培养智能技能出众的法律人才,否则,资源错配现象将长期存在。

再次,没有课程体系改革作支撑的“国标建设”,不能满足社会期待,最终可能影响“国标建设”的社会评价。由于我国法学教育植根于本土的法治环境,而法治环境又是社会环境的组成部分,本土化的法学教育必须符合社会自身发展的需求。由此推知,如果法学教育的效果不尽如人意,社会对此的反应必然也会引发“倒逼式”改革。

最后,只有从课程体系入手才能贯彻法学专业国家标准建设的改革意图,提升法学人才质量,回应全面依法治国的时代要求。课程体系是法学教育的框架结构,它为各门课程的师资配备、教学内容等方面设定了尺度,如果课程体系不具备实用性,即便师资雄厚、内容充实,法科学子也无法完全获得丰富有效的实用性知识。而核心课程的设置在

① 参见《萨维尼法学方法论讲义与格林笔记》,杨代雄译,法律出版社2014年版,第60页。

② 本文论及的法学教育的国家标准主要依据是教育部2012年3月16日颁发的《关于全面提高高等教育质量的若干意见》(教高〔2012〕4号)。该意见第3条规定,“完善人才培养质量标准体系。……建立健全符合国情的人才培养质量标准体系,落实文化知识学习和思想品德修养、创新思维和社会实践、全面发展和个性发展紧密结合的人才培养要求。会同相关部门、科研院所、行业企业,制订实施本科和高职高专专业类教学质量国家标准,制订一级学科博士、硕士学位和专业学位基本要求。鼓励行业部门依据国家标准制订相关专业人才培养评价标准。高校根据实际制订科学的人才培养方案”。据此,教育部高等学校法学类专业教学指导委员会组织专家制订《法学类专业教学质量国家标准》,目前该标准尚未公布,仅供理论研究参考。

③ 参见中华人民共和国教育部主页:http://old.moe.gov.cn/publicfiles/business/htmlfiles/moe/s6337/list.html,最后访问日期:2017年1月12日。

④ 《国家标准》的设计框架包括:培养目标、培养规格、课程体系、教学规范、教师队伍、教学条件、教学效果、质量保障体系等,从这几个方面对法学类专业的最低要求作了规定,是国家人才培养质量标准体系的一部分。举轻以明重,如果法学人才培养连最低的要求都无法满足,何谈推动我国法治建设?

⑤ 参见葛云松:《法学教育的理想》,载《中外法学》2014年第2期。

整个课程体系中又居于主导和基础性地位，故而以之作为优化核心课程体系、建设法学专业国家标准的突破口，有深切的必然性。

二、法学本科课程体系的现状与不足

法学本科教育是我国法学教育的基础和关键，随着法学教育规模的不断扩张及毕业生就业体制改革的深入，学界越来越多地关注我国法学本科教育的不足，并提出了若干完善建议。[①] 前文已充分论证了课程改革对法学教育改革的重要意义。本部分将结合供给侧结构性改革的背景，针对法学教育层次中本科生核心课程调整和优化的必要性进行论证。

（一）法学本科核心课程确立的历史意义

高校课程体系是大学凝聚人才、开展科学研究和培养卓越法律人才的核心载体。科学合理的法学课程体系是落实学校培养目标的基础和依托，是决定法学人才质量和水平的基本要素。本文无意对今下的核心课程格局进行"批判"或者"改造"，[②]而是希望通过优化和调整，让核心课程能够更好地与社会现实相接轨，在法律人才的培养上起到更加积极有效的作用。另外，客观地讲，目前的法学核心课程体系在其建立初期的积极意义甚为明显，至少它从根本上奠定了我国法学本科教育的框架，对此应给予充分肯定。

根据1998年教育部高教司编写出版的《全国高等学校法学专业核心课程教学基本要求》规定，我国法学核心课程包含法理学、中国法制史、宪法、行政法与行政诉讼法、刑法、刑事诉讼法、民法、知识产权法、商法、经济法、民事诉讼法、国际法、国际私法、国际经济法14门课程。2007年教育部高校法学学科教学指导委员会在已通过的法学学科核心课程在原基础上又新增了两门（环境法与资源保护法、劳动法与社会保障法）。

这16门课程本质上是按照行政管理的方式进行划分的，基本涵盖了国计民生的主要部门。在新中国社会主义法制发展初期[③]，各个部门由于历史、文化等因素，尚未形成法治意识。在这一时期，通过对法律人才的部门化培训，有利于加快法律人才的应用

① 从笔者收集资料的情况来看，对法学本科教育体制改革提出过思考的法学专家、学者涵盖了各个法学专业，其中包括苏力（研究方向：法社会学、法理学，研究成果如：《法学本科教育的研究和思考》，载《比较法研究》1996年第2期）、孙国祥（研究方向：刑法学，研究成果如：《中国法学本科教育的矛盾性展开与破解》，载《当代法学》2009年第2期）、江国华（研究方向：宪法学与行政法学，研究成果如：《法学本科教育改革研究》，载《河北法学》2012年第4期）等。这里不一一列举，即便不完全归纳方法可能并不周延，但这些研究至少表明，法学本科教育体系是多个法学专业的学者或多或少都会关注的重要问题，而且在笔者目力所及的研究成果中，无一例外地都论及了核心课程的调整。

② 当今中国的法学研究对中国经验关注、总结得太少，同情、理解也更少，中国的法律制度和实践往往被作为批判的对象或改造的对象。参见苏力：《当代中国法学教育的挑战与机遇》，载《法学》2006年第2期。

③ 这里对于"初期"的定位，主要是从1994年社会主义市场经济体制的确立开始，因为在计划经济体制下，社会对法律的需求非常低。参见苏力：《当代中国法学教育的挑战与机遇》，载《法学》2006年第2期。

过程,使我国各职能部门(除了行政部门外,还有立法、司法等部门)工作人员的法治素养得到提升。按照行政管理方式划分的法学二级学科和核心课程对于法制起步阶段的人才培养是极富效率的,毕竟"按部就班"意味着有针对性的培养,是规范性的一种体现。

(二)现阶段法学核心课程体系的局限

随着我国经济社会的发展进步,现行的法学核心课程体系越来越不符合社会现实需要。概括地讲,现行体系确立的核心课程总体上具有"基础主干"的特质,它们固然在社会关系中居于重要地位,但仅仅掌握这些课程内容并不足以确保法科学子在现代社会中游刃有余地处理好各类错综复杂的法律问题。特别是在环境、知识产权、财税、金融、科技、互联网、军事、教育、体育、海洋、航天航空等经济社会和科技领域中,由于所涉利益关系复杂多元,利益冲突乃至争讼可谓层出不穷;仅仅依靠传统法律部门不能有效解决这些领域的法律争议,相应地,缺乏这些"领域法学"训练的法科学子们同样很难在实际遇到这些问题时做到得心应手、处置得当。领域法学理论认为,这些因领域交叉而形成的新问题不再能够完全依靠单一部门法来解决,有的社会问题甚至需要多个部门法合力解决。① 如财税法就是一类极具代表性的领域法。财税法上承宪法体制,下接具体征管问题,贯通公民之财产权与福利权,既保护私人财产权又约束公共财产权,是一个借鉴与融贯各相关学科与法律部门知识的相对完整的财税法规范体系,任何一个传统法律学科单独调整和研究都容易陷入片面,无法得出全面、系统而令人信服的研究结论。因此,武断地将财税法归入任何一个既有的法律部门都是不合适的。② 巧合的是,领域法学的研究范式正是由财税法学界率先提出的。但也需认识到"领域法学这一理论成果由财税法学界提出可能具有偶然性,但由新兴法学领域或交叉法学领域的研究群体提出则具有必然性。"③

与上述领域法学的复合性、开放性特质相适应,要想在实践中解决好环境、知识产权、财税、金融等新兴领域的"现代性问题",同样需要"领域化"的视野以及具备"领域化"视野的法律人才。以这个标准来衡量,目前侧重传统基础性法律部门的核心课程体系显然是不敷需要的。在人才培养环节,如果说现阶段的核心课程旨在为法治建设提供"懂得法律知识的人",那么在供给侧改革背景下,核心课程的调整则是为法治社会运行的各个环节提供专门人才。如此一来,先前依照部门法划分的核心课程体系就存在局限性了,最突出的表现就是和现实脱节、对现实问题回应乏力。

---

① 如环境污染的问题,往往需要环境部门、工商部门、国土资源部门共同解决,有的时候甚至农业部门也需参与其中。

② 刘剑文:《论领域法学:一种立足新兴交叉领域的法学研究范式》,载《政法论丛》2016年第5期。

③ 参见梁文永:《知识竞争中的法学领域和领域法学》,载《中国社会科学报》2017年1月4日,第5版。

除了前述的新兴领域问题亟待解决的情况外，法学教育也因定位的失准，给法科学子造成了较大的学业负担，而这种学业负担并没有达到“严进严出”的教学效果。一些课程由于缺乏实用性，不仅无法引起学生的兴趣，反而使很多学生产生了应付的心态——甚至出现这样的状况：学生并不需要对相关领域有完整、全面的掌握和运用，仅凭对课本知识的简单记忆就能取得不错的成绩，哪怕他们可能并不真的了解相关领域在实践操作中的现实逻辑。这就进一步降低了法学教育的培养质量，造成了低端人才过剩、高端人才不足的情况。通过具体考察可见，国内大部分法学院都是按照教育部的要求来设置核心课程的。[①] 这里不妨以北京大学法学院为例来分析。

根据北京大学法学院本科生培养计划的安排，其法学本科生的学制为 4 年，总学分为 140 学分。课程的教学计划由三方面组成：必修课为 91 学分，其中包括全校公共必修课 33 学分和本院专业必修课（核心课程）58 学分；选修课为 44 学分，包括全校通选课 16 学分，专业选修课 23 学分和任选课 5 学分；毕业论文与实习为 5 学分。在这些学分中，16 门核心课程占据了本院专业必修课和专业选修课的绝大部分。根据这份数据可知，北大法学院学生的法学核心课程负担较重，如果再考虑到大学生的“第二课堂”以及参与社会实践所投入的时间，那么不难作出判断：有限的时间精力与繁重的课业负担之间的矛盾，将极大地制约法学本科教育的实际效果。

另外，笔者经了解发现，本科生的核心课程考评基本上采用闭卷笔试的形式，而试卷包含大量的名词解释和简答等“背多分”试题。一般而言，在一份试卷中，案例和论述题型虽然数量较少，但分值却很高。这就容易导致学生在作答时，围绕某个单一话题进行“篇幅式作答”，即作答时并不重视或者不够重视其回答的内容，而倾向于简单地将高分值对应多表述，往往存在“多写就能多得分”的误解。

现实中的核心课程设置本身就是依照传统部门法的“葫芦”来“画瓢”，其应用性已经在一定程度上与社会需求脱轨，而此种考核评价的方式，更进一步降低了学生处理法学问题、法律问题的能力。从实际情况看，不少律所在招入法科毕业生后，还需要投入相当的人力和时间来培养和训练其基本的法律素质。

还有一个现象也值得关注。法学本科就业率多年的持续走低，在一定程度上还影响了生源质量以及高校自主课程改革的空间。很多优质考生考虑到就业的现实问题，犹豫甚或干脆不选择法学专业，生源质量下降，这无疑也从源头上制约着法学本科教育的效能。

毋庸讳言，北京大学法学院肯定不能代表国内法学院的整体状况，但是这种“解剖麻雀”仍然有一定的示范作用。[②] 事实上，国内诸多的法律院校系都与北大的情况类似，只

---

① 笔者检索了北京大学法学院、中国人民大学法学院、上海交通大学凯原法学院、清华大学法学院等国内重要法律院系的本科核心课程情况，发现其均是按照教育部的“16 门”要求进行设置的。

② 参见苏力：《当代中国法学教育的挑战与机遇》，载《法学》2006 年第 2 期。

是在程度和范围上有所差异而已，但原理是相通的。综言之，现阶段法学核心课程体系的局限性主要包括三个方面：

一是没有回应国家和社会的发展需要。科目设置不尽合理，社会经济发展的新兴领域的法学知识体系没有得到应有的重视，例如，我国台湾地区的司法考试中就设置了财税法科目，这就体现了实用性和应用性的要求。而且，现有的法学核心课程又很难激发学生的学习兴趣。

二是没有回应学生的发展需求。新兴法学科目往往设置于选修类中，学生选课的积极性和主动性不强，同时，核心课程的学分压力和课业负担偏重，客观上也阻碍了学生将更多的精力投入到这些新兴法学科目的学习中。

三是没有回应不同类型法学院[①]的特色发展需求。整齐划一的课程体系，挤压了法学院系的改革空间，同时导致良莠不齐、特色不彰，优质法学院的竞争优势难以显现，譬如财经类院校在财经相关法学学科上天然地具备优势，这体现在学科优势、复合视野和人才储备等多方面，但在"一刀切"的现行体系下，这种天然优势难得充分发挥，存在"削足适履"的情形。

（三）"领域法学"语境下法学本科教育的反思

党的十八届四中全会《决定》指出，法律的权威源自人民的内心拥护和真诚信仰，人民权益要靠法律保障，法律权威要靠人民维护；全面推进依法治国，必须大力提高法治工作队伍思想政治素质、业务工作能力、职业道德水准。

目前，我国正处于全面深化改革和全面推进依法治国的进程中，重大领域的社会问题越发呈现出复杂性、交叉性、集合性、动态性的特征。由于传统部门法在调整现代社会关系，特别是现代新兴领域的社会关系时存在固有的局限性。近年来，我国法学界提出了一种新的研究范式——领域法学。[②] 领域法学（Field of Law），是以问题为导向，以特定经济社会领域全部与法律有关的现象为研究对象，融经济学、政治学和社会学等多种研究视角于一体的开放性、应用性和整合性的新型法学学科体系、学术体系和话语体系。[③] 研究范式的革新，对于法学教育方法的优化，也有一定的指导价值。领域法学与部门法学的对比见表 2。

---

① 粗略观之，综合类高校、政法类高校、财经类高校、理工类高校的法学本科教育，在侧重点上或许应当存在一些差异。

② 尽管在各国法学体系中，领域法学早已不是虚幻的想象，而是广泛普及的客观事实，但是在部门法学思维固化的中国，这个概念的提出尚属首创。参见熊伟：《问题导向、规范集成与领域法学之精神》，载《政法论丛》2016 年第 6 期。

③ 刘剑文：《论领域法学：一种立足新兴交叉领域的法学研究范式》，载《政法论丛》2016 年第 5 期。

表 2　领域法学与部门法学的对比

研究进路＼学科体系	领域法学	部门法学
研究格局	立体式	平面化
研究对象	领域法现象	部门法现象
研究视角	开放性	相对封闭性
研究意义	新兴学科的归宿与定位	传统法学的基础与依托

首先,领域法学的思维方式是对传统部门法思维方式的有益补充,是一种源自全方位、全领域和全要素的综合研究范式,①有利于总结出有效的科学指导,②优化我国法学本科核心课程的结构。应当注意,部门法学是我国法学研究的基础,它划分了社会生活和法律关系的初始板块。而鉴于部门法的划分不仅在整体上会有许多遗漏,在局部上还可能存在一些重叠,因此,领域法学是在此基础上的补充、超越和升华,体现了对部门法知识的综合运用以及对新兴领域的积极回应。③ 现行的核心课程体系脱胎于部门法学,并实际上以其为理论基础。在充分肯认部门法学积极作用的同时,也应认识到它与当下复杂的社会生活不相适应的内在局限。换言之,通过引入领域法学思维范式,有望实现对于现有课程体系的扬弃和更新。母体上的优化,势必会作用到子体之上。因此,通过秉持领域法学思维对核心课程结构进行调整,也是对既有核心课程体系的优化和升华。

其次,领域法学的教学范式能激发学生的学习兴趣。领域法学主张开放、灵活的教学范式,有助于突破部门法教学范式造就的藩篱,帮助学生在更广阔的视野中发现问题、思考问题,而不再局限于部门法的固有边界中。这样的教学范式给予学生更大的学习空间,也为其带来了更大的发展空间。从长远看来,有利于培养学生学习法学、运用法学知识解决现实问题的兴趣和乐趣。

最后,领域法学的功能定位能够有效缓解法学专业"就业难"的问题。一方面,领域法学坚持问题导向,完全服务于社会的现实需要;④另一方面,领域法学研究针对的是新兴领域中涌现的各类复杂的社会关系,这些社会关系也是现阶段我国法治建设亟须应对和处理的社会关系。前文已述,从供给侧的视角出发,假设将法律人才的入学、培养、就

---

① 参见王桦宇:《论领域法学作为法学研究的新思维——兼论财税法学研究范式转型简》,载《政法论丛》2016 年第 6 期。

② 参见刘剑文:《超越边缘和交叉:领域法学的功能定位》,载《中国社会科学报》2017 年 1 月 4 日,第 5 版。

③ 刘剑文:《论领域法学:一种立足新兴交叉领域的法学研究范式》,载《政法论丛》2016 年第 5 期。

④ 参见熊伟:《法学现代化背景下领域法学之契机》,载《中国社会科学报》2017 年 1 月 4 日,第 5 版。

业类比为产品生产的原材料获取、加工制造和成品输出的过程,那么培养环节的课程设置就是产品加工制造的重要环节,如果产品的生产脱离了社会实际需求,势必会造成产品的过剩。这是一个需要理论就一定会产生理论的时代。① 既然现代社会生活需要大量复合性、开放性的法律人才,并且通过相关法律领域的教学活动便能使法科学子获致此种复合性、开放性的特质,那么,从回应现实需求的角度出发,按照领域法学范式培养的法律人才,也一定能在这种发展趋势中找到自己的定位和用武之地,比如,接受过系统的财税法、金融法、环境法等训练的人才,自然能够更好地投身于财税、金融、环境等领域的改革和法治建设大潮之中,做出积极贡献。

上述三点原因,是从学理角度考量"领域法学"对我国法学本科核心课程调整的理论支撑。实际上,决策层对此已有充分认识,习近平总书记在2016年5月17日全国哲学社会科学工作座谈会上指出:"我国哲学社会科学学科体系已基本确立,但还存在一些亟待解决的问题,主要是一些学科设置同社会发展联系不够紧密,学科体系不够健全,新兴学科、交叉学科建设比较薄弱。……要加快发展具有重要现实意义的新兴学科、交叉学科,使这些学科研究成为我国哲学社会科学的重要突破口。"②领域法学思维有助于更好地实现学科的交叉和整合,而课程及其结构的调整又是学科建设中不可分割的部分。所以,从领域法学的视角来推动法学本科核心课程优化也是国家治理现代化的制度吁求。

三、法学本科教育困境的破解之策

笔者在前文中论及,法学教育改革应当重视"供给侧"结构性改革的思路,还分析了法学本科核心课程改革在法学教育改革中的关键地位,进而借鉴"领域法学"这一前沿理论为法学本科核心课程改革提供理论支撑。下面,将尝试提供法学本科核心课程调整和优化的可行路径。

(一)法学本科核心课程调整和优化的基本思路

由于经济社会和国家法治建设的进一步发展,现有的法学本科核心课程体系已不能完全适应新时期的客观需要。法学教育已经不能仅仅依赖于固有知识的传授,而要更多地锻炼学生在面对将来不确定的挑战时所展现出的学习和思考能力。③ 与此同时,高校自主课程改革有必要跳出传统法学范式的窠臼和束缚,发展各高校的特色学科、优势学科。由于不同类型的高校在师资配备、经费投入、学科背景等方面存在差异,因此,必须首先提炼出法学本科核心课程改革的共通思路,并能够适用于差异化高校中。

其一,要树立问题意识。问题意识是法学研究、乃至法治发展中至关重要的思维方式。无论是何种类型的高校,还是具体哪家法律院系,都必须将能够切实解决法律问题

---

① 习近平:《在哲学社会科学工作座谈会上的讲话》,载《人民日报》2016年5月19日,第3版。

② 习近平:《在哲学社会科学工作座谈会上的讲话》,载《人民日报》2016年5月19日,第3版。

③ K. So, J. Kang, *Curriculum Reform in Korea: Issues and Challenges for Twenty first Century Learning*, Asia-Pacific Education Respective 23(4), 2014, p. 798.

作为法学教育的基本认识和目标。正如马克思曾指出:"一个时代的迫切问题,有着和任何在内容上有根据的因而也是合理的问题共同的命运:主要的困难不是答案,而是问题。"①发现问题、特别是发现那些具有理论价值和现实意义的真问题,不仅是政治实践和社会生活的重要方面,也是本土化教育发展的应有之义。

其二,要重视结构导向。这里需要借鉴结构功能主义来进行论述。结构功能主义(structural functionalism)是现代西方社会理论中的一个重要流派,该理论认为合理的结构能够使整体的功能最大化实现。② 沿用到核心课程改革上,若希望核心课程体系能发挥最优效果,就一定要重视该体系的组成和结构,无论是核心课程抑或选修课程、专业课程抑或公共课程,都应该以一种合理的状态和比例进行组合。也即,课程调整并非简单地在数量上作增减,更应该促进课程结构的优化。

其三,要确定质量目标。在处理法治与改革的关系时,既要把法治当成改革的手段,也要当成改革的目标。③ 法学教育体制改革是法治进步的重要环节,也应符合前述逻辑范式。而法学教育最根本的目的,就是塑造高质量的法律人才并使之服务于改革和法治建设。在这一价值指引下,质量目标的确定显得尤为重要;简言之,是否符合法治建设的现实需要,是考察课程改革效果时无法回避的核心依据。

其四,要培养开放思维。从前述领域法学的视角看,在构建核心课程体系时,应当尝试打破传统部门法学给法学研究、法学教育施加的约束。这就要求,在设计改革方案时应当突破传统部门法的藩篱,适时引入领域法学的思维范式作为有益补充,进而在更开阔的视野下提炼法学本科核心课程改革的宗旨与方案。

(二)法学本科核心课程调整和优化的整体方案

根据前面的四点基本思路,笔者以为,我国法学本科核心课程可以用分类的方法进行调整和优化。所谓分类,就是对核心课程作区分,依据课程的重要程度与学生的个人兴趣,将其分为"一类"和"二类",在课程体系中分别承担不同的角色和功能。

其中,一类核心课程即"指令类课程",是所有法科学生必须修习的课程。二类核心课程则为"指导类课程",是国家宏观指导、院校自主发展、学生自主选择的课程。除核心课程外,各高校还可通过自设、社会评估等方式设立若干选修课程。④

具体来看,一类核心课程可以被界定为对培养法学人才具有基石意义的核心课程,是最基础的法学课程,也是各国法科学生必修的"标配"。正如前文所述,部门法是法学学科体系的基础,因此,笔者建议在现有核心课程的基础上,从中遴选和提升 7 ~ 8 门为

---

① 《马克思恩格斯全集》(第 1 卷),人民出版社 1995 年版,第 95 页。

② 参见刘润忠:《试析结构功能主义及其社会理论》,载《天津社会科学》2005 年第 5 期。

③ 参见陈金钊:《法治与改革的关系及改革顶层设计》,载《法学》2014 年第 8 期。

④ 近年来,结合社会需要和合作因素,北京大学法学院设立了诸如"合同法实务""刑法案例研习""诊所式法律教育"等选修课程,这类课程具备很强的实务性,受到了学生的欢迎。课程设置详情请参考《北京大学法学院本科生培养方案》,北京大学法学院编制。

“一类核心课程”,锻炼提升本科生的法学素养和法律思维。余下核心课程和新增加核心课程为二类核心课程。二类核心课程可以定义为,在教育部法学教学指导委员会指定范围内,各法学院校根据发展定位,自主设置的全部或部分课程,学生根据职业需要和个人学习兴趣在二类核心课程体系中自主选择4~5门课程,因而能有效缓解法科学生课时负担过重的压力。当然,并不排除少部分学生有权自主选修更多或者全部的二类核心课程。

那么,哪些课程应当列为一类核心课程?笔者以为,一类核心课程应当具备三个标准:1. 基础性。这些课程必须是最基干的法学课程,理论性较强,同时也是其他课程(包括二类核心课程)的基础。2. 认同性。一类核心课程必须是在社会上没有争议或者争议较小的课程,具有广泛的社会认同度,能经得起历史检验。3. 各国通行做法。一类核心课程的确定应当与国际做法保持一致,这些课程必须是各国法科学生的“标配”。依据上述标准,能够列入一类核心课程的应当包括:法理学、宪法、行政法与行政诉讼法、民法、刑法等课程。

二类核心课程的设置,则应贯彻前沿、开放和竞争原则。前沿原则,是指要使学生自主选择的课程符合现代社会发展的趋势,增强知识的实用性和有效性。开放原则,是指要根据国家经济社会和法治建设的发展情况,保证课程体系的开放性和适度流动性,回应社会的诉求。竞争原则,是指通过学生自主选择的课程,建立课程范围的适时评估和动态调整机制,从而使少数不符合社会经济发展、不符合法学发展规律的课程逐步淡出核心课程体系。值得关注的是,开放性、竞争性也是我国法学教育与国际接轨的一种表征。在英美等国若干年的教学改革实践中,保持课程内容符合社会发展需要一直是其重点关注的问题。在这三个原则的指导下,人才供给将会适应不断变化的新形势,即通过一类核心课程,使学生掌握基础性的法学知识;另外,通过二类核心课程来提升学生的学习兴趣,扩展其在立法、执法、司法等方面的法治运用技能,并在课程体系的设计和演进上落实前沿、开放和竞争原则。

当然,各高校在一类和二类核心课程之外,还有权自设法学选修课。这类课程旨在拓宽学生的知识面,更好地体现交叉与融合,适应社会形势的新发展。同时,这也是考虑到不同高校有差异化的办学思路、学科特色,允许其在一定范围内“因材施教”,从而更有利于教学质量的提升。总之,一类核心课程、二类核心课程和自设课程,将共同构建起我国科学、完备、开放的法学本科课程体系。

而在具体的课程内容方面,笔者以为,应当在现有16门核心课程的基础上,依据社会经济发展和法治建设需要,适当扩充、丰富核心课程体系,如“法律职业道德”“财税法”等。以财税法为例,如果将财税法纳入核心课程,就能促使法学本科生更加了解、掌握财税法的理论和实务知识,在财税法治蓬勃发展的新时期,国家也能有更多机会选拔出优秀的财税法专门人才。这体现为,在“税收国家”“预算国家”中,财税法不仅在司法中很重要,而除此之外,立法部门、行政部门、中介机构等也都需要更多的财税法人才。

换言之，立法部门，司法部门，财政、税务、海关、审计等行政部门，以及税务代理、资产评估等中介机构和企业税务部门的从业人员等，都应当具有基本的、甚至精细化的财税法知识，高度重视财税法的教育、训练和考核，从而为财税司法、执法专业化和法律服务专业化提供法律人才支撑。

应该反思的是，这些新的核心课程在我国法治发展的初期，并没有受到应有的重视。直到近年来“税收法定”相关议题日益引起全社会的关注，法律职业道德的缺失也越发让公众感到痛楚，人们才对相应领域的重要性有了新的认识。有理由相信，随着领域法思维的普及，领域法类课程被纳入核心课程是大势所趋（见图1）。

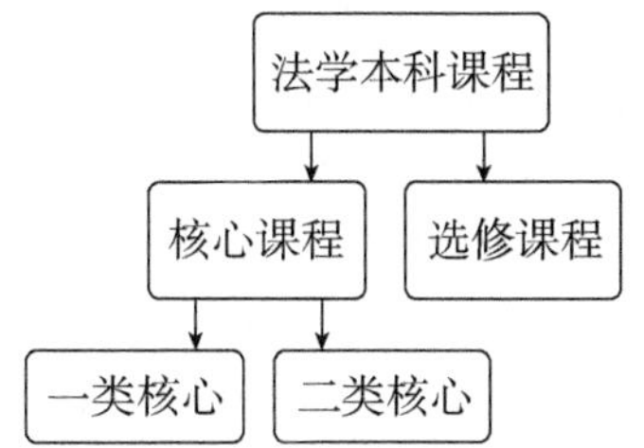

图1　法学本科核心课程调整的思路

（三）法学本科核心课程“结构性”改革的“四个优点”

法学本科核心课程的结构性的调整和优化，是笔者在国家供给侧改革背景下提出的完善法学教育体系的一种思路。需要阐明的是，笔者从供给侧和领域法学等视野切入，并不是简单的旨在促成核心课程的形式调整，而是希望借助这种新的思路，为我国法治建设探寻一条可能的路径。由于课程改革涉及重大利益调整，影响深远，必须考虑稳妥和周延，兼顾各方利益。笔者将上述改革方案概括为：形式上的“加法”，实质上的“减法”，换来最终加快法治国家建设的“乘法”。即采取增加而不是减少核心课程的做法，保证改革以不损害任何学科的基本利益为出发点；通过优化核心课程结构，增加学生自主权，达到减轻学生学业负担的目的；通过增加社会经济发展和法治建设急需的课程，强化领域法治人才的培养，最终实现加快法治国家建设步伐的战略。

具言之，本科核心课程的结构性改革的优点至少可以从以下四个方面来展开：

首先，领域法学对新兴领域和新兴学科的交叉型、开放性与协同性的强调和彰显，能够保持课程体系的开放性、包容性与回应性。依据新兴领域增设核心课程，有利于根据经济社会发展和法治建设需要，动态地优化课程体系，为培养新兴、专门法治人才提供通道，使法治人才“人有所需”、尽其所能。

其次，供给侧改革的重点之一就是为了给国民生产减负，以提升资源利用率。类似的，“好钢用在刀刃上”的核心课程改革思路既能给学生减负，又能鼓励其根据个人兴趣及职业发展需要修习相应课程。另外，这也贯彻了教育部的“减负”精神，有助于实现“有教无类”的理想图景，使法律人才“人有所育”。所以，前文提出的改革方案，虽然在核心课程总量上有所增加，但由于一类、二类核心课程的分置，实际上使法科学子的课业负担有所减轻，从而可以精研相关课程，提升学习质量和专业化水平。

再次，供给侧结构性改革与领域法学范式相结合，在提供创新思路的同时，也为法学本科核心课程改革提供了更大的改革空间和更远的发展眼光。这种保证法学教育"可持续发展"的战略模式，能发展特色学科、优势学科。另外，为各高校根据自身情况设置法学学科体系提供了诸多便利，形成"教学相长"的良性循环，使法律人才"人有所值"。

最后，在法治发展的大环境中，依靠调整机构设置、修改法律文本等方式已经成为我国改革的路径依赖。而法学本科核心课程改革从一个维度切入，在本质上有助于破除这种路径依赖。人力资源的优化可能会产生更大的改革红利，实现多赢，促成"形式上做加法、实质上做减法、法治发展做乘法"的改革成效。形式上做加法就是指增加一些应用性高且专业性强的课程，以提升法学教育的供给质量；实质上做减法就是要突出核心课程的地位，将一些重要性程度不高的课程移出核心课程的序列，从而达到"好钢用在刀刃上"的效果，减轻学生的学习负担；法治大发展做乘法则是指，核心课程改革的目的是优化法律人才的供给，从根本上提升法治建设的质量，最后起到"质变"的乘法效果。

四、结语

在我国社会经济改革的进程中，供给侧结构性改革是一项富有智慧、同时也需要极大勇气的创新之举。短期内，这种改革可能会造成社会经济发展的阵痛，但从长远看，"三去、一降、一补"的基本方向能让我国经济发展获得长足的动力。法学本科核心课程的调整也是如此，核心课程的结构性改革不仅是法学本科课程设置的调整，也体现了法学本科人才培养的观念更新与方式转型，在远期效果上，其对于法科教育质量的提振和法科学生素质的优化，推进法学学科建设和发展，甚至是我国法律职业共同体的建立，都有十分突出的积极作用。从某种程度上讲，完善核心课程体系是国家治理法治化和现代化背景下中国法学教育发展具有里程碑意义的事件，可谓"利在当代、功在千秋"。在建立法律职业共同体、全面推进依法治国的进程中，优化法学核心课程结构的社会效应必然逐渐突显。

需要强调的是，为法学教育设定一个听起来"最美"的目标，或者设计一个看起来"最完善"的课程体系，是法学教育改革中的框架性问题。但是，法学教育的真正进步，亦即改革中最困难的部分，其实是各门课程的具体授课内容与教学方法。如果不能对课程内容和教学方法作出重大变革，再漂亮的框架设计也只是画饼充饥。① 笔者在本文中所提出的核心课程改革，并非以形式上的课程设计为已足，核心课程体系的优化正是包含教学内容和方法等在内的，它们是一个有机统一的整体。

再者，在当下法学教学培养模式中，课程体系的结构直接决定了法学人才的知识结构，这些人才的供给面主要涉及法学理论研究和法律实务工作，而法治人才的知识结构

① 参见葛云松：《法学教育的理想》，载《中外法学》2014年第2期。

对其所从事的理论研究或实务工作会产生方向上的影响,换言之,课程体系的结构最终将作用于理论研究和实务工作。从这个层面看,笔者所提倡的核心课程的调整与优化,也是期望从整体上推动我国法学研究的进步,促成法治国家、法治政府、法治社会的形成。

囿于研力,本文仅作为探讨法学本科核心课程改革的开始,而不是全部或终点。在社会人力、物力、技术等资源被充分整合的时代,一切具备创新性的改革方式,都可以而且应当有其适用的空间。法学人才在供给层面的优化,不能简单依靠本科核心课程体系改革的单兵突进,更要求整个法学教育方法、法学培养模式、法学研究范式、法学创新思维的系统性变革。因此,笔者十分期待各界同人对此命题的智识与探讨。

供给侧改革背景下的法学教育与财税法课程建设

刘达芳*

所谓供给侧改革,对法学教育而言就是如何培养社会急需的法学人才。财税法课程的建设是供给侧改革背景下法学教育因应社会需求变化的重要表现之一。然而,财税法课程建设按照不同的教学对象可以分成本科、研究生等阶段。不同阶段的培养目标存在差异,本文主要就法学本科阶段的财税法课程建设提出一些粗浅的思考,以期抛砖引玉。

一、我国法学教育与财税法课程建设现状

(一)法学教育的现状

我国的法学教育尤其是高等院校的法学教育已经取得了令世人瞩目的丰硕成果,截至2016年,全国有626所普通高校开设法学本科专业,在校生超过31万,①法学教育无论在规模还是质量上都已跃上新的台阶。

反映在社会观感上,法学院校培养了大批高素质的法律人才,但是毋庸讳言,当前法学院校的毕业生已经存在一定的就业困难。2013年法学专业位列浙江省本科最难就业专业之首。② “历史学研究生、法学本科、医药卫生类高职生就业率相对最低”的情况同样出现在陕西。③ 甚至在教育部的官网上,也建议学生高考填报志愿时“详细了解专业

---

* 上海海事大学法学院。

① 《关于政协十二届全国委员会第四次会议第2884号(教育类313号)提案答复的函》(教提案〔2016〕第300号),载教育部网站:http://www.moe.gov.cn/jyb_xxgk/xxgk_jyta/jyta_gaojiaosi/201611/t20161123_289754.html,最后访问日期:2017年8月10日。

② 《浙江高校毕业生初次就业率达78.16%》,载教育部网站:http://www.moe.gov.cn/jyb_xwfb/s5147/201307/t20130717_154291.html,最后访问日期:2017年8月12日。

③ 《一份高校毕业生就业质量年度报告显示——陕西高校研究生就业率不及本科生》,载教育部网站:http://www.moe.gov.cn/jyb_xwfb/s5147/201601/t20160121_228552.html,最后访问日期:2017年8月12日。

内涵,慎选法学、工商管理等'红牌'专业"。[①] 而一些在专门领域、高端领域,仍然表现出人才不足的现象。高端领域人才的养成除需要法学院校的培养外,丰富的社会阅历、专门领域的专业知识是不可或缺的。这牵涉法学教育在学生毕业后的持续教育、终身教育的问题。这一宏大命题非本文篇幅所能容纳,本文仅结合财税法课程建设这一命题,就专门领域的法学教育略发管见,希望能够抛砖引玉。

(二)我国财税法本科教育现状

目前教学中,财政法、税法都是在经济法教学中作为一个分支进行讲授,各位财税法学界的前辈、权威虽不断呼吁要将财税法列入高校法学专业核心课程,但教育主管部门的答复也仅仅是"转交教育部高等学校法学类专业教学指导委员会作进一步研究"。[②]

由于是在经济法课程中讲授,受到授课时间、课程结构等诸多限制,无论财政法还是税法都不可能进行深入细致地讲解;而跨国的税收问题又是放在国际经济法课程中作为国际税法的内容讲解,与国内税法相互割裂。学生的知识掌握相对碎片化。

但是,随着改革深化,财税法正越来越显现出其重要性。前不久闹得沸沸扬扬的共同申报准则(Common Reporting Standard,CRS)信息共享问题,可以观察到对此发表意见的法律界人士并不多,更遑论能够全面正确解读。这一方面反映法律人对税法动向的感知尚不够敏锐,另一方面也反映出法律人对税法的知识储备还远远不够。这可以追溯到法学教育在税法方面的短板。

二、财税法课程建设面临的问题

在供给侧改革背景下建设财税法课程,笔者的理解是,应该提供怎样的财税法课程以培养怎样的学生。与之相适应的是,财税法教师又应该具备怎样的基本素质。

现阶段加强财税法课程建设至少遇到几方面的问题:能够担负财税法教学的师资力量远远不够,作为前期准备的各种先导课程设置还不明确,相应教材准备不足,由于缺少实践,学生对各税种产生环节、机理缺乏感性认知,对涉税的经济活动更是了解不多,教学内容容易陷入死记硬背的困境等。

(一)财税法专业教师缺口较大

如果要把财税法作为一门独立的部门法在全国各高校的教学中普遍推行,需要大量的合格师资。仅以626所开设法学本科专业的普通高校每校配备一名专门讲授财税法的教师计,最保守的估计就是626位专任教师。而目前并不是所有学校都培养财税法的

---

① 《2016高考志愿填报最全攻略》,载教育部网站:http://www.moe.gov.cn/jyb_zwfw/zwfw_fwxx/zhfu_gk/201606/t20160616_268615_1.html,最后访问日期:2017年8月12日。

② 《关于政协十二届全国委员会第四次会议第2884号(教育类313号)提案答复的函》(教提案〔2016〕第300号),载教育部网站:http://www.moe.gov.cn/jyb_xxgk/xxgk_jyta/jyta_gaojiaosi/201611/t20161123_289754.html,最后访问日期:2017年8月10日。

博士研究生。① 一些高校也是近年才开始培养财税法的博士研究生。② 那么，除去目前已经在各高校讲授财税法的教师，其缺口可以想象。即使每年培养的财税法方向的博士研究生全部进入高校任教，恐怕也不能在短期内满足需求。

而所谓合格师资，笔者的理解不仅要有法学教学的基本功底，还应该要对税收和税收法定原则有深刻的理解。换言之，既要有法律的宏观理念，又要对税法实体制度了然于胸。要做到这一点，需要财税法教师能够掌握一定的财税知识，同时能够深入经济生活，掌握丰富的实践经验。

毋庸讳言，法学教师很大一部分从校门到校门，很少离开校园。而财税法中的很多具体制度需要实践才能弄清其关键所在。各种税收对社会经济生活的影响究竟怎样，企业生产经营千变万化，各种节税、避税、逃税方法层出不穷，如何正确地识别判断，财政法需要怎样规制财政资金的使用才能确保资金的高效使用，怎样的监督既能让监督落到实处又能保证财政的效率等，所有这些，不经过亲力亲为，不在实践中摸爬滚打一番，恐怕很难说清其中的要害。

据笔者观察，财税法师资在整体上呈现不足的同时，财政法的师资相对更加不足。在日常教学中相对于财政法，税法更受关注。这可能与税法更直观地影响每个人的日常生活有关。而财政法的关注度似乎更差一些。

（二）先导课程建设更显薄弱

与缺乏师资类似的是财税法教学的先导课程的建设。财税法不可能脱离社会经济生活而存在，但是学习财税法专业课程之前究竟需要学习哪些先导课程并不是一目了然的。虽然财税法律制度涉及社会经济生活的方方面面，财税法专业课程是否需要像财税法律制度那样面面俱到？答案应该是否定的，但是，不再面面俱到的财税法课程设置又需要设置一些什么课程？与之配套的先导课程又有哪些？答案恐怕就不那么清晰了。

首先，如果把财税法课程定位于普通本科院校的法学教育中的一门核心课程，它的地位仍然是经济法这个部门法中的一门重要课程。与之前在经济法教学过程中讲授的

---

① 例如，清华大学法学院 2017 年招生目录中没有招收财税法的博士研究生。详见《清华大学 2017 年博士研究生招生专业目录》，载清华大学研究生招生网：http://yz. tsinghua. edu. cn/publish/yjszs/8545/20161026141234486299521/1477462685972. pdf，最后访问日期：2017 年 8 月 11 日。再如，复旦大学法学院目前也没有招收财税法研究生。详见《复旦大学 2017 年博士招生简章和专业目录》，载复旦大学研究生招生网：http://www. urp. fudan. edu. cn:79/jzfb/main. jsp? siteId = 3&pageId = 17&zslbdm = 21，最后访问日期：2017 年 8 月 11 日。

② 《教育部对十二届全国人大四次会议第 1562 号建议的答复》（教建议〔2016〕第 30 号），2016 年厦门大学、江西财经大学招收财税法学硕士研究生，北京大学招收财税法学研究方向的硕士、博士研究生，中国政法大学招收财税法学研究方向的硕士研究生、财税法律制度研究方向的博士研究生，武汉大学招收财政税收法研究方向的硕士研究生、财税法学研究方向的博士研究生等，培养高层次专门人才。载教育部网站：http://www. moe. gov. cn/jyb_xxgk/xxgk_jyta/jyta_gaojiaosi/201611/t20161104_287652. html，最后访问日期：2017 年 8 月 11 日。

区别应该是更加完整、更加成体系，体现在课时安排上，可能只是一到两个学期的课程。显然这样的课时安排，对财税法而言仍然是一个概论性质的课程，只是比原来可以讲得更加详细一些，一些基本原则、基本制度可以更加充分地阐述，一些大的税种可以做稍微详细一点的介绍和解释，国内税法可以和国际税法适当地结合。但是要非常深入地讲解，依然有困难。因此，财税法的先导课程的设置，需要考虑到财税法本身在法学本科教学中的内容，尽量优先考虑区别于其他部门法学而必须设置的先导课程，对可以与其他现有部门法学共享的先导课程，则尽量考虑共享。

其次，财税法教学不可避免地会涉及一些完税价格的认定和税收的计算，这就要用到一些会计学的知识。虽然大学教育不能像中专技校那样仅仅是技能的传授，但是对相关领域的知识还是需要了解的。会计学是否要作为财税法教学的先导课程？如果答案是肯定的，那么这样一门先导课程在难易程度上应该处于怎样的水平？如果类似会计学这样的课程作为先导课程引入法学教学，则这些课程在普通高校的法学本科教育中占多少课时？显然，作为法学本科教学通盘考虑下的课时安排，不可避免地不会给财税法这一门课安排过多的单独课时，这类先导课程需要安排多少种、多少课时？与之相适应的，专门针对法学本科教学的先导课程教材又应该是怎样的？

最后，作为核心课程的财税法是实行全国统一的教学要求还是允许各学校根据自身特点发展成各具特色的财税法课程？例如，海关学院的财税法课程是否可以与关税、自贸区法律制度相结合，两所海事大学的财税法课程是否可以与国际航运相结合，对外贸易类院校的财税法是否可以与我国的进出口税制相结合等。这些是必须要在教学之初要明确的。

三、财税法课程建设的对策建议

对于上述问题，笔者管见，在确定应对策略前首先要回答的是财税法教学需要培养的是怎样的学生？而根据本科教学的特点，笔者认为，应该是应用型的法律人才。

因此，财税法的师资建设除加紧相关博士研究生人才培养外，还应大力引进具有丰富实践经验的财税官员、执法人员和税务律师充实师资队伍；先导课程建设宜以会计课程为主干，以少而精为原则，同时推出适合法学学生的先导课程教材；学生则应加强相关涉财税法的计算训练，使他们逐步适应与数字打交道，不仅要能够进行单纯的计算，还要掌握复杂计算下的比较分析，以满足社会的需要。以下简言之。

（一）师资建设应以培养和引入专业人士并举

师资队伍的建设，博士研究生人才培养无疑非常重要。高素质的博士人才不仅具有深厚的理论功底，能够把财税法的法律原理、渊源以及理论前沿问题带给学生，而且博士研究生人才经过严格的学术研究训练，能够把法学研究的严谨态度、思考和研究方法带给学生，让他们终生受益。但是，缓不济急。一个博士研究生从招收到毕业加入大学教师队伍，少则3年，多则5～6年。这对全国626所高校中的绝大多数而言，不啻有点望梅止渴。相信很多高校可能会首先从教授与财税法相接近的其他部门法的教师中选择一些老师以解燃眉之急。

但是,财税法学毕竟是一门独特的和实践性很强的学科,除需要理论型的讲授外,实践性教学是必不可少的。高校教师长期在高校从事理论研究,对实践多少有些隔膜。一部分老师到相关部门挂职、到律师事务所兼职,对实践还有一定的接触。即使如此,他们对财税法相关实践的接触也有可能不够全面不够丰富。因为在一个部门挂职,接触的可能只能是这个部门相关的财税法问题。尤其在依法行政的当下,行政部门的权力受法律限制,越权行政的情况越来越少,在部门挂职的教师接触所挂职部门以外业务的机会也相对较少;我国目前的律师事务所,据笔者所知,税法业务相对很少,财政法方面的业务更少,因此在律师事务所兼职一般对了解财税法的实践贡献有限。

1. 引进财税法专业人士的优势

鉴于以上情况,大力引进在财税法一线工作的,具有丰富财税法实践经验的财税干部、执法人员和执业律师不失为一个好的选择。一是这些长年在财税法一线工作的专业人士对财税法有超乎常人的理解和丰富的实践经验。对容易产生差错、误解和曲解的地方都非常熟悉,也非常清楚法律的边界在哪里。二是专业人士不仅能够把最新的实践、最生动的案例带到课堂上,教授给学生活的财税法。一些专业人士亲身参与了一些著名案件或者事务的处理,有一般人根本没有机会获得的切身体会和经验。这不仅是教师,就连其他专业人士也很少有机会接触到的重大事件或案件。由他们讲来,远比旁人有更多的细节和过程,其思路的呈现更完整也更有针对性。三是专业人士能够把社会对学生的需求及时反馈到学校,让学校、学生及时了解。四是专业人士还能对学生进行一定程度上的职业训练,甚至让学生参与一些案件的处理,做一些力所能及的辅助工作,让学生提前进入社会,缩短他们毕业后转换为一个职业法律人的成长期。

2. 引进财税法专业人士依据的标准

从引进专业人士的初衷和法学本科教学的特点出发,笔者认为,应该确立以下几个标准:

第一,这些专业人士必须是在财税法专业浸淫多年的资深人士。法律职业除了必备的知识以外,很重要的一点就是经验教训的积累。这些都需要时间。长期实践才有机会接触到一些有影响的大案件、大事件。笔者不否认在行政执法部门,可能一些非常年轻的执法人员往往能够独立承办一些大案、要案并且办理得非常出色。根据笔者曾经在行政执法部门的工作经历,这一方面得益于他们自身扎实的业务功底和日常办理大量案件的积累,另一方面,来自老同志的指导或者提示、其他同事或者相关部门的协助同样也是非常重要的。一个案件的成功办理,往往是多部门共同协作、共同研究探讨的结果。这种年轻的执法人员,由于其一直在办理各种财税案件,相对于研究人员和执业律师,实际上是在很短时间内经历了别人几年甚至十几年所经历的案件。从这个角度看,他们也是在财税法专业浸淫多年的资深人士。

第二,这些专业人士必须具备一定的理论功底。一个资深专业人士一定是一个理论功底扎实能够运用基本理论进行创造性思维的人。而大学本科教育目标应该是把理论和实际相结合,使学生在离开学校后遇到新问题时仍然能够运用基本理论分析和解决问题。虽然这一任务主要是由高校的专任教师完成的,但是专业人士在教学中起着对学生潜移默化教育的作用。通过他们的教学,教会分析和解决具体问题的方法。因此,专业人士在对最新的案例或者现象进行分析的时候,要时时引导学生运用基本理论、基本原则对案件或者现象进行分析,举一反三。这种理论与实践的结合由于没有现成的教科书和答案,有些时候面对的还可能是全新的情况,连法律都没有规定,因此对理论素养的要求还要高于单纯的理论教学。仅有实践经验没有理论功底是无法胜任的。

第三,这些专业人士必须要有良好的指导能力和表达能力。一些专业人士可能理论功底非常扎实,思路也很清楚,但是由于没有经过与教学相关的训练,在如何指导学生学习和让学生理解自己想法方面有所欠缺。尤其是对学生学习心理的准确把握、学生认知水平的体察上面存在欠缺,使指导失之宽泛或者表达不够准确严谨。并且,用普通话讲授也是一个基本要求。学生们来自全国各地,甚至海外,如果讲台上的专业人士一口浓重乡音的普通话,那么教学效果可想而知。因此,良好的指导能力和表达能力是专业人士走上大学讲台的一项基本要求。如果达不到这一要求,再优秀的专业人士恐怕也只好忍痛割爱了。

第四,这些专业人士必须要有强烈的授课意愿和充足的时间保证。笔者常常能碰到一些非常优秀的专业人士,他们有扎实的理论功底,丰富的实践经验,良好的指导和表达能力,并且非常愿意把自己的所学、所想教授给我们的学生。但是并不是所有优秀的专业人士都愿意到学校授课的。原因可能是多方面的,可能是出于对保守执业秘密的考虑,可能是对自己的学术素养还没有足够的自信,也可能是嫌学校课时报酬太低,觉得自己的付出与所得不成比例,还有可能就是不愿意与学生分享他的经验和思想。因此,愿意给学生授课,分享他的经验教训和所思所想是对专业人士的主观要求。

时间的保证则是一项看似理所当然但又很难落实的客观要求。越是成功的专业人士越是工作繁忙。笔者也曾看到一些非常优秀的校外兼职教师由于在授课和指导时间上无法保证,最终与大学讲台失之交臂。事实上时间的宽裕程度往往和一个专业人士的成功成反比,而专业人士的主业在他们自己的工作上,因为学校的教学而长期影响自己的工作,不仅会使专业人士为此承受较大的牺牲,而且这样的安排也是不可持续的。这就使学校与所聘的专业人士的事先沟通显得非常重要,并且,学校应该给出一定的授课时间自由度,不能完全按照对专任教师上课的时间考核标准来要求外聘的专业人士。这样,在双方之间才能寻得平衡点,使学校的教学秩序、教学任务不受大的影响,专业人士自身的工作也能顺利进行。另外,批改学生作业的任务,则可以安排一定的青年教师予以协助,这样既可以减轻专业人士的负担,也可以让青年教师多一点接触实践的机会。

总之,一个优秀的专业人士如果能够兼任学校的财税法教学,对师资队伍的建设将起到非常重要的作用。

(二)适当设置先导课程

关于先导课程,如前所述,可以把财税法课程排在一些专业课程之后,例如,民法、合同法、物权法、行政诉讼法、行政处罚法等。这些法律既是部门法中起到统领作用的基本法律,又是直接规制日常社会经济生活与依法行政的具体法律,本身就应该是财税法的先导课程。这部分的课程安排对法学院校而言应该没有什么困难,也没什么争议。但是初步的会计知识要不要作为先导课程予以安排,可能会有不同的看法。

这种不同看法来自两方面:一方面,会有观点认为"财税法学发展至今,如果仍然强调其交叉学科性,则既不利于构建财税法学独立的理论体系,也不利于研究财税法学理论中调整对象、基本原则、方法、规范体系等核心问题"①,"一方面是要求财税法学更多地立足于对财税法基础理论的阐释,为实体法和程序法找到理论衔接点,让学生首先在理论层次上理解为什么要这么规定,其立法价值在哪里,而不是更多地了解怎么样去计算的问题"②;另一方面,对一些法学院校来说,教授会计学课程的师资可能也会缺乏,从而增加了把财税法作为一门独立课程的难度。

对于第一种意见,笔者认为,财税法本身是一门交叉学科,法学与经济学构成财税法学的一体两翼,这不会随着财税法这个部门法的独立壮大而改变。法学教学虽然注重法律制度的讲解,但是一些基本的内容,如完税价格的组成、税额的抵扣抵免等,如果没有对会计学的初步了解是不容易掌握的,而财税法的实体法律与税务处理和财政管理、财政支付等以会计知识为基础的制度更是无法绝对分开,因此对会计知识不了解,会妨碍学生对财税法的深入理解。

当前,本科教育培养的是应用型人才,研究型人才的培养是硕士研究生以上教育阶段的目标。从应用的需要出发,学生如果对法律原理、原则了然于胸,却因为缺少相关会计基本知识而不能准确适用法律,对法学教学来说是不是很失败?

当然,作为财税法先导课程的会计学也没有必要像会计学专业的教学那样深入和面面俱到。只要有一门类似于"会计学初步"或"会计学入门"这样的课程,让学生明白一些基本的会计制度和会计处理方法,有助于他们将来理解财税法具体制度即可。如此,课程安排可能只需要半个学期或者至多一个学期即可,对法学院校的整体课程安排影响不大。与之相适应,需要一本适合法学本科学生使用的会计学初级教材,而不是借用财经类专业的相关教材。这方面的工作,似乎还有待加强。

至于会计学以外,是否还需要其他财税法独特的先导课程,笔者管见,暂时无须再设置其他课程,这主要出于两方面的考虑:一方面,过多的先导课程可能会影响法学院校整体的教学安排;另一方面,在是否需要会计学这类先导课程还没有取得共识的情况下不宜设立过多的先导课程。待会计学作为先导课程是否需要获得实践证明后再考虑是否

① 白晓峰:《财税法学科性质的反思与重构》,载《教育理论与实践》2014 年第 34 卷第 21 期。

② 白晓峰:《财税法学科性质的反思与重构》,载《教育理论与实践》2014 年第 34 卷第 21 期。

需要增设其他先导课程。

对于会计学师资的问题,一些没有财经类专业的院校确实会有不小的困难。但是这样的困难并非不可解决。思路即是前文所述,在培养的同时,大力引进校外专业人士。而且,由于财经类专业多年来已经培养了大批毕业生,会计专任教师的潜在储备资源要远比财税法博士多得多,而及时从专业人士中聘请一些财会实务人员兼任会计学教学师资也可以解师资的燃眉之急。因此,师资应该不是一个无法克服的困难。

四、结语

综上所述,供给侧改革背景下财税法课程的建设应该围绕提供怎样适合社会需要的财税法课程和财税法人才而展开。在共享经济大潮初起的今天,应当合理利用社会优质资源,打造满足社会需要、可以在财税法治建设中起中坚作用的应用型人才,最终达到供给侧改革的要求。

供给侧改革背景下的法学教育与财税法课程建设

吕庆明[*]　孟庆瑜[**]

一、供给侧改革背景下法学教育的新要求

(一)供给侧改革核心意涵的政策解读

供给侧改革虽然是经济领域全面深化改革的专业术语,但其并非专属于经济领域。供给侧改革的基本理念、思路、原则同样适用于其他非经济领域的全面深化改革,这其中就包括法学教育领域。刘剑文教授认为,"总的来看,供给侧改革的基本思路主要包括四个方面:祛除产能过剩、补齐发展短板、注重质量内涵和提升有效供给。"①具体而言,供给侧改革的基本精神可以概括如下:1. 调整供给结构以满足新的需求,使各种要素实现最优配置,提升经济增长的质量。2. 通过调整供给结构,更加注重对新需求满足和需求变化回应的适应性和灵活性。3. 通过调整供给结构,坚持以人为本,注重人民群众需求的满足,旨在提高人民群众的生活质量。4. 补足短板,既要做"加法",也要做"减法"。

(二)供给侧改革思路引领下中国法学教育之检讨:机遇与挑战

供给侧改革背景下,有必要对法学教育进行更为清晰、准确的定位。一方面,法学教育必须遵循教育规律,注重人的全面发展,培养中国社会主义法治事业的建设者和接班人,要立足长远,着眼大局,竭力避免法学教育的短期性和功利化。另一方面,法学教育必须与时俱进,灵活应对、反馈社会发展提出的新需求、新要求,通过自身的改革不断适应外部环境的变化,主动求变以应对社会发展带来的在人才培养方面的挑战。对此,朱苏力教授曾经指出,对于法学教育的最基本挑战就是一个,法学院的产品,主要是毕业生和学术成果(并且这两者常常是交织在一起的)能否满足中国社会发展的需要。具体说来,就是法学教育如何能面对正在发生的社会转型和经济的迅速发展,提供有市场需求的优质产品。因此,要考察中国的法学教育,不能仅仅局限于一个简单的教学方法问题,

---

* 法学博士,河北大学政法学院讲师。

** 法学博士,河北大学政法学院院长,教授、博士研究生导师。

① 参见刘剑文:《供给侧改革下法学本科核心课程的结构调整》,载《政法论丛》2017 年第 3 期。

至少不仅是一个教育学问题,而是必须面对一个更深刻的挑战。[①] 供给侧改革背景下,法学教育应强化服务理念,为社会主义法治事业服务、为广大人民群众的需求满足服务、为党的中心工作服务,不断满足社会发展对法律人才的需求。一方面,要大力培养社会急需的特定专业特长的高校毕业生,补足法律人才需求的数量缺口;另一方面,要提高高层次法律人才的全方面素养,满足法律人才的质量需求。简言之,法学教育为应对供给侧改革下对法律人才的新需求,应根据需求类型的不同,通过调整人才供给结构,为社会发展提供不同类型、不同层次的法律人才,以应对社会发展对法律人才的多样化需求。

以前述供给侧改革的基本思想原则为指引,反思中国当下的法学教育,可以发现当前我国法学教育存在如下问题:其一,法学教育规模不断扩张,低端的重复建设严重,导致学校法科学生就业压力增大,致使法学教育就业市场上供过于求的情况出现。社会对高层次法律人才的需求不断加大,高层次法律人才在就业市场上相对稀缺。法学教育的有效供给不足,法学教育对法律人才的供给与社会需求之间对接错位。其二,实施法学教育过程中,各种教学资源的配置效率低下,最终导致人才培养质量下滑,有效供给相对不足,亟须充分调动各种教学要素、科学配置各种教学资源,以提高法律人才培养的质量。其三,社会对法律人才的需求标准处于发展变化之中,而法学教育的应变则相对缓慢、滞后、僵化,未能就社会对法律人才需求的新变化做出及时、灵活的反馈和回应。其四,法学教育功利化倾向严重,教学重心主要放在司法考试、公务员考试等资格考试能力的培养,量化考核的指标片面侧重于就业等短期目标,缺乏对学生的全面能力、基本素养的培养教育等长远目标的关注。其五,法学教育改革既需要做好"减法",避免盲目扩张、扩招,走精英化培养之路;也要做好"加法",增加优质教学资源的有效供给,提高教学资源配置的效率。例如,当前部分教师的工作重心主要放在科研上,对教学的投入不足,一些优质的教育资源虚掷浪费严重。这需要通过制度改革,增加对教师教学工作的制度激励和评价。

二、供给侧改革背景下财税法课程建设对法学教育新要求的回应

党的十八大以来,国家对财政税收功能定位越发精准,将财税作为现代化国家治理的重要工具。与此同时,财税法教育越发受到重视,财税法学成为新兴的法学领域,逐渐取得独立地位。在财税法研究生教育基础上,部分高校开始在本科阶段开设独立的财税法课程,财税法学成为本科生人才培养的重要组成部分,成为法律人才培养不可或缺的重要内容。面对财税法学的"繁荣"和"春天",必须理性看待、正确对待。一方面必须抓住机遇快速发展;另一方面必须正视财税法学所需面对的困难和挑战。

(一)财税法课程建设现状分析

在当前的法学教育课程体系中,财税法是一门既"旧"又"新"的课程。说财税法是门"旧"课程,是因为财税法一直是经济法课程的核心内容,针对财税法的教学一直在持续。说财税法是门"新"课程,是因为财税法刚刚作为一门新课程取得独立地位,这里主

① 参见苏力:《当代中国法学教育的挑战与机遇》,载《法学》2006 年第 2 期。

要是指从经济法课程体系中独立出来。财税法课程的这种“新”和“旧”的特点,给财税法课程建设带来了新的问题和挑战。

一方面,作为一门新课程,财税法具有新事物的通病,即不成熟和不完善。有关财税法的课程建设仍然处于探索阶段,虽然可以借鉴一些其他课程建设的既有经验,但过多的照搬会使财税法自身丧失特色和明确定位,而这对一门新课程来说是致命的缺陷。但作为新事物,财税法课程建设属于在白纸上作画,没有历史包袱,可以将一些新的理念、模式注入其中,从而推陈出新、大胆创新。

另一方面,作为一门旧课程,财税法的课程建设不可避免地需要有效处理好与经济法课程之间的关系。当前部分学校虽然在本科阶段开设财税法课程,但同时开设的经济法课程仍然讲授财税法,这造成内容的重叠和教学资源的浪费。同样的问题在经济法专业研究生教学中也存在。因此,在财税法课程建设过程中,必须有效协调其与传统经济法课程教学之间的关系,在教学内容上实现与经济法教学的密切配合,有效衔接。

(二)财税法课程建设中需要避免走传统法学教育的“老路”

财税法课程作为新成员将成为我国法学教育课程体系的重要组成部分。在财税法课程建设过程中,对于那些传统法学教育中不符合供给侧改革基本理念、原则的固有缺陷,在财税法课程建设过程中能够弥补的进行弥补、需要进行调整的立即进行调整,一些契合供给侧改革理念的法学教育改革举措亦可以在财税法课程建设中予以实践、检验,充分发挥财税法课程作为新事物的后发优势。

1. 优化财税法课程教学资源的配置

教师是最重要的教学资源,优化教学资源的配置,实际上就是将最优质的教师资源配置到一线财税法课程教学中去。必须保证财税法课程的本科生、研究生课程由具有丰富教学经验的教师任课讲授。避免传统法学教育中教师忙于科研而忽视教学、对教学工作应付了事的局面。对于新生的财税法课程而言,尤其要保证教学质量,提升其在整个课程体系中的地位。要建立从事财税法课程教学工作的激励和保障机制。

2. 竭力避免功利化的短期性选择

在财税法课程建设过程中,应着眼于长远目标,以培养全面发展的精英化人才为宗旨,要兼顾职业教育与素质教育两种目标,积极协调二者之间的关系,竭力避免法学教育的功利化倾向。在财税法的教学大纲、培养方案制定上,要注重基本理论的讲授,注重学生价值观念的培育、塑造。充分利用财税法课程教学,有效开展财税法观念教育,积极培育学生的纳税人意识、公共性意识等与现代民主政治相适应的观念意识。将《青少年法治教育大纲》《深化国税、地税征管体制改革方案》以及国家税务总局、教育部发布的《关于加强青少年学生税法宣传教育的通知》等相关规定的原则要求贯彻进财税法课程建设之中。

3. 将必修课与选修课有机结合

财税法课程在本科阶段应作为必修课,成为法学专业的主干课程,以此提高财税法在整个课程体系中的地位;在非法学专业开设财税法的选修课,以此推广、普及财税法教育,提高学生的综合素质。同时,适应新时期社会对财税法人才的需求变化,进一步细化财税法的课程设置,配套以相关的财税法选修课,以进一步丰富学生的财税法知识结构,全面满足学生多样化的财税法知识需求。例如,根据社会上的新热点和社会发展的趋势,可以设置一些具体的财税法分支课程。

4. 强化实践教学环节

财税法课程设置分为理论教学和实践教学两个部分。其中,理论教学侧重于学生的基本理论素养培植、财税法观念意识培育、财税法基本知识介绍,实践教学环节则侧重于财税法实践的具体操作。“法律实践是法学教育的重要环节,实习对学生来说是初入‘法门’的锻炼机会,对其以后职业习惯的养成有着相当大的影响,所以实习质量尤为重要。”①可以通过设立财税法的实践教学基地,不断培养学生的实践操作能力,使学校教学与社会实际有效对接,有效避免学校教育的抽象化和滞后性。

5. 改革课程考核方式

当前部分高校正在进行课程考核方法改革探索。财税法课程在建设过程中,应当将改革创新的理念融入其中,“船小好掉头”,充分利用财税法课程的后发优势,将财税法的课程建设与课程考核模式改革有机结合。当前,财税法课程主要作为考查课存在,一般以结课论文或开卷考试方式进行期末考核。但无论是写结课论文抑或开卷考试,均存在比较突出的问题。结课论文无法全面、综合考核学生的主观努力和能力素养,且容易造成抄袭、简单复制引用的情况发生。开卷考试因缺乏规范、统一的标准在量化打分方面存在问题,且试题多为单一题型的论述题,无法全面、综合考察学生的能力、素养。财税法课程考核可以分为学习过程考核和期末终结性考核两部分。要更加突出学习过程考核的地位、权重,使学习过程考核与期末终结性考核有机结合、相互促进。

三、新发展理念引导下财税法课程建设的基本构想

“法学教育的不足与弊病归根结底在于教育理念的落后,过分迷信过去的经验和传统,没有能够敏锐地洞察法律职业近年来日新月异的变革,不能适应市场的需求来培养合格的法律人才。”②供给侧改革背景下的法学教育改革和建设,必须在新的发展理念引导下进行。习近平总书记在对“十三五”规划建议作说明时强调,发展理念是发展行动的先导,是管全局、管根本、管方向、管长远的东西。发展理念搞对了,目标任务就确定了,政策举措也就跟着确定了。供给侧结构性改革须用“创新、协调、绿色、开放、共享”五大发展理念来引领。把新的发展理念体现到政策制定、工作安排和任务落实的各个方面。同样,供给侧改革背景下财税法课程建设既要克服既往法学教育中存在的缺陷、不足,也要在课程建设中融入新的发展理念,以新的发展理念作为理念指引,将供给侧改革的精

① 参见徐清宇:《法学教育供给与司法职业需求的不对称及其校正》,载《政法论坛》2008 年第 2 期。

② 参见焦富民:《地方综合性大学法学素质教育的目标与法学教育的改革》,载《法学家》2003 年第 6 期。

神、原则有效贯彻进财税法课程体系建设之中。

(一)“创新”理念下的财税法课程建设

“创新是引领发展的第一动力。”《中华人民共和国国民经济和社会发展第十三个五年规划纲要》对创新进行了准确的定位,提出“必须把创新摆在国家发展全局的核心位置,不断推进理论创新、制度创新、科技创新、文化创新等各方面创新,让创新贯穿党和国家一切工作,让创新在全社会蔚然成风”。在创新理念引领下,就财税法课程建设而言,财税法作为法学课程体系的新成员,没有历史包袱,可以进行大胆的创新,将新的教育理念、教育方法、人才培养方案、人才培养模式引入财税法课程建设之中。通过创新进一步夯实财税法课程的独立地位,通过创新引领法学人才培养模式的改革。可以将法学人才培养模式改革和财税法课程建设创新有机结合。充分利用法学教育改革的契机勇于创新,通过大胆创新奠定法学教育改革的主旋律。财税法课程建设创新是全方位的,既包括教育的目标理念,也包括教学方法和教学内容,还包括教学的具体过程和环节设置等。

(二)“协调”理念下的财税法课程建设

“协调是持续健康发展的内在要求。”财税法作为独立课程进行建设过程中,必须有效处理好与经济法这一传统课程之间的关系,积极协调二者之间的关系,使财税法课程与经济法课程相互补充、相互促进,避免相互掣肘、重复建设。同时,也要注重财税法内容体系内部的协调。当前,财税法学内容主要由财政法和税法两部分构成。由于历史发展的因素,税法在财税法内容体系中往往自成体系。协调理念下的财税法课程建设,必须有效处理好财政法和税法之间的关系,有必要将二者整合为一个整体。必须有极大的勇气和魄力打碎税法的自身体系,使之融入统一的财税法体系中去,不能瞻前顾后、患得患失。

(三)“绿色”理念下的财税法课程建设

“绿色是持续发展的必要条件和人民对美好生活追求的重要体现。”财税法课程建设过程中,在教学内容上要注入绿色发展的理念,从而使财税法课程与时俱进,将社会的新需求注入课程教学过程中,使财税法课程更好的服务经济社会发展,更好地融入绿色发展的全局。具体而言,贯彻绿色发展理念,在财税法课程教学中,要将绿色财政、绿色税收理念融入教学内容和教学过程之中。全面阐述绿色财政、绿色税收的内涵、外延,深入分析财税法在服务于绿色发展方面所担负的使命、发挥的作用。

(四)“开放”理念下的财税法课程建设

“开放是国家繁荣发展的必由之路。”在财税法课程建设中,要秉持“开放”的理念。作为新开设的课程,在积极协调与经济法等相关课程关系基础上,要大胆吸收其他法学课程和非法学课程的优势,大胆采用“拿来主义”,不断吸取其他课程的优势完善自身,尽快走向成熟完善。“开放”的理念也正契合了财税法交叉学科、领域法学的特点。同时,“开放”理念下,财税法课程建设也要强调“走出去”,吸收国外在财税法课程教学上的优势,加强财税法课程建设上的国际交流与合作。

（五）"共享"理念下的财税法课程建设

"共享是中国特色社会主义的本质要求。"财税法作为新开设的课程，亟须巩固独立地位，有效补足短板。但不同学校在财税法课程建设方面并不平衡。秉持共享的发展理念，实力雄厚、经验探索先进的学校应该开放相关的教育教学资源，积极总结可供推广、借鉴的经验模式，实现财税法课程建设上的资源"共享"。加强财税法教学资源的共享机制建设，借助现代信息技术，组织远程网络开放课程、财税法师资培训、学生互访交流等。打破不同学校之间的隔阂壁垒，同舟共济渡过难关，尽快促进财税法课程建设不断走向成熟、完善。

四、供给侧改革背景下财税法课程建设的配套保障

（一）财税法课程建设的理论保障

财税法课程建设必须有效避免盲目性，需要用先进的理论作为指导，使得财税法课程建设从一开始就扎根于坚实的基础上。财税法课程建设的理论基础主要包括有关教育教学的认识论和方法论。其中，财税法课程建设的认识论基础为主体间性教育理论，其方法论基础为实用主义。

主体间性教育是基于哲学主体间性思想所进行的一种教育活动。主体间性教育是针对非主体性教育和个人主体性教育提出来的，其核心是：一方面，强调承认并尊重受教育者在教育活动中的主体地位，以促进个体主体性的提高与发展；另一方面，又是对主体性的超越，引导教育主体的主体人格向主体间性人格的提升，正确认识和处理人与自然、人与社会及自我与"他我"的关系，教育回归"生活世界"。主体间性教育认为，人是社会的人，人是自身的人，人的主体性内含着自然、社会和个人三者的有机关系。教育也应从人与自然、人与社会、人与其自身的关系中去探究人的主体间性，还人以主体性的本真。①这种主体间性教育理论恰契合了"创新""协调""绿色""开放""共享"的新发展理念。在供给侧改革背景下进行财税法学课程建设，应该以主体间性教育作为认识论基础。在教育内容上，财税法的课程内容设置和选择应突出新发展理念的指导。在教育方法上，注重发挥财税法课程教学中学生和教师的双主体地位，注重学生与教师之间的互动。以此保证财税法课程教学的效果，提高财税法人才培养的质量，有效满足社会对财税法人才的新需求。

供给侧改革的核心意涵是确保社会需求的有效供给，强调需要的引导作用，通过供给侧结构性改革，不断满足新需求、创造新需求。在这一背景下，财税法课程建设中也要强化需求引导，通过调整人才培养方案以应对社会对财税法人才的新需求。这一改革思路在方法论上可以概括为实用主义方法。作为一种研究方法、视角、态度，实用主义可以在诸多研究领域中具体应用。"实用主义在我们的各种理论中间就像旅馆里的一条走廊，许多房间的门都和它相通。"②实用主义的核心意涵是强调工具性和实用性。因此，

① 参见尹艳秋、叶绪江：《主体间性教育对个人主体性教育的超越》，载《教育研究》2003 年第 2 期。

② 参见[美]威廉·詹姆士：《实用主义》，李步楼译，商务印书馆 2012 年版，第 32 页。

可以将实用主义作为财税法课程建设的方法论指南,充分发挥财税法课程的工具性和实用性。实用主义方法在财税法课程建设中的应用具体表现为:其一,注重财税法课程教学的服务意识,既要服务于学生的全面发展的素质教育诉求,也要服务于当前经济社会发展新需求的职业教育诉求。其二,注重财税法课程教学的实效性,避免形式主义,防止教学内容与社会发展脱节。

(二)财税法课程内容的体系化保障

财税法主要由财政法和税法两部分构成,与此相适应,财税法课程教学内容也主要分为财政法学和税法学两部分。其中,税法学往往自成体系,由税法总论和税法分论构成。而在财政法学中,在讲授财政收入法时,不可避免地会涉及税法与非税财税收入法。这造成财税法课程教学内容体系性的混乱。同时,财税法课程的各部分内容之间关联度不高,不同部分之间缺少明显的逻辑关系,同样呈现出财税法课程教学内容的弱体系性。因此,有必要加强财税法课程内容的体系性研究和建设。强化不同章节之间的逻辑关联,将财税法课程的教学内容打造成一个逻辑缜密的体系。

(三)财税法课程建设的教材保障

当前财税法作为独立的课程已经在部分高校本科生阶段开设,但在财税法课程教材建设上却明显滞后,这在一定程度上制约了财税法课程建设发展的进程,妨碍了作为法学主干课地位的取得。当前市场上能够采购的财税法教材,主要以专著形式存在,体现了著者的一家之言,无法全面反映财税法研究的最新成果。笔者建议,组织有代表性的专家编写财税法的统编教材,以作为财税法课程建设的基础保障。同时,与财税法课程教学内容建设相适应,要加强财税法教材内容的体系性建设,由一条主要线索将财税法相对零散的内容整合成一个整体,使整个教材内容更为紧凑、更具逻辑性。

(四)财税法课程建设的师资建设保障

师资是学校教育最重要的资源。教师的专业素养、职业操守直接关系到教学效果。因此,适应供给侧改革的需要,必须提高师资的整体素质。在财税法课程建设中,要积极组织全国性的财税法师资培训项目,通过定期或不定期开展的财税法师资培训,采用多种形式提高财税法专业教师的教学质量和授课水平,作为积极推进财税法课程建设的基础保障。

五、结语

供给侧改革背景下进行财税法课程体系建设,机遇和挑战并存。作为机遇,可以在新的发展理念指导下,充分利用财税法课程“新”的后发优势,革除我国法学教育中固有的弊病,从而将法学教育创新与深化法学教育改革有机结合;作为挑战,财税法学要立足于中国法学教育课程体系,必须做好长期奋斗的思想准备。新的课程建设理念与传统教育理念的碰撞和融合,因财税法的加入所引发的体系性矛盾的化解,既需要持续不懈的努力,也需要长时间的积累探索。

论财税法学的课程设置与教学方法

翟继光*

财税法学是新兴的交叉性、综合性学科，其课程设置与教学方法必须随着实践的发展不断进行改革，这是中国财税法学教育现代化的基础与保障。[①] 目前，我国高校中财税法学的课程设置与教学方法尚不完善，本文就上述问题抛砖引玉，以引起学界对该问题的关注与研究。

一、财税法本科阶段的课程设置

（一）文科通识类课程设置

财税法知识是公民基本素质中的重要组成部分，鉴于我国尚未在中小学开展财税法的启蒙教育，[②]建议在普通高等大学中设置文科通识类财税法课程。该课程面向财经类、法学类以外的大学本科生开设，主要作用在于进行财税法基本理念和基础知识的启蒙。课程名称可以定为“财税法导论”，授课时间为36课时，2学分。[③] 性质可以定为文科通识类课程里面的选修课。

目前全国高校中尚无此类课程的设置，建议首先在一些文科类高校进行试点，在总结经验的基础上逐步在全国各类高校的文科院系中推广。

（二）财经类课程设置

对于财经类专业（财政学、税收学、会计学专业除外）而言，财税法是非常重要的基础知识，因此，应当为其设置基础选修课——“财税法基础”，对于财政学、税收学、会计学专

* 法学博士，中国政法大学民商经济法学院副教授、硕士研究生导师。

① 参见施正文：《论中国财税法学教育现代化》，载《山西财经大学学报》（高等教育版）2005年第4期。

② 有学者认为，通过税法教育，培养青少年纳税人权利意识，树立公民权利观，对青少年个人和国家的发展都至关重要。参见刘映春、李正：《青少年的纳税人权利意识培养》，载《中国青年社会科学》2016年第2期。

③ 目前，一些高校在本科生中推行三学期制，在三学期制下，上课时间一般为16周，该门课程的授课时间相应压缩为32课时，仍为2学分，下同。

业而言,应当为其设置专业必修课——“财政法学”与“税法学”。[①]

“财税法基础”是为财政学、税收学、会计学以外的财经类专业设置的选修课程,授课时间为36课时,2学分,相当于财经类专业中的通识类课程。鉴于选修该门课程的学生并无法学基础知识,因此,其课程内容应适当增加法学的入门知识。与“财税法导论”相比,“财税法基础”中对相关制度的讲授应当深入一些,并不停留在基本理念和基础知识的水平之上。

“财政法学”是为财政学、税收学、会计学专业设置的专业必修课程,授课时间为36课时,2学分。本门课程着重从法律的角度来讲授财政,与“财政学”的讲授内容相区别。鉴于选修该门课程的学生并无法学基础知识,因此,其课程内容应适当增加法学的基础知识以及与财政关系密切的宪法、行政法和经济法知识。

“税法学”是为财政学、税收学、会计学专业设置的专业必修课程,授课时间为36课时,2学分。本门课程着重从法律的角度来讲授税收,与“税收学”的讲授内容相区别。鉴于选修该门课程的学生已经通过“财政法学”课程的学习掌握了法学的基础知识,因此,其课程内容无须再设置法学基础知识。在相关税种法的讲授中,应侧重相关税种的立法问题、执法问题和法律解释问题,对税制简单讲授,以与“税收学”课程讲授的内容相区别。

目前,全国财经类院校以及综合高校中的财经类专业尚未设置具有通识类课程性质的“财税法基础”,建议尽快在部分财经类院校中进行试点。“财政法学”和“税法学”课程已经普遍在财政学、税收学专业中开设,但其具体内容还有待完善。

(三)法学类课程设置

由于我国法学本科不再细分专业,财税法尚未成为法学核心必修课,因此,目前我国大多数法学院校并未将财税法列为必修课,甚至有些法学院校尚未开设专门的财税法课程,仅在经济法课程中简单讲授财税法的内容。[②]

由于经济法已经成为法学本科核心必修课,[③]其中也包含财税法的内容,因此,短期内尚无须再专门开设一门针对全体法学专业学生的通识课,但从长远来看,鉴于财税法的重要性,应当将财税法从经济法中独立出来,专门设置一门财税法的核心必修课。[④]

在财税法仍然保留在经济法体系内的前提下,综合高校中的法学院应当开设一门选修课——“财税法学”,政法类大学应当开设多门选修课——“财政法学”“税法学”“国际

① 刘剑文教授指出,在方法论上,财税法学在财政学与法学领域存在交叉领域、在学科内部和学科之间呈现结构协力,且在技术路线上偏重价值分析和实证分析。参见刘剑文:《作为综合性法律学科的财税法学——一门新兴法律学科的进化与变迁》,载《暨南学报》(哲学社会科学版)2013年第5期。

② 参见姬云香:《转型社会财税法教学改革路径探索》,载《经济研究导刊》2015年第5期。

③ 参见汪莉:《经济法学教学的现实困境与理性选择》,载《中国大学教学》2014年第4期。

④ 参见陈少英:《我国高校税法教学改革的思考》,载《云南大学学报》(法学版)2005年第1期;陈冰:《对我国高校财税法教学改革的思考》,载《法制与社会》2009年第25期。

税法学”“税法实务”“税法案例研讨”等。

“税法实务”是在“税法学”课程基础上，对税法的具体制度及其运用进行系统讲授并加以模拟实践的选修课程，授课时间为36课时，2学分。由于税法学是理论性和实践性都很强的学科，[①]仅靠36课时的学习是难以兼顾理论性与实践性的。因此，通过“税法学”和“税法实务”两门课程的设置来解决这一难题。其中，“税法学”偏理论，兼顾应用，“税法实务”以应用为主，不再讲授税法理论。由于两门课程均为选修课，选修“税法学”的学生不一定会继续选修“税法实务”，因此，“税法学”也应保持完整的课程体系，在主要讲授理论知识的同时也讲授税法的具体制度。而选修“税法实务”的学生必须首先选修“税法学”，因此，在“税法学”中讲授的税法理论，在本课程中就不再讲授。

“税法案例研讨”是在“税法学”课程基础上，通过对税法具体案例的研讨来加深对税法基础理论和具体制度理解并掌握税务复议、诉讼等基本技巧的选修课程，授课时间为36课时，2学分。“税法案例研讨”与“税法实务”分别从诉讼业务和非诉业务两个视角来讲授税法的制度及其具体运用，二者有一定联系，但授课内容并不重复。由于选修本门课程的学生均已经选修过“税法学”，因此，有关税法的基础理论和相关制度均不再重复讲授，直接进入案例的学习与研讨。

目前，在全国政法类高校中，财税法课程体系设置最齐全的是中国政法大学，该校除开设“财政法学”“税法学”“国际税法学”“税法实务”“税法案例研讨”五门课程以外，还开设了“欧洲税法与比较税法”，以满足部分学生对国外税法学习的需求。

二、财税法硕士研究生阶段的课程设置

（一）财经类专业课程设置

财经类高校是财税法教学资源的最佳“集结地”，具备培养复合型、应用型法律人才的最优条件。[②] 对财经类专业（财政学、税收学、会计学专业除外）硕士研究生应开设具有通识课程性质的选修课“财税法学”，以扩展他们的学术视野与研究领域，对财政学、税收学、会计学专业硕士研究生应开设必修课“财政法学”和“税法学”。

作为财经类专业通识选修课的“财税法学”应在为本科阶段开设的“财税法学”的基础上进行理论拓展，当然，鉴于其主要是为财经类专业的学生拓展理论视野和知识面，仍然是以讲授财税法学中的重要理论问题为主。本门课程的授课时间为36课时，2学分。

作为财政学、税收学、会计学专业必修课的“财政法学”应在本科阶段开设的“财政法学”的基础上进行理论拓展，为了与“财政学”相区分，本门课程侧重从法律的视角来讲授相关财政制度。本门课程的授课时间为36课时，2学分。

作为财政学、税收学、会计学专业必修课的“税法学”应在本科阶段开设的“税法学”

① 参见胡巍：《论高等教育税法学课程的改革》，载《公民与法》（法学版）2013年第8期。

② 参见陈琛：《财经类高校财税法课程教学改革的目标定位》，载《淮北职业技术学院学报》2014年第5期。

的基础上进行理论拓展,为了与“税收学”相区分,本门课程侧重从法律的视角来讲授相关税收制度。本门课程的授课时间为36课时,2学分。

(二)经济法专业课程设置

在目前的课程设置体系中,财税法是经济法的重要组成部分,①因此,经济法专业应当将财税法列为必修课程,其他法学专业可以将财税法列为选修课程。鉴于财税法仅仅是经济法专业中的一个研究方向,可以设置一门专业必修课“财税法学”和若干门专业选修课,如“税法实务”“税法案例研讨”“国际税法学”等,供财税法方向的研究生以及对财税法感兴趣的研究生选修。

作为经济法专业必修课的“财税法学”应当在本科课程设置的基础上加强理论深度的拓展,同时也考虑到部分经济法专业研究生在本科阶段并未选修财税法的客观现实,本门课程应当兼顾理论与制度,授课时间为36课时,2学分。

作为经济法专业选修课的“税法实务”应在“财税法学”的基础上重点讲授税法的应用,其授课内容与本科阶段设置的“税法实务”大致相同,主要供对税法实务感兴趣但在本科阶段没有选修“税法实务”的研究生选修。本门课程授课时间为36课时,2学分。

作为经济法专业选修课的“税法案例研讨”应在“财税法学”的基础上重点讲授对税法案例进行解析的能力以及办理税务案件的能力,其授课内容与本科阶段设置的“税法案例研讨”大致相同,主要供对税法诉讼业务感兴趣但在本科阶段没有选修“税法案例研讨”的研究生选修。本门课程授课时间为36课时,2学分。

作为经济法专业选修课的“国际税法学”应在“财税法学”的基础上重点讲授国际税法的理论与实践,其授课内容与本科阶段设置的“国际税法学”大致相同,主要供对国际税法有兴趣但在本科阶段没有选修“国际税法学”的研究生选修。本门课程授课时间为36课时,2学分。

目前,中国各大法学院校中,凡是设置经济法专业硕士学位的,均开设了财税法课程,但在“财税法学”课程之外再开设其他财税法课程的就非常少了,主要是经济法专业中研究财税法方向的研究生数量较少,相关课程难以开设起来。中国政法大学经济法专业的研究生中财税法方向的研究生相对数量较多,但每年也不超过10人,把上述所有课程开设起来也有一定困难,目前仅开设了“财税法学”“税法实务”和“国际税法”,尚未开设“税法案例研讨”。有关税法案例研讨的部分内容融入了“财税法学”和“税法实务”课程之中。

(三)法律硕士课程设置

法律硕士被定位于复合型、应用型法律专业人才,②初期的法律硕士培养并不设定具

① 参见薛克鹏:《法典化背景下的经济法体系构造——兼论经济法的法典化》,载《北方法学》2016年第5期。

② 参见张曼、王思锋:《法律硕士专业学位人才培养机制改革》,载《教育评论》2012年第4期。

体的研究方向，但由于法律体系过于庞杂，为提高法律硕士的就业率，各高校纷纷为法律硕士设定了研究方向。由于财税法的实用性较强，多数高校都为法律硕士设置了财税法方向。①

鉴于法律硕士课程强调实用性，其课程设置应与法学硕士中经济法专业的课程设置有所区别。建议为全体一年级法律硕士开设一门选修课"财税法导论"，供法律硕士未来选择方向时参考。本门课程授课时间为 36 课时，2 学分，主要介绍财税法的入门知识，引起学生选择财税法方向的兴趣。

对财税法方向的法律硕士应当在"财税法导论"的基础上再开设实用性较强的"税法实务"和"税法案例研讨"，其课程设置与本科阶段以及经济法专业开设的"税法实务"和"税法案例研讨"基本一致。

（四）财税法专业课程设置

可喜的是，在部分高校中已经设置了财税法专业研究生，如北京大学法学院在法学硕士中设置了与经济法专业相并列的财税法专业，②中国政法大学在法律硕士（法学）中设置了教育法、卫生法、体育法、财税法和金融法五个研究方向，由于该五个方向在招生之时就已经确定，五个方向考试的内容均不相同，实际上相当于五个专业。

法学硕士中的财税法专业课程略微偏向理论，法律硕士中的财税法专业课程略微偏向应用，但由于二者就业的方向大体相同，因此，课程设计整体差异并不大。

在财税法专业课程体系中，应包括侧重理论的"税法原理"课程，侧重理论与制度相结合的"财政法学""国际税法学""比较税法"课程，还应包括侧重应用的"税法实务""税法案例研讨"课程。

三、财税法的教学方法

（一）课堂讲授法

课堂讲授法是最基本、最古老的教学方法，该方法可以普遍适用于所有财税法课程的课堂教学。③ 其基本特点是由主讲教师就相关知识点进行系统讲解。期间可以穿插课堂练习、课堂问答等环节。这种教学方法可以满足大多数财税法知识传授的要求，对于基本概念、基础理论和一些基本的计算方法和技巧，课堂讲授是最合适的教学方法。

在财税法课堂讲授中，为提高课堂教学效果，应注意以下技巧的运用：

第一，理论结合实践。课堂讲授并非纯讲理论，财税法制度、财税法案例、财税法实务等内容均可以通过课堂讲授的方法来呈现。由于课堂讲授最大的弊端在于难以调动

---

① 有的高校设置了单独的财税法方向，如北京大学；有的高校将财税法方向与其他方向合并在一起设置一个综合方向，如中国政法大学设置了财税金融法方向。

② 参见刘剑文、耿颖：《财税法学科的综合化与多元创新之路——从北京大学财税法学专业的演进展开》，载《中国大学教学》2014 年第 2 期。

③ 参见傅恩来：《关于运用课堂讲授法进行教学的再思考》，载《天津市财贸管理干部学院学报》2011 年第 1 期。

学生的积极性、提高学生的注意力，因此，在课堂讲授中应注意将理论知识与活生生的实践相联系。这些实践既要包括宏观方面的政府实践，也应包括学生身边发生的鲜活事例。在课堂讲授中不断穿插各种案例比较容易引起学生的兴趣。

第二，活跃课堂气氛。对于学习而言，兴趣是最好的老师。对于课堂教学而言，活跃的课堂气氛是提高兴趣的基础与前提。财税法自身就有很多有趣的故事和案例，在课堂教学中应当适当穿插这些故事和案例。[①] 当然，授课教师还应有一定的幽默感和灵巧的口头表达技巧，只有这样才能将一个有趣的故事和案例适当传达到学生的大脑之中，引起学生的笑声。对于45分钟的课堂教学而言，如能有两三次比较明显且时间分布均匀的笑声从教室中传出，就充分表明课堂气氛是比较活跃的。

第三，课堂表现手法多样。现在教学基本上都使用了多媒体投影，因此在课堂讲授中，可以运用多媒体技术来引起学生的兴趣，如在课件中增加一些图片，或者适当插播一段视频，网上有一些和财税法知识有关的动画也可以编入课件之中，在讲授相关知识点之前或者之后予以播放。各种新闻报道以及相关专家采访、网上授课的视频等也是很好的教学素材，均可以适当加入课件之中。

（二）课堂研讨法

课堂研讨法是常用的财税法教学方法，主要适用于研究生阶段的课堂教学。财税法课程中的基础理论部分，如果学界存在不同观点，就比较适宜采取课堂研讨法来授课。当然，最适宜课堂研讨法授课的是“税法案例研讨”课程。

课堂研讨法虽然比较容易调动学生的积极性，提高课堂教学效果，但如果准备不足或者组织不当，也可能降低课堂教学效果。为充分发挥课堂研讨法的积极作用，必须从以下三个方面入手：

第一，课前精心准备。授课教师应事先设计讨论的主题，事先公布课堂研讨计划，并对学生需要准备的内容进行安排。原则上，授课教师应当将学生课前需要研究的资料提供给学生，可以通过公共邮箱的方式让学生下载，也可以放置在相关课程的官方网站，由学生到网站上下载。只有师生均在课前进行了精心准备，课堂研讨才能顺利进行下去，否则很可能出现“冷场”的现象，最终只能转化为课堂讲授法。[②]

第二，研讨程序的合理规划。授课教师应事先设计研讨的程序，基本模式主要是两种：自由发言式和对抗辩论式。前者是由学生自由发言或者由教师事先安排的学生发言，发言的内容围绕课堂教学的主题即可；后者需要由教师事先安排两组学生，分别就两个互相对立的观点阐述自身的立场并对对方的观点进行反驳。两种模式各有利弊，授课

---

① 如下列著作就为财税法教学提供了诸多真实的历史重大事件与有趣的故事：［美］查尔斯·亚当斯：《善与恶——税收在文明进程中的影响》，翟继光译，中国政法大学出版社2013年版。

② 参见王伶俐：《本科研讨式教学有效实施条件研究——基于生态系统理论》，载《闽南师范大学学报》（哲学社会科学版）2015年第3期。

教师应针对不同主题采取不同的方式。

第三,课堂研讨与讲授的结合。单独使用研讨法的课堂教学效果并不是最佳的,一般情形下,研讨法应当与讲授法相结合。授课教师在研讨之前应就相关基础理论和知识进行讲授,在研讨之后应对学生的发言进行点评并对研讨的主题进行总结。除案例研讨课可以以研讨为主,辅以讲授之外,其他课程原则上应以讲授为主,辅以研讨。因为课堂教学的时间很有限,学生的发言中具有价值的相对较少,如果将大量时间耗费在研讨上,学生通过课堂教学学到的理论与知识将受到很大限制。

(三)案例教学法

案例教学法是以典型案例为研究对象,通过对典型案例的分析和研讨,学习相关理论或者掌握相关制度的教学方法。案例教学法的主要教学目的是提高学生对知识的理解能力和应用能力,提高学生的分析、推理、论辩与说服的能力和自信。[①] 案例教学法以其理论与实践相结合的本质以及可以将讲授法和研讨法有机结合起来的特性而受到青睐,目前已经在法学、经济学、管理学、医学等领域广泛应用。

近些年,我国财税法领域的案例逐渐增加,已经具备开展案例教学的基础条件。[②] 中国政法大学近些年已经开始启动教学案例库的建设工作,至今已经建立几十门课程的教学案例库,其中就包括财税法教学的案例库。

案例教学法并非与课堂讲授法和课堂研讨法相排斥的教学方法,因为它们的划分标准不同,前者是从教学内容的角度进行的划分,而后者是从教学方式的角度进行的划分。因此,在案例教学中,既可以采取课堂讲授法,也可以采取课堂研讨法。从实际效果来看,以课堂研讨为主并辅以课堂讲授是开展案例教学最适宜的方法。

(四)课堂实操法

课堂实操法是在课堂上模拟现实生活中的相关实务工作,由学生实际操作相关程序,体验现实生活相关工作的教学方法。财税法是实践性很强的一门学科,涉及纳税申报、纳税筹划、税务复议、税务诉讼等领域的部分实际操作技能可以在课堂上模拟与重现。如填写纳税申报表、设计纳税筹划方案、起草复议申请书、复议答复书、起诉状、答辩状、上诉状以及组织模拟法庭等。“税法实务”“税法案例研讨”等实务性较强的课程应大量采取课堂实操法,其他财税法课程可以适当增加一两项课堂实操的教学内容,以丰富课堂教学方法,提高课堂教学效果。

在有条件的院校可以建立财税法实验室,相关实操教学可以在实验室中进行。财税法实验室应配备基本的电脑和上网设施,提供常用的报税软件以及各类纸质纳税申报表

① 参见王青梅、赵革:《国内外案例教学法研究综述》,载《宁波大学学报》(教育科学版)2009 年第 3 期。

② 学界已经出版了一些财税法案例教材,如张怡、何志明主编:《税法案例教程》,清华大学出版社 2009 年版;杨志清主编:《税法案例分析》,中国人民大学出版社 2011 年版;刘剑文、熊伟、翟继光、汤洁茵:《财税法成案研究》,北京大学出版社 2012 年版;陈少英主编:《税法学案例教程》,北京大学出版社 2013 年版。

和财务报表。对于模拟法庭类的课堂教学可以在法学院系设立的模拟法庭进行，以增强身临其境的切身感受。

（五）课外实践法

课外实践法是让学生走出课堂，实际参与相关实践并通过实践来运用知识或者加深对知识的理解的教学方法。实践教学法对提高学生的实践能力和创新思维能力具有积极意义。[①] 鉴于财税法的实践性，某些实践性较强的课程，如"税法实务"和"税法案例研讨"也可以适当采取一两次课外实践教学。如帮助小型企业实际进行纳税申报、为其设计纳税筹划方案，代理纳税人申请税务行政复议、提起税务行政诉讼或者协助税务机关起草行政复议的答复书、税务行政诉讼的答辩状等。

课外实践教学一般不占用课堂时间，但可以抵减相应课堂教学课时。课外实践教学由于涉及真实的人与事，特别是涉及第三方的切身利益，因此，应当认真计划、严格组织，确保不出现教学安全事故。

① 参见陈铁水：《法学专业实践教学模式的重构》，载《云南大学学报》（法学版）2006年第4期。

二、事权与支出责任法治化

事权与支出责任法治化论纲

陈乃新*

2014年6月中共中央政治局审议通过的《深化财税体制改革总体方案》,将建立事权和支出责任相适应的制度,列为新一轮财税体制改革需要重点推进的三个方面之一,提出:调整中央和地方政府间财政关系,在保持中央和地方收入格局大体稳定的前提下,进一步理顺中央和地方收入划分,合理划分政府间事权和支出责任,促进权力和责任、办事和花钱相统一,建立事权和支出责任相适应的制度。① 2016年国务院《关于推进中央与地方财政事权和支出责任划分改革的指导意见》又提出:“2019~2020年。基本完成主要领域改革,形成中央与地方财政事权和支出责任划分的清晰框架。及时总结改革成果,梳理需要上升为法律法规的内容,适时制修订相关法律、行政法规,研究起草政府间财政关系法,推动形成保障财政事权和支出责任划分科学合理的法律体系。”②由此可见,事权与支出责任的法治化,不仅是当前深化改革的一项重要任务,也是财税法治的重要任务。本文对此提出三点看法:

一、以财税法属于公共财产法的理论指导政府间财政关系法的制定

制定政府间财政关系法,以法律形式确定政府间的事权与支出责任,它的本质是要解决权力和责任、办事和花钱相统一的问题。

我国财税法学界提出的财税法属于公共财产法的理论,说明了财税收入是全社会的公共财产,纳税人有权控制财税收入的征收与使用的正当性问题,对我们完善整个财税法和促进理财治国有学术支撑价值。

按照财税法属于公共财产法的理论,国家代表全社会通过依法征税、收费等取得的财政收入,其所有权归属于全社会。虽然国家因有权代表全社会而对之可行使所有权,但国家是全社会的代表,不等同于被代表的全社会。一是国家代表全社会行使财税收入的所有权,从而就须向全社会负责,以使权力和责任相统一;全社会纳税人按照民主、法

* 法学博士,湘潭大学法学院教授、博士研究生导师。

① 参见《深化财税体制改革总体方案》。

② 参见《国务院关于推进中央与地方财政事权和支出责任划分改革的指导意见》。

治和人权原则,则对国家的财税收入的取得、管理、分配与使用等享有全程控制权。二是国家代表全社会行使财税收入的所有权,由于财税收入这种公共财产,既需要用于公共物品的生产经营,供给全社会;又需要用于国家机构公职人员的工资薪金福利的开支。国家机构及其公职人员对财税收入这种公共财产,既享有公共物品的经营权,又有获得"各尽所能、按劳分配"的工资薪金福利回报的权利;同时也就各有其相应的义务。这使办事和花钱得到统一。

财税法属于公共财产法的理论,体现了权力和责任、办事和花钱相统一的利益要求,有利于确定政府间的事权与支出责任,对指导政府间财政关系法的制定有重要意义。

二、规范政府公共物品经营行为是政府间财政关系法的核心内容

制定政府间财政关系法,要遵循政府间的事权与支出责任相适应的原则。那么,对于调整政府间财政关系,尤其是调整中央政府与地方政府之间的关系,如何贯彻政府间的事权与支出责任相适应的原则?这里的关键是财政支出效益的法治问题,也即需要规范政府公共物品经营行为问题。

笔者认为,提出明确、清晰且具有可操作性的各级政府事权清单和支出责任清单,这是一个必要的基础。但在我国实行社会主义市场经济的背景下,它并非问题的关键。

在财政事权由中央决定的法定体制下,由政府间财政关系法来规定实行政府事权清单和支出责任清单的制度,这对贯彻政府间的事权与支出责任相适应的原则,是必须的。但问题在于这并没有直接涉及经济利益。由于在确定政府事权划分的基础上,合理界定各级政府支出责任,就将由此确定政府间财力分配,以确保各级政府履行职能的财力需要,最终达到财力与事权相匹配。这种财力分配就直接涉及经济利益。

笔者认为,政府间的事权划分,就是公共物品(含公共服务)①经营范围的划分,从而由此划分各自的(费用)支出责任。这是以财税收入的用益物权为基础的经营公共物品的权利与义务问题。为了经营公共物品,国家机构必须支出,也就必须获得相应财力的用益物权,以行使其经营权;同时,也必有其经营义务。制定政府间财政关系法,关键就是要在把这种公共物品的经营权利与义务规定好,使财税支出效益法治化。

无疑,这在我国实行社会主义市场经济的背景下,在经济全球化、全球市场化、市场竞争化的大趋势下,这是不可避免的。政府运用财税收入经营公共物品的效益必须法治

① 公共物品是与私人物品相对应的一个概念,消费具有非竞争性和非排他性特征,一般不能或不能有效通过市场机制由企业和个人来提供,主要由政府来提供。公共物品是相对那些可以划分为企业或个人消费单元的基本生活或生产资料等私人物品而言的共享性物质产品和服务项目。公共服务是使用了公共权力或公共资源的社会生产过程。假如一个社会生产过程没有使用公共权力或公共资源,那么就是纯粹民间行为,属于民间服务而不是公共服务。譬如,不仅政府和公立机构提供的教育是公共服务,民间教育机构假如有政府特许或者使用了公共资源,那么也是在提供公共服务。公共服务一定是公民所需的,能够使公民的某种直接需求得到满足的,使公民受益的和得到享受的。以财税收入经营公共物品与公共服务,在一国之内的各地之间,以及国家与国家之间则是存在竞争的。

化，不能认为只有私人物品的经营者才有经营权利义务问题，而政府因为代表全社会，就不是公共物品的经营者，就没有经营的权利义务问题。要是这样，不但国家治理体系与治理能力的现代化没法实现，而且会在国际的制度竞争中失去竞争力，政府作为社会的代表的地位就会动摇。

当然，政府对公共物品的经营权利义务与市场主体对公共物品的经营权利义务有所不同。市场主体对公共物品的经营权利义务的制度设计，主要是经营主体（组织）制度、竞争制度、消费者权益保护制度等；政府对公共物品的经营权利义务的制度设计主要是评估制度、审计制度与奖惩制度等。换言之，政府也只能在经营公共物品的好与坏中经受物质利益的得与失。政府间财政关系法的精髓就在于此。

三、贯彻事权与支出责任相适应原则须落实到公职人员的权利义务上

政府经营公共物品，在厘清事权与支出责任，并配置相应财力的基础上，政府间财政关系法，如果要把事权与支出责任相适应原则贯彻到底，就必须将它落实到公职人员权利义务的制度设计上。

这是因为经营公共物品的任何国家机构，都是通过公职人员来实施经营行为的。公职人员正是因为他从事公务，向社会提供公共物品，从而与市场经营者有所不同；但经营公共物品与经营私人物品有一点是相同的，即都要运用其劳动力付出劳动，并以此谋生。只是经营私人物品的劳动就是通常所说的直接的生产劳动、经营管理劳动、科技劳动等；经营公共物品的劳动，则通常被称为工作，而工作也是劳动。

根据我国《宪法》的规定："中华人民共和国公民有劳动的权利和义务。"①"一切国家机关实行精简的原则，实行工作责任制，实行工作人员的培训和考核制度，不断提高工作质量和工作效率，反对官僚主义。"②"社会主义公有制消灭人剥削人的制度，实行各尽所能、按劳分配的原则。"③因此，国家机构的公职人员，都是经营公共物品的劳动者、工作者，都有劳动（工作）的权利义务，都要按照（立法、执法与司法等）工作责任制④的规定享有权利、承担义务，都只能按照"各尽所能、按劳分配"在参与经营公共物品的好与坏中经受物质利益的得与失。如果滥用权力而腐败、堕落，利用公共物品经营权设租、寻租，则要依法承担相应的法律责任；如果经营公共物品卓有成效，这必须加以重用、给予奖励。这就是说，贯彻事权与支出责任相适应的原则，最终要落实到公职人员权利义务的制度设计上。

这与计划经济中的政治挂帅、思想领先、精神激励等的制度设计会有些不同。但是，

---

① 参见我国《宪法》第42条第1款。

② 参见我国《宪法》第27条。

③ 参见我国《宪法》第6条第1款。

④ 包括法律、法规授权的具有管理公共事务职能的组织在内的，一切运用财税收入经营公共物品的机构与组织中的工作人员，都需要建立相应的工作责任制。

原理都是相通的,"天下熙熙,皆为利来;天下攘攘,皆为利往"。人们奋斗所争取的一切都同他们的利益有关。政府间财政关系法要起到理顺中央和地方收入划分,合理划分政府间事权和支出责任,促进权力和责任、办事和花钱相统一的作用,就必须关注参与财税支出活动的公职人员的实际利益关系的法律调整,使"主体的依法作为或不作为,对于经济社会的发展做出了贡献,就应依法获得相应的利益,即在增量利益的总和之中占有一个相对合理的比例"。①

① 参见杨紫烜:《国家协调论》,北京大学出版社2009年版,第361页。

共同事权和支出责任再划分的规范路径

王一骁*

基本公共服务领域内政府间共同事权①和支出责任的再划分,成为政府间财权事权调整的难点之一。国务院《关于推进中央与地方财政事权和支出责任划分改革的指导意见》(国发〔2016〕49号,以下简称49号文)中专门将"减少并规范中央与地方共同财政事权"列入改革的主要内容。本文拟对共同事权展开分析,探寻对共同事权和支出责任进行再划分的可行路径。

一、共同事权:政府间事权划分的现实困境

制度经济学理论为政府间财政事权的划分提供了许多经典原则,包括受益性原则、外部性原则、激励原则、行政效率原则等。所谓"共同事权",即在上述划分原则下仍无法完全归属于某一级政府的事权。共同事权不仅存在于中央和省政府间,截至2017年6月底,全国共7个省市出台了自己的财权事权划分指导意见,无一不留存大量的省及以下共同事权(见表1)。

划分事权和支出责任的目的是明确各级政府提供公共服务的职责,调整政府间财政收入,实现各级政府权、责、利相统一,节省各级政府在提供公共服务的过程中相互推诿的行政成本和下级政府"跑部钱进"的灰色成本。共同事权的存在犹如一个口袋,首先,从逻辑上讲,共同支出责任范畴内的基本公共服务相当于没有被划分,共同支出责任究竟主要由谁承担、各自分担多少依然需要协调;其次,在共同事权行使和支出责任履行的过程中,又需要跟进的监督、规范。因此,共同事权的存在不仅大大削弱了改革的效果,甚至与改革的目的背道而驰。

---

* 金杜律师事务所上海分所商务合规部税务组律师助理。

本文系上海市政府决策咨询研究重点课题"上海新一轮市区两级政府财权事权调整研究"(2017-A-031-B)的阶段性研究成果之一。

① "财政事权"这一概念在我国尚未成为一个具有明确内涵和外延的法律概念。实践中,国务院、发改委、财政部等对其界定亦有出入。为使研究更具针对性,本文所称"事权"仅限于基本公共服务领域内的财政事权。

表 1　部分省市对省及以下政府间共同事权的列举

上海	沪府发〔2017〕44 号	司法、义务教育、高中教育、成人教育、职业教育、特殊教育、科技研发、公共文化、公共体育、旅游公共服务、城乡居民基本养老和基本医疗保险、机关事业单位社会保险缴费、社会救助与社会服务、养老服务、就业服务、公共卫生、计划生育、住房保障、公共安全、公共交通、市场监督管理、安全生产监管、粮食安全、农业生产、农村村庄改造、林业建设、地方水利、环境保护与治理、需要市统筹布局的重要基础设施建设和公共设施维护管理等
广东	粤府〔2017〕27 号	国道、义务教育、高等教育、科技研发、公共文化、基本养老保险、基本医疗和公共卫生、城乡居民基本医疗保险、就业、粮食安全、口岸基础设施、大中型公益性水利工程以及跨市重大基础设施项目建设、环境保护与治理等基本公共服务确定为省级与市县共同财政事权；跨县（市、区）的基础设施项目建设和环境保护与治理、生态文明建设等
辽宁	辽政发〔2016〕76 号	义务教育、高等教育、科技研发、公共文化、基本养老保险、基本医疗和公共卫生、城乡居民基本医疗保险、就业、粮食安全、跨市重大基础设施项目建设和环境保护与治理等体现省委省政府发展规划、跨市且具有地域管理信息优势的基本公共服务
宁夏	宁政发〔2017〕40 号	义务教育、公共文化、科技研发、基本养老保险、基本医疗和公共卫生、城乡居民基本医疗保险、就业、粮食安全、跨区域重大基础设施项目建设和环境保护与治理等具有地域管理信息优势且对其他区域影响较大的基本公共服务
广西	桂政办发〔2017〕10 号	无明确列举
山东	鲁政发〔2017〕3 号	义务教育、高等职业教育、中等职业教育、科技成果转化、科学技术普及、基本公共文化服务、国家和省级文化遗产保护、基本养老保险、基本医疗和公共卫生、城乡居民基本医疗保险、食品药品安全、就业、社会救助、养老服务、粮食安全、防汛抗旱救灾、脱贫攻坚、农业特色产业及重大技术推广、农业综合开发、全域旅游发展、城乡规划编制与实施、跨区域重大项目建设维护、跨区域环境保护与治理、跨区域水源地保护等体现省级宏观调控意图、跨地区且具有地域管理信息优势的基本公共服务
吉林	吉政发〔2017〕10 号	无明确列举

然而,共同事权的大量存在有其必然性。第一,中央事权的落实需地方政府配合——即便是性质上当然属于中央的事权,地方政府也难免需要支出,如军事领域,地方政府需负担边防哨所、地方民兵组织的财政支出,又如外交领域,在京外的外事活动亦需地方筹备、接待。第二,地方事权的行使需要上级政府的协调——区域协调是经济法不可推卸的法律职能之一,①一方面,在统一市场中,任何一个区域性事务都可能对更大范围市场产生影响,另一方面,当下区域间发展严重不均衡,大量区域性事务的财政支出需要上级政府协调,以缩小区域间差距、促进公共服务质量均等化。第三,部分区域性公共服务由基层政府提供的成本过高——如公共交通、输水输电输气、环卫、通信等生活公共服务,通常具有规模效应,单位供给成本随覆盖面积的扩大而下降,辖区范围较小的基层政府的供给效率反而不如上级政府集中供给,这一问题在直辖市中尤为突出。第四,在政府权力清单尚未编制的情况下,事权划分本来就在一个不完全范畴内进行,总有未被规划的新事权需要各级政府共同行使。第五,由于各个行政领域和市场、社会背景都处于深化改革的日新月异调整之中,权力清单的编制和财权事权的划定不等于固定,公共服务的提供模式调整变化快,这种情况下,难免需要一事一议。可见,将全部财政事权一一对应地划分给某一级政府仅是理论上的理想状态。

二、多维度细分:共同事权再划分的灵活规范路径

(一)共同事权的多维度分解方法

尽管共同事权有其存在的必然性,但并不意味着各级政府在相对应的支出责任上只能承担共同连带责任;相反,上述困境恰恰为落实财权事权划分提供了转变思路的契机,即不能仅以基本公共服务类型作为唯一的划分标准,而应采取多维度的划分标准对共同事权进行细分,以实现落实责任归属的目的,至少为确定各级政府在各项共同事权上的支出责任的主次关系提供量化判断的依据,定量地确定按份连带责任的大概比例。

1.非标准共同事权:按具体内容细分

笔者认为,并非所有共同事权都是真正意义上的共同事权。共同事权应具有以下特征:第一,专项性,即针对某一特定领域的管理;第二,中观性,即介于微观的具体行政行为与宏观的规划部署之间;第三,局部性,即涉及跨区域公共服务,但收益范围尚未广泛至全国范围。基于此,不妨将那些概括性的、具体内容可以较独立地剥离成"子事权"并评价其收益范围的共同事权称为"非标准共同事权",再逐一适用"基本公共服务受益范围"原则、"兼顾政府职能和行政效率"原则等财政事权划分基本原则判断各个子事权更适合由哪一级政府来承担。

国务院49号文和上述各省指导意见相对早先出台的中央《深化财税体制改革总体方案》而言,已经注意到这一问题。例如,教育作为一项笼统的公共服务,其实可以再分

① 参见赵立新:《区域经济协调发展中的经济法使命》,湖北省法学会经济法研究会年会暨学术研讨会,2006年。

为学前教育、义务教育、高中教育、高等教育等,根据社会生活习惯和教育领域改革对教育资源合理分配、居民按区域就近入学的要求,以及幼儿园、小学融入社区的发展趋势,可将学前教育、义务教育划分为基层事权,将高中教育划分为市县级事权,高等教育划分为省级事权。

此外,还有相当一部分共同事权属于非标准共同事权。如司法,可以再分为狭义司法事权(司法机关事权)①和司法行政事权,司法行政事权又可再根据司法局系统的具体职权分解为监狱管理、社区矫正管理、从业资格管理等。对司法机关事权,应充分考虑司法改革对加强司法机关独立性的要求,逐步将其对应的支出责任上移至中央,以摆脱地方行政权力对司法的干预;对司法行政事权,再对照适用“兼顾政府职能和行政效率”原则,将监狱管理划分为省级事权,从业资格管理划分为市县级事权,社区矫正划分为基层事权。又如各省在共同事权中普遍列举的水源地保护,由《水功能区管理办法》《饮用水水源保护区污染防治管理规定》等法规可知,相关的政府法定职责包括了水功能区、水源保护区的选址、划定和区域内的监测维护等,对于选址和规划,宜划分为省级事权,对于区内具体监测和维护,则可划分为所在地基层或市县级事权。

2. 标准共同事权:因地制宜细分

毋庸置疑,还有一部共同事权的确是难以再作内容细分的标准共同事权。公共服务的具体内容虽难以细分,但政府提供公共服务通常需要一定时间经过,或如同产品生产一般可较清晰地划分阶段,因此,时间亦不失为一种划分标准。

如道路修建,往往经过前期投资、建设施工、建成养护等时间阶段。前期投资通常用于勘测和动拆迁,这一阶段的财政支出往往较大,且涉及道路整体,可以根据道路辐射范围划分为省或市级事权;中期和后期的资金需求较小或具有递延性,且易于按地域分段实施,不妨划分为县级或基础事权。目前,基建工程越来越多地采用政府与社会资本合作(Public-Private Partnership,PPP)模式开展,政府的前期投入大大缩小,政府间可以安排在项目建设、运营阶段,属于上级政府事权,上级政府主要负责选择投资合作伙伴、共同运营项目公司等,待到社会资本收回本金并获利退出、项目产权移交回政府后,后续阶段再调整为下级政府事权。

当然,并非所有标准共同事权都适合按阶段进行再划分,再划分的划分标准应根据相关公共服务的个性化特点因地制宜,只需把握尽可能便利于量化分担比例的原则。如地铁、轻轨等城市交通的建设,就可以按照线路在各区县的长度占总线路里程的比例和轨道建造成本占总投资的比例来确定各区县和市级财政的支出比例,从而实现各区县按线路长度负担轨道建造成本、市政府负担设计规划及机车设备购置成本。

---

① 财政事权“不仅包括国务院及对应的地方行政序列这一狭义政府间的职责划分,还涉及党务、法务、防务等广义公共服务部门,是‘大政府’的概念,是国家治理体系的核心构成要素”。参见楼继伟:《推进各级政府事权规范化法律化》,载《人民日报》2014 年 12 月 1 日,第 007 版。

（二）方案意定，程序法定：灵活规范与财政法定的平衡

本着财政法定的基本原则，在建立事权与支出责任相适应的财政体制的改革中，始终希望实现政府间事权和支出责任的划分能够明确、细致地以法律或行政法规的行使被“法定”的理想结果，但共同事权的划分困境却是理想与现实间的沟壑，不得不承认，覆盖全部公共服务领域的事权划分法定几乎是不可能实现的。笔者在上文中提出的共同事权再划分方案则进一步加大了法定划分的难度：非标准共同事权的分解不胜枚举，将耗用过高的立法成本，而标准共同事情的因地制宜更需一事一议，可归纳性不强。鉴于此，笔者认为，法律应当允许各级政府就共同事权的行使和对应支出责任的分配进行灵活的一事一议或类似事务的集中协商，允许政府作为公共服务的共同提供者意思自治地决定各自的权责比重。

共同事权划分方案的“意定”与财政体制“法定”并不矛盾，而是一条更好地实现财政法定目的的灵活路径。首先，财政收支划分法定的根本目的并非追求一个法定的形式，而是为了落实各个政府提供公共服务的财政责任，责任越量化，履行才越有效，因此，以量化分配共同支出责任为目的的划分方案，不论是意定的还是法定的，都有利于根本目的的实现。其次，划分标准和划分方案的意定并不排除程序上的法定，未来，财政收支划分法上依然可以规定政府间协商共同事权划分的法定程序，包括协商的发起，协商过程的公开、信息披露，协议的书面要式要件和公布渠道、向中央或省级政府履行备案程序，协议履行情况的信息公开和审计等，确保这些政府间协商在透明的平台上进行，接受中央政府、各级人大和纳税人的监督。财政收支划分法还应确立正当程序原则，以程序瑕疵否定共同事权划分方案的效力，用程序正义保障实体正义。

三、价值链分析：共同支出责任再划分的类比规范路径

（一）跨国企业转让定价中的价值链分析

“价值链”（Value Chain）是经济合作与发展组织（Organization for Economic Co-operation and Development，OECD）在对跨国集团内部关联交易转让定价进行审查和调整的过程中总结出的一种新方法。2015 年 OECD 在《关于在全球价值链背景下运用利润分割法的讨论稿》中首次提出了“确保转让定价结果与价值创造相匹配”原则，进而将其引入税基侵蚀和利润转移（Base Erosion and Profit Shifting，BEPS）工程，作为第 8 ~ 10 项行动计划的共同主题①，并最终于 2017 年 7 月写入了 OECD 最新版的《转让定价指南》②。我国国家税务总局也将价值链分析应用到了转让定价管理中，《关于完善关联申报和同期资料管理有关事项的公告》（国家税务总局公告 2016 年第 42 号）要求作为中国

---

① OECD（2015），Aligning Transfer Pricing Outcomes with Value Creation，Actions 8-10-2015 Final Reports，OECD/G20 Base Erosion and Profit Shifting Project，OECD Publishing，Paris.

② OECD（2017），OECD Transfer Pricing Guidelines for Multinational Enterprises and Tax Administrations 2017，OECD Publishing，Paris.

税务居民的跨国集团成员企业向主管税务机关报送的同期资料中必须包括价值链分析的内容。

申言之,价值链分析就是对跨国集团创造利润的生产经营链条的各个环节进行价值创造贡献率分析,并本着利润分配与价值创造相匹配的原则,评价跨国集团内各成员企业分得的利润是否合理,从而判断转让定价是否具备商业实质合理性、符合独立交易原则,践行"价值创造地征税"的国际税法原则。

(二)公共服务价值链分析:可类比性证成

转让定价中的价值链分析思路同样可被政府间财权事权划分借鉴。

当讨论事权和支出责任的划分时,不应忘记,划分事权和支出责任最终还要落脚于合理分配各级政府的财权,以解决分税制以来政府间财政关系面临的困境。而在将税收作为公法之债的现代税法理念下,政府的财政收入主要来自于其提供公共服务的对价。把共同支出责任范畴内的公共服务视为政府提供的用以获取税收对价的产品时,参与公共服务供给的各级政府便如同一个集团中的各个成员企业,由此,为各级政府匹配他们应当享有的财权,或者评价各级政府实际享有的财权是否合理,也就可以与对关联企业进行转让定价分析产生类比。

申言之,这一类比关系表现为:第一,提供公共产品的政府与提供私人产品的企业都是有偿提供产品的厂商,行使共同事权的政府犹如具有关联关系的企业集团。第二,共同支出责任项下公共产品的价值同样是经过一条价值链创造出来的,参与公共产品提供的每一级政府都有不同的价值贡献率,与集团中的成员企业一样,承担不同的风险,执行不同的功能。第三,企业提供私人物品获得价款,政府提供公共物品获得税款,政府间分配财政收入,与集团在成员企业间分配留存的利润同质。

更深一步看,这一类比方法的可适用性体现在:第一,运用价值链分析各级政府的财政收入分配是否合理,与分析关联企业间转让定价的结果是否符合独立交易原则类似,判断的依据在于相关各级政府在提供公共服务的过程中具体发挥了什么作用,这与公共财政理念下的财政法强调政府的公共服务责任、运用"以支定收"的思路确定财权多少、用财力保障支出责任的履行等基本理念不谋而合。第二,价值链分析弥补的是传统转让定价方法以单边测试为主、难以反映跨国集团利润分布的全球视角的缺陷,而政府间共同事权和支出责任的再划分,正需要从国家提供公共服务的全局性、整体性视角出发,单一地分析某一级政府的职权,总能得出其确实参与某一事权的结论,却永远无法获知其参与的相对程度、贡献的相对多少。第三,如前所述,大量共同事权的再划分并不能实现法定,需要相关政府协商处理,而价值链分析正是可适用于个案一事一议的分析方法。因此,公共服务价值链分析是用以量化规范共同事权中各级政府的财权分配的可行路径。

(三)公共服务价值链分析的框架性实施方案

对某一具体共同支出责任项下的公共服务进行价值链分析,主要关注的因素包括:

第一,具有经济重要性的功能、资产和风险,分析关联交易中的哪些参与方执行这些功能,提供相关资产并承担相关风险,以及这些功能、资产和风险是相互独立的还是有关联的。第二,能够创造附加利润的经济要素,如独特的无形资产,必要的地域条件,核心的信息归集,或其他独特的贡献等。

其中,功能和风险分析的具体内容包括:一是了解相关政府进行的主要行政活动或执行的主要功能(包括种类和频繁程度),具体表现包括但不限于针对被分析公共服务设立的专门组织机构;二是相关政府所承担的风险,包括财政投资失败的风险、行政活动引发责任的风险和行政不作为需承担法律责任的风险;三是所使用的资产(包括有形资产和无形资产);四是所投入的人力资源;五是上述政府所执行的功能、承担的风险以及所使用的资产对公共服务价值的影响。

笔者再以水资源管理为例说明公共服务价值链的运用。根据《中华人民共和国水法》《中华人民共和国水土保持法》《城市供水条例》等法律法规,水资源管理作为一项公共事权范畴内的公共服务,有中央、省、县至少三级政府的参与。对各级政府执行的具体功能进行分析发现,中央负责事项主要包括编制节约用水计划、拟定水利专业技术标准、监督基建项目涉水计划方案的落实等,作为中央政府之延伸的流域管理机构负责建设、管理控制性或跨省水利工程等;省政府负责的事项包括城乡供水管理、审查水利基建项目建议书及可行性报告、水土流失监测和综合治理、部分大规模用水企业的取水许可等;县级政府负责大部分取水许可、审批水土保持方案、水功能区或水资源保护区监督管理等。对其中的风险进行分析,可以发现,城镇居民用水、农村居民用水的异常情况触发公共安全事故,将分别由县级政府和省级政府承担应急处理责任和维稳责任,而工业生产用水事故则可能导致市场的严重波动,风险将在更大范围内扩散。对提供公共服务使用的资产进行分析,依常理,日常的水源监管通常需要专业的仪器设备等固定资产,水利项目的建设和维护更需要投入和新建固定资产,而水利技术指标设定等工作更多需要专业知识、专利等无形资产。对人力资源进行分析,笔者发现,上述事项中有的是规划指导类事项,有的是监督类实现,有的是审批类事项,还有的是组织实施类事项,①通常,前两类事项主要是书面工作,实质性的劳动力需求主要在后两类职责的履行上。此外,还需考虑,由于水资源具有连通一体的属性,某一大区域内特定水源所在地政府的水资源保护工作具有较强的正外部性,这便是地域独特因素对整个公共服务价值的特殊贡献。当把上述几方面综合起来,对每一级政府进行功能、风险、资产、人力、其他特殊因素的比重的量化比较后,谁在承担更主要的支出责任、财政收入应更多向谁倾斜,就一目了然了。

作为落实公共服务价值链分析的法律路径,在未来制定财政收入划分法时,可以将"确保财政收入分配与公共服务价值创造相匹配"作为一项规范共同事权和支出责任具

① 参见陈少英、王一骁:《论水资源税生态价值之优化——以央地收益权分配为视角》,载《晋阳学刊》2016 年第 2 期。

体落实的法律原则,并要求参与共同事权和支出责任划分的最高一级政府就重大公共服务的相关划分情况和财政收入保障情况,定期向其上一级人大做出价值链分析报告。

四、结语

财政者,七分财而三分政。[①] 从“财”的角度讲,财政法以保障纳税人充分享受作为税收之债对价的公共服务为核心;从“政”的角度讲,行政法亦立足于维护公共利益和公共福祉的“公共性”[②]。规范共同事权和支出责任,最终目的是促进政府更好地履行公共服务职能,使纳税人的权益得到保障。因此,无论是政府间的协商程序,还是对划分结果的价值链分析,都应以纳税人为汇报对象,接受纳税人的监督——事权和支出责任的划分不应是行政权力的内部事务。而财政法律制度设计真正需要做的,就是提供透明的法定程序,来落实共同事权和支出责任再划分的规范路径。

① 刘剑文:《财税法治是通往法治中国的优选路径》,载《法制日报》2014 年 7 月 16 日,第 011 版。

② 翁岳生主编:《行政法》(上册),中国法制出版社 2002 年版,第 14 页。

央地事权划分的逻辑起点

——尊重地方政府的权利主体地位

朱丘祥*

一、国家治理现代化背景下政府间事权、支出责任与财权、财力配置的规范意涵

与我国实现国家治理体制和治理能力现代化的时代需要相吻合，财政作为国家治理的基础和重要保障，其公共品格也日益彰显出来。在公共财产法的视域下，①公共性乃国家财政的根本属性，此等公共性的有效展开和充分满足，实质即在于需要国家财政在获取、支出、监督诸环节的民主和法治品格来保障其公正性。然而，众所周知，国家提供的公共物品又具有层级性的特点，可以分为全国性的公共物品，准全国性的公共物品和地方性的公共物品，为了提高公共物品的供给效率，满足人民的消费偏好，全国性和准全国性的公共物品应由中央政府来提供，而地方性的公共物品则应由地方政府来提供，由此，在政府间形成事权、支出责任划分与其财权、财力相匹配的规范关系，既防止中央进行整齐划一的公共物品供给的效率损耗，促进公共物品的供给效率，又使政府间的事权划分趋于合理化、均衡化，维系中央与地方之间的和谐关系。

在宪法的总体框架下，国家整体与部分之间的权力分配关系，作为国家治理体系和治理能力现代化的一项重要内容，其实质是以中央政府为代表的国家整体利益和以地方政府为代表的地方区域利益之间的法定利益分配关系。② 不同于国家横向的功能性分权，纵向分权属于一种地域性分权，即在统一主权内部以地域为基础的事权划分。在民主政治的内生逻辑上，国家的纵向分权与横向分权具有紧密的关联性，因为，无论是中央层级的政府，还是地方各级政府，都必须首先从整体上明确各自管辖事务的范围，即各自拥有的事权范围，然后，才能在同一层次的治理单位内部基于功能分殊的原则划分立法权（决策性权力）、行政权（执行性权力）等，即横向的功能分权。因此，政府间纵向的权

* 江西财经大学法学院教授。

① 刘剑文、王桦宇：《公共财产权的概念及其法治逻辑》，载《中国社会科学》2014 年第 8 期。

② 谢庆奎、杨宏山：《府际关系的理论与实践》，天津教育出版社 2007 年版，第 13 页。

力划分实具优先价值,这种政府间权力纵向划分的基础内容,即在于政府间事权、支出责任与财权、财力的规范配置。

在法治国家的体制下,按逻辑来讲,每级政府,无论是中央政府,还是各级地方政府,其事权都要与其支出责任相一致。财政乃庶政之母,事权,作为对一定范围的公共事务的管辖权及相应的管理权,在财政上就体现为运用财力保障此种公共管理和服务得以落实和贯彻的义务。因此,法律将某项事权赋予某级政府时,就同时赋予了其相应的财政支出责任,在这里,事权内涵的管理权力和支出责任,实质上是事权的阴阳两面。在公法领域,权责一致乃基本的法治原则,有事权就有事责,事权归属哪一级政府,管理权力在该级政府,支出责任就落实在该级政府,不容推诿。

自然,政府履行事责,是需要充足的财力作保障的,俗话说得好,巧妇难为无米之炊,因此,法律在赋予政府事权的时候,就需要同时配置必要的财力。在公法人主体资格方面,基本的原理是,法律主体的权利能力与其行为能力要相一致,否则,其功能就发挥不出来。政府的财力,既可以是自有财力,也包括转移财力。自有财力是政府基于其依法赋予的财权取得的财政资金,转移财力则来自于中央和上级政府的财政转移支付。由此,由政府事权与财力相匹配的原则,又可以推导出政府事权与财权的法定统一关系。

所谓财权,即财政收支权,是法律赋予政府筹集、使用财政收入的权力,狭义上的财权即指财政收入权,主要包括征税权、收费权、国有资源和国有资产收益权以及发债权等,而以征税收入为政府收入的主体,故现代国家又可以称为税收国家。财力是指各级政府在一定时期内拥有的以货币表示的财政资源,它的来源可以是本级政府的自有收入,包括税收、收费收入、国有资源和国有资产收益以及各种政府债务等,还包括中央和上级政府的转移支付资金。财权与财力的联系与区别是,拥有财权,一般来讲就拥有相应的财力,但政府财力不一定都来自于其法定财权,还可能是来自中央和上级政府的财政转移资金。因此之故,政府财力与其事权相匹配是必须的,但政府财权却不是与其事权直接匹配的。我国经过数年艰苦的探索,才将政府财权与事权相一致的政策取向改为政府财力与事权相匹配原则。①

然而,虽然政府财权不是与其事权直接匹配的,但依法赋予政府与其事权相适应的财权却是必要的。② 所谓财权与事权相适应,就是要保证正常情况下大多数政府的自有财力占其全部财力的主体部分,或至少也要有半数以上的政府的自有财力占其全部财力的主体,这样的财政分权体制才是比较科学合理的。原因在于,保证政府依靠自己的法定财权能获取绝大部分财政收入。一方面,可以减少财政资金在政府间转移的成本损耗;另一方面,也能促使地方政府充分发挥其主动性、积极性,向当地人民负责任地履行

① 倪红日、张亮:《我国基本公共服务的范围、均等花标准及进程设计》,载《税务研究》2012 年第 8 期。

② 贾康:《从原则到现实:中央、地方事权与支出责任合理化中的立法思维》,载《财会研究》2014 年第 5 期。

公共管理和服务的职能，提高财政资金的使用效率，正如诺贝尔经济学奖得主弗里德曼所说，花自己的钱为自己办事是最有效率的。然而，对地方政府来说，赋予相同的财权，并不能保证各个地方政府所获取的财政收入都是相等的，这主要是因为各地的税源丰啬不同，所以贫穷地区还需要中央的财政资助。

由于中央政府被依法赋予了维护国家统一和民族团结、促进地区间基本公共服务水平均等化等职责，所以中央政府被赋予了相对于地方较大的财权，以保障其获取较多的财力。中央政府的财力，除一部分用于本级直接的财政支出外，相当部分需要转移到地方，资助地方政府。这样，表面上看起来，中央政府的财力要大于其直接财政支出，然而，考虑到中央以财政资金补助地方，促成边远、民族地区和平稳定和地区间基本公共服务水平均等化，这正是中央政府的法定职责所在，也是其事权的重要组成部分。如此看来，则中央政府的财力也是与其事权相匹配的，只是中央政府的部分财力的使用方式不同罢了。

因此，通过如上分析，已经清楚，无论中央政府，还是地方政府，有什么样的事权，就要承担相适应的支出责任，政府事权要与其支出责任相适应。为了保障政府履行其支出责任，就要给政府配备相一致的财力，政府财力要与其支出责任相一致。而要保证政府有获取财力的充分能力，就必须赋予政府相适应的财权，政府财权要与其财力相适应，能满足其大部分或相当部分的财力需要。中央政府财力要大于其直接支出财力，其多余部分就是补助贫穷地区的转移支付资金。这种政府财权、财力与事权、支出责任的匹配关系是目前国际上大部分国家通常使用的制度框架。①

二、中央与地方事权和支出责任与财权、财力的实然逻辑

我国在计划经济年代，各级政府的事权与财力基本是直接统一的，在按照行政隶属关系划分各级政府的支出责任后，收入划分实行直接匹配，财力实行“先下后上”。所谓直接匹配、先下后上，是指这个时期的各类体制都是以地方财政收支挂钩为依据进行制度设计的，也就是“事权与财权统一”理论所描述的，根据各级政府的支出事权，收入与支出规模相联系进行财政资源配置，有些体制是以收定支，有些体制是以支定收，但都是实行收支挂钩的。而“先下后上”，主要是指财政资金在中央和地方政府之间的分配流向。除了建国初期的统收统支体制外，政府间财政资源的配置在事权划分的前提下，基本上首先是以省以下地方政府财政收支挂钩优先配置为基础，以后，中央财政再集中部分资金。②

在改革开放初期，实行了财政包干制，在中央与地方的事权和支出责任大体不动、小幅下放的情况下，按照不同地方政府的财力水平包干上缴中央的财政定额，剩余的都作为地方的财力由地方自主支出，这种激励机制曾一度极大地调动了地方发展地区经济、

① 贾康、阎坤：《中国财政：转轨与变革》，上海财经出版社 2000 年版，第 78 页。

② 倪红日：《应该更新“事权与财权统一”的理念》，载《涉外税务》2006 年第 5 期。

争取更大自主财力的积极性。

但是,自从我国确立社会主义市场经济体制,尤其是1994年分税制改革以来,随着公共财政体制框架的基本建立,事权和财权的概念内涵逐渐发生了改变,各级政府的事权和财权并不是在原来理论意义上的统一了。事实上,尽管在现行政府间财政关系中,仍保留着按照行政隶属关系来划分支出责任的做法,但是随着市场经济下政府与国有企业关系的变化,政府职能的转变,以及管理型政府向服务型政府的转变,尤其是收入划分的分税制体制的形成,这些都使原有"事权"的概念与新体制发生了明显的不协调和严重的理念上的碰撞。这种变化主要体现在两个方面:一是事权的范围改变了,政府在与市场、社会逐渐划清权利边界的同时,政府不再直接管理经营国有企业了,但政府的服务职能却有所增加,这样一减一增,整体上政府的事权是有所缩小。二是支出责任的重心向下移。在简政放权的大趋势下,中央只牢牢抓紧事务的决策权、监督权,而大部分事务的具体管理、服务责任落在基层政府身上。因此,在财权、财力上收的同时,事权和支出责任却在往下压,二者之间形成逆向运动。

目前,我国中央与地方事权和支出责任划分方面主要问题在于,央地共管事务偏多,中央专属事务范围偏小,地方自主事权的观念还没有普遍确立,其范围也还模糊不清。① 值得注意的是,政府事权与其支出责任的直接紧密匹配,只发生在政府的专有事务范围。在中央与地方共享事务领域,事权需要分工,支出责任则需要分摊。例如,在义务教育、食品安全监管等共管事务领域,事务按照要素、功能进行分工,中央拥有决策权、监控权,地方负责事务的具体执行实施,相应地,中央和地方也要各自分摊部分的支出责任。显然,共管事务这类事务的效益外溢是很显著的,因此,中央和上级政府应该多分担一些支出责任。而且,中央分担的支出责任,相当部分要及时通过专项转移支付的方式下划到地方,因此,转移支付的标准、比例、时限等也需要有明确、规范、稳定的法律规定。但实际上,由于中央政府拥有优势的政治地位,分摊事务支出责任的决定权在于中央,这样,中央倾向于将更大份额的支出责任压给地方政府,却是很自然的做法。加之,转移支付的标准、方式、时限还缺乏明确的法律规定,由此,中央在共管事务中分担的支出责任比例偏小,转移支付难到位。相反,地方基层政府在共管事务中承担的支出责任却偏重,并且,央地共管事务范围又是如此之多,这显然给地方基层政府施加了沉重的财政压力与包袱。② 地方政府在财力不能胜任其承担事务的支出责任时,就出现了要求支出责任上收和扩大转移支付比重的呼声,从而倒逼政府间事权的规范划分。现实问题的严峻性逼迫我们转换分析思路,寻找破解办法。

① 贾康:《财税改革的三大要领》,载《经济》2015年第1期。

② 中国国际经济交流中心财税改革课题组:《深化财税体制改革的基本思路与政策建议》,载《财政研究》2014年第7期。

三、地方政府双重身份的规范分析

与横向分权不同,政府间纵向分权必须处理好的三重内容是:事权划分、财权划分、人事权划分。目前中央改革决议中和学术界热烈讨论的政府间事权与支出责任相适应的问题,关涉的就是纵向分权中的事权和财权的规范配置,这两方面匹配规范了,可以为进一步的人事权划分打下体制基础。在既有的委托代理体制下,政府间事权、财权划分呈现出职责同构、权能分割的模式特征,实践已经证明,无论怎么调整,都走不出"放乱收死"的循环。因此,政府间事权与支出责任划分不能太局限于技术层面,而应根据形势发展的火候注重更为根本的模式和体制转换,中央与地方关系的法治格局才会水到渠成。

通常来说,法学研究作为围绕法规范和法律制度展开的规范研究,首先要做好法规范的实证分析,用法教义学方法准确阐释既有法律规范的含义、结构和功能目的,然后再进行法律社会学实证分析,全面认识法的实践效果和问题症结,最后又回到法的价值规范重构,揭示法律进化的可能方向。对于法学的规范分析来说,严格区分事实和价值是其方法论基础,固然,事实如此,并非一定应该如此,但反过来说,之所以应该如此,肯定有其事实上对于真的考量,所谓善基于真、真为善先是也。① 这种法学研究对真的考量,是合规律性考量,即对于客观制约条件的充分把握和对行为后果的考察和预测;而对善的考量,乃是属于合目的性考量,即对法律中已经蕴含的立法者的价值目的的诠释和对社会上可能上升为主导的价值的筛选。达成合目的性和合规律性的融汇和统一,乃是法学研究的最终归宿。

目前,委托代理的分析框架在法学界主要用在民法学领域,在公法领域,政府间关系呈现的委托代理特征,主要是政治学者和社会学者实证研究的基本结论。从历史视角来看,我国从秦以下的2000年间,废封建,行郡县制,中央与地方的权责关系就呈现出较为明显的委托代理模式特征。而从规范分析的角度,对现实中中央与地方关系中的委托代理性质,也可以从宪法和组织法中找出其规范依据:"地方各级人民政府是国务院统一领导下的地方国家行政机关。"根据这一规定,地方政府乃是国家的行政机关之一,要贯彻中央政府的统一意志,服从中央政府的统一领导,基于这种委托代理关系,中央将自己的事务交给下级政府实施,中央除专属事务自己直接执行外,其他事务则只负责制定政策和监督考核,具体事务的实施责任在地方政府。这种模式的简单概括即为"中央决策、地方执行"。

问题在于,地方政府是否仅仅被宪法赋予了中央执行机关的法律角色?如果全面审视宪法和组织法的条文,则发现地方政府还有另一法定身份:"地方各级人民政府是地方各级人民代表大会的执行机关。"地方人民代表大会是地方人民参政、议政、监政的地方权力机关,地方人大凝聚形成地方公意之后,并组织地方政府贯彻实施之。由此可见,地方政府还有另一重法定身份——地方人民代表大会的执行机关。

---

① 李泽厚:《已卯五说》,中国电影出版社1999年版,第47页。

并且,在宪法和组织法的条文中,是将地方政府作为同级人大执行机关的身份排在前面,而将地方政府作为国务院领导下的国家行政机关的身份排在后面。[①] 我们知道,在法律条文中,尤其在宪法这样的根本法的条款中,法律主体身份表述的优先次序是有重要的政治考量和价值衡量的,往往是立宪者认准的最重要的身份排在前面,从而体现立宪者优先的意义和价值追求。并且,从价值哲学的角度来说,现代社会,不同国家追求的价值的种类和内容其实是大同小异的,但各个国家价值的优先排序却大有区分,这才在根本上体现各国价值追求的实质差异。[②] 据此,可以发现,我国这种宪法条款中次序排列的政治意义就在于,首先将地方政府定位为地方人民的政府,是地方人民意志的执行机关,即地方人大的执行机关,须向地方人大报告工作,接受地方人大的监督。当然,地方政府还被宪法定位为国务院统一领导下的地方国家行政机关,然而,地方政府作为中央政府的执行机关,相对于其作为地方人大的执行机关来说,处于次要地位。

我国《宪法》和《组织法》规定:授权国务院决定中央和省、自治区、直辖市的国家行政机关的职权的具体划分。这既不同于联邦制国家在宪法中列举联邦政府的事权范围而将剩余权归属于州的一般做法,也迥异于单一制国家在宪法中列举中央政府与各级地方政府事权的形式,而是更强调坚持中央的统一领导、突出将地方政府作为中央执行机关的中国特色。差别还在于,联邦制国家通过宪法赋予州的权力,是赋予州人民的权力,各州民主选举自己的代议机关,而各州的行政机关是州议会的执行机关;同样,单一制国家宪法赋予地方自治的权力,也是赋予地方人民的自治权,各级地方自治单位民主选举自己的代议机关,其行政机关也是本自治单位的执行机关。我国宪法也规定地方政府是地方人大的执行机关,要执行地方人大的决议、决定、法规、政策,然而,地方人大与全国人大的权限关系究竟为何?质言之,地方人大是否经宪法和法律赋予了自主事权?有何种自主事权?

可以看到,我国新修订的《立法法》赋予省级人大在不同宪法、法律、行政法规相抵触的前提下制定地方性法规的权力的基础上,进一步明确赋予设区的市人大对城乡建设与管理、环境保护、历史文化保护等方面的事项制定地方性法规的权力。这就意味着,地方人大作为地方权力机关,依据《宪法》和《立法法》,有了制定地方性法规的自主性权力。而地方政府作为地方人大的执行机关,显然也就因此拥有了一定范围的自主事权。

---

① 我国《宪法》第110条规定:"地方各级人民政府对本级人民代表大会负责并报告工作。县级以上的地方各级人民政府在本级人民代表大会闭会期间,对本级人民代表大会常务委员会负责并报告工作。地方各级人民政府对上一级国家行政机关负责并报告工作。全国地方各级人民政府都是国务院统一领导下的国家行政机关,都服从国务院。"《地方各级人民代表大会和地方各级人民政府组织法》第55条规定:"地方各级人民政府对本级人民代表大会和上一级国家行政机关负责并报告工作。县级以上的地方各级人民政府在本级人民代表大会闭会期间,对本级人民代表大会常务委员会负责并报告工作。全国地方各级人民政府都是国务院统一领导下的国家行政机关,都服从国务院。"

② 赵汀阳:《道德金规则的最佳可能方案》,载《中国社会科学》2005年第3期。

地方政府执行地方人民的公共意志,服务于地方人民的利益,实属天经地义,义不容辞。问题在于,地方政府既要执行中央政府的意志,又要执行地方人民的意志,这一身而二用,是否有其适用的事务范围的界限?地方政府是否在所有事务领域都是中央政府的执行机关?“地方各级人民政府是国务院统一领导下的地方国家行政机关”这一法律规范是否有其适用的事务界限?宪法和法律是否已经明确界分,在何种情况下地方政府是作为地方人大的执行机关?又在何种事务范围,地方政府是作为中央政府的执行机关?

从上述《宪法》《组织法》和《立法法》的规定中,可以基本归纳出这样一条区分地方政府两重身份的标准:在地方自主事务领域,地方政府承担的是地方人大执行机关的角色;而在中央与地方共管事务领域,地方政府则承担了中央政府执行机关的角色。至于地方自主事务和央地共管事务的区分及其范围,则是最高国家权力机关——全国人民代表大会的职权了。根据我国《立法法》的规定,在地方人大的地方性法规与国务院的行政法规、规章有冲突的时候,应由国务院提交全国人大常委会裁决,这说明国务院并非央地权限争议的最终裁定机关。至于地方人大自主立法权的范围和地方政府自主事务的范围,长期以来在理论和实践上都还没有得到充分的解答,而有待随着我国政治体制改革的深入推进,在实践理性与经验的基础上方可获得完满的答案。

四、从委托代理下的职责同构模式走向宪法授权下的职责分殊模式

1.委托代理下职责同构模式遭遇的现实挑战

法社会学和政治学的研究业已表明,在我国,实际上,长期以来,地方政府更多地承担了中央政府领导下的国家行政机关的角色。[①] 这显然与民族国家建构初期强调国家的统一和完整的时代任务息息相关。但随着国家的稳定和强大,国家建设的重心就必然转到经济、社会、文化上来,国家的任务就重在提供高质量和高效率的公共产品和服务上来,地方政府势有必要从委托代理的关系中走出来,更多地承担起自主地为当地人民提供公共品的任务。

我国政府间委托代理模式面临的第一个难题是多级政府间形成职责同构现象,行政效率低下。政府间委托代理关系的实质在于,在大一统的政府框架内,中央将自己的事委托地方政府去做,地方政府承担的角色主要是中央政府执行机关的角色。如果只存在一级委托代理关系,上级的委托事务明确,下级的代理职责清晰,加之信息沟通和监督考核的渠道短而通畅,这是可以节省行政成本而提高行政效率的。[②] 在欧洲中世纪,即流行“我的领主的领主不是我的领主”的做法,在日常生活中,我们也熟悉“我的上级的上级不是我的上级”的说法,这背后的逻辑都在于委托代理的链条不能过长,否则,信息沟通的成本就猛增,监督反馈的渠道就发生中路梗塞,委托人就难以及时发现代理者的败德

---

① 参见曹正汉:《中国上下分治的治理体制及其稳定机制》,载《社会学研究》2011 年第 1 期;程金华:《国家、法治与“中间变革”——一个中央与地方关系的视角》,载《交大法学》2013 年第 4 期。

② 刘尚希:《财政与国家治理:基于三个维度的认识》,载《经济研究参考》2015 年第 38 期。

行为,只能任其胡作非为,委托人的利益严重受损,甚至与其预期背道而驰。然而,我国政府正是在五级政府间展开其委托代理关系的,其委托代理的链条之长在世界上是罕见的。基于我国长期演化成的下管一级的政治组织原则,在中央、省级、市级、县级、乡镇五级政府间形成了四层委托代理关系,除军事、外交等少数中央专属的主权性事务之外,诸如经济、民政、教育、文化、社会等公共事务,中央与地方各级政府形成明显的职责同构现象。职责同构就意味着针对同一事务,上级和下级的具体权责是不清晰的,于是,上级基于其政治地位的优势,就倾向于将实施的具体责任逐级往下压,导致县市和乡镇基层政府实际上承担着大部分的实施责任与财政支出责任。实践中委托代理模式面临的挑战在于,首先,在委托代理模式下,基于信息的不对称,滋生欺下瞒上的现象;其次,委托代理层次过多,中央监督失效,人大监督不到位,地方政府官员自利自肥行为突出;最后,在委托代理模式下,上有政策,下有对策,越到基层,选择性执法越严重,制约民众对法律政策的权威认同。

我国政府间委托代理模式还存在中央利益与地方利益难以兼顾的巨大张力。如果全面审视宪法和组织法的条文,则发现地方政府的优先身份是地方人大的执行机关。地方人民代表大会是地方人民参政、议政、监政的地方权力机关,凝聚成地方公意之后,并组织地方政府贯彻实施之。地方政府执行地方人民的公共意志,服务于地方人民的利益,实属天经地义,义不容辞。问题在于,在既有党政一体体制下,政治任命和政绩考核的主导权、决定权都在中央和上级,导致地方政府官员唯上的心态非常严重,相反,地方的民主建设则显得滞后,地方政府在维护、保障地方人民的意志和利益方面还存在巨大改善空间。① 同时,地方政府既要执行中央政府的意志,又要执行地方人民的意志,这一身而二用,也难免体制梗塞。自然,根据党章所规定的民主集中制的政治原则,下级服从上级,即使有时发生了矛盾,地方利益也要无条件地服从中央利益。这也许正是中央与地方政府委托代理关系的理据之一。但毛泽东主席在《论十大关系》中也说过,地方有地方的正当利益,地方的正当利益也应当争取和维护。我国宪法虽然强调了坚持中央统一领导的必要性,但也同时重视充分发挥地方的主动性和积极性。质言之,地方包括作为地方权力机关的人大和作为地方行政机关的地方政府,其积极性的充分激发,要害则在于其主体资格的切实尊重和保障。②

因此,在市场经济体制深入推进、国家治理走向法治化的今天,单纯强调央地之间的委托代理性质,已经既不能高效地实现中央的统一意志,也不能妥善地解决地方正当利益的争取和维护的难题,还导致公共支出责任的过度地方化,使地方债务像滚雪球般越来越沉重,公共品供应的地区差异悬殊,潜藏巨大的财政危机和社会风险。这逼迫我们转换分析思路和框架。

---

① 程金华:《国家、法治与"中间变革"——一个中央与地方关系的视角》,载《交大法学》2013 年第 4 期。

② 秦前红、付婧:《我国地方财政自主的公法保障》,载《甘肃社会科学》2016 年第 2 期。

2. 走向宪法、法律授权下的权责分殊模式

鉴于此,势有必要基于公共事务的性质和公共品受益的范围,通过宪法、组织法的明确授权,设立职责分殊的各级政府,以提升整个国家提供公共服务的效率和公正性。

第一,应当明确,地方政府首先是地方人民的政府,这就必须确立各级地方政府的平等权利主体地位。可以看到,在宪法和组织法的条文中,是将地方政府作为同级人大的执行机关的身份排在前面的,然后才是作为国务院领导下的国家行政机关。笔者发现,我国这种立宪的政治意义就在于首先将地方政府定位为地方人民的政府。虽然,实际上,长期以来地方政府更多地承担了中央政府领导下的国家行政机关的角色,这显然与民族国家建构初期强调国家的统一和完整的时代任务息息相关。但随着国家的稳定和强大,国家建设的重心就必然转到经济、社会、文化上来,国家的任务就重在提供高质量和高效率的公共产品和服务上来,鉴于以上对委托代理模式的分析,地方政府势有必要从委托代理的关系中走出来,更多地承担起为当地人民提供公共品的任务。这就必须通过完善宪法和组织法,赋予地方政府相对于中央政府的平等权利主体资格,地方政府固然应当尊重中央的权威,不能违背和损害国家整体利益,然而,中央政府也要尊重地方的主体资格,尊重并保障地方的正当利益。① 只有这样,中央和地方各级政府既有分工,又有合作,中央和地方两个积极性才可望得到充分的发挥。

当然,地方政府的平等权利主体地位,是在地方政府被依法赋予了自主权力的前提下才成立的。也就是说,当地方政府被宪法和基本法律明确赋予了一定范围的自主权限的时候,地方政府才具有了作为权利主体的平等资格。在法理上,国家组织机构依法被赋予了权力,因其具有法律赋权的正当性,因而也就上升为法律权利,即正当的权力也是权利的内容之一。而上述分析已经阐明,地方人大拥有了宪法和法律赋予的自主立法权,地方政府作为执行机关也就相应拥有了一定范围的自主事权。正是在地方政府拥有了自主事权这一层面,才说地方政府拥有了与中央政府平等的权利主体资格。

第二,赋予地方政府权利主体资格,就是要按照职责分殊的原则,明确地方政府的相对于中央的自主的职责权限。如果说,在现代工商社会的市场经济体制下,靠分工才能出效率,那么,与此相适应的现代民主政治,在公共品的提供上,也要贯彻功能分殊的效率原则。首先,中央与地方各级政府的功能定位应该是互有区分的,如果说中央主要承担维护国家主权和宏观调控的角色,则地方政府主要承担治理性职能,如果说上级政府主要承担全国范围或较大范围的公共产品和服务,地方政府尤其是基层政府则主要承担为当地人民提供公共品的区域性职能。其次,在宪法和组织法授权的范围内,各级政府应该配置与其功能和财力相称的自主权力和职责,向当地人民负责,受当地人民监督。当务之急,在于系统修改我国的地方组织法,彻底改变将不同层级地方政府的职责权限

① 杨海坤、金亮新:《中央与地方关系法治化之基本问题研讨》,载《现代法学》2007 年第 6 期。

规定在同一法条中的传统做法,明确地方政府各自相对独立的自主事权。①

第三,地方政府重点充当地方人民的行政机关,并不排除地方政府也同时可以充当中央和上级政府的代理机关。地方政府接受中央的委托,在本区域代行起部分中央事务,可以降低整体国家的行政成本,也是世界上不少国家都有过的做法。只是需要明确:首先,代理的链条不能过长,最好是一级委托,禁止跨级委托;其次,代理的事务及其职责应该尽量明确清晰,禁止空白委托;最后,中央或上级要承担委托事务的执行成本,将必要的财力及时转移到地方政府。由此,理想的格局和进路是,中央与省级政府可以更多地保留委托代理的关系,而优先将县市政府从委托代理关系中解脱出来,成为法律授权下的民主自治政府。

第四,作为权利主体,地方政府的权利能力与行为能力应相统一。在法理学中,有关于法律主体权利能力和行为能力的论述,只是仅限于民事法律领域。在行政法理论中,在讨论行政主体三要素时,也局限于行政主体能否充当独立的被告以追究其行政法律责任,对行政主体履行职责的能力则语焉不详。其实,对公法主体而言,也同样存在权利能力与行为能力相匹配的问题。法律一旦创设一公法主体,就必然赋予该公法主体在法律上享有权利能力的正当资格,授予其法定职权和责任,以便于其合法地去行使管理公共事务的权力。然而,在赋予公法主体权利能力的同时,如果不同时赋予公法人相应的行为能力,公法主体有权无能,就会导致其职能无法正常履行。在原理上,公法主体的权利能力和行为能力应该是自始就同时赋予的,这就如同法人的权利能力与行为能力是自始就同时具备的一样,但在我国,实际上,公法主体,特别是地方政府的行为能力与其权利能力并不是自始就匹配的。这一方面反映了我国公法人理论的落后,另一方面则是由于我国政府间关系长期困扰在委托代理模式之中,地方政府更多是充当中央政府的代理执行机关,其权利主体地位难以彰显所致。

改革我国政府间的委托代理模式及其体制机制,除上文所说的赋予地方政府权利主体地位,明确其法定的职责权限之外,还有一个重要的课题,就是赋予地方政府与其权利能力相匹配的行为能力。所谓地方政府的行为能力,就是要依法赋予地方政府履行其公共职能所必需的财权和财力。② 学术界长期争论的政府事权与财权、财力的匹配难题,转换成法学语言,就是公法主体的权利能力与行为能力的匹配问题,其实质在于,承不承认地方政府的权利主体地位?只有在宪法和组织法层面明确了地方政府的权利主体资格,其权利能力与行为能力的配置难题才有真正解决的体制基础。

还要清楚认识到,我国政府间关系的规范调整,是从1993年的分税制改革正式开始的,并且,分税制改革取代财政包干制,以及之后政府间财权、财力的反复调试,是在一种倒逼机制下逐步深入的。所谓倒逼机制,就是改革不是在宪法法律规范设计的层面顺理

① 熊文钊、史艳丽:《论行政组织法治下的行政体制改革》,载《行政法学研究》2004年第4期。

② 朱大旗、胡明:《中央与地方关系法治化之基本问题研讨》,载《经济法论丛》2013年第2期。

成章地展开的,而是在既有委托代理模式难以为继的压力下,迫于应对现实危机而不得不为的。按照事务的内在逻辑,应该是政府间事权划分在前,政府间的财权、财力匹配随后进行。然而,我国的分税制改革,恰恰正是财权、财力的调整在前,再反逼政府间事权的规范划分。改革政策也从财权与事权相匹配,过渡到财力与事权相对应,再发展到目前的政府事权与支出责任相适应。其背后的发展轨迹正在于,要从公法主体的权能分割体制走向权能统一体制。

政府间事权与支出责任相适应的法治化路径

卓 赛*

一、案例引入:河南省驻马店市政府利用政府购买服务名义违法违规举债担保问题

驻马店市政府通过政府常务会议纪要,于 2015 年 9 月承诺将驻马店市公共资产管理有限公司向中国建设银行驻马店分行、中信信托贷款,列入市财政中长期规划和相关预算。其中,建行分行贷款获得市财政局承诺函,中信信托贷款未出具承诺函。经过审计核实后,这两笔分别为6.4 亿元、1.78 亿元的贷款,均被提前偿还给相关金融机构。

分析财政部通报的上述驻马店市政府的违规行为,发现其主要涉及两个违规点:一是驻马店市政府违规出具会议纪要,承诺将政府购买服务纳入预算,这违反了政府购买服务"先有预算,后有购买服务"的根本要求;二是财政局将金融机构的融资行为(贷款本息)纳入中长期规划和政府购买服务预算,这不符合政府购买服务的范围。显然,驻马店市政府的上述行为违反了国务院及财政部有关规范地方政府债务融资行为的系列规定,构成了地方政府变相举债行为。

地方政府大量举债背后的深层次原因有很多,但是这和我国分税制财政体制不完善紧密相关。根据事权与财权结合的原则,按税种划分中央与地方收入,将维护国家权益、实施宏观调控所必须的税种划分为中央税;将同经济发展直接相关的主要税种划分为中央与地方共享税;将适合地方征管的税种划分为地方税。分税制的理念主要是激励地方,促进地方经济发展。实际上,实行分税制后,很多地方出现了事权与支出责任不对称的情况。例如,高等教育等方面的支出很大,单靠地方财政捉襟见肘,而中央转移支付又不够,这样一来很多地方政府的财政收支经常出现不平衡,入不敷出。而平衡收支缺口的一个手段就是发债,所以地方有很强的发债动机。然而地方变相举债存在巨大的隐患,一旦地方政府发生大面积债务违约,不仅会引发系统性的金融风险,还会影响地方政府的正常运作,甚至会引发社会的不安定。那么什么是事权与支出责任?

---

* 中南财经政法大学 2016 级经济法学硕士研究生。

二、定义解读

(一)事权

党的十八届三中全会提出“建立事权和支出责任相适应的制度”,再次引起专家和学者们对事权界限的热议。事权是政府间财政关系研究的逻辑起点,在公共经济学领域,其表达为“government expenditure”,即为“政府支出”,在法学的领域,多表达为“government power”,即为“政府权力”,从中可以看出我国和外国对财政关系态度的差异。理论界对于事权已经形成基本的共识,政府事权实质上就是政府要为社会提供何种、何质的公共产品和公共服务,政府间事权的划分是对各级政府承担多少公共产品供给职责的界定。政府事权的权源来自于公民权利的部分让渡,这就要求:1. 政府的公共职能是事权存在的基础,其目的是满足公众的需要;2. 政府的权力的直接依据是宪法或法律,政府拥有的权力的范围和实现权力的手段都要有法律依据,否则越权无效。政府事权划分的界限的起点在于明晰政府、市场和社会的关系,具体来说就是政府的职能定位。政府职能也可称为行政职能,是行政机构依法对国家和社会公共事务进行管理时所具有的功能或应起的作用。在自由资本主义转变为垄断资本主义后,政府的职能有了非常大的扩充:1. 效率职能,由于市场机制自身存在的缺陷,难免会发生失灵,所以政府活动首先应当保证社会资源的有效配置,然后保证公共经济内部资源的有效配置;2. 公平职能,市场自发运行会导致收入、财富和社会福利的不均衡状态,政府应该通过财政收支进行再分配,以实现社会分配的相对公平;3. 稳定职能,由于市场在自发运行中必然产生经济周期问题,政府必须推行宏观调控政策以保持宏观经济的相对稳定。政府的职能具有阶段性的特点,处于不同社会发展阶段的国家,政府职能也会有所不同。在社会主义市场经济条件下,我国的政府的职能主要有以下几个方面:一是明晰产权,维护全国统一市场;二是确保公平,使公共服务均等化;三是随着经济社会的发展,建立政府职能的动态调整机制。

(二)支出责任

支出责任是指政府动用其所拥有的财政资源,实现行政职能所必须承担的财政支出责任。[①] 政府的事权明晰后,政府实现行政职能必须要有匹配的财力,才能保障履行政府应该承担的义务。正如有学者形象地将行使事权比喻为“谁请客吃饭”,而明确支出责任当然是为了解决“请客之后,谁买单”。[②] 政府作为公共意志的代表,有义务为人民提供市场无法负担的公共产品及服务,但是政府的政策制定者同经济人一样具有利己心,他们追求最大化的政治利益,而无论政治利益是否符合公共利益,所以对于支出责任必须

---

① 参见刘红灿:《对政府事权与支出责任的研究——以教育为例》,财政部财攻科学研究院 2014 年博士学位论文,第 38 页。

② 参见柯华庆:《谁请客,谁买单——建构分税制支出责任与事权相匹配原则》,载《中国财政》2013 年第 22 期。

赋予其法定性,再辅之以相关的制度予以规范和约束,提高资源的配置效率。

(三)事权与支出责任相适应

事权是政府履行行政职能的权力,支出责任强调的是为完成某项既定事权职责而进行的实际资金支付和管理的责任,这也符合权责一致的理念。事权与支出责任相适应应当包括横、纵两个方面的要求。纵向方面具体体现在两个方面:一是合理划分各级政府的支出责任,明确一级政府、一级事权,各自承担支出责任,并明确共担事权的分担比例;二是理顺上级部门、垂直管理机构与下级政府及其部门的职责关系。横向层面,须明确同级政府内部各部门之间的事权与支出责任,应当坚持一项事权原则上由一个部门负责,避免出现部门之间的事权重叠或相互推诿现象。[①] 由此可见,建立事权与支出责任相适应的制度,实则是对财政分权的进一步细化,这将是对我国各级政府关系的全面调整,对国家行政权力运转和评价机制的转变,对于提高国家现代化治理能力具有重大的意义。

三、事权与支出责任相适应的理论基础

(一)博弈论

博弈论是一门以数学为基础,通过预测其他个体的可能行为,根据不同的行为而作出不同的策略,以达到利益均衡的学问。在建构事权与支出责任相适应的法律制度时,不同的利益主体为了实现自己的最大化利益诉求,在事权与支出责任相适应的过程中,各方的利益实现均衡与和谐的过程。它认为由不同利益集团组成的策略组合之间的博弈过程是极其复杂的,制度设计构建往往是各层级政府之间相互博弈的结果,或者是多方利益集团集体博弈与妥协而造就的均衡。[②] 在博弈的规则中,局中人、可选择策略和收益是最基本要素,在信息不完全对称的情况下,一方面,理性主体基于自身利益的考量,制定各种策略;另一方面,理性主体的选择又要受制于各种因素的综合影响,在这种综合影响下选择最佳的策略。事权与支出责任划分立法实际上就是一个平衡博弈关系中各方利益与需要的过程,一方面,是中央与地方之间的博弈,另一方面是地方政府之间的竞争;还有各政府部门之间的利益权衡,立法应当协调各级政府之间的财政关系,建立有效的财政机制,同时,发挥地方政府在博弈中的信息优势,协调好央地、地方政府与部门之间的利益均衡。

(二)公共财产法

根据公共财产法的理论,财税法调整财政关系或者公共财产关系(收入、支出和管理等),本质上是个财产法或者"公共财产法"的问题,它与私法一道构筑私人财产权的双

---

① 徐阳光:《论建立事权与支出责任相适应的法律制度——理论基础与立法路径》,载《清华法学》2014年第5期。

② 参见冷永生:《中国政府间公共服务职责划分问题研究》,财政部财政科学研究所2010年博士学位论文,第54页。

重保障体系。[①] 作为公共财产法的核心的财政关系，必然涉及对税收聚集的财政资源的分配和运用问题，而这一过程恰好与政府的事权与支出责任相适应的制度所契合，因此，这一制度设计离不开公共财产法的理论指导。

（三）财政分权理论

财政分权以独立的财政权为前提，财政权的范围决定了政府的财政职能，同时也奠定了国家与市场的分工。规范政府间财政关系实质上是对现有的财政分权的重新调整，即政府间事权与支出责任的细化。财政分权理论的根源于公共物品层次问题，由于公共产品除了具有非竞争性、非排他性、不可分割性等特征，还具有地域性特征，这一特征被称作公共产品的层次性。公共产品的非竞争性和非排他性，决定了政府和市场的边界；公共产品的层次性，为政府间事权与支出责任的划分提供了客观需要。根据受益范围的效用外溢程度的不同，公共产品可以分为全国性公共产品和地方性公共产品两个层次。不同层次的公共产品，对应不同层次政府的事权与支出责任。其中，全国性公共产品对应中央事权，地方性公共产品对应地方政府事权。共同事权的配置取决于公共产品的外溢性，外溢程度越大，分权程度越低，中央政府需履行更多的事权，承担的责任较多；反之，外溢程度越小，分权程度越高，则由地方政府承担较多的事权和支出责任。[②] 根据财政分权理论，不管是联邦制国家还是单一制国家，政府间事权与支出责任划分都有共通之处，即遵循外部性、信息复杂性和激励相容性三原则。

地方政府的存在是为实现社会利益的极致化，“地方自治事务么执行”，须以财源为基础，是以地方对其自治任务自我决定、自我负责。[③] 所谓“事权与支出责任相适应”须事权在各级政府间的合理划分为前提，明确各级政府其公共职责所在，进而以此为基础，决定财政支出责任配比。现实中，诸如教育、卫生、文化、行政管理等具体、全面的政务多由地方政府承担，泛也是事权划分的必然结果，而考虑到单一制与分税制改革后政府间财力的实际情况，支出责任的大部分应由中央政府负责。鉴于我国地区间经济发展的不均衡性，较落后地区政府其自身财力有可能无法承担起履行职能所必须的支出，因此，上级政府有必要通过财力转移等途径，将财政资金传输至发展较落后地区。

四、我国事权与支出责任划分现状及问题

（一）缺失权威性统一立法

宪法规定了我国的政权组织形式，我国《立法法》也对立法权力在行政体系与立法机构之间以及行政层级间进行了明确的划分，由此形成了以中央为核心，地方政府配合的职权划分体系，但是却没有向西方国家在“有限政府”原则指引下，明确地列明政府的事

① 刘剑文：《公共财产法视角下的财税法学新思维》，载刘剑文主编：《财税法论丛》（第13卷），法律出版社2013年版，第68页。

② 浙江省财政厅课题组：《浙江省事权与支出责任划分研究》，载《财政科学》2016年第6期。

③ 葛克昌：《税法基本问题》（财政宪法篇），北京大学出版社2004年版，第189页。

权清单。我国《预算法》对我国的财政关系进行了基本的梳理,确立了央地财政划分的基本标准,同时确立了预算支出的范围,但是对各级政府的预算支出没有作出具体的规定。总体来说,一方面,宪法及立法法没有对事权与支出责任作出原则的指引;另一方面缺乏具体的规范建构制度设计,使其能够在法治的轨道内运行。

(二)事权分配不明确

1994年的分税制是研究财政分权的一个关键节点。分税制实行以后,形成了财权逐渐向上集中,事权逐渐下放的局面。在改革的初期,改变了"弱中央"的局势,促进了当时的经济发展,维护了央地关系的平稳。但是我国实现的并非是真正的分税制,尽管有些税种被指定为"地方税",地方政府并无权改变其税基和税率,更无法自主开征新的地方税。又如我国在基础教育方面的事权划分在央地、各级政府之间一直是模糊状态,导致各级政府纷纷推诿责任或者转移责任,以减轻地方负担。对于这种投入大,回报率周期长的公共投入,由于其具有很强的正外部性,政府作为一个理性的经济人,自然也不愿意舍得"花钱"。

(三)支出责任划分不合理

在我国,中央对地方有绝对的领导地位,除了国防、外交等与国家主权相关的事权属于中央,其他的事权央地都会涉及。然而,在纵向上我国各级政府间的机构的职能、职责、机构设置与中央如出一辙,受到中央的领导,形成"条条""条块"管辖的模式,在这种模式中,就导致中央大到宏观调控、小到街道卫生都受到中央的决策与监督。在事权不明确的情形下,支出责任划分自然不合理,一定程度上受到中央的干涉。例如,国防建设在理论上是纯粹的中央政府事权,但现实中往往却以"军民联防""军地共建"等名义成为了地方的财政支出事项。

(四)支出责任与财力不匹配

地方政府履行行政职能需要强大的资金保障,但是在分税制实行以来,地方的财政一直处于告急状态,虽然中央会通过向地方转移支付弥补财政资金的紧张状态,但毕竟远远不能解决根本问题。地方政府没有足够的财力,就会寻求各种各样的融资渠道,如土地财政、变相发债券等。这些做法在各个地方普遍存在,成为地方政府解决财政困难屡试不爽的法宝。现在,中央也越来越重视规范地方政府的违规融资等问题,严斥地方政府在法律框架内获取收入。

五、事权与支出责任相适应的法治路径

(一)明晰政府职责:制定政府事权清单

政府的职能定位是事权划分的基础,那么科学地界定政府职能成为关键。改革之初,我国政府重点在于发展经济,提高国民生活水平,政府的规模大幅膨胀。但随着社会主义市场经济的建立,政府应当简政放权,限制政府之规模,将政府职能定位于服务型政府,充分发挥市场、社会的作用,减轻政府负担。服务型政府是指一种在公民本位、社会本位、权利本位理念指导下,在整个社会秩序的框架下,通过法定的程序,按照公民的意

志组建起来，以全心全意为人民服务为宗旨，实现服务职能并承担服务责任的政府。[①] 在财政领域，服务型政府应当提供市场和社会无法供给的公共产品和服务，做到不越位，不缺位。在制度层面，服务型政府的落实要求制定清晰的政府事权清单，在法律的框架内行使权力。这一方面，可以结合权力清单和负面清单，从正反两面规制政府的权力，厘清政府和市场的关系。在此基础上，从财政的角度出发，以服务型政府为宗旨，制定政府的事权清单。

（二）财政法定：尤其是税收法定

实现事权与支出责任的规范配置是实现财政法定的必要前提，其中落实的关键点在于使最高立法机关全国人大在事权与支出责任配置中获得足够的决定权与监督权，强化人大立法的主导地位。[②] 我国立法法将财政、税收等财政资源分配的事项作为保留，实际上确立了财政法定的原则，但是在实践中，我国出现以政策和大量的规范性文件对事权与支出责任进行配置，一方面还是以行政主导力量处理财政问题；另一方面对于法律位阶层次没有严守。从深化财税体制改革的要求来看，事权与支出责任相适应的制度设计必须由行政主导模式转变为法治模式，严守法的位阶，树立法律的权威，运用法治的思维和方式深化改革。

（三）完善配套措施：加快财政转移支付法立法进程

实践证明，分税制改革以来，地方财政困难的主要原因也在于地方政府财政支出结构不合理和财政转移支付制度不健全。[③] 在中央财力雄厚时，政府多收的部分应采取转移支付的办法，按照各种系数、考虑各种因素返还给地方。财政转移支付以推进地区间基本公共服务均等化为主要目标，这与事权与支出责任相适应制度所追求的目标是一致的。我国的《预算法》中一些条款涉及了财政转移支付的原则，但是对于财政转移支付制度相关的法律主体定位、权责配置、申请和拨付等重要问题属于空白，所以，应当尽快将财政转移支付法纳入立法规划，加快其制订过程。

---

① 刘熙瑞：《服务型政府——经济全球化背景下中国政府改革的目标选择》，载《中国行政管理》2002 年第 7 期。

② 参见蔡定剑：《中国人民代表大会制度》，法律出版社 2003 年版，第 364 页。

③ 徐阳光：《政府间财政关系法治化研究》，法律出版社 2016 年版，第 54 页。

事权与支出责任相适应的法治路径研究

张向宇*

一、引言

我国1994年的分税制改革构建了我国政府间相对明确的财政体制架构,其体制运行过程中呈现出公共支出地方化的突出特征,进而在实际操作中导致事权重心过低、财权与事权不相对称。鉴于此,党的十八届三中全会提出建立事权与支出责任相适应的制度,要求科学界定事权,并以此为基础,明晰各级政府间的财政分配关系。2014年7月《深化财税体制改革总体方案》由中共中央政治局会议审议通过。这一方案强调了新一轮深化财税体制改革的重点内容,包括预算管理制度、税收制度以及事权与支出责任相适应的制度三个方面。财政管理制度对经济的发展具有极大的调节控制作用,因此,亟须一套财力与事权相结合、事权与支出责任相适应的财税管理体制来促进各级政府相互协作以发挥政府职能。在此基础上,党的十九大报告进一步指出,要建立"权责清晰、财力协调、区域均衡"的中央和地方财政关系,迈出了政府间事权与支出责任划分的重要一步。

二、事权与支出责任划分的理论基础

(一)概念界定

学者基于不同维度对"事权"这一概念的解读莫衷一是,[①]不同观点间的"最大公约数",是将其解读为政府提供公共服务的责任。[②] 政府责任是政府事权的发源,换言之,政府职能与责任决定了政府事权的范围。事权既是政府必须承担的责任,也是其应当具备的权力。支出责任,意指政府为履行其事权从而支付资金并进行管理的责任。[③] 支出责任不同于事权,它是一种义务,政府必须依此来满足公众所需,使用资金履行事权。

---

* 山西财经大学法学院硕士研究生。

① 参见熊文钊主编:《大国地方:中央与地方关系法治化研究》,中国政法大学出版社2012年版,第195页以下。

② 参见刘剑文、侯卓:《事权划分法治化的中国路径》,载《中国社会科学》2017年第2期。

③ 参见徐阳光:《论建立事权与支出责任相适应的法律制度——理论基础与立法路径》,载《清华法学》2014年第5期。

在现代法治话语体系下，有学者将事权归属于权源性概念，认为其要求科学行使行政权力和以宪法约束政府职责；将支出责任归属于义务性概念，认为其要求规范各级政府财政运行和以法律提供强制保障。① 事权与支出责任联系紧密，二者相适应，强调权责一致性的理念。但是，不能错误地认为二者之间没有区别。事权是基于行政范畴的概念，而支出责任则在财政领域体现。事权要求关注权力的归属与执行主体，而支出责任则重点关注成本与费用的承担。

（二）理论基础

事权与支出责任的划分问题，学者从财政收支划分、公共支出规模控制等角度均进行了分析研究，其中最为普遍接受的是财政分权理论，这是事权与支出责任相适应制度构建的理论基础。

第一代财政分权理论的代表人物主要有蒂博特（Tiebout）、奥茨（Oates）、马斯格雷夫（Musgrave）等学者，其理论观点被合称为 TOM 模型，即传统财政分权理论。蒂博特在《公共支出的纯理论》一文中提出"以足投票"的理论，即在理论上满足人口流动自由、信息透明、存在可供选择的辖区政府、各辖区税收体制相同、辖区政府间不存在利益外溢的情况下，各辖区居民将根据政府服务水平及税收负担的组合对定居地点进行自由选择，或者通过"以足投票"的方式迁往满足其需要的辖区，以实现政府资源配置的帕累托最优状态。奥茨在《财政联邦主义》一书中提出著名的"分权定理"，即由中央政府提供具有广泛偏好的同类公共物品，由地方政府供给需求偏好差异大的公共物品，以实现公共物品供给的高效便利。马斯格雷夫进而提出将财政资源配置、收入分配以及宏观经济稳定这三大职能在中央和地方政府间进行划分的理论。在此基础上，中外学者又提出了以政府激励、机制设计学说为核心的第二代财政分权理论，并将研究重心转向经济转轨国家和发展中国家。钱颖一和温格斯特（Weingast）对该理论的核心思想进行了阐述，认为在"市场保护型"的财政联邦制下，中央政府与地方政府应各自明晰职责与权利，并由地方政府主导发展本地经济，在此模式下，有利于保护市场的区域间财政竞争，促进形成对地方政府的"硬预算约束"。

我国自 1994 年分税制改革以来，国内学者对事权、支出责任等相关问题进行了广泛研究，形成了较为完整的理论体系。贾康提出以简化政府层级为前提，按"一级财政、一级事权、一级税基、一级预算"的原则，基于全局视角对财政制度进行优化设计。② 刘军民提出当前财政体制缺陷的根源在于事权划分不清晰，应该上移事权并增进事权要素的

① 参见王桦宇：《论财税体制改革的"两个积极性"——以财政事权与支出责任划分的政制经验为例》，载《法学》2017 年第 11 期。

② 参见贾康：《中国财政改革：政府层级、事权、支出与税收安排的思路》，载《地方财政研究》2004 年第 1 期。

内在统一。① 马万里提出,政府间事权与支出责任的划分应以财政体制的联动保障作为体制保障基础,要对政府间转移支付的结构与规模进行系统优化。② 现代法治视野下,法学界关于事权与支出责任的研究成果也十分丰硕。刘剑文提出,我国应将事权划分法治化,系统化地完善法律构建,并从法律的各个层面明确规范各级政府的事权划分。③ 徐阳光提出,在政府层面应当建立服务型政府,通过制定政府"权力清单",明晰政府与市场的关系,并应在政府间合理划分事权与支出责任,理顺各级政府间关系。④ 王桦宇认为,我国的财税体制改革应在法治财税的大框架下,积极发挥"两个积极性"的政制经验,使事权与支出责任相适应在法治运行的轨道上平稳推动。⑤

三、政府间事权与支出责任划分现状及问题分析

建立事权与支出责任相适应的制度,实现国家治理能力现代化的目标,在着力优化财政体制的同时,也需要从法律层面进行明晰和确认。当前,我国政府间事权与支出责任的划分还未在立法层面得到应有重视,划分尚不明确;在操作层面,存在指导性、规划性法律制度缺位的问题。

(一)行政性权力配置代替立法主导权责划分

从本质上而言,事权与支出责任体现的是各级政府间的权责配置问题。1994 年之前,中央与地方间的财政体制均由国务院以通知的方式予以规定和明确;1994 年的分税制改革,由国务院发布《关于实行分税制财政管理体制的决定》进行规制;此后,国务院又通过发布《关于全面推进农村税费改革试点工作的意见》《关于改革和完善中央对地方转移支付制度的意见》等文件,对所得税分享、财政转移支付制度进行规范;即使党的十八届三中全会、十八届四中全会以来提出的"事权与支出责任相适应",也都呈现出这一明显特征——行政性权力配置(见图 1)。

不可否认,相对于法治化的权力配置模式而言,行政式分权具有灵活、易变通、成本较低的特点,但其弊端也是显而易见的。首先,政策不同于立法,更不可能产生规范性法律文件,以"条例""办法""通知"等形式进行事权与支出责任的划分,其效力层级、权威性、稳定性都有欠缺;其次,在行政性财政体制变革模式中,以政策作为财政制度的构建依据,无法将事权与支出责任配置纳入宪法和法律规制之下,缺乏刚性约束,导致事权频繁调整、规范化水平低,无形中增加了各级政府间的博弈机会与谈判成本,容易产生财政

---

① 参见刘军民:《完善财政体制重点是上划事权而非下移财权》,载《中国财政》2013 年第 19 期。

② 参见马万里:《政府间事权与支出责任划分:逻辑进路、体制保障与法治匹配》,载《当代财经》2018 年第 2 期。

③ 参见刘剑文、侯卓:《事权划分法治化的中国路径》,载《中国社会科学》2017 年第 2 期。

④ 参见徐阳光:《论建立事权与支出责任相适应的法律制度——理论基础与立法路径》,载《清华法学》2014 年第 5 期。

⑤ 参见王桦宇:《论财税体制改革的"两个积极性"——以财政事权与支出责任划分的政制经验为例》,载《法学》2017 年第 11 期。

机会主义问题。

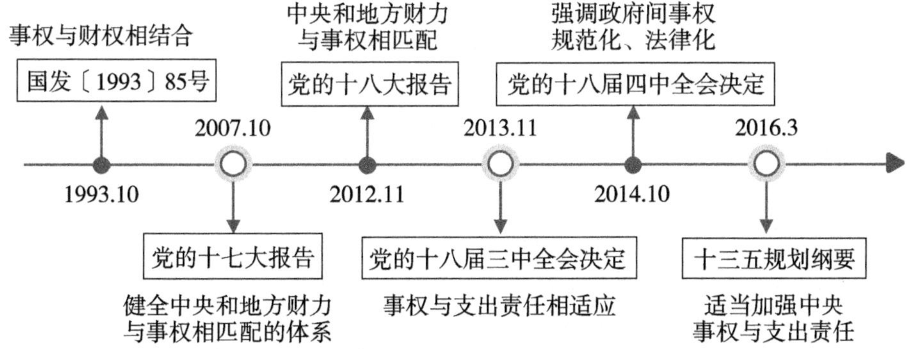

图1　涉及事权与支出责任的历次改革

(二)权威性立法缺失

第二代财政分权主义认为,"市场保护型"的财政联邦制需要满足五个基本要素:存在政府内层级体系、中央政府与地方政府间存在享有一定自主权的权力划分、地方自主权制度化以制约中央政府权力、地方政府对其地域范围内经济负担主要责任、各级政府均面对预算硬约束。① 其中,地方自主权制度化,即权责关系制度化,要求政府间事权与支出责任的划分应基于相关法律保障。

徐阳光教授提出:任何一国的财税体制都应以宪法架构作为基础,我国也不应例外。无论中央政府与地方政府之间还是地方各级政府间的事权与支出责任划分,都应严格遵循宪法所确立的政府框架并在限定的职权范围内进行。② 我国《宪法》中规定了我国的政权组织结构,并以此为基础构建了中央政府与地方政府的基本职权划分架构,但此处仅仅做出了原则性规定,并未对各级政府实际承担事权进行明确。在德国,《德意志联邦共和国基本法》通过"限制性列举"的方式对联邦、州、市镇各级政府的事权与支出责任进行明确划分,其规定各级政府必须以平衡本级政府的财政收支为基础,合理界定各级政府的税收权限,并对各级政府的事权与支出范围进行规范配置。法国则是在2003年通过对部分宪法条文的修改实现了分权单一制宪法化、财政自治宪法化等目标。这些国家通过基于权威性法律进行划分的方式,为其实现公共服务合理化和维护政府权威提供了保障,值得我国参考借鉴,在本文之后的部分将进行详细分析。

(三)政府间"职责同构"问题突出

在中央与地方政府层面,政府职能界定与事权划分主要依据《地方各级人民代表大

---

① 参见钱颖一:《现代经济学与中国经济变革》,中国人民大学出版社2003年版,第209页。

② 参见徐阳光:《论建立事权与支出责任相适应的法律制度——理论基础与立法路径》,载《清华法学》2014年第5期。

会和地方各级人民政府组织法》,国务院《关于实行分税制财政管理体制的决定》以及《国务院行政机构设置和编制管理条例》的相关规定。① 除国防、外交等职责专属中央政府外,在经济管理、教育、文化、卫生、公共管理等职责上,中央与地方政府职责相同。有鉴于此,国务院在2016年8月发布了国务院《关于推进中央与地方财政事权和支出责任划分改革的指导意见》(以下简称《指导意见》),其中明确提出了“适度加强中央财政事权”“保障地方履行财政事权”“减少并规范中央与地方共同财政事权”的改革意见,这是极大的进步。但是应当明确,事权与支出责任的划分,从本质上而言,应当是权力的规范配置与保障问题,意见中“逐步将义务教育、高等教育、科技研发、公共文化、基本养老保险等基本公共服务确定为中央与地方共同财政事权”等措施,仍停留在操作层面,应将其上升到制度层面予以规范。地方政府层面,在2016年国务院《指导意见》发布后,山西、山东、河北等省份都推出了“地方版”的通知或意见,但与中央层面存在相似的问题。

由中央与地方政府或地方各级政府间承担共同事权,虽然有利于加强中央战略意图的落实,也更能发挥地方政府的地域管理信息优势,但也存在一定的问题。过多的共同事权,使各级政府间形成“你中有我、我中有你”的局面,难分彼此。与此同时,根据我国《地方人民代表大会和地方人民政府组织法》的规定,地方各级人民政府应当“办理上级国家行政机关交办的其他事项”,使下级政府处于上级政府绝对领导之下,进而各级政府职责同一化、统一化趋势明显。在机构设置上,与“职责同构”相对应,上级政府职能部门纷纷在下级政府设立对口机构,并对其进行业务指导与监督。该模式下,下级政府的机构和部门缺乏独立性,上级政府职能部门通过“指导”“监督”的方式,直接干预具体事物,使下级政府事权项目的完整统一难以实现。

(四)财政转移支付运行混乱

我国1994年的分税制改革将“提高财政收入在GDP中的比重”与“提高中央财政在财政总收入中的比重”作为改革重点,而忽视了对各级政府事权与支出责任范围的界定,使我国财政转移支付缺少了相应的制度设计基础,进而加大了实现基本公共服务均等化的困难。受制于政府间事权与支出责任划分的非规范化,各级政府以财政转移支付资金作为“筹码”,以财政转移支付制度作为“谈判桌”,为自身利益进行博弈与妥协。加之政府职能转变不到位、支出责任不清晰、部门利益固化等因素,“现行中央对地方转移支付体系设置和管理存在着一般性转移支付‘不一般’、专项转移支付‘碎片化’、资金使用不规范和效益不高等问题”。②

在一般性转移支付方面,其额度计算基础是各地标准财政收入与支出的差额。但由于目前尚未形成各级政府一致认可的支付资金配置标准、缺乏对各级政府提供公共服务

① 参见徐阳光:《论建立事权与支出责任相适应的法律制度——理论基础与立法路径》,载《清华法学》2014年第5期。

② 参见刘士义:《财政转移支付制度的现实困境与改革路径研究》,载《财经问题研究》2018年第2期。

的考核体系，导致中央政府在与地方政府争取各自利益的过程中，只能被迫选择降低一般性财政转移支付在财政转移支付中的比重，以减少寻租空间和降低地方政府在资金使用方面的道德风险。而在专项转移支付方面，我国的专项转移支付制度在设置和分配上都有待完善，存在支付随意性较大和资金效益不高的问题。从国外经验来看，专项支出一般限定在具有明显外溢性、需要两级以上政府共同分担费用的基础性、公益性项目上，专项资金的使用应严格依据相关法律法规的规定，并按事先确定的方案及标准进行分配。

四、事权与支出责任相适应的法治匹配

刘剑文教授在《论财税体制改革的正当性——公共财产法语境下的治理逻辑》一文中指出，通过法治化进程稳步推进政府间事权与支出责任相适应的财政关系，是当前我国财税体制改革正当性中的重要命题。① 建立事权与支出责任相适应的制度是财税体制改革的核心内容，是一项系统性工程，需要法学、经济学、财政学等学科的共同努力，本文从完善立法、优化制度的角度入手，提出以下建议：

(一)建立宪法性的财税法律制度

以财政民主程度和财政法治水平作为依据，可将各国的财政分权模式概括为法制化财政分权和行政性财政分权。② 法制化财政分权的突出特征是确认财政分工的立宪性和民主性，又称为“立宪性一致同意”型财政分工。在法制化财政分权模式下，财政制度的发展或现行财政政策的调整，不是由政府或行政机关决定，而应当由议会或代议制民主机构进行确认，以此产生对居民的约束力。行政性财政分权的特征可以概括为“行政性一致同意”型财政分工，其突出特征是上级政府主导财政制度变迁模式。从国际上来看，尽管国情各有差别，但只要是较为完整的市场经济体制和法治国家，无论是联邦制还是单一制的国家结构，都普遍采用以民主和法制规范政府间财政体制的模式，即法制化财政分权模式，而且绝大部分国家都从宪法层面对政府间事权与支出责任划分等财政制度进行明晰、规范(见表1)。

基于体制的不同，各国宪法对财政收入、支出的规定也不尽相同。本文在此以德国为例进行分析，德国在《德意志联邦共和国基本法》第八章——联邦法律之执行与联邦行政部分对联邦、州、地方政府的职责做了详细划分，由联邦政府负责国家安全与防卫、外交事务与国际组织机构、基本社会保障、造币与货币发行管理、海关与边境管理等；由联邦政府与各州政府共同承担包括“大学医院之建立与新建”“地方经济结构之改善”“农业结构与海岸防御之改善”等职责。此外，还对在不同情况下联邦与各州政府的支出比

---

① 参见刘剑文：《论财税体制改革的正当性——公共财产法语境下的治理逻辑》，载《清华法学》2014 年第5期。

② 参见刘云龙：《民主机制与民主制度——政府间财政分工及分工方式》，中国城市出版社 2006 年版，第112 页以下。

表1 部分国家财政分权的法律依据

国别	国家结构	财政分权依据	
德国	联邦制	德意志联邦共和国《基本法》	各州宪法
美国	联邦制	美利坚合众国《宪法》	美国法典、国内收入法、联邦储备法、州宪法等
俄罗斯	联邦制	俄罗斯联邦《宪法》	预算法等
英国	单一制	—	权利法案、地方政府法等
法国	单一制	法国《宪法》	权力下放法案等
意大利	单一制	意大利共和国《宪法》	—
日本	单一制	日本国《宪法》	地方自治法等

资料来源:李萍、许宏才、李承:《财政体制简明图解》,中国财政经济出版社2010年版。

例做出了详细规定,"在第一项一、二款之情形,联邦应负担每一邦之一半支出,在第一项三款之情形,联邦至少应负担一半;其对每一邦之资助应属一致。其细节以法律定之。其资金之筹划则留诸联邦及各邦预算案中规定之"。有学者指出,鉴于各国宪法对此加以详细规定并不多见,以及严格的修宪程序所导致的财政收支划分条款无法因重大情势而做及时变更这两个原因,并不主张我国《宪法》也进行如此详细的规定。但与此同时,他也肯定《德意志联邦共和国基本法》的做法值得我国参考借鉴。

在这里还需要注意的是,在目前全面深化改革的大背景下,我国的具体财税制度仍处于不断调试的过程中。现代法治国家财政体制的制度安排,主要为实现稳定、效率、公平的法律价值和社会功能。财政体制的改革,仍然遵循着我国经济体制改革的一贯模式,即"地方试点——制度构建——全面推广",具体到其法治化实现路径上,就是"共识——政策——法律"。《宪法》作为我国的根本大法,其稳定性要求不得频繁、大幅度进行修改,应选择更为科学理性的修法路径。可以从位阶相对较低的法律入手,渐进地修改法律乃至宪法,在这一过程中,带有"中介性"作用的宪法性法律可作为实现法治财税的制度载体。

(二)明晰事权与支出责任划分

借鉴权力清单制度,引入事权清单,推动政府职能转变,明晰上下级政府间、政府部门间的职责边界以及具体事权的责任主体,进而减少事权划分混乱、"职责同构"的问题。在纵向权责划分层面,以中央和地方政府事权划分为例,可借鉴国际惯例,以清单形式将涉及跨区域公共物品的协调、统一全国市场规则等外溢性强、收益范围广的事权上收至中央政府,而将要求高信息对称性的事权划入地方事权。在具体操作时,可采用法律列举的形式,对各级政府的事权与支出责任进行明确。其中,对于中央和地方政府共同承担的事权和支出责任,还应明确中央与地方的承担比例、分担方式等。将涉及国家整体利益的,如国防安全、外交事务、基本社会保障、中央财政和税收等规定为中央政府职责;

将区域性一般公共服务、教育、医疗卫生、科学技术等确定为地方政府职责；将义务教育、基本公共就业服务、医疗救助等项目规定由中央与地方共同承担，并明确其支出比例、分担方式。在横向政府部门间事权划分层面，对于跨区域、跨部门的事权，如果规定将其交由各区域或各部门共同负责，往往会出现争相"搭便车"的机会主义问题。可以在这种情况下进行统一规划，规定交由某区域政府或某部门具体负责，有利于问题的解决及落实不到位时行政问责的展开。

(三)有序规范转移支付

政府间财政转移支付与纵向财政失衡、横向地区间财政不均衡以及政府提供公共产品的外部性有密切关系。在多级财政关系中，最佳政府间财政关系是其事权与支出责任的科学适应，但往往难以仅通过事权与支出责任的划分实现。在实践中，依靠对政府间收入、支出进行调整尽管可以在一定程度上提高政府间财政关系的优化程度，但远远难以达到最佳匹配状态进而实现公平与效率。这种因财政收入支出划分导致的纵向财政缺口，就需要以转移支付的方式在政府间初次收支分配的基础上进行二次分配，这就是实施财政转移支付的基础依据。而由于各地区要素及经济发展水平的差异，地区间难以实现均衡发展，使得其公共产品及服务供给水平难以均衡，这种横向地区间失衡是实施财政转移支付的第二个依据。所以，实现政府间事权与支出责任相适应，转移支付制度的规范必不可少。

首先，加快财政转移支付法的制定，在对政府间事权、支出责任明确划分的基础上，适时出台财政转移支付法，以法律形式将转移支付的目标、原则、分配程序、分配方法、绩效考核、监督形式等内容进行明确并出台相应的实施细则，进而加强对转移支付资金的监管，保障转移支付资金的有效运行，有效发挥其协调、支持地方发展的作用。① 其次，研究制定科学的转移支付资金的计算方法，选取诸如人口密度、人口结构、人均国内生产总值(Gross Domestic Product，GDP)、产业结构等不易受主观控制、能客观反映不同地区间收入能力与支出需求的客观因素作为参考要素，达到提高标准收入与标准支出测算科学性的目标。与此同时，应建立健全科学的数据采集、统计系统，提高纳入测算数据和指标的准确性、真实性，为规范的财政转移支付制度提供科学的信息基础。最后，严格确保资金及时到位。各级政府财政部门应认真落实我国新《预算法》中"县级以上各级政府应当将对下级政府的转移支付预计数提前下达下级政府"，"中央对地方的专项转移支付应当在全国人民代表大会批准预算后九十日内正式下达"等相关规定，提高中央转移支付纳入下级地方政府下一年度预算的完整性，加快中央转移支付的批复和下达，进一步实现转移支付资金的高效使用。

(四)完善基本财税法律制度

基本法领域的财税体制建设，关系事权与支出责任相适应制度的建立能否有配套制

---

① 参见李松森、盛锐：《完善财政转移支付制度的思考》，载《经济纵横》2014 年第 3 期。

度予以支持,因此这也是不可或缺的。在基本法领域建立财税法律制度主要包括三个方面的内容,即财政基本法、税收基本法和预算法。

在财政基本法方面,2017 年 3 月召开的全国两会上,就有代表提出制定财政基本法的草案,但是这一草案并未得到采纳,制订计划暂时搁浅。财政基本法的制定,是全面深化改革,推进国家治理体系和治理能力现代化的必然选择。目前,由于财政基本法的缺位,导致财政收支划分制度不够具体、不具有强制性。刘剑文教授提出,财政基本法的制定,应着眼于“统帅整个财税法领域,有助于构建具有高度权威性、统一性的财税法律体系”,“奠定改革大致方向”以及“指引财政方面的国家治理路径”等方面,并提出了未来我国财政法的科学框架。① 应加快财政基本法的制定,并在其中对事权与支出责任的划分做出制度性规定,以实现法治财税和经济社会稳定发展的目标。在税收基本法方面,学者在多年前就提出了草案,但是与财政基本法的命运相同,并没有得到采纳。在财税体制改革中,亟待提出一部基础性的、涵盖税种和税收征管等方面内容的法律。在税收基本法中,应当对中央与地方的税收立法与征管权限做出明确规定,并授权各级地方政府以宪法、法律规定的税收法律秩序为原则,根据地方实际,针对性地调整地方税的税目、税率,并具体规定税收减免等事项,但禁止地域歧视,且不得针对生产、流通环节课税。② 作为预算管理的程序法,我国现行《预算法》虽然在 2014 年经历过一次修改,但其对于欲通过预算权进行规范的重要制度,即事权与支出责任的配置问题,仅仅做了原则性规定,使事权与支出责任的划分缺乏相关法定依据,难以切实进入法治化权力配置范畴。③ 因此,新《预算法》仍需进一步完善。

五、结语

事权与支出责任划分改革是一项系统性工程,涉及政府职能、财政体制、行政体制、经济发展等诸多方面。建立事权与支出责任相适应的制度,建立权责清晰、财力协调、区域均衡的中央和地方财政关系,推进事权与支出责任的规范化、法律化是此次改革的基本要求。

仅从财政学或经济学角度进行分析,或者仅在财政体制框架内部进行划分配置,都难以实现事权与支出责任科学适应的改革目标。落实财政法定,以法治视角审视财税体制改革是我国财税领域发展的必然趋势。④ 本文从法治的角度,对事权与支出责任相适应的制度构建进行审视,提出了相应建议,以期有助于推动相关法律早日提上立法日程,为我国财税体制改革和法治建设贡献微薄之力。

---

① 参见刘剑文:《财税法治呼唤制定财政基本法》,载《中国社会科学报》2015 年 1 月 28 日。

② 参见楼继伟:《推进各级政府事权规范化法律化》,载《人民日报》2014 年 12 月 1 日。

③ 参见白晓峰:《预算法视角下的中央与地方关系——以事权与支出责任分配为中心》,载《法商研究》2015 年第 1 期。

④ 参见刘剑文:《理财治国视阈下财税改革的法治路径》,载《现代法学》2015 年第 3 期。

强镇扩权视角下事权和支出责任的法治化路径探索

胡天龙*

一、强镇扩权的理论基础

(一)概念界定

事权是指应承担的运用财政资金提供基本公共服务的任务和职责,包括公共安全、交通运输、教育文化、社会保障等方面。支出责任是政府履行财政事权的支出义务和保障。尽管本文主要围绕事权和支出责任划分讨论,但实际上,财权、事权、支出责任三者密不可分、互相关联,因此也有必要将财权的概念在此界定,财权是指各级政府依法享有的筹集收入的权力,主要包括税权、收费权及发债权。

(二)理论基础

强镇扩权的理论基础主要来自分权理论和公共产品分层次理论。

分权理论由来已久,从最早亚里士多德论述政体中存在的三个要素,到洛克提出了三权分立,孟德斯鸠将其演化至现代意义上的内容。直至当代,仍有不少学者就分权理论继续研究,本文将着重探讨财政分权。首先,一般认为,地方政府比中央政府更加了解所管辖民众的需求和效用;其次,地方政府是一个国家内部不同地区的人有权对不同种类和数量的公共服务进行不同选择的机制。① 这一点暗含了公共产品的层次性和现实性需要。

公共产品具有非竞争性和非排他性两个特征,与之相对的是私人产品。但这两者并非绝对的非此即彼,在一定条件下会相互转化。譬如,在一定人数范围内,不收门票的公园内游客人数的增加并不会影响原有游客的效用水平,即公园的消费具有非竞争性和非排他性。但若超过这个人数,或者公园开始收取门票,就可能变成混合产品或私人产品。就和政府关系而言,公共产品可以划分为全国性公共产品和地方性公共产品,分别由中央政府和地方政府承担。不同层次的公共产品,对应不同层次政府的事权与支出责任。

---

* 中国人民大学法学院副教授,美国佛罗里达大学法学院访问教授。

① 吴德刚、王德:《我国"强镇扩权"政策的理论渊源及嬗变历程》,载《现代城市研究》2013 年第 28(08)期。

但是要注意的是,是否是公共产品,并非是提供方式的决定因素,公共产品不一定要政府生产或提供,譬如,国家安全是公认的纯公共产品,但是政府也可以向私人购买军火和武装服务保卫国土安全。这一点有利于为化解事权和支出责任之间的矛盾提供新思路。

二、国内强镇扩权发展历程

(一)强镇扩权发展的历史背景

我国的政体是人民代表大会制度,这决定了我国不可能和西方国家一样采取议会制或总统制等分权政体。但这不意味着我国地方政府不享有地方权力,在新中国成立后的几十年中,我国政府也根据经济社会发展的需要,对权力的下放和回收不断调整,其目的都是给下级政府松绑,释放出地方上的活力。因篇幅所限,本文就改革开放后地方政府的分权作简要介绍。

1978 年党的十一届三中全会后,国家财政无法继续支撑统收统支的模式,邓小平提出了“放权让利,分灶吃饭”,给予地方财权,促进地方经济社会发展。1982 年中共中央 51 号文件《改革地区体制,实行市管县的通知》在江苏省实行市管县体制试点,此后该模式在全国得到推广,浙江、安徽、江西、山东、河南 5 省全面推行市管县体制,在行政体制改革上促进了城镇发展,催生了城市集聚效应。直至 1994 年分税制改革,中央宏观调控能力极大增强,但随着环境变化,省级以下政府承担了更多的支出责任,特别是县一级政府财政收支压力增大。改革后,中央财政收入占国家财政收入的比重从前一年的 22%,暴增至 1994 年的 55.7%,此后维持在 52% 左右的水平;相应地,地方财政收入所占比重较上一年骤降 32%。该体制划分了政府财权,财权逐步上移,而乡镇政府的权力却被压缩,另外,该体制对事权和支出责任的划分并未涉及,导致上级政府将本应本级政府承担的职能转移给下级政府,造成了地方乡镇政府财权、事权和支出责任的不匹配。在巨大的财政支出压力之下,地方政府不得不采取另类手段来缓解收入和支出的巨大差距。这其中就至少包括以下三种广为诟病的地方政府风险:早年通过预算外收入获取的高额非税收入、通过卖地获得土地出让金而形成的土地财政、唯 GDP 论盲目扩张而债台高筑的地方债务危机,根据财政部数据,截至 2016 年年末,中国地方政府债务为 15.32 万亿元,加上纳入预算管理的中央政府债务为 12.01 万亿元,中国政府债务大概为 27.33 万亿元,再考虑到地方债务中的隐形债务,实际数额比预想中更大。① 上述三种风险也在逐步化解之中,2011 年全面取消预算外资金,将所有政府性收入全部纳入预算管理;“营改增”,增加其他税种来增加地方税收,逐步摆脱对土地财政的依赖;剥离地方融资平台举债职能,地方债务负担逐步减少。然而,这些方法尽管在一定程度上化解了分税制带来的不利影响,却没有涉及这其中的关键,即财权、事权和支出责任的匹配。

一级政府一级财政,原先分税制情况下,中央拿走了地方的财权,却没有拿走相应的

---

① 数据来源:中华人民共和国财政部:http://yss.mof.gov.cn/zhuantilanmu/dfzgl/xwbd/201705/t20170524_2607963.html,最后访问日期:2018 年 3 月 6 日。

事权。在这样的情况下,推行省管县成为了调整治理层级手段的重要手段之一。浙江经过若干轮的扩权政策,县域经济快速发展,2017 年中国百强县中浙江占 23 个,数量全国第一。县级地方权限的扩大也促使乡镇管理体制改革提上了日程,强镇扩权就此走上历史舞台。

(二)强镇扩权的发展历程和问题

1. 强镇扩权的演进轨迹

一镇一品、一镇一业是浙江经济的特色,譬如,被誉为"中国电器之都"的温州柳市镇,"中国皮革之城"的嘉兴海宁镇,据统计,浙江省经济总量的 1/3 是由这些小城镇创造的。但经济在高速发展的同时,城镇的配套社会管理体制却没有跟上。前文所述的财权、事权与支出责任不匹配带来的体制性障碍主要集中在以下三点:一是政府承担管理职责的增加与有限的财力资源之间的矛盾;二是高度发展的市场经济与落后的政府治理能力之间的矛盾;三是外来劳动人口涌入与公共产品提供不足的矛盾。在这样的背景下,浙江省筹划改革扩大乡镇政府的管理权限,2005 年绍兴市对下属的杨汛桥、钱清、福全、兰亭、平水 5 镇扩权试点,拉开了强镇扩权的序幕。

浙江省的强镇扩权从 2005 年至今可以划分为三个阶段:试点,推广和优化,其主要内容和范围见表 1。

表 1 浙江省强镇扩权改革的演进轨迹

时间	指导文件	参与城镇数量	主要内容
2005~2007 年	无	杨汛桥、钱清、福全、兰亭、平水五镇,嘉善西塘镇	下放环境保护、安全生产、劳动用工、城建监察 4 项职能;西塘镇镇域内土地出让金县得净收益部分提高
2007~2010 年	《关于加快推进中心镇培育工程的若干意见》	141 个省级中心镇	赋予小城镇政府部分县级经济社会管理权限
2010 年至今	《关于进一步加快中心镇发展和改革的若干意见》	200 个中心镇	发展乡镇的农村辐射功能转变为发展乡镇的小城市功能

自强镇扩权以来,各级政府按照"依法下放,能放就放"的原则,最大限度地减少不必要的管理,贯彻落实党的十八大提出的"直接面向基层、量大面广、由地方管理更方便有效的经济社会事项,一律下放地方和基层管理",取得了巨大成效。各城镇经济实力大大增强,并加强了产业集聚效应与产业特色,原先就有的一镇一品在全国甚至全球都有了示范效应,而产业结构也得到不断优化和提升。此外,公共服务的供给也不断优化,文教卫支出和一般公共服务支出都有大幅度的提升。政府行政效率大幅提高。最近浙江省

开展的“最多跑一次”行政改革更是获得群众的广泛好评,截至2017年3月底,59个省级单位公布“最多跑一次”事项958项,在国内率先推进建设、人防、消防施工图审查“多审合一”,全面推行外贸企业十一证“证照联办”,率先在不动产交易登记方面实现全程“最多跑一次”。①

2. 强镇扩权改革中暴露的问题

强镇扩权的过程中也暴露出了不少问题。究其根本原因,是因为强镇扩权只是在现有行政管理体制下依靠行政力量对县镇政府管理权限的局部调整,并没有从根本上改变财权、事权与支出责任的不匹配,体制上的障碍制约着改革的进一步深化。

首先,县级政府的权力下放意愿直接制约了强镇扩权的实施效果。尽管随着改革的深化,下放权力不断增加,但是实际上上级部门给予的权力与乡镇实际需要的权力并不完全匹配。中心镇急需劳动、安监等部门的执法权,可是一方面由于法律严格规定,这类权力只能由县级政府行使;另一方面,县级政府也不愿意下放权力而失去控制。实践中,绍兴县林业局曾将5立方米以下的林木砍伐审批权下放给乡镇,形同虚设,难以调动下级政府积极性。②

其次,基层干部队伍素质有待提升。由于原本镇级的编制和调配权就在县一级,优秀的人才招进来就留不住,上级要调配,说走就走。当权力下放后,由于下级政府层级较低、人员配备较少、能力知识不足,难以顺利地衔接住上级任务,执法难度加大、能力要求提高,基层政府难免力不从心,捉襟见肘。

最后,还有要警惕的一点是,由于乡镇政府的权限增加,但应有配套监督体系还未跟上的情况下,很有可能会出现执法不公、贪污腐败的现象。乡镇政府扩展的权利包括项目审批权、规划审批权等,涉及多个利益主体,这就有可能成为滥用权利滋生腐败的土壤。

三、事权和支出责任划分中存在的问题

在当前财政体制下,下级政府的事权内容基本是按照上级政府的结构衍生,支出责任也是如此,然而三者却没有达到一个相互匹配的程度,强镇扩权的过程中也暴露出了不少问题。就其根本原因,是因为强镇扩权只是在现有行政管理体制下依靠行政力量对县镇政府管理权限的局部调整,并没有从根本上改变财权、事权与支出责任的不匹配,体制上的障碍制约着改革的进一步深化,本文将以财权、事权、支出责任三个维度对其中存在的问题进行论述。

(一)事权划分不科学

1. 事权划分缺乏法律规定

在界定政府间责任权利关系方面,我国目前缺乏相应的法律法规,2016年财政部出

---

① 载浙江政务服务网:http://www.hzfc.gov.cn/,最后访问日期:2018年3月10日。

② 罗新阳:《强镇扩权:发达地区城乡一体化建设的突破口——对浙江绍兴县强镇扩权的跟踪调研》,载《中共杭州市委党校学报》2010年第2期。

台的国务院《关于推进中央与地方财政事权和支出责任划分改革的指导意见》中计划2019年梳理出需要上升为法律法规的内容，但现有的政策基本上是党委或政府的指导性文件，缺乏法律的支撑，强镇扩权的合法性得不到认可，就无法进一步突破，破解前文所述的种种困境。

2. 事权边界界定不清晰

目前政府的职能边界依然比较模糊，政府“越位”与“缺位”现象并存。有些地方政府出于政绩考虑等原因，具有强烈的直接投资冲动，不恰当地参与市场竞争，“既当裁判又当球员”，不利于经济的稳定发展，也不利于将有限的政府财力用于保障民生支出。另外，各级政府之间事权边界模糊。一个模糊的政府职能在各级政府间进行分割是很难的，因此政府职能必须明确。现行的政府权力负面清单是解决该问题很好的一步尝试。

（二）支出责任划分不合理

1. 事权与支出责任不匹配

目前来看，省级部门和市县级的事权和支出责任存在相互错位的情况。部分事权和支出责任是属于混合型的，就容易造成上下级政府相互推诿。由于上级政府权力较大，下级政府只能被动接受，一方面加重了对上级的高度依赖；另一方面只能量入为出地提供公共服务，造成一系列负面影响。[①] 而事权界定不清晰也是重要的一个原因，该点已在前文详细叙述。

2. 新增支出责任不协调

由于社会复杂程度的增加，政府也承担越来越多的支出责任。但在我国现行体制下，一项新增事权推出，上下级政府间不一定有对应机制，有的其实只在省市级层面，有的只需要在乡镇即可，但往往层层下放，下层政府承担的事权层层叠加，而这些事权都转化成了支出压力。

（三）转移支付制度不完善

从目前来看，转移支付结构不够合理，根据财政部数据，2008年经济危机开始，随着4万亿投资的大规模推进，专项转移支付规模迅速扩大，超过一般性转移支付，2016年专项转移支付已经降低，但还是有20,923.61亿元，占到总数的39.52%。[②] 由于专项性转移支付要求专款专用，对资金的用处把握严格，这固然有利于防止贪污腐败，但也限制了地方政府的积极性。一方面，专项资金的用途大都被规定了支出方向；另一方面，专项资金的使用效率又很低，而且不能对症下药。浙江省从2009年开始试点专项性一般转移支付改革，采用“因素法”分配资金，目前实施状况良好，或可借鉴。另外，由于专款设定多采用严格审批制，基层政府要争取到资金，往往要耗费漫长的审批时间和文书往来，行

① 马万里：《中国式财政分权：一个扩展的分析框架》，载《当代财经》2015年第3期。

② 数据来源：中华人民共和国财政部：http://yss.mof.gov.cn/2016js/201707/t20170713_2648693.html，最后访问日期：2018年3月20日。

政效率低下,而且出现了“跑部钱进”的现象。

(四)上级政府干预地方事权

尽管我国是单一制国家,地方政权在中央政权的领导下行使职权,但在一定范围内上级政府不应过多干预地方事权。但实际工作中,上级政府为了政绩考核,往往对地方提出许多限制和要求。一方面,考核指标设置不合理,造成地方政府束手束脚,压抑了地方自主性;另一方面,考核分散,导致资金碎片化现象严重,使财力本身捉襟见肘的地方政府雪上加霜。①

四、推进强镇扩权改革的建议

浙江省的强镇扩权实践成效显著,但仍有不少需改进之处。本文拟从强镇扩权本身以及背后暗含的事权和支出责任改革两个方面出发,提出强镇扩权的可能路径选择。

(一)完善立法,确立强镇扩权的合法性

“凡属重大改革都要于法有据。在整个改革过程中,都要高度重视运用法治思维和法治方式,发挥法治的引领和推动作用,加强对相关立法工作的协调,确保在法治轨道上推进改革。”目前乡镇政府下放得到的权利多是与县级政府各部门签署委托合同得到的,在法律法规上尚未得到认可。缺乏法律的支撑,强镇扩权的合法性得不到认可,就无法进一步突破,破解前文所述的种种困境。另外,立法明确规定乡镇政府享有的权力也可防止其有权任性的情况,实现权、责、事统一的协调机制。

(二)体制改革,保障强镇扩权的进程

强镇扩权的实质是不同层级的政府之间权力配置关系的调整,是财权、事权、支出责任的重新分配。推进体制改革,理顺财、事、责体制关系,是进一步推行强镇扩权改革的关键。该部分将在后一章事权和支出责任改革的构想中详细论述。

(三)配套监督,完善强镇扩权的监察机制

“权力进笼子,虽晚犹贵。”放权不意味着放权不管,需要建立配套的监督机制,观察、评价、指导权力运行效果。一方面,根据管理的目标设定考核指标和办法,关注服务质量、效率、民众满意度,可以了解强镇扩权政策落实的具体情况,权力是否得到高速有效的运行,并且使权力在阳光下运行,也可以了解改革过程中产生的问题,有利于追责和下一步的优化。另一方面,要依靠人民群众的力量,扩大民众参与,听取公民对政府执法情况、政策运行最直观、最真实的评价,建立通畅完善的民意表达机制。

(四)加强培训,提升强镇扩权的干部素质

扩权以后,基层政府职能增加,原有工作人员长期以基层工作为主,经验不足、专业知识匮乏,难以满足扩权带来的要求,严重阻碍了中心镇服务管理能力的提升。因此,需要提升基层政府公务员队伍的业务素质、服务意识、理论水平,真正能匹配下放的权力。

---

① 浙江省财政厅课题组、钱巨炎、罗石林等:《浙江省事权与支出责任划分研究》,载《财政科学》2016年第6期。

五、关于事权和支出责任改革的构想

党的十八届三中全会首次提出了全面深化改革要推进国家治理体系和治理能力现代化,其核心是处理好政府和市场的关系。事权和支出责任的规范划分需要政府职能的转变到位。市场、社会和政府职能定位准确,事权和支出责任的规范划分才有基础依据。政府职能转变已取得重要进展,简政放权理念深入人心,但转变还在进行之中。事权和支出责任的规范划分需要进一步的推动。本文承接前文的结构,从事权和支出责任两个方面提出改革构想。

(一)明确界定事权

首先,事权是政府应承担的公共服务,但和市场存在交叉,这就要求划清政府与市场的边界,遵循“无授权,不可为”的基本原则,实现从全能型政府向公共服务型政府的转变。要正确处理政府与市场、政府与社会的关系,合理确定政府提供基本公共服务的范围和方式,“上帝的归上帝,恺撒的归恺撒”,由市场承担更适合、更有效的就交给市场,发挥市场在资源配置中的决定性作用。一是政府要退出“越位”领域,不要又当“守门员”,又当“裁判员”。二是政府要弥补“缺位”领域,承担起如教育、卫生、医疗等密切关系社会民生的事务。2014 年 6 月浙江省政府在“浙江政务服务网”公布了 42 个省级部门的权力清单,总共包括 4236 项行政权力,同时要求浙江省、市、县三级政府的行政权力清单在 2014 年 10 月前公布,实现清单之外再无权力。浙江省由此成为全国首个在网上完整晒出省级部门权力清单的省份。①

其次,政府和市场的权限划清后,要合理界定各级政府之间事权。2016 年国务院出台的《指导意见》明确了中央和地方的事权划分,“将国防、外交、国家安全、出入境管理等确定为中央的事权,将直接面向基层、量大面广、与当地居民密切相关、由地方提供更方便有效的基本公共服务确定为地方的财政事权”。但该意见并未涉及省及省以下政府事权如何划分,结合前文所述,地方政府划分要充分考虑公共事务的受益范围。从实践看,省与市、县(市)政府之间独有事务的划分基本上是清楚的,但共有事务常常纠缠不清。改革重点在于如何明确划分各级政府的承担份额。对于工作量大、宏观性强、外溢性大以及与当地经济发展程度相关性较弱的事务(如全省专项普查、自然生态保护等),建议以省级为主,市县级为辅;而对于社会救济、社会福利、社会优抚,市政基础设施建设等城市居民受益更多的事务,则以基层政府为主。

最后,鼓励市场和非营利组织参与公共品供给,推广 PPP 项目合作。大力推广运用政府和社会资本合作(PPP)模式,充分发挥政府和社会资本各自优势,以更好地提供公共服务。

---

① 徐阳光:《论建立事权与支出责任相适应的法律制度——理论基础与立法路径》,载《清华法学》2014 年第 8 期。

（二）明确划分支出责任

收入划分与支出责任划分具有内在关联性。事权划分与支出责任划分相适应的背后是收入划分与支出责任划分的匹配。因为支出责任划分是收入划分的基本依据，收入划分反过来又决定支出责任履行程度。从我国现行财政体制来看，中央政府掌握较大财权，在收入中占据主导地位，为保证地方政府有效履行事权，通常采用转移支付。但我国转移支付规模庞大，支付方式也不合理，对地方政府和事权与支出责任的有效履行产生了诸多不利影响。必须增强预算法的约束力度，理顺预算法和相关部门法之间的关系，减少部门法中关于支出法定增幅对预算法的制约，进一步强化预算执行刚性。另外，加快研究出台与政府间财政关系和财政转移支付相关的立法，推进政府间财政关系法制化。

乡镇政府的事权与支出责任匹配困境及其出路

——以城乡一体化为视角

于海旭*

一、目标:基本公共服务均等化

城乡一体化的概念和设想已经提出多年,但是进程却不尽如人意。尽管城市的扩张已经使很多原本的城郊农村转变成为“新城”,但真正的城乡一体化远未完成。真正的城乡一体化并不等同于将城市周边的农村全部纳入城区范围,这只是城市“吞并”农村。换言之,城乡一体化不是“乡”变“城”,而是城乡二元对立结构的破除①。在中国数千年的封建社会中,有“国权不下县”的说法,这意味着在儒家思想的基础上,乡村的宗族自治和县以上行政单位的“吏——民”关系体制已经形成了初步的二元分化②。新中国成立以后,为了尽快实现工业化,中央政府推行了“工农业剪刀差”,为配合这一政策,又建立了严格的户籍制度。随着时间的推移,城乡发展差距越来越大,真正意义上的城乡二元对立的格局已经形成,到了20世纪90年代,当政府意识到这种二元对立已经严重阻碍经济社会发展的脚步时,情势已经积重难返③。基础设施不完善、基层政府管理混乱、居民可支配收入低、贫困人口多等弊病在农村,尤其是北方农村中屡见不鲜④。显然,只靠树立典型和区域试点是不能全面推进城乡一体化进程的。城乡一体化的目标,最终还是要归结为城市与农村的公共服务均等化⑤。

---

* 中国政法大学民商经济法学院硕士研究生。

① 吴根平:《我国城乡一体化发展中基本公共服务均等化的困境与出路》,载《农业现代化研究》2014年第1期。

② 参见秦晖:《传统十论》,东方出版社2014年版,第8页。

③ 关于城乡二元结构的形成和发展,参见洪磊:《我国“工业反哺农业”的历史根源探析》,载《产业与科技论坛》2007年第9期;马宝成:《中国三农问题:现状与未来》,载《山东社会科学》2005年第10期。

④ 根据国家统计局2017年的最新数据,仍然有52%的农村地区尚未引入自来水,70%左右的农村地区没有幼儿园;19%的农村地区没有配备基本公共医疗服务。农村的基本公共服务的现状可见一斑。

⑤ 将城乡一体化进一步表述为基本公共服务均等化,在2012年颁布的《国家基本公共服务体系“十二五”规划》中已经明确提出。

那么,建设城乡一体化最大的障碍是什么?

公共服务的均等化可分为区际公共服务均等化和区域内公共服务均等化。前者指的是各省、市以及不同地区之间的公共服务均等化。而城乡公共服务均等化则属于区域内的公共服务均等化。二者的目标不同,达成手段也不一致。对于区际公共服务均等化,显然需要上一级政府进行统筹安排,通过直接提供公共产品或者财政宏观调控等手段达成跨区域的公共服务均等化。而区域内的公共服务均等化,则限定在某一特定地区(如市、县级行政区划)内,其中最突出的问题,就是城乡之间的基本公共服务的"非均等化"。如果将公共服务分为基本民生性服务、公共事业性服务、公益基础性服务和公共安全性服务四个方面①,那么显而易见,无论哪一方面,农村的基本公共服务都与城市有不小的差距②。与区际公共服务均等化不同,城乡公共服务均等化的是一个极度依赖于地方基层政府的建设过程。实际上公共服务非均等化的主要表现,就是城乡之间的巨大差异。区际的公共服务非均等化,主要是通过财政收入和公共服务支出的账目来体现,解决的方式也主要是通过拨款或者财政转移支付等措施。但是城乡公共服务的非均等化,则非常直观地体现在城乡居民的实际生活的差别中,例如,长江以北的集中供暖,自来水供应,基本医疗保障等看得见摸得着的部分。这些工作,不仅是靠简单的拨款或者财政转移支付就能解决的,而是需要当地基层乡镇政府投入相应的人力物力去解决的。那么为什么从提出至今十几年来真正的城乡一体化或者说城乡基本公共服务均等化的结果仍然不理想?

答案是显而易见的。无论是政策的制定者还是政策的受益者,都希望看到城乡一体化能够尽早达成。无法实现的原因,很难归咎于经济发展的疲软或者政策目标的不切实际。那么的问题可能就出现在执行过程中了。

在探讨执行过程中的问题之前,需要明确农村基本公共服务的供给者。显然基本公共服务不能由基层自治组织村委会或者居委会完全自行筹集或者自行提供③,而县以上政府又鞭长莫及,那么基层乡镇政府就责无旁贷了。除了一些涉及跨乡镇的公共服务,如道路交通设施的建设须由县级政府统筹规划之外,乡镇政府必须一力承当本区域内基本公共服务的供给或者优化工作。而这也正是城乡一体化难以尽早达成的原因之一。不无争议的是,乡镇政府是否应当是基本公共服务的提供者或者唯一提供者。这还涉及

① 常修泽:《中国现阶段基本公共服务均等化研究》,载《中共天津市委党校学报》2007年第2期。

② 公共服务并非简单的四项就可以概括。城乡之间也存在基本公共服务类型的差异。但是最基本的公共服务,也就是具有不可分割、非竞争性、排他性性质的公共服务,城乡的重叠还是十分明显的。这也是二者能够达到均等化的基础。参见王谦:《城乡公共服务均等化的理论思考》,载《中央财经大学学报》2008年第8期。

③ 这当然不是绝对的说法,中国城乡发展差距大,地区间发展差距也大。东南沿海地区乡村经济发达,部分地区村镇企业规模化和集群化程度较高,村集体在基本公共服务上完全可以自给自足,如华西村。但是正如前文所言,这种典型事例毕竟是少数。北方内陆地区和西北地区的农村,根本不具备自行提供公共服务的能力,这也是城乡一体化进程中大多数农村的现状。

乡镇政府本身存在的合理性问题。我国历史上直到清末，乡镇一级都属于居民自治而非政府统一管理，随着农业税取消和城市化发展，乡镇一级政府的存在感越来越弱，普遍存在为人诟病的机构臃肿问题也使机构改革成为乡镇政府面临的一大难题。有学者提出直接完全取消乡镇政府的建制，完全由居民自治，还有学者认为可以将乡镇政府全面改革为县一级政府的派出机构，仿照公安派出所与派出法庭的建制进行安排。① 就现阶段的社会发展而言，完全取消乡镇政府建制或改为派出机构是不现实的，无论是从政府管理还是人员安排的角度看，乡镇政府有其存在的必要性，未来的机构改革可能会对基层政府作出比较彻底的变革，但现阶段，直接面对城乡二元结构矛盾，担负推进城乡一体化和基本公共服务均等化任务的，还是乡镇基层政府。②

二、困境：动力缺乏和能力不足

乡镇政府面对巨大的公共服务投入需求的无力，来自于其事权和支出责任的严重不匹配。这种不匹配的程度甚至可以说是各级政府之最。首先是乡镇政府的事权分配问题。我国《地方各级人民代表大会和地方各级人民政府组织法》（以下简称《政府组织法》）中就乡镇政府的权责似乎给出了较为明确的规定，但是该法第 61 条前 6 项很大一部分是与县级以上政府的职能有交叉重叠的，其真正的重点应该是第 7 项：办理上级人民政府交办的其他事项。对乡镇政府事权的这种表述使基层政府的权力出现这样一种矛盾的样态：有的问题上级政府可以完全越过乡镇政府直接插手，乡镇政府想管而不能管；有的问题乡镇政府管不了上级也不想管，责任直接推给乡镇政府。作为单一制行政隶属关系明确而森严的大一统国家，处在权力生态链末端的乡镇基层政府在其事权上几乎没有任何话语权。我国《政府组织法》的规定在固有的权力结构面前并不能起到拨乱反正的作用。法定事权的重叠和严格的行政隶属关系使乡镇政府的行事处处受到上级政府的"监督"甚至"掣肘"，其独立性甚至受到质疑。

至于支出责任，乡镇政府的财政困境已经是老生常谈。2006 年全面取消农业税之后，占乡镇政府财政收入 20% 以上的收入彻底消失。尽管农民从中获益，但是乡镇政府本就吃紧的财政就雪上加霜，在一些以农业为主的地区尤其如此。农业税的取消是基层财政吃紧的第一推手。接下来全国范围的清理乱收费和摊派则成为乡镇财政的第二道"紧箍咒"。减少了预算外收入，乡镇政府仅靠少得可怜的财政收入，支持日常运作都捉襟见肘，遑论提供基本公共服务了。结果就是，乡镇政府的财政资金来源几乎完全依靠上级的财政拨款和转移支付。这样一来，基层政府的财权或者说支出责任，就完全掌握在上级政府手中。1994 年的分税制改革奠定了中央与地方财政分权的基础。20 余年后

① 参见陈建：《乡镇政府机构改革的方向、难点与对策研究》，载《中共杭州市委党校学报》2009 年第 2 期。

② 乡镇政府的建制在不同地区有不同的作用，应当区别对待而非一刀切。在人口密集，人均占地面积小的东部地区和东南部地区，县级政府与基层自治组织之间联系较为密切，乡镇政府的作用相对较弱，但是在地广人稀的广大西部地区和东北地区，乡镇政府辖区面积大，相对较为孤立，单独的建制是十分有必要的。

的今天,分税制的巨大成果显而易见,无论是中央财政收入的体量还是在总体收入中的占比都显著增长。中央政府的权力随之愈加稳固,这也就意味着中央政府在财政转移支付和外溢性较强的公共服务中更加得心应手,有备无患。但是同时不可忽视的是,地方政府的财政收入却受到了分税制的负面影响。分税制下,优质税种的全部或部分几乎尽归中央所有,地方的财政收入相应减少。县级政府作为"三级"财政分权的末端,实际上因分税制受到的"损失"最大,另外由于财政转移支付制度的不健全等因素,县级政府的负债规模越来越大。同样背负着巨大债务风险的乡镇基层政府,在自顾不暇的县级政府控制之下,其财权的形势可以想见。地方财政转移支付在省、县一级尚且有章可循,有律可依,但是到了县、乡一级,则呈现出一种扭曲的状态。县级政府对于转移支付获得的资金,无论是一般性财政转移支付还是专项资金都有绝对控制权。由于预算软约束的普遍存在和政府本身财政困难的影响,县政府甚至会对本应下放的资金进行截流。这样一来,乡镇政府获得的财政拨款就寥寥无几。由于现阶段乡镇政府机构臃肿,人员众多,仅有的少量财政拨款甚至根本不够给基本的政府工作人员发放工资,更何况提供基本公共服务。不仅如此,财政转移支付中的一般财政转移支付所占比例并不大,而专项财政转移支付对于基本公共服务的均等化并不能起到决定性的作用,因此,即便是乡镇政府官员通过不懈努力"跑步钱进"获得项目资金,也很难直接用于公共服务支出。更有甚者,转移支付的标准由于缺乏法律规定和预算约束,有时并不是为了"均等化"而进行财政拨款,反而是本身财政收入较高,政绩较为显著的基层政府能获得更多的上级拨款。这就造成了"富者越富而穷者越穷"的状况,与财政转移支付的制度目标背道而驰。这些都是制约乡镇政府支出责任合理划分的阻碍,亟待解决。

三、路径:法治与体制的革新

建设城乡一体化的和谐社会,推进基本公共服务均等化的核心问题,就是让乡镇基层政府能够放开手脚既有动力,也有能力去投入和管理。这需要对地方基层政府的事权安排和支出责任的划分进行深入的探讨和全面地改革。

政治体制改革和政府机构改革不可能一蹴而就,而且改革必须要遵循宪法和法律的指引,走到法治的轨道上来。这就要求现有法律和立法机关对存在的问题作出积极有效的回应。从事权角度看,乡镇政府需要的是明确的立法。我国现行《政府组织法》中的乡镇政府事权,完全依附在在县级政府之下,甚至条文都有部分直接照搬。这当然不是立法者的怠懒,而是出于中国大一统政治传统之下的无奈之举。但改革势在必行,不仅是乡镇政府,包括省级和县市级地方政府的权力同样需要明晰化。只有明确了事权,基层政府才有动力去克服困难,为基本公共服务的均等化劳心劳力。此外,事权的明确不仅是为基层政府的行政管理提供法律背书,也是政府机构改革的先决条件。基层的乡镇政府之所以存在大量的无用机构和冗官冗员,一方面是乡镇就业渠道不畅通的体现,更重要的原因是基层事权不明晰,导致人员的设定具有随意性和不规范性。普遍存在的"吃饭财政"不仅空耗财政收入和财政拨款,客观造成公帑的大量浪费,同时也可能加剧社会矛盾,尤其是官民矛盾的积累。只有首先通过基层政府事权的划界和缩编,才能名正言顺地剔除掉那些应当精简的机构和人员。因此,我国《政府组织法》的修订是势在必行的。另一方面,政府事权的明确只是第一步,基层政府能否致力于基本公共服务均等化还要看政府行政权力分配的优先级。很多地区,尤其是民族自治地方的基层政府都会将维护社会稳定和从事经济建设放在政府工作的优先位置,而提供公共服务则一般不受重视①。这就造成了即便事权明确,基层政府仍然不会将基本公共服务放在一个合理的位置上,这与中央提出的"建设服务型政府"是背道而驰的,也是与城乡一体化建设的大方向南辕北辙的。解决这一问题,需要就政府事权的性质在法律,尤其是《政府组织法》中进行强调。另外,官员的考核制度需要作出相应的调整和改革,基层政府官员的考评,不应该忽略其在提供基本公共服务方面所作的努力。适当的激励机制比狂轰滥炸式的开会学习和口号灌输更能为老百姓带来实实在在的福利。

在支出责任划分方面,对于乡镇政府具有最直接影响力的就是转移支付制度。毋庸置疑,财政收入的分配肯定会通过影响县市级财政收入而对基层政府的收入产生影响。但是落实到基层所能实实在在收到的财政拨款上,还需要关注财政转移支付制度。现行的转移支付制度存在诸多的问题,这些问题在省级和县市级政府向基层政府进行财政支持时被愈加放大。一个合理的财政转移支付制度是乡镇政府有能力提供基本公共服务均等化的前提。转移支付制度本身并不是我国独有,发达国家之中这种制度也并不罕见。不同之处在于,我国的财政转移支付制度缺乏法律的支撑。英国、德国、澳大利亚都有针对转移支付的专门立法或者财政平衡法,我国的转移支付法立法工作在当下财政转移支付乱象丛生,效果堪忧的背景下更是显得尤为必要②。进一步讲,即便转移支付支付制度得到立法规范,国家财政收入合理分配,基层政府未必能够合理利用其得到的财政拨款。预算软约束下,地方政府本就有"乱花钱"进而通过渐进式财政预算谋求更多财政拨款的倾向③。因此,对于地方政府预算硬约束的规定有必要在《预算法》的修改过程中加以关注。

四、结论

城乡一体化,也即区域内基本公共服务的均等化,对基层政府来说是十分巨大的挑战。尽管少数地方多的基层政府甚至村民自治组织能够做到自给自足,达成"先富"。但大多数基层政府都在基本公共服务均等化任务面前既无动力也无能力。造成这一现状最主要的原因是行政集权,财政分权造成的"财权上收、事权下放"。我国的现行财政法

① 贾晋、蒋昌华:《西部地区乡镇政府职能的现状调查》,载《华南农业大学学报》(社会科学版)2009年第1期。

② 石光:《促进基本公共服务均等化的财政转移支付制度研究》,载《特区经济》2011年第5期。

③ 廖家勤:《软预算约束下中国地方政府过度负债的形成机制分析》,载《首都经济贸易大学学报》2015年第4期。

制远未完善。即便是号称“财政宪法”的《预算法》,也很难做到对政府的财政行为做到良好地约束。财政收入和支出仍然保留了计划经济时期的一些“阴影”,政治色彩浓厚且根深蒂固。财税法治任重道远,相关立法和法律的修改也绝非一日之功。但是正视当下的问题,尤其是号称“上头千根线,下头一根针”,把矛盾和问题集中的基层政府,尤其值得关注。城乡一体化近些年来的进展缓慢,也值得从法治的角度进一步深入探讨。

简论央地财政关系中的主体性问题

马 晶*

一、"谋事在人":央地财政关系问题的主体性视角

讨论事权与支出责任的划分常常会从公共事务的属性进行分析,"公共事务的属性是中央与地方政府间事权划分的根本依据"。① 但转换"公共物品属性——事权分类——支出责任"这一顺次决定的直线逻辑及其背后的客体视角,事权与支出责任划分问题在本质上也可以说是一种主体间关系的确立。从公共物品转向"供应公共商品的组织",从客体转向主体,观察视角的转换可能会带来某些新的启示。

在政府与市场的关系维度上,政府常被简化为单一的或整体的一个组织,甚至有时会被具象为某种身份或人格,如"父爱主义"等。而事实上,世界各国的政府基本上都是多级的,"作为谋求社会统一的政治体系的政府实际上是由多个主体构成的",②各国除了有一个中央政府之外,都有多个地方政府。例如,日本有 47 个都道府县,3252 个市町村、特别区;美国有 50 个州,87,453 个地方政府;法国有 26 个大区、100 个省,36,779 个市镇;我国的省级行政区划包括 23 个省、5 个自治区和 4 个直辖市,另外还有香港、澳门两个特别行政区,地市级区划 333 个,县级区划 2859 个,乡镇级区划 40,828 个。③ 如此数量众多的地方政府在法律上究竟具有何种地位,是否具有人格属性和主体性,地方政府的主体性与地方政府自主权之间谁决定谁,地方政府的主体属性是确定的还是可变的、是一元的还是多维的?

"无论在哲学,还是各门社会科学中,'主体'总是意味着某种自主性、自觉性、自为性、自律性,某种主导的、主动的地位",④在法学意义上,主体是指法律关系的根本要素,是法律关系中权利的享有者和义务的承担者。追求事权与支出责任划分的法治化,就意味着首先要承认财政法律关系中各级地方政府的法权主体资格。现有法律体系中,我国

* 深圳大学法学院副教授。

① 王浦劬等:《中央与地方事权划分的国别研究及启示》,人民出版社 2016 年版,第 18 页。

② 神野直彦:《财政学——财政现象的实体化分析》,彭曦等译,南京大学出版社 2012 年版,第 263 页。

③ 数据来源:李萍主编:《财政体制简明图解》(第 1 版),中国财政经济出版社 2010 年版。

④ 张文显:《法哲学范畴研究》,中国政法大学出版社 2001 年版,第 101 页。

各级地方政府的这种主体资格在民法、行政法、诉讼法领域的确立早已是不争的事实。但在谈及地方政府与中央政府的政治法律关系时，地方政府的主体地位则并不明确。一方面，这与我国沿袭两千年的政治历史传统以及与之伴随的国民心理密切相关；另一方面，也与新中国建国之初特定历史背景下计划经济体制的选择和随之而来的高度组织化的国家治理模式相关。此外，根据联邦悖论的观点，中央与地方之间的关系面临两难处境，如果中央政府权力过大，就会对地方政府实施滥权；而如果中央政府权力过于弱小，则地方政府就会产生搭便车、欺骗、不合作乃至其他影响国家稳定的行为。所以，地方主体地位问题颇为敏感，往往易招致"闹独立"、主权割裂等联想，因而人们普遍讳言地方政府的主体性问题，如我国《立法法》规定了地方的立法权限，但受制于单一制的理念，有意避免使用地方立法权的概念，①在论述地方主体性问题时，常以"地方自主权""两个积极性"取而代之，如我国《宪法》第3条第4款规定，"中央和地方的国家机构职权划分，遵循在中央的统一领导下，充分发挥地方的主动性、积极性的原则"。我国经典宪法理论特别强调，我国实施单一制是历史所决定的，"我国永远不会实行联邦制，最多也只能是两个积极性，即国家积极性和地方积极性，而不会像英国那样的地方自治"。② 但毋庸讳言，府际关系是国家治理不可或缺的环节和重要依凭。"在立宪主义视角下，并不存在一种地方权力绝对隶属于中枢（中央）的所谓单一制的立宪政体。"③毛泽东早在《论十大关系》中就已经明确主张要给地方更多的独立性，他认为"正当的独立性，正当的权利，省、市、地、县、区、乡都应当有，都应当争。这种从全国整体利益出发的争权，不是从本位利益出发的争权，不能叫做地方主义，不能叫做闹独立性"。④

从中央与地方关系的内容上看，"政制并不仅仅关涉狭义上的政治问题，它的最核心问题是权力和利益的分配"，⑤就财政领域而言，分税制改革和转移支付制度已经在一定程度上肯定了地方财政自主性利益与客观需求。国务院《关于推进中央与地方财政事权和支出责任划分改革的指导意见》进一步明确了政府间财政关系法的起草计划。可以说，目前我国地方政府的主体性地位在财政领域虽名无但实存。因而，政体意义上的单一制与财政联邦主义的思想并不冲突，正如奥茨所认为的，基于分权的财政体制功能上的优势，"每一个财政制度事实上都是联邦的，或者说至少具有联邦的成分"，宪法与政治架构之外，"不同层级的决策过程的确存在，且大体上是作为对其辖区选民利益的回应，

---

① 参见苏力：《当代中国的中央与地方分权——重读毛泽东〈论十大关系〉第五节》，载《中国社会科学》2004年第2期。

② 龚祥瑞：《比较宪法与行政法》，法律出版社2012年版，第66页。

③ 转引自苗连营、王圭宇：《地方"人格化"、财政分权与央地关系》，载《河南社会科学》2009年第3期。

④ 《毛泽东选集》（第5卷），人民出版社1977年版，第267～288页。

⑤ 参见苏力：《当代中国的中央与地方分权——重读毛泽东〈论十大关系〉第五节》，载《中国社会科学》2004年第2期。

每个层级决策过程都需要确定提供特定公共服务的范围”。①

二、租佃合约类型的主体性关系分析

根据产权经济学家的观点，以地主和佃农关系为例，所有的合同都可归为四种基本合同，即工资合同、定额合同、分成合同和分占所有权合同。② 这四种不同的契约安排产生的激励效果各异。沿着这一思路，通过进一步分析也可以发现，四种契约安排其实也对应了四种不同的主体关系。

第一，工资合同和分占所有权合同构成了主体性关系类型的两极。从佃农的角度，在分占所有权合同中，佃农实际上已经摆脱了佃农的身份，分占所有权合同是地主与地主之间的合同。分占所有权合同建基于两个完全意义上的产权主体之间，是两个独立产权人之间的合同，而与之相对，工资合同则是一种建立在隶属关系上的合同，就主体性而言，工资关系中，只有一方拥有产权，是产权主体，另一方则缺乏经济意义上的主体性和独立性，处于附庸地位。

第二，工资合同和定额合同代表了契约关系中主体性力量某种程度的反转。工资合同是地主支付固定金额给佃农，定额合同则是佃农支付固定租金给地主。两种契约关系中保留土地剩余利益的主体正好相反。因此，如果说工资合同体现的是地主的经济控制与佃农的经济附庸，那么定额合同则意味着地主对于佃农仅能保留较弱意义的控制。

第三，分成合同与分占所有权合同的差异在于主体之间的整合度。根据分占所有权合同，地主和佃农分别拥有各自土地所有权，产出也完全归土地所有者各自所有，因此，分占所有权合同的双方是两个无论从法律形式还是经济实质都完全独立的主体，既可以达成契约，也可以实现分离。而分成合同是指地主和佃农对于土地产出按一定比例分成，这就意味着土地权属的单一性是分成合同的前提，分成合同之下，利益分殊的背后是利益共生，所以，与分占所有权合同形成对照，分成合同隐含主体整合的关系，分成合同的各方主体是不能分离的。

第四，与定额合同和工资合同相比，分成合同蕴含一定的内在平等性。无论是工资合同还是定额合同，土地产出的剩余收益均保留在合同一方，与此同时，合同风险也主要由其中一方来承担，因此，这两种合同的主体关系是不对等的。而分成合同的主体对于土地收益具有休戚与共的利害关系，分成合同的缔约过程需要更多协商和沟通的质素。

综上所述，控制、平等、整合构成主体间关系的几个重要变量。既可以通过变量之间的调整改变合同的激励效果，也可以从变量对比变化中洞悉制度的旨趣。

三、寻找一条主体间性的法治化路径

我国在央地事权与支出责任划分领域，相关立法长期以来都付之阙如。因此，国务院《关于推进中央与地方财政事权与支出责任改革的指导意见》中特别指出“有的财政

---

① [美]华莱士·E. 奥茨：《财政联邦主义》，陆符嘉译，译林出版社 2012 年版，第 7 页。

② 参见郭庆旺、吕冰洋等：《中国分税制：问题与改革》，中国人民大学出版社 2014 年版，第 72 页。

事权与支出责任划分缺乏法律依据,法治化、规范化程度不高”的问题,并提出“要将中央与地方财政事权和支出责任划分基本规范以法律和行政法规的形式规定”的指导思想。但央地事权与支出责任领域应当如何立法,实现何种法治化,其法治化的目的追求是什么,法治化的可能性及限度又是什么,这些问题在央地关系法治化的呼声和进程中都需要冷静思考。

尽管固定比例的分成合同在理论上是缺乏效率的,但各种弹性分成的因素使我国的分税制在运行过程中能够激发地方政府的努力水平,进而促进经济长期增长。[①] 这其中,土地出让收入、转移支付、政府税收返还都是重要的弹性分成因素,其弹性具体表现在诸如“工业用地的价格是可以在讨价还价的基础上调整的”,“不少转移支付项目和规模实际上是中央政府与地方政府逐个谈判的结果”,地方政府用自有财力主导对企业的税收返还等方面[②]。可以注意到,所有促成效率提升的弹性因素,都彰显了地方政府的议价能力、议价资格,体现出一种带有平等色彩的主体间契约关系。这是否也预示着我国中央与地方的财政契约的变迁轨迹,从隶属关系、委托代理关系到承认主体性、并正在走向主体间性?

主体间性强调一种主体——主体的思维方式,是对自我中心主义的主客体性思维模式的扬弃,“重要的不是在‘小我’和‘大我’之间进行非此即彼的选择,而是要跳出这种执着‘我’或主体性的思路,把目光转向‘我们’或者‘主体间性’”。[③] 主体间性主张一种合法性证成的程序进路,哈贝马斯认为,“在没有了宗教的或形而上学的后盾的情况下,只问行动合乎法律与否的强制性法律要获得社会整合力,法律规范的承受者应当同时作为一个整体把自己理解为这些规范的理性创制者”。[④] 因此,法律的合法性依据不在于法律的形式,法律的正当性“并不是普遍法规的形式所已经确保了的,而只有通过商谈性意见形成和意志形成过程的交往形式才能得到确保”,[⑤]法律的有效性来自于人们不仅是法律的“承受者”,同时也是法律的“创制者”。这样,主体性虽然在逻辑上是主体间性的前提,但“宾我”的主体性却是通过主体间性的交往和沟通过程得以真正确立。

就央地财政关系而言,商谈程序在未来的立法过程中是必要的。这种程序的构建并不在于形式性,而更重在强调交互性。甚至可以说构造一种体现“主体间性”的立法程序和争议处理程序,较之事权和支出责任的实体法划分更为重要。因为,地方政府的主体

---

① 参见郭庆旺、吕冰洋等:《中国分税制:问题与改革》,中国人民大学出版社2014年版,第94页。

② 参见郭庆旺、吕冰洋等:《中国分税制:问题与改革》,中国人民大学出版社2014年版,第84页。

③ 童世骏:《没有“主体间性”就没有规则——评哈贝马斯的规则观》,载《复旦学报》(社会科学版)2002年第5期。

④ 童世骏:《没有“主体间性”就没有规则——评哈贝马斯的规则观》,载《复旦学报》(社会科学版)2002年第5期。

⑤ 童世骏:《没有“主体间性”就没有规则——评哈贝马斯的规则观》,载《复旦学报》(社会科学版)2002年第5期。

性如果不能在正式的财政分权契约中得以重视和体现,那就可能会在制度外的种种"弹性分成因素"中得觅踪影,地方债、土地财政、税收竞争等问题的出现都是著例。回到事权与支出责任划分法治化的议题,对于无非也是一种"契约"的事权关系和支出责任分配问题,"主体间性"对如何避免契约各方将公共物品提供的量与质变成一种新的弹性分成因素尤为重要。

有学者从全球化的视角提出"大国财政"的概念,[①]但大国财政观念在内国法上更具有首要意义和启示价值。"政治经济发展不平衡和大国,这是中央与地方分权政制架构的基本背景。"[②]与小国寡民不同,大国财政之"大"的问题表现在其天然蕴含更为复杂的统摄与割据、平等与差异、竞争与共生等府际之间的矛盾关系。因此,央地财政关系的法治化不应该简化为一场立法运动,良法之治不仅意味着已成立的法律获得普遍的服从,更是指大家所服从的法律又应是制订得良好的法律。[③] 良法之治需要认真对待主体性和主体间性,在这一意义上,"法律不应该被看作(和自由相对的)奴役,法律毋宁是拯救"。[④]

① 作者主张大国财政思维要突破"国内"界限,建立大国财政意识,从更宏观的全球化和经济一体化视野去看待财政的职能和政策。参见刘尚希等:《大国财政》(第1版),人民出版社2016年版。

② 苏力:《当代中国的中央与地方分权》,载《中国社会科学》2004年第2期。

③ [古希腊]亚里士多德:《政治学》,吴寿彭译,商务印书馆1985年版,第199页。

④ [古希腊]亚里士多德:《政治学》,吴寿彭译,商务印书馆1985年版,第276页。

司法改革省级统管支出责任法治化研究

师　璇*

党的十八届三中全会拉开了司法改革的序幕，《中共中央关于全面深化改革若干重大问题的决定》中提出："确保依法独立公正行使审判权。改革司法管理体制，推动省以下地方法院、检察院人财物统一管理，探索建立与行政区划适当分离的司法管辖制度，保证国家法律统一正确实施。"

一、支出责任法治化的必要性：省级统管与司法去地方化的关系

有关形成司法地方化的因素，很多学者有关分析，比如，基层法院的司法区划与行政区划完全重合是滋生司法地方保护这一重症顽疾的制度性根源；[①]当法院人财物被同级地方党政、人大控制时，"在地方的国家法院"变身为"地方的法院"就在所难免；[②]目前我国司法预算内嵌于行政预算中，这样的预算体系设置使政府掌握了司法财权进而诱发司法权地方化之弊端，[③]等等。那么，基层法院的司法区划与行政区划完全重合、当法院人财物被同级地方党政、人大控制和司法预算内嵌于行政预算中，这些因素必然导致司法的地方化，进而诱发司法不公[④]吗？

（一）司法地方化是否言过其实

第一，司法是否呈现地方化，是因时而异，因地区而异的。在20世纪初常见，现今却不常见，这说明：除了省级统管，其他制度的良好运行同样可以起到积极的抑制作用。而且，越是在财政充足的地方，司法越是少表现出"地方化"。比如，在河北省，2016年峰峰矿区基层人民法院因公冻结了当地财政局的账户，这种敢于"公开叫板"的姿态其实是具有财力基础的。因为峰峰矿区基层人民法院的财政充足水平在全省处于比较高的地位。又如，法官虽然受到上级领导的"打招呼"，但是处于职业自律而依法裁判，这就是终身负责制所发生的作用。可见，由于"终身负责"制度的贯彻、法官职业社会认可形成的自我

---

* 西南政法大学2016级博士研究生，保定职业技术学院副教授，经济师。

① 韩娜：《我国法院跨行政区划管辖制度的价值设定与制度设计》，载《河北法学》2016年第2期。

② 李德恩：《地方法院省级统管的阻力分析与平台构建》，载《长白学刊》2016年第2期。

③ 朱大旗、李帅：《法治视野下的司法预算模式建构》，载《中国社会科学》2016年第10期。

④ 此处的司法包括两个方面：一是司法不公正，二是公民不能平等享受司法这一公共产品服务的权利。

职业荣誉感、自律心提升，司法独立可以得到较好地实现。

应当看到，当今司法预算不足最主要的影响不在于司法地方化，而是更突出地表现在案多人少造成了“正义迟延”。但是，正是由于地方财政不足，客观上限制了基层法院的扩编，使员额法官数量不足的现象不能得到缓解。

第二，司法机关并非完全被动地“受制于”地方财政，因为良好的治安环境、公正的司法保护是地方经济发展的重要后盾，即地方行政的发展最终还是需要司法的保障，司法与行政的影响是双向助益的，而不是单向的。

从根源上说，司法预算不足是司法不公的起因，而责任与监督机制不严是司法不公得以持续的土壤，而司法区划、地方人大、预算体例都不是形成司法地方化的必要条件。

（二）省级统管与实现司法公正、公民公平享有司法服务的关系定位

陈卫东教授认为：“由于检察机关、审判机关依照各级行政区划进行设置，且由同级人大产生并向其作工作报告，使得它们不得不听命于地方，成为‘地方的机关’。”①检察机关、审判机关由固然同级人大产生并向其作工作报告，但是这并不必然产生“司法的地方化”，因为各级人大本就是立法机关和监督机关，其监督的依据是宪法和法律，与司法机关的执法准则是一致的。所以，问题并不出在地方人大任免同级司法机关人选，而在于有没有涉及有效的制度以保障人大可以按照宪法和法律来行使监督权。因此，通过提升人大监督职能的制度保障、贯彻严格的纪律约束、充实地方财政分配比例才是长久解决司法不公的治本之策。而省级人财物统管只适合作为缓解司法地方化的短期权宜之策，是一种尝试，从财政角度讲，其最重要的作用在于充实司法预算，以期实现司法公正和公民公平享有司法服务。同时，省级统管的实现更需要多方面的配套改革，本文仅从财政保障角度进行论证。

二、省级统管体制运行中支出责任的突出问题

司法是由立案、调查、取证、鉴定、审理和判决等行动组合而成的适用法律的活动，每一项行动都是实现公正的必备环节，亦都需要耗费一定的人力、物力和财力。值得注意的是，这些司法成本需要在政府和当事人之间合理地分配，若财政不能提供足够的支持，那么这些司法成本必定会转嫁于当事人。笔者在河北省基层法院的调研中发现，不同地方基层法院的差旅费支出的运行情况不同：峰峰基层人民法院审理案件的差旅费由法院承担，而石家庄市新华区基层人民法院审理案件的差旅费由原告承担。差旅费属于法院日常运行公用经费，本应由法院承担，如果没有差旅费，法官涉及异地调查取证的审判工作将会停滞。所以说，差旅费是否充足一方面影响着司法效率，另一方面也影响着公民公平享有司法这一公共产品服务的权利。

在许多经济不够发达的地方，不同程度地存在财力无法保障法院的事权的情形。司

---

① 陈卫东：《合法性、民主性与受制性：司法改革应当关注的三个“关键词”》，载《法学杂志》2014 年 10 月。

法权力是一种国家权力，地方各级人民法院、检察院都是国家设在地方的法院、检察院，代表国家行使司法权，适用统一的法律规范，平等地保护各方当事人的利益，保障国家法制的统一，突出的表现就是人民法院的裁判文书在全国均有法定的既判效力。从这种意义上讲，地方司法机关的司法职能是一种中央事权，而其司法经费由地方财政承担，这与“财权相统一”的要求不相符。甲地的案件由于法律规定，由乙地人民法院管辖审理和执行，相应经费由乙地财政承担，这无疑加重了乙地的财政负担。另外，由于地方财政在考虑司法预算时，未考虑司法机关行使职权的特殊性，相应经费预算不足，引发人员经费、司法设施经费等短缺，影响司法职能的发挥。目前，除了部分法院能够做到所有经费均由同级财政拨款全额保障之外，多数法院仍需依不同支出，由来自多种渠道的经费给予支撑。① 在是否提供了充足的财政支持方面，存在两个突出问题：

(一)没有解决大量聘请助理人员的财政开支来源问题

诚然，法官精英化，有利于同案同判。但是，员额制改革规定 39% 的人可以判案，却没有在财政制度上妥善解决法官、检察官助理人员的费用来源问题。但是，司法改革却忽视了考虑大量聘请临时性助力的资金来源问题。聘用临时工的劳务费属于办公经费，是基层法院自己从地方财政“跑”来的，不在预算之内，所以，这种预算的不足影响着司法效率，而延迟的裁判也会造成司法公正的减损。

这种刚性的制度降低了原有制度的应变性，使不同地区法官人数与案件数量不匹配的问题更加突出。员额制使得案多人少的问题愈加凸显，持续导致延迟立案。从实践情况来看，员额制改革使很多法院原本有判案权、有判案能力的法官由于比例所限丧失了判案权，而且没有财政支出来源用于聘请大量的临时性的助理人员，这样，案多人少的矛盾更加凸显。但是，精英化的员额法官、员额检察官制度的顺利运行和提高司法效率的要求需要聘请大量的临时助理人员，但是，省级统管却没有明确这部分支出的具体来源渠道，财政支持的不完备必然导致员额制改革不能实现其应有的效能。

(二)缺乏各项司法资金预决算的公示制度

地方各级司法机关的财政开支，包括工资福利、业务经费、建设资金等。② 比如，法院需支出的费用可大致分为三类，即人员经费、办公办案费用和设施及装备费用。人员经费指法官及其他工作人员的工资、补贴、奖金和福利，办公办案费用又称“公用经费”，包括水、电、电话等日常办公经费和办理案件产生的业务经费，设施及装备费用则是用于建设、购买和维护办公办案所需房屋、车辆、电脑及其系统和其他设备的经费；③检察院的经费包括人员经费、公用经费和项目经费三方面。④ 司法所日常运行公用经费主要包括：办

① 朱大旗、危浪平：《司法预算制度应以司法公正为基石》，载《法学》2012 年第 1 期。

② 张坤世：《论我国司法预算制度的完善——以法院为中心的分析》，载《财经理论与实践》2007 年 11 月。

③ 王亚新：《司法成本与司法效率——中国法院的财政保障与法官激励》，载《法学家》2014 年第 4 期。

④ 陈书平、王晓辉：《省以下地方检察院人财物统一管理模式探究》，载《中国检察官》2015 年第 3 期。

公费、印刷费、水电费、邮电费、差旅费、维修(护)费、会议费、培训费、劳务费、公务接待费、福利费、租赁费、其他商品和服务支出。业务经费包括:法制宣传、社区矫正、安置帮教、人民调解、专职社工补贴和其他业务费。① 关于这些经费的预算编制是否详尽,我们无法得知,而作为纳税人,应该享有其使用情况的知情权。虽然司法与行政独立,不能因为政务公开而要求司法各项资金公开,但是这种知情权的行使的确缺少了法律的有力保障,因此,对于司法资金是否充足,适用分配是否恰当,是不能得到系统性的分析与判断的。

三、省级统管支出责任法治化的制约因素

司法事权公正运行需要匹配的财政支持主体。从财政角度而言,即使司法主体得到了充足的财政保障、司法活动获得了足够的财政支持,司法亦未必会实现公正。经验表明,在制度设计中虽然司法一直为中央事权,但制度运行时大部分司法事务会由地方承担,亦由地方作为财政支持主体。这种财权间的不匹配、制度设计与制度运行间的相背离是几千年来中国司法一直缺乏有效财政支撑的根本原因。这一部分,存在两个突出问题:

(一)由省级财政承担全部司法财政开支是否具有正当性

按照党的十八届三中全会提出的"中央和地方按照事权划分相应承担和分担支出责任"的原则,明确司法经费由中央负担是终极目标,并做好相应规划,一旦条件成熟,即可付诸实施。中央政府已经明确"我国是单一制国家,司法职权是中央事权",按照财权相匹配原则,"司法经费由省级财政统筹"仅是过渡方案,在完成这一阶段目标后,应尽早制定中央负担司法经费的方案。②

(二)省级财政承担全部司法财政开支的能力是否有足够

一方面,从司法改革现阶段的实务看,司法的财政开支模式并没有改变,依然由本级财政提供,且财政规模基本未变,从笔者调查的情况看,以河北省为例,相关部门已经展开调研,研究省级财政是否有能力承担全部的司法财政开支,但是尚未得出结论。

另一方面,从理论层面讲,科学讨论司法预算是否充足,应该有一个假设前提,那就是司法制度设置首先应该是科学的、高效的,即在追求司法公正的路径上提高工作效率、节约司法开支。就目前的司法运行而言,存在诸多有待商榷抑或是亟待改进的制度设计,主要表现在:第一,在民诉纠纷的解决途径中,为何当事人选择法律诉讼的越来越多?民事纠纷的调节机制主要包括:仲裁、司法局调解、村委会调解、自行和解、法院诉讼等,其中,只有法院的判决具有强制执行力。那么,如果将法院的执行庭独立出来,是否可以减少法律纠纷的数量?第二,社会管理模式的建立健全是否可以分担大量的法律纠纷?

---

① 中共如东县委政法委、如东县财政局、如东县社会矛盾纠纷调处中心、如东县司法局:关于进一步加强司法所经费保障管理的实施意见,载 http://pufa.jschina.com.cn/31022/31033/201509/t2416807.shtml,最后访问日期:2017 年 2 月 1 日。

② 唐华彭、鲁宽:《司法公正的财政根源:历史经验与现实应对》,载《中共天津市委党校学报》2015 年第 2 期。

司法权力的边界何在?司法与社会自我管理如何各自发挥出效率最高的作用来调节社会矛盾?第三,繁重的司法机关的行政管理事务可否减轻?第四,信息化技术可否提高司法的工作效率?总之,在一定的社会发展阶段,司法制度本身首先应该是富有效率的,才能讨论多少司法预算是"充足"的,可以保障司法公正与公平享有司法服务。第五,不同省份财政实力的悬殊使得省级统一承担司法预算的能力表现出明显差异,造成司法服务的地区性供给失衡。

(三)司法与行政之间"竞争"由何而来

地方财政的不足,直接导致了司法预算与行政预算之间的"竞争"。朱大旗教授认为:"预算法中的平衡原则对于司法预算与行政预算的要求不同,对于行政预算而言,预算平衡是指'量入为出,收支平衡';而对于司法预算而言,预算平衡是指'量出为入,支收平衡'。量入为出侧重于对行政权的有效控制,而量出为入侧重于对司法事权的切实保障。……政府预算视域下的财税制度应当具有谦抑性……而司法经费与之不同,司法经费有自我扩张的属性,且这一属性因为司法事权的必要性而应得到司法财权的保障,司法财权必须与司法事权相匹配,以确保法律纠纷解决之所需。"①在这部分论断中,主要存在两点漏洞:

其一,政府预算应当具有谦抑性的理论依据是:根据现代财税法理论,政府可以视作一个为公共利益而成立的信托组织,人民是这个组织的委托人和受益人。一方面,政府应当为了人民的利益开展活动、组织公共收入;另一方面,人民将财产权的一部分以税收等形式让渡给政府,而让渡财产的契约就是财政税收等法律规范。其中的政府不单单指行政,而是包括司法的大政府概念。这是因为:在诉讼费降低之后,诉讼费远远不够法院的业务经费开支,所以,就需要财政专项拨款,而财政拨款的来源是税收收入。所以,如果据此得出政府行为的谦抑性,那么,司法服务也就涵盖其中了。

其二,司法与行政没有孰高孰低之分,不可能为了司法公正而要求行政让步。更何况,司法的边界也是不断变化的。比如,民事争议,法院、仲裁、社会管理、市场的分工;刑事案件,扩刑与去刑化并存;行政诉讼,不合法却广泛存在的调解。因此,通过立法保障必要的司法预算是必要的,但是,请地方财政在司法和行政之间分出先后是没有道理且不可能实现的。

从当今预算法的政府理财观来看,无论是行政权还是司法权,都应该"以支定收",因此,两者在预算原则上并没有本质区别。然而,在现实财政预算体制中,司法与行政之间的确存在"竞争"。其实,最主要的原因在于地方财权小于地方事权。地方享有30%的财权,却承担了70%的事权。

四、司法改革省级统管支出责任法治化的改革建议

通过修改《预算法》,对于预算编制部门、财政部门的职权边界、司法预算编制的精细

① 朱大旗、李帅:《法治视野下的司法预算模式建构》,载《中国社会科学》2016年第10期。

程度和司法预算效能评估机制都应该有明确的立法。

（一）省级统管司法预算编制部门确定法治化

应该由哪个部门承担司法预算的编制工作，不同学者意见有别。例如，闫海教授认为，可以改造审判委员会使之成为法官民主管理的组织机构，负责司法预算编制与执行的决策。即是说，法院内法官民主管理机构负责司法预算编制和执行的决策，而具体管理由法院内司法事务管理机构承担。[①] 朱大旗教授认为，应在以财政部门为预算编制主体的现实语境中，充实地方法院的财务科室的力量配置，做好本级法院收支计划并报上级法院，并在最高人民法院与省高级人民法院应当成立专门的行政管理暨司法预算编制办公室。[②] 相对而言，司法部门自身的财务科室更具有编制预算的专业素养，但自编预算就需要法律制定严密的标准、尺度、评估和程序要求，以预防追求自身利益的虚报、瞒报。

（二）省级统管司法预算编制中财政部门职权设计法治化

对于现实体制中的预算编制主体——财政部门，在司法预算中的职权设计如何，主要观点如下。朱大旗教授认为："司法预算应当由法院编制，政府汇总，人大决断……财政部门在汇总编制公共预算的过程中对于司法预算草案的内容仅有汇总权，没有修改权。"[③]张坤世建议，每年由最高人民法院编制全国法院系统的司法预算，送财政部汇总，财政部虽然无权改动预算，但是可以附加书面异议，由国务院就此向全国人大报告[④]。学者相同的观点是，财政部门没有修改权。但是，财政部门是否应该具有异议权？笔者认为，一方面，从权力逻辑来看，作为行政体系中的财政部门应该维护司法独立，异议权的行使应该通过人大行使；另一方面，从司机机关实际运行预算权可能出现的经验问题看，财政部门的适度指导还是有益的，但是，财政部门的意见是建议性的。

（三）省级统管司法预算编制必须精细程度法治化

如前所述，目前省级统管财政方面突出的问题包括：没有解决大量聘请助理人员的财政开支来源问题，缺乏各项司法资金预决算的公示制度。目前的人财物省级统管还主要停留在框架阶段，若要付诸实践则必须仔细研究细则，实际解决问题。此外，学者也提出了相关观点。张坤世建议：法律应规定各级地方法院在编制预算草案时应将拟投入"硬件"方面和"软件"方面的各项资金详细列明，最高人民法院司法行政委员会在对地方各级人民法院编制的司法预算草案进行审查时，如果认为某一法院的预算在"软件"方面与"硬件"方面配置不合理，有权予以适当调整。

（四）检验省级统管司法预算效能评估机制法治化

司法预算是否充足保障了必要的司法开支，又是否存在浪费，需要有科学的评估机

① 闫海：《论司法预算制度的学理构造》，载《当代法学》2006 年 5 月。

② 朱大旗、李帅：《法治视野下的司法预算模式建构》，载《中国社会科学》2016 年第 10 期。

③ 朱大旗、李帅：《法治视野下的司法预算模式建构》，载《中国社会科学》2016 年第 10 期。

④ 张坤世：《论我国司法预算制度的完善——以法院为中心的分析》，载《财经理论与实践》2007 年 11 月。

制作为检验方法。目前，各界多呼吁充足保障，但却没有提出评估充足与否的方法，也忽略了过分强调可能带来的财政资源浪费。因为，行政与司法虽然分立，但是两者的支出均来源于公民缴纳的税赋，既然可以重视到行政权力因此应该谦抑，那么，司法权力亦当如此①。这个体系主要分为两个部分：

1. 在财力允许的氛围内尽力充足保障

需要从两个方面来把握：第一，明确保障司法公正的物质条件；第二，确定不同地方的公民可以公平地享有司法这一公共产品服务所需要的财政转移支付数额。目前，无论司法部门还是行政部门，均存在年底“突击花钱”的问题，这就证明了应该花多少钱，其实并没有进行科学严谨地测算和规划。经费保障要充分，支出标准要明确。这是司法业务顺利开展的必要条件，也是防止市、县两级司法机关向省级司法机关寻租的必要措施。②

2. 尽力避免浪费

即需要评估司法预算资金的使用效率。可行的方法有二：第一，设立试点进行实验；第二，借助经济学的成本与收入模型进行计算。如何理解足够保障司法公正？第一，公平、足够都是主观概念，难于定量衡量；第二，司法权扩张的一部分原因在于行政权力、社会管理的缺位，所以，不能过于强调“足够”，它本身可能就是不经济的，比如，由于法院具备执行权，一些可以用行政权、社会管理方式解决的，一定划入司法权力的法律纠纷思路。

因此，建议省级司法部门尽快组织人力对于第一部分指标进行测算，建议中央司法部门进行第二部分的工作。

---

① 行政权力的谦抑在于：某一种服务是否作为公共产品，取决于公力和私力哪一种更经济；司法作为特殊的公共产品，需要追求公正处断与公平享有，所以司法的谦抑应该是指在保障这一目标的基础上尽量避免浪费。

② 谢鹏程：《司法行政事务省级统管路径研究》，载《人民检察》2014 年第 8 期。

事权与支出责任视角下央地水污染税收益分配研究

丁国民* 苏忠康**

一、问题的提出

2016年12月25日第十二届全国人大常务委员会第二十五次会议通过了《环境保护税法》,意味着我国正式迈入停征排污费、全面征收水污染税的时代。自实施排污收费制度以来,排污费收益一直按照一定的比例分别划入中央和地方金库,专项用于环境污染治理,其划分比例是:“中央:地方=1:9”。水污染税实施后,由于税收的立法权在中央,该如何在中央和地方之间分配水污染税收益牵动着地方政府的神经。① 而该问题《环境保护税法》并未予以明确,配套的相关措施也尚未出台,继续延续排污费收入央地之间的分配比例是否有科学也有待进一步论证。因此,在水污染税开征后,中央和地方政府该以何种规则分配水污染税收益成为一大研究课题。

由于水资源的自然特征,水污染的治理工作必须依赖中央和地方政府的通力合作,中央和地方政府在各自管辖的领域范围内行使水污染治理事权,既各自行使事权,又合作行使事权。党的十八届三中全会《中共中央关于全面深化改革若干重大问题的决定》中对财税体制改革做出了重要部署,提出建立“事权与支出责任相适应”的中央和地方财政关系。即对各政府而言,有事权就有支出责任,有支出责任就要有相适应的财权和财力保障支出责任的实现。对各级政府在水污染治理方面的事权进行科学、合理、全面地划分,明确“享有事权的政府应当承担支出责任”的规则,进而确定支出主体,并配以其税收收益,以保障环境治理事权的实现。② 因此,科学、合理、全面地划分事权是本文研究的起点,而在事权归属中划分水资源税收益是本文研究的终点。本文研究的重点不在于提出具体的划分比例,而是通过对水污染治理事权进行划分,进行分类研究,明确该类型下

* 福州大学法学院教授。

** 福州大学法学院2015级经济法学硕士研究生。

① 徐清飞:《我国中央与地方权力配置基本理论探究——以对权力属性的分析为起点》,载《法制与社会发展》2012年第3期。

② 冯辉:《宪政视野下央地税权分配体制之重构——以〈关于实行分税制财政管理体制的决定〉的修改为中心》,载《政治与法律》2015年第11期。

事权决定的税收收益分配规则。

二、水污染治理事权类型及其与税收收益分配的关系

(一)水污染治理事权的类型

水污染治理事权是指一级政府在保护水资源、治理水污染过程中所要承担的任务和职责。[①] 一方面,包括《水污染防治法》赋予政府的水污染防治的权力,包括水污染监督与管理的权力、采取防治措施的权力以及水污染事故处置的权力等。另一方面,现代政府语境下的水污染治理不同于传统政府的水污染管理,也不同于行政机关单方面的行政管理职能,其强调的应当是政府和社会的共同参与,综合社会利益、经济利益和生态利益,实现民主法治与社会参与。因此,本文认为水污染治理事权可以归纳为以下三种类型:一是水污染治理行政事权,即水污染治理相关行政机关水污染监督与管理的权力、采取防治措施的权力以及水污染事故处置的权力等;二是水污染治理司法事权,即司法机关在水污染纠纷、水环境公益诉讼中的司法权力等;三是水污染治理其他事权,即政府在促进社会参与过程中所发挥的事权,以及政府在吸引社会资本在水生态治理过程中以监督者和合作者身份出现的事权等。

(二)水污染治理事权与税收收益分配的关系

税收收益权是税权的权能之一,是各级政府水污染治理的重要资金来源。根据"负外部性理论",水污染税是将企业和个人在生产、生活过程中产生的对水资源的破坏和污染内化到生产、生活的成本中去。由此,政府取得征收水污染税的合法和合理根据,水污染税收益全部专项用于各级政府的水资源的保护和水污染的治理的工作之中。水污染治理是一项艰难的工程,更是一项长久的工作,税收收益的分配无疑是政府间的一场博弈,特别是处于被动地位的地方政府总是希望获得更多的治理资金。因此,从事权划分的角度出发,明确一级政府有多大的事权,就要有多大的支出责任,就应当匹配多大的财力。[②] 这样的分配规则有利于平衡中央和地方政府之间的利益博弈,有效解决"财权上收,事权下放"的现实矛盾,实现水污染的有效治理。基于"事权与支出责任相适应"的原则,央地税收收益分配的要点应当在于"分事权"。一旦事权划分清楚了,支出责任主体就可以明确,再对其配以税收收益,实现政府"办事"和"花钱"的相统一,实现权利与责任的相统一。

三、水污染治理行政事权的划分

按照我国现行水污染治理的法律法规,中央负责水污染治理的单位主要是环保部、水利部及其派出机构;地方负责水污染治理的单位主要是环境保护行政主管单位和水行政主管单位。但是我国长期以来并未以法律的形式全面、详尽地划分各级政府的水污染

---

① 刘璐、王一骁:《论排污费改税后央地间水污染税收收益分配》,载《公共财政研究》2016年第3期。

② 白晓峰:《预算法视角下的中央与地方关系——以事权与支出责任分配为中心》,载《法商研究》2015年第1期。

治理事权，也并未出现过水污染治理事权“正面清单”，导致中央和地方之间存在较多的模糊事权和交叉事权。[①] 这种现状强调中央的最高统领作用，而事权则由地方政府落实。

（一）现行法表明了地方承担着更多的水污染治理行政事权

我国关于水污染治理实施的是流域治理和区域治理相结合的制度，因此可以从这两个角度进行中央和地方之间事权的细致划分。

1. 以事权类型进行划分

在梳理水污染治理事权过程中应当注意：(1)无论是权利性规范还是义务性规范都是政府事权的体现，应当以同等角度对待；(2)现行法中规定了多项事权由中央和地方共享，在厘清该事权具体属于中央还是地方时应当具体考察事权的偏重。若表述为县级以上各级人民政府应当负责某项工作，则该事权的侧重应为地方；若表述为国务院负责某项工作，则该事权侧重应为中央。中央和地方政府事权及归属见表1。

表1 中央和地方政府事权类型及归属(根据相关政策、法规汇总)

事权类型	归属		事权类型	归属	
	央	地		央	地
规划指导类			审批、许可、备案类		
制定水污染质量标准	√	√	排放设备、处理设施备案		√
指导、控制农业化肥使用		√	受理排污许可证申请、核发许可		√
划定水功能区	√	√	排污口设置审批和日常检查	√	√
饮用水水源保护划定	√	√	取水许可	√	√
跨区域水中长期供求计划、水量分配	√	√	审查水利基建项目建议书、可行性报告	√	√
拟定水利专业技术标准	√	√	审批水土保持方案		√
水利中长期发展战略	√		—		
国民经济总体规划、城市规划、重大建设项目用水、防洪论证	√				
编制节约用水计划	√				
水利资金使用宏观调控	√				

① 徐清飞：《我国中央与地方权力配置基本理论探究——以对权力属性的分析为起点》，载《法制与社会发展》2012年第3期。

续表

事权类型	归属		事权类型	归属	
	央	地		央	地
组织实施类			监督落实类		
水利设施、水域、岸线管理与大江大湖河口海岸滩涂治理开发	√	√	水功能区水质状况监测		√
协调、仲裁部门间、省间用水纠纷	√		排污单位现场检查		√
水利外事	√		排污自动监测设备日常检查、指导使用、系统维护		√
水利科研、技术推广	√		饮用水保护区排污口状况检查		√
农村水利基建、水电电气化、乡镇供水	√		监督基建项目涉水计划方案的落实	√	√
建设、管理控制性或跨省水利工程	√		功能区、保护区监督管理		√
水政监察、执法，调处水事纠纷		√	水土保持实施资金		√
城乡供水管理		√	宣传教育、表彰节约用水先进资金		√
水土流失监测和综合治理		√	—		
核定水功能区纳污能力		√			
对饮用水水源保护区采取工程措施、生态保护措施		√			
水环境治理监测网络建设	√	√			
跨行政区水污染纠纷行政调解	√	√			
突发水污染事故应急	√	√			
排污费的征收		√			
排污者污染物种类、数量核定		√			

由表 1 可知，规划指导类的事权中央政府占多数，审批、许可、备案类和监督落实类事权地方政府占多数，组织实施类事权中央和地方政府分配比例较为均衡。该事权分配规律表明我国的水污染治理工作由中央政府把握着整体的走向和命脉，而具体细节情况则由地方政府负责具体把控。即中央政府出政策、出方向，而地方政府负责具体的实施

工作。[①] 由于水污染治理的主要任务是地方政府负责落实，因此，在税收收益的分享比例中，地方政府应当仍要享有较大份额。

2. 以流域责任进行划分

由于水污染既有地域性又有流动性，因此，受益范围较为局限的中小流域，其事权应当交由地方政府，以切合不同地区治理工作的差异性，使事权的行使成本最低，受益度最大；受益范围较大的大流域治理工作，应当交由中央政府，中央政府行使该事权的成本也会较低，所产生的效益也会更大。从事权的行使效率角度分析，水污染治理事权应当在中央和地方政府间合理配置，两者针对不同流域行使事权的成本和产生的受益范围也不进相同，表明水污染税收益不能完成集中于中央统一调配或者完全分散于地方各自工作。[②] 根据我国《水法》第12条的规定，我国水资源的管理体系为流域管理和区域管理相结合的模式。有些水污染横跨多个省份，有些水污染仅在一个省内，或者仅在一个县内。因此，以流域责任为视角，还可进行如下划分（见表2）。

表2 流域事权管理机构及归属（根据相关政策、法规汇总）

管理模式	流域	管理机构	归属	
			央	地
流域管理	松辽、海河、黄河、淮河、长江、太湖、珠江流域	环保部、水利厅派出机构	√	
区域管理	其他流域	省级以下环保机构、水利机构		√

由表2可知，中央和地方各司其职，有自己负责的流域，因此亦有自己的事权。中央负责的是大型流域，其协调组织工作虽然由中央政府统一安排，但是其落脚点实际上还是交由各级地方政府，通过地方政府环保主管部门实施具体的治理工作。另外，虽然中央负责大型流域的治理工作，但是我国地府辽阔、水流较多，各省需要负责的省内流域远多于中央所要负责的部分，如浙江、福建、云南、湖南等省份并未有上述七大流域流经。可见，地方政府环保部门无论是在中央负责的流域还是在地方自己负责的流域，都承担了大部分的具体实施工作，因此应当享有较大份额的财力。

（二）新环保法强化了地方所应当承担的水污染治理行政事权

我国新《环境保护法》于2015年1月1日正式实施，一大特点就是强化了环境保护执法部门行政处罚的权力，赋予了其部分强制执行权。但是新环保法实施两年以来，基层环保执法部门常感觉有心无力，其根本原因是基层环保部门的执法能力和效率得不到

① 徐阳光：《论建立事权与支出责任相适应的法律制度——理论基础与立法路径》，载《清华法学》2014年第5期。

② 李玲：《我国水污染税制度设计研究》，浙江财经大学2015年硕士学位论文。

充分的经费支持，导致诸多措施无法落地或者落地不响。[①] 这就意味着基层环保部门在水污染治理领域的事权和责任均被加重，如果不对应增加基层环保部门的财力，则会严重影响新环保法的立法目的和实施效果。因此，将作为一般专项税的水污染税收益更多的纳入地方政府金库，是实现基层政府"事权与支出责任相适应"最正当、最有力的保障。

（三）"河长制"增加了地方所要承担的水污染治理行政事权

2016 年 12 月 11 日中共中央办公厅、国务院办公厅印发了《关于全面推行河长制的意见》，由各级党政领导担任河长，依法依规落实地方主体责任，协调整合各方力量，推进水污染保护、水域岸线管理、水污染防治、水环境治理等工作。河长制的全面推行意味着各政府应当对本地区内的河段负起治理责任，强化了政府水污染治理的责任和义务。落实属地责任，地方的水污染治理事权将会由此加重且不容懈怠，各地方也出台相应的具体实施措施予以配合，大力加强辖区内的水污染治理工作。当然，在明确水污染治理工作属地原则的同时，不能忽视相应财力的配置，否则地方则容易陷入有心无力的尴尬境地。

综上所述，我国在水污染治理行政事权的划分方面呈现下放水污染行政治理事权的势态，与水资源联系最紧密、治理最直接的地方政府直接负责治理工作，而中央主要负责宏观政策的制定和地区间治理工作的协调。[②] 因此，在保持水污染税作为央地共享税的基础上，仍应当保障地方享有较大份额的收益分配比例，以保障地方污染治理工作的有效开展，保障地方政府"水污染治理行政事权和支出责任相适应"的真正实现。

四、水污染治理司法事权及其他事权的划分

现代政府职能的转变，促使政府在水污染治理的过程不能只将目光局限于行政权力的行使，也应当考虑水环境公益诉讼中司法机关的司法权力和政府在促进社会公共参与、吸引社会资本进入水污染治理工作时的事权和成本。政府应当充分重视社会力量在水污染治理工作中的作用，提高社会力量的介入既能减轻政府水污染治理的成本和压力，还能提高行政效率和全民环保意识。水污染治理司法事权及其他事权的划分既有表现为应当保障地方政府财力之处，也有要求提高中央政府分配比例的需求。

（一）环境公众参与呼吁保障地方政府的财力

关于环境公众参与的形式，在国外实践中多是以协会的形式参与，发挥集体的力量。如墨西哥 1994 年颁布的《国家水法》中规定了"水用户协会"制度，由一定区域内的水用户组成一个协会，以集体的形式参与国家水污染治理工作。[③] 2015 年 7 月 2 日环保部部务会议通过了《环境保护公众参与办法》，表明了我国环境公众参与的方式有组织问卷调查、召开座谈会、召开专家论证会、召开听证会等方式。为了保障公众参与水污染治理渠

① 陈少英、王一骁：《论水污染税生态价值之优化——以央地收益权分配为视角》，载《晋阳学刊》2016 年第 2 期。

② 陈相利：《探索近十年河长制如何带来治水新局》，载《北京青年报》2016 年 12 月 25 日。

③ 胡雯：《我国水污染费改税：国外经验与制度构想》，安徽财经大学 2015 年硕士学位论文。

道的畅通,需保障地方政府的财力。

开征水污染税,实现环境公众参与,首当其冲的就是要保护纳税人的权利。现代财税法立法趋势向着“限权”的方向发展,保护纳税人的合法权益。在水污染税的征收中要重视纳税人权益的保护,因为纳税人与政府的关系是税收征管活动其他关系发生的基础关系。纳税人无偿转让出自己的私有财产,则对与该财产所对应的事务享有充分的知情权和建议权,即对该地区所提供的公共服务有权充分知晓和评价。这一方面,有助于纳税人参与水污染治理,实现水污染治理工作的公众参与;另一方面,有利于公民对政府提供公共服务的行为进行监督,保证政府行为的正当性和社会资金流向的合目的性。[①] 要切实保障纳税人的环境权益,则应当尽可能把水污染治理事权下放到基层,才能让公民看得见、摸得着,直接参与到政府水污染治理的活动中去。

(二)环境审判改革呼吁适当上收水污染税税收收益

司法机关的水污染防治司法实践是促进水污染治理工作良性发展的重要保障。当前,我国正处于司法改革的关键时期,环境审判工作的改革也对地方水污染治理事权产生了一定的影响,主要表现在两个方面:第一,环境公益诉讼的完善。我国新《环境保护法》第58条规定,污染环境、破坏生态,损害社会公共利益的行为,符合条件的社会组织可以向人民法院提起诉讼,并对提起环境公益诉讼的适格主体条件和诉讼时效做出了详细的规定。环境公益诉讼制度使得环境纠纷类案件逐步增多,原本因公益诉讼、代表人诉讼缺失而被忽略的案件浮上了台面。第二,环境审判法庭的建立。2014年7月3日最高人民法院召开新闻发布会,宣布环境资源审判庭正式成立,截至2016年7月底共受理各类案件632件,审结533件。[②] 环境审判法庭的建立使得地方法院须对该法庭的正常运作投入更多的财力和精力。

根据管辖权基本原则,可知地方法院所要处理的案件会增加。此时,为什么是呼吁上收水污染税税收收益,而不是直接加大地方政府的分配比例?主要是为了防止行政权力对于司法的干预,充分发挥司法审判自身的引导作用。即应当通过上收司法财权的方式来摆脱司法对行政的依赖。因此,应当在水污染税收益分配时适当上收一定份额的税收收益,适当地提高中央的分配比例,再通过自上而下的方式在法院系统内拨款,保障环境司法成本的充足供给,切实发挥司法审判对环境保护的作用。

(三)PPP模式呼吁水污染税收益流向更为宏观的领域

PPP模式的推广,使社会私人资本进入到公共服务的领域,在国家发展和改革委员会发布的《关于开展政府和社会资本合作的指导意见》中,明确将污水处理、水利、资源环境和生态保护等领域的公共服务纳入到PPP推广实践中。在国外也有类似于PPP模式

① 吕忠梅、刘超:《水污染治理的环境法律观念更新与机制创新——从滇池污染治理个案出发》,载《时代法学》2007年第2期。

② 张忠民:《环境司法专门化发展的实证检视》,载《中国法学》2016年第6期。

的成功实践,如美国所建立的水权交易平台。美国政府依据一定规则把水权分配给使用者,并允许水权所有者之间的自由交易。这就使市场的自我调节机制在水污染治理领域发挥作用,社会私人资本因其可以获得较大利益更愿意参加到水生态治理工作之中。①

PPP 模式促使我国政府在污水处理领域从公共服务的直接提供者向合作者和监管者的角色变化。水污染治理工作是个复杂且庞大的工程,仅仅依靠政府的力量并不利于治理效率的提升,此时便需要更为专业的技术和规模更大的投资参与。社会资本和力量的引入,促使与水污染治理相关的技术、信息、资金等在公共服务领域得到充分的利用,实现了原本应属于政府支出的水污染治理资金转移至非公共财力领域。PPP 模式在未来将会大大降低基层政府的财力负担,从而使水污染税收益可以投入更为宏观的水污染治理领域。基于此,地方政府的水污染治理压力在一定程度上得以缓解,中央政府便适当提高其分配比例,促进治污资金向更宏观的领域流动。

五、结语

水污染税收益的分配可以从诸多方面考量,而以事权和支出责任为视角是最具可操作性、最科学的一种方式。以"事权与支出责任相适应"原则为视角,通过水污染治理的类型化分析,明确相应类型下事权主体的支出责任,就能够有效厘清水污染税收益分配的一般规则。虽然水污染税收益的分配比例除需要理论方面的论证外,还需要建立在大量的数据计算上,因而难以提出具体的分配比例。但通过前述分析,笔者认为,依照如下三个方案来协调央地水污染税收益分配更具有科学性和合理性:

第一,中央政府和地方政府均按一定比例分享税收收益。中央和地方在水污染治理上均有自己的使命,虽然定位和方向不同,但是都有自己的事权,有事权则就要承担其支出责任。因此,水污染税应当作为一种央地共享税在中央和地方政府之间分配。

第二,地方政府的分配比例仍应占较高份额。从水污染治理行政事权中央和地方承担的情况可以直接看出,地方政府在水污染治理行政治理中承担了主要的任务。同时,根据"受益范围理论",地方政府有保障公众参与环境治理工作的直接义务。因此,应当分配给地方更多的水污染税收益,保障地方有充分的财力实现其事权与履行其责任。

第三,中央政府的分成比例应当逐步提升。随着市场和公众力量的发挥,更多的社会力量和资本将进入水污染治理领域,实现企业与政府在提供公共服务的合作。未来,水污染治理工作必将有聚焦于宏观领域的趋势,如实现地区间的协调和配合、跨区域污染的及时处理、水污染治理生态的工程的建设等。因此,为实现这一目的,应当逐步提升中央政府在水污染税上的分配比例。

① 郑妮、宫玉杰:《PPP 模式的法律实证问题探究》,载《社会科学研究》2017 年第 3 期。

财税权责:观点提出及界定

曹 荞[*] 任 际[**]

目前,我国对地方财政、对中央与地方财政关系,缺乏理论研究、系统研究。

财税法必须因应社会分配的收入与支出和权责内容的建构,进而,财税法在调整规范的变革和发展中,需要依据这一社会关系的基本面,建构这一收入与支出范畴和权责的制度框架和制度内容。① 为此,在本文中,笔者提出与强调"财税权责"的概念和观点,②希望成为研究中央与地方财税关系的一个关键理念、问题意识和处理方法。

一、提出"财税权责"的基础问题

笔者提出:第一,建立一种有度调适的中央与地方财税的权责关系,是因应中央与地方财政收入与支出范畴和权责的建构内容,这里的基本问题是中央与地方财政适度独立。第二,中央与地方财政适度独立并非单一针对地方财政,也并不强调其全面独立,而是在中央与地方财政关系范畴中,建立中央与地方事权和支出责任有度调适,中央与地方财税的权责关系有度调适,从而适度协调中央与地方的财政供需关系,实现社会经济平衡发展。

因为,中国具体国情下的中央与地方财税的权责关系,在于确立中央与地方的财政适应关系,实现社会经济平衡发展,这是研究中央与地方财政问题的核心内容。党的十八大和十八届三中、四中、五中全会提出了建立事权和支出责任相适应的基本要求,并要求适度加强中央事权和支出责任,推进各级政府事权规范化和法律化,中央与地方财政事权与支出责任划分改革,这也是十三五规划的基本任务之一。

在法律上,我国法律赋予了中央与地方财政可以在一定范围独立活动,如土地法规

---

* 辽宁大学财税法中心研究员,法学博士。

** 辽宁大学财税法中心主任,教授、博士研究生导师。

① 有关论述和观点详见任际:《地方财政适度独立:观点提出与权责分析》,载陈少英主编:《东方财税法研究》(第5卷),法律出版社2017年版。《中央与地方财政的权责划分与适度问题》,2016财税法年会论文文集。

② 本观点任际教授在2010年即提出,详见《法治研究》《法学》《辽宁大学学报》《社会科学辑刊》《北方法学》《理论界》《财税法论丛》等论文,《财政法理论研究》,法律出版社2016年版。

定了地方土地出让条件;预算法规定了一级政府、一级预算的基本原则等。[①] 但是,在有关"财"与"税"的不同立法中,尚无进一步规定事权与支出责任的基本的、综合的内容,并且,地方财政调配和财政责任也尚未得到全面、有效落实。

在现实中,"现行的中央与地方财政事权与支出责任划分还不同程度存在不清晰、不合理、不规范等问题,主要表现在:政府职能定位不清,一些本可由市场调节或社会提供的事务,财政包揽过多,同时一些本应由政府承担的基本公共服务,财政承担不够;中央与地方财政事权和支出责任划分不尽合理,一些本应由中央直接负责的事务交给地方承担,一些宜由地方负责的事务,中央承担过多,地方没有担负起相应的支出责任;不少中央和地方提供基本公共服务的职责交叉重叠,共同承担的事项较多;省以下财政事权和支出责任划分不尽规范;有的财政事权和支出责任划分缺乏法律依据,法治化、规范化程度不高"。[②] 而国内地方财政的现状是,地方财政收入还不能积极满足对公共产品的社会需求,与地方经济社会发展以及现实需要时有脱节;地方财政收入、地方财政支出与中央财政的匹配配置不适度,而且地方财力与事权亦不匹配。也就是说,地方事权与财力未得到清晰界定,这也是受到财政的基本演进影响的。

笔者还认为,中央与地方财政关系适度可因两者财政事权和支出责任调配,利于划分中央与地方财政事权与支出责任的基本路径、基本范畴和综合方法。

二、财税权责的界定

本文提出财政权责的概念以及相应问题,[③]主要是认为,财政事权和支出责任可以作为一个研究范畴,并可加以分析。在这里,笔者的见解是:财税权责,主要是指中央与地方财税的权责问题,而中央与地方财税的权责,主要是指中央与地方财政事权与支出责任的范围和关系。划分中央与地方财政事权与支出责任,有利于完善市场经济体系、保证公共服务和公共产品提供、促进社会正义、实现社会发展整体目标。

而财税事权,是政府应当承担的运用财政资金提供基本公共服务的任务和职责;而在此,作为政府的支出责任,是政府履行财税事权的支出义务和基本保障。

事实是,我国在1994年分税制以后,建立了中央与地方财政事权与支出责任的基本体系,并且形成了基本划分框架。党的十八届三中全会明确提出,建立事权和支出责任相适应的制度,这是对财税体制改革的改革方向和原则要求,并且,对中央与地方的事权和支出责任予以基本的责任要求。[④]

这就为财税权责确立了基本目标要求:

---

① 2014年《预算法》第3条规定:"国家实行一级政府一级预算,设立中央,省、自治区、直辖市,设区的市、自治州,县、自治县、不设区的市、市辖区,乡、民族乡、镇五级预算。"

② 2016年国务院《关于推进中央与地方财政事权和支出责任划分改革的指导意见》。

③ 实际上,任际教授在2016年的财税法学年会论文中即专门提出和进行了财政权责分析。

④ 中共中央《关于全面深化改革若干重大问题的决定》。

第一，要求适度加强中央事权和支出责任，明确了国防、外交、国家安全、关系全国统一市场规则和管理等作为中央事权。

第二，部分社会保障、跨区域重大项目建设维护等作为中央和地方共同事权，逐步理顺事权关系；中央和地方按照事权划分相应承担和分担支出责任。

第三，针对地方的支出责任，在逐步理顺事权关系中将区域性公共服务作为地方事权，[①]中央可通过安排转移支付将部分事权和支出责任委托地方承担。从而，针对中央与地方事权和支出责任，强调了中央事权和支出责任的适度加强，明确了国防、外交、国家安全、关系全国统一市场规则和管理等作为中央事权；针对部分社会保障、跨区域重大项目建设维护等，其作为中央和地方的共同事权。

在财政转移支付环节，事权和支出责任是中央与地方财政的主要环节。笔者认为：

其一，就一般事权的基本含义而言，事权是不同级别的政府进行或完成行政事务管理的权力，这也意味着政府在公共事务和服务中承担的任务和职责，这也应当是依法而定的。

其二，事权的内在问题，即政府的管理权问题，可以见其作为行政权范围而具有行政权属性，而一旦分解这一行政权的管理范围，其重要内容中包括财政管理。

其三，由于财政的事关重大和社会需要，法律对这种财政管理是通过具体法定内容赋予的。这在不同国家的法律中都有不同的法律表现。

因此笔者进一步观点是：建立事权和支出责任相适应的制度，要求或实现中央和地方按照事权划分、相应承担和分担支出责任。这实际上或者在客观上是中央与地方财政的适度独立问题，[②]中央与地方财政适度独立首先或直接涉及地方财政适度问题，但也并非单一针对地方财政，更不是其全面独立，而是在中央和地方财政关系范畴中，研究有度调适中央与地方财税的权责关系，适度协调中央与地方的财政供需关系，实现社会经济平衡发展。

而且，这里需要说明，中央与地方财政适度独立，并非单一针对地方财政，也并不强调其全面独立，而是在中央与地方财政关系范畴中，建立中央与地方事权和支出责任有度调适，中央与地方财税的权责关系有度调适，从而适度协调中央与地方的财政供需关系，实现社会经济平衡发展。

具体来说，适度加强中央事权和支出责任，明确了国防、外交、国家安全、关系全国统一市场规则和管理等作为中央事权；对于跨区域且对其他地区影响较大的公共服务，中央通过转移支付承担一部分地方事权支出责任；中央可通过安排转移支付将部分事权支出责任委托地方承担。党的十八届三中全会提出的这些基本划分目标，明确了中央与地

① 对于跨区域且对其他地区影响较大的公共服务，中央通过转移支付承担一部分地方事权支出责任。

② 参见任际：《地方财政适度独立：观点提出与权责分析》，载陈少英主编：《东方财税法研究》（第5卷），法律出版社2016年版，第220页。

方财政关系,原则上要求和需要中央与地方的适度财政关系,两者有不同的财政范畴划分。

这是在中央统一领导下,适宜由中央承担的财政事权执行权要上划,加强中央的财政事权执行能力;适宜由地方承担的财政事权决策权要下放,减少中央部门代地方决策事项,保证地方有效管理区域内事务。

一旦财税权责明确,可以明晰共同财政事权中央与地方各自承担的职责,将财政事权履行涉及的战略规划、政策决定、执行实施、监督评价等各环节,在中央与地方之间作出合理安排,做到财税事权履行权责明确和全过程覆盖。而且,针对地方财税体制,在总体要求中可以设立激励地方政府主动作为的改革方案,如通过有效授权合理确定地方事权;在具体财税责任上,实行"谁的财政事权谁承担支出责任"的原则,根据此原则,确定各级政府的支出责任。

国务院《关于推进中央与地方财政事权和支出责任划分改革的指导意见》(2016年)提出具体的中央与地方财税体制改革要求,是一个为"财税权责"的实现,提供了初步的、积极的方案。它从建立健全现代财政制度、推动国家治理体系和治理能力现代化要求出发,面对不利于充分发挥市场在资源配置中的状况、政府有效提高基本公共服务的状况、建立健全现代财政制度等的状况,明确了推进财政事权和支出责任的划分改革指导思想、总体要求和划分原则。

三、财政权责适度划分模式

科学合理划分支出责任,需要形成财政事权和支出责任划分模式。

总体而言,1953~1990年我国在多次财政管理体制改革和实施中,调整和处理中央与地方的财政关系,而若干次改革的总体目标是,实现中央财政和地方财政各负其责,即所谓的"包干"。

1994年分税制改革,有以下重构:

第一,重构了政府、企业、个人的新型利益分配关系;

第二,重构了中央和地方的财政分配格局;

第三,重构了中央政府和地方政府的财政关系,即重新调整划分了中央政府和地方政府财政收入来源。

由于建立了中央与地方财政分配的基本税收体制,对地方政府而言,其不但获得了一些法定的地方税种,而且,拥有了一定的地方财政收入。在一些观点看来,分税制的财税体制改革,在一定程度上理顺了中央财政与地方财政的关系。

2003年以后,党的十六届三中全会提出"按照简税制、宽税基、低税率、严征管的原则,稳步推进税收改革",主要着眼于调节政府与企业的利益分配,同时提出了健全公共财政体制。

不过,至今,各级政府的财政支出责任,仍然是财税体制改革的主要任务。

尽管国内外有诸多观点认为,涉及中央与地方财政事权与财力问题,主要集中在财政分权方面,但是,笔者认为,首先,中央和地方的财政事权与支出责任划分,并非是简单地处理所谓中央与地方政府之间财政关系中的“财政分权”,在一定范围内保障地方可以根据当地财政供需客观要求的财政决策与活动适度,地方适度独立安排财政收入与财政支出的结构和规模。进而,提出的基本范围是:在这两方面的基本内容中,重要的、主要的环节包括,地方财政收入适度独立;地方预算的适度独立;地方适度独立举债;地方支出适度,政府采购机制问题;财税法程序问题等。这些可以基本构成地方财政适度独立的主要内容,而且可以分别地予以分析研究。①

而且经过考证笔者发现,在我国当前的经济发展水平下,财税权责与地方财政收入适度独立具有重要关系或联系,因为地方财政收入适度独立的关键在于,地方是否可以根据当地的实际情况,开征、停征地方税种和调整地方税率,特别是根据当地的实际情况,决定开征、停征地方税种的样本,以及调整地方税率的幅度。这实质是财税权责的基本问题,在地方财政收入的方式上如涉及地方发行债券的负外部性问题,关键在于地方政府举债的限度与独立承担债务的责任,防止和解决地方政府的地方债务风险,地方政府一旦过度举债,可能加重地方债务的风险;而一旦仅仅强调在地方财政支出自主权,而未有适度限制,也就可能出现用于民生的财政支出,往往被用于基本建设的财政支出挤占的情况,特别是在一些经济发展欠发达地区,在不适度的地方财政形态中,无法均等地享受经济发展的成果。

总的来看,中央与地方财政事权与支出责任,应当通过立法适度明确划分责任,例如,赋予地方基本公共产品供给结构决策、公共产品供给规模决策、公民参与地方财政支出决策等。在此基础上,中央与地方财政关系进而适度。

① 任际教授已将这一想法在为博士研究生的授课和辅导中予以讲授,亦提出了有关预算适度独立、政府采购法律机制、财税法程序问题的专题研究。

地方财政自主权多维面向的融合统一

冉富强*

在中国,地方政府是否享有必要、充足、规范的财税自主权,既是其能否独立承担财政责任的物质基础,也是其能否享有独立公法人资格的前提,更是其能否提供优质特色公共服务的保障,同时也是中央与地方财政关系法治化的关键一环。在当下中国,地方政府的财政自主权具有主体、内容、规范与事实等多维面向。地方政府在实证法上享有的财政自主权力相对有限,但一些地方政府往往超越法律规范实际享有很大的财政自主权。从应然视角来看,地方政府财政自主权的上述多维面向只有尽可能地保持融合统一,其制度功能才能最大限度地达到或实现。鉴于上述情况,本文试图对地方政府财政自主权的多维面向进行深入考察,全面揭示当下中国地方政府财政自主权的多维时代面向,诠释多维面向之间的内在关联度,探寻多维面向融合统一的可能性及其内在逻辑遵循,以期为准确把握、科学构建地方财政自主权,使其能够良性、健康运转提供理论依规,同时也为当下亟待构建的中央与地方财政关系法治化提供决策参考。

一、地方财政自主权的主体面向

地方财政自主权有多维主体面向。如果从最终受益主体来说,地方财政自主权的主体属于当地全体居民。如果从我国《宪法》《预算法》《地方各级人民代表大会及地方各级人民政府组织法》(以下简称《组织法》)及《各级人民代表大会常务委员会监督法》(以下简称《监督法》)的视角来看,地方财政自主权的行使主体主要是地方各级人民代表大会及其常委会(乡镇除外)。如果地方政府具有独立公法人资格或地位,地方政府作为公法人主体是地方财政自主权的法人主体。然而,在事实上,地方政府的财政自主权更多则由地方主政的主要官员行使。下面就对当下我国地方财政自主权的多元主体做一番梳理。

(一)全体居民

"共和制"有不同的权力授予模式。有的国家和地区采取人民既授权中央政府,也授权地方政府;有的国家和地区先由人民授权中央政府,再由中央政府授权地方政府;还有

* 河南财经政法大学法学院教授,法学博士。

人民对中央政府、地方政府及中央对地方的管辖同时授权。[①] 比如,美国联邦宪法规定,联邦宪法未授予合众国,也未禁止各州行使的权力,由各州或由人民保留。从上述条文可以看出美国"复合共和制"的基本特征。在美国联邦和州的制度设计中,被西方学者称为精妙绝伦的政治安排就是各个层级的治理主体都直接与民众打交道。"这种复合共和制下多元和重叠的治理模式,一方面保障了真正拥有一个强大稳定的联邦政府,另一方面又切实保护了地方的自由和活力。"[②]

我国1982年《宪法》第3条明确规定,中华人民共和国的国家机构实行民主集中制的原则。全国人民代表大会和地方各级人民代表大会都由民主选举产生,对人民负责,受人民监督。中央和地方的国家机构职权的划分,遵循在中央的统一领导下,充分发挥地方的主动性、积极性的原则。从上述规定来看,我国的中央与地方关系是按照人民主权原则、共和主义理念、民主集中制原则所构建。因此,综合上述几个原则,我国的权力授予模式应当属于人民先授权中央政府,然后再由中央政府授权地方政府的模式。

显然,我国的"共和主义"权力授予模式容易引起的争议就是普通地方政府是否享有自治权。有个别学者认为,我国已经普遍承认地方自治。[③] 然而,我国的通说认为,除了民族区域自治、特别行政区自治及基层群众自治以外,普通行政区域不享有地方自治权。[④] 除了上述地方自治单位以外,其他普通行政区域的地方政府最多享有中央授予的自主权,不享有宪法、法律授予的地方自治权,也不存在"复合共和制"体制下的复合授权问题。

普通地方政府虽然不享有宪法、法律授予的自治权,但是笔者认为,地方政府不享有自治权并不妨碍其享有我国《宪法》《预算法》等赋予的财政自主权。从我国《宪法》《预算法》《组织法》《监督法》等相关规定来看,地方全体居民仍然是地方财政自主权的受益主体和最终归属主体。

(二)地方人民代表大会及其常委会

我国1982年《宪法》第89条确立了地方各级人民代表大会及其常委会享有审查和批准本行政区域内的预算及其执行情况的报告。作为宪法性法律的我国《预算法》又对宪法的上述规定进行了一定细化。我国《预算法》明确规定地方政府有四级预算。我国

① 宣晓伟:《对未来中国中央与地方关系的思考——"现代化转型视角下的中央与地方关系研究"之二十八》,载《中国发展观察》2016年第11期。

② 宣晓伟:《美国的中央与地方关系:制度安排的优点和缺点——"现代化视角下的中央与地方关系研究"》,载《中国发展观察》2015年第6期。

③ 该学者认为:"尽管宪法规范在概念和用语上不甚明确,但就其具体制度构造、基本原则和立宪背景及主旨来看,我国现行宪法在文本上是承认并主张地方自治的,并且地方自治应是我国处理中央与地方关系的普遍模式,而非像目前宪法学界通说观点那样,仅仅将'自治'作'民族区域自治'、'特别行政区高度自治'和'基层群众性自治'的狭隘理解。"参见王建学:《作为基本权利的地方自治》,厦门大学出版社2010年版,第195页。

④ 李国忠:《中共关于地方自治的理论与实践述论》,载《山西师大学报》(社会科学版)2006年第3期。

《预算法》第3条规定,国家实行一级政府一级预算,设立中央,省、自治区、直辖市,设区的市、自治州,县、自治县、不设区的市、市辖区,乡、民族乡、镇五级预算。我国《预算法》第21条规定,县级以上地方各级人民代表大会及其常委会负责本级预算草案的审议与批准、执行监督、预算调整审批、决算审查与批准等职权;乡、民族乡、镇的人民代表大会审查和批准本级预算和本级预算执行情况的报告;监督本级预算的执行;审查和批准本级预算的调整方案;审查和批准本级决算;撤销本级政府关于预算、决算的不适当的决定和命令。

作为中国特色社会主义法律体系的组成部分,我国《组织法》和《监督法》又对《宪法》及《预算法》的上述规定进行了完善和补充。其中,我国《组织法》第8条规定,地方各级人民代表大会享有审查和批准本行政区域内的预算以及它们执行情况的报告的职权;《组织法》第44条规定,根据本级人民政府的建议,决定对本行政区域内的国民经济和社会发展计划、预算的部分变更;我国《组织法》第9条规定,乡镇人民代表大会享有审查和批准本行政区域内的财政预算和预算执行情况的报告。我国《监督法》第三章以专章的形式规定了地方县级以上人民代表大会常务委员会审查决算、听取和审议预算执行情况报告及听取和审议审计工作报告等内容。

实际上,我国《宪法》《预算法》《监督法》及《组织法》等上述规定,都是建立在人民主权及民主责任制基础之上的法律规范体系。"民主责任制有两个根本的特点,一是治理主体的权力获得、治理的实施都是民主式的,充分体现人民主权的原则;二是治理范围的权责对等性,即不同治理范围的权责对等性,即不同治理层级之间有较为明确的范围界限,互相之间不能随意僭越。"①虽然各级地方人民政府及其相关部门行使预算编制权、预算执行权及决算草案编制权,但从我国《宪法》《预算法》《监督法》的立法本意来看,地方各级人民代表大会及其常委会(乡镇除外)才是地方财政自主权的真正决策主体或者说实质的权力主体。

(三)地域性公法人

通说认为,地方自治包含团体自治和居民自治两层意思。如果把地方政府自治作为团体自治,"地方政府"作为公法人就是地方财政自主权的法人主体。然而,我国宪法、法律至今尚未明确赋予普通地方政府独立公法人地位或资格。事实上,现阶段我国地方政府仍然缺乏地方自治的经验,地方民主机制还不能实现对地方公共权力的有效监督和制约。在实质公法人资格构建方面,我国宪法和法律也没有赋予地方政府独立的税收立法权,法律至今尚未向省级(包括省级)以下政府下放税收立法权,包括税率调整权和减免税权等;分税制改革后推行的财政转移支付制度也存在一定问题,规范化的转移支付制度也亟待建立和完善,有限的财力性转移支付距离基本公共服务均等化目标还有相当差距;省以下转移支付尚无明确的规范依据可以遵循。因此,地方政府无论是在形式法人

① 宣晓伟:《美国的中央与地方关系:司法调节体系的方式和原则》,载《中国发展观察》2015年第5期。

资格上,还是在实质法人能力上都不具备独立承担财政责任的条件。

赋予地方政府地域性社团公法人地位和自治权力,不能仅仅停留在形式上。必须根据本国国情,在宪法、法律上赋予地方政府一定的财权、财力,使其真正具备独立承担民事财产责任的能力。其中,自主财权主要就是税收立法权,包括税收主体、客体、税基、税率等所有税收要素的确定权,或者至少享有其中某一个或几个税收要素的确定权,当然,举债权及必要的非税收入自主设立权也应纳入其中。在这方面,法国的一些经验值得我们借鉴。法国虽然也有长期中央集权的传统,但近年来却授予地方政府一定的自治权。法国的市镇、省和大区议会虽然不能决定本地区地方税的计税依据,但是它们有权直接决定本地区地方税的税率,只要不超过议会规定税率的 2 倍或 2.5 倍即可。税率调整权也属于税收立法权和自主财权。另外,法国的地方政府在中央政府的授权范围内也可以自行决定开征某种税收。

可以借鉴法国的经验,有步骤地授予地方政府一定的税收立法权,构建必要的适度的地方税系。在中央立法确定一定基准税率的基础上,赋予省级政府一定税率调整权和税收减免权,授权省级人民政府自主决定是否开征某项税收。在此基础之上,再通过规范化的财力性转移支付制度弥补一些地方基本公共服务所需的财力。这样就能使省级政府成为能够独立承担财政责任和财产责任的地域性公法人。在省级政府的财政自治和独立财政责任取得成功经验的基础上,在各方面条件都成熟时,再进一步授予县级政府包括财权、财力在内的相应的自治权力。从而为构建省级、市、县级地方政府作为公法人主体做好准备性工作。

(四)地方官员

我国《预算法》第 23 条、第 24 条规定,国务院及地方各级人民政府负责预算、决算草案编制;向同级人民代表大会作预算草案的报告;组织预算的执行;决定中央及地方预算预备费的动用;编制中央及地方各级人民政府预算调整方案;向同级人民代表大会报告中央及地方预算执行情况等。我国《预算法》第 53 条规定,各级预算由本级政府组织执行,具体工作由本级政府财政部门负责。从上述规定来看,地方各级人民政府仅是地方各级预算草案的编制主体、执行主体。地方人民政府的负责人仅仅是地方各级预算编制、预算执行工作的负责人,中国共产党的地方各级党委的负责人对地方各级政府的预算工作仅仅承担领导责任。

然而,由于中国传统观念上的“政府”是个广义概念,地方官员作为地方知识分子的精英,有“求仁”精神统领下的“修身、齐家、治国、平天下”的职责,地方官员往往成为真正的地方财政自主权的执行和操作主体。“‘求仁’传统中的这种‘入世超越’精神,又是中国终极价值观念中最为重要、最为宝贵的部分。”①它不但是“天命观”“大一统”观念的

① 宣晓伟:《传统中国的中央与地方关系:中央集权制背后的观念系统》,载《中国发展报告》2015 年第 10 期。

理论原点,也是"父权型权威观念"的渊源根基。在中国,"求仁"传统下,由于人生意义的实现是在此世的,因此秉持这个传统的知识阶层并不像"救赎"和"解脱"传统那样成为宗教人士,而是直接与官僚阶层相结合,成为"士大夫"与"士大夫政治"相结合的治理模式。作为知识分子精英代表,特别是主政一方的地方"父母官",地方官员往往把"修身、齐家、治国、平天下"作为自己的人生理想,把中央政府制定详细的法律制度当作一种治民之道、驭下之书,呈现很强的工具主义特色。

同时,"求仁"的心志伦理支配公共领域导致"公"与"私"边界不清,也无法在这个领域实行严格的法治。[①] 在传统中国社会中,地方主要官员成为"教化天下""治理一方"的第一责任人,其"公"与"私"观念、"法"与"礼"的观念根本无法分清。以功能完善的郡县政府为例,"中国传统社会其实并不存在正式完整的一级地方财政,县级财政本质上是一种县官个人'大包干'的制度,县官的私人收支与政府的公共收支混在一起而没有什么界限,县级财政具有非常明显的家产制特征"。[②] 当然,这些地方官员关心的重点是"驭民",而非"地方公共服务"。

当代中国接受了马克思主义的理论体系,但人们的思维习惯、行为模式及交往方式仍然深深地打上了传统思想观念的烙印。"父权型思维模式""差序格局关系模式"等思想观念依然镶嵌于当代大多数国人的日常工作生活的"潜意识"之中。地方各级地方官员,特别是党政一把手治理社会的行为模式和方式,并未逃脱传统社会治理模式的"窠臼"。这些非正式或者非法的财政自主权包括自主组织国有土地有偿使用收入权、财政性投资自主权以及公债举借自主权等。[③] 笔者认为,实际上,地方官员可以行使的非正式的财政自主权还有很多。以收入来说,如各种名目繁多的涉企收费、"自愿捐助"、政府性基金等;以支出来说,各种非强制性支出以外的政绩性投资、政府本不应承担的或然债务,以及近几年中央政府大力推行的 PPP 业务,等等。

二、地方财政自主权的内容面向

我国 1991 年《国家预算管理条例》曾经有"赋予地方相应的财政自主权"的相关规定,但其却在 1994 年的《预算法》中悄然删除。在现有实证法律规范体系内,我国没有普遍实行地方自治制度,因而财政自主权的规范概念也有先天缺陷。当然,法律规范的"先天缺陷"与缺失并不意味着实际职权或权能的消除。当下中国地方财政自主权更多是一种"事实上的自主权"。地方财政自主权作为一种事实存在的职权或权能始终存在,只是范围和程度大小不同而已。从规范的意义来说,地方财政自主权应当包括自主组织收入权和支出自主权两部分内容。这种分析方式主要是从权力的视角来对地方财政自主权的透视。笔者认为,要全面深入系统地揭示地方财政自主权的内容,应当从权利、权力两

---

① 宣晓伟:《传统中国"中央集权制"的认识和评价》,载《中国发展观察》2016 年第 6 期。

② 参见魏光奇:《有法与无法——清代的州县制度及其运作》,商务印书馆 2010 年版,第 298 页。

③ 徐健:《分权改革背景下的地方财政自主权》,载《法学研究》2012 年第 3 期。

个属性，对地方财政自主权予以剖析。事实上，任何一个地方自治单位或地方自主单位的财政自主权，都同时拥有权力和权利属性。从它对当地居民行使的治理权来看，其更多展现的是权力属性；从其相对于中央政府、其他地方政府及公共机构的对抗性及救济性视角来看，则更多体现其权利范畴。下面笔者就从权力和权利两个面向对地方财政自主权予以透视。

（一）地方财政自主权的权力属性

我国宪法虽然赋予普通地方人民代表大会行使诸多地方公共事务的决定权，但并未在宪法、法律上赋予其地域性公法人的资格或权利能力，而且地方政府也缺乏以税收立法权为核心的财政自主权。所以，我国普通地方政府既缺乏独立法律人格——地方自治的形式特征，也缺乏独立承担财产责任——地方自治的实质要素。很难将普遍地方政府归属于地方自治主体或地方公共团体的范畴。所以，我国的普遍地方政府在宪法、法律上也不具备独立挑战中央政府的基本权利和自由。因此从中央与地方利益分配，特别是财税资源配置的视角来看，把中央与地方关系作为以权力为基础的利益关系，既契合我国的宪法文本，也符合当前我国中央与地方关系的基本宪治实践。从权力的视角来看，地方财政自主权分为自主收入组织权和支出自主权。

1. 地方政府的收入自主权

地方收入自主权是衡量地方财政汲取能力的核心范畴。如果按照收入类型划分，又可将其细化为税收收入与非税收入。地方政府的收入自主权包括税收自主权和非税收入自主权。地方税收自主权又进一步划分为税收自主立法权和税收自主行政权，其核心是地方自主税收立法权。我国现行《宪法》《立法法》均未把税收立法权下放给地方政府，除非获得全国人大常委会的特别授权。因此地方政府一般不享有自主税收立法权。当然，随着房产税的立法推进，相信在不久将来，地方政府会获得《立法法》或房产税法的特别授权，享有一定的税率调整权、开证及停征决定权等自主收入权。目前地方政府规范的非税收入主要有政府性基金、政府规费、国有资产及国有资源的收益三部分组成。公债只是省级地方政府自主收入，省级以下地方政府不享有公债举借权。省级政府有行政事业性收费项目设定权，没有政府性基金设定权，省级人大常委会有部分矿产资源有偿使用制度设定权以及资源使用费率确定及调整自主权，地方政府享有对地方财政形成的非经营性国有资产收益的自主收入组织权。① 非税收入自主权的核心是收入项目的自主设定权。

① 根据国务院《关于加强预算外资金管理的决定》（1996 年）和《行政事业型收费项目审批管理暂行办法》（2005 年）的规定，省级政府及相关部门享有省级以下行政事业型收费的自主设定权；根据国务院《关于加强预算外资金管理的决定》和财政部《关于加强政府非税收入管理的通知》（2004 年）的规定，地方政府性基金的设定权属于财政部，重要的基金设定权在国务院，地方政府不享有基金设定权。参见徐健：《分权改革背景下的地方财政自主权》，载《法学研究》2012 年第 3 期。

2. 地方支出自主权

地方财政支出应当首先满足法律及中央政府确立的强制性支出。目前,法律和中央政府为地方政府设定的强制性支出如下:一是教育领域的财政支出占 GDP 的 4%,该标准已经写入我国《教育法》;二是科学技术领域的经费增长幅度应当高于国家财政经常性收入的增长幅度;三是农业技术推广的资金应当保障并应逐年增长;四是医疗卫生领域的财政支出要逐年增加,增加幅度不低于财政支出的增长幅度;五是环境保护领域逐步提高污染防治投入占本地区同期 GDP 总值的比重;六是公务员工资水平逐年增长。除此之外,中央政府还会根据需要确定一些强制支出项目,如 2008 年的农村义务教育免除学杂费和书费,提高经济困难补助和公用经费,新型农村合作医疗制度、廉住房、城市居民最低生活保障制度、基本农田建设和保护以及土地整理和耕地开发等。①

地方政府在满足强制性支出的基础上,可以自主支配自己掌握的财政收入。在规范层面上,地方政府可自主支配的财政收入包括自有财政资源、中央一般性转移支付两种。地方自有财政资源主要包括地方税收收入、共享税分成、地方行政事业性收费和政府性基金、地方的非经营性国有资产收益和国有资本收益等。② 事实上,在现有中央与地方财政资源配置关系中,中西部地区的地方政府享有的规范层面的财政自主支出权力很小,这一现象在县乡政府更为突出。③

3. 地方"事实上"的财政自主权

如果从事实层面来考察,地方政府还享有许多事实上的财政收入自主权和财政支出自主权。比如,2001 年国务院下发《关于加强国有土地资产管理的通知》,实际上等于肯定了国有土地使用权的"招拍挂"制度。于是地方政府通过市场化操作获得了实际上的国有土地有偿使用费标准的设定权。地方政府对于自己收取的土地出让金收入一般也享有自主支出权。实际上,这也是近年来"土地财政"制度泛滥成灾的根本原因。

除此之外,地方政府及政府性公共机构能够通过设立融资平台公司或者违法担保的方式,规避我国《预算法》设定的举债及担保禁令违规举债或融资。对于这部分资金,地方政府往往享有支出自主权。自 2014 年以来,在国务院推出的政府与社会资本合作(PPP)的引导下,一些地方政府开始利用打着政府与社会资本合作的"幌子",违规擅自举债。为了防止地方政府违规举债,2017 年 6 月 1 日财政部、国土资源部印发《地方政府土地储备专项债券管理办法(试行)》(财预〔2017〕62 号,以下简称《办法》)。《办法》指出,土地储备专项债券是地方政府专项债券的一个品种,以项目对应并纳入政府性基金

---

① 徐健:《强制性支出责任与地方财政自主权》,载《北方法学》2011 年第 2 期。

② 徐健:《分税制改革背景下地方地方财政自主权》,载《法学研究》2012 年第 3 期。

③ 中国过去 20 年财政分权的一个突出特点是收入上移、支出下放,客观上加剧了乡镇和农村在财权和事权上的不匹配,由此导致长年累月的县乡财政困境以及贫困地区的乱收费问题,并最终影响了民众对政府的信任。参见刘勇政、冯海波:《中国的财政分权与政府信任》,载《政治学研究》2015 年第 1 期。

预算管理的国有土地使用权出让收入或国有土地收益基金收入偿还。财政部出台此《办法》就是为了进一步遏制一些地方政府的变相举债行为。①

再如,一些地方政府为了弥补财政空缺,违规自行设立一些收费项目,强制对市场主体征收或收取一定的"市场服务费",严重地侵蚀了市场经济体制的健康运行。2015 年 4 月 18 日李克强总理主持国务院常务会议,研究部署"全面清理涉企收费"。国务院强调,凡是没有法律法规依据且未按照规定批准,越权设立的收费项目一律取消;坚决纠正擅自提高征收标准、扩大征收范围的行为;凡没有法律依据的行政审批中介服务与收费一律取消;严禁行业协会打着政府旗号擅自设立收费项目及提高收费标准等。然而,由于近年来严重的经济下滑导致地方政府财政压力进一步增大,地方政府迟迟不执行国务院的上述决定。为此,2017 年 2 月 8 日国务院总理李克强不得不再次召开常务会议,决定进一步清理和规范涉企收费,持续为实体经济减负。国务院两次会议均提出,要抓紧建立收费目录清单制度,切实减少涉企收费自由裁量权。显然,在中央与地方财政资源没有取得科学配置的大前提下,要促使地方政府下决心停止设立或征收"违规收费"极为困难。

(二)地方财政自主权的权利范畴

事实上,"地方财政自主权"构建的关键和重心并非完全集中在权力内容之上,地方财政自主权相对于中央政府、其他地方政府及其附属公共机构的"权利"构造也非常重要。一般来说,我国学者更多关注地方财政自主权的权力属性,往往忽视其对抗其他政府及公共机构的权利属性。值得关注的是,国内学者王建学开始把地方自治权作为"基本权利"进行研究,指出它的"不可侵犯性",特别是其不受中央政府、其他地方政府及公共权力侵害的品格。一旦遭到侵害,地方自治主体有权按照宪法、法律确定的救济机制启动救济。地方财政自主权的权力属性固然重要,但在市场经济体制日臻成熟的大环境下,地方财政自主权的权利构造也亟待构建和完善。

从霍菲尔德对法律概念的解析来看,法治化的地方自治或自主权应当同时包含权利和权力两个要素。"权力是指人们通过某种作为或不作为来改变某种法律关系的能力,权力的相关概念是责任,相对的概念是无资格。""权利和义务是相关联的。权利是指一个人可以迫使一个人某种作为或不作为,义务是指一个人应当作出某种作为或不作为。"②地方自治的权力内涵是指地方政府或地方公共团体对地方居民的统治权或治理权,它实际上是指地方自治(自主)单位对内的法律属性。

由此看来,地方自治(自主)单位的公法人资格与地方自治(自主)单位的权利属性的构建与完善休戚相关。公法人资格是地方自治或自主单位启动救济机制的法律人格或形式要件,地方自治或自主单位的权利属性的构建是地方自治或自主主体权力属性落地生根的根本保障,二者相得益彰、缺一不可。

---

① 载经济观察网:http://www.eeo.com.cn/2017/0601/305705.shtml,最后访问日期:2017 年 7 月 28 日。

② 吕世伦主编:《西方现代法学流派》(上卷),中国大百科全书出版社 1998 年版,第 182 页。

如果从广义上来说,地方财政自主权的权利属性还包括地方居民对地方财政自主权力的政治参与、民主协商及社会监督,甚至包括地方居民作为全国居民身份,参与中央财政权力的决策、执行及社会监督。在现代信息社会,公民的政治参与和民主协商机制不能单纯依靠传统的“制度化”的民主机制——代议机构,网络社会开放出的广袤的社会公共领域——网络空间,为“非制度化”的民主机制的展开提供了极为便利的沟通、协商及实施条件。公民可以充分利用网络空间传递、汇集并形成强大的“社会权力”,进而实现由公民集体权利向“公共权力”的华丽转身,实现阿伦特所说的“集体行动产生合法性”的制度逻辑。

三、地方财政自主权的规范与事实面向

前文已经初步指出,有关地方政府的财税法律规范与其他法律规范一样,存在规范与事实并不完全一致的情形。下面笔者就从规范内容与事实面向两个方面揭示我国当下地方财政自主权的多维“图像”。

(一)地方财政自主权的规范面向

无论是地方自治,还是大学自治,其自治的核心均是规范创制或者说立法权。这也许是国外推行地方自治的国家普遍赋予地方自治单位享有税收立法权的重要原因之一。正如葛克昌先生所说:“地方所以须有其自主财源,除可供其自主调度,不必依赖中央,避免国家过度干预外,更重要理由有二:其一,地方需有多大财政规模,可与地方决定须增加多少自治事项一并考量;换言之,地方决定增加管辖事务,同时应对其所增加之财政负担予以斟酌,亦即由收入支出两方面一并考量。其二,在从事自治行政时,须反复衡量地方自治行政之本质。按民主政治之主要功能,即为责任政治,地方自主决定推展某项事务,须考量在增加财务负担,并由居民分配时,是否仍属有利。”①其本质的要义是地方居民不仅享有公共支出的自主权,关键是在享有支出自主权的同时,享有自主公共财政收入的增收权——征收权,进而对收入与支出一体评价和考量。由此来看,税收立法权是地方自治权的核心要义之一。

有关地方自治权的属性,有固有权说、承认说、制度性保障及人民主权说等多种学说。② 固有权说不符合我国单一制国家的现实结构;承认说认为地方自治权基于国家法律承认取得,其弊端是难以防杜国家法律的废除或抽空,不利于地方自治制度的发展,为现代学者所抛弃;制度性保障说认为,地方自治权是由宪法保障的制度,以避免立法机关的废除或抽空,我国宪法确立的民族区域自治制度及特别行政区制度应当属于制度性保障说;人民主权说认为,地方自治权以人权保障为基点,凡是有利于人权保障的事项,无论有无法律依据,原则上均属自治权范围,这一学说容易得出“地方优越”的结论,也不适合我国国情。

---

① 葛克昌:《税法基本问题》(财政宪法篇),北京大学出版社2004年版,第171~172页。

② 法治斌、董宝成:《宪法新论》(下册),台北,元照出版有限公司2005年版,第431页。

首先，我国普通地方政府不具备独立公法人地位，除香港、澳门特别行政区以外，民族区域自治地区也不具备独立公法人地位。事实上，“真正影响地方政府地位的是地方政府是否具有法人资格”。[①] 我国宪法、法律并未授予地方政府独立公法人地位。我国新修改的《预算法》仅赋予省级政府发行地方债券的权力。有人认为，省级政府成为发债主体以后，就事实上具有公法人资格，因为其在获得融资权的同时必须承担相应的偿还责任。

笔者认为，不能因为省级政府享有举债权，就进而推断其也享有独立公法人资格。在单一制国家，地方政府要获取地域性公法人资格，在形式上要有宪法、法律授权，在实质上要享有最低限度的税收立法权及可以自由支配的财政收入；否则，仅仅依凭我国《预算法》对省级政府举债权的授予，就推断其享有独立公法人地位的说法难以让人信服。

其次，1982 年《宪法》规定中央政府的权力可以无限扩展，宪法并没有赋予普通地方政府享有专属保留事项。我国《宪法》第 62 条规定，全国人民代表大会行使“应当由最高国家权力机关行使的其他职权”；《宪法》第 67 条规定，全国人大常委会享有“全国人大授予的其他职权”；《宪法》第 89 条规定，国务院行使“全国人大及其常委会授予的其他职权”。上述宪法条文充分说明，宪法赋予中央政府的权力可以无限扩展。相反，宪法在规定地方人民代表大会及地方人民政府权限时，并未区分自治事项与委托事项。这进一步说明我国宪法并未授予普通地方政府享有自治权。同样，我国《地方各级人民代表大会及地方各级人民政府组织法》并未对地方人大及地方政府的专属事项进行界定，更未划定地方人大及地方政府的专属事项禁止中央政府介入的“禁区”。

再次，我国 2015 年《立法法》修改虽然赋予设区的市有权对“城乡建设与管理、环境保护、历史文化遗产保护”等享有地方立法权，但我国《立法法》同时又规定了“法律另有规定的，从其规定”，以及“不抵触原则”（不得与宪法、法律、行政法规及省级地方性法规相抵触）。因此无论是省级人大还是设区的市人大均不享有不受中央干涉的专属立法权。《立法法》授予地方的立法事项不是地方的专属立法权，中央立法享有“优占权”，并可以随时优占，即除《立法法》第 8 条规定专属于中央政府的立法事项以外，《立法法》授权的地方政府虽然可以制定地方性法规，但如果国家立法或行政法规生效以后，地方性法规与其相抵触的则无效。

最后，地方政府缺乏自主税收立法权。我国《立法法》第 8 条将税收立法权作为全国人大及其常委会立法权的保留事项，地方政府不享有税收立法权。税收立法权过度集中在中央，地方政府缺乏必要的税收立法权，是现行分税制的主要缺陷之一。按照市场经济体制的本质要求，地方政府应当享有一定的税收自主权，如果税收立法权由全国人大及其常委会垄断，全国人大常委会应当授予地方政府享有税率调整的权力。只有地方政府处于对财政收支一体考虑的制度环境之下，地方政府才能真正实现民主财政，地方政

① 田芳：《地方自治法律制度研究》，法律出版社 2008 年版，第 314 页。

府也才能享有实实在在的财政自主权。

从上述几点可以看出,除特别行政区、民族区域自治地方和村民自治、居民自治团体以外,我国普通地方政府均未享有宪法、法律赋予的自治权。当然,省级政府、设区的市及县级政府是否享有地方自治权,是一个非常重大的政治、经济、文化及宪法问题,不能单纯从经济学视角来评价和决定。以上是从实证法的视角,对我国地方政府的自治权或自主权进行的考察。

然而,从财政自主权的视角来看,地方政府虽然不享有宪法、法律赋予的自主权,但是地方政府并非不享有任何规范意义上的财政自主权。对于东南沿海等经济发达地区的地方政府来说,在法律和中央政府确定的强制性支出之外,地方政府即便是在规范的意义上,仍然可以享有一定的税收自主权和非税收入自主权,同时地方政府也享有规范意义上的支出自主权。

(二)地方财政自主权的事实面向

从社会调查的社会学研究方法来看,我国地方政府又实实在在地享有相当的财政自主权。

一是地方政府享有非正式的"非税征收的权力",如土地出让金、政府性基金、行政事业收费等。在正式税收之外征收法外税是几千年中国社会治理的"顽疾","厘金"就是清朝后期发明的应对太平天国农民起义的"法外税收"。只是由于筹措的有效性才最终被王朝推行全国,进而成为加速清朝政府灭亡的重要原因之一。①

改革开放以来,特别是实行分税制改革以来,随着一些地方财政缺口的增大,"法外税收"的顽疾再次在中国大地出现。实际上,这是几千年中国传统文化"绝对财产权利"观念缺失的自然延伸。党的十八大以来,特别是随着经济下行压力加大及地方财政缺口的增大,党中央、国务院对这一"法外征收"现象更加关注。2015 年4 月 18 日国务院曾经召开专题会议研究解决这一问题。2017 年 7 月 28 日李克强总理主持召开国务院常务会议指出,按照国务院部署,财政部已于 2017 年 6 月底按时公布运行行政事业性收费和政府性基金目录清单,实现对全国所有合法合规收费"一张网"全覆盖。本届政府以来,中央行政事业性收费已由 185 项减至 51 项、地方减至每个省份平均 14 项,政府性基金由 30 项减到 21 项。如此将大大增加行政事业性收费及政府性基金收取的透明度和规范程度。但是这进一步说明,地方政府享有的非规范意义或事实上的非税征收自主权至今仍然大量存在。

二是地方政府可以通过成立融资平台公司,绕过《预算法》进行举债或担保融资。不过,2017 年 6 月 1 日财政部、国土资源部印发《地方政府土地储备专项债券管理办法(试

① 厘金起源于 1853 年(咸丰三年)4 月,刑部侍郎雷以諴在扬州督办军务粮台,在扬州附件率先采取对商品抽收一定比例或金额税收的方法。由于富有成效,1854 年清政府推行全国。参见杨梅:《晚晴中央与地方财政关系研究——以厘金为中心》,知识产权出版社 2012 年版,第 58 页。

行)》(以下简称《办法》)。财政部出台《办法》就是认为了能够在一定程度上遏制地方政府的变相举债行为。2017 年 7 月 28 日李克强总理召开的国务院常务会议,强调要严格规范地方政府举债行为,积极稳妥化解累积的债务风险。要堵住“后门”,坚决遏制违法违规举债;同时要开好“前门”,支持地方政府合法合规举债融资。实际上,这恰恰说明此前的地方政府享有广泛的非规范意义上的“举债自主权”。

三是地方享有对自主财政资源和中央一般转移支付的支出裁量权。

四是地方政府享有变卖国有企业资产及其他垄断自然资源的权力。

五是地方政府享有法外强制非公有制企业“自愿捐助”的影响力和执行力。

六是省级以下转移支付的非规范化也会给包括省级政府在内的一些地方政府自由支配财力的权力。

由此来看,地方政府在现有法律规范体系下,的确享有组织财税收入及安排财政支出的自由,上述几项内容共同构成地方政府“事实上的财政自主权”。不过,有学者指出,就县级政府而言,其更多享有的财政收入的扩张性和非规范性,但在财政支出上则迫于上级政府的压力和约束性,其自由度相对较小。① 从国家治理能力和治理体系现代化和长治久安的视角来看,地方政府长期享有上述“事实上的财政自主权”并非国人及当地居民之福。地方政府确实应当享有财政自主权,但其应当享有规范意义上的财政自主权,而非“非正式的财政自主权”。

众所周知,诚信政府及法治政府是诚信社会和法治社会建设的前提和基础。如果地方政府带头僭越宪法、法律的界限实施违法行为,法治国家、法治社会建设永远只是“海市蜃楼”。更为关键的是,地方政府享有“事实上的财政自主权”大大延缓了中央与地方财政关系配置、运行中的矛盾和问题,进而阻碍了中央与地方财政关系的科学配置和法治化运行的进程。

四、地方财政自主权多维面向的融合统一

地方财政自主权虽然有多维面向,但作为一个中央与地方财政关系的法律制度,其多维面向又天然地具有内聚力和向心力。其共同的价值功用和逻辑追寻是展现公共服务品格和提升人权保障价值。

(一)地方财政自主权主体的融合统一

前文已述,单一制国家的地方政府并非不能赋予地方政府一定范围的自治权。英国、日本、韩国、法国同属单一制国家,但它们都赋予地方政府一定的自治权。为满足地方自治的财政需求,它们也都赋予地方政府相应的税收立法权。

单一制国家授予地方政府税收立法权是近年来财政联邦主义的基本主张之一。“联邦主义:一个同时具有中央和地方决策过程的政府部门,通过它提供相关公共服务水平的选择,基本上根据相关辖区居民(以及其他可能涉及经营活动的人)对这些服务的需求

① 曹静:《县域财政自主治理行为的行为逻辑与制度困境》,载《财经问题研究》2012 年第 1 期。

决定。"[①]如果根据上述纯粹经济学的定义,中国也属于财政联邦主义的范畴。[②]

财政联邦主义学说把中国现在的财政分级管理体制与联邦制进行了某种勾连。然而,由于我国在宪法上明确实行单一制国家结构,学者最多称我国的财政分权为"准财政联邦制"。原因如下:一是我国财政体制总体上是财政集中体制,地方政府仅享有事实上有限的自主权;二是我国财政体制满足或部分满足了修正后的财政联邦制原则;三是我国财政体制缺乏财政分权的宪治规则,地方民主机制尚未成为地方政府竞争秩序的成分等。[③]

那么,财政联邦主义是否适用单一制国家结构的中国?有学者认为:"分税制的现实困境是我国当前财政联邦制和宪治单一制内在冲突的集中反映,也是经济分权和政治集权深刻矛盾的真实写照。"[④]这位学者似乎发现了问题的真谛。其实,地方居民几乎很少参与目前的中央与地方财政权力配置与角逐。中央政府往往将地方单位的GDP增速作为考核地方官员的重要指标,地方官员因而把工作中心放在GDP增长速度上。当然,党的十八大以来,生态文明及绿色发展的理念也正在深入地方政府执政理念并作为地方主要官员考核的指标。但是,截至目前,地方政府的治理一般仅局限在地方党委和政府主要官员的内部决策,缺乏当地居民的广泛和有序参与。这就是哈贝马斯所说的行政机关的"内部编程"问题。"行政部门在多大程度上承担了政治立法者的任务,并且在执行中发展它自己的纲领,它就在多大程度上必须自己来决定论证和运用规范的问题。"[⑤]由此看来,地方财政自主权问题绝不仅是意识形态之争,而是经济学、财政学研究如何与政治学、宪法学交流与对接问题。地方政府的财政自主权及地方自治权是一个需要审慎决策的政治与宪法问题,需要运行多学科的力量综合研判和决策。

实际上,地方全体居民、地方代议制机构、地方官员以及作为抽象自主主体的地域性公法人的融合统一,是地方财政自主权、地方自治单位构建的宗旨和目的。其中,地方全体居民是地方自治单位、地方财政自主权构建的受益主体和最终主体;地方人民代表大会及其常委会作为地方代议机构,是宪法、法律授予的行使财政自主权的决策主体;地方官员只是地方财政自主权的编制或执行主体;地方政府作为公法人团体只是地方财政自主权行使其权利属性、启动救济程序的抽象主体。四维主体的分工负责、互相配合、互相制约及融合统一是地方财政自主权有效发挥制度功能的根本保证。其中,地方全体居民

① 奥茨:《财政联邦主义》,路符嘉译,译林出版社2012年版,第22页。

② 比如,学者何梦笔认为,中国经历了一场"静悄悄的联邦化"(1998年);蔡(Tsai)则把中国的体制称为"正在演进中的财政联邦制"(2002年);克鲁格(Krug)认为中国是一种事实上的财政联邦制(2004年);罗兰德等学者称中国是"财政联邦制";钱颖一等人称分税制的中国为"中国式联邦制"或者"市场维护型联邦制";郑永年称之为"中国式的行为联邦制";参见冯兴元:《地方政府竞争》,译林出版社2010年版,第337页。

③ 冯兴元:《地方政府竞争》,译林出版社2010年版,第337~363页。

④ 王世涛:《财政宪法学研究》,法律出版社2012年版,第109页。

⑤ [德]哈贝马斯:《在事实与规范之间》,童世骏译,三联书店2003年版,第539页。

是上述主体中享有最终评判权的主体,地方官员则是实际掌握地方财政自主权力"编程"的主体,地方人大及其常委会则是协调、弥合地方全体居民财政权利和地方官员财政权力冲突与矛盾的主体,地域性公法人表面上看仅仅是抽象的地方财政自主权利的维护主体,实际上它则包含有丰富多彩的权力、权利要素。上述主体共同的终极价值追求是协助中央政府提供好品质优良、富有浓郁地方特色的地方多层级公共服务,维护和保障地方居民不断增长、变迁的多元人权保障诉求。

当然,前文已经指出,赋予普通地方政府抽象公法人地位仅仅是一个法律地位确认或承认,关键是要从宪法、法律上赋予地方政府实质性的财政自主权力,特别是一定的税收立法权。否则,地方财政自主权的法人地位也会出现"名不符实"的现象,进而也会致地方居民继续退居地方公共财政"幕后",让地方主要官员行使"事实上"的"法外"地方财政自主权。由此看来,只有从形式、实质两个方面赋予地方政府公法人资格及权力,才能从根本上斩断地方财政权力向法外"伸手"的可能,才有可能构建法内"封闭"的地方财政自主权力,才能通过地方民主机制实现官员主体、全体居民主体的沟通融合。

(二)地方财政自主权力与权利的融合统一

地方财政自主权的权力属性主要体现其对地方居民内部的强制性和权威性特征。地方财政自主权的权利属性主要展现其针对中央政府及相关部门的不可侵犯性及可救济性。西方世界的现代国家,无论是实行联邦制,还是采取单一制,理想化的中央与地方财政关系图像是地方财政自主权的权力属性与权利属性的融合统一。具体的形式有二:一是英美模式的地方自治单位作为公法人启动司法程序的权利救济机制,同时辅之于地方居民积极参与地方财政自主权力的立法、执行及社会监督程序;①二是法德模式的地方自治单位的公民代表直接实质介入中央财政立法程序的参与协商机制,同时辅之于地方居民积极参与地方财政自主权力的立法、执行及监督程序。②

这两种模式和机制的共同特点是:地方财政自主权力与权利的实质性、深度融合统一。它是地方财政自主权真正能够科学、规范、良性运转的前提和基础。正如国内有学者所说,上述两种模式背后有一些共同的基本原则:人民主权原则、分权制衡原则、规范调节原则、名实相符原则。③

① 美国联邦与州关系的构建中,司法实践发挥着至关重要的作用。美国司法体系对于联邦与州之间关系的调节通过具体的涉及个案的方式间接进行;美国的共和体制属于"复合"共和体制,即不同层级的政府直接与民众打交道。参见宣晓伟:《美国的中央与地方关系:司法调节体系的方式和原则》,载《中国发展观察》2015 年第 5 期;宣晓伟:《美国的中央与地方关系:制度安排的优点与缺点》,载《中国发展观察》2015 年第 6 期。

② 德国采取的是"参与式的联邦制",而非"分离的联邦制"。任何有关州的税收份额、财政平衡、财政管理或者涉及各种财政的法律,也包括针对联邦和州共同预算原则的法律,以及其他涉及更改宪法或者触及联邦与州关系的法律规范的调整,都需要得到联邦参议院的同意。参加童建挺:《德国联邦制的演变》,中央编译出版社 2010 年版,第 71 页。

③ 宣晓伟:《对西方国家中央与地方关系的认识和评价》,载《中国发展观察》2015 年第 9 期。

上述两种权力与权利互动融合模式的差异在于:英美模式采取地方政府作为法人单位利用协调中央与地方关系的司法程序,实现地方财政自主权利与中央政府财政权力的法治机制,同时辅助于地方居民享有的公共财政参与权利与地方政府的财政自主权力的互动机制。法德模式采取地方居民或居民代表分别介入中央及地方财政权力的方式,实现财政权利与财政权力的融合统一。

近年来,关于如何构建中央与地方关系的协调和处理机制,国内学者主要有两种观点:一种观点认为,应当合理借鉴国外司法解决中央与地方关系的成功经验,构建司法审查机制来解决中央与地方权限争议。① 另一种观点认为,利用专门法的形式或者通过地方参与中央立法程序,规范和调整中央与地方利益冲突和争议。② 两种观点的相同点是构建中央与地方利益关系的法治化解决机制,两种观点的区别是基本理念和出发点不同,前者属于比较典型的个体主义权利保障机制思维模式,后者则是共同体主义、集体主义思维范式。

中国的根本政治制度是人民代表大会制度,人民代表大会制度的基本政治逻辑是集体主义思维,明显区别于以自由主义、个人主义为表征的英美宪政制度。未来中央与地方财政关系的法治化及地方财政自主权的构建也必须在人民代表大会制度宪治制度框架下进行。为此,笔者认为,地方财政自主权利与权力的协调融合机制不大适合选择以自由主义传统为支撑、以地方长期自治为基础的英美司法救济机制。相比而言,中国选择由地方居民或居民代表分别参加中央政府及地方政府的财政权力,特别是中央政府的财政立法权,比较契合我国人民代表大会制度的现行宪政框架。因为我国《宪法》《预算法》及《监督法》已经构建了比较完善的地方居民广泛参与的地方财政民主机制,而全国人大及其常委会的人大代表也由省、自治区、直辖市、特别行政区和军队选出的代表组成。如果按照法德模式构建地方财政自主权利与财政权力的融合机制,只需在全国人大或全国人大常委会下面设立一个协调中央与地方关系的委员会即可。

(三)地方财政自主权规范与事实的融合统一

地方财政自主权规范层面与事实层面分离的实质是价值与事实的冲突。二者冲突的根源是人的认识能力的有限性与法律规范的滞后性矛盾。当然,包括中央政府在内的各级政府及地方官员的趋利性也是规范与事实始终保持一定张力的重要因素。众所周知,理想的状态应当是规范与事实的融合统一,这就是分析法学派所说的"事实"与"价值"的统一。哈特的承认规则本身就是一种社会事实。③ "事实"与"价值"的统一实际上

---

① 参见张千帆:《中央与地方关系法治化的制度基础》,载《江海学刊》2012 年第 2 期;王理万:《行政诉讼与中央地方关系法治化》,载《法制与社会发展》2015 年第 1 期;郭殊:《论中央与地方关系中的司法调节功能》,载《法商研究》2008 年第 5 期。

② 参见谭波:《论完善中央与地方权限争议立法解决机制》,载《法学论坛》2009 年第 5 期;孙波:《以利益为视角探索中央与地方关系法治化》,载《社会科学战线》2016 年第 9 期。

③ 唐丰鹤:《哈特法律实证主义的三大命题》,载《法政探索》2013 年第 8 期。

就是哈特所说的用“内在的观点”接受法律规则。正如哈特所说:“把承认规则称为‘法’的论据是,为确认这个制度的其他规则提供标准的规则,可被认为是一个法律制度的确定的特征,因此它本身值得称为‘法’;把它称为‘事实’的论据是,主张这样一个规则存在,实际上对一个实际的事实作出外在的陈述,这个事实涉及‘有实效的’制度的规则被确认的方式。”①只有存在的规范才是有效的规范,反之亦然。“承认规则”是指确认具有某些实际效用的规则,使它们成为这个社会所遵循、有社会压力支持的规则。在一个复杂的社会里,通过特设机关的颁布、长期的习惯、司法判决等,来确认规则以作为以后的法律印证。在一个重要的意义上讲,承认规则是一个最终的规则和最高的规则。② 因此,承认规则实际上就是某个领域的宪法性规则或立法性规则。

在中央与地方财政关系法治化方面,规范层面与事实层面的融合统一是理想法治状态下的中央与地方财政关系,也是地方财政自主权的理想法治状态。然而,在事实上,二者张力的存在和运动属于中央与地方财政关系发展变迁的常态。但是,如果出现几个方面的情况,就超出了规范与事实背离的正常情况:一是地方财政自主权的规范层面与事实层面的全面或绝大多数脱离,无论是收入自主权还是支出自主权都是如此;二是地方财政自主权的规范层面与事实层面的长期背离。

地方财政自主权的规范层面与事实层面的背离,无论是大面积背离,还是长期背离,都将产生如下消极影响:一是市场主体的经济自由权和私人财产权可能大面积遭受公权力的严重威胁,市场预期和必要的市场规则很难形成,市场一直处于无序或半无序状态。二是不能实现地方财政自主权制度设立的根本宗旨——为地方居民提供优质公共服务及多元人权保障。三是中央与地方财政关系科学化、规范化、法治化的构建和实现将遥遥无期。四是各级政府及公共机构的“违法治理”“规则缺失”,将严重损害法治的权威,降低政府威信和信用,法治国家、法治政府及法治社会建设的引领、示范及带动功效将荡然无存。

要实现地方财政自主权规范与事实的“名实相符”与“实至名归”,必须努力构建和实现中央与地方财政关系的“良法”“善治”。首先,要按照“事权与支出责任相一致的原则”,构建科学、规范、完善、高层次的中央与地方各级政府的事权、支出责任、财政收入及转移支付制度,同时辅之于规范的中央与地方关系的调节机制。其次,要加强相关中央与地方财政关系法律制度的落实、督查、监督和法律责任追究,要坚决查处和果断追究那些胆敢视“法律规则”为“玩物”的中央及地方主政官员。2017 年上半年,中央部门多次出台针对地方政府超越《预算法》规避举债禁令的相关规定就是例证。最后,要认真探究、归纳和提炼制约中央与地方财政权力科学配置的体制性、机制性障碍,及时查漏补缺,做好中央与地方财政关系法律规则的立、改、废工作。2014 年《预算法》修改时赋予

---

① [英]哈特:《法律的概念》,张文显等译,中国大百科全书出版社 1996 年版,第 112 页。

② 吕世伦主编:《西方现代法学流派》,中国大百科全书出版社 1998 年版,第 216 ~ 217 页。

省级政府的举债权,以及2017年6月1日财政部、国土资源部印发《地方政府土地储备专项债券管理办法(试行)》,都是国家实现规范层面与事实层面融合统一的示范。笔者相信,随着我国市场经济体制的逐步完善及新一轮中央与地方财政关系法治化的加速推进,未来中央与地方财政关系的规范与事实的冲突将大大缩小,最大限度地规范与事实的融合统一将逐渐成为常态。

(四)地方财政自主权的主体、内容、规范与事实的融合统一

地方财政自主权只是一个人为构造的"制度装置",其终极的价值追求是维护和保障当地居民的多元人权保障这一宗旨和目的。因此地方财政自主权权力内容和权利构造都是为了地方财政自主权的最终主体——全体居民而服务的目的。地方财政自主权规范与事实与时俱进的调整与弥合也是为了最大限度地满足地方政府公共服务的需求,提升地方公共服务的品质,提高地方多元人权保障的有效性。

新中国成立以来,历次中央与地方财政分权改革与调整,特别是1994年的分税制改革以及1994年以后推行的多次中央与地方财政关系的调整,都非常清晰地确证了地方政府财政权力的构造与变迁、财政法律规范与财政权力实际运行的相互调适,无不深刻地体现和回应了当代中国绝大多数公民日渐高涨的多元权利保障诉求。比如,从表面上看,1994年分税制改革调整的是中央政府与地方政府的财政权力,其公认的最大成就是开启了构建适合市场经济要求的中央与地方财政关系新篇章。但是其终极的价值取向则是提高中央政府的"国家能力",厘清政府与市场、社会之间的关系,实现由"建设财政"向"公共财政"实质性转变。

然而,随着1994年分税制改革导致的财权上收、支出责任下移的境况持续"发酵",一些地方政府的财政收入出现不能满足日渐增多的公共财政开支的现象。于是,一些地方开始绕过我国《预算法》的举债禁令,违法违规举债或担保融资,导致地方隐形债务剧增,进而成为制约国民经济持续健康发展的"隐形杀手"。为了解决财政法律规范与事实财政权力的不匹配、不适应问题,国家在2014年《预算法》修改时,果断敞开省级地方政府的举债"前门",及时关上地方政府通过融资平台公司违法违规举债的"后门"。可是,随着近几年经济下行压力的加大及地方政府习惯性投资行为的"作怪",地方政府违法违规举债的势头并未得到有效遏制。为此,2017年6月1日财政部、国土资源部印发《地方政府土地储备专项债券管理办法(试行)》,其目的依然是最大限度地弥合规范层面与事实层面的冲突与张力。

再如,随着中央政府2017年经济工作会议对"房子是用来住的、不是用来抄的"顶层定位,一整套调控、限制房地产价格、规范房地产市场秩序的"组合拳"正在袭来。可以预见,在不久的将来房地产行业的投资下降必成定势。加上党的十八届三中全会已经决定并在全国部分市县试行的农村集体经营性土地直接入市政策的推行,曾经作为地方政府可靠财政来源的"土地财政"制度将会受到根本挑战,更何况中央政府也有意将房地产税作为城市房价调控的一个"棋子"。为此,解决地方政府日渐增多的公共服务成本必须另

辟蹊径——房地产税,或者重新调整中央与地方税收资源。“土地财政”制度的破解与“房地产税”制度的构建将成为最近一段时间内,地方财政权力调整的重要内容之一,值得国人期待和关注。

当前,我国地方财政自主权构造存在的最大问题,是缺乏地方财政自主权的“权利”要素的构建。其中,既缺乏地方政府作为权利主体介入中央与地方财政关系构建与调整的程序机制,也缺乏地方政府作为权利主体的财政权利保障和救济机制,与此相伴的也缺乏地方居民对地方财政自主权力的有效监督制约机制。正是由于缺乏地方财政权利建设的一系列内容和制度建设,因此我国地方财政自主权的构建和完善仍然需要一段很长的路要走。正如有学者所说:“由于缺少法律的规范性约束,中央政府在财政权力划分上处于绝对的优势,故而形成了以中央政府的需要为主导进行动态调整的财税体制。在调整过程中,地方政府只是被动的接受者,而不是能够表达诉求、参与决策的积极主体。”①比如,1997 年的印花税的收入分层比例调整;1998 年的证券交易税由地方税变为共享税的调整;2002 年的所得税变为共享税的调整;2016 年的所得税改为增值税后的收入分层比例等都是如此。地方政府从来没有作为权利主体参与其中的博弈或协商程序,更缺乏相应的权利救济和权利保障机制。

笔者认为,地方财政自主权的“权利内容”构建,不仅要谋划地方政府作为权利主体积极参与中央与地方财政关系的构建和调整程序,而且要尝试构建地方政府的财政自主权受到侵害时的救济机制和权利保障机制。在地方财政自主权的权利要素构造方面,德国立法参与模式的相关规定也许值得借鉴。德国《基本法》有关联邦参议院有权审议任何有关州的税收份额、财政平衡、财政管理或者涉及各种财政的法律,也包括所有针对联邦和州共同预算原则的法律,以及其他涉及更改宪法或者触及联邦与州关系的法律规范的调整。

除此之外,还要科学构建地方居民积极有效地参与地方财政权力编制、审议、执行及预算调整程序,构建地方居民能有效实施监督制约地方公共财政权力的社会监督机制。在这方面,美国、日本、英国等域外国家和地区创设的由纳税人提起的公益诉讼程序机制,可以作为我国地方公共财政权利要素建设的机制予以尝试。②

五、结语

“地方政府”作为地域性公法人是地方财政自主权的法人主体,地方人大及其常委会是地方财政自主权的实定法主体,当地居民全体是地方财政自主权的全权主体和受益主体,地方各级党委的书记及主要行政官员只是地方财政自主权的操作和实施主体。千万不能让地方财政自主权的具体操作和实施主体僭越全权主体,成为事实上的“全权主体”或“真实主体”。为此,必须赋予地方政府及地方人大真实的自主财政权力,赋予地方政

① 刘剑文:《地方财源制度建设的财税法审思》,载《法学评论》2014 年第 2 期。

② 田巧芝、裴秋玉:《试论我国纳税人公益诉讼的必要性》,载《商业文化》(学术版)2010 年第 7 期。

府公法人资格，同时辅之于地方居民的政治参与和民主监督；否则，即便赋予地方政府财政自主权，仍然免不了地方财政自主权的异化，即地方财政自主权的“权力”因素异化为个别地方官员捞取“政绩”的“私人自主权”，地方财政自主权的“权利”因素异化为地方官员潜在对抗中央的“自由裁量权”，地方财政自主权的人民主体地位异化为个别官员主体的“自由裁量空间”。

地方财政自主权的完整内容为权力和权利两个方面。在实践当中，人们往往过分关注财政自主权的权力属性，忽视财政自主权的权利属性。完善的地方财政自主权不但要构建科学、规范的权力内容，更要构建科学、规范的权利内容。地方财政自主权的权利内容不仅包括地方财政自主权不得受到中央政府随意侵害或干预，而且包括一旦遭受侵害有权获得救济的权利保障机制，当然也包含地方居民有序参与地方公共财政的预算编制、审议听证、社会监督等财政民主机制。其中最为关键的是，中央政府要在宪法、法律上把地方政府作为平等主体对待，地方政府特别是政府官员要把地方居民的“民意”作为评判地方财政自主权力行使与运行绩效的评判基准。

地方财政自主权的理想状态是规范层面与事实层面的一致与统一。然而，事实上，二者之间的冲突与张力始终相伴而生。要最大限度地消融二者的张力，必须按照“事权与支出责任相一致的原则”构建规范的中央与地方财政关系，实现中央政府及地方各级政府财政自主权的“良法”与“善治”。

地方财政自主权的主体、内容、规范与事实面向有一个共同的价值取向——人民日益增长、变迁的多元人权保障。地方财政自主权的主体构建、权力与权利内容要素的完善以及规范与事实冲突的消融，都要服从和服务于地方财政自主权的真实主体——全体居民的多元人权保障这一根本宗旨和目的。无论地方财政自主权主体之间、内容之间及规范与事实之间的融合与统一，还是地方财政自主权主体、内容、规范与事实之间的融合统一，其共同的价值取向和判准也是现代公民多元基本权利的尊重和保护。

论税收竞争的财税法规制*

杜仲霞**

1994年分税制改革收回了地方政府大部分财政收入权力,使地方政府拥有有限的财政自主权,但地方政府承担的事权并未因此减少,造成财政收支的巨大缺口,为发展地方经济,获得更多财政收入,地方政府就会追求获得更多的外来投资,加快本地区经济的发展,因此地方政府之间展开经济竞争,地方政府动用财政手段(包括税收优惠)进行招商引资,从而造成地方政府之间的税收竞争。

一、问题的提出:分税制改革下税收竞争是否存在

(一)税收竞争的概念阐释

严格意义上说,税收竞争不是一个法律词汇,而是一个经济学词汇。对于税收竞争的界定,不同学者的见解不同。有学者认为,税收竞争是指同级地方政府为了吸引资本和劳动等流动性税基而采取的政策选择从而影响了地方政府间财政收入的分配。① 也有学者将税收竞争等于财政竞争。② 但是大部分学者认为,财政竞争应当包括税收竞争和财政支出竞争。事实上,税收竞争和财政竞争很难区分使用,本文所指税收竞争等于财政竞争,包括狭义的税收竞争和财政支出竞争。税收竞争,是指政府间为了增加税源,促进本地区的经济增长,采用财政税收手段吸引辖区之外的生产要素,或者以各种措施向辖区之外转移税负的政府自利行为。一般来说,根据税收竞争展开的范围,将税收竞争分为横向税收竞争和纵向税收竞争:横向税收竞争是指同一行政级别的地方政府之间进

---

* 本文为国家社科基金项目:"供给侧结构性改革背景下财政政策的公平竞争审查制度研究"(项目批准号:17BFX203)的中期成果之一。

** 法学博士,安徽财经大学法学院副教授。

① Wilson J. D. and Wildasin D., "Capital Tax Competition: Bane or Boon", *Journal of Public Economics*, 2004, 88(6), p. 1066.

② 参见郑尚植:《财政竞争与地方政府的公共支出结构》,载《云南财经大学学报》2011年第6期;乔俊峰:《地方财政竞争演进与政府治理转型》,载《河南师范大学学报》2011年第6期;邹容:《地方政府财政竞争与公共服务供给:1999-2011》,载《湖南社会科学》2011年第6期。

行的税收竞争；纵向税收竞争是指上下级具有隶属关系的政府之间进行的税收竞争。①当地方政府采取降低税负的方式竞争被称为触及底限的横向税收竞争（Race to Bottom）；当地方政府为了竞相提高辖区内的税收而进行的竞争被称为攫取型的横向税收竞争。

（二）我国税收竞争溯源

有学者提出，由于我国 1994 年实行分税制财政分权以来，税收立法权集中于中央，地方政府不存在横向的税收竞争。但是我国经济学和财政学界大量的研究成果表明，我国依然存在税收竞争，特别是地方政府之间的横向税收竞争。我国地方政府税收竞争的根源在于：

第一，一个成熟的生产经济体制是税收竞争出现的必要条件。1978 年我国实行经济体制改革，逐步形成了社会主义市场经济，地方政府在市场经济中承担了的角色不断转变，由最初的仅仅提供公共产品，到现在最终承担市场宏观调控的职责。地方政府已经成为市场经济中不可或缺的一个参与者。市场竞争是在商品经济发展到一定阶段的产物，在市场经济中，企业通过生产或提供服务获得利润，而政府通过向企业征收一定比例的税收获得财政收入，同时也进行经济调控。由于市场的开放性，各种资本形式的要素得以自由流通，一旦地方政府为发展本地经济，采取降低税收的方式争夺市场中有限的生产要素，税收竞争就出现了。地方政府比较偏好税收竞争，因为相对于通过提供公共服务等其他竞争方式，税收优惠更为直接和有吸引力，效果更为明显。

第二，财政分权是税收竞争的另一个动力。1994 年我国分税制改革使地方政府拥有一定的财政自主权，也使不同的地方政府之间出现了经济发展的差距。与西方联邦体制中的分税制不同，中国式分税制的重要特征是中央政府对税权的高度统一和控制。这使中国式分税制下的地区间横向税收竞争显著不同于西方联邦体制中的地区间横向税收竞争，其中一个重要差别是竞争的策略工具不同。我国地方政府不拥有税收立法权，因此，只拥有税收征管权。因此，地方政府就会动用税收征管权影响税收“征管效率”。另外，财政分权后，中央政府收走了地方政府的大部分财力，特别是在增值税改革完成之后，地方政府可以独立征收的税种减少，而地方政府承担的事权却没有减少，形成了财权和事权不匹配的局面，地方政府被迫进行经济竞争，而税收竞争就是地方政府动用的手段之一。当地方政府财政收入不足时，中央财政的转移支付本应该弥补地方财政资金的不足，但是近年来的财政报告显示，地方政府得到的财政支付转移并不能弥补因税收改革而损失的税收收入，这也导致地方政府不得不通过税收竞争获得更多的财政资源。

第三，地方政府税权的缺位导致纵向的税收竞争。经过 1994 年分税制改革，税收立法权和大部分的税收征管权被上收至中央政府，导致地方政府的税权严重缺位。因此在地方政府没有税收立法权的条件下，地方政府间的税收竞争较微弱，而中央政府与地方

① 本文主要讨论地方政府横向税收竞争，但也涉及中央和地方政府之间的纵向竞争。

政府间的税收竞争成为税收竞争的主要形式，即我国国内税收竞争主要是纵向税收竞争。纵向税收竞争具体表现为中央政府对地方政府的税收侵占。① 有学者指出，在我国当前体制下，中央政府首先是税收竞争规则的制定者，其次才是竞争参与者。因此，居于竞争劣势地位的地方政府需要通过将税收收入转为预算外收入或企业上缴利润、着重培育地方税源而忽视中央税源、突击应付中央制度安排等方式缓解其在竞争中的被动局面。②

二、税收竞争对我国财税政策和市场经济的影响

改革开放以来的经验表明，市场竞争体制和财政分权为市场经济的发展激励和推动了我国经济的发展，也催生了地方政府的税收竞争，研究表明，适度的税收竞争可以提高经济要素的流动，降低企业的税负，为企业提供更多有利条件，有利于市场竞争。同时，适度的税收竞争也激励地方政府提高政府效率，阻止地方政府的恶性膨胀，促使地方政府有效地提供公共产品，提高居民的福利水平，防止腐败的滋生。但是无序的横向税收竞争和纵向税收竞争也降低了地方政府的财政收入，影响地方的经济建设，带来一系列负面影响。"政府间的税收不当竞争既是一个事关国家赋税的合法性、政府经济权力和公民经济权利关系的问题，也是一个事关国家经济协调、均衡发展的问题。"③

（一）不当税收竞争导致地区经济发展差距，出现财政危机

在分税制背景中，不同地区由于经济、地理位置、人口等诸多因素导致经济发展水平的差异，经济实力强的地方政府可以获得更多的税收，处于有利地位，其财力可以支撑其提供更优质的公共产品和服务，更有财力采取税收优惠吸引更多的资源要素流入，从而收取更多财政收入，形成一种良性循环。而财政竞争实力比较弱的地区，其提供的公共服务等基础条件差于财力较强的地区，最终导致竞争实力较强的企业流向经济发展较好的地区，导致税源的流失，出现弱者更弱的局面，后续的税收竞争会进一步加大地区间的财政收入差距。而经济实力较弱的地区不得不进一步降低税负以吸引和留住企业。在不断博弈中，税收优惠程度得到提高，竞争透明度渐渐下降，适度的税收竞争转变为过度的税收竞争，以此循环，税收竞争均会陷入"囚徒困境"，即税收优惠的目的是为了提高政府的财政收入，但是不断提高的税收优惠最终不但没有提高财政收入，反而使政府收入陷入财政危机。④ 而陷入财政危机的政府又不得不为获得财政收入进一步施行税收优惠的两难境地。有学者研究表明，我国东西部地区的差异就是如此形成的，发达地区在税收竞争中得到更多的财政资源，而经济落后地区财政收入则会相对减少，从而加重欠发

① 董蕾：《纵向税收竞争下地方主体税种的选择与完善》，载《吉林省经济管理干部学院学报》2010 年第 1 期。

② 胡洪曙等：《政府间纵向税收竞争研究的演进》，载《税务研究》2015 年第 11 期。

③ 靳文辉：《论地方政府间的税收不当竞争及其治理》，载《法律科学》2015 年第 1 期。

④ 吕凯波、喻超：《财政层级变革如何影响了地方政府横向税收竞争行为?》，载《浙江社会科学》2017 年第 2 期。

达地区的财政紧张状况。

(二)不当税收竞争导致地方财政资金的严重错配,扭曲了资源配置和产业结构

分税制改革将更多财政收入收归中央,中央政府的财政状况得以改善,但是地方政府的财政状况恶化,为了维持地方政府的经济建设的积极性,中央采取了对地方政府官员的经济增长的绩效考核制度。有学者实证研究在 1994 年分税制改革后至 2008 年期间财政分权对省级政府财政支出结构的影响时,其结论是财政分权本身并未导致财政支出结构的扭曲,而是官员的晋升激励导致省级政府在基本建设支出方面投入过大,以致忽视了教育、卫生等公共物品的支出,导致财政资源在经济建设中的错配。有学者通过实证研究发现,地方政府间的财政支出竞争阻碍了地方资本配置,尽管东部地区竞争提升了资本配置效率,但中西部地区的财政竞争扭曲了资本流动的方向。恶性的财政竞争导致地方政府财政资源利用低下,导致资源的浪费。地方政府为了争夺税收优惠话语权,占据行业龙头地位,获得垄断利益,纷纷进行开发区建设竞争,或者盲目地投入税低利好的产业。这样的产业同构化趋势非常不利于我国的产业结构化升级,阻碍资源等流动性要素流向最有效益的地方,进一步加剧了产业与资源之间的不平衡,造成产能过剩。

(三)不当税收竞争导致市场公平竞争受损,市场割据现象严重

市场经济体制的重要特征是公平竞争,通过公平竞争可以发挥价格机制、供求机制和竞争机制的作用,使资源得到优化配置,提高经济效率。而恶性的税收竞争导致以上三个机制完全失灵,对于个别企业的税收优惠导致其生产的产品因少交税而可以卖出更高的价格,导致价格机制失灵,进而影响供求机制,导致产品过剩,损害市场公平竞争。随着财政分权的进行,地方政府必须依靠当地的企业创造财政税收。为留住当地的企业,各地政府采取了各种措施来为本地企业创造有利的竞争优势,造成资源配置的低效率。这主要体现为各地方政府通过制定倾斜政策,如擅自制定税收优惠,在银行信贷方面对本地企业给予利息优惠,或在招投标中设置不合理的条件,限制外地产品和服务进入本地市场,或限制本地企业流到外地投资等,其结果是导致地区市场分割。

三、我国财税法规制税收竞争存在的不足

已有研究表明,地方政府间适度的税收竞争可以促进经济增长,但是,并不意味着可以无节制地放任政府间的税收竞争。[①] 因为税收竞争是一把"双刃剑",过度竞争不仅不利于政府征收和合理使用财政收入,而且也会对上市场机制产生不利影响,因此,要通过财政税收法律制度,对税收竞争进行合理引导,充分发挥税收竞争的积极作用,降低和避免其消极影响,然而我国财政税收法制度在制定的过程中,由于经济、政治、历史等多方面的原因,在规制恶性税收竞争方面依然存在不足:

① 谢欣、李建军:《地方税收竞争与经济增长关系实证研究》,载《财政研究》2011 年第 1 期。

(一)我国目前税法体系导致对中央和地方税种的配置失衡

事实上,中央政府和地方政府在财政收入收取上存在竞争关系。由于税收立法权集中于中央,中央政府就存在利用其立法权和地方政府竞争税种的可能性,通过立法权将税源较好的税种收归给中央政府,削弱地方政府的税收体系。由于纵向税收竞争,导致我国中央政府和地方政府之间在税种的分配上失衡,地方政府仅仅拥有税源较少的企业所得税、城镇土地使用税、耕地占用税、土地增值税、房产税、车船税、契税等。不仅地方政府缺少税收立法权,也在税收征管权方面处于不利地位,共享税大多由中央征收。增值税改革后地方政府主体税种缺失,虽然改革有利于增加中央政府的宏观调控的能力,但是也导致地方政府财政收入捉襟见肘,在和中央政府的博弈中处于弱势地位,一定程度上影响地方政府的财政自主权和进行经济建设的积极性。

(二)财政分权下转移支付制度不尽合理

由于地方政府税收收入有限,地方政府财政收入的很大一部分依赖于中央政府的转移支付。已有研究表明,弥补地方政府财政不足的转移支付对于地方政府的税收竞争产生一定的影响,总体来看,转移支付中的专项转移不但没有弱化地方政府的税收竞争,还有强化相邻县之间税收竞争的作用。虽然目标在于均等化财力的一般性转移支付,对相邻县之间税收竞争有整体上的弱化效果,但因在整个转移支付中所占比重较低,所以未能逆转转移支付整体上对税收竞争的强化效应。① 从我国目前的转移支付制度看,由于没有实现转移支付法定,地方政府和中央政府就转移支付的数量、范围、种类都没有确定,地方政府需要不断地和中央通过谈判的方式进行博弈。从目前我国的转移支付制度看,我国转移支付中专项转移支付仍然占40%左右的比例,无疑会加剧地方政府税收竞争。相关研究还表明,近年来,我国正在进行财政级次改革,将原有的“市管县”的财政级次取消,改为“省直管县”,改革对于县级地方政府的税收竞争有加强的趋势,降低了企业的实际有效税率,但是这种税收竞争是良性的,而非恶性竞争。②

(三)我国税收征管法对税收征管的自由裁量权过大

在我国,由于地方政府没有税收立法权,因此不具备改变税率和税种的权利,但是地方政府享有解释部分税法的权力,地方政府倾向于做出有利于本地区经济利益最大化的解释,另外,地方政府可以通过征管效率来放松税法的征收。此外,由于中国地方政府不规范的财政体系和征管模式,导致在正式的税收制度外,存在一些非正式的财税收入和规费基金收入等,比如,预算外收入、一般性收费、政府基金、规费以及一些乱收费现象,它们共同构成了纳税人的税收负担。

(四)我国税收优惠制度的法制化不够

税收优惠是税收竞争的主要方式。我国目前税制中税收优惠方式主要有税率优惠、

① 李永友:《转移支付与地方政府间财政竞争》,载《中国社会科学》2015年第10期。

② 王小龙、方金金:《财政“省直管县”改革与基层政府税收竞争》,载《经济研究》2015年第11期。

税额优惠和税基优惠三种类型,其中以税率优惠和税额优惠最为常见。税率优惠主要有区域优惠和产业优惠两类,而企业能否进驻税收优惠区域,是否属于税收优惠产业以及适用何种优惠税率等,都需要相应的政府主管部门审批和认定,因而地方政府在企业是否能享有税率优惠上拥有较大的自主权。税额优惠主要表现为地方政府的税收返还。2002年后中央政府虽然禁止地方政府擅自给予企业"先征后返"等税收优惠的行为,但现实中许多地方政府仍然采用返还税收的方式给予了企业大量税收优惠,并且涉及的税种不仅包括企业所得税,同时也涉及增值税等流转税税种。

四、针对税收竞争对财税法的完善

(一)加快税种改革,为地方政府提供税收支持

第一,加快税种改革,为地方政府寻找新的主体税种。营业税改征增值税之后,地方税种中税源充足的营业税消失,地方政府自主财力明显减弱,导致地方政府财政收入大幅减少,要增加地方政府的财政自主力,就必须建立新的地方税主体税种。建立新的地方税种可以满足地方财力需求和构成竞争的财政激励。世界上大多数市场经济中比较发达国家的财产税占地方税收收入的比重在75%左右,实践表明,财产税成为地方主体税种是实行分税制国家的通例。财产税自身优势决定了财产税成为地方主体税种的必然选择。因此,要考虑尽快开征房地产税,在条件成熟时,考虑征收遗产税等其他财产税种。另外,为了增加地方政府财政收入,适度扩大消费税的征收对象,增加消费税的整体收入,但要防止消费税的过度扩大进一步加剧目前税制结构的不平衡。消费税可以克服税负流动性问题且能满足地方征收效率,但是其税基波动较大且存在区域受益非对称性问题。①

第二,适度增加共享税种中地方政府税收的分享比例。由于地方税收中营业税改为增值税,导致地方政府税源大幅减少,在目前新的税种难以确立的情况下,适度增加共享税种地方政府的分享比例是最佳选择。因为经济学研究已表明,大量的转移支付会加剧中央和地方政府的税收竞争,降低财政效率。而增加共享税种中地方政府的分享比例却可以解决这个问题,避免地方政府不断地和中央政府因增加转移支付而进行的博弈。

(二)完善财政转移支付,适当时引进横向转移支付

为了解决中央和地方政府之间存在的转移支付的不确定性,调整中央政府和地方政府间财力与事权配置的划分问题,理顺政府间的纵向关系,确保地方政府有足够的收入完成地方公共产品供给任务,就必须尽快制定颁布财政转移支付法,确定中央政府给各地方政府转移支付的数量、种类、范围和转移支付的方式、比例,加大对地方政府财政转移支付的力度,同时加大一般性转移支付的力度,减少地方政府因转移支付和中央政府的谈判和利益博弈。同时也在一定程度上遏制中央政府对地方政府官员的绩效考核,赋予地方政府经济建设的自主权。

由于税收竞争导致西部地区经济差距正在不断扩大,为了实现经济均等化发展,建

① 王宇:《财税改革过程中地方主体税种的选择》,载《税务研究》2015年第4期。

议在时机成熟时，借鉴德国转移支付制度的做法，建立跨省的横向转移支付制度，制定一定的标准，由东部发达地区的省份将一部分财政收入转移给西部欠发达地区省份，减少西部地方地方政府的恶性税收竞争，有利于我国地区经济发展的均衡。

（三）施行税收优惠法定

为了加强对税收等优惠政策的规制和清理，2014 年 11 月国务院印发了《关于清理规范税收等优惠政策的通知》，指出一些税收等优惠政策扰乱了市场秩序，影响国家宏观调控政策效果，甚至可能违反我国对外承诺，引发国际贸易摩擦。因此，应当限期清理。2015 年国务院又印发了《关于税收等优惠政策相关事项的通知》，对税收优惠的清理政策加以调整。两个文件都强调今后地方政府不得擅自制定税收优惠政策。

要规范地方不合理的税收竞争，需要进一步完善税收的优惠体系和操作机制，避免财税优惠的寻租行为。一方面，加强对已制定的税收优惠政策的清理，对违反规定的税收优惠坚决加以清理，提高财税优惠透明度，避免趋利因素扩大化，注重财税优惠政策的适度和效益原则相结合。另一方面，要求贯彻税收法定原则，除依据专门税收法律法规和《民族区域自治法》规定的税政管理权限外，各地区一律不得自行制定税收优惠政策；未经国务院批准，各部门起草其他法律、法规、规章、发展规划和区域政策都不得规定具体税收优惠政策。

（四）加强税收优惠的公平竞争审查

税收优惠之所以在近年来受到广泛关注，是因为近年来我国开始贯彻竞争政策为市场经济的基础性政策，因此，包括税收政策在内的财政政策、货币制度和产业政策等都要围绕竞争政策实施，为竞争政策服务，尽可能避免和竞争政策发生冲突。2016 年 6 月 1 日国务院印发的《关于在市场体系建设中建立公平竞争审查制度的意见》（以下简称《意见》），部署开展公平竞争审查工作。《意见》要求，自 2016 年 7 月起，国务院各部门、各省级人民政府及所属部门出台政策措施要进行公平竞争审查；2017 年起，各省级人民政府要在本行政区域逐步推开，指导市县级人民政府及所属部门开展审查。对现行政策措施，要对照公平竞争审查标准，区分不同情况，稳妥把握节奏，有序清理和废除现存妨碍全国统一市场和公平竞争的各种规定和做法。在审查的政策中，就包括税收政策对市场公平竞争影响的审查。因此，今后各级政府在制定税收政策时，必须考虑税收优惠对市场竞争的影响，凡是对市场公平竞争有影响的税收优惠等政策一律不得制定实施。

五、结语

税收竞争是成熟市场经济体制的必然产物，无须加以禁止，但是也要通过制定合理的财政税收法律制度加以引导，防止恶性税收竞争对市场经济的不利影响，形成国内统一的市场，提高我国经济的整体竞争力。相信通过不断推进财税体制改革，我国税后竞争的负面影响将越来越低。

制度回归视角下的财政转移支付制度

郭维真 [*] 马　畅 [**]

1994年我国通过确立分税制调整中央与地方的财政分配关系，取得了极大的制度效益。但是，现阶段包括我国财政收支结构变化在内的各种原因使得分税制已难以适应我国的经济社会发展需要，地方政府长期陷入财政收支倒挂的困境，无法有效履行其支出责任。而财政转移支付制度作为分税制改革的产物，也呈现出了从地方政府的补充性财源变为主要财源这一本末倒置的趋势，中央与地方之间的事权和支出责任日益失衡。

在财税体制改革日益深化的大背景下，财政转移支付覆盖领域之广，一方面反映了财政转移支付制度极强的生命力和影响力；另一方面也对其完善路径的研究提出了更高的要求。我国《预算法》的修改①和国务院《关于改革和完善中央与地方转移支付制度的意见》（国发〔2014〕71号）（以下简称《意见》）②虽对分税制下中央与地方间事权与支出责任不统一的问题予以了回应，但仍无法解决财政转移支付制度在实践中的诸多死角。因此，在当前公共财政体制改革的视野下，本文在对我国财政转移支付制度的理论基础和历史演变进行考察，进而关注其现实样态的同时，也会回归到其理论基石和制度的现实需求对其完善路径展开论述，以使其愈加符合财税法治的宏观价值和微观需求，最终走向财税法治。

一、财政转移支付制度的应有之义

随着政府行政职能的扩张、公共领域实务的复杂化以及现代税收国家③财税行为伴

---

* 中央财经大学法学院副教授。

** 中央财经大学法学院硕士研究生。

① 2014年8月31日第十二届全国人民代表大会常务委员会第十次会议通过《全国人民代表大会常务委员会关于修改〈中华人民共和国预算法〉的决定》，自2015年1月1日起施行。

② 2014年12月31日国务院发布《关于改革和完善中央对地方转移支付制度的意见》（国发〔2014〕71号）。

③ 税收国家以“国家无产、私人有产”为前提，其特征在于将生产工具与营业自由放逐予人民于社会领域的市场内经营，就经常成果课征赋税，以为财政收入，并以税收为管制、诱导社会活动的手段。参见黄茂荣：《税法总论——法学方法与现代法》（第1册增订2版），台北，台湾植根法学丛书编辑室2005年版，第19页。

生的风险日益强化，传统意义上的财产权概念[①]已无法有效回应经济社会发展对财产权法律体系提出的诸多挑战[②]，使从公法视角关注财产权的由私有领域向公共领域的转化以及由此产生的政府持有财产的结果状态成为必然，“公共财产权”应运而生。财政转移支付作为上级政府通过预算对下级政府安排的无偿资金拨付，其来源为“公共财产”，天然地体现公共财产的旨意。因此财政转移支付制度作为地方财政分权的重要内容和实现路径之一，在推动基本公共服务均等、促进经济社会事业协调发展、实现社会主义财政法治方面发挥着不可替代的重要作用。

（一）缺口弥补：从地方财政收支平衡看财政转移支付

众所周知，财政转移支付制度的建立和发展便是基于中央和地方财政之间的纵向不平衡和各区域之间的横向不平衡，而更以前者为主。

地方财政收入在法律和事实层面的削弱，产生了两方面的结果：一是地方政府为增加财源竞相投资各类产业；二是对于投入产出回报低的领域，地方政府存在明显的支出不足。地方政府财政收支在制度上的显著不匹配，既无法通过中央在收入面的让与，也无法通过中央在支出面的豁免实现；而财政转移支付制度，特别是一般性转移支付制度的建立便是在不调整双方既得利益，中央财政从收入增量中拿出一部分资金，逐步调整地区之间的利益分配格局，以扭转地区间财力差距扩大的趋势。

（二）制度弥合：从分税制的缺陷看财政转移支付

1994 年分税制改革进一步明确了中央和地方的事权划分，它包含的原包干体制内容以及新的分税特征使地方在缴纳中央税款后可以留存，使地方政府享有一定程度的财政自主权和对财政收入初次分配后的剩余索取权，无疑使地方政府作为独立利益主体的身份得到了强化。[③] 但是利益主体强化的同时，地方看似拥有了部分的自主权，但以增量调整的财力上移为特征的分税制，其实质是将财政收入的权力尽多地收回中央。而地方政府的合法的利益空间是有限的，地方仍不拥有完全而充分的产权，虽然事实上成为单独的利益主体，但并不具备独立的人格。[④] 收入集中上移和地方不断施加的刚性的支出需求，加剧了非对称性。

因此，财政转移支付不仅是弥补了地方的财政缺口，更是用一种合法而灵活的政策弥合了分税制缺陷带来的地方政府不当财政行为的法外空间。具体而言，一方面，财政转移支付是对地方财政自主权的落实和保障。地方财政自主权的实现要求地方享有充

① 传统意义上的财产法是相对于公共财产法而言的，其关注的是发生在私人之间、由私法予以保护的横向财产关系。

② 诸多财税法学者认为，目前财产权的社会义务承担、财产权的公法上保护、财政资金在分配正义上的制度功用等问题都是传统意义上的财产权概念无法解决的，财产权法律体系需要与时俱进，拓展其法律规则。

③ 王金秀：《公共财政政策与政府治理》，中国财政经济出版社 2007 年版，第 126 ~ 127 页。

④ Jianfeng Wang, *An Empirical Study of Fiscal Decentralization of Local Governments in China*(Ph. D. diss., West Michigan University, 2005).

分独立的财力,而在不盲目扩大地方税收立法权的前提下,财政转移支付制度通过对各级预算主体的无偿资金拨付,确保地方享有充裕的财力;另一方面,财政转移支付是均衡各级预算主体之间收支不对称的预算调节机制,①能够有效地平衡权力与权力、权力与权利之间的利益冲突,逐步实现地方政府基本公共服务能力均等化这一目标。

(三)价值聚焦:形式正义和实质正义的融合

作为对分税制缺陷弥合的制度之一,财政转移支付作为财政再分配的重要途径,其宗旨在于实现财政能力和公共服务水平的均等化;通过对社会各阶层的收入调整进而协调各地区经济发展的差异,财政转移支付制度体现了其内在的公平正义内涵。

然而制度的正义实现不仅基于其内设的价值目标,更在于制度践行的正义体现。从财政转移支付的典型——均衡性财政转移支付的设定来看,测算标准的规范性和经济数据的年度性使该制度能够在法治化和政策化之间实现动态平衡,这种平衡背后的实质则是财税法治的实现程度。从这个角度审视财政转移支付制度的价值正义,笔者注意到在制度运行中以下四个方面的不可替代:

一是人民的意志是否得到表达。我国《宪法》第2条②通过对人民主权原则的明确使人民意志的表达在我国不仅应体现为人大代表对财政转移支付是否享有知情权、决策权和监督权,还应体现为公民的参与权。

二是人民的权利是否得到保障。通过对公民"钱袋子"的切实关注,财政转移支付制度彰显其保障纳税人权利的本质。

三是人民的利益是否得到实现,体现在财政转移支付是否取得了均衡地方政府财政能力、提供均等化公共服务的制度实效。

四是财政权力是否在法治框架内运行,即不仅应注重目标的法定、测算方式的法定,更强调决策主体的法定、决策程序的法定以及监督评价机制的法定。

唯有如此,才是财政转移支付制度的应有之义。然而即便财政转移支付制度被赋予了如此深刻的价值内涵和目标期待,也不得不承认这样一个事实:财政转移支付不应当构成地方财政收入的主要收入来源之一,即地方对财政转移支付的仰赖不应常态化,只能是财政收支绝对匹配的非现实性状态下的非常态存在,这在某种程度上是我国分税制法治化程度的试金石。

二、我国财政转移支付制度的演进及现状

自1994年分税制改革起,我国财政转移支付制度按照发展的规范程度可划分为三

① 徐阳光:《财政转移支付制度的法学解析》,北京大学出版社2009年版,第9页。

② 我国《宪法》第2条规定:"中华人民共和国的一切权力属于人民。人民行使国家权力的机关是全国人民代表大会和地方各级人民代表大会。人民依照法律规定,通过各种途径和形式,管理国家事务,管理经济和文化事业,管理社会事务"。

个重要的阶段。① 本文拟从分税制改革之后实行的比较规范化、通行的一般意义上的财政转移支付的政策以及相关规范文件入手,梳理我国财政转移支付制度的历史演进。

(一)过渡期的财政转移支付制度(1994~2002年)

1993年"转移支付"的概念被首次提出。② 作为分税制改革的配套措施,《过渡期财政转移支付办法》出台,将转移支付的基本原则明确为不调整地方既得利益、力求公平公正、突出重点、体现对民族地区的照顾,还对转移支付额确定、计算确定客观因素转移支付额进行规定。

在过渡期财政转移支付时期,鉴于中央财政财力的有限性和转移支付制度在数据统计、测算方法上的局限性,财政转移支付制度仅处于一个趋向于相对规范的阶段。同时,也必须认识到,以"因素法"③代替"基数法"一改非规范化的财政转移支付时期制度设计上的随意性和不确定性,实现了计算方法的科学化、规范化。

(二)一般性转移支付的规范化演进(2002~2009年)

2002年国务院通过所得税收入分享改革,明确因改革集中的收入全部用于对财政困难地区尤其是中西部的一般性转移支付,一般性转移支付规模稳定增长机制初步建立。"过渡期转移支付"概念不再使用,改为"一般性转移支付"。

2002年、2003年财政部《转移支付办法》(以下简称《办法》)皆以中西部地区为主要对象,并适当照顾老少边地区。而在2007年、2008年,再次申明了一般性转移支付用途上的不特定性,体现了其规范化趋向。此外,在一般性转移支付的目标上,已由2002年、2003年的双重目标④调整为2007年、2008年《办法》提出"实现地方财力均衡和公共服务的均衡"⑤;与之相适应,在基本原则上采用了"公平公正、公开透明、稳步推进"的表述,⑥

① 我国财政转移支付的历史沿革可主要划分为:非规范化的财政转移支付(1951~1993年)、过渡期的财政转移支付(1994~2001年)、规范化的财政转移支付(2002年至今)。在1994年之前,我国的转移支付并非严格意义上的转移支付,即地方政府并无实质的财政自主权和伴生的财政缺口,因此遑论建立以实现提供均等化的公共产品为目标的财政转移支付制度。

② 党的十四届三中全会的《中共中央关于建立社会主义市场经济体制若干问题的决定》指出:"近期改革的重点,一是把现行地方财政包干制改为在合理划分中央与地方事权基础上的分税制……实行中央财政对地方的返还和转移支付的制度,以调节分配结构和地区结构,特别是扶持经济不发达地区的发展和老工业基地的改造。"

③ 客观性及政策性因素。

④ 财政部《关于2002年一般性转移支付办法》(财预〔2002〕616号)第1条规定:"一般性转移支付的目标是扭转地区间财力差距扩大的趋势,逐步实现地方政府基本公共服务能力的均等化,推进全面建设小康社会目标的实现。但受客观条件的制约,近期内一般性转移支付的目标是缓解财政困难地区财政运行中的突出矛盾,保障机关事业单位职工工资发放和机构正常运转等最基本的需要。"

⑤ 《2007年中央对地方一般性转移支付办法》(财预〔2007〕386号)和《2008年中央对地方一般性转移支付办法》(财预〔2008〕90号)在"目标和基本原则"部分提出"缩小地区间财力差距,逐步实现基本公共服务均等化"。

⑥ 参见《2008年中央对地方一般性转移支付办法》。

体现“公平通过政府”[①]的理念,寓正义于法之中。

对于一般性转移支付额的确定,最初主要通过计算各地标准财政收入和标准财政支出差额以及转移支付系数,将凡是标准财政收入大于或等于标准财政支出的地区,排除在转移支付范围外;同时,对于特殊转移支付的适用进行了特别规定。[②] 可以看出,上述测算方式仅对一般性转移支付额的确定进行了概括性的规定,过于模糊且测算方式不尽科学。因此,在 2007 年、2008 年《办法》,确立了综合考虑因素法和成本差异的资金分配方式,采用规范化的公式进行测算。为使标准财政收入的确定更加规范,2008 年除明确各地区标准财政收入分省计算外,还确立了地方本级标准财政收入、中央对地方返还及补助收入(扣除地方上解)、计划单列市上解收入三部分主要收入来源。在确定转移支付系数时,2008 年科学地采用了包括各地区标准财政收支差额和各地区财政困难因素在内的因素法确定。[③]

在资金的监管方面,明确了省、市级政府承担相应的分级管理的职责;此外,还对资金拨付过程中的中间环节、支付形式、地方政府的职责进行了概括性的规定。2007 年、2008 年在《办法》该部分采取了趋同的表述,对“各地区要根据本地对下财政体制、辖区内财力分布等实际情况”对转移支付资金进行管理和监督以及其用途的公共性进行了再次重申[④],体现一般性转移支付以人为本的制度理念。

(三)转移支付制度的进一步演进:均衡性转移支付的明确(2009 年至今)

2009 年为进一步规范转移支付制度,原“一般性转移支付”更名为“均衡性转移支付”,虽然只是名称的差异,但这不仅是将基本公共服务领域均等化的目标直接体现在称谓上,更是建立了制度性保障以形成“以均衡地区间基本财力、由地方政府统筹安排使用的一般性转移支付为主体,一般性转移支付和专项转移支付相结合的转移支付制度”。[⑤]

---

① “公平通过政府”这一论断,无论在计划经济还是市场经济条件中都是适用的,其主要含义就是政府(国家)是实现社会公平最为重要的主体。参见徐阳光:《财政转移支付法的公平正义理念解读》,载《社会科学》2008 年第 1 期。

② 如财政部《关于 2002 年一般性转移支付办法》在“一般性转移支付额的确定”方面规定了“对难以按统一公式量化但又必须解决的特殊问题,增加特殊转移支付。”这一规定在 2007 年和 2008 年办法中均已被删去。

③ 2008 年办法在“转移支付系数的确定”上“参照一般性转移支付总额、各地区标准财政收支差额以及各地区财政困难程度等因素确定。其中,困难程度系数根据标准财政收支缺口占标准财政支出比重及各地一般预算收入占一般预算支出比重计算确定”。与 2007 年办法相比体现了两点修改:其一,将确定转移支付系数的各因素的测算时限放宽,不再限于“当年”;其二,将困难程度系数的确定依据进行了调整,以“各地一般预算收入占一般预算支出比重计算”,而非以“各地一般预算收入占财政支出比重计算”。这两点修改对于规制年底突击花钱、协调与我国预算年度的冲突、落实财力与事权相统一具有积极意义。

④ 2008 年办法在“转移支付资金的管理与监督”中规定“基层财政部门要将上级下达的一般性转移支付资金,重点用于基本公共服务领域,推进民生改善,促进社会和谐”。此前,财政部《关于下达 2003 年一般性转移支付数额的通知》中也明确严禁地方政府将其(一般性转移支付资金)“用于‘形象工程’和‘政绩工程’,否则将酌情扣减下年度一般性转移支付资金”。

⑤ 国务院《关于改革和完善中央对地方转移支付制度的意见》(国发〔2014〕71 号)。

1.2011 年、2012 年《办法》评述

2011 年、2012 年的均衡性转移支付制度相较以往有了较大的变动。①

第一,对设立目的和总体目标进行了明确,即"缩小地区间财力差距,逐步实现基本公共服务均等化,推动科学发展,促进社会和谐"。将我国《预算法》明确为均衡性转移支付办法的制定依据,体现了转移支付资金受预算安排的天然属性和"以收定支"的财政理念。在分配原则方面,明确为"公平公正、公开透明、适度激励"。

第二,在具体测算转移支付资金时,分配方法、标准财政收入、标准财政支出、困难程度系数的确定并无较大变动。但有三点值得关注:一是在均衡性转移支付系数的确定上,尤其是困难程度系数的确定上采用了"根据地方'保工资、保运转、保民生'支出占标准财政收入比重及缺口率计算"②的方法,彰显了财政转移支付制度纳税人权利保障的本质属性;二是 2011 年、2012 年《办法》在授权程度上体现了极强的灵活性,授权各省制定省以下均衡性转移支付办法,给予省一级政府极大的自主性;三是将财政部门明确为测算和下达均衡性转移支付的负责部门,并为其规定了包括数据公开、接受监督等具体职责和测算下达时间,使其与我国的预算安排基本一致,保障了转移支付资金的按时到位和稳定流转。

第三,在增幅控制机制上,规定了"以中央对地方均衡性转移支付平均增长率为基准,对超过或者低于基准增长率一定幅度的地方适当调增或者调减转移支付额",③从而调控地方各级财政稳定运行。

2.2016 年《办法》评述

在国务院《关于改革和完善中央对地方转移支付制度的意见》(国发〔2014〕71 号)之后,2016 年《办法》可以被认为是能够较好体现新时期我国财政转移支付制度的改革成果和完善目标的重要制度。《办法》与前述办法最大的特点就是更加务实客观和标准设定更为科学化,除了立法目的条款,《办法》全文 14 条都是切实可行的操作规范性规定。具体而言:④

第一,对历年办法一些未尽事宜予以补充完整。如关于增幅控制机制,明确了"调减(或调增)相关地区转移支付所余(或所需)资金,中央财政不调剂他用(或另行安排),在保持转移支付总规模稳定的基础上,通过同比例放大(或压缩)享受转移支付地区转移支付的办法处理。"⑤

第二,在转移支付标准测算中。一方面,明确了标准财政收支的参考因素,旨在反映

① 参见《2011 年中央对地方均衡性转移支付办法》(财预〔2011〕392 号)和《2012 年中央对地方均衡性转移支付办法》(财预〔2012〕300 号)。

② 参见 2011 年、2012 年《办法》第 11 条。

③ 参见 2011 年、2012 年《办法》第 12 条。

④ 参见财政部《关于印发 2016 年中央对地方均衡性转移支付办法的通知》(财预〔2016〕63 号)。

⑤ 参见 2016 年《办法》第 8 条。

"地方收入能力"和"地方支出需求"①,切实回应了收入、事权与支出责任之内在关系。另一方面,各项因素的选定和系数的设定更具有科学性,如温度系数细化为冬季温度系数和夏季温度系数;同时诸多支出标准测算的固定比例,如城乡社区事务标准财政支出、农业标准财政支出、林业标准财政支出、交通运输标准财政支出等都更加考虑权重和实际支出设定占比因素。② 并且对于特殊支出的适用前提,城镇化进程中农业转移人口市民化成本分担机制在转移支付制度中的具体落实——农业转移人口市民化奖补资金等进行了明确。

第三,突出了计划单列市在均衡性转移支付中的地位。

此外,2016 年《办法》以奖惩机制替代了激励机制,但在行文上仍只体现激励部分,对于"惩"(后果承担),遗憾的是,并未有具体的规定落实。

(四)理想与现实的断层:均衡性转移支付制度的现实样态

现阶段,由于理念的缺失、原有体制残余③、政府间财政关系的失衡等原因,我国的财政转移支付制度仍存在诸多问题。

首先,财政转移支付存在规范化体系的缺失问题。我国现行的财政转移支付仅涉及上下级政府,主要是央地政府间财政转移支付,制度化的政府间横向转移支付尚未建立④。财政转移支付无法形成全面、纵深相结合的格局,往往使其功效大打折扣,这一问题直到我国《预算法》修改和《意见》出台后仍未得到解决。

其次,财政转移支付在结构上存在失衡,体现在均衡性转移支付所占比重过小,专项转移支付比重过大,且在标准、程度等方面尚不完善。《意见》在 2014 年明确了一般性转移支付占比 60% 以上,而一般性转移支付体系则应"以均衡性转移支付为主体、以老少边穷地区转移支付为补充并辅以少量体制结算补助";虽基本划定一条红线,但仍然留了相当大的缺口给专项转移支付。此外,虽然在 2011 年《办法》中开始提出"中央财政建立均衡性转移支付规模稳定增长机制",然而 2016 年《办法》才明确"确保均衡性转移支付增幅高于转移支付的总体增幅"。因此,均衡性转移支付既要保证规模,更要保证财政资金的切实有效利用。而专项转移支付重点不在数量压减,更在于审批机制的正当性。

再次,财政转移支付办法的程序规范过于简单,其公平正义的价值受到克减。在理念上,我国的财政转移支付制度并未充分体现出保护纳税人权利的制度内涵,而仅是在

① 参见 2016 年《办法》第 2 条。

② 参见 2016 年《办法》第 6 条。

③ 1995 年开始建立的《过渡期财政转移支付办法》将 1994 年以前原有的财政预算支出项目作为专项转移支付。

④ 21 世纪以来,我国实施多年的对口支援,如汶川大地震灾后重建的对口支援、支援新疆、支援西藏等,实质上就是发达地区政府将自己的财力以各种方式无偿地转让给欠发达地区,故而本质上都属于政府间横向转移支付。然而在实践中,这类对口支援多以政治任务的形式强加给地方政府,并未得到制度化和法制化。笔者认为,这一类对口支援在理论基础、内容体系、支援标准、实施方式、绩效评估等方面都亟须得到完善。

现有的财税体制下，以其天然的公平公正理念去协调各地的财政能力差异，为各地提供均等化的公共服务奠定基础。《意见》虽在“强化转移支付预算管理”部分强调要推进信息公开，但从整体来看，财政转移支付领域对“公开”这一理念应有的关注仍待加强。

最后，我国的财政转移支付长期以来体现出强烈的政策导向性，其结构缺乏法制化和透明度，并未体现出财政转移支付制度应有的民主法治精神。一方面，在我国的财税法律体系中，财政部、国家税务总局等财税行政主管部门经授权制定的行政法规、规章或规范性文件占据了大半壁江山，形成了我国“财税法律偏少、财税行政法规偏多”的现状。[①] 另一方面，转移支付制度办法和诸多因素呈现出年度化趋势，历年办法在具体内容上虽有差异，但一年制定一个办法难免使转移支付制度沦为应急和应付交代的任务。

毋庸置疑，完善财政转移支付制度是建立“科学的财税体制”的重要一环。因此，不仅需要尽快在法律层面规范财政转移支付制度，更应该在理念上完善财政转移支付制度的制度内涵，实现其价值内核。

三、我国财政转移支付制度的完善路径

目前财政转移支付制度的主要政策依据为《意见》，虽然从优化转移支付结构、完善一般性转移支付制度、从严控制专项转移支付、规范专项转移支付分配和使用、逐步取消竞争性领域专项转移支付、强化转移支付预算管理等12个方面提出了要求；如前所述，在操作性制度的落实上在2016年《办法》中得到了具体落实。然而其在法律关系的主体定位、权责配置、申请和拨付程序等诸多问题上的回应仍是欠缺或无力的：

其一，未提及横向的财政转移支付[②]，在这一情况下，无法形成纵深的财政转移支付格局，而易使央地财政关系更加僵化，不利于地方政府财源建设；

其二，财政转移支付公开的程度和对象都存在不同程度的受限，《意见》仅规定“主动向社会公开一般性转移支付和专项转移支付的具体项目、规模、管理办法和分配结果等”，并未规定公众对于财政转移支付的设立、执行的参与权与监督权，而地方各级人大对于财政转移支付的审查也仅限于安排和执行环节；

其三，对于一些遗留问题的规定只是浅尝辄止，界定不清或并未着力解决，留下了一定的语义空间和裁量空间。

（一）制度内生性的逻辑自洽

如前所述，财政转移支付制度的首要任务是通过均衡地方财政收支，促进地区间基本公共服务的均等化。因此，继续推进当前财政转移支付结构的调整和优化是现阶段的重要使命。一方面，要以均衡性转移支付增长机制的完善实现其规模的扩大，并建立激励相容机制，发挥均衡性转移支付在民生等重点领域的突出作用，逐步减少对竞争性和

---

① 刘剑文：《我国财税法治建设的破局之路——困境与路径之审思》，载《现代法学》2013年第3期。

② 2014年《预算法》第16条第2款规定：“财政转移支付包括中央对地方的转移支付和地方上级政府对下级政府的转移支付，以为均衡地区间基本财力、由下级政府统筹安排使用的一般性转移支付为主体。”

经营性领域的投入。另一方面,通过制定严格的项目准入机制,减少立项的随意性和盲目性,实行支出决策论证制和责任制,推进财政决策的科学化和民主化。逐步规范和清理专项转移支付项目。

同时,由于均衡性转移支付不规定具体用途并且省以下均衡性转移支付办法由各省制定,省级政府在地方治理中的富集作用越发明显,也在客观上助长了其滥用枢纽地位的倾向,如财政截流和支出责任下沉即为典型体现。① 因此,转移支付制度的绩效评价体系的建立和完善就显得尤为重要,可作为各省推进均衡性转移支付提供重要评价依据。

最为重要的是,将"公平、公正、公开"的理念贯彻于财政转移支付制度的始终,"进一步细化公开内容,完善集中公开平台,以信息公开倒逼转移支付管理水平提高实现财政转移支付的透明化和公开化"。② 同时,实行支出决策论证制和责任制,推进财政决策的科学化和民主化。

(二)制度外延性的功能融合

有学者指出:"有效的均衡性转移支付制度在分配转移支付资金时,应遵循两个原则:一是转移支付资金的分配应当与地方政府的财政困难程度成正比,确保有限的资金分配给最有需要的地区;二是转移支付资金不应扭曲地方政府的公共服务供给和税收努力程度,确保财政援助对地方政府财政收支行为保持中性甚至产生正向激励效应。"③当讨论财政转移支付制度的有效性时,不能回避的是其是否对财税领域相关制度带来了负面影响,以及这种影响是必须面对的还是可以减缓的甚至是避免的。

从学者的研究来看,虽然既有研究显示,以"财政均等化"为目标的无条件转移支付通常对地方政府的税收努力程度具有逆向激励效应;④然而,在中国的样本研究下经济学界给出了不同的回答。学者认为,我国现行的中央对地方转移支付对地方政府征税努力

① 参见郑毅:《推动央地事权和支出责任划分实现法治化局面》,载《中国经济时报》2016年8月31日,第A05版。

② 参见《国务院关于深化财政转移支付制度改革情况的报告》,2016年12月26日。

③ 龚锋、李智:《"援助之手"还是"激励陷阱"——中国均衡性转移支付的有效性评估》,载《经济评论》2016年第5期。

④ 如巴雷蒂(Baretti)等(2002年)发现,德国的均等化转移支付对州政府的税收征管具有负向影响,导致州政府本级税收收入减少15%。达尔比(Dahlby)和沃伦(Warren)(2003年)的研究发现,均等化转移支付通过税率效应和税基效应影响地方政府的税收行为。因此,发达国家的"财政能力均等化"或"支出需求均等化"转移支付制度均存在一定程度的平等与激励的冲突(Oakland,1994;Petchey and Levtchenkova,2007;Bird and Vaillancourt,2007)。参见龚锋、李智:《"援助之手"还是"激励陷阱"——中国均衡性转移支付的有效性评估》,载《经济评论》2016年第5期。

的抑制作用是存在的,[①]也有学者认为不存在。[②]

笔者则认为,在我国地方政府收入能力和税收努力程度之间的正相关性不显著。虽然2016年《办法》在立法目的中特别之处"提高地方财政积极性",然而在当下地方税体系不完善,非税收入占地方本级收入高达30%,[③]与其关注我国财政转移支付制度是否扭曲地方政府的公共服务供给和税收努力程度,不如说是在现有的分税制下地方政府治理行为的扭曲已经持续相当长时间了。而这一切源于分税制的不彻底。

(三)催生央地财政关系法治化进程

在现有的财政收支划分制度下,中央政府负担的支出责任或义务主要包括三方面:一是全国意义的支出;二是中央本级支出;三是对地方的转移支付。当支出被视为义务的同时,收入便意味着一种权利。就国家整体而言,支出的义务和收入的权利无疑是对称的;而将国家以纵向拆分的角度来看,在每一级别上的国家代表就难以保证其对称性。更何况对于何为全国意义的支出,本身就存在内涵不清和外延模糊的概念问题。并且在对地方的转移支付问题上,同样存在均衡性和专项支出的差异,而基于何种理由由中央财政负担,如果仅仅是现实的要求,而现实恰恰是不稳定的经济情势,这种经济上的不稳定以及可能诱发的政治不稳定因素的补救,恰恰需要的是稳定的因袭的可预期的法律进行完善,而不是相反,成为制度不稳定的借口。因此,作为推进公共服务均等化的资源保障措施,财政转移支付制度某种意义上只能是提升财政保障能力相关制度中起弥合作用的环节。

在国务院《关于印发"十三五"推进基本公共服务均等化规划的通知》(国发〔2017〕9号)指出,"中央和地方各级财政要为提高贫困地区基本公共服务水平提供必要支持"。"合理划分中央和地方财政事权与支出责任,适度加强中央政府承担基本公共服务的职责和能力。"这些表述无不彰显着事权与支出责任的合理划分是公共服务均等化的重要前提。而事权与支出责任的义务性要求并没有给地方政府匹配的自主收入能力,脱离收入能力讨论支出需求的满足,只能流于形式。

笔者认为,目前央地在收入面的显著失衡,势必带来支出面的失衡,一方面,中央政府实际上负担了很多本不应由其担负的支出责任,尤其体现在各类不同名目的专项补助上;另一方面,对于虽然看似属于地方政府本级负担的社会公共事务支出,却未能支出,这些需由中央对这类事务的受益与费用负担关系进行调整。这种模糊性的根源实际上在于中央控制了国家财政收入的大部分,或者说深层次的根源还要追溯到中央与地方关

---

① 参见胡祖铨、黄夏岚、刘怡:《中央对地方转移支付与地方征税努力——来自中国财政实践的证据》,载《经济学》2013年第12卷第3期。

② 参见龚锋、李智:《"援助之手"还是"激励陷阱"——中国均衡性转移支付的有效性评估》,载《经济评论》2016年第5期。

③ 参见《关于2016年中央和地方预算执行情况与2017年中央和地方预算草案的报告》的相关数据。

系这一宪法问题层次。可以代表国家的唯有中央政府,因此在某种程度上中央政府等同于国家,而地方政府理所当然地被视为中央政府的附庸和从属,独立性缺失的核心就在于独立财政权的缺失。因此,中央以国家的名义对地方政府的控制的核心即财政权的控制,一方面收入更多地归于中央政府,另一方面支出更多地归于地方政府,当地方不足以负担[①]时由中央以转移支付的名义辅助地方实现其财力,以达到与事权相匹配。

无论从何种角度诠释央地事权与支出责任划分的最优选择,都必须遵循这样一个基本前提,在最具规范性的税收领域给予地方政府真正的自主权。

四、结语

2014年6月30日中共中央政治局审议通过了《深化财税体制改革总体方案》,而这一财税体制改革框架性方案的通过意味着新一轮深化财税体制改革的顶层设计基本完成。“深化财税体制改革不是政策上的修修补补,更不是扬汤止沸,而是一场关系国家治理现代化的深刻变革,是一次立足全局、着眼长远的制度创新和系统性重构。”作为研究者,不仅关注特定制度的完善,更关注留下什么样的制度遗产作为重构法治财税体系的支柱。

① 这种不足以负担,从某种意义来说,在我国财政收入分配体制下是必然的。

三、税收法定与税制改革

个人所得税法的修改及其价值功能

王　惠*

一、前言

个人所得税法的价值功能主要体现在收入、调节、公平、效率四个方面,但不同国家、同一国家的不同发展时期,个人所得税法的价值功能不同。党的十八届三中全会明确提出了"逐步提高直接税比重"的要求,目前税收征管法及个税法改革与修订,主要价值目标就是为了实现这一要求,即与增值税一起建立保障财政收入的两驾马车。所以在未来一段时间内,在以上四大功能中,财政收入目标的实现是个人所得税法最基本价值功能。而实现这一价值功能的前提是:纳税人有较稳定收入、收入得到较好的征管、纳税人对征管或税法普遍遵从。作为实行抵扣的外价税——增值税,随着金税三期工程结束,征管日益严格,纳税人只要严格遵守规范规定就可以转移税负,所以增值税纳税人对增值税改革与严格征管的反应不一定强烈。而作为直接税的个人所得税,今后严密的涉税信息共享制度、无现金交易制度等严格征管制度的建立,逃税避税日益困难,给纳税人带来的税痛肯定是直接的、显而易见的。因此在今天征管改革背景下,个人所得税纳税人必定会对个人所得税法的收入、调节、公平、效率等价值功能提出更高要求,对作为纳税人的权利也提出更多要求。

再看我国自1980年以来颁布的个人所得税法,经历了纳税人从贫穷到小康再向富裕发展的过程,征税的所得来源也从较为单一的工薪所得发展为多渠道、多形式、日益复杂的所得收入。如果说,纳税人在所得来源较单一、收入普遍低下的贫穷阶段,个人所得税法的价值功能主要体现为维护国家主权;那么在小康阶段,个人所得税法的价值功能主要体现在缩小贫富差距,体现社会公平;而2020年我国全面实现小康后,个人所得税法的价值功能必须是收入、调节、公平、效率四者兼而有之。这也决定了现阶段的个人所得税立法改革已不是免征额提高多少、税率降低多少这么简单,而是这四大价值功能应当分别体现在个人所得税法的不同课税要素方面。否则,不仅征管改革进行不下去,而且会引发社会的不稳定。

* 浙江工商大学法学院教授,经济法系主任,经济法学科带头人。

二、引入家庭纳税申报制度是税负公平的必然选择

（一）家庭纳税申报制度有利于体现个人所得税公平与效率

现代国家个人所得税法最基本价值取向，即在设置征税权力时，不得危害纳税人及其家庭成员的生存权和发展权等基本人权。“凡所得，须用于纳税义务人或其所扶养亲属生存所必需之生活需要者，应为国家课税权的‘禁区’，不得染指。”①由于个人作为社会的人，必须存在于家庭这一以婚姻和血缘关系为基础的社会生活组织形式之中，其收入水平、消费或投资决策往往受到其家庭因素的影响，如家庭其他成员的年龄与健康状况、收入水平、就业状况等。其消费支出往往以家庭为单位，而非个人。② 所以，美国、英国、法国、德国等国家以及我国香港特别行政区和台湾地区均以家庭作为个人所得税的课税单位，而在设计个人所得税的“应税所得”时，一般都遵循两条原则进行税前扣除：一是纯收益原则，即扣除纳税人为取得收入所必须支付的成本、费用，如交通费、搬家费、接受教育费与培训费等；与从事生产经营活动直接有关的费用等。二是纳税能力原则，即纳税人及其家庭必要的生活费用应予扣除，如个人维持基本生活所必需的费用，受其赡养者的生计费等。除上述基本扣除外，不少国家还允许特殊扣除，以照顾纳税人的特别开支需求，实现真正对纯收益征税的目的。如因生病而导致的大量医疗费、为子女支付的高昂学费、意外事故带来的损失等。“以家庭为课税单位能够全面衡量和反映所得者所处的家庭结构、家庭成员的状况以及由此所决定的费用额度，才能在课以所得税时，避免侵及纳税人及其所扶养的家属的基本生活需要的经济生存权。”③而我国个人所得税法的纳税主体仅为个人，生计扣除标准是一刀切的固定标准，不存在配偶扣除、抚养扣除、赡养扣除以及其他特殊扣除，这使不同家庭结构的纳税人的税负产生极大不公平。

所谓家庭，必有夫、妻、子女、父母，根据我国现有家庭的具体结构，可分为单代家庭、两代家庭和三代以上家庭等。其涉及的纳税人，至少为 2 人以上，最简单的家庭结构只有两人，如夫妻、父子（女）、母子（女）、爷孙等，最复杂甚至包括三代以上，即夫、妻、子（女）、祖父母、外祖父母甚至曾祖父母。从各国或地区实行家庭合并课税的主体范围来看，存在着夫妻或全体家庭成员合并申报两种模式。夫妻合并申报是指仅以作为家庭核心的夫妻双方的收入为基础进行纳税申报，由其抚养的家庭成员仅作为扣除特殊费用的条件。家庭全体成员合并申报制度强调必须以全体家庭成员的全部收入作为课税的基础，所有家庭成员的收入和支出均必须在同一纳税申报表中予以体现。当然，各国或地区在对复杂家庭全体成员申报方式还有不同的处理方式：“如全体家庭成员统一进行纳

---

① 杨小强：《论税法上的生存权保障》，载中山大学法律学系《中山大学法律评论》（第 1 卷总第 2 卷），法律出版社 2000 年版，第 185～186 页。

② 石金黄、陈世保：《家庭课税制与个人所得税综合改革》，载《合肥工业大学学报》（社会科学版）2006 年第 4 期。

③ 汤洁茵：《个人所得税课税单位的选择：个人还是家庭——以婚姻家庭的保障为核心》，载《当代法学》2012 年第 2 期。

税申报,即必须具体考量合并申报的家庭成员是否实际一起生活,以确定相应的家计费用是否能够由此家庭成员共同承担,反而增加税收征管的困难。对此,在选择纳入申报的主体范围时,可以选择以夫妻作为申报主体,即纳税单位的选择并不以实际生活在一起的家庭成员为主体,而是以法律形式上的夫妻作为纳税单位。三代同堂的家庭即包括两对夫妻的家庭,可以按照核心家庭的标准予以拆分。子女等无收入或其他丧失获取收入能力的家庭成员则根据该对夫妻的实际抚养或赡养支出,作为该对夫妻可扣除费用。一旦子女达到法定成年的年龄,则作为独立的主体进行申报。"①

尽管有学者提醒"家庭纳税申报本身的制度缺陷"以及可能"造成婚姻惩罚的社会效果"等问题,②但家庭申报制度在实体上实现纳税人的量能课税和最低生活保障、防止夫妻间因财产的移转安排而达成的避税效果的独有的制度价值,在程序上可以有效减少家庭成员的重复申报,有利于减少纳税人的税法遵从成本;税务机关也将因个人所得申报件数的减少,使审核、检查相关的纳税申报资料的征收成本有所减少,具有节省征纳双方的遵从成本的价值。因而,此次个人所得税法修订引入家庭纳税申报制度是必然的。

(二)家庭纳税申报制度还应体现"婚姻奖励"的价值功能

在我国,三代甚至四代同堂之家庭并不少见,而且由于社会历史发展阶段的原因,这类家庭的祖父母、外祖父母甚至曾祖父母往往没有生活来源或没有足够稳定的生活来源,需要家庭承担很大一笔生存费支出。从长远看,虽然我国已基本建立城乡养老保险制度,但家庭养老问题仍将日益严重。另外,随着国家"二孩"政策的出台,不仅家庭抚养费用增加,而且为抚养孩子越来越多的女性因回归家庭而没有社会收入;对这两类家庭来说,如果能以家庭为单位进行申报当然能够减轻个税负担,故他们自然也最愿意以家庭为单位进行申报。对整个社会来说,如将这类家庭实行家庭纳税申报制度不仅能减轻社会负担,鼓励家庭养老,弘扬尊老爱幼的美德,而且还能保护女性,体现"家庭奖励"政策,稳定家庭关系。因此个人所得税法修改应当允许三代以上家庭有权选择家庭纳税申报制度。

剩下需要探讨的问题,就是在立法上如何解决家庭纳税申报的具体操作。考虑到"只有在汇总各项收入的前提下,家庭合并申报制度的价值才能得以全面实现",③所以个人所得税法首先应当实行年度综合申报所得税制,即将部分收入项目,如工资薪金、劳务报酬、稿酬等,实行按年汇总纳税,在此前提下再考虑适当提高生计扣除标准,允许配偶扣除、抚养扣除、赡养扣除,以保证无收入来源的配偶、子女、父母的最基本生活保障,

---

① 汤洁茵:《个人所得税课税单位的选择:个人还是家庭——以婚姻家庭的保障为核心》,载《当代法学》2012 年第 2 期。

② 汤洁茵:《个人所得税课税单位的选择:个人还是家庭——以婚姻家庭的保障为核心》,载《当代法学》2012 年第 2 期;郑春荣:《个人所得税纳税单位选择:基于婚姻中性的视角》,载《社会科学家》2008 年第 2 期。

③ 汤洁茵:《个人所得税课税单位的选择:个人还是家庭——以婚姻家庭的保障为核心》,载《当代法学》2012 年第 2 期。

否则会使不同家庭结构的纳税人产生新的不公。

在允许以家庭为单位纳税的同时,鉴于家庭财产关系日益复杂,家庭纳税申报不宜作强制性规定,而应由纳税人自由选择而定,并允许以年度为周期进行调整。为防止出现家庭全体成员申报可能产生的"家庭惩罚",即夫妻、子女、父母间因纳税而导致的家庭财产纠纷和矛盾,家庭纳税申报制度规定必须与现行婚姻法、民商法规定相配套,厘清个人所得税法与婚姻法、物权法、公司法、独资企业法、合伙企业法、合同法之间的关系,个人在一定的期间由于某些交易获得的收入,可能是因为买卖、接受赠与、转让财产、租赁财产等各项民事活动而获得的收入,收入的表现形态包括现金、实物以及能用货币量化的权利等,获得这些收入的过程受相应的民事法律制度调整,对这些内容进行调整的法律主要有:合同法、知识产权法、捐赠法、劳动法、公司法等。所以,关于个人所得税的税基是否确定为属于纳税人的财产,首先要由这些法来确认。因而,个人所得税法的修改尤其需要重视与这些部门法的理论与立法对接和协调。

三、个人所得税法应有连带纳税义务制度配套

(一)连带纳税义务制度是实现个人所得税收入价值功能的保障

连带纳税义务,是指当两个以上的单位或个人共同负担同一纳税义务时,他们之间承担纳税连带责任;连带纳税义务产生的原因一般有因税法成立而产生或依民法约定而产生;为有效地保证税收债务的履行,税务机关有权向一个或多个连带纳税义务人征收所欠税款及其滞纳金,当连带纳税义务人中的一人交纳全部或部分税款后,其他人的纳税义务在该税款范围内消灭,而交纳税款的纳税人享有向其他连带纳税义务人追偿的权利。在许多国家的税收实践中,一般情况下税收债务多为单独税收债务,连带税收债务产生的原因主要有:(1)对共有物、共同经营事业有关的税收,共有物的权利人、共同经营事业的经营者负连带税收债务;(2)对于因从同一被继承人处继承或接受赠与财产而应缴纳的税款,各继承人或受赠人负连带税收债务;(3)对因共同制作一项文书而应缴纳税款,共同制作者负连带税收债务;[①](4)同一债务的共同保证人未约定按份承担担保责任的,承担连带税收债务;等等。

目前,我国有关税收连带债务的规定极少,现行《税收征收管理法》只有第48条规定"纳税人有合并、分立情形的,应当向税务机关报告,并依法缴清税款。纳税人合并时未缴清税款的,应当由合并后的纳税人继续履行未履行的纳税义务;纳税人分立时未缴清税款的,分立后的纳税人对未履行的纳税义务应当承担连带责任。"随着经济社会的发展,我国纳税人之间共有物、共同经营事业等情况越来越多,因纳税主体不确定而导致的税务纠纷也越来越多。为保护国家税收利益和纳税人的合法权益,我国《税收征收管理法》应尽早引入民法上一般连带债务制度,明确连带纳税义务的基本适用情形,完善连带纳税义务的外部履行以及内部追偿规则。而个人所得税中家庭成员之间的个人所得税

---

① 张守文:《税法原理》(第2版),北京大学出版社2001年版,第82页。

纳税义务,应当设置连带纳税义务制度。

(二)关于家庭纳税申报中的连带纳税义务的设计

随着我国经济社会的发展,家庭成员间在客观上或法律上不仅单纯享有传统的家庭共有财产,而且约定或法定个人财产的情况也越来越多。为防范利用家庭纳税申报单位避税,或纳税人之间相互推诿,应当规定家庭成员间,甚至离异夫妻在财产分割完成之前的连带纳税义务。例如,夫妻双方转让婚后房产如何缴纳个人所得税?不仅是个人所得税法问题,更涉及婚姻法、物权法,以及婚姻法、物权法与个人所得税法的关系问题。首先,根据我国《物权法》第102条关于物权的共有制度的规定:“因共有的不动产或者动产产生的债权债务,在对外关系上,共有人享有连带债权、承担连带债务,但法律另有规定或者第三人知道共有人不具有连带债权债务关系的除外;”其次,根据我国《婚姻法》第19条规定:“夫妻可以约定婚姻关系存续期间所得的财产以及婚前财产归各自所有、共同所有或部分各自所有、部分共同所有。夫妻对婚姻关系存续期间所得的财产约定归各自所有的,夫或妻一方对外所负的债务,第三人知道该约定的,以夫或妻一方所有的财产清偿。”《婚姻法》作为一种家庭法是特别法,依据特别法优于一般法原则,《婚姻法》关于婚后所得共同共有的规定优先于《物权法》对于个人所有权的规定。由于两法对夫妻间财产约定的效力规定一致,因而对于税务机关来说,如果夫妻间没有财产约定,夫妻双方未事先纳税可以看作夫妻共同的一项义务,或者直接视为一项负债,那么夫妻双方要共同承担,共同财产共同申报纳税也就是理所当然的了。所以,婚后财产应按照共同财产申报纳税[①]而如果夫妻间事先存在财产约定,该约定是否能对抗税法的规定?值得研究。笔者认为,我国《婚姻法》与《物权法》这些规定均是调整“私法之债”的规定。而税收之债是一种公法上的法定之债,具有高度的公益性,由此决定了税收之债相对于私法之债享有一般优先权;故为体现税法的保障财政收入的价值功能,减除税务机关认定夫妻间财产约定效力的麻烦,应当明确夫妻间的财产约定不得对抗税法规定。

再如,我国《宪法》第56条规定:中华人民共和国公民有依照法律纳税的义务。这里的“公民”是没有年龄、智力等限制的,同样,个人所得税法里的纳税人也是没有年龄、智力限制的,如果取得了个人所得税法里的规定应税所得,就应该纳税。例如,一些父母将房产赠送给未成年人子女后用于出租取得的所得;又如,一些未成年人自己取得劳务所得、稿酬所得、财产转让所得、偶然所得等;因而,未成年人已是不可忽视的个人所得税纳税人;个人所得税法的修改,应当将父母或其他监护人如何在保护未成年人财产权益的情况下代理履行未成年人的纳税义务,做出明确规定。为防止父母或监护人假借保护未成年人财产权益逃避纳税义务,也应当明确父母或其他监护人的连带纳税义务。

---

① 刘云龙:《关于如何认定夫妻共有财产纳税申报的思考》,载《现代商业》2008年第5期。

四、个人所得税法的应税所得和税前扣除必须公平合理

(一)公平才可称为"良法"

无论是个人所得税法还是企业所得税法,作为社会再分配的手段,必然涉及各种利益的分配,平衡和协调各种利益关系,并对社会实际利益关系进行调整。这种利益关系根据利益主体来分,有国家利益、社会利益和个人利益;根据整体与局部关系来分,有整体利益与局部利益。正是各征纳税主体之间存在税收利益的矛盾和冲突,因此所得税法才成为必要。从应然角度说,所得税法应当具有正义性,即须公正、公平、正当和合理。所以所得税一直被誉为"良税",甚至有人认为"没有任何税比所得税更为民主、更富有人性及社会性",然而,理论很美好,现实往往很无奈。如果对所得税价值功能的取向定位不准,立法技术落后,征管手段不完善,优良的税种也不会结出优质的果实。

我国个人所得税立法还存在逆向调节的极不公平问题,主要表现在对个人所得税存在的"歧视劳动,重视资本"、优待偶然所得的极不公平现象。例如,我国个人所得税开征之初,其宗旨是维护国家主权和缩小贫富差距,目标模式的选择是采用公平原则以调节个人收入,实现社会公平;其中比例税率体现税收的横向公平,累进税率体现税收的纵向公平。然而时至今日,由于税收征管部门掌握的纳税人财产转让、资本投资等相关涉税信息不全面,从实际征管效率的角度看,只有工薪所得通过源泉扣缴方式被牢牢控制住了,以至于在很大程度上个税成了"工薪税"或者说是一个"准工薪税",实质上个人所得税征收并没有真正起到调节高收入、缩小贫富差距的作用。而即使是对工薪所得征税,因在2011年取消了其累进税率15%的档次,应纳税所得额超过4500元的部分的税率直接从10%跳至20%,收入稍微升高一点,税率升幅倍增;而收入水平处于这一层次的纳税人最多,他们只是普通的工薪劳动者,往往除了工薪收入更无其他收入来源。显然,当中低收入的工薪劳动者成为个人所得税主要纳税人时,个人所得税公平的价值便荡然无存。另一方面,45%的边际税率对应的是月应纳税所得额超过8万元的高薪收入者,由于只有3500元的免征额,应纳税所得额超过8万元的部分几乎一半要纳税,这不仅不利于在国际范围内吸引高端人才,也造成高收入阶层的避税现象较为普遍,个人所得税的效率价值又大打折扣。显然,目前我国的个人所得税法难称为"良法"。

我国政府已宣布2020年前要消灭贫困,在全面实现小康后必定要向中等富裕的目标进发。所以,单纯认为"调整个人所得税的目的就是在于缩小社会上存在的贫富悬殊"的观点是片面的。为保障全社会都能共同富裕,此次个人所得税法的修改,以实现保低、调中、限高为目的,必须在承担稳定国家财政收入职能的基础上体现出调控功能,始终要围绕着缩小收入差距,实行公平与效率兼顾的原则,协调国家利益和纳税人利益。例如,个人所得税工薪收入超额累计税率中最高一档税率45%,应当下调至国际上的平均水平,这样通过减少税率级距减轻征缴,提高对人才的国际竞争力,又实现了与资本利得的税率相当,还能提高纳税人对税法的遵从度。

(二)混合税制下设计不同税前扣除是税负公平与效率的保障

实行综合与分类相结合的税制是确保个人所得税公平与效率的重要前提。实行年度综合征税方式的所得,主要包括工薪所得、生产经营所得、劳务报酬所得、稿酬所得、特许权所得以及其他具有劳动性质的所得;实行分类征税方式的所得,主要包括财产租赁所得、财产转让所得、利息股息红利所得、偶然所得和其他应当征税的所得。

由于实践中工薪所得情况十分复杂,工资薪金所得的税前扣除要考虑纳税人的基本扣除和专项扣除额问题。现行基本扣除为每月3500元,许多人都认为应当提高,但究竟提高到多少才合理,现在意见不能统一。笔者认为,对于选择家庭纳税申报的纳税人,应当扣除每个家庭成员的基本生活费用,该费用的金额可与当地最低生活保障标准相比较,并随经济社会发展、个人收入水平提高等进行调整,因而,基本生活费用的扣除标准在立法上不搞全国"一刀切"。考虑到工资薪金所得实行代扣代缴,而在预扣税款时,扣缴义务人不便知晓纳税人的赡养、抚养和供养人数,为了减少纳税人在年终清算时大量退税,在预扣时可以按照当地人均赡养人口系数乘以当地基本生活费用的扣除标准执行,纳税人在年终清算时使用再按照家庭实际人口数进行扣除。对于纳税人教育费、医疗费、保险费等专项扣除金额,由于扣缴义务人对费用发生时间、费用凭据的取得无法准确了解和掌握,在预扣时暂不扣除。考虑到不远的未来当人工智能发展后,工薪劳动者将会大大减少,个体经营者、自由职业者、创业者会越来越多的情况,个人所得税法修改应当具有一定的前瞻性,在税前扣除或减免方面对个体经营者、自由职业者、创业者体现出鼓励政策,例如,将他们的经营性收入、劳务报酬收入在扣除生产成本、费用与损失后以及与工薪收入扣除生活成本后一样看待,甚至给予税收优惠。

对综合所得中的劳务报酬所得、特许权使用费所得、稿酬所得,以及分类所得中的财产租赁所得,每月或每次收入的扣除标准,有人提出每月或每次收入不足10,000元的,扣除2000元费用,超过10,000元的,定率扣除20%的费用,按20%的税率和70%的预扣率扣缴。笔者认为,还须与工薪所得的税负作比较才能确定。对利息、股息、红利所得和其他所得,不扣除任何费用,按20%的税率和70%的预扣率扣缴。对分类所得中的财产租赁所得,每月或每次收入不足10,000元的,扣除2000元费用,超过10,000元的,定率扣除20%的费用,按20%的税率和70%的预扣率扣缴。投机性资本利得收入和财产转让收入、偶然性收入应当比工薪所得缴纳更高的税,甚至可以考虑适用累进税率。对资产类所得应交税款也应当主要通过源泉扣缴方式进行预扣,并建立便于纳税人在年度申报清算税款时补、退税制度。借鉴国外行之有效的做法,笔者认为综合与分类相结合的个人所得税税制下,仍然应当实行以源泉扣缴为主、自行申报为辅,预扣税款和税款清算相结合的税款征收模式。但前提是要重构自然人基础信息数据库通过第三方涉税信息交换,通过实行自然人投资、财产、婚姻和家庭、银行收支信息交叉稽核,应征必征,才能真正符合并实现个人所得税法的收入、调控、公平和效率的价值功能。

(三)应税所得必须严格实行税收法定

尽管我国《个人所得税法》由最高立法机关制定,是极少数体现“税收法定原则”的税种法。但是,该法仅有15条1500余字,因立法失之粗疏,导致该法最主要的课税要素——课税对象、免税对象、法定减征情形——都需要有兜底条款,另加行政机关根据授权制定实施条例,即使如此,还需要大量规范性文件加以补充,否则几乎无法执行。大量规范性文件其实是一种隐性空白授权,违反了我国《立法法》关于授权立法的规定和税收法定原则应当对授权事项作严格限定的要求。由于财政部、税务总局、地方政府、地方税务部门的变通规定大量存在,使个人所得税立法中的课税要素在具体操作时根本看不清全貌,这不仅影响征纳税双方对个人所得税法价值功能的准确判断,“税收法定原则”实质上也被架空。应当看到,宽税基、低税率、简化税制已是个人所得税发展的国际趋势。在个人所得来源日益多样化、个性化的时代,应税所得的范围既要有法律的刚性规定,也要有利于执行的弹性要求。但释法权的行使必须要获得明确授权,且不得层层转授。

论我国个人所得税的调节功能及其完善

杨德敏 [*] 江 彪[**]

个人所得税是一种直接税,它体现的是公平的分配社会财富、维持我国的财政收入、稳定社会经济与政治的作用,是我国税收制度的重要组成部分之一,是国家调节收入分配的重要工具。我国改革开放以来,社会主义市场经济深入发展,人民生活水平显著提高。与此同时,城乡居民收入差距也在逐渐拉大,成为我国不得不面对的严重问题。税收作为国家宏观调控和再分配的重要手段,在调节收入分配差距方面理应发挥其应有的功能。

一、个人所得税制度概述

个人所得税是以自然人取得的各类应税所得为征税对象而征收的一种所得税,目前我国个人所得税法是2011年6月30日第十一届全国人大会常委会第二十一次会议修改通过并公布的,从2011年9月1日开始施行。从世界范围看,个人所得税的税制模式有三种:分类征收制、综合征收制与混合征收制。分类征收制是将纳税人不同来源、性质的所得项目,分别规定不同的税率征税;综合征收制是对纳税人全年的各项所得加以汇总,就其总额进行征税;混合征收制是对纳税人不同来源、性质的所得先按照不同的税率征税,最后将全年的各项所得进行汇总征税。

在我国,个人所得税是指对在我国境内有住所或者无住所而在中国境内居住满1年的个人,从中国境内取得的所得征收的一种税。① 税收具有强制性、无偿性,国家的征税行为应当遵循公平原则,在征税过程中,应考虑到纳税人的纳税能力。我国收入分配制度强调初次分配和再分配中都要兼顾公平,通过个人所得税二次分配的手段,在尽量不损失效率的情况下追求最大的公平。基尼系数作为综合考察居民收入分配差异状况的一个重要分析指标,得到了国际社会的广泛认可。国际上通常把0.4作为居民收入分配差距的"警戒线",即一国的基尼系数如果在0.4及其以下,就表明该国居民收入分配的

* 江西财经大学法学院教授,法学博士。

** 江西财经大学法学院2016级财税法学专业硕士研究生。

① 刘剑文、熊伟:《财政税收法》,法律出版社2014年版,第285页。

差距在可控的范围内;如果基尼系数超过0.4,就表明该国居民收入分配的差距较大,不利于社会的和谐、稳定与发展。近几年,我国基尼系数虽然连续下降,但依旧超过了0.4这条红线。①

二、个人所得税对居民收入差距的调节功能

(一)个人所得税平均税率的累进性

个人所得税对我国居民收入分配产生的影响可以通过平均税率的累进性来分析(见表1)。税收累进性是指纳税人实际承受税收负担随收入数额增加而提高的程度。

表1 不同收入水平的个人所得税的平均税率(%)②

年份	最低收入组	低收入组	中等偏下收入组	中等收入组	中等偏上收入组	高收入组	最高收入组
2007	0.0325	0.0563	0.1038	0.2221	0.4414	0.7378	1.6720
2008	0.0324	0.0534	0.1050	0.2062	0.4306	0.8245	1.7178
2009	0.0310	0.0645	0.1072	0.2437	0.4976	0.7863	1.6188
2010	0.0493	0.0716	0.1889	0.3422	0.6798	1.1161	1.9712
2011	0.0512	0.1065	0.1540	0.3018	0.6098	0.9799	1.8933
2012	0.0524	0.1186	0.1725	0.3286	0.6318	0.9842	1.9159
2013	0.0600	0.1384	0.1854	0.3621	0.6736	0.9685	1.8972

由表1可以看出:通过横向比较,从最低收入组到最高收入组,收入水平越高,个人所得税税率累进性就越强,并且低收入组与高收入组之间的平均税率差距较大。通过纵向比较来看,随着居民收入水平的提高,个人所得税税率级次所表现出的累进性更加得以体现。由此可以得出结论:现行个人所得税平均税率具有累进性。月收入越高,缴纳的个人所得税就随之越多,这对于调节收入分配差距,维护社会公平具有重要的积极意义。

(二)个人所得税的调节功能

1.国家财政收支方面

从历史看,个人所得税是国家保证财政收入的手段。尽管与欧美发达国家相比,我国个人所得税所占税收收入比例较低,但是个人所得税的税收收入总体呈上升趋势,已经成为我国财政收入的重要税种,国家将征缴上来的税收收入以转移支付等途径转移给低收入阶层,通过实行社会福利和社会保障制度,如失业保障、养老保障等,解决最贫困

① 何立新:《个人所得税的收入再分配效应分析》,载《税务研究》2013年第12期。

② 何辉、李玲、张清:《个人所得税的收入再分配效应研究——基于1995—2011年中国城镇居民调查数据》,载《财经论丛》(浙江财经大学学报)2014年第2期。

人口的生存问题。在提高低收入阶层的生活水平和社会消费能力同时也有利于维护社会的稳定。

2011 年个人所得税的工资薪金所得的免征额从 2000 元提高到 3500 元,同时将第一级税率由 5% 降为 3% 。在加强对不同收入水平居民税负调控的同时,也在整体上提高了国家财政收入。

2. 个人收入差距方面

首先,调增高收入者的税率级次和级距。市场经济在资源配置中起决定性作用,市场主体参与者在"看不见的手"的支配下自主经营、自负盈亏,通过公平竞争获得的合法收入都归其所有,社会主义市场经济的直接目的就是激励社会公众通过公平竞争增加财富。个人所得税的超额累进税率即是依照税收法律法规规定的税收公平原则,体现量能赋税的行为。与此同时,现行个人所得税法对其他所得也作了相应的调整,如对稿酬所得减征,对每次超过 2 万元的劳务报酬所得加成征收个人所得税等。

其次,减轻中等收入者的税收负担。我国工薪阶层大多是蓝领、白领等上班族,而他们的纳税额在个人所得税收入中占有相当大的比重。中等收入者的家庭经济状况不同,税收负担应该有所差异,即家庭负担重的应酌情降低其税负,减轻他们的经济负担,缩小收入差距。如个人所得税中来源于工资项目的所得,合理的费用扣除是月薪收入在 3500 元以下的人不需要缴纳个人所得税。同时,通过对个人所得税税率级距和级次的调整,适当减轻了中等收入者的税收负担。

最后,对低收入人群进行"补低"。这也是现行个人所得税的一个重要调节作用,个人所得税的"补低"作用是间接实现的,即通过税收等方式得到的财政收入,利用转移支付制度(如社保、津贴等)对城乡贫困人员进行补贴,实现他们生活水平上的"补低"。与此同时,通过向他们提供继续教育、医疗、就业培训等公共服务,提升他们的素质,增强他们面向未来的信心,提高他们的创业,就业能力。

三、个人所得税调节作用的局限性及其原因

作为我国目前税制改革中的重要一环,个人所得税改革关系到每一个纳税人的切身利益。我国从 1980 年开始实施《个人所得税法》,通过数次立法完善,改革效果逐渐呈现,减税效果明显,但调节收入分配尤其是调节高收入者收入分配的作用有限。① 近年来,改革动向从以个人所得税免征额为核心开始转向税制结构、课税要素等更为基础和宏观的层面,2016 年财政部单独设立个税处,个人所得税的改制势在必行。

(一)我国个人所得税在制度层面存在的主要问题

1. 税制模式为分类征收,不符合我国国情

目前我国是少数几个实行分类征收制的国家之一,随着我国经济的发展,分类征收制的弊端也暴露出来,越来越与我国国情不相适应。来源不同的等额收入承担着不同的

① 李滨涛:《我国个人所得税调节收入分配的局限性分析》,载《现代商业》2015 年第 14 期。

税负，产生横向不公平；不同类别所得，适用税率相差很大，不公平且无法合理解释。不同的纳税人收入来源的不同适用不同的扣除额、税率及税收优惠，容易出现高收入者税负轻，低收入者税负重，产生纵向不公平，不利于调节收入分配差距。此外，税率复杂、税负不公，重征勤劳所得，对资本所得却影响不大，诱导纳税人为了减轻税负改变收入名称或改变经济活动方式，分类课税容易产生避税空间。最主要的是，目前我国仍然是以个人为单位纳税，而家庭收入和负担能力的不同形成了不同的纳税能力差异，有失公平。①

2. 税率结构与税率机制滞后，边际税率过高，累进税率级次过多

我国现行税法的三套税率，过于庞杂；工资、薪金所得的税率档次过多，实行 7 级超额累进制，不够简化方便；个税最高边际税率为 45%，明显高于世界平均水平，不利于吸引人才；勤劳所得性质的工薪薪金所得、劳动报酬所得、生产经营所得，却适用不同税率，同样的收入水平要缴纳不同水平的个人所得税。另外，就从事季节性工作的劳动者而言，个人所得税中工资薪金所得按月缴纳方式存在明显不合理，调节收入分配效果不明显，税制缺乏应有的弹性。

3. 税基过窄

根据世界银行数据统计，个人所得税占总税收收入的比重，美国占比达到 50%，发达国家平均保持在 30%，而中国只占到 7% 左右。我国个人所得税中 70% 左右来源于工薪阶层，所以普通民众还把个人所得税习惯性地称为工薪税。在征收管理上代扣代缴征收的往往是低收入者或中等收入者，这部分可以实现源泉扣税，但高收入者，如投资、利息等收入却往往没有纳入到征税范围中。此外，劳保福利收入、职务补贴及其他实物补助形式也逐渐成为我国居民收入的重要组成部分，但这部分收入隐性化，也没有能够很好地发挥税收的调节作用。现行个人所得税法规定中，税收优惠、税收减免过多过滥直接导致个税税基过窄。

4. 费用扣除模式单一

实行统一的费用扣除方法，忽视了地区差异、纳税人的负担状况，不能反映出不同纳税人的纳税能力，实际上造成了实际的不公平。例如，我国工资薪金所得主要采取了定额扣除，这种方法简单易行，但是不利于社会公平分配。“一刀切”的免征额制度设计没有考虑到每一个纳税人赡养老人、抚养子女等经济状况，从而导致收入相同的家庭缴纳的税额不同。②

（二）个人所得税调节收入分配作用局限性产生的原因

1. 个人所得税收入占税收收入总额的比重较小

在我国，以商品税为主体的间接税所占比重较大，占总税收收入的 70%，而包括个人所得税在内的直接税所占比重不大。个人所得税虽然占税收收入总额的比重也在逐年

---

① 何天情：《浅议个人所得税改革》，载《现代商业》2017 年第 4 期。

② 郭宏宝：《我国综合个人所得税改革的福利效应及其动态影响》，载《财贸研究》2017 年第 4 期。

增加，但是与个人收入水平的增长幅度、储蓄增长率相比，还有很大的差距，这与我国构建双主体税制模式的意图相悖。[①] 另外，极低的直接税比重使个人所得税的地位难以凸显，个人所得税调节收入分配差距的作用更是得不到有效的发挥。这种情况难以与我国实际的经济发展水平相适应，更不能与我国的市场化程度相匹配，难以发挥出个人所得税调节收入分配的作用。

2. 纳税人收入与税负不均衡

个人可支配收入通常被认为是消费开支的最重要的决定性因素，因而常被用来衡量一个国家生活水平的情况。目前，我国北上广及沿海地区居民收入明显高于中西部地区。而收入排行前十的地区仅有北京、上海和辽宁在税负榜中进入了省市税负榜前十，负担更多税收的地区，如海南、新疆和山西等省市，居民的平均可支配收入并不在我国上游。由此可以发现我国收入水平相对较高，可支配收入较多的省市并没有缴纳更多的税额，相反，低收入者可能缴纳了更多的税额。

3. 征管方式和征税范围不合理

从近几年的税收征收情况来看，个人所得税税收征管工作的开展正逐步规范化与制度化，税收收入所占比重也在不断上升，个人所得税在调节收入分配方面的影响力日渐增强。但是个人所得税在税收征管方式和范围方面还有待进一步完善，部分税款严重流失的原因主要有信息管控不到位、监管范围不全面、征管措施不及时等。从技术手段上看，虽然我国目前都是使用计算机进行信息化处理，但信息化程度并不高，且无法实现不同地区之间的信息共享，导致同一个纳税人在不同地区的收入难以正确地汇总。随着经济与金融的不断发展，收入支付形式多种多样，有现金、实物和有价证券，有些收入难以与税制所列项目做到“对号入座”。特别是目前流通中大量使用现金，使收入隐性化加重，给征税带来一定的困难，容易造成偷税和漏税。

四、强化个人所得税调节功能，推进个人所得税制度改革

（一）创建分类综合计税模式

从我国目前的实际情况来看，分类征收制已不适应我国国情，因此，有必要对我国的个人所得税进行适时修订和调整。当然，任何一个国家的个人所得税改革甚至修订都是循序渐进的，也正因为一个国家的税收是系统的、一体化的，个人所得税改革不应该也不能是单纯的自身改革，需要与其他税种相协调，从而从整体上维护和稳定国家财政秩序，保证经济良性发展。

分类制征收模式在征管实践中最大的优点是按照源泉扣税，计征手续简单，比较适应于征管水平较低的发展中国家。而综合征收模式中按家庭征收个人所得税可以更好地适应每个家庭的具体情况，提高家庭应对养老支出、疾病支出和教育支出等各种情况

① 杨晓妹、尹音频、吴菊：《个人所得税改革与收入再分配改善——基于2008年和2011年自然实验的微观模拟分析》，载《税务与经济》2015年第1期。

的能力。这样的税收制度对于个人高收入、家庭低收入的家庭来说显得更为公平合理。

借鉴国外相关经验来看,以家庭为课税单位计征个人所得税的做法是:把家庭所有成员的应税收入都并入到应纳税所得额中,得出家庭的应税收入总额,而后在综合扣除方面要照顾到纳税人的赡养老人、抚养子女以及个人的住房贷款、医疗支出等家庭必要生计费用,最终确定应纳税所得额。这种个人所得税的征收方式充分考虑了纳税人的实际经济状况,有利于减轻纳税人负担,充分体现了量能赋税的原则。由此可见,以家庭为课税单位征收个人所得税,一方面体现了税收公平原则,另一方面可以深入地了解我国居民的生活质量及幸福指数。

(二)建立费用扣除指数化

由于现行费用扣除制度缺乏弹性,住房支出作为百姓最大的生活成本项目,租金、贷款利息等并未纳入扣除范围,在通货膨胀以及生计费用上涨时期,纳税人的税负明显加重。因此,根据纳税人不同的收入来源、婚姻状况、家庭负担情况、住房状况、贷款情况等不同情况采取不同费用扣除标准,以减轻在通货膨胀时期纳税人的税负水平。

完善我国个人所得税费用扣除制度,一方面,必须明确费用扣除的标准。参照每年消费物价指数和居民收入水平的标准情况自动确定下一年的费用减除标准,并在年度国家预算案中公布,以防止通货膨胀将纳税人推入更高的税率档次。另一方面,根据纳税人的实际收支来确定费用扣除在我国现阶段还无法一步到位,建议在实行定额费用扣除时将医疗支出、赡养的经济负担的一部分考虑进来,以尽量减少定额扣除的不公平性。

(三)合理设定申报主体

在设定纳税单位时可以根据家庭成员数量来分类,针对不同的家庭人口数量设置不同的课税单位。根据目前我国的生育政策和人口规模状况,可以将独生子女家庭设定为纳税基本单位,以"二孩"家庭为辅助纳税单位,以原先的社会抚养费为参考,设置不同的免征额和扣除标准,在此基础上对其他家庭进行相应地调整。总之,个人所得税的征收应符合实际,充分体现公平原则。合理的个人所得税可以充分地衡量一个家庭的实际纳税能力,有利于体现个人所得税税制改革的导向性。

(四)扩大税基,调整税率,降低边际税率

个人所得税的征管可以实现宽税基、广覆盖、低税率。在一般情况下,税率既定,税基的宽窄会直接影响税额的多少。降低税率、扩大个人所得税征收覆盖范围,在涵养税源的同时能够尽可能地把筹集到的财政资金用于社会生产和生活的各个方面。更重要的是,宽税基与低税率同步,可以使法定税率制定在一个较低的水平上,不至于加重大多数劳动者的税负,同时也有利于培养公民的纳税意识,对于提升纳税人的纳税自觉性具有很大的促进作用。

同时,加强收入分配调节作用,完善个人所得税的重中之重就是调整税率。19世纪80年代,中国企业所得税税率是55%,个人所得税最高税率45%。此后,企业所得税税率几经调整,变为现在的25%,但个人所得税最高税率仍然是45%。调低个人所得税税率有利于税基扩张。2016 年全国个人所得税首次突破一万亿元人民币,但 65% 的个人所得税由工薪阶层所交,高收入群体交纳比例反而很少。我国的个人所得税中的工资薪金税由之前的九级累进税率改成现在的七级累进税率,有所减少,但与日本的四级累进税率和美国六级累进税率相比,仍有完善的空间。

(五)完善税收征管制度,提高执法水平

税收征管是税收工作的主要内容,是发挥税收功能的根本保证。在完善税收征管制度方面,首先提高我国税务机关管理水平,加强税源管理,充分利用现代信息技术,做到专业化与信息化的有机结合,全面构建税收管理信息平台系统,提高税收信息的集中度和共享度,推动使我国的个人所得税征管向现代化、专业化、科学化方向发展。其次加强业务培训,提高税务工作人员的素质,严格依法执法,加强税收执法力度和违法惩罚力度,对偷税漏税行为依法追究责任。

税务部门及工作人员应切实树立依法行政和依法保障纳税人权利的意识,并贯彻到各项工作中去。加强税收部门的廉政建设,建立各种约束机制,切实防止税务腐败,严格遵循法律法规,明确职责分工,优化业务流程,慎用税收执法的自由裁量权。

五、总结

个人所得税是我国税收制度的重要组成部分之一,是国家财政收入的重要来源。个人所得税具有调节收入分配的职能,涉及每个纳税人的利益,对于我国建设现代财税制度具有重要的战略意义。如何在新的经济形势下调整个人所得税制度,使之与新的经济情况相适应,同时能更好地发挥个人所得税制度的职能,是我国当前税制改革过程中必须面临的挑战。

从总体思路到实施路径,从综合纳税到专项扣除,再到课税要素等各个方面,在我国当前个人所得税改革的总体设计方案已经清晰可见。总的思路是以公平为出发点,加强与其他税种的密切配合,调整税制结构,逐步建立起适合我国国情的个人所得税制度。

个人所得税改革:功能思考与立法趋向

吕凌燕[*] 曹勐菲[**]

一、个人所得税的功能定位

税收作为经济和社会调节的重要手段,在国计民生各领域都发挥着举足轻重的作用。所有税种虽都具有充足财政的功能,但不同税收则又在不同领域间接调整着社会价值的再次分配,税种功能定位不同也必然产生不同的税收制度和社会经济效果。组织财政收入,调节收入分配以及稳定经济是围绕在个人所得税周围的三个主要功能,在不同的经济条件和社会环境下,此三项主要功能的主次关系虽所差异,但三者始终彼此关联,共同指导着个人所得税制度改革的进程。

(一)基础功能:组织财政收入

对于税种来说,几乎所有的税种都有组织财政收入的功能,个人所得税也是如此。第一,我国经济处于"起飞准备"和"起飞"的过渡阶段、征管水平相对有限、纳税意识薄弱这些情况,而个人所得税还难以在收入再分配方面发挥足够大的作用;第二,现存的收入分配格局是三次收入分配综合作用的结果,在初次分配中存在的公平与效率欠缺的问题,仅通过个人所得税等再分配手段是无法根治的;第三,在个人所得税乃至所有税种成立之初都是为了增加国家财政收入,也即个人所得税作为一个税种,组织财政收入是其存在的基础。①

(二)核心功能:调节收入分配

个人所得税的核心功能是调节收入分配而并非是组织财政收入,原因有四:一是在我国的发展过程中,我们处于并将长期处于社会主义初级阶段,在这一发展阶段中,大多数人口或家庭所获得的收入还只能维持最基本的生活需要,个人所得税只能给家庭生活带来负担;二是在对个人收入进行衡量的过程中,并不能准确地对个人的所有收入进行量化,特别是大部分的隐蔽性收入,对于增加财政收入来说并没有足够的税收基础;三是

---

* 中国地质大学(武汉)公共管理学院副教授。

** 中国地质大学(武汉)公共管理学院法律硕士研究生。

① 刘彬:《个人所得税的财政功能和调节功能及其影响因素》,载《经济研究导刊》2012年第30期。

社会主义初级阶段民主与法制建设还不健全,普遍的守法意识还未形成,个人所得税是对个人收入的直接削减,其推行必然与严重的偷逃税行为相伴随,这些不法行为对增加财政收入也有着重要的负面影响;四是美英西方国家个人所得税在推行早期几次开征几次废除的重要原因就是个人所得税过于关注收入功能,而没把调节功能放到首位。因此,个人所得税的核心功能并非是组织财政收入,而是用来调节收入分配。

(三)辅助功能:稳定经济

个人所得税的另一个功能就是稳定经济,也是它的辅助功能,因为其是对居民收入进行征税,所以其间接参与在社会经济循环过程当中,并以累进税率的方式对居民的实际可支配收入进行调节,从而保持社会总需求和总供给的稳定,经济情况下行时,居民收入降低,个人所得税减少,实际可支配收入增多,容易刺激消费,保持生产稳定;相反,经济过度增长时,居民收入提高,个人所得税在超额累进税率的适用下,征收较多的个人所得税,相对可支配收入减少,从而抑制消费需求,平衡社会的供给和需求。

当前,我国正处于社会发展综合调整阶段,城乡区域之间、不同行业之间发展出现两极化,高新技术行业人均收入远高于基层劳动行业,而这些差距在我国现阶段的发展下仍将继续扩大,在初次分配遇到问题且暂时无法得到解决的情况下,只能通过税收等手段进行控制,而在所有的税种当中,个人所得税作为一种直接税,必须要发挥其调节收入分配的核心功能,促进社会价值分配的公平和正义。

二、我国个人所得税制度改革实践

(一)我国个人所得税法发展历程

新中国成立时,百姓生活物资相对匮乏,急需通过税收来增加财政收入进行国家建设,所以在1950年颁布实施《税政实施要则》,里面就包含了两种对个人所得进行征税的税种,即薪给报酬所得税和存款利息税两种。但是当时人均收入水平极低,并没有充足的税源,所以在1950年开征时只征收税率为10%的利息税。利息税的开征给政府带来了年均1000万元以上的财政收入。1959年我国实行高度集中的计划经济体制,利息税停征,个人收入来源单一且数额有限,再加上历史上重工商税和土地税思想,所得税并未受到重视。①

改革开放后,随着外资的增多也使外籍工作人员大量增加,这部分外籍工作人员大多有着较高的工资水平,纳税能力也较强,虽有国际惯例,但是我国当时并没有统一的个人所得税制度,对他们进行征税没有法律依据。而我国公民在国外则必须按照税收属地原则向所属国缴纳个人所得税。为了更好地适应经济发展形势,我国开始准备个人所得税法的制定,1980年我国《个人所得税法》公布,并采用分类计征的模式,随后公布了《实施细则》,此时个人所得税主要用来组织财政收入,并未发挥调节收入的作用。

党的十一届三中全会后,个人收入普遍提高,收入渠道也逐渐多元化,不再只有工资

---

① 徐晔、袁莉莉、徐战平:《国个人所得税制度》,复旦大学出版社2007年版,第17页。

一项,收入也不再是过去的平均化收入,而是有了很大差距。为了平衡国内公民收入,国务院于 1986 年颁布了《个人收入调节税暂行条例》,在这个条例上,开始用税收的手段来控制居民的收入差距,但是由于理论的不足和实践经验的缺乏,并没有取得很好的控制效果。

在随后的经济发展过程中,贫富差距的问题一直没能得到很好的解决,两极化的特征越来越明显,2009 年世界银行给出的基尼系数为 0.47,已经超过了 0.4 的警戒线。如果一直保持目前的收入分配政策而不对国民收入分配秩序做出根本性的调整,预估到 2020 年,我国的基尼系数将会达到 0.568。面对如此严峻的收入差距,在我国的税制结构里几乎没有强有力的收入调节税种可以勇挑此重任。我国税制结构中 70% 以上的税收收入都来自于间接税,但是间接税并没有调节收入的功能。直接税份额轻,30% 都达不到,大部分还是企业所得税。企业所得税在企业和行业之间集中调节,并不直接作用于个人之间的收入差距。同时,我国还未开征财产税,无法对财产的存量导致的贫富进行平衡。所以,必须要通过个人所得税调节收入分配的核心功能来对当前巨大的收入差距进行控制。

(二)我国个人所得税法存在的问题

目前,我国虽然对个人所得税法进行了多次修订,但是收入差距的问题并未得到有效的控制,甚至有出现个人所得税对收入分配进行"逆调节"的现象,这并不是税种的问题,而是个人所得税作用的发挥收到了限制,使之不能充分发挥出调节收入分配的主要功用,局限个人所得税功能发挥的原因虽有诸多方面,但从立法角度而言,主要表现在以下方面:

1. 分类所得税制,公平性先天不足

在征税模式上,与大多数采用综合计征的国家不同,我国采用的是分类计征,在征税过程中,把个人的收入按类别进行划分,不同的类别适用不同的税率,在实施初期,这种分类计征的模式可以对收入里各项收入进行控制,并且减少了偷税漏税等恶劣行为,但是随着经济的不断发展,国民的收入来源已经不仅局限于税法已有的分类明目上,特别是随着新型经济和互联网经济的发展;收入渠道的增加使得纳税人的真实收入水平难以准确测量,在征税过程中并不能完全做到多得多征,造成税收的公平性缺失;此外,在分类计征的征税模式下,纳税人为了逃避税收,通常会将收入进行转移,从而达到本应适用高税率的收入适用较低税率,本不应进行相关费用扣除的收入进行了费用扣除,在工资总额不变的条件下,达到减轻税收负担,逃避个人所得税的目的。

2. 费用扣除设定不科学

费用扣除包括三部分生计扣除、成本扣除和特许扣除。收入数额对于费用扣除标准来说无关轻重,而在于单一的费用扣除标准已难以适应各类纳税人的不同情况,因为制定费用扣除标准的初衷在于维护低收入的纳税人利益,保证纳税人不因纳税而降低生活水平。

众所周知,近年来个人所得税法被进行了修改,将工资、薪金所得的扣除费用逐渐提高,但是该费用扣除标准和其他费用扣除项目上还未具体考虑到地区、家庭差别、通货膨胀等因素,也没有严格区分个人与家庭、家庭人口、年龄结构、家庭总收入以及相关的教育、医疗等多方面有关基本生活的情况,对所有的纳税人适用同样的费用扣除标准,看起来十分公正和平等,但是对于纳税人的实际情况来说却有着实质上的不平等,收入高、生活条件好的纳税人跟收入水平较低的纳税人享受同样的扣除标准,对于缩小收入差距并没有明显效果。支出不同,费用扣除相同,应纳税额相同,税额相对于支付能力而言的税负不同,造成了极大的不公平,影响了个人所得税公平原则的实现。在这种情况下,部分纳税人特别是收入水平中等及偏下的纳税人对于劳动的积极性会受到损害,对于税收及国家相关政策也会产生相应的抵抗情绪,不利于社会稳定。

除此之外,从地域方面来看,费用扣除标准也需要有相关的调整,在我国,东西部的发展差距是事实存在且不可忽略的重要事实,在确定相关的费用扣除标准时,只确定一个全国通用的费用扣除标准明显忽略了这一地域间经济水平的差距,是缺乏科学性的体现。

3. 税率结构设计不合理

工资薪金所得的累进税率要高于生产经营所得适用的税率,而资本所得如租赁,转让所得适用的是比例税率,在这一规定下,部分情况下这些资本所得所应承受的税负会低于产生通过劳动所得产生的税负,特别是劳动所得的边际税率为45%,过高的税率使劳动者税负增加,劳动积极性降低。

在我国现阶段的发展情况下,高收入者的收入构成中只有很少一部分是劳动所得,大多数的收入都是资本所得,收入渠道多而隐蔽,无法进行很好的控制,于是就出现了越是高收入者缴纳的税费就越少,而只通过劳动获取的中低收入者反倒是承担了较多的税费,这就是我国现阶段个人所得税实施过程中出现的"逆调节"现象。

我国1994年《个人所得税法》确定了一个基本的个人所得税制度,一直沿用至今,随着经济的不断地发展,也做了相应的修改,从1994年到现在,一共对其进行了5次修改,但这些修改,都主要围绕费用扣除标准的调整,在最近的修订中,即2011年的第五次修订也只是对费用扣除标准进行了提高,并没有深入到税制及税率结构等核心问题,通过改革切实发挥调节收入功能的目的并未实现,改革的主要问题也并未得到解决,因此,现阶段改革需要在功能定位和立法指向的科学指导下合理建构个人所得税法的基本制度。

三、国外个人所得税法改革趋向

(一)立法目标从侧重收入向侧重调节再向侧重效益演变

在个人所得税法律制度确立的初级阶段,个人所得税的功能是组织收入,各国的情况基本如此,主要作为战时筹集资金的急需而被采纳。而美国在19世纪末征收个人所得税的主要原因在于补偿美国政府因关税收入减少的部分。第二次世界大战后,在市场经济发达的国家中,个人所得税法律制度的建立被用来作为防止经济波动的"稳定器",

调节经济稳定。随着经济的进一步发展,从新一轮的税制改革来看,效率逐渐成为西方发达国家个人所得税制度发展的目标。为完善个人所得税制度,各国的基本思路是"扩大税基、调低税率、合理减少税率层级",以此保证社会公平,促进经济发展。

(二)税制模式由分类税制向综合税制发展

纵观西方国家个人所得税法的产生、发展和改革的全过程,个人所得税的立法模式大致表现为由分类所得税模式向综合所得税模式发展。英国创立个人所得税之初采用分类所得税模式,开始将个人所得分为四类后又分为六类分别予以征税。德国开征的时间较晚,虽然如此,德国在吸收其他国家的发展经验后,1871 年创立个人所得税时即实行综合所得税模式。英国受德国的影响,1909 年以后将各类收入进行汇总计算、综合计税,逐渐调整为综合所得税模式。美国、日本等发达国家的税制模式也经历了这种调整过程。这种调整过程是经济发展、税法改革的必然结果。

(三)费用扣除标准日趋合理

在国外的个人所得税征收过程中,另一个重要的部分就是个人所得税的费用扣除标准问题,虽然各国的费用扣除标准各不相同,但是基本上都是对生计费用和成本费用两部分进行扣除,在不同的政策需求下也可以增加一些另外的扣除费用,在扣除费用的计算上,大部分国家都采用的是税收指数化的方法,通过这种将税收指数化的方式来稳定经济,避免通货膨胀下对居民的生活水平造成影响,从 19 世纪 70 年代开始,大部分发达国家都采取了这种办法并有着不错的效果。

(四)税率设计不断完善

国外对于税率的设计也是不断地进行完善,具体表现就是减少税率档次和降低税率,特别是边际税率。以英国为例,英国 1979 年将个人所得税的最高边际税率由 83% 下调到 66%,1987 年又将税率下调到 27% ~60%,1988 年再次将税率下调 20% ~40%。但是,真正使个人所得税改革成为世界潮流的却是美国。美国 1986 年税制改革的中心是彻底改革税率表,将 1986 年前 11% ~50% 不等的 14 档税率改为 15% 和 28% 两档税率。在 20 世纪 80 年代后期,西欧、日本等发达国家也都追随美国,减少档次和降低税率。

四、完善我国个人所得税制度的立法建议

税收是政府进行收入分配的重要手段,而收入分配的核心是公平。对个人所得税进行改革就是为了使其更好地发挥调节作用,至少在税收政策取向上,侧重点应当为兼顾公平与效率,特别是在个人所得税领域,要侧重于其公平作用,这是我国的现实要求。所以,在个人所得税法的改革过程中,首要是公平,即以调节功能作为个人所得税的主要功能定位,以此来对个人所得税法进行改革和完善。

(一)科学化的税制模式

根据我国目前的基本国情,我国宜采用混合所得税制模式,待时机成熟后逐步向综合所得课税模式过渡。采用分类与综合相结合的税制模式,首先可以将来源不一样、性质不一样的每一项收入进行细致的归类,进而将这些细化的分类所得按照以下四种所得类型分别总计:劳动所得、营业所得、投资所得和其他所得,然后对那些投资性、不产生扣除费用的收入所得进行分项征收,如投资所得以及其他所得。

鉴于综合累进征税与分类征税相比可以更好地体现所得税的调节收入、公平税负。对个人所得税法进行完善就是通过调节居民收入分配来控制收入差距,这是进行个人所得税改革的价值追求,当综合征税的项目越多,居民的隐蔽性收入越少,利用个人所得税进行调节的效果越好,所以,在具体的制度设计中,要尽量把更多的收入项目纳入征收的范围,而这些项目都是居民的主要收入来源,所以在这些项目中给予生计扣除较为合理。

有的学者认为,综合所得税制才最符合税收公平原则,因此,我国应当实行综合所得税制。如上文所述,综合项目越多,越能够发挥个人所得税的价值,并且在目前,世界上很多国家都采用综合所得税制来征收个人所得税。但是,我国情况却有些不同,需要慎重考虑,在没有达到以下四个条件下不能轻易就采用综合所得税制:第一,个人收入完全货币化;第二,有效的个人收入监控机制;第三,高度发达的税款征收手段和核查方法;第四,纳税人高度自觉的纳税意识。和西方发达国家相比,这四个条件在我国并没有完全实现,所以目前对于选择综合税制的做法也是不合理、不科学的,基于我国国情,为了既能增强个人所得税的公平性,又具有实践中的可操作性,我国目前只能选择分类综合所得税立法模式。

(二)进一步扩宽税基

在我国现阶段的发展情况下,在个人所得税的征收过程中,税基过窄,部分收入并没有进行有效的征税操作,特别是大范围存在的非现金收入。在我国,农村范围内实物经济广泛存在,无法对收入准确地进行量化和细化;在城镇,大部分虽然是工资收入,但许多福利仍然以实物的方式存在,要将这两部分的非现金收入真正作为税收来源,虽然利益可观,但操作起来十分困难,并且对这部分非现金收入进行征税,习惯了实物福利收入的纳税人在心理上也会产生抵抗情绪,所以要想真正的拓宽税基,就要将这些实物、非现金收入尽可能反应在账面上,这就要求单位对于工资的计量要更加细化,税务机关等财政机关也要协同监管,对现实中的非现金收入进行规范。

另外,可以借鉴国外经验,减免项的增多使税基变窄,拓宽税基的另一个角度就是取消一些不必要的减免项,在我国个人所得税法当中,规定的免征项目高达30多项,因此取消部分减免项目具有很强的可行性。调整免税项目后,一方面有利于扩宽税基,另一方面,也能规范税制、防止税源流失和不公平。

(三)完善费用扣除标准

以我国现阶段的发展实际为依据,在适当的时候借鉴发达国家的经验,实行费用扣除的指数化,改变以往通用一个费用扣除标准和长时间使用一个费用扣除标准的现状,在不同的经济发展条件下对费用扣除标准进行调整,以保障纳税人的基本生活需要,允许物价指数和生活水平偏高的地区,生计费用适当上浮,做到因地而异。因为,若各地区采用相同的宽免额,虽然形式上对各地区来讲是公平的,但是在我国的实际情况下,区域经济发展极不平衡,不同地区其社会成员维持必要生活所需的花费存在相当大的差异。因此,在看似公平的统一的费用扣除标准下隐藏着实质的不公平。在设定费用扣除标准的同时,要考虑纳税人的主观纳税能力,根据纳税人的婚姻状况、年龄大小、健康状况、赡养的无收入来源的家庭成员人数的多寡等因素来确定扣除标准。

总体来说,可以考虑以下两个方面:(1)基本家庭生活支出扣除。作为家庭主要组成部分的生活基础,配偶,幼儿抚养,老人赡养等部分均可以进行扣除。(2)社会保险支出扣除。在笔者看来,纳税人缴纳的医疗、失业、养老等社会保险保障费用都是作为社会人应当享有的社会福利,应当准予在税前扣除,而其他商业保险方面,如人身保险,财产保险等不应当列入扣除范围,在我国现阶段的发展情况下,只有中层收入以上的居民才会购买商业保险。在这种情况下扣除商业保险,只是提高了中高收入阶层的福利水平,对于中低收入者减免税收并没有太大的意义。

(四)合理设计税率结构

税收公平是税收原则里的最高原则,在这一原则的指导下,税率结构必须进行科学化、合理化考量,通过合理税率的设计达到税收公平。一方面,降低税率,减少累进档次。累进税率的级次越少,应纳所得的级距越大,累进效应越明显,反之则相反。我国实行分类综合所得税税制模式后,参照国际通常做法,采用从10% ~30%的五级超额累进税率,个人所得税最高边际税率一般为45%。在设计每一个具体的级距时,一定要从当前的居民收入水平和消费等多方面因素考虑。另一方面,降低边际税率。过高的边际税率会增加人们偷、逃税款的倾向。在我国的现行个人所得税法中,边际税率为45%,而从世界范围内个人所得税的发展趋势上看来,边际税率都有继续下调的势头,对于我国来说,将边际税率进行下调不仅可以减轻纳税人的税收负担,也有利于刺激劳动、投资增长,促进社会总需求扩大,从而提高税收的行政效率。

经营所得的个人所得税制度研究

——基于对英国个人所得税制度的考察

张春燕*

经营所得(Business income)与工资薪金、劳务报酬等项目一样,都是一国个人所得税制度体系的重要组成部分。然而相对于工薪所得、劳务报酬而言,经营所得的个人所得税的计算与缴纳更为复杂,因为纳税人的经营所得可能会面临个人所得税的缴纳,也有可能缴纳企业所得税,在一些规定了"资本利得"的国家,纳税人的经营所得还有可能会涉及资本利得税的缴纳。另外,对纳税人经营所得的界定以及相关费用扣除的计算也需要税务机关更为专业的判断。

我国的《个人所得税法》自1980年颁布以来,已经历经六次修改,但主要围绕着工资薪金所得的费用扣除标准的调整进行,并没有实质上改变我国现行个人所得税制的基本格局。近几年,实行"综合与分类相结合"的个人所得税税制模式的呼声不断,2013年11月党的十八届三中全会通过《中共中央关于全面深化改革若干重大问题的决定》,明确要"逐步建立综合与分类相结合的个人所得税制"。2016年全国两会期间《综合与分类相结合的个人所得税法改革草案》已经提交全国人大审议,并决定于2017年实施。在我国的个人所得税改革方案呼之欲出之时,如何在"综合与分类相结合"的税制模式下重构纳税人"经营所得"的个人所得税制度也是其中不容忽视的重要问题。

个人所得税于1799年首创于英国,其在英国设立的最初目的是应付战争所引起的庞大的军费开支,1814年个人所得税成为英国政府的一个永久税种。个人所得税发展至今已经成为英国政府财政收入的第一大税种,在英国经济社会发展的不同阶段发挥着重要的作用。在此过程中,个人所得税制度在英国得到了不断地完善和发展,成为世界上公认的较为全面、系统和成熟的税制。其中关于纳税人"经营所得"的相关个人所得税制度历经制定法与判例法的不断演进,具有较强的可操作性与实用性。在这种情形下,研究英国的相关个人所得税制度对我国的个人所得税法相关制度的改革具有借鉴意义。

* 外交学院国际法系讲师。

一、英国个人所得税制度对"经营"活动的界定

英国的个人所得税目前采用的是综合征收模式,纳税人的各项个人应税所得扣除允许扣除的必要费用后,加以汇总,再统一扣除生计费用后的余额,各类所得合并为综合所得时,允许依法冲抵盈亏,然后依分级差额累进税率计征。[①] 英国个人所得税的应税项目包括所得税分类表中规定的各种源泉所得,包括雇佣收入、自我雇佣收入或从合伙取得的收入、退休金收入、储蓄利息、投资收益、国家转移支付所得、租金收入以及其他应税收入。根据英国的《个人所得税(经营所得及其他所得)法案》,即"Income Tax(Trading and Other Income)Act"(以下简称ITTOIA)第5条的规定,纳税人应就其经营所得及职业所得缴纳个人所得税。由于英国的个人所得税将纳税人的个人所得区别为征收个人所得税的一般收入(income)和征收资本利得税的资本利得(Capital gains),并分别规定了不同的税率及税收特别措施,为了避免纳税人借此进行逃避税筹划,英国个人所得税的制定法与判例法均对纳税人的"经营"活动作了非常详细的界定。

(一)界定纳税人是否从事"经营"活动应考虑的因素

ITTOIA的第9条至第16条列举了个人所得税制度中的"经营"活动的范围,即包括:耕作及园艺活动(Farming and market gardening);除林地以外的商业用地(Commercial occupation of land other than woodlands);商业用林地(Commercial occupation of woodlands);矿山、采石场及其他方面(Profits of mines,quarries and other concerns)等。除此之外,1988年的英国《个人及公司所得税法案》(Income and Corporation Taxes Act 1988,以下简称ICTA 1988)第832条曾对"经营"(trade)进行了非常宽泛地定义,即规定经营"包括贸易、制造活动以及在性质上可被认定为经营的一切活动"。[②]

事实上,到底什么事项才能"在性质上"被认定为"经营",既涉及事实的判断,又涉及法律的适用:税务机关及法院要判断纳税人从事的到底是职业活动还是经营活动不仅要对纳税人实施的事实行为进行判断,如交易是否实施,什么时候进行的交易,由谁来进行的交易,交易的目的是什么等,同时还需要根据相关法律对"经营"的定义来判断纳税人从事的活动是否在性质上属于经营活动。

在这种情形下,皇家委员会(the Royal Commission)曾于1955年指出判断纳税人是否从事"经营"活动应当考虑如下六个因素,即实际的收入实现(the subject matter of realization)、交易资产的持有期间(period of ownership)、纳税人进行相同或相似交易的频率(frequency of similar transactions by taxpayer)、收入实现的条件(circumstances of the realization)以及纳税人经营的目的(motive)。[③] 英国税务海关总署(Her Majesty's

---

① 万莹:《英国个人所得税源泉扣缴制度》,载《涉外税务》2007年第12期。

② See ICTA 1988 s 832 which widely defines a trade as including "every trade, manufacture, adventure or concern in the nature of a trade".

③ Cmd 9474(1955), para. 116.

Revenue and Customs,HMRC)而后于2011年又列举了"经营"的九个特点,即追求利润的动机(profit seeking motive)、交易数量(the number of transactions)、交易资产的性质(the nature of the asset)、类似的交易或利益的存在(existence of similar trading transactions or interests)、交易资产的变化(changes to the asset)、交易的方式(the way the sale was carried out)、经营活动的资金来源(the source of finance)、采购和销售之间的时间间隔(interval of time between purchase and sale)以及交易资产的获得方式(method of acquisition)。在判例法中,法官们又针对具体案情对"经营"的界定条件进行了一些细化和补充。总体来讲,判断纳税人是否从事"经营"活动应当主要考虑以下几个因素:

1. 是否以追求利润的动机

以追求利润为目的进行相关活动,是判断纳税人是否从事"经营"活动应当考虑的首要因素。当然,仅有获利的意图不足以表明纳税人从事的是经营活动。在"Salt 诉 Chamberlain"一案中,[①]一位咨询顾问在一起股票交易中亏损,法官认为,尽管纳税人进行交易的目的是获取利润,但个人从事股票交易在本质上不具有"经营"的特点,因此,此笔交易应该缴纳资本利得税。

2. 交易的数量及频繁程度

某项交易之所以可被认定为"经营"活动,表明该项交易较为频繁,且属于一系列"经营"活动的一个组成部分。如在"Rutledge 诉 CIR"以及"CIR 诉 Fraser"两案中的法官均以纳税人的交易数量来判断纳税人是否从事"经营"活动。[②] 两案中的纳税人分别从事的是厕纸及威士忌的交易,法官指出,从交易资产的交易数量及交易的频繁程度来看,纳税人不可能将该交易资产完全自用,或用于投资,因此纳税人从事的是"经营"活动。

另外,对"经营"进行界定时,还要考虑纳税人是否一直从事该项活动,即类似的交易或利益是否存在。如在"Smith Barry 诉 Cordy"一案中,纳税人一直持续不断地购买人寿保险单,并持有至到期。[③] 法官因此认定纳税人在进行人寿保险单的"经营"活动。

3. 交易资产的性质

在具体的判例中,法官还会考虑在"经营"活动中的交易资产是否可以给纳税人带来现实收入,并且该交易资产在性质上是否以交易为目的。这是因为纳税人用于交易的资产,在最初购入时可能有三种目的:一是投资以产生投资收益;二是作为个人资产使用;三是以生产经营为目的。纳税人购买资产仅用于第三个目的时才会被认定为从事"经营"活动。在"Marson 诉 Morton"一案中,纳税人是土豆种植商,购入了一块土地并将它作为一项投资,持有期间土地并没有给纳税人带来任何收入,但纳税人有该土地的规划许可,而后又基于卖方的自发报价将该土地出售。法官认为,该项土地的交易不同于纳

① Salt v. Chamberlain[1979]STC 750.

② Rutledge v. CIR[1929]14 TC 490;IRC v. Fraser 24 TC 498.

③ Smith Barry v. Cordy 28,1942 TC 250.

税人正常的土豆交易,且纳税人最初购入土地的目的是投资,而非用于种植土豆以产生经营收入,因此这并不是一项“经营”活动。①

对交易资产进行加工或修饰,可以使该项资产更具市场价值,从而使纳税人从事的围绕交易资产的相关活动更加容易被界定为“经营”活动。如在“CIR 诉 Livingston”一案中,3 个纳税人购买渔船并将其重新装饰后出售,尽管对于交易资产而言,纳税人做的仅是一些看似辅助性的、额外的加工,但不可否认的是,纳税人的相关活动使交易资产发生了变化,因而被法官认定为从事的是“经营”活动。②

4. 经营活动的资金来源

界定纳税人的“经营”活动是否持续的一个重要因素就是要看从事相关活动的资源来源,一般情况下,从事“经营”活动的纳税人往往会将其出售交易资产后所获得的收入首先用于偿还债务。在“Wisdom 诉 Chamberlain”一案中,纳税人为购买银条而借入了高息贷款,尽管持有银条期间纳税人并没有因此获得任何收入,但法官认为,纳税人的一系列行为仍表明其购入银条是为了“经营”,而非投资。③ 而在“CIR 诉 Wattie 和 anor”一案中,纳税人对承租人进行有偿租赁的引诱性付款被视为一种资本支付,而非为进行“经营”活动而支付的资金。④

5. 采购和销售之间的时间间隔

如果纳税人采购与销售交易资产的时间间隔较短,且较频繁,则纳税人极有可能在从事“经营”活动,而非投资活动。在“Taylor 诉 Good”一案中,纳税人购买了一处房屋用以自住,但因其妻子不愿搬去居住而又立即将该房屋卖出,由于购买房屋与销售之间的时间间隔较短,因此,纳税人最初的自住目的并没有妨碍法官将此交易认定为“经营”活动。⑤ 法官指出,纳税人最初的自住目的是界定其是否从事经营活动的影响因素,但却不能成为唯一重要的考虑因素,因为纳税人最初购买交易资产的目的可能会在资产持有期间被获得利润的目的所取代。因此,在此类案件的审理中,对纳税人一系列事实行为的考量显然更为重要。

6. 交易资产的获得方式

交易资产的获得方式也是界定纳税人是否从事“经营”活动的重要条件之一。通过继承或赠予的方式获得的资产,纳税人再将其出售的行为往往不会具有“经营”该资产的目的,而从市场上购买交易资产再出售的行为就有可能被界定为“经营”活动。在“Cape Brandy Syndicate 诉 CIR”一案中,纳税人加入了一个葡萄酒集团,并通过该集团从南非购

---

① Wisdom v. Chamberlain[1969]1 WLR 275;[1969]1 All ER 332.

② IRC v. Livingston[1927]11 TC 538.

③ Wisdom v. Chamberlain[1968]45TC92.

④ CIR v. Wattie and anor[1998]STC 1160.

⑤ Taylor v. Good,CA 1974,49 TC 277.

买白兰地,之后这些白兰地部分被运往亚洲,部分混合了法国白兰地被送到伦敦销售。纳税人认为这仅是一个投资行为。但法官否决了他的说法,法官认为,纳税人的白兰地从市场上有偿获得,并通过销售这批白兰地获得,因此是典型的“经营”活动。①

(二)纳税人的“经营”活动与“职业”活动的区别

在税法上将纳税人的职业活动与经营活动进行区别是非常重要而且必要的,这是因为,根据英国的个人所得税制度,有些费用的抵扣仅适用于纳税人的经营活动,如用于生产经营的建筑物费用以及研发费用等;同时,有些资本利得方面的损失却只能用于抵减纳税人的职业收入。然而,相关法律法规中并没有规定纳税人职业活动的定义。法官们在长期的司法实践中不断对纳税人的“职业”活动与“经营”活动进行比较,并通过大量的判例指出,“职业”指的是完全基于纳税人的脑力劳动以及手工技艺而从事的活动,如医生、画家、雕刻家等,这些活动通常不会涉及具体商品的生产或买卖。因此,与职业活动相比,纳税人在经营活动中投入的手工技艺和操作技能更少一些,这也是职业与经营活动的主要区别所在。②

在“IRC 诉 Maxse”一案中,法官指出,报社的撰稿及编辑从事的是职业活动,而报纸的采访记者从事的是“经营”活动。③ 同样,在“Currie 诉 IRC”一案中,税务机关认为,提供税收筹划服务的纳税人从事的是“经营”活动,这一观点得到了法官的认同。④ 但是,如果纳税人因其职业行为而进行某种交易并因此取得利润,只要该利润的取得与其职业密切相关,那么纳税人的行为就不会被认定为“经营”活动。如在“Wain 诉 Cameron”一案中,纳税人是职业作家,从事写作已有近 30 年的时间,其向其所在的学校图书馆出售原稿并获利的行为,被法官认定为是职业活动。⑤

二、英国个人所得税制度中的经营所得税前费用扣除规则

ITTOIA 的第三章规定了纳税人经营所得费用扣除的具体内容,第四章规定了费用扣除的限制,同时在第五章里规定了允许扣除的特殊费用。结合相关的判例法,纳税人经营所得的税前费用扣除应当遵循以下几个原则:

(一)费用必须“全部”且“完全”为经营目的而发生(Wholly and Exclusively)

这里的“全部”指的是费用发生的金额,而“完全”则指的是费用的发生时的目的和动机。该原则来自于 ITTOIA 第 34 条第 1 款的规定,即要求纳税人用于抵减经营所得的税前费用必须以经营为目的且仅为经营所需而发生。⑥ 这就意味着,纳税人所发生的不

---

① Cape Brandy Syndicate v. CIR, CA 1921, 12 TC 358; [1921] 2 KB 403.

② John Tiley, Revenue Law (fifth Edition), Hart Publishing, 2005, p. 346.

③ IRC v. Maxse [1919] 1 KB 647.

④ Currie v. IRC [1921] 2 KB 332, 12 TC 245.

⑤ Wain v. Cameron [1995] STC 557, 67 TC 324.

⑥ See ITTOIA s34(1): “In calculating the profits of a trade, no deduction is allowed for—(a) expenses not incurred wholly and exclusively for the purposes of the trade, or (b) losses not connected with or arising out of the trade.”

以经营为目的的费用不得在税前扣除,而部分以经营目的而部分以非经营为目的而产生的费用也不得在税前扣除。

在判例法中,该原则的具体适用主要体现为三个具有广泛影响力的经典判例,即"Mallalieu 诉 Drummond"一案、"Vodafone Celluar Ltd. 诉 Shaw"一案以及"Mc Knight 诉 Sheppard"一案。在"Mallalieu 诉 Drummond"一案中,纳税人是一名辩护律师,她试图将其在出庭时所穿的黑色正装的购置费用作为税前费用进行抵扣其经营所得,但被法官否决。法官对纳税人购买黑色正装的目的以及最终达到的实际效果进行了区别,法官指出,纳税人购买黑色正装可能完全是为了商业目的,但事实上,这套正装却为其带来了其他一些效果,因为黑色正装除了可用于商业目的,同时也是纳税人保暖所需,并使纳税人出庭时显得更为体面,因此纳税人购置黑色正装的支出不能作为税前扣除的费用。① 在"Vodafone Celluar Ltd. 诉 Shaw"一案中,纳税人是一个集团公司的一个子公司,纳税人的某项支出同时也可使集团内部的其他两个子公司受益。本案中上诉法院的法官认为,纳税人支出该笔费用的目的仅是使自己的经营活动受益,尽管其他两个公司因此获益,但不能不认可的是此项费用是"全部"且"完全"为了纳税人的经营活动而发生,因此可以扣除。② 费用支出的目的及效果的区别进一步体现在"Mc Knight 诉 Sheppard"一案中,法官在本案中指出,纳税人在一起案件中所支出的诉讼费用是允许税前扣除的,因为这笔支出是"全部"且"完全"为经营目的而发生,而支出这笔诉讼费用最终还会保护纳税人的名声免于受损,也只是费用支出的另外一个效果,而非目的。

这三个经典判例指出了在实践中援引该原则的四个规则:一是界定纳税人相关费用的发生是不是"完全"为了经营所需,这是一个事实判断,而非法律适用问题,同时费用的发生必须使纳税人的经营活动受益,而非纳税人本人受益;二是在判断费用发生的目的时,法官可以衡量纳税人的自觉的及无意的目的,并且法官应当判断费用支付时纳税人的主观意图,以及一些与费用支付无法分开的、不可避免的其他意图,除非这些意图是偶然发生的;三是法官应当指出费用支出的效果,而这些效果可能会使该费用不具备税前扣除的条件,同时,如果费用的支付可使纳税人本人受益,那么这会作为该项费用支付的一个"效果",而非支付的"目的";四是对于费用支付目的进行调查的主要目的是判断纳税人支付费用时有无经营目的之外的特殊目的,调查后税务机关应当区别费用支付是为了纳税人本人,还是为了经营活动。③

(二)费用必须为获取利润而发生(for Purpose of Earning Profits)

此项原则是在"Strong & Co. of Romsey 诉 Woodified"一案提出的。在本案中,纳税人经营的公司提供保管服务,其仓库的烟囱坠落并砸伤了1名顾客,顾客因此起诉纳税

---

① Mallalieuv Drummond(Inspector of Taxes)[1983]2 A. C. 861.

② Vodafone Cellular Ltd. v. G Shaw(Her Majesty's Inspector of Taxes)[1997]STC 734.

③ John Tiley, Revenue Law(fifth Edition), Hart Publishing, 2005, p. 420.

人并获得了1490英镑的赔偿,纳税人因此试图将此项赔款于税前抵扣其经营所得。① 而本案的主审法官戴维指出,如果纳税人的某项费用支出仅是在其经营的过程中发生的、或者该费用仅是与经营活动相关,则该项费用并不能在税前扣除,除非它与为获取利润而进行的经营活动直接相关。② 也就是说,作为税前可扣除的费用,它的发生必须以给纳税人的经营活动带来利润为目的。

"Vallammbrosa Rubber Co. Ltd. 诉 Farmer"一案进一步对该原则进行了补充与解释,提出了如果某项费用的支出是为了获得利润,即便最终该纳税年度并没有因此而产生利润,此项费用也可以在税前予以扣除。③ 著名的"Knight 诉 Parry"一案也援引了该项原则,在本案中,纳税人是一名初级律师因执业失误而进行的赔偿被法官认定为不得以税前进行抵扣。法官指出,尽管此项费用的支出在一定程度上是为了纳税人能够继续其经营活动,但它与获取利润的目的并不完全一致,因此不能作为经营所得的税前扣除项目。④

(三)费用必须是收益性支出,而非资本性支出(must be Revenue,not Capital)

资本性支出即便"全部"且"完全"用于经营之目的,也不得作为纳税人经营所得的税前扣除项目。这是因为,在英国的所得税法体系下,资本性支出可以在纳税人的资本利得税项下的资本减免(capital allowance)部分予以抵扣。如何区别收益性支出与资本性支出是一个非常复杂的问题,需要引入会计的相关方法,因为在一般情况下,收益性支出指的是在纳税人的经营过程中发生的,其产生的效益不会超过1个会计年度的支出,因此可以抵减当年纳税人的经营所得。

在判例法中,法官们在长期的司法实践中也提出了一系列的测试方法以区别资本性支出与收益性支出。其中最著名的是在"Atherton 诉 British Insulated Ltd."一案中法官所提出的方法,即"阿瑟顿测试法"(Atherton Test),又称为"持续效益测试法"(Enduring Benefit Test)。本案中法官认为,如果某项费用在一定期间只发生了一次(once for all),但它的发生是为了使纳税人的经营活动持续受益,或者使纳税人获得了某项资产,如厂房、机器等,则此笔费用应当被认定为"资本性支出",而非可在税前抵扣经营所得的"收益性支出"。⑤

尽管"持续效益测试法"应用较为广泛,但其适用时也存在一些困难,主要问题在于有些收益性支出也具有使纳税人的经营活动持续受益的特点,如在"Jeffs 诉 Ringons

---

① Strong & Co. of Romsey v. Woodified[1906]AC 448,453,5 TC 215,220.

② 该项原则也因此被称为"戴维名言"(the Davey Dictum),截维名言尽管应用非常广泛,但值得注意的是,在实践中,有些费用即便不符合该项原则,也允许纳税人在税前予以扣除,如错误解雇员工而支付的赔偿,以及纳税人支付的法律合规费用等。

③ Vallammbrosa Rubber Co. Ltd. v. Farmer[1910]5 TC 529.

④ Knight v. Parry[1973]STC 56,48 TC 580.

⑤ Atherton v. British Insulated &Helsby Cables Ltd. [1925]10 TC 155.

Ltd.”一案中,纳税人支付给某信托基金以使部分员工受益的费用,尽管支付金额及受益期间并不明确,且这个基金项目可能归属于任意一个会计期间,但法官最终还是认定该笔费用的性质是收益性支出。①

除了“持续效益测试法”之外,判例法中还引入了其他一些方法,如“可辨认资产法”(Identifiable Asset)。这种方法要求先对费用支出所指向的资产进行区别,而后再区分费用支出的种类,为获得某项资产而支付的费用通常具有“资本性支出”的性质,而维护维修此项资产的费用通常具有“收益性支出”的性质。在“Ounsworth 诉 Vickers Ltd.”一案中,法官指出,纳税人购买厂房及机器设备的一次性支出,应当被视为“资本性支出”,而维护保养厂房及机器设备的支出应当被视为“收益性支出”。②

“费用必须是收益性支出,而非资本性支出”这一原则最终被 ITTOIA 以第 33 条款的形式确定下来,该条款规定,在计算纳税人经营所得的应纳税款时,不允许扣除资本性支出。③

(四)费用必须是法律所允许扣除的(Expressly Permitted Expenditure)

有一些特殊的费用尽管可能不具备上述特点,或者表现为“资本性支出”,但如果相关法律允许纳税人在税前扣除此类费用,则也可以作为纳税人经营所得的税前扣除项目。如 ITTOIA 的第五章第 56 条到第 94 条所规定的经营前的准备费用、置换或替代生产经营工具的费用等。与此相对应地,尽管“全部”且“完全”为经营目的而发生的费用通常是允许在税前扣除的,但如果相关法律有禁止性的规定,则不得扣除法律所不允许扣除的费用。如 ITTOIA 第 45 条所规定的娱乐费用,第 47 条规定的赠与支出,第 48 条规定的租借过于“昂贵”的汽车的费用,第 54 条规定的罚金,以及第 55 条所规定的与违法行为相关的费用。

三、英国个人所得税制度对我国相关制度改革的启示及借鉴

我国的个人所得税从开征之初一直沿用分类所得税制模式,将纳税人的个人所得分为 11 大类,即工资、薪金所得;个体工商户的生产、经营所得;对企事业单位的承包经营、承租经营所得;劳务报酬所得;稿酬所得等,并分别规定了各类所得相应的费用扣除标准、适用税率和计税办法。其中涉及纳税人“经营所得”的主要是个体工商户的生产、经营所得,以及纳税人对企事业单位的承包经营、承租经营所得。

根据我国的《个人所税法》,纳税人经营所得适用 5% ~35% 的超额累进税率,以纳税人在每一纳税年度的收入总额减除成本、费用以及损失后的余额,为其应纳税所得额。经营所得的成本费用扣除制度则主要集中于我国《个人所税法实施条例》的第 8 条第 2

---

① Jeffs v. Ringons Ltd. [1985]STC 809,[1986]1 All ER 144.

② Ounsworth v. Vickers Ltd. [1915]6 TC 671.

③ See ITTOIA s33:“ In calculating the profits of a trade, no deduction is allowed for items of a capital nature.”

款、第3款,第17条以及第18条等条款。相比英国的相关制度,我国纳税人经营所得的个人所得税制度规定得相对笼统和简单。结合我国的“综合和分类相结合的个人所得税制”的发展方向,未来经营所得的个人所得税制度改革至少应当包括以下两个方面:征收模式的突破以及费用扣除制度的重构。

(一)经营所得个人所得税征收模式的突破

我国现行的个人所得税分类课征模式,远远滞后于国际上通行的综合所得税制、分类与综合相结合的个人所得税制或二元所得税制等所得税模式,无法有效发挥个人所得税应有的调节收入分配的功能。根据每年我国的居民收入基尼系数可知,现阶段我国国民收入总体差异较大,现行个人所得税制度的弊端日益显现,因而我国个人所得税制度的改革,首先会在征收模式上有所突破,即要逐步建立综合与分类相结合的个人所得税制,为避免因所谓征管条件不到位导致的阻碍,会在保持现行分类所得的税制框架基本稳定的前提下,对已经进入自行申报范围的纳税人先行实施综合计征。

由于目前有生产、经营所得的个人所得税纳税人,须依照税收法律法规及相关规定确定的申报期限、申报内容,向税务机关自行申报缴纳个人所得税,因此,纳税人的经营所得在未来我国的个人所得税改革中就很有可能被纳入综合征收的范围,即将纳税人的经营所得扣除允许扣除的必要费用后,与工资薪酬、劳务报酬等项目加以汇总,再统一扣除生计费用等费用后的余额,合并为纳税人的综合所得,最后再依据分级差额累进税率计征个人所得税。

这种经营所得个人所得税征收模式的突破给我国现行的征管机制带来了极大的挑战,这是因为,根据国家税务总局《个体工商户建账管理暂行办法》的规定,只有在纳税人的注册资本与月销售额达到一定标准时,才有建账的义务,因此,在实践中许多从事经营活动的个人纳税人既没有设置健全的经营账簿,也没有完整的经营资料,纳税人不能如实申报经营收入,税务机关对其应纳税金额也难以准确核定。

相比较而言,作为世界上最早征收个人所得税的国家,英国在200多年的改革历程中,也曾经历了分类征收模式、综合与分类相结合的征收模式,并于1929年将个人所得税改为综合征收模式,并一直沿用至今。① 在综合征收模式下,英国个人所得税有两种征收办法,即主要针对工资、薪金、利息、股息、红利所得的“源泉扣缴法”,以及主要针对经营所得的“查实征收法”。在查实征收法下,税务机关在每个纳税年度开始,都会以书面形式将个人所得税申报表发给纳税人,要求纳税人在规定时间内完成申报手续,并实行个人所得税的信息化征收管理,纳税人的收入、费用支出以及税收宽免等各方面的信息,全部都会上传到税务机关的核算系统中,由计算机核算系统对纳税人财务信息进行稽查核对。②

---

① 陈炜:《英国个人所得税征收模式的实践经验与启示》,载《国际税收》2013年第1期。

② 戚冉佳:《浅谈我国个人所得税征收模式改革》,载《西部财会》2017年第1期。

因此,如果未来我国将纳税人的经营所得纳入综合征收的范围,就需要税务机关借鉴英国的征管经验,监督并促进个人纳税人建立健全经营账簿,并要有较强的征管能力与完善的纳税服务体系,能够及时处理纳税人的申报信息,完成税款的扣缴、汇算、稽核等工作。

(二)经营所得个人所得税费用扣除制度的重构

英国的个人所得税制度对纳税人的"经营"活动进行了详细地界定,并对"经营"与"职业"活动作了严格的区别,主要原因是英国规定了资本利得税。而我国目前并没有引入资本利得税,因此,纳税人的经营所得主要面临的还是企业所得税与个人所得税的缴纳。根据我国《个人所得税法》与《企业所得税法》的相关规定,除了个人独资企业、合伙企业之外的境内的企业和其他取得收入的组织都是企业所得税的纳税人,而个人所得税的纳税人是自然人,比较容易区别。因此,如果我国不引入资本利得税,对于英国相关个人所得税制度的借鉴,就主要体现为对我国经营所得个人所得税费用扣除制度的设计上。

费用扣除制度是个人所得税制度体系的一项重要内容,它直接关系到纳税人的税收负担和个人所得税收入再分配功能的发挥。一般而言,纳税人个人所得税应税所得的费用扣除包括三部分的内容:一是必要费用,即纳税人为取得某项应税所得而必须付出的支出;二是生计扣除,指的是纳税人用于基本生活、赡养老人、扶养子女等方面的支出;三是特殊费用,包括特殊的纳税人或是纳税人的特殊开支,如身心残疾方面的个人和家庭支出或鳏寡扣除等。[①]

对于经营所得必要费用的扣除,目前我国的《个人所得税法》及其实施条例只是笼统地规定了允许纳税人扣除的成本、费用,是指纳税义务人从事生产、经营所发生的各项直接支出和分配计入成本的间接费用以及销售费用、管理费用、财务费用;而损失是指纳税义务人在生产、经营过程中发生的各项营业外支出;同时还规定了,纳税人本人的费用扣除标准统一为42,000元/年(3500元/月)。[②] 但对于如何确定允许纳税人扣除的成本、费用和损失,并没有详细的规定。在实践中,由于我国的所得税税收收入长期以来主要来源于企业缴纳,税收征管及相关的配套机制也主要针对企业进行设计,缺乏对个人收入进行有效征管的制度安排。[③] 因此,对纳税人经营所得的费用扣除主要是参照企业所得税法的相关规定进行。在这种情形下,未来对我国个人所得税制度的改革,涉及经营所得的费用扣除的设计,应当参考英国的做法,在明确具体的费用成本扣除范围的同时,

① 张德勇:《论个人所得税改革的政策取向》,载《地方财政研究》2016年第7期。

② 详见《个人所税法实施条例》的第8条第2款、第3款,第17条,第18条等条款,以及国家税务总局《关于贯彻执行修改后的个人所得税法有关问题的公告》(2011年第46号)、财政部和国家税务总局《关于调整个体工商户业主个人独资企业和合伙企业自然人投资者个人所得税费用扣除标准的通知》(财税〔2011〕62号)、国家税务总局《关于发布生产经营所得及减免税事项有关个人所得税申报表的公告》(2015年第28号)等相关文件。

③ 施文泼:《新一轮税制改革个人所得税征管机制构建研究》,载《地方财政研究》2017年第6期。

确定费用扣除所应遵循的原则,以应对综合与分类相结合的征收模式下不断涌现的新问题。

纳税人的生计扣除与特殊支出是在经营所得与纳税人的其他所得汇总之后,再统一予以扣除的项目。英国个人所得税费用扣除的特点是扣除额的动态性、免税额的动态性和税基的动态性,纳税人个人所得的扣除额、免征额和税基每年都会随着物价指数进行调整。① 因此,对于生计扣除和特殊费用,英国个人所得税制度不仅规定了多种项目,且具体扣除金额依每年的物价指数进行调整,主要包括如基础扣除、抚养宽免、病残者宽免、老年人扣除、鳏寡扣除和捐款扣除等。② 相比之下,我国的个人所得税制度并没有对纳税人的生计扣除和特殊支出项目做明确的规定,也没有根据通货膨胀等因素进行适时调整,而是实行固定费用扣除模式。这种模式忽略了物价变动、居民可支配收入等因素的影响,无法充分发挥个人所得税调节收入的功能,和税收公平的目标背道而驰。在我国未来的个人所得税改革中,应当充分考虑纳税人的基本生活状况,补充家庭日常必要支出等生计扣除项目和针对特殊群体的特殊扣除项目,并适当考虑通货膨胀等影响因素。通过上述改革,逐步构建起由必要费用扣除、生计费用扣除和特殊费用扣除三个层次构成的个人所得税费用扣除体系。

四、结语

英国个人所得税的主要征税对象包括三大类,即纳税人的经营所得、职业所得与其他所得。相比职业所得与其他所得,经营所得个人所得税的计算与缴纳因涉及了经营活动的收入、成本、费用等多个项目,显得相对更为复杂一些。因而在英国个人所得税的制定法与判例法的演进过程中,政府、法官、税务机关不断对纳税人的“经营”活动、经营所得、费用扣除等内容进行修订、补充与解释,使其经营所得的个人所得税制度更具可操作性与实用性。

相比较而言,我国纳税人经营所得个人所得税的计算与缴纳的主要依据是《个人所得税法》及其实施条例中规定得相对简单的几个条款,实际的征管工作面临巨大挑战。目前,我国正处于新一轮的税制改革之际,拟议中的个人所得税改革最迟应在 2020 年完成,也就是说,在“十三五”时期,个人所得税改革须见到成效。为了充分发挥个人所得税调节收入分配的功能,并使我国的个人所得税制度更加规范化,符合国际惯例,研究并借鉴英国的个人所得税制度对我国的个人所得税改革无疑具有重要的理论和实践意义。

---

① 卫桂玲:《英国个人所得税制度的特点、作用和借鉴》,载《理论月刊》2016 年第 7 期。

② 万莹:《英国个人所得税源泉扣缴制度》,载《涉外税务》2007 年第 12 期。

我国个人所得税征收模式改革与课税单位选择

范一锴*

个人所得税是当前我国税制改革所涉及的主要税种之一,而个人所得税课税单位的优化选择,又是个人所得税改革中的一项关键内容。① 个人所得税的课税单位具体是指个人所得税征税对象的计量标准,②其可以分为个人和家庭两种,依据我国现行《个人所得税法》,目前是以个人作为纳税的基本单位。个人制和家庭制理论上各有优势,也分别存在问题,我国个人所得税课税单位究竟要不要由个人制向家庭制转变,争论由来已久,而且尚未平息。支持者主要认为以家庭作为课税单位可以充分考虑纳税人的家庭负担情况,有利于实现税收公平;③反对者主要认为家庭课税不符合"婚姻中性"原则,④不适应当前税收征管的实际能力,在目前不具有可行性。⑤ 笔者认为,个人所得税的课税单位和征收模式之间存在非常紧密的关系,在分析征收模式改革趋势的基础上讨论我国个人所得税课税单位的选择问题,可以更加接近问题的本质,同时也可以在两种课税单位优劣比较的基础上,更为宏观地把握课税单位未来的发展方向。

一、我国个人所得税征收模式的改革趋势

世界各国经济发展水平和法律制度存在很大的差异,所以其个人所得税征收模式也不尽相同,可分为分类所得税制、综合所得税制和混合所得税制。⑥ 三种不同的征收模式理论基础不同,也分别存在优势和不足。考察不同征收模式之间的区别与联系,厘清其历史脉络,有助于判断其在我国的改革趋势。

---

* 中国人民大学法学院2016级法学硕士研究生。

① 参见潘文轩:《我国个人所得税纳税单位改革的困境与出路》,载《现代经济探讨》2016年第9期。

② 参见陈茂国、袁希:《我国个人所得税课税单位改革探究》,载《法学评论》2013年第1期。

③ 参见施正文:《分配正义与个人所得税法改革》,载《中国法学》2011年第5期。

④ 参见郑春荣:《个人所得税纳税单位选择:基于婚姻中性的视角》,载《社会科学家》2008年第2期。

⑤ 参见俞杰:《个人所得税课税单位的选择与评析》,载《税务研究》2016年第4期。

⑥ 参见刘剑文:《财税法——原理、案例与材料》,北京大学出版社2015年版,第251页。

(一)个税征收模式的横向比较

1. 分类所得税制

分类所得税制又称"个别所得税制",是指对纳税人取得的所得按不同性质来源分类,并针对不同类型的所得分别规定不同税率课征的一种所得税制。①

其优势主要体现在两个方面:一方面,它可以有效借助差别税率对不同性质的所得征收不同程度的税,有利于实现特定的调控目标。例如,可以利用分类课税对工资、薪金等劳动所得课以较轻的税,对资本利得等非劳动所得课以较重的税,有利于税收公平。②另一方面,它可以实现源泉扣缴,便于控制税源,不仅能够有效避免逃税漏税的现象,而且操作简便,能够有效降低税收征管成本。③

其不足主要是不符合量能课税原则,难以体现税收公平。由于分类所得税制是对同一纳税人不同类型的所得按不同的税率分别征税,这种差别待遇方式没有充分考虑到纳税人全面、真实的纳税能力,容易导致所得来源多、综合收入高的纳税人出现少纳税甚至不纳税的情况,这难免导致税收不公。而且随着社会经济的不断发展,收入种类越来越多,越来越复杂,不可能将其全部予以正向列举。因此,分类所得税制并不十分理想。④

2. 综合所得税制

综合所得税制又称作"一般所得税制",是指综合纳税人一定期间各种不同来源的所得,从其所得总额中减除各种免税额、宽减额及扣除额后,以其剩余额为应纳税所得额,按照所适用的累进税率予以征收的一种所得税制。⑤

综合所得税制具有三个方面的优点:一是它相比于分类制捕捉的税源更多,涵盖的税基更为广泛,可以全面综合地衡量纳税人的实际纳税负担,体现税收的量能负担与横向公平;二是它在综合纳税人全年各项所得的基础上,减去各项扣除额及法定的宽免额,这样既有利于实现税收的纵向公平,也有利于调节纳税人的税收负担;三是它对纳税人的全部所得一视同仁,均采用统一的超额累进税率进行征收,这样能有效防止纳税人将收入转化为其他形式从而规避纳税义务。⑥

其不足则主要体现在税收征管方面。在综合所得税模式下,个人所得税的征收主要依靠纳税人的申报来实现,征税手续较为烦琐,计税依据难以确定,征收成本也相应较高。从美国的实践来看,这种模式对公民的税收遵从意识以及税务机关的征管水平提出了更高的要求,如果没有一定的社会基础和相对完善的制度保障,非常容易出现偷税漏

① 参见朱大旗:《税法》,中国人民大学出版社2015年版,第142页。

② 参见张天姣:《个人所得税制模式的比较分析》,载《财贸研究》2017年第4期。

③ 参见魏明英:《基于理性的个人所得税税制模式选择》,载《河北法学》2005年第11期。

④ 参见魏明英:《基于理性的个人所得税税制模式选择》,载《河北法学》2005年第11期。

⑤ 参见朱大旗:《税法》,中国人民大学出版社2015年版,第142页。

⑥ 参见张天姣:《个人所得税制模式的比较分析》,载《财贸研究》2017年第4期。

税的现象,难以真正发挥综合税制的优势。①

3. 混合所得税制

混合所得税制是介于分类制和综合制之间的一种税制模式,它可以进一步分为"分类综合税制"和"综合与分类相结合的税制"。前者也被称为"交叉型"混合所得税制,其先按分类制进行征税,再对部分纳税人按综合制进行二次课征;后者也被称为"并立型"混合所得税制,其一部分按分类制征税,另一部分则按综合制征税。② 无论是"交叉型"还是"并立型"混合所得税制,相比于纯粹的分类征收和综合征收,它既采取源泉扣缴,又采取合并申报,兼具了分类征收和综合征收两者的特点,是一种较为理想的征收模式。

但是混合所得税制也有不足之处,交叉型混合税制模式在实际操作中既要考虑分类课税部分所适用的不同税率,又要考虑综合课税下复杂的扣除项目,还要处理两者同时适用中的重复征税问题,课税操作难度非常大,因而许多国家在发展中逐渐抛弃该模式,进而转向综合所得税制。③

如前所述,我国目前正在着力推进的"综合与分类相结合的所得税制"属于"并立型"混合所得税制。它操作简便,成本经济,一般不会出现重复征税问题,因此综合与分类相结合的所得税制在我国本轮税制改革中备受青睐。④

(二)个人所得税征收模式的历史演进

在所得税发展早期,税收征管能力不足,扣除制度不够发达,各个国家采取的主要是分类所得税制。随着所得税制度不断发展以及征纳能力的不断提高,各国开始采用累进税率和统一的扣除制度,人们逐渐认为按照个人的综合所得来进行纳税更加公平,综合所得税随之取代了分类所得税。但是由于综合所得税制本身具有操作烦琐、成本高昂等不足,实际上多数国家未实行纯粹的综合所得税制,而是根据各国国情的不同而兼具不同程度的分类征税的特征。⑤

从个人所得税在世界范围内发展的趋势看,当前绝大多数发达国家以及部分发展中国家采取的是混合所得税制,极少数国家仍然采用分类所得税制,几乎没有国家采用纯粹的综合所得税制。个人所得税制的发展总体上呈现出从分类所得税制到偏向于分类制的混合所得税制、到偏向于综合制的混合所得税制、再到综合所得税制的历史趋势。

(三)个税征收模式在我国的适用与发展

我国的课税模式长期采用典型的分类所得税制,它征管简便,不易发生偷税漏税的现象,这在我国经济发展的早期具有一定的积极意义。但是随着我国经济的飞速发展,

---

① 参见李海莲:《论我国个人所得税改革的税制模式与制度要素选择》,载《求索》2012 年第 3 期。

② 参见孙钢:《我国个人所得税制改革进展:"快板"还是"慢板"》,载《税务研究》2010 年第 3 期。

③ 参见张天姣:《个人所得税制模式的比较分析》,载《财贸研究》2017 年第 4 期。

④ 参见朱大旗:《税法》,中国人民大学出版社 2015 年版,第 143 页。

⑤ 参见施正文:《分配正义与个人所得税法改革》,载《中国法学》2011 年第 5 期。

公民收入不断多元化,纯粹的分类征收已经不能满足量能课税和税收公平的要求,也不能使个人所得税充分发挥调节收入分配差距的作用,亟须改革。①

目前理论界和实务界都意识到了纯粹的分类所得税制所存在的问题,由分类所得税制转向综合所得税制已经成为共识,但对于具体选择何种的综合征收模式仍然存在分歧。② 2003 年党的十六届三中全会通过的《关于完善社会主义市场经济体制的决定》就明确提出,要"改进个人所得税,实行综合和分类相结合的个人所得税制",我国"十三五规划"再次将"综合和分类相结合的个人所得税制"作为一项重要的改革目标。虽然当前各界普遍认可了这一改革方向,但是对综合与分类相结合的所得税制是不是改革的终极目标仍然存在争论。

如前所述,纯粹的分类所得税制已不可取,纯粹的综合所得税制又难以适应我国实际国情,混合所得税制成为当下最理想的选择。综合与分类相结合的课税模式相对于分类综合税制具有课税简便的优点,却在量能课税、税收公平和税收调节的效果方面有所不足。鉴于前述各种因素的衡量,笔者认为,综合与分类相结合的课税模式最适合我国目前的实际情况,已然成为我国税制改革第一步所迈出的方向,但它并不是最终的改革目标,长远来看,随着我国税收征管能力和公民税收遵从意识的不断提高,我们仍然要向分类综合制的方向努力。

综上所述,目前我国个人所得税征收模式改革的方向是综合与分类相结合的所得税制,它属于一种"并立型"混合所得税制,主要对纳税人一定期间的部分应税所得进行综合、累进征税,对另一些项目所得则分类按比例征税。鉴于综合所得税制相较于分类所得税制捕捉的税源更多,涵盖的税基也更广。因而在综合与分类相结合的所得税征收模式下,综合征税的项目越多,个人所得税也就越能够接近我国《个人所得税法》调节收入分配的价值目标。所以,在确定和划分综合所得与分类所得的具体项目时,应当在征管水平可能的情况下,尽可能多的将项目纳入综合课征的范围,并相应减少分类课征的项目,重点突出税制的"综合性"。③

二、个人所得税征收模式与课税单位的内在联系

(一)分类所得税制与个人课税模式紧密相连

分类所得税制建立在"所得源泉说"的基础上,一般限于对有经常连续来源的所得依其性质不同课以不同税率的所得税,至于纳税人的所得是一项还是多项在课税时并不会区分对待。④ 分类征收模式只关注单个人的源泉所得,并没有考虑到家庭的收入与费用。

① 参见孟鹰、周全林:《中国个人所得税制的公平性分析及其改革》,载《宏观经济研究》2013 年第 2 期。

② 参见施正文:《分配正义与个人所得税法改革》,载《中国法学》2011 年第 5 期。

③ 参见朱大旗:《关于完善个人所得税法若干重大问题的法律思考》,载《法学家》2001 年第 3 期。

④ 参见朱大旗:《关于完善个人所得税法若干重大问题的法律思考》,载《法学家》2001 年第 3 期。

分类征税从开始的设计理念就不是以家庭为基础的模式。① 而且在分类征税下，如果以家庭为课税单位，夫妻双方需要就来源于同一类型的所得进行汇总，并适用不同的家庭宽免和累进税率。如果夫妻双方的所得来源多元化，不同类型的所得适用不同的税率与计算方法，将会使信息搜集和分类汇总的难度过大，征管成本过高，实践中很难操作。② 有学者指出，我国之所以一直以来以个人为课税单位，正是因为我国长期实行分类所得税制，这就决定了难以采用个人以外的其他单位作为课税单位。③

（二）综合所得税制与家庭课税模式天然契合

综合所得税制建立在"净资产增加说"的基础上，只要有所得，无论该所得是周期性的、经常性的，还是偶然性、机会性的，都代表着经济能力、纳税能力的增加，都应当综合征税，并且实行累进税率。④ 它评价的是特定主体的总体支付能力，因而应税所得并非单纯汇总后的各类所得，而是更关注取得所得而支出的合理费用和该主体在社会生活中的必要支出，其中就重点包括家庭生计支出。⑤ 以家庭为课税单位将纳税人的收入和支出放到家庭这个最基本的消费单位进行考量，能够综合地评价纳税人的税负能力，这与综合征收模式的理念不谋而合。另外，从实践的层面看，综合所得税制下以家庭为课税单位操作更为简便，以个人为课税单位并不能将家庭发生的支出明确而具体地归属于特定家庭成员，在计算应税所得时反而相对烦琐。可见，以家庭为课税单位更符合综合征收模式全面评价个人税收负担能力的初衷，两者之间具有天然的契合性。

（三）混合所得税制与两种课税单位相互兼容

如前所述，混合所得税制是介于分类制和综合制之间的一种税制模式，它可以进一步分为"分类综合税制"和"综合与分类相结合的税制"。就课征绩效而言，分类综合税制能做到源泉控税、量能负担以及税收公平，其调节功能优于综合与分类相结合的所得税制；但就课税技术而言，综合与分类课征相结合的所得税制较分类综合所得税制操作更为简便，课税成本更为经济。⑥ 但无论是哪种类型的混合所得税制，都包含了前述两种税制的特点，因而在课税单位选择上也可以同时兼容家庭和个人两种模式。

三、综合与分类相结合征收模式下课税单位的理性选择

从税法正义价值的角度看，个人所得税法应是实质正义和形式正义的统一，实质正义要求其必须区分不同纳税人不同的纳税能力、家庭经济负担和身体状况等情形，按照

① 参见李炜光、陈辰：《以家庭为单位征收个人所得税的制度设计问题——基于三种所得税征收模式的讨论》，载《南方经济》2014 年第 8 期。

② 参见俞杰：《个人所得税课税单位的选择与评析》，载《税务研究》2015 年第 2 期。

③ 参见陈茂国、袁希：《我国个人所得税课税单位改革探究》，载《法学评论》2013 年第 1 期。

④ 参见朱大旗：《关于完善个人所得税法若干重大问题的法律思考》，载《法学家》2001 年第 3 期。

⑤ 参见汤洁茵：《个人所得税课税单位的选择：个人还是家庭——以婚姻家庭的保障为核心》，载《当代法学》2012 年第 2 期。

⑥ 参见朱大旗：《税法》，中国人民大学出版社 2015 年版，第 143 页。

纳税人的实质纳税能力进行征税。[①] 从税法功能的角度看,个人所得税法应当具有较强的再分配功能,可以通过调节居民的收入来解决初次分配中贫富差距悬殊的问题,弥合社会矛盾。[②]

经过将近40年的改革发展,我国的经济总量有了跨越式的进步,但是贫富差距和社会公平问题也越来越突出。个人所得税作为调节收入分配的重要手段,在当前的国情下更需要承担起促进社会公平的职能。前文已有论述,综合所得税制相比于目前实施的分类所得税制更能体现量能课税和税收公平,因而,我国税制改革的方向必然是由分类制向综合制转变。但是考虑到我国实际的税收征管水平以及其他相关因素,推动"渐进式的改革",实行目前更符合我国国情的综合与分类相结合的所得税制是更为合理的选择。不过,为了使个人所得税最大限度地接近调节收入分配、促进社会公平的价值目标,在征管水平可能的情况下,应当尽可能多地将项目纳入综合课征的范围,增强税制的"综合性"。由此可见,随着税收征管能力的不断增强,该税制模式中的"综合性"必然也会越来越强,个人所得税将更能发挥调节收入差距的重要作用。

在这样的大背景下,虽然综合与分类相结合的征收模式可以同时兼容以个人为单位和以家庭为单位,但是个人课税所调节的只是单个人的收入水平,而不管其背后的支出情况,不能以一个人实际的税负能力为基础来征收,难以解决当前我国贫富差距不断加大的现实问题。有的学者举例说明了其不合理之处:A、B两个家庭同是3口之家,A家庭3人工作、每人月挣3500元,无须缴税;而B家庭仅1人工作、月挣10,500元,每月须缴纳845元的个人所得税。事实上,由于有工作者享有"三险一金"等单位福利,A家庭显然比B家庭更有纳税能力,但实际上B却比A家庭缴纳更多的个人所得税,明显有违税收公平。[③]

另外,以家庭为课税单位能够全面衡量和反映家庭其他成员的人数、年龄、健康状况、就业情况、需要赡养的人数、抚养的人数、总体收入等情况,[④]不仅可以客观体现纳税人的纳税能力,而且可以在征收个人所得税时扣除维持家庭成员最低生活所需的费用,使家庭中存在的无收入或低收入,甚至于丧失劳动力的成员能够获得最基本的生活保障,从而避免侵犯纳税人及家属的基本生存权,充分体现了量能课税和税收公平,可以更好地发挥个人所得税调节收入的功能。

因此,考虑到其中"综合性"不断增强的趋势,再加上量能课税、税收公平、贫富差距等因素,以家庭为课税单位和综合与分类相结合的征收模式必然更具有契合性。反过来

① 参见陈业宏、曹胜亮:《个人所得税法实质正义的缺失考量——以纳税人家庭经济负担为视角》,载《法学杂志》2010年第5期。

② 参见施正文:《论我国个人所得税法改革的功能定位与模式选择》,载《政法论丛》2012年第2期。

③ 参见朱大旗:《个税改革,还应该改什么》,载《光明日报》2011年9月1日,第15版。

④ 参见俞杰:《个人所得税课税单位的选择与评析》,载《税务研究》2016年第4期。

看，推行家庭课税模式最大的困难就在于其与分类征收模式之间的非契合性，在分类征收模式下，以家庭为课税单位所带来过高的征管成本使得家庭课税模式在分类征收模式下几乎无法实现。但是当个人所得税制由分类所得税制转向综合与分类相结合的所得税制时，这些困难也就不再存在。因而从税制改革的角度分析，由分类转向综合性较强的综合与分类相结合的模式已是必然之势，课税单位为了适应征收模式，也一定会从个人逐渐转向家庭。

四、结语

随着国民经济 30 多年的快速发展，我国已经成为世界第二大经济体，改革发展的成就举世瞩目。但也要清醒地意识到，经济高速发展的同时我国的基尼系数已经突破了国际警戒线，[①]社会贫富差距不断拉大已经成为了一个不能忽视的问题。严峻的形势下，个人所得税征收更应当注重量能课税和税收公平，更应当注重发挥调节收入分配的作用，这就为我国从以个人为课税单位转向更为注重税收公平的以家庭为课税单位提供了内在动力。鉴于家庭课税模式与综合所得税制天然契合，而我国的个人所得税征收模式必然要从分类课征转变为综合性较强的综合与分类相结合的征收模式，诸多因素综合作用下，以家庭为单位纳税必然是一个更为理性的选择。其实，将家庭作为课税单位的优势是有目共睹的，但它之所以迟迟不能推行，一定程度上是因为各界对其实施难度的担忧。但是任何一项政策出台时都会存在这样或那样的问题，如果仅是因为存在难度就下不了决心，那么改革将永远实现不了。如果想真正降低居民的纳税负担，就应当把综合与分类相结合的所得税制和家庭课税作为突破口，努力实现量能课税和税收公平，真正发挥个人所得税调节收入分配的重要作用。

---

① 根据国家统计局的官方数据，2016 年中国基尼系数为 0.465，已经超过 0.4 的国际警戒线。参见《统计局：2016 年基尼系数为 0.465 较 2015 年有所上升》，载中国新闻网：http://www.chinanews.com/cj/2017/01-20/8130559.shtml，最后访问日期：2017 年 7 月 28 日。

个人所得税税前扣除的实践反思与法律重构*

席晓娟**

个人所得税因其无法转嫁的直接税性质而备受纳税人的关切，有关我国《个人所得税法》修改的报道时常见诸报端。全国人大常委会2017年立法工作计划提出抓紧《个人所得税法（修改稿）》的调研和起草。修法既要考虑法律规定与现实需求相脱节之处，又要考虑纳税人税负的实际增减情况，因此，免征额的提高与否自然成为民众聚焦关注的热点，但仅限于免征额的修法必然不全面且不利于维护法律的稳定性。有鉴于此，本次修法应以个人所得税征税模式的转变为统领，涵盖纳税主体、税前扣除、税收优惠及税收征管等方面，其中，个人所得税税前扣除关乎应纳税所得额的确定。作为决定纳税人税负高低的税法要素之一，税前扣除法律规定设计的科学性、合理性及可行性研究须认真考量。

一、个人所得税税前扣除的平衡性

纳税人获得一项收入是多方面要素作用的结果，纳税人在获得这些要素支持而获得收入过程中必然会有费用支出。税前扣除这些费用支出后再征收个人所得税方能体现政府征税的民生意识。税前扣除是从应纳税所得税额计算的角度出发，对自然人纳税人总所得进行合理的费用扣除，因其在计算应纳税额之前，故称其为税前扣除。个人所得税税前扣除通过减少应纳税所得额以实现减轻纳税人税负的目标，因此，税前扣除标准的适度合理性至关重要。现行个人所得税税前扣除标准有其时间点的合理性，但伴随国民财富增长及贫富差距的拉大，应予以修正。

（一）税前扣除平衡国家税收利益与纳税人权益

所谓利益，是人们受客观规律制约的，为了满足生存和发展而产生的，对于一定对象的各种客观需求。① 财税利益是社会主体的财税需要在一定条件下的具体转化形式，其本质是反映财税利益各方需要的特定社会关系，表现为不同财税利益主体间的矛盾关

* 本文是2014年国家社科基金项目“新型城镇化进程中财税利益协调法律问题研究”（项目编号14XFX022）的阶段性成果。

** 法学博士，西北政法大学经济法学院副教授。

① 付子堂：《法律功能论》，中国政法大学出版社1998年版，第82页。

系。国家作为征税主体通过征税筹集财政资金，其征税行为具有强制性、固定性及无偿性。纳税人依法纳税以换取政府提供公共服务的观点已成为共识。国家征税权与纳税人财产权存在此消彼长的关系，易造成国家税收利益与纳税人财产权益的冲突。税前扣除通过减少个人所得税税基而降低纳税人税负，以让渡国家税收利益的形式平衡国家税收利益与纳税人权益。

（二）税前扣除平衡不同赋税能力纳税人的税负

税前扣除的实质是从所得中扣除不能反映纳税人真实赋税能力的部分，因此，不同赋税能力的纳税人因税前扣除标准不同而实现税收公平。以个人工资薪金所得为例，月工资薪金低于 3500 元的劳动者因未达到免征额而不具备个人所得税纳税人主体资格，而月工资薪金高于 3500 元的劳动者，需要就其工资薪金所得缴纳个人所得税。3500 元的免征额标准虽然历经 800 元、1600 元、2000 元等阶段的不断调整，纳税人至今对提高 3500 元到 5000 元乃至 10,000 元的呼声仍然不断，但作为表象的数字变化，其后蕴藏着纳税人对通过扣除标准以平衡不同赋税能力纳税人税负的期望，这也是税前扣除标准的功能之一。

二、个人所得税税前扣除的实践性反思

个人所得税税前扣除标准自 1980 年我国《个人所得税法》实施以来，除工资薪金所得的免征额进行多次调整外，其他项目的扣除标准未有较大改变。个人所得税税前扣除标准在分类所得税制下，因项目的分散性致使其缺陷尚不明显。但分类所得税制因不能综合考量纳税人个人所得税税负而造成纳税人之间的实质不公平，是税改修法的基础。因此，应结合个人所得税征税模式的转变反思现行个人所得税税前扣除标准的不足之处。

（一）税前扣除标准未能综合全面减轻纳税人实际负担

我国《个人所得税法》规定对 11 项不同的应税所得进行税前扣除，分别采取定额和定率减除费用的方法。虽然涉及纳税人不同来源的所得，但基于分类所得税制的特点，各种不同性质的所得分别规定不同税基和税率，分别计算应纳税额进行征收。较之综合所得税制以年为纳税时间单位，以家庭为纳税主体，纳税人就其全年全部所得，在减除了法定的生计扣除额和可扣除费用后的余额征税，分类所得税制很难实现税收公平。个人所得税税前扣除标准的设定初衷是扣除纳税人取得所得的成本及费用以减少税基，进而减少应纳税额。但分类所得税制以个人而非家庭为单位征税，虽然各项所得亦做相应税前扣除规定，但因未能全面考虑纳税人为维持家庭基本生存支出的必要成本及费用扣除，显然不利于综合全面减轻纳税人实际负担。

（二）税前扣除标准未能减弱高收入者与中低收入者间的税负不公

2016 年我国个人所得税收入为 10,089 亿元，首次突破万亿大关，同比增长 17.1%。[①]

① 沙璐：《2016 年中国个税收入同比增长 17.1% 首次突破 1 万亿》，载《新京报》2017 年 1 月 24 日。

对个人所得税收入贡献最大的是工资薪金所得,是由最为广泛的税源及代扣代缴的征管方式所决定。基于社会财富形式的多样性,近年来,个人所得收入中工资性收入比重下降,经营性收入及财产性收入等比重上升,但由于所得信息来源不畅,税收征管部门无法及时征收,从而使个人所得税沦为工资薪金所得税。个人所得税调节功能要求体现"高收入者多纳税"的原则,但从税前扣除来看,因实行分类所得税制,工资薪金所得以个人而非家庭为纳税主体,因而税前扣除减税功能效果不显著。高收入者的非劳动所得虽然设立项目税前扣除,却因收入来源不易监管而使其有虚设之嫌,反倒是工资薪金所得的税前扣除成为减轻个人所得税税负的主要因素,因而高收入者并未因其高收入而多缴税,致使个人所得税调节贫富差距的功能有所减损。

(三)同为劳动所得的个人所得税税前扣除标准不一

同为劳动收入的工资薪金所得与劳务报酬所得,就税法解释而言,工资薪金所得因是劳动者因任职或者受雇而取得的赖以维持生存的主要生活来源,其税前扣除为免征额加上按国家规定比例计提并实际交付的"五险一金",以及符合税法规定的差旅费津贴和误餐补贴等,通过减少应纳税所得额而减少纳税人税负。劳务报酬所得是个人独立从事各种非雇佣的各种劳务所得取得的所得,传统观念认为劳务报酬所得不是劳动者赖以维持生存的主要收入来源,且其发生具有非连续性的特点,因此其费用扣除按次征收。随着社会劳动形式多样化及社会化服务的增强,劳动者独立劳动虽无法取代雇佣劳动的地位,但个人从事设计、装潢、医疗、法律、会计、咨询、表演、经纪、代办等劳务活动业已成为劳动者维持基本生活的主要收入来源。取得劳务报酬所得的纳税人同样需要缴纳社会保险但税法却无税前扣除的规定。劳务报酬所得是按次计税,在1个月内若多次取得劳动所得或是劳动报酬较高,费用扣除就远远高于工资薪金所得。但这样的比较又有失偏颇,因为工薪所得以外的其他劳动报酬不具有固定性、经常性和可预期性,因此,其费用无论如何扣除,都不能与工资薪金所得的费用扣除有可比性,由此,将工薪所得的税负问题、征管问题与工薪所得之外的劳动所得的税负和征管问题复杂化,人为制造了税负的横向不公平。①

三、个人所得税税前扣除制度的域外经验

为保障纳税人的生存权、平等权及发展权,各国均设定个人所得税税前扣除。

(一)美国个人所得税的税前扣除制度

美国个人所得税实行综合所得税制,个人所得税扣除项目包括进行毛所得调整做的扣除、调整后的毛所得扣除及个人宽免。"进行毛所得调整做的扣除"是经营费用,包括交易或经营费用、租金和特许权使用费、资本利亏扣除、搬迁费、赔偿雇员的经营费用。"调整后的毛所得扣除"包括标准扣除与分项扣除,纳税人根据自身情况选择这两种中扣

① 高亚军:《和谐社会视角下我国个人所得税费用扣除标准的社会合意性研究》,载《宏观经济研究》2013年第10期。

除数额较多的作为扣除项。标准扣除是国会允许全部纳税人扣除的数额,它不要求每个纳税人列出每一项个人费用。无论纳税人实际支出多少,扣除的都是一个定额,但不同身份申报人的扣除额是不同的,同时每年会根据通货膨胀指数和国家经济发展形势做出调整,中低收入者选择标准扣除较有利。① 分项扣除是纳税人根据实际发生的税法允许范围内的个人费用进行逐项扣除,包括医疗费用、税款、利息、慈善捐赠、偶然损失和盗窃损失、杂项费用,扣除限额不超过调整后净收入的3%或者分项扣除总额的80%,分项扣除适用于高收入纳税人。"个人宽免"也称生计扣除,是为了维持个人及家庭最基本的生活而进行的扣除。会考虑到家庭因素,根据通货膨胀进行调整,同时高收入者的宽免额会减少,直至宽免消失。

(二)英国个人所得税的税前扣除制度

英国个人所得税采取综合征收模式,个人所得税扣除包括费用扣除和生计费扣除。费用扣除是指扣除与取得的收入有关的一些费用支出,这些费用必须是为了完成经营活动而支出的,如差旅费、广告费、教师购买书籍支出等。生计费扣除主要包括单身个人扣除、已婚夫妇扣除、妻子勤劳扣除、单身及夫妇老年人扣除、额外人口扣除、寡妇丧居扣除、赡养亲属扣除、管家扣除、儿女服侍扣除及盲人扣除。具体扣除额依每年的通货膨胀率而不断调整。②

(三)德国个人所得税的税前扣除制度

德国个人所得税采用分类综合所得税制。个人收入分为营利性收入和盈余性收入。营利性收入包括农林收入、工商收入和独立工作收入;盈余性收入包括非独立工作收入、资产收入、租金收入和其他收入。总收入扣除各种支出后为应纳税所得额,支出包括子女的抚养费及培训费、老年生活费、亲属赡养费(父母无收入或低收入者)、家政服务费、上年亏损额和意外负担额等。个人所得税的免税额和适用最高税率的收入金额都因纳税人的婚姻状况和子女状况不同而各异。个人所得税免税额每年都要做一次微调,以保障公众收入不受影响。免税额为单身8354欧元,结婚16,708欧元。德国有6种税卡,根据婚姻状况、夫妻收入差异、有无子女、是否是兼职等情况,按不同的超额累进税率征税。③

(四)日本个人所得税的税前扣除制度

日本实行综合所得税制,以分类征收为补充。个人所得税的费用扣除额主要包括取得收入的成本扣除和生计扣除两部分。所得扣除种类繁多,基本可分为以下五种:一是

---

① 王珍:《美国个人所得税税前扣除制度经验及借鉴》,载 http://www.dfczyj.com/Article/ShowArticle.asp?ArticleID=238,最后访问日期:2017年8月10日。

② 宁琦:《国外个税扣除制度及对我国的启示》,载《财务与会计》2009年第6期。

③ 陈迪、袁晓忠、陈静逸:《建立公平合理的个人所得税税收制度的建议》,载 http://www.93.sjtu.edu.cn/newslast.asp?id=284,最后访问日期:2017年8月10日。

基础扣除、配偶扣除、配偶特别扣除以及扶养扣除;二是残疾扣除、老年扣除、寡妇(夫)扣除以及勤工学生扣除等扣除;三是杂损扣除以及医疗费扣除;四是社会保险费扣除、小规模企业共济(互救)等需分期交纳的保险费、生命保险费扣除以及损害保险费扣除等;五是捐款扣除①。

(五)我国台湾地区个人所得税的税前扣除制度

我国台湾地区个人所得税属于综合所得税制。扣除额分为一般扣除额和特别扣除额两项。一般扣除额又分标准扣除额及列举扣除额二种,纳税义务人可从中择一填报减除,但不可二者并用,标准扣除额同样随消费者物价指数进行调整(较上次调整累计上涨达3%以上时,按上涨幅度调整);纳税义务人个人扣除额为9万元新台币,而夫妻合并申报的标准扣除额为18万元新台币。列举扣除包括捐赠、保险费、医药及生育费、灾害损失、自用住宅购屋借款利息、房屋租金支出、竞选经费。特别扣除额包括财产交易损失、薪资所得特别扣除、储蓄投资特别扣除额、残障特别扣除额、教育学费特别扣除额等。

通过域外考察可知,个人所得税设定税前扣除的可分为三部分:一是成本费用扣除,是对个人在取得收入过程中花费成本或付出代价的补偿,通常采取实际列支或者限额扣除。二是家庭生计费用扣除,是补偿家庭生活开支,实现劳动力再生产的必要扣除费用,包括个人宽免和家庭扣除两部分,个人宽免通常规定一个免税额,家庭扣除则根据纳税人的家庭各方面状况而定。② 三是特许费用扣除,是为照顾纳税人及家庭的特殊开支并体现特定的社会目标而鼓励的支出。从费用扣除管理角度看,费用扣除可分为标准扣除和非标准扣除。前者适用于所有纳税人的固定的扣除比例和扣除限额,运用于个人免税扣除和家庭生计扣除等项目。后者没有固定的扣除比例和扣除限额,运用于成本、费用扣除,带有据实扣除的性质。③

四、个人所得税税前扣除标准的法律重构

个人所得税税前扣除标准的重构是系统工程,绝非简单地修改。虽为修法一要素,但税前扣除能够体现个人所得税实现社会公平正义的价值追求。只有转变分类所得税制的征收模式为分类综合所得税制,才能全面发挥税前扣除通过调节税基,影响纳税应纳税所得额,进而影响应纳税额的作用。

(一)确立分类综合所得税制是重构税前扣除标准的制度基础

我国个人所得税实行分类所得税制,依其发生一项征收一项的特点,能够最大限度实现税收征管的执行效果,但分类征收未能将各种收入项目按纳税人进行汇总,也未直接涉及教育、医疗、住房、赡养老人、抚养子女等专项扣除,致使税前扣除减税功能有所弱

---

① 郝朝艳、梁爽、毛亮、张海洋、平新乔:《关于个税起征点的研究》,载《经济理论与经济管理》2011年第2期。

② 孟春、肖珏:《我国个人所得税费用扣除问题探讨》,载《中国经济时报》2010年9月6日。

③ 刘佐、李本贵:《个人所得税税前扣除的国际比较》,载《涉外税务》2005年第8期。

化，因此，大部分国家实行分类综合所得税制度以克服分类所得税制的缺陷。

分类综合所得税制度亦称混合所得税制，反映了综合所得税制与分类所得税制的趋同态势。其主要优点在于既坚持了按支付能力课税的原则，对纳税人不同来源的收入实行综合计算（综合所得税制的优点所在），又坚持对不同性质的收入实行区别对待的原则，对所列举的特定收入项目按特定方法和税率课征（分类所得税制的优点）。[①] 由于分类综合所得税制能分类源泉扣缴防止逃税，又能综合全部所得累进课征，等于对所得的课税加上了"双保险"，符合量能负担的要求[②]。《国民经济和社会发展第十三个五年规划纲要》明确提出加快建立综合和分类相结合的个人所得税制度，在对部分所得项目实行综合计税的同时，将纳税人家庭负担，如赡养人口、按揭贷款等情况计入抵扣因素，更体现税收公平。[③]

（二）以家庭为纳税单位是重构税前扣除标准的主体要求

分类所得税制以个人为纳税主体，虽考虑了个人的基本生活费用，但未考虑纳税人家庭结构、婚姻状况、赡养抚养人口、医疗需求、教育需要及住房需求等因素，依此确立个人所得税税前扣除标准，必然会造成纳税人间的横向税负不公。

相对于家庭收入应当包含整个家庭的成本支出，那么以家庭为纳税单位的个人所得税才能体现社会公平，也才能体现自然人的社会属性，从而让自然人维持其家庭的和谐。[④] 因此，以家庭为单位纳税较之以个人为单位纳税，通过税前扣除更能实现以人为本的理念。分类综合所得税制通常以家庭为纳税主体，对纳税人的各项收入先按照一定比例的分类所得税，实行源泉征收和预定征收，然后再综合纳税人全年各项所得额，达到一定征税额度标准，再以统一的累进税率课以综合所得税，并对预定征收或源泉征收的予以扣除。因此，以家庭为纳税单位与分类综合所得税制相匹配。

（三）个人所得税税前扣除标准的重构

就我国个人所得税费用扣除制度而言，除工资薪金的综合费用扣除包含成本、费用扣除和个人生计扣除外，其他所得，如劳务报酬所得、稿酬所得、财产转让所得和特许权使用费所得等，其可扣除的项目仅为取得收入而支出的费用部分。从目前修法趋势看，对于个人所得项目修改的可能性不大，因此，应以现有个人所得项目为依据，结合分类综合税制，将税前扣除分为一般扣除与专项扣除。一般扣除包括成本费用扣除与家庭生计扣除，专项扣除即为特许费用扣除。

---

① 刘剑文：《财政税收法》，法律出版社1997年版，第252页。

② 张晓婷：《个人所得税法的价值及其立法与实施》，载《理论探索》2005年第03期。

③ 孙韶华：《个税改革下半年将加速推进 专家建议降低税率》，载《经济参考报》2016年8月8日，第A01版。

④ 高亚军：《和谐社会视角下我国个人所得税费用扣除标准的社会合意性研究》，载《宏观经济研究》2013年第10期。

1. 一般扣除

一般扣除中的成本费用扣除是获得收入而必须支付的必要的成本费，现行所得项目中的劳务报酬所得、稿酬所得、特许权使用费所得、财产租赁所得、财产转让所得等均有成本费用扣除的规定。可以借鉴一些国家或地区成本费用扣除的规定，可以将纳税人的交通费、培训费、利息费等进行成本费用扣除。

一般扣除中的家庭生计扣除是补偿家庭生活开支，实现劳动力再生产的必要扣除费用，包括个人宽免和家庭扣除两部分。个人宽免在我国表现为工资薪金所得费用扣除。目前亟须解决的问题：一是3500元的免征额是否再提高？3500元只是划分高收入者与中低收入者的一个相对界限，免征额过高将失去调节作用，免征额过低则易形成抵触纳税情绪。经推算，高收入者比例定在38.2%、低收入者比例定在61.8%，将趋于最佳位置。当个税纳税人占全体有收入人群的比例达到40%时，提高个人所得税免征额，使这个比例下降到35%。如此反复，平均而言，占比近似38%。根据统计数据，免征额调到3500元后，工薪所得纳税人占全部工薪收入人群的比重由原先的28%下降到不到8%。① 基于此，如果再次提高免征额，只能加剧贫富差距。二是3500元的免征额是否适用全国"一刀切"？纳税人的纳税能力受纳税环境影响。纳税环境可以分为微观环境和宏观环境。微观环境包括纳税人的年龄及收入、婚姻状态、配偶的收入情况、需要抚养的子女数量及年龄、需要赡养的老年人数量及年龄、有无身体残障、有无教育支出、有无医疗支出等。宏观因素包括所处地区的收入水平和物价水平。② "一刀切"的扣除方法未能全面考虑不同地区纳税人的纳税能力差异，形式上公平的扣除额造成实质上的税负不公。三是如果不采取全国"一刀切"，工资薪金所得免征额标准如何确定？免征额的确定应该体现最低生活保障消费不得课税，由于各地经济发展程度不一，最低生活消费标准自然不同，因此应采取"基本额加浮动额"的方法确立免征额。全国范围内的基本扣除额及地区浮动扣除额的幅度范围，应由全国人大统一确定，省级政府根据本地经济状况在幅度范围内确定具体浮动额，报经国务院批准后实施。物价上涨使纳税人的可支配收入相对下降，如果费用扣除标准不变，就会导致纳税人税负上升，甚至可能将低收入者纳入课税范围，最终损害纳税人维持基本生活尊严的经济生存权。③ 因此，可以借鉴美国的实践经验实行税收指数化处理方法，利用公式[某纳税年度的费用扣除标准 = 上一纳税年度的家庭费用扣除标准 × (1 + 上一纳税年度的通货膨胀率)]自动调整标准，自动消除通货膨胀对实际应纳税额的影响，既避免了因通胀而频繁调整费用扣除标准，又保证了税收政

① 闫坤、陈晨：《个人所得税：改革之路怎么走》，载《光明日报》2016年9月8日，第015版。

② 王德祥、薛桂芝：《基于双向公平的工资薪金个人所得税费用扣除标准改革》，载《湖北社会科学》2015年第11期。

③ 刘剑文：《对个税工资薪金所得费用扣除标准的反思与展望——以人权保障为视角》，载《涉外税务》2009年第1期。

策的连续性、稳定性和权威性。①

家庭生计扣除中的家庭扣除应以家庭生活开支的必要费用为扣除对象。我国已步入老龄化社会,加之一胎计划生育的实行,近20~30年内,城市中一对夫妻赡养4位老人的情况将为常态,因此家庭扣除对象应包括赡养老人支出。父母对子女有抚养教育的义务,因而未成年子女的基本生活费用应成为家庭扣除对象。当夫妻一方没有收入和缺乏生活来源,或者无独立生活能力或生活困难或因患病,年老等原因需要扶养,对方给付的扶养费成为家庭扣除对象。住房是人们最基本的物质生活条件,由于房价增长大大超过居民平均收入的增长,贷款购房已成为纳税人购房资金的首选,因此住房贷款利息支出应为家庭扣除对象。此外,各类为家庭成员购买的商业保险支出也应纳入家庭扣除对象。2017年7月1日起,我国对个人购买符合条件的商业健康保险产品的支出,允许按每年最高2400元的限额予以税前扣除。

2. 专项扣除

专项扣除的性质是特许费用扣除,是为照顾纳税人及家庭的特殊开支并体现特定的社会目标而鼓励的支出。②

我国个人所得税规定,补充医疗保险费用的其他医疗支出部分不允许税前扣除。在我国医疗保险体系尚不能做到全额报销的现状下,纳税人如果出现大额医疗费用支出,必然影响其生活质量,甚至无法维持正常生活水平。因此,应允许补充医疗保险费用的其他医疗支出部分进行税前扣除。国家可以根据纳税人医疗支出在收入中的比例制定合理的扣除额,对于一次性医疗支出或者一年内连续超过一定数额的医疗支出予以在税前扣除,③以体现国家对国民身体健康的关怀。教育培训是人的发展与经济发展的基本要求,教育培训费用已上升为形成劳动力价值的重要支出。④ 纳税人的教育培训费用既包括本人,也包括对其抚养者的正规教育费用的扣除。目前我国实行9年制义务教育,因此,教育培训费用支出主要是本人的自费在职培训及被抚养人的高中教育以上的正规教育培训费用,考虑到本科以上的博硕士教育,受教育者已有获得劳动收入的能力与机会,应将高等教育费用扣除限定为本科教育。建议按照每个家庭接受高中教育以上的子女数量规定一定的扣除比例。我国计划生育政策使得“二孩”家庭在子女抚养、医疗、教育等方面费用开支高于独生子女家庭,为平衡子女抚养数量不同的家庭间税负,应该增加家庭计生的专项扣除项目,将“二孩”家庭的部分支出项目纳入个人所得税税前扣除,

① 王德祥、薛桂芝:《基于双向公平的工资薪金个人所得税费用扣除标准改革》,载《湖北社会科学》2015年第11期。

② 国家税务总局税收科学研究所编:《中国税收研究报告2009年》,中国财政经济出版社2010年版,第98页。

③ 范玉辉:《关于我国个人所得税工资薪金所得费用扣除标准的思考》,载《中国证券期货》2013年第8期。

④ 陈少克、袁溥:《对个人所得税费用扣除的理论思考——基于劳动力价值构成及其实现的视角》,载《云南财经大学学报》2011年第2期。

以政策为响应国家鼓励人口生育的家庭切实减负。此外,慈善捐款、灾害损失、投资亏损、残疾人收入等也应列入专项扣除,以体现照顾纳税人及家庭的特殊开支及对特定的社会目标的鼓励。

基于税法原则的我国个税工薪所得费用扣除制度研究

魏明英*

混合税制模式是我国个人所得税改革的目标，对个人不同收入来源进行分类，并将其部分收入纳入全年综合的计税范围。时任财政部部长肖捷在第十二届全国人大第五次会议记者会上提出，"改革的基本考虑是将工资薪酬、劳务报酬、稿酬等部分收入项目实行按年汇总纳税；对利息、股利、红利、财产转让所得等资本性所得考虑继续按现行的分类计征方式征税。"综合部分需要纳税人自行申报收入，但目前我国民众纳税意识较弱，而且自行申报会增加纳税人的时间、精力、金钱等纳税成本；同时，综合部分需要完善先进的征管手段，我国目前的税收征管技术仍不能全面、有效地掌握数量庞大的纳税人个人或家庭的综合收入状况，包括现金、实物。因此，混合所得课税模式的改革在我国会是一个艰难的过程。

此外，我国工薪收入缴纳的个人所得税比重较大，近年来在65%左右，[①]所以个人所得税亦称"工薪税"；而且，在我国能够从工资薪金、劳务报酬、稿酬等多渠道取得收入的人为数不多，更多的人收入来源单一仅工资薪金一项。基于此，科学的工薪所得费用扣除标准将会真正实现个人所得税对个人收入的调节作用，使个人公平合理地享受我国改革开放带来的利益。

一、我国个人所得税工薪所得费用扣除的规定与遵循原则

（一）我国个人所得税工薪所得费用扣除的规定

我国《个人所得税法》第6条规定，工资、薪金所得，以每月收入额减除3500元后的余额，为应纳税所得额。对在中国境内无住所而在中国境内取得工资、薪金所得的纳税义务人和在中国境内有住所而在中国境外取得工资、薪金所得的纳税义务人，可以根据其平均收入水平、生活水平以及汇率变化情况确定附加减除费用。其中附加减除费用，

---

* 西北政法大学副教授。

① 《个税改革应解决五方面问题 适当扣除重要生计支出》，载新浪财经网：http://finance.sina.com.cn/roll/2017-03-13/doc-ifychavf2520338.shtml.，最后访问日期：2018年3月1日。

是指每月在减除3500元费用的基础上，再减除1300元。

（二）个人所得税工薪所得费用扣除制度的基本原则

1. 税收法定原则

税收法定，又称税收法律主义，是指国家向公民征税，公民向国家纳税，都需要有法律的明确规定。税收法定原则中的“法”从确立之初即指由最高权力机关制定的法。但是由于新中国成立之初，相关立法条件并不完善，很多税收法律是由我国人大及其常委会授权国务院进行立法，而我国个人所得税法出于当时引进外国人才、资金以及先进管理经验的目的，于1980年即以法律的形式正式颁布实施。在我国现行的税收法律制度中，法律层面只有《中华人民共和国个人所得税法》《中华人民共和国企业所得税法》《中华人民共和国车船税》和《中华人民共和国税收征收管理法》。《中华人民共和国环境保护税》已于2016年12月25日通过，将2018年1月1日起实施。工资薪金所得费用扣除标准作为确定个人所得税纳税依据的课税要素，当然应在法律的高度上加以规定。

2. 税收公平原则

税收公平原则是由英国古典经济学家亚当·斯密最早提出并加以阐述的税收首要原则。现代西方税收学界对税收公平原则的定义为：“税收公平原则就是指国家征税要使各个纳税人之间负担水平均衡。”①我国税收学者认为：“所谓税收公平是指不同纳税人之间的税收负担程度的比较，纳税人条件相同的纳相同的税，条件不同的纳不同的税。”②包括横向公平与纵向公平。横向公平要求在经济情况相同的前提下，纳税人应缴纳相等数额的税款。纵向公平要求在经济情况不同的前提下，负担能力不同的纳税人应缴纳不同数额的税款，根据纳税人的纳税能力来决定其应纳税额的多少，纳税能力强者多纳税，反之则少纳税，从而体现量能负担。

我国的工资薪金所得费用扣除采用全国统一的标准，从表面看，无论税收主体怎样，都可以扣除同等的费用，相同收入的纳税人纳税数额相等，似乎是公平的，但是这种标准并不符合实质公平的原则。工资薪金所得费用扣除标准没有充分考虑纳税人的家庭构成、所抚养人以及赡养人的具体情况等，并未做到具体问题具体分析。另外，由于社会经济发展进程的不同，与社会分配有关的教育、医疗、养老、就业、住房等制度都影响着纳税人的生活费用支出。税收公平原则是“法律面前人人平等”思想在税法中的体现和发展，是“现今世界各国制定税收制度的首要原则”。③

3. 税收效率原则

美国著名经济学家斯蒂格丽茨指出：判断一个良好税收体系，“第一个标准是公

① 孙尚清主编：《商务国际惯例总览》（财政税收卷），中国发展出版社1994年版，第194页。

② 杨秀琴主编：《国家税收》，中国人民大学出版社1995年版，第69页。

③ 金鑫、许毅主编：《新税务大辞海》（第1版），九州图书出版社1995年版，第39页。

平……第二个标准是效率”①。税收效率原则指国家应以最小的征收成本来获取最大的税收收入,并利用税收对经济的宏观调控作用最大限度地促进其发展,或者最大限度地减轻对经济发展的妨碍。

我国个人所得税工资薪金所得费用扣除实行3500元的“一刀切”的标准,有利于便捷税收征纳部门开展工作,降低税收征纳成本,体现税收的行政效率,但是却忽视了税收公平的原则。税收公平与税收效率二者之间是辩证统一的关系,税收分配的公平合理能够激发劳动者的积极性、能动性,从而促进劳动效率、行政效率以及整个经济效率的提高;然而重视效率而忽视公平合理地分配,必然会挫伤劳动者的积极性,造成收入差距进一步的拉大,不利于社会稳定发展。税收公平与税收效率之间的关系如何处理,不同时期有不同要求,3500元“一刀切”的费用扣除标准显然是效率优先、兼顾公平的表现。但是随着我国经济的不断发展,相关税收配套设施的完善以及我国贫富差距拉大,收入分配不公的现状,我国目前应该将税收公平原则放在首位,兼顾税收效率原则。

二、我国现行个人所得税工薪所得费用扣除制度存在的问题

(一)费用扣除标准偏低、扣除项目偏少

费用扣除项目的设计应该体现对人的生存权和发展权的基本保护,将纳税人及其家庭的生存与发展所需的部分收入排除在应税所得之外,使纳税人最基本的生存与发展在缴纳税费之后不至于受到影响和威胁,纳税人及其家庭成员依然可以正常地生活、学习和工作。尤其是中低收入者,费用扣除制度保障了其家庭生存需要的支出以及日常生活的维系。

而我国现行的个人所得税工薪费用扣除项并未充分考虑医疗、住房、教育、养老等多种因素的影响(见表1)。

表1②

项目	年份	食品	衣着	居住	生活用品及服务	交通和通信	教育文化娱乐	医疗保健	其他商品及服务
金额(元)	2009	4478.54	1284.20	1228.91	786.94	1682.57	1472.76	856.41	474.21
	2015	4814.00	1164.10	3419.20	951.40	2086.90	1723.10	1164.50	389.20
占总现金消费支出的比例(%)	2009	36.52	10.47	10.02	6.42	13.72	12.01	6.98	3.87
	2015	30.64	7.41	21.76	6.06	13.28	10.97	7.41	2.48

由表1可以看出,从2009~2015年,城镇居民用于居住方面的消费占比由10.02%提高至21.76%,增加了将近12个百分点,而医疗占比也由6.98%提高至7.41%,除此之外,其他方面的支出均有不同程度的下降。但是,个人所得税可扣除的生计费用在

① [美]斯蒂格丽茨:《经济学》,郭晓慧等译,中国人民大学出版社1997年版,第517页。

② 资料来源:2016年中国统计年鉴整理。

2011 年由 2000 元调整至 3500 元后，已连续 5 年未发生变动。我国的个人所得费用扣除项目并没有随着居民消费结构的变化而调整。

在住房方面，住房的市场化促使工薪族依靠银行贷款买房来解决自己的居住问题，房贷利息因此成为一项主要的支出。我国目前实行住房公积金制度，提供货币化住房补贴政策，允许从其收入中减除个人按规定缴纳的住房公积金，但对居民住房支出，如住房贷款利息支出，仅允许在财产转让计算个人所得税时作为合理费用计算扣除，而购买住房的利息支出，在计算工薪所得个人所得税时却不允许在税前扣除。

在医疗保险方面，我国对个人缴纳的基本医疗保险费用允许扣除，但对除基本医疗保险费用之外的医疗支出，却不允许在税前扣除，医疗保险尚不能全面覆盖，以至于我国的基本医疗保险制度无法满足居民实际医疗保健的需要，居民个人的医疗支出负担较重。

在教育方面，我国虽实行 9 年义务教育，但高中教育和大学教育都实行收费制，研究生教育也在 2014 年由公费转为自费，学费支出在我国家庭支出中仍占据相当的比例。

2016 年 1 月 1 日我国全面"二孩"政策正式实施。"二孩"政策是我国人口红利消失、临近超低生育率水平、人口老龄化、出生性别比失调等社会问题的应对之举，有助于带动住房、教育、家政、健康及日用品等方面的消费需求，对这几类产业带来机遇，刺激投资，带来更多就业机会，促进以服务业为主的第三产业以及工农业的升级转型。但"二孩"政策给个人带来的则是各项家庭支出如衣食住行、医疗、教育等养育费用的大幅增加，导致生活成本的增加。中低收入家庭在"二孩"政策面前望而却步。

我国已经逐渐步入老龄化社会，根据国家统计局数据显示，我国 2015 年的老年抚养比为 14.3%，①即每 100 名劳动年龄人口要负担 14.3 名老年人，2012 年城镇居民家庭每一就业者负担人数为 1.9 人②（2013 年之后数据未统计），加之实行 30 多年的计划生育政策，导致"70 后""80 后"以及初期"90 后"独生子女的养老压力巨大，4 个老人、1 对夫妻、1 个孩子（或者 2 个）这样的"421"（"422"）家庭模式成为独生子女家庭典型的结构特征。虽然我国已经实行了基本养老保险制度，但保障程度还处于一个比较低的层次，养老支出仍在家庭支出中占有一定比重。

我们知道，社会主义初级阶段的根本任务是满足人民群众日益增长的物质文化生活水平。随着生产力的发展，劳动者福利水平应该有所提高。但是经济发展带来的通货膨胀，使原本的物质供给已不能满足人民日益增大的需求，所以国家在制定工薪费用扣除标准的同时应充分考虑纳税人的生活需求，综合考虑人们不断变化的日常生活要素成本，将住房、教育、医疗等日渐重要的支出考虑在内，提高工薪费用扣除标准，加强个人所得税的

---

① 载中国国家统计局：http://data.stats.gov.cn/easyquery.htm? cn=C01&zb=A0303&sj=2015，最后访问日期：2018 年 4 月 1 日。

② 载中国国家统计局：http://data.stats.gov.cn/easyquery.htm? cn=C01&zb=A0A03&sj=2012，最后访问日期：2018 年 4 月 1 日。

再分配作用,改善民生,使广大工薪阶层的可支配收入再增加一些,保持经济的良性循环。

(二)费用扣除标准与物价水平不相适应

从1980年我国个人所得税法颁布实施开始,我国的工资薪金费用扣除标准就采取定额扣除方式,当时的费用扣除标准为800元/月,而我国当时的全国城镇职工月平均工资为64元,[①]费用扣除额相当于月均工资的12.5倍。后来经过2006年、2008年和2011年三次调整,定额标准依次提升到1600元/月、2000元/月和3500元/月,虽然几经调整,但是费用扣除标准一经确定,至少几年是固定的。但是,近年来我国物价水平持续上涨,通货膨胀现象存在,居民消费支出不断上涨,定额的扣除标准已经不能适应经济形势,一定程度上限制了居民实际购买力。通货膨胀引起的货币贬值以及物价水平上升使主要依靠工资薪金维持生活的中低收入者名义工资上涨,进而加重税收负担。

我国居民消费价格指数由2011年的105.4下降为2013年的102.6,2015年变动为101.4,[②]其始终处于波动状态,这就说明,我国居民的生活成本和消费状况也处于不断的变化之中,并不稳定。但是我国工薪所得费用扣除标准却采取定额固定的形式,明显忽略了这些因素的作用,无形中增加了纳税人的税收负担。因此,合理的费用扣除标准不仅将收入水平纳入考虑范围之内,除此之外还要考虑物价指数与通货膨胀之间的关系。只有与实际经济形势相一致、与居民消费水平相协调的费用扣除标准动态调整机制,税收调节分配的作用才能得到很好的发挥。

(三)费用扣除标准忽视地域因素

我国幅员辽阔,各地区由于地理位置、气候、资源等自然因素导致了经济发展上的不平衡,经济基础相对较好的东部地区、沿海地区的经济发展得更快更好,中西部地区的发展较慢,地区之间经济发展的差距主要表现在不同地区人们的收入水平和生活消费支出水平等方面的差异上(见表2、表3)。

表2 2015年城镇单位就业人员平均工资[③] 单位:元

京津地区	东部沿海地区	中部地区	西南地区	西北地区	东北地区
北京:111,390	上海:109,174	河南:45,403	重庆:60,543	陕西:54,994	辽宁:52,332
天津:80,090	广东:65,788	湖北:54,367	四川:58,915	甘肃:52,942	吉林:51,558
河北:50,921	江苏:66,196	湖南:52,357	贵州:59,701	青海:61,090	黑龙江:48,881
—	浙江:66,668	安徽:55,139	云南:52,564	新疆:60,117	—

① 《从1980年到2015年历年全国职工平均工资的变化》,载http://blog.sina.com.cn/s/blog_9267a7580102xjr1.html.,最后访问日期:2018年3月20日。

② 载国家统计局:http://data.stats.gov.cn/easyquery.htm?cn=C01&zb=A0901&sj=2015,最后访问日期:2018年3月20日。

③ 资料来源:2016年中国统计年鉴整理。

表3　2015年分地区居民人均消费支出①　　单位:元

京津地区	东部沿海地区	中部地区	西南地区	西北地区	东北地区
北京:33,802.8	上海:34,783.6	河南:11,835.1	重庆:15,139.5	陕西:13,087.2	辽宁:17,199.8
天津:24,162.5	广东:20,975.7	湖北:14,316.5	四川:13,632.1	甘肃:10,950.8	吉林:13,763.9
河北:13,030.7	江苏:20,555.6	湖南:14,267.3	贵州:10,413.8	青海:13,611.3	黑龙江:13,402.5
—	浙江:24,116.9	安徽:12,840.1	云南:11,005.4	新疆:12,867.4	—

由上述可知,无论是工资水平还是人均年消费性支出,东部地区都要大大领先于其他三个地区,东北地区略高于中西部,而中西部差距不明显。高收入的取得需要较高的费用支出,收入与支出始终处于相配比的状态。但我国个人所得税工薪所得统一采取3500元的费用扣除标准,必然使物价水平高的地区的法定扣除费用标准低于实际支出的费用,一部分衣食住行等生活必需费用得不到扣除,虚增了所得,使得本来没有能力负担税负的人也进入了征税的范围,征税面无形中得到扩大,把部分费用划入了所得的范围,对其进行了课税;而物价较低的地区,纳税人实际支出的费用小于法定的扣除费用标准,一部分所得成了费用得到扣除,虚增了费用,该地区高收入者的税收负担却无形中得到了减轻,既有违税收公平原则,也不利于发挥个人所得税对收入的调节和分配,更不能实现税收对缩小收入差距、缓和社会矛盾的宏观调控,同时也减少了这些地区的财政收入,影响了这些地区政府的投入。② 这样一来,不仅不利于税收公平的实现,同时也影响共同富裕目标的实现。

4. 内外不一的费用扣除标准有悖于税收公平原则

我国个人所得税法自1980年9月10日颁布实施以来,工资薪金费用扣除标准虽然经历了四次调整,但仍然"内外有别":2005年及之前规定境内人员扣除标准是800元/月,外籍人员、华侨和港澳台同胞等人员实际扣除标准是4000元/月,附加扣除标准为3200元;经过2006年、2008年和2011年三次修正,将境内人员扣除标准调整为1600元/月、2000元/月和3500元/月,境外人员实际扣除标准均为4800元/月,附加扣除标准分别为3200元、2600元和1300元。

改革开放初期,为吸引外资、境外专业人才,我国个人所得税对外籍、华侨以及港澳台同胞等人员规定了3200元的附加费用扣除标准。但今天,我国经济高速发展,城镇居民收入水平、生活水平大幅度提升和改善,在我国工作的外籍、华侨以及港澳台同胞等人员基本生活支出费用与同一地区的我国民众差距并不大,完全可以适用我国民众的工薪所得费用扣除标准。随着我国个人所得税工薪费用扣除标准的多次调整,内外差异总体

① 资料来源:2016年中国统计年鉴整理。

② 杨卫华:《我国个人所得税减除费用的性质和标准》,载《中山大学学报》2009年第4期。

在缩小是进步的表现,但是对于附加减除费用这种“超国民待遇”的规定,不仅违背了税收公平的原则,与我国已经加入 WTO 实行平等、开放的市场经济政策不相符合,更有悖于当今经济一体化、全球化的趋势,是一种税收歧视。

三、完善我国个人所得税工薪所得费用扣除制度的建议

(一)提高费用扣除标准、补充和细化费用扣除项目

随着我国经济的高速发展,我国民众的生活水平和质量发生了前所未有的变化;人们的消费支出不仅包括维持基本生活的衣食住行支出,还包括医疗、教育、养老和文娱等方面。物价上涨、房价飙升、全面放开的“二孩”政策以及独生子女家庭养老负担加重等导致居民住房贷款利息、抚养子女费用、赡养老人费用等家庭支出增加,人们日常生活要素成本逐渐上升。2017 年全国人大会议上,多位人大代表表示,居民个人家庭经济支出结构的重大变化让民众家庭生活的成本不断增加,个人所得税工薪收入 3500 元的费用扣除标准已不符合国情。全国人大代表、格力电器董事长董明珠就提议应将个人工薪所得费用扣除标准调高至 5000 元,还有代表建议,个人所得税工薪所得费用扣除标准最低 10,000 ~ 12,000 元,让中等收入以下的人不纳税。

(二)建立富有弹性的费用扣除标准

通货膨胀是我国当前经济发展的常态。纳税人所拥有的可支配收入随着不断上涨的物价水平而不断下降。如果费用扣除标准不随物价水平进行相应调整,纳税人的实际税负在无形中则处于不断上升的状态。更有甚者,某些无须纳税的低收入者也会被纳入个人所得税的课征范围,损害纳税人维持基本生活需要尊严与权利。

我国的工薪所得费用扣除标准虽然历经多次修改,但仍不能与我国波动的物价水平相适应。为了保证费用扣除标准能够适应经济形势的发展变化和物价水平的上涨,同时避免频繁的税法修订,可以建立工资薪金所得费用扣除的自动弹性调节机制。我国可建立工薪所得费用扣除标准与物价水平的联动关系,使工资薪金所得费用扣除标准根据每年消费者物价指数的变化来确定,避免通货膨胀造成的个人名义收入增加、最终实际所得减少的不良状况。从具体操作层面来说,以 2011 年我国税法规定的 3500 元或以后个人所得税改革确定的工薪所得费用扣除标准 N 为基准,以后每年在此基础上进行变化调整,即每年费用扣除标准的计算公式为“$N \times (1 + CPI)$”,这样我国的工薪费用扣除标准可以有一个长效动态调整机制,同时也可以避免频繁调整费用扣除标准破坏法律的严肃性和权威性,体现税收法定原则,提高税收的行政效率。

(三)费用扣除标准应充分考虑地域因素

我国地域辽阔,东、中、西部地区收入存在差距,不同地区之间生活成本存在很大差别,较为发达的地区经济发展水平高,相应的生活成本及工资薪金水平都会较高。由于经济发展程度的差异,不同地区之间的纳税人对于费用扣除标准的要求也不同。确定减除费用标准,既要考虑全国政策的统一性,又要兼顾各地纳税人不同的生活水平、消费范

围和物价状况,考虑制度的适用性。①

我国费用扣除标准可以考虑幅度费用扣除标准,以我国以后个人所得税改革所确定的工薪所得费用扣除标准N为下限,假设确定的费用扣除标准上限为M,则全国各地的费用减除标准在N到M之间,即"(N~M)×(1+CPI)",具体的执行标准由各省、自治区、直辖市人民政府根据当地实际确定,报国家税务总局备案。这样既维护了我国个人所得税法的严肃性和权威性,同时也体现了各地区结合自身实际情况在税收法律框架内制定合理费用扣除标准的灵活性。

(四)费用扣除标准应内外统一

内外有别的费用扣除制度在特定历史时期有重要的意义,它在改革开放初期,吸引了外资、优秀人才以及国外先进的管理经验,大大促进了我国经济的高速发展。但是,随着社会主义市场经济的不断深入,人才作为一种经济资源可以随着市场的配置而自由流动。内外有别的费用扣除制度,已完成了其在特定历史时期的使命,必然要退出历史舞台。

我国加入WTO之后,应遵循WTO"国民待遇"的原则,境内外有别的费用扣除制度不仅是"超国民待遇"的表现,也带来了税收上的不公平。同时,随着社会经济的发展,居民生活水平随之上升,我国内地居民与外籍人士及港澳台同胞无论是在生活水平还是各类支出水平上,都已不再像20多年前那样存在明显的差距。现阶段再实行内外有别的费用扣除标准,明显已经不符合我国经济社会的实际发展情况。

四、结语

个人所得税在保障国家财政收入、调节收入分配方面发挥着越来越重要的作用,其作为与居民生活息息相关的一个税种,关乎每个人的"钱袋子",个人所得税的每次修订都会引起纳税人的广泛关注。工薪所得费用扣除标准是确定个人应税所得的关键一环。我国个人所得税工薪所得费用扣除制度的改革应综合考虑纳税人家庭因素、物价水平、区域差别等因素,提高费用扣除标准、建立与物价水平相联动的费用扣除标准调整机制,同时将区域因素考虑在内,设定全国范围内浮动的费用扣除标准,取消针对外籍人员的附加费用扣除,尽可能做到税收公平。我国目前个人所得税改革方案正在研究、设计与论证中,个人所得税工薪所得费用扣除制度的完善程度直接关系到民众的幸福生活以及和谐社会的建设,必须予以高度重视。

① 杨卫华:《我国个人所得税减除费用的性质和标准》,载《中山大学学报》2009年第4期。

“营改增”视角下个体工商户所得税规制新论

吴晓红*

一、问题的提出

个体工商户,是指有经营能力并根据《个体工商户条例》的规定,经工商行政管理部门登记,从事工商业经营的公民。我国《个体工商户条例》第2条规定,有经营能力的公民,依照本条例规定经工商行政管理部门登记,从事工商业经营的,为个体工商户。个体工商户可以个人经营,也可以家庭经营。个体工商户的合法权益受法律保护,任何单位和个人不得侵害。

在法律语境下,个体工商户是一个具有中国特色的法律概念。1986年版的《民法通则》首次确立个体工商户法律制度,2017年版的《民法总则》再次确认个体工商户的法律主体地位。虽然《民法通则》《民法总则》均确认了个体工商户的私法主体身份,但个体工商户在诞生之初,却是一个政治概念,也是与经济体制改革相伴而生、相伴发展的。改革开放初期,个体工商户为我国经济发展做出了卓越的贡献,那时个体工商户的主要从业者为一些阶级精英、社会名流;社会主义市场经济体制建立以后,社会主义法制建设取得长足进展,市场经济主体逐渐从个体工商户增加到了有限责任公司、个人独资公司、合伙企业,甚至在经营形式上发展成了上市公司。个体工商户仍是社会主义公有制经济的有益补充,国家在税收政策上给予这部分创业人员诸多税收优惠。

然而,颁布于20世纪80年代的《个人所得税法》,对我国个人所得进行分类征收,个体工商户的所得被归入“生产经营所得”类别,采用累进税率计征个人所得税。且不说制定个人所得税法的经济形势发生了翻天覆地的变化,暂不论我国个人所得税法分类征收模式的优劣,即便是个人所得税几经修订,对个体工商户所依赖的经济形势变化与组成人员的变化均没有予以考虑。因此,个体工商户这一颇具中国特色的民事主体,一方面要在市场经济体制中,与其他民事主体共同竞争发展;另一方面却要在工商、金融、税收等方面遭受不公平的待遇。2016年“营改增”全面施行,由于个体工商户的私法利益表达机制不畅,导致“税负只减不增”的政治福利无法在个体工商户这一群体中得以体现。

* 合肥学院管理系副教授,法学博士。

因此,进一步明确个体工商户的私法主体利益诉求,给予个体工商户相应的所得税税收优惠政策,是“营改增”过渡时期不可忽视的问题。

二、个体工商户所得税政策的变迁

我国所得税分为个人所得税与企业所得税。征收何种所得税,是根据民商事主体承担民事责任的独立程度进行划分的。一般来说,有自己的财产并能独立承担民事责任的主体,征收企业所得税,如有限责任公司、股份责任公司、全民所有制企业等;换言之,承担民事无限责任的主体都被征收个人所得税,如个人独资企业、合伙企业、个体工商户等。由于我国个体工商户没有独立的法律地位,只是自然人经营的一种特殊形式,我国《民法通则》第26条规定:“公民在法律允许的范围内,依法经核准登记,从事工商业经营的,为个体工商户。”其文义自然就应当理解为“公民为个体工商户”,从而表明了个体工商户的法律性质就是从事经营活动的自然人。① 因此,我国个体工商户被征收个人所得税。

目前,我国没有单独的个体工商户所得税政策。个人所得税这个税种,在世界范围内开征也才200多年,中国个人所得税历史更短。② 1980年全国第五届全国人民代表大会第三次会议审议通过现行《个人所得税法》,同年,财政部颁布实施现行《个人所得税法实施条例》,那时个体工商户税收政策尚未包含在内;1986年财政部颁发《城乡个体工商户所得税暂行条例》,该条例规定了城乡个体工商户所得税的纳税人、征收范围、税基、税率、计征办法、税收优惠等,形成了自然人与个体工商户两套个人所得税制度;1993年第八届全国人民代表大会常务委员会第四次会议通过了《关于修改〈中华人民共和国个人所得税法〉的决定》的修正案,规定不分内、外,所有中国居民和有来源于中国所得的非居民,均应依法缴纳个人所得税,将原个人所得税、城乡个体工商户所得税、个人收入调节税统一为个人所得税,并按照不同类别进行分类征收,个体工商户归入生产经营所得类别征收个人所得税;2011年个人所得税法修订时,个体工商户的生产、经营所得和对企事业单位的承包经营、承租经营所得五级全年应纳税所得从5000~50,000元改为15,000~100,000元,九级累进税率被改为五级累进税率。

在税收征管方面,有关个体工商户的税收征管法律、规章和文件主要有《税收征收管理法》《税收征收管理法实施细则》,国家税务总局《个体工商户税收定期定额税收征收管理办法》(国家税务总局令〔2006〕6号),国家税务总局《个体工商户建账管理暂行办法》(国家税务总局令〔2006〕17号),财政部国家税务总局《关于调整个体工商户业主个人独资企业和合伙企业自然人投资者个人所得税费用扣除标准的通知》(〔2011〕62号),

① 李友根:《论个体工商户制度的存与废——兼及中国特色制度的理论解读》,载《法律科学》2010年第4期。

② 1799年英国为了募集英法战争的军费开征个人所得税。1950年新中国政务院同意以《全国税政实施要则》作为全国税政税务的具体方案。此方案中规定的对个人征收的“薪给报酬所得税、存款利息所得税”,是新中国的个人所得税的雏形。

国家税务总局《个体工商户个人所得税计税办法》(国家税务总局令2014年第35号，以下简称2014年35号令)。以上文件从个体工商户的规模、建账标准、征收方式、扣除标准、计税办法等方面进行了详细规定。总体来说，对于个体工商户的征管，我国采取的是，对于达到一定规模和标准的个体工商户实行查账征收，由个体工商户业主自行建账并自行申报纳税；对规模较小且没有建账能力的个体工商户，采取定期定额方式核定征收。定额方式由税务机关根据耗用的原材料、合理成本加利润、发票和相关凭据等方式确定。

三、"营改增"政策对个体工商户所得的影响

2016年5月1日之前，我国营业税与增值税的征收范围是相互排斥的。[①] 2016年5月1日《关于全面推开营业税改征增值税试点的通知》(财税〔2016〕36号，以下简称2016年36号文)开始实施，其附件1《营业税改征增值税试点实施办法》第1条规定，在中华人民共和国境内(以下简称境内)销售服务、无形资产或者不动产(以下简称应税行为)的单位和个人，为增值税纳税人，应当按照本办法缴纳增值税，不缴纳营业税。单位，是指企业、行政单位、事业单位、军事单位、社会团体及其他单位。个人，是指个体工商户和其他个人。这里明确规定，"营改增"后的个人纳税人包含个体工商户。

理论上，增值税属于间接税税种，税负最终由消费者承担。然而，我国的增值税并不是完全意义上的增值税，除了部分项目的进项税不予抵扣以外，还有些行业因为其自身的特点以及发票管理不规范，导致在"营改增"后流转税负大幅增加，形成新的税收不公平。这种税收不公平在个体工商户身上表现最为明显。

根据我国增值税对纳税人的分类，增值税纳税人有小规模纳税人与一般纳税人。小规模纳税人按照征收率进行征收，一般纳税人的增值税额为该纳税人的销项税与进项税的差额。也就是说，假定一般纳税人的销项税额固定，那么进项税的多少决定了该纳税人的增值税应纳税额的大小。"营改增"之前，个体工商户没有小规模纳税人与一般纳税人身份之分，个体工商户的营业税为销售收入乘以相应的税率，销售额在规定范围之内可享受一定税收优惠。[②] "营改增"之后，小规模纳税人的增值税以征收率3%计征，同时继续享有税收优惠，符合增值税小规模纳税人身份的个体工商户流转税税负大幅下降。但是对于那些符合"营改增"后一般纳税人身份的个体工商户来说，流转税税负却大幅增

---

① 我国《营业税暂行条例》第1条规定，在中华人民共和国境内提供本条例规定的劳务、转让无形资产或者销售不动产的单位和个人，为营业税的纳税人，应当依照本条例缴纳营业税。《增值税暂行条例》第1条规定，在中华人民共和国境内销售货物或者提供加工、修理修配劳务以及进口货物的单位和个人，为增值税的纳税人，应当依照本条例缴纳增值税。

② 根据国家"营改增"税负只减不增的方针，营业税制下的税收优惠在政策层面基本平移到了"营改增"税制下。个体工商户在2016年5月1日起至2017年12月31日，增值税小规模纳税人销售货物，提供加工、修理修配劳务月销售额不超过3万元(按季纳税9万元)，销售服务、无形资产月销售额不超过3万元(按季纳税9万元)的，可分别享受小微企业暂免征收增值税优惠政策。

加,那是因为这些个体工商户在“营改增”之后根据自身行业的特点,适用不同的增值税税率,但却没有足够的进项税额可以抵扣,导致其在流转税环节中几乎是直接以增值税税率缴纳了增值税。以从事建筑行业的个体工商户为例,“营改增”之前,从事建筑行业的个体工商户营业税税率为5%,每100元销售额的营业税为5元,而“营改增”之后,该行业的增值税税率为11%,每100元的销项税税额为11元,由于该行业大多没有进项税用于抵扣,则该行业“营改增”后的流转税税负增加了6元(11-5=6)。

如前所述,在所得税征收上,个体工商户所得税按个人所得税法中个体工商户生产经营所得征收,征管方式上有查账征收与定期定额征收两种。在确定所得的方法上,却借鉴了企业所得税的立法经验,对所有查账征收的个体工商户,一律采取了税法优先的原则,会计核算要求适用权责发生制,在收入范围上更是进行全方位的界定。① 不可否认,2014年35号令的出台,为规范我国个体工商户的个人所得税征管起到了良好的促进作用,但囿于我国个体工商户的所得税税率适用五级超额累进税率,一般纳税人身份的个体工商户几乎都适用最高边际税率35%被计征个人所得税。这样一来,实行查账征收的一般纳税人身份的个体工商户,会计核算上采用了权责发生制,计税办法采取了企业所得税扣除标准,但在税率适用上却适用了超级累进税率,“营改增”税负相比营业税税制增加了一倍多。设计超额累进税率的初衷就是调节收入分配,促进税收公平。然而,个体工商户在经济主体上既非企业又非法人的特殊性,不但没有享受到政策红利,反而因为“营改增”的过渡政策,导致税负大幅增加,所得范围扩大,显然有违于税收中性与量能课税原则。

四、后“营改增”时代个体工商户所得税改革方向

2016年的“营改增”全面施行,在中国财税体制改革历史中具有划时代的意义。增值税具有减少重复征税的优点,有利于各行业之间的抵扣链条更加完整,从而促进第三产业的发展。但由于“营改增”政策实施历史时间较短,很多政策在执行过程中因为与征管实践存在差异,被逐步修订。② 由于我国税收立法环境的现实特点,实务问题的解决路径都是由财政税收部门自下而上反映到财政部与国家税务总局,财政部、国家税务总局再以规章或规范性文件的形式发布,于是我国形成一个自上而下的以宏观调控为中心、以行政管理为逻辑主线的税收治理格局。个体工商户这一特殊群体,因为户数数量较多,分布广泛,行业之间又没有形成统一的共识,因此,个体工商户的税收理论与实务问

① 2014年35号令第7条规定,个体工商户的生存、经营所得,以每一纳税年度的收入总额,减除成本、费用、税金、损失、其他支出以及允许弥补的以前年度亏损后的余额,为应纳税所得额。个体工商户从事生产经营以及与生产经营有关的活货成本,准予在计算应纳税所得额时扣除。第8条规定,个体工商户从事生产经营以及与生产经营有关的活动(以下简称生产经营)取得的货币形式和非货币形式的各项收入,为收入总额。包括:销售货物收入、提供劳务收入、转让财产收入、利息收入、租金收入、接受捐赠收入、其他收入。

② 有数据显示,2016年36号文颁布以后至2016年12月31日,有关“营改增”的“补丁”政策几乎每天都会签发。

题一直成为困扰行业与税收机关的难题。尤其是2017年以来,有关个人所得税改革的话题频频见诸报端,理论界和实务界都把立法和改革的重心偏向了个人所得税领域,有关我国将以综合所得与分类所得模式为方向的声音不绝于耳。笔者认为,个人所得税法修订势在必行,但是个体工商户这一个特殊的个人所得税纳税人,该如何衔接增值税纳税义务,对于个人所得税立法中其综合所得的确定与分类所得的划分都具有重要的意义。毕竟,个体工商户在很长一段时间,仍将是我国市场经济的重要组成部分,对缓解就业压力、增加财政收入仍具有不可替代的作用。

(一)个体工商户民商事主体身份重塑

西方国家没有个体工商户这一法律概念,但公民具有行商权却是西方国家普遍的做法。在我国规定个体工商户概念的,主要有《民法总则》与《个体工商户条例》,除此之外再无个体工商户概念。《民法总则》第54条规定,自然人从事工商业经营,经依法登记,为个体工商户。个体工商户可以起字号。这表明,我国新颁布的《民法总则》延续了《民法通则》对个体工商户的立法逻辑,立法者的本意将个体工商户作为特殊的自然人看待,再次确立了个体工商户的民事主体身份。但是,与我国《民法通则》相比,《民法总则》对个体工商户的定义有两点变化:一是《民法总则》直接将从事个体工商户的经营主体定位为自然人,从法律外延上看,自然人大于公民,外国公民也可以成为中国个体工商户的经营主体;二是《民法总则》中自然人从事个体工商户经营只需依法登记,无须再"依法核准登记",这里依法登记的法,是2011年颁布的《个体工商户条例》。

但是,个体工商户的民事主体身份在商事领域与税收领域又显得不伦不类。在商事领域,个体工商户并不是一个具有商事身份的主体,只是自然人获取经营资格的一个载体,其在商事交易领域比有限公司多了准入门槛,相反,在商事领域仍然有未依法登记在从事商事经营的自然人;在税收领域,个体工商户明确成为增值税的纳税义务人与个人所得税法的纳税义务人。于是,个体工商户的特殊经营模式反映在税收领域中,产生了销售收入的确认弹性太大、生产经营所得税基宽泛的缺点。因此,有学者明确提出,"个体工商户制度是改革开放初期的过渡性产物,如今已经不具备存在的必要,应该废除个体工商户制度,将个体经营者转为微型企业,以享受政府对于小微企业的优惠政策"。①但是,鉴于我国个体工商户的现实经营需求,个体工商户这一具有特殊意义的群体仍然长期存在,笔者认为,应该延续我国现行《民法总则》的立法体例,明确个体工商户的特殊自然人主体身份,其字号只是为了商事交易需要方便确认或者记忆,并不具有商事主体身份。②

---

① 黄波、魏伟:《个体工商户制度的存与废:国际经验启示与政策选择》,载《改革》2014年第4期。

② 这也与现行的做法类似,民事诉讼领域、劳动争议领域、刑事领域均认为个体工商户的业主才是承担相应法律责任的主体。

（二）个体工商户纳税人身份重塑

2016年36号文附件1规定，我国的增值税个人纳税人包括个体工商户和个人，这里的个人指代普通自然人，个体工商户则指具有经营资质的特殊自然人。我国《个人所得税税法》规定，个体工商户为个人所得税的纳税义务人，根据生产经营所得类别，按五级超额累进税率纳税。由于“营改增”为过渡时期政策，且增值税属于流转税，只要提供增值税应税服务的单位和个人均应缴纳增值税。笔者认为，增值税立法中可以继续保留个体工商户与普通自然人平行的纳税人身份，之所以区别称谓，是为了设计相应的税收优惠。世界上大多数征收增值税的国家都给予商人不同程度的增值税税收优惠，因此，我国的增值税立法体例中，可能要继续保留一般纳税人与小规模纳税人身份，对单位与个人的界定应该延续现在的立法逻辑，增值税是针对增值额缴纳税收，纳税人的民事主体身份与其销售收入确认并无关联关系。

当前，我国关于个人所得税改革征收模式的讨论居多，绝大多数观点认为，我国的分类征收模式已经不能适应我国现阶段的经济发展需要，个人所得税制已经不能实现收入分配功能，没有体现分配正义。因此，下一阶段综合与分类混合征收是我国个人所得税改革的方向。诚然，我国分类征收模式设计具有历史必然性，但现阶段的工资薪金所得与生产经营所得交叉领域太多。通常情况下，生产经营所得，指的是个体工商户、个人独资企业、合伙企业取得的经营收入，鉴于目前我国所得税的纳税人分类标准采用的是民事主体承担责任的程度，所以，公司法人适用企业所得税，合伙企业、个人独资企业适用个人所得税。然而，个体工商户并不具有商事主体身份，其依法登记也只是为了取得经营资格，本质上仍然属于自然人，个人独资企业与合伙企业在民商事领域虽然承担的是无限责任，两者却具有相同的商事主体身份。因此，笔者认为，在个人所得税领域，个体工商户应该被归类于工资薪金所得纳税，或者直接将生产经营所得并入工资薪金所得，统一按照劳务所得进行分类，现行其他的分类划入资本性所得类别。

（三）个体工商户税收征管体系重塑

我国现阶段的个体工商户数量庞大，经营分散、形式多样，而且大多纳税意识薄弱，财务核算缺失或者不规范，一直是税收机关的征管难题。“营改增”以后，可以依托有效的增值税征管手段，加强对个体工商户的所得税征管。现行个体工商户个人所得税征收采取查账征收与核定征收两种方式，未来应该按照个体工商户的行业类别对个人所得税进行分类管理。再依据个人所得税的征收方式不同，简化对核定征收个体工商户的征管措施，所有小规模纳税人身份的个体工商户，可以依法采取核定征收个人所得税，对于符合增值税税收优惠政策的小规模纳税人，允许领用定额手撕发票，或者设计过渡时期的发票管理系统，专门适用于小规模纳税人的发票管理；继续强化对查账征收的个体工商户的征管措施，所有一般纳税人身份的个体工商户，必须规范财务核算，加强其增值税专用发票的管理。此外，应该加强对个体工商户的稽查工作，对于违反税收征管政策的小规模纳税人的处罚，建议给予大幅度的惩戒措施，旨在通过高惩罚震慑小规模纳税人，自觉培养纳税人高度遵从意识。

(四)“营改增”过渡期政策对个体工商户的关注

我国现行有关增值税的政策主要包括《增值税暂行条例》与2016年36号文。36号文出台以后,颁布了一系列后续征管文件,充分考虑了不同行业、不同纳税主体的税负上升问题,唯独没有考虑个体工商户的税负情况。究其原因,一方面因为税务机关在“营改增”时期,征管精力、时间、成本有限,另一方面由于个体工商户的行业特殊情况,导致整个行业没有对“营改增”后的征管问题进行总结。不能忽视的是,现行增值税政策相对于后续立法阶段属于过渡时期,增值税立法除了应该综合考虑增值税对所得税的影响以外,还应该考虑“营改增”试点过程中不同身份纳税人的权利义务配置,个体工商户作为增值税纳税人,在以后的增值税立法中,如何进行税制要素设计至关重要。笔者认为,增值税立法对个体工商户纳税人身份的界定上,要考虑个体工商户到个人独资企业、合伙企业或者公司制度的转变,同时,要结合个体工商户的民商事、行政争议的现行法律法规,并对税收司法的衔接作出规范。

有限合伙企业分红机理税制研究

严锡忠*

关于税的研究,国内有经济学者(税收学者),有税法学者,还有会计学者。经济学者(税收学者)研究的视野以财政政策为导向,从市场的角度研究税制问题;税法学者研究的视野以价值评判为导向,从宪治的角度研究税制问题;会计学者研究的视野以会计目标为导向,从计量技术的角度研究税制问题。

但无论哪一学科,均以提出税制设计为皈依。因而,立法环节成为各派汇聚的焦点。尽管各国国情、政治生态迥然不同,但就税法而言,仍然有一些共同点,即税收法律制度总是或多或少受到不同学科的影响,我国也是如此。不同学科的糅合,必然导致学科的差异、概念的分歧、体系的不同齐聚于税法,税法在这个过程中变得混乱不堪。

虽然,现代税法遵循了一个总的框架,即以直接税为特征的所得税制度配之以间接税为特征的流转税制度。① 直接税又被称为对人税,间接税又被称为对物税。但即使在这样一个总的框架下,税法仍然处于混乱之中。以下以合伙制为例详述之。

一、合伙企业纳税主体设定所引发的冲突

就所得税而言,一般分为个人所得税与企业所得税。具有典型分析意义的是合伙企业,这一似企业又似个人的形态比较容易研判税法关于“人”的定义,巧合的是,我国税法关于合伙企业的规定,在不同层面吸收了不同学科的观点。

例如,2008 年 1 月 1 日新实施的《企业所得税法》第 1 条第 1 款规定,“在中华人民共和国境内,企业和其他取得收入的组织(以下统称企业)为企业所得税的纳税人,依照本法的规定缴纳企业所得税”,以及第 2 款规定,“个人独资企业、合伙企业不适用本法”。上述条款中对个人独资企业、合伙企业的排除,显然受到了法律学者关于法人定义的影响。有学者认为,公司在法律上被认定为具有民事权利和民事义务的法律主体,具有与自然人同等的人格,因而可以成为纳税主体。同时,公司一般以盈利为目的,且享有独立的法人财产以区别于股东财产,进而应单独成为纳税主体。

---

* 上海左券律师事务所主任。

① [美]维克多·瑟仁伊:《比较税法》,丁一译,北京大学出版社 2006 年版,第 55 ~ 59 页。

又如，我国《企业所得税法》第26条规定，“符合条件的居民企业之间的股息、红利等权益性投资收益”为免税收入，即消除经济性的重复征税，这显然受到了经济学者关于鼓励投资、促进经济增长观点的影响。

再如，我国《税收征收管理法实施细则》第22条规定，“从事生产、经营的纳税人应当自领取营业执照或者发生纳税义务之日起15日内，按照国家有关规定设置账簿”，“前款所称账簿，是指总账、明细账、日记账以及其他辅助性账簿。总账、日记账应当采用订本式”，这显然遵循了会计学的簿记法。

上述三个示例，尽管出自不同学科，且分散于不同条文，甚至不同法规，但并不意味着彼此毫无瓜葛。就税法结构而言，“主体”“客体”以及客体呈现的“数量”关系共同构成了税法的运行图景。通过分析上述示例，可以认为，所得税纳税主体的设计采纳了法律学者关于法人的观点（排除了合伙企业），课税客体的设计又考虑了经济学者的观点（对权益性投资收益免税），而在计量环节又采纳了会计学者的观点（经济实体均须建账建制，而无论是合伙企业还是企业法人）。

虽然彼此同体不同源，但是否可以通过立法技术使彼此之间和谐共处、相得益彰？

观察上述《企业所得税法》第26条的条文规定可以发现，[①]所谓“权益性投资收益”免税，仅限于“居民企业”之间，排除了居民企业投资于合伙企业（有限合伙）取得的权益性投资收益享有免税的优惠，这显然是考虑到了与法人税制的衔接，[②]或者说在经济观点与法律观点之间取得了平衡，但就是这样一个平衡的规定，却仍然没有解决“五方杂处”所带来的问题。

例如，A为企业法人，某笔分红收入来自所投资的有限合伙企业B，该有限合伙企业B收到所投资的C企业（法人）的分红款后，直接将分红款按合伙协议的认购比例分配给了A。根据上述《中华人民共和国企业所得税法》第1条及第26条之规定，A企业从合伙企业B取得的分红不属于免税收入（见图1）。

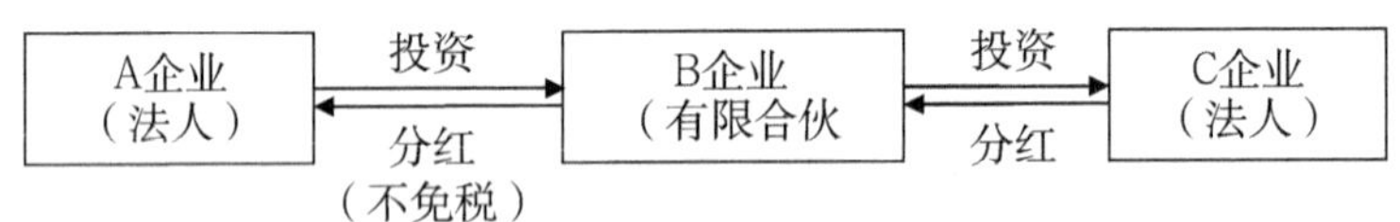

图1 有限合伙企业分红示意

① 参加《企业所得税法》（中华人民共和国主席令〔2007〕63号）第26条“企业的下列收入为免税收入：……（三）符合条件的居民企业之间的股息、红利等权益性投资收益。”

② 参见《企业所得税法》（中华人民共和国主席令〔2007〕63号）第1条第1款“在中华人民共和国境内，企业和其他取得收入的组织（以下统称企业）为企业所得税的纳税人，依照本法的规定缴纳企业所得税”，第2款“个人独资企业、合伙企业不适用本法”。

但如果A居民企业直接从C居民企业取得对应比例的分红,而不透过合伙企业B取得,则属于免税收入(见图2)。

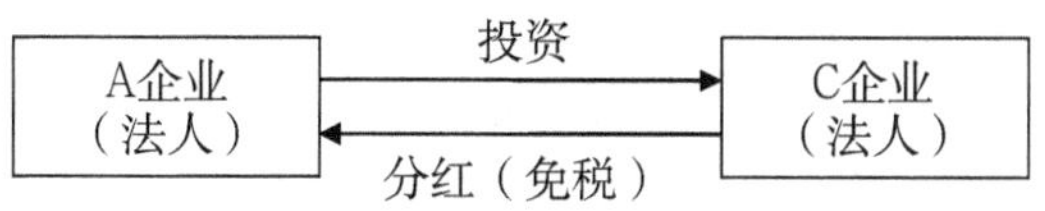

图2 法人企业分红示意

对此,我国《企业所得税法实施条例》第83条予以了解释,"企业所得税法第二十六条第(二)项所称符合条件的居民企业之间的股息、红利等权益性投资收益,是指居民企业直接投资于其他居民企业取得的投资收益",更进一步从公司法的角度强调了"直接投资"的限制。这使合伙企业作为一个经济实体在传递"权益性投资收益"的过程中,出现了重复征税的情形,即在税法的运行中,遵循经济学与法学观点相互糅合与妥协的税法条文,却出现了双方都不能接受的结果。

二、合伙企业计量方法选择所引发的冲突

之所以出现背离经济实质以及立法旨意的情形,不仅是法学与经济学观点的冲撞,法学与会计学观点的冲撞也是重要的原因。

税法依从民商法关于法人的观点,从所得税的领域中对具有经济实体性质的合伙企业予以了完全的排除,这一点随后清晰地从有关职能部门的文件中予以了反应,如财政部、国家税务总局《关于合伙企业合伙人所得税问题的通知》(财税〔2008〕159号)第2条规定,"合伙企业以每一个合伙人为纳税义务人。合伙企业合伙人是自然人的,缴纳个人所得税;合伙人是法人和其他组织的,缴纳企业所得税",以及第3条规定,"合伙企业生产经营所得和其他所得采取'先分后税'的原则"。所谓"先分后税"原则,就是在计量环节仍然作为经济实体归集生产经营所得和其他所得,而在纳税环节将生产经营所得和其他所得分解至投资人,否定合伙企业作为一个经济实体具有所得税的纳税主体资格。即合伙企业的会计属性与法律属性出现了分离(见图3)。

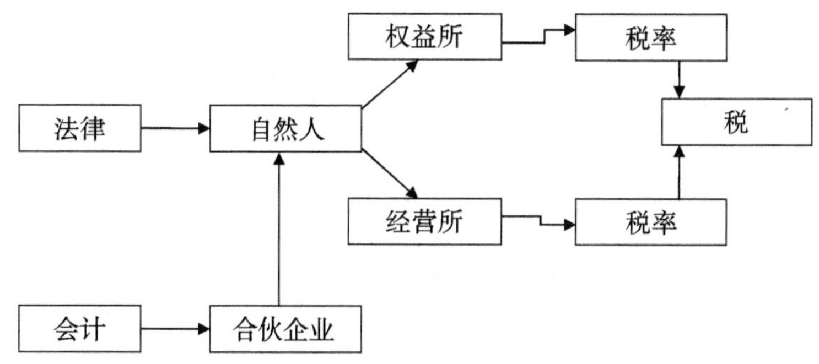

图3 合伙企业会计属性与法律属性对比

换言之,在税法中,会计主体的假设消失了,但税法需要依赖的所有计量信息的基础却又来自会计主体的假设,[①]在逻辑上这就如同“只要果子不要树”。在这一条逻辑之路上,税法是否能够不顾及会计学的原理仍然运行无碍?示例而言,财政部、国家税务总局《关于个人独资企业和合伙企业投资者征收个人所得税的规定》(财税〔2000〕91号)规定:

四、个人独资企业和合伙企业(以下简称企业)每一纳税年度的收入总额减除成本、费用以及损失后的余额,作为投资者个人的生产经营所得,比照个人所得税法的“个体工商户的生产经营所得”应税项目,适用5%~35%的五级超额累进税率,计算征收个人所得税。

前款所称收入总额,是指企业从事生产经营以及与生产经营有关的活动所取得的各项收入,包括商品(产品)销售收入、营运收入、劳务服务收入、工程价款收入、财产出租或转让收入、利息收入、其他业务收入和营业外收入。

据此,合伙企业的生产经营所得及其他所得个人所得税税率为5%~35%,而根据我国《个人所得税法》及其《实施条例》之规定,个人取得的股息、红利所得税税率为20%,显然透过合伙企业取得股息、红利收入的个人所得税税率一般高于个人直接取得的股息、红利收入,这就扭曲了市场主体的投资意向,或者说,排斥了合伙企业直接或间接投资的意向。这不符合经济学者所倡导的税收中性原则。为了解决这一难题,国家税务总局又发布了《关于〈关于个人独资企业和合伙企业投资者征收个人所得税的规定〉执行口径的通知》(国税函〔2001〕84号),该文件第2条规定,

个人独资企业和合伙企业对外投资分回的利息或者股息、红利,不并入企业的收入,而应单独作为投资者个人取得的利息、股息、红利所得,按“利息、股息、红利所得”应税项目计算缴纳个人所得税。

该文件意味着,税法放弃了会计核算的一般要求(合伙企业不再作为一个“收入”的整体存在了),税法也无法通过会计手段实现对“股息、红利”的单独归集,因而不得不通

① 财政部、国家税务总局《关于执行〈企业会计制度〉和相关会计准则有关问题解答(三)》(财会〔2003〕29号)文中明确指出,“对于因会计制度及相关准则就有关收益、费用或损失的确认、计量标准与税法规定的差异,其处理原则为:企业在会计核算时,应当按照会计制度及相关准则的规定对各项会计要素进行确认、计量、记录和报告,按照会计制度及相关准则规定的确认、计量标准与税法不一致的,不得调整会计账簿记录和会计报表相关项目的金额。企业在计算当期应交所得税时,应在按照会计制度及相关准则计算的利润总额(即,‘利润表’中的‘利润总额’,下同)的基础上,加上(或减去)会计制度及相关准则与税法规定就某项收益、费用或损失确认和计量等的差异后,调整为应纳税所得额,并据以计算当期应交所得税”。

过直接提取、处理计量要件代行会计职能,这使税法变得越来越片面、越来越复杂了。

事实上,该文件出台之时,尚未有“有限合伙企业”。现在,法人合伙人的出现对该文件提出了挑战,文件中“不并入企业的收入”是否可以理解为“不视作企业的收入”?

如果是,前文提出的A从B取得的分红所得是否就应当作为免税收入?如果作为免税收入,前述《企业所得税法实施条例》第83条所谓之“直接投资”又作何理解?税法在弥合不同观点的过程中走向了自相矛盾。

换一个角度,文件中“不并入企业的收入”如果不能理解为“不视作企业的收入”又当如何?这意味着,“股息、红利”仍属于企业收入的一部分,只是不与“生产经营所得的收入”并账处理。果如此,则会产生另一个问题,如果合伙企业出现了权益性投资所发生的损失,由于单列,则该投资损失就不能冲抵经营收益,而根据国家税务总局《关于企业股权投资损失所得税处理问题的公告》(国家税务总局公告2010年第6号)第1条“企业对外进行权益性(以下简称股权)投资所发生的损失,在经确认的损失发生年度,作为企业损失在计算企业应纳税所得额时一次性扣除”之规定,法人企业可以作为一个整体用投资损失冲抵经营收益,这符合会计学上关于企业持续经营的假设。对比法人企业,合伙企业若不能“冲抵”,势必对合伙企业不公平(见图4)。

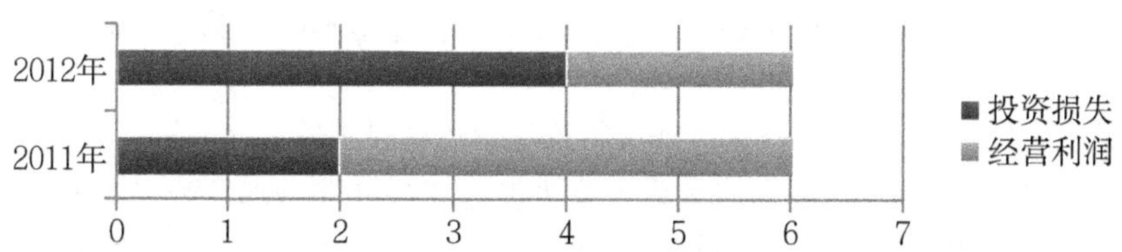

图4 合伙企业投资损失与经营利润对比

在图示中,2011年与2012年从总体上而言,本应盈亏相抵,总体所得税税赋为0;但如果投资损失不能冲抵经营收益,则每一年度均会发生所得税税赋。

如果根据财政部、国家税务总局《关于合伙企业合伙人所得税问题的通知》(财税〔2008〕159号)第3条提出的“先分后税”原理,“所得”是可分配至投资人的,与所得对应的亏损(可以认为是一种“负所得”)也应当可以分配至投资人,这样才符合“视为合伙企业纳税主体不存在”这一法人税制认识。但财政部、国家税务总局《关于合伙企业合伙人所得税问题的通知》(财税〔2008〕159号)第5条又规定,“合伙企业的合伙人是法人和其他组织的,合伙人在计算其缴纳企业所得税时,不得用合伙企业的亏损抵减其盈利”,这意味着,合伙企业仍然要作为一个经济实体存在,而不能并入法人主体之内,以免影响法人主体的安定性。这就造成了同一个规范性文件中,对合伙企业实体性质的不同认识。

究其原因,是因为税法“冲撞”了合伙企业作为一个会计主体在会计计量上的一个基本会计假设:持续经营。反之,如果允许投资损益与经营损益互抵,则分配给投资人的“经营收益”只能是冲抵投资损失后的余额,这意味着利用20%的税率冲抵可能高达

35% 的税率，这对征税主体而言又是不公平的，对公权力形成妨碍。

以上正反假设均表明，就所得税而言，税法在人的设定上遵循了民法所创制的虚拟人格——法人，但在计量环节由于对现代会计的引入与依赖，又自然地引入了会计上关于经济实体的假设。或者说，会计学与法学关于实体的不同认知或假设，在税法中形成了冲突。这仅仅只是关于实体的问题，会计制度与民商法均为税法不可分割的来源，它们的矛盾如何协调？或者说它们在协调的过程中是否又会与税法目标构成“冲撞”，如信托实体的问题？这是研究者需要面对的基础理论问题。

三、对合伙制企业分红机理的理解误区

一些人认为，立法部门已经对上述问题作出了选择。其依据在于，从国家税务总局《关于苏州工业园区有限合伙制创业投资企业法人合伙人企业所得税政策试点有关征收管理问题的公告》（国家税务总局公告 2013 年第 25 号）（第 3 条“法人合伙人按照财税〔2012〕67 号文件第 2 条规定计算其投资额的 70% 抵扣从该创业投资企业分得的应纳税所得额”），以及财政部、国家税务总局《关于苏州工业园区有限合伙制创业投资企业法人合伙人企业所得税试点政策的通知》（财税〔2012〕67 号）（第 1 条“按照该法人合伙人对该未上市中小高新技术企业投资额的 70%，抵扣该法人合伙人从该有限合伙制创业投资企业分得的应纳税所得额”）透露的信息，似乎免税优惠不能享受。笔者认为，这一理解是错误的。

1. 纳税主体：合伙企业不视为企业所得税法上的纳税主体

国家税务总局《关于实施创业投资企业所得税优惠问题的通知》（国税发〔2009〕87 号）规定，“一、创业投资企业是指依照《创业投资企业管理暂行办法》（国家发展和改革委员会等 10 部委令 2005 年第 39 号，以下简称《暂行办法》）和《外商投资创业投资企业管理规定》（商务部等 5 部委令 2003 年第 2 号）在中华人民共和国境内设立的专门从事创业投资活动的企业或其他经济组织。二、创业投资企业采取股权投资方式投资于未上市的中小高新技术企业 2 年（24 个月）以上，凡符合以下条件的，可以按照其对中小高新技术企业投资额的 70%，在股权持有满 2 年的当年抵扣该创业投资企业的应纳税所得额；当年不足抵扣的，可以在以后纳税年度结转抵扣”。该文件是针对企业所得税的发文，显然享受优惠的创投企业不包括“合伙企业”。

从财政部、国家税务总局《关于苏州工业园区有限合伙制创业投资企业法人合伙人企业所得税试点政策的通知》（财税〔2012〕67 号）看，正因为国税发〔2009〕87 号文并不包括“合伙企业”，否则没有单独发文的必要。

对比两个文件，财税〔2012〕67 号文，其用意显然在于限制自然人享受税收优惠。如果排斥自然人，就意味着合伙企业不能当然地进行 70% 的抵扣后，再进行分配。这也进一步反证了，合伙企业不被视为纳税主体，也就不能按照国税发〔2009〕87 号文享受税收优惠。

其后，国家税务总局再次发文，如国家税务总局《关于苏州工业园区有限合伙制创业投资企业法人合伙人企业所得税政策试点有关征收管理问题的公告》(国家税务总局公告2013年第25号)第4条规定,“创业投资企业应纳税所得额的确定及分配,按照《财政部 国家税务总局关于合伙企业合伙人所得税问题的通知》(财税〔2008〕159号)相关规定执行”。

根据财政部、国家税务总局《关于合伙企业合伙人所得税问题的通知》(财税〔2008〕159号)第2条规定,“合伙企业以每一个合伙人为纳税义务人。合伙企业合伙人是自然人的,缴纳个人所得税;合伙人是法人和其他组织的,缴纳企业所得税。”由此,进一步明确了合伙企业不具有企业所得税法意义上的纳税主体资格。

如果合伙企业不具有纳税主体资格,则合伙企业取得的权益性收益在企业所得税法意义上就失去了存在的意义,而只能将该收益“直接”归属于投资人,“先分后税”也正是基于这一立论产生的。

2. 征税客体:权益性投资收益不属于合伙企业的收入

事实上,国家税务总局《关于〈关于个人独资企业和合伙企业投资者征收个人所得税的规定〉执行口径的通知》(国税函〔2001〕84号)第2条规定,“个人独资企业和合伙企业对外投资分回的利息或者股息、红利,不并入企业的收入,而应单独作为投资者个人取得的利息、股息、红利所得,按‘利息、股息、红利所得’应税项目计算缴纳个人所得税”。该文件迄今有效,也可表明,权益性投资收益不属于合伙企业的收入。因而,财政部、国家税务总局《关于苏州工业园区有限合伙制创业投资企业法人合伙人企业所得税试点政策的通知》(财税〔2012〕67号)第1条“按照该法人合伙人对该未上市中小高新技术企业投资额的70%,抵扣该法人合伙人从该有限合伙制创业投资企业分得的应纳税所得额”中所谓“从该有限合伙制创业投资企业分得的应纳税所得额”,指的是有限合伙制创业投资企业“生产经营所得”,而不包括“利息、股息、红利所得”。所谓创投企业的“生产经营所得”可以是管理服务所得,但主要是股权转让所得(参见《创业投资企业管理暂行办法》第2条第2款“前款所称创业投资,系指向创业企业进行股权投资,以期所投资企业发育成熟或相对成熟后主要通过股权转让获得资本增值收益的投资方式”)。

综上所述,立法部门尚未就合伙制企业分红的免税与否问题作出明确的规定。

四、问题建议与思考

基于国家税务总局并没有直接文件回复上述问题,各地从招商引资的角度考虑,一般未对该部分予以实际征税,甚至通过答复、地方性规定排除投资者的疑虑。如深圳市发布的《印发关于促进股权投资基金业发展的若干规定的通知》(深府〔2010〕103号),将法人合伙人从合伙企业取得的投资性收益纳入了免税收入的范畴。但在2015年,深圳市地方税务局又发布《关于合伙制股权投资基金企业停止执行地方性所得税优惠政策的温馨提示》,停止执行深府〔2010〕103号文有关合伙制股权投资基金从被投资企业获得的股息、红利等投资性收益的企业所得税规定。

税法实务界的“反反复复”,国家税务总局的“举棋不定”,正说明了在合伙制企业分红机理的税制问题上存在比较混乱的认识。

所谓合伙企业向法人合伙人分红的问题,原因在于课税主体设定不一致,这说明从不同来源引入的课税主体,仍然需要在一定程度上满足原有的运行条件。如果所有的运行条件均原样引入,税法也就不称其为税法了。如果只是部分概念的引入,必然需要从多种来源配载运行条件,则冲突与磨合在所难免。解决这一问题的根本办法在于,所有引入的概念都必须在税法自身设定的轨道上运行,而不是在税法体系内野蛮地生长或自生自灭。

税法能够与其他部门法区别开来,就在于税法具有自身独特的税法规范构成。这一构成是基于识别规范、计量规范与征收规范所展开的。[①] 一般而言,识别规范对应于纳税主体、纳税范围等而设定,计量规范对应于税率、税基、计税公式而设定,征收规范则对应于行政征收程序。这三个构成要件就是税法可以自足运行的基本单元。因而,当一个构成单元存在"冲撞"之时,其他单元仍然可以特定的联系弥补运营不足。正如三足可以鼎立,但纵然去其一足,也并不必然轰然倒塌。就本文中的问题,如果不从识别规范的角度解决问题,而从计量规范的角度解决问题,将会简单得多。例如,在企业所得税之下,合伙企业仍然可以是一个纳税实体,但其企业所得税税率却可以按零税率设置,如此,则会计与民商法的主体冲突则消失了,税法中的两难问题也不存在了(如合伙企业向法人合伙人分红究竟免不免税导致的"直接投资"与"间接投资"之辩),所有问题的解决取得了一致性的基础。即使将合伙制企业纳入企业所得税法中,也不是一件奇怪的事情,因为在我国企业所得税法中,非法人实体本身也是存在的,如事业单位、实际管理机构等。

① 参见严锡忠:《税法哲学》,立信会计出版社2015年版,第108页。

论我国个人所得税自行申报制度的完善

蒋亚娟[*]　蒲姣姣[**]

一、个税自行申报制度的现状

(一)个人所得税自行申报制度的立法

纳税申报制度最早在1917年产生于加拿大,同年,加拿大开始实行个人所得税制度。虽然总体上,加拿大个人所得税制度起步比较晚,但因为对国际成功经验的借鉴,建立个人所得税制度各方面的条件都相对成熟,因而加拿大便把纳税申报制度与个人所得税制度结合起来,推行了个人所得税自行申报制度。第二次世界大战期间,美国开始实行这一制度;第二次世界大战后,日本也引进了这项制度,自此,该制度在世界范围内流行起来。

我国继1980年实行《个人所得税法》之后,1993年《个人所得税法》修订,明确了纳税人、扣缴义务人的纳税申报义务,首次规定"自行申报"。1994年1月28日国务院发布的《个人所得税法实施条例》规定:按照属地原则规定了自行申报的地点,自行申报主体在国内已缴的相应税款,可以予以扣除。1995年4月由国家税务总局发布了《个人所得税代扣代缴暂行办法》(以下简称《暂行办法》),其中规定了扣缴义务人在进行纳税申报时,应提供包括纳税人的身份、职务等信息的《支付个人收入明细表》。1995年11月《国家税务总局关于建立个人所得税扣缴义务人申报支付个人收入明细表制度的通知》明确了该制度建立和实施的时间,进一步明确了扣缴义务人在进行纳税申报时所应提交的有关纳税人的《支付个人收入明细表》这一义务。2001年6月国家税务总局《关于加强对高收入者个人所得税征收管理的通知》对9种高收入行业和单位、9种高收入个人进行所得税专项规制,逐步建立纳税人和扣缴义务人编码制度。2002年颁布的《税收征收管理法实施细则》第30条规定:"税务机关应当建立、健全纳税人自行申报纳税制度。"个人所得税法改革发展至此,其自行申报纳税制度初见规模,为以后个人所得税自行申报制度的建立打下了坚实的基础。

---

* 西南政法大学经济法学院副教授,法学博士,硕士研究生导师。

** 成都市锦江区司法局科员。

2005年7月国家税务总局制定出台了《个人所得税管理办法》,提出建立纳税申报配套制度,其中包括个人收入档案管理制度、纳税人与扣缴义务人向税务机关双向申报制度、代扣代缴明细账制度等5项。2005年12月19日颁布了修订后的《个人所得税法实施条例》,对5种应纳税申报的情形以及纳税申报的时间都做出了相应的规定。

2006年11月6日国家税务总局发布了《个人所得税自行纳税申报办法(试行)》(以下简称《办法》),自此,我国正式建立了个人所得税自行申报制度。该办法进一步明确了年所得12万以上的纳税人的申报义务,不管该年所得中各项所得是否按照相关规定足额、及时地缴纳了税款,该部分纳税人办理纳税申报皆须遵循"纳税年度终了后3个月内"这一期限。并且详细规定了年所得12万以上的有关内容;①也根据纳税人和纳税项目的不同,确定了自行申报纳税的时间和地点。② 2006年12月税务总局进一步明确了年所得大于12万纳税人的自行申报途径,并且对该类纳税人的税务代理进行了相应的补充规定。

我国2008年修订的《个人所得税实施条例》第36条规定了自行申报的五种情形、第38条规定了申报纳税时准予扣除应纳税额的条件、第45条规定了个人所得税的纳税申报表由国务院统一制定。

2011年9月起实施的《个人所得税法》规定了自行申报主体的应纳税款缴入国库的期限,根据所得来源的不同,确定了两个期限,分别是次月15日内与年度终了后30日内,申报主体应在规定期限内向主管税务机关申请办理并报送相关资料。2014年国家税务总局出台了《纳税信用管理办法(试行)》和《重大税收违法案件信息公布办法(试行)》这两个文件,按照社会诚信体系的要求,建构了"税收黑名单制度",以通过税务领域诚信机制的制约来打击违反税收法律法规的行为。

2015年修订了《税收征收管理法》(以下简称《税收征收管理法》)。此次修订除了对自行申报的内容、形式及时间等做了进一步的规定之外,还对违反税收征收管理的法律责任做了严格规定。此外,《税收征收管理法》对建立、健全税务机关与政府其他管理机关的信息共享制度也做出了相应规定。

从我国个人所得税自行申报制度的发展历程来看,该制度是秉着遵循税收公平原则的理念,在我国个人所得税及其相关制度的改革发展过程中,结合我国实际情况以及自行申报施行的成功经验而产生和发展起来的,并逐步趋于完善。这对于我国个人所得税的有序征收起着不可取代的作用,且有助于调节收入分配,缩小贫富差距。

(二)我国个人所得税自行申报制度的内容构成

自行申报的主体首先得满足《个人所得税法》所规定的条件,即是依据该法而负有纳税义务的纳税人。其次,根据《个人所得税法实施条例》(以下简称《实施条例》)的规定,

① 参见《个人所得税自行纳税申报办法(试行)》第2条、第3条、第5条、第6条、第8条。

② 参见《个人所得税自行纳税申报办法(试行)》第10条至第20条。

该类主体得符合下述要求：年所得大于等于12万元的；在中国境内两处及其以上获得工资、薪金的；从我国境外获得所得的；在没有扣缴义务人的情况下取得应税所得的；国务院规定的其他情形。

自行纳税申报的客体也即上述五种情形中所规定的所得，《个人所得税自行纳税申报办法(试行)》中对于年所得12万元以上的规定，指的是同一纳税年度内取得的各项所得之合计数额，[①]并排除《个人所得税法》所规定的免税所得、[②]《实施条例》第6条规定的可以免税的境外所得以及第25条规定的基本医疗保险费、基本养老保险费、住房公积金、失业保险费。

在形式上，自行申报主体可以选择数据电文或者邮寄等方式进行申报、自行去主管税务机关办理申报、主管税务机关认可的其他方式进行申报、或者委托具备相应代理资质的中介机构或他人进行纳税申报事务的办理。无论选择上述何种方式办理纳税申报，自行申报主体都应严格按照相关规定来提交相应资料，以保证通过税务机关的稽查并且顺利完成纳税申报。自行申报的期限主要有年终3个月内、30日内以及7日内这三种限定，自行申报主体履行该项义务时，必须向主管税务机关提交申请书、报告表、财会等资料。

二、现行个人所得税自行申报制度的问题

(一)个人所得税自行申报制度实施的社会效果

财政部网站上所公布的个人所得税制度及管理情况显示，个人所得税税收收入中，超一半的收入来源于工薪所得。[③] 笔者认为，工薪阶层属于满足个人所得税自行纳税申报条件中的"低收入者"，而满足纳税申报条件的"高收入者"的隐性收入、灰色收入不入账现象等，都是造成工薪税收占个人所得税税收收入比重超高的原因。个人所得税税收收入流失、工薪税收收入所占比重超高以及政府对这一工作不够重视，都体现了现行个人所得税自行申报制度运行中的困境，这违背了个人所得税制度以及自行申报制度的设计初衷，严重背离了税收公平这一原则之要求。

《办法》规定了需要办理纳税申报的纳税人所应满足的条件，其中一项是要求年所得12万元以上的纳税人必须办理纳税申报，无论其所取得的各项所得是否通过代扣代缴或者其他方式足额缴纳了个人所得税。[④] 不可否认，对于"年所得十二万"这一规定，让高收入者先行，将其各项收入合并计算并进行纳税申报，这是逐步将自行申报制度发展到全国范围内的"奠基石"，也是我国从分类所得税制走向综合所得税制的一个过渡阶段，

① 参见《个人所得税自行纳税申报办法(试行)》第6条。

② 参见《个人所得税法》第4条。

③ 参见吴东毅：《基于税收遵从理论的个人所得税自行申报制度研究》，上海交通大学2013年硕士学位论文，第21页。

④ 参见《个人所得税自行纳税申报办法(试行)》第2条、第3条。

是我国税制改革进程中的一大进步。税收的横向公平要求经济能力相同者缴纳相同的税款,也就是说,同等情况应同等对待,不得差别对待,从这个层面来看,在全国范围内统一实行"十二万"这个标准,切实体现了"横向公平"的要求且重申了"法律面前人人平等"的税法含义。

然而,各个年所得达到"十二万"这一要求的纳税人所面临的主客观因素是不一样的;在"十二万"这个标准之上,也有高收入者与低收入者之分。根据前述该制度的运行现状可知,我国个人所得税申报比例不协调,其中税收大部分源于工薪阶层的申报,其他高收入群体,如金融业、垄断行业等收入者的申报率反而偏低。税收公平在负担层面上的公平要求不仅需要达到"横向公平"的标准,更需要满足"纵向公平"的条件,要做到横向与纵向的平衡协调发展。

无论是从立法精神出发,还是以纵向公平这一要求作为切入点,"十二万"这个"一刀切"似的规定都与税收公平这一基本原则的内涵相悖。其原因在于:

第一,家庭负担不同。各个年所得达到"十二万"的纳税人,其所处的家庭结构、社会环境以及所能承担的购买力是不一样的,且目前我国的税前扣除仅仅停留在生计扣除额以及"三金一费"上。在现阶段我国个人所得税制度存在税前扣除以及豁免缺陷下,这一刚性规定忽略了不同纳税人所面临的主客观条件之差异,如家庭教育支出、医疗支出、赡养支出以及房贷车贷等因素的影响,有悖量能课税原则之要求。

第二,东西部发展不均衡。就我国经济结构来看,东西部发展之差异明显存在,且发展水平相差甚大。东部地区与西部地区相比,物价各方面相对都较高一些,因而位于东部地区满足"十二万"这个规定的纳税人的购买力低于西部地区相同条件者。而这一规定将两个地区的纳税人之税负等额下来,同样有悖于"纵向公平"的要求,导致不公正现象的存在。

第三,不同纳税人的收入来源多样。大部分年所得达到"十二万"的纳税人并不单单是一般的工薪阶层,大多是位于金融行业、民航业以及垄断行业等高收入行业内的佼佼者。但是我国一半以上的税收皆源于工薪申报纳税,而那些高收入行业领域内的申报纳税额反而偏低,除了工资薪金外,他们还有一些隐性收入、灰色收入,隐藏这一部分所得从而免除申报,这对于诚实履行申报义务的工薪阶层来说,是不公平的。

(二)域外经验借鉴

美国的个人所得税制模式为综合所得税制,其课税范围相对较广,该税制模式下,不管收入来源,对所有所得皆采取统一的五级超额累进税率,严格遵守低收入者少纳税、高收入者多纳税这一原则,这是对税收公平这一原则的切实体现。且在美国,主要的纳税群体是富人,由其所缴纳税款的比例达个人所得税总额的60%以上,穷人则能享受诸多照顾。

日本在将个人作为纳税申报的对象的基础上,综合考量了纳税人的家庭负担这一类因素,家庭人口结构对于纳税人来说,是影响其负担能力的一个重要因素。根据日本《宪法》第25条的规定:“保障国民健康且富有文化性的最低限度的生活”,其在个人所得税制的设计上,便基于这一出发点,将“最低生活费”排除在课税对象之外。[①] 因而,日本在个人所得税的起征点之设定这一个方面,将其提到家庭层面,综合考量家庭成员收入与支出之间的平衡因素,在此基础上进行的纳税申报。

法国属混合所得税制,以家庭为单位并由夫妻联合申报,除非在严格的限制条件下,不允许单独申报,[②]对于收入相同的家庭来说,其将家庭所得份额化的做法,有效地解决了因家庭结构与成员差异而带来的负担差异问题。这种应纳税额的确定方式,是在考虑了纳税者的家庭成员结构的基础上,对量能课税原则的一种实际体现,对于所得一致的两个家庭来说,综合考量家庭负担,也是一种纵向公平的体现。

从以上3个国家在税制的成功经验来看,我国个人所得税自行申报制度作为一项程序法制度,其所赖以存在的实体法制度——个人所得税制度上存在一系列问题,其在设计过程中忽略了负担能力这一标准,在实现税收公平原则的过程中过分追求横向公平而忽略了体现纵向公平的因素:如费用扣除标准以及纳税单位的考量。现今,我国个人所得税制度的改革已被提上日程,但是,我国从分类所得税制走向混合所得税制仍需时日。

三、完善我国个人所得税自行申报制度的建议

(一)个人所得税自行申报制度应当考量税收负担

在对应进行自行申报的纳税人之范围进行确认时,应综合考量地域、家庭结构等差异,以及重点考量高收入者和代扣代缴不规范的单位,特别是具有高额灰色收入且收入多元化的群体。在做出自行申报纳税人范围规定之前,税务机关应做足够的调查,划分所属的职业与单位类别,再在已规定的基础上,根据实际情况的变化周期性地做出相应调整。且对于“十二万”的计算也标准不一,除了个体工商户的生产、经营所得以及财产转让所得以应纳税所得额来计算之外,其余的都以未扣除之前的所得额来计算,[③]这种不一致的计算方式是不合理的,应该将计算路径统一确定为应纳税所得额,再综合扣除相应的费用。

(二)建立涉税信息共享制度

在个人所得税自行申报制度这一税收征收程序中,信息不对称易造成个人所得税流失,使税务机关对于高收入者的隐性收入以及多种避税手段疏于监管,由此就导致了工薪阶层成为纳税申报的主力军,贫富差距逐年增加,背离了个人所得税自行申报制度的设立初衷。因而,加强对高收入者的税收监管,建立税务机关与相关部门之间的信息共享机制变得尤为重要。

1. 对高收入者重点监管。我国于2005年年底推行个人所得税全员全额管理制度,

---

① 参见北野弘久:《税法学原论》(第4版),陈刚等译,中国检察出版社2001年版,第97页。

② 参见刘纯林:《个人所得税法变革专题研究》,中国出版集团2015年版,第423页。

③ 参见《个人所得税自行纳税申报办法(试行)》第8条。

但是因为起步晚等原因导致该制度发展不完善,对于部分高收入者灰色收入以及隐性收入等税收申报的监管不甚到位。可以借鉴美国、法国等国家的成功经验,建立"一人一档"制度,深入税源且加大监控力度。我国可以为每一个达到自行纳税申报条件的纳税人设立一个专属编码,使该纳税人的任一项收支活动都在该编码下进行,包括用于办理银行储蓄、填写个人所得税自行申报表、不动产收益表以及转移等。通过电子计算机信息系统对这些专属代码进行管理,只要出现收支变动,系统就自动更改相关数据,①达到对税源的动态监控。这个专属编码可以是纳税人的身份证号,也可以是社会保障号码,由税务部门进行管理,用以监管各纳税人的薪金等收入的动态变化,减少纳税人分解收入骗取费用扣除以及转移收入逃避税等现象的产生。

当然,税务机关对于纳税人之专属编码的精准监控,还得依赖我国交易方式的改变,美国联邦政府规定超过一万以上的交易,必须用支票的方式进行支付,我国目前大部分交易都以现金方式进行,对于这部分收支,税务机关用以管理纳税人编码的电子信息系统是监测不到的。笔者认为,我国也可借鉴美国这一成功经验,规范我国市场主体的交易方式,减少现金交易行为,将纳税人的隐性收入显性化,以方便税源监控。

2.税务机关与相关部门的信息共享。避免信息不对称造成税务机关对于税源监控不得力的情形,还需要构建税务机关与相关部门用以信息共享的平台,在这个平台上,税务机关可以通过与各大银行、证券公司、保险公司、房地产登记部门、海关等机关的沟通,通过纳税人的姓名或者身份证号来查询纳税人的相关存款、证券交易等收支信息。② 税务机关与这些机关成立信息共享机制后,对于纳税人存在的应纳税额疑点解释以及稽查纳税人是否足额申报纳税来说,都是极其方便的。这就减少了税务机关在税收征收程序中的盲目查询现象,加强税务机关和与纳税人各项收支有关的机关单位之间的联系,方便税收监控。

(三)完善个人所得税法的基础制度

个人所得税自行申报制度的完善,除该制度本身需要革新之外,更重要的是个人所得税制度中相应政策的改革。主要途径有:

1.实行分类所得税制与综合所得税制相结合的混合所得税制。现行的个人所得税采取的是分类征收这一税制模式,在分类所得税制下,自行申报制度难以发挥其功能,这将影响税收公平原则发挥其价值。其原因在于:一方面,对于收入来源多元化的高收入群体来说,其能享受到比其他纳税者更多的费用扣除额,通过分解收入来源等方式来达到逃税、避税的目的,使两个收入一样的纳税人,可能因为收入来源不一致而出现纳税额相差各异的情形,这就导致了税收上的横向不公。③ 另一方面,根据不同的收入类型来确

① 参见赵丽竹:《完善我国个人所得税自行申报制度的思考》,载《经济论坛》2010年第8期。

② 参见赵丽竹:《完善我国个人所得税自行申报制度的思考》,载《经济论坛》2010年第8期。

③ 参见刘纯林:《个人所得税法变革专题研究》,中国出版集团2015年版,第11页。

定不同的税率，这是对量能课税原则的违背，对于两个所得对等的纳税人来说，仅因为收入的类型不同就缴纳不同的税额，从而忽略了支付能力这一原则。该种课税模式弱化了我国个人所得税的收入调节功能，不利于缩小贫富差距这一目的的实现，难以体现税收公平这一原则。我国“十二五”规划确定了我国个人所得税的改革方向，明确了要“实行综合与分类相结合的个人所得税制”，这对于税收公平原则的实现来说，是一项重要的举措，也是对美国、日本以及法国这3个国家成功经验的借鉴。将纳税者的主要项目实行综合征税，对特定项目实行分类征税，能有效地避免高收入者税收流失这一现象，并契合了量能课税原则的内涵，对实现个人所得税的收入调节功能以及缩小贫富差距，都起着不容小觑的作用。

2. 调整费用扣除标准。我国个人所得税在费用扣除上，实行定额扣除与定率扣除这两种办法，这种费用扣除标准与现行经济的发展趋势不相对应，随着通货膨胀的急剧加大，这种固定的费用扣除额会加大低收入者的生活负担。且这些年来，我国对于劳务报酬所得、稿酬所得以及财产租赁所得等四类所得的费用扣除一直保持不变，这是不合理的。定额扣除与定率扣除这两种费用扣除模式缺乏针对性，不能根据纳税者的实际收入与生活情况来达到真正的“量能负担”，也会出现高收入者为获取费用扣除优惠，来分解收入来源从而出现逃税、避税这一类违反税收法律法规的现象。关于费用扣除标准，笔者赞同大多数专家所提出来的“个性化”与“差别化”这两类扣除方式。在个人所得税改革中，将纳税人家庭负担，如赡养人口、按揭贷款等情况纳入扣除考量范围。费用扣除标准除了刚性的扣除额之外，还需体现家庭的具体负担能力，综合考量家庭结构以及家庭成员的劳动能力等多方面的因素，比如，生计、赡养、残疾以及社会保险费用等。同美国、日本以及法国这3个国家一样，科学设计我国费用扣除标准，有助于强化个人所得税调节收入分配这一功能。

3. 以家庭为纳税单位。我国个人所得税制度设计中，以个人为纳税单位，忽略了纳税人家庭负担的差异。如前所述，美国、日本以及法国这3个国家都在纳税单位的设计上，综合考量了纳税人此方面的情况，尽可能体现达到负担能力这一衡量标准的要求。对于忽略纳税人实际家庭情况，对所有纳税人采取统一标准的做法，必然造成各纳税人税负之间的不平衡，是与税收负担公平这一内涵相违背的。在与自行申报制度相契合的混合所得税制下，只有在综合考量家庭经济负担以及合理适用费用扣除标准的前提下，达到自行申报制度条件的纳税人所进行的纳税申报，以及税务机关根据该纳税申报做出的税收征收行为，才能最大限度地发挥我国个人所得税制度的收入调节功能，进而缩小贫富差距，实现税负公平。

房地产税立法与国民收入分配公平正义的实现*

张富强**

目前,我国国民收入差距扩大、收入分配秩序混乱的情况日益严重,党和国家也日益重视国民收入分配的制度改革,不断推进分配公平正义的实现进程。① 党的十八大报告明确指出,国民收入分配须兼顾效率与公平,再分配则更须注重公平;对于再分配,国务院则要求构建以转移支付、社保和税收调节为主的再分配机制。② 鉴于税收作为调节国民收入分配的重要政策工具和手段、房地产作为当前最主要的国民财富形式,党的十八届三中全会要求"加快房地产税立法并适时推进改革";第十二届全国人大常委会则将"房地产税法"列入立法规划之中。可见,开征房地产税以调节存量财富和促进国民收入分配的公平正义已为大势所趋,而如何完善房地产税的顶层设计和具体制度设计则为国家立法机关亟待解决的一项重要任务。

一、分配公平正义对于国民收入分配深化改革的重要意义

实现社会公平正义是我国重要的法律政策目标之一,而其中国民收入分配公平正义价值的实现,更是具有不言而喻的重要性。显然,我国国民收入分配领域的改革,首先需要客观地把握国民收入分配关系的现状,从应然的价值层面和实然的实践选择层面明确分配公平正义对于理顺和构建国民收入分配和谐关系的重要意义。

* 本文系国家社会科学基金项目"税收公平正义价值下房地产税立法的顶层设计研究"(编号:14BFX098)和教育部人文社会科学研究规划基金项目"'营改增'试点扩围与国民收入分配正义价值的实现"(13YJA820065)的阶段性研究成果。

** 华南理工大学法学院、博士研究生导师,中国法学会财税法学研究会副会长、广东省法学会财税法学研究会会长,主要研究领域:财税法。

① 王林、张曾:《经济新常态下我国收入分配制度改革路径研究》,载《价格理论与实践》2016 年第 8 期。

② 党的十八大报告明确提出:"初次分配和再分配都要兼顾效率和公平,再分配更加注重公平";2013 年 2 月国务院正式公布了《关于深化收入分配制度改革的若干意见》,明确指出"切实完善生产要素按贡献度参与初次分配机制,加快构建以转移支付、社保和税收调节的再分配机制"的收入分配改革方向。

（一）分配公平正义是国民收入分配改革的核心价值

若要系统地进行国民收入分配改革，首先需要明确改革的核心价值。分配公平正义涵盖公平和正义两个层面，公平正义作为社会哲学价值评价体系中的核心价值，也被学术界专门视为评价社会制度的一种道德标准。

约翰·罗尔斯（John Rawls）在《正义论》一书中将"正义"奉为社会制度的第一价值。这意味着部分法律或制度只要不具备公平正义性，即使其条理性强或效率高，都要被改造或废除。[①] 分配公平正义要求实现国民收入分配的相对公平和平等，即要防止国民间的收入差距不断扩大，必须保障国民的基本生活需求。[②] 真正意义上的公平正义不是使人完全平等而是平等待人，与效率原则并不冲突，是维护国民收入分配秩序的重要基础保障。申言之，分配公平正义在注重收入分配平等的基础上，又要注重社会经济发展效率，是国民收入分配制度改革过程中必须一以贯之的核心价值理念。

（二）分配公平正义是理顺我国国民收入分配关系的客观要求

收入分配主要有两种类型：一是功能性收入分配，即按照生产要素进行的收入分配；二是规模性收入分配，即居民间不同收入档次的分配。[③] 国民收入分配关系主要体现为规模性收入分配，其中居民收入分配比例是否合理，关乎社会经济健康稳定、社会公平正义以及国家繁荣安稳。

就目前我国国民收入的分配格局而言，主要有以下两个方面能够揭示我国国民收入分配关系尚未理顺：一方面，我国城乡居民间的收入仍旧存在较为明显的差距。据统计，1995 年我国城乡居民收入差距比为 2.71 倍，至 2009 年上升为 3.33 倍。尽管 2015 年回落到 2.90 倍，[④]但如果考虑实际城乡居民购买力与享受政府公共服务水平的不同，则城乡居民收入差距实际是更大；另一方面，在社会财富的初次分配中，居民的收入份额呈现出被政府和企业共同挤占的情况，且承担的税负也不断上升。以 1996～2014 年的初次分配占比变化为例，政府收入由 12.8% 上升到 15.24%，企业收入由 20.0% 上升至

---

① [美]罗尔斯：《正义论》，何怀宏、何包钢、廖申白译，中国社会科学出版社 2009 年版，第 1 页。

② 任晓莉：《供给侧结构性改革背景下优化我国收入分配体制研究》，载《中州学刊》2016 年第 3 期。

③ 收入分配主要有两种类型：一是功能性收入分配，也称要素收入分配，是从收入来源的角度，考察收入在资本、劳动和土地等生产要素之间的分配；二是规模性收入分配，也称居民收入分配，是从收入档次的角度，考察收入在不同阶层个人或家庭之间的分配。刘长庚、张晓鹏：《以有效税制改革促进分配公正》，载《中州学刊》2016 年第 8 期。

④ 根据中国统计局《中国统计年鉴 2016》中表 6－16（城乡居民人均收入）的相关数据计算得出，该表的数据显示：1995 年我国城镇居民人均可支配收入为 4283.0 元，农村居民人均纯收入为 1577.7 元；2009 年我国城镇居民人均可支配收入为 17,174.7 元，农村居民人均纯收入为 5153.2 元，其差距达到 3.33 倍的阶段性最高点，然后逐渐回落；至 2015 年我国城镇居民人均可支配收入为 31,790.3 元，农村居民人均纯收入为 10,772.0 元，城乡人均收入差距回落到 2.95 倍。载中国统计局官网：http://www.stats.gov.cn/tjsj/ndsj/2016/indexch.htm，最后访问日期：2018 年 3 月 15 日。

24.67%,相比之下居民收入占比由 67.2% 下降至 60.09%。[①] 在居民收入初次分配收入占比不断下降的情况下,居民税收收入占国民收入的比例却持续增长,1994~2015 年,税收总额从 5126.88 亿元增加到 124,922.20 亿元,增加了 24.36 倍,占国民收入的比重从 10.56% 上升至 18.30%;个人所得税额从 72.7 亿元增加到 8617.27 亿元,增加了 118.53 倍,占国民收入的比重由 0.12% 上升至 1.26%。[②] 国民收入分配关系既是关系社会财富创造的经济问题,更是关乎社会能否实现公平正义及稳定的社会政治问题。[③] 城乡居民收入差异显著和居民收入占比下降意味着我国国民收入分配关系存在基础性的致命缺陷,不利于保障居民基本生活的稳定和谐。因此,以分配公平正义原则作为一种规范性的价值标准,规范国与民、民与民间的分配关系,协调相互间的财产利益,能够保障社会初次分配和再分配的公平正义,是理顺我国国民收入分配关系的客观要求。

(三)分配公平正义是构建我国国民收入分配和谐关系的现实需要

国民收入差距日益扩大是阻碍我国经济社会保持又好又快发展最主要的现实难题之一。"十三五"期间,随着我国迈入中等收入国家的行列,"中等收入陷阱"的发展瓶颈问题也会如期而至。例如,收入分配不平等、就业压力大、环境污染等"中等收入国家"所面临的难题,在我国现阶段社会经济发展中已表现得十分明显,加之世界经济发展状态的持续低迷,我国经济发展的下行趋势也日益明显,国民收入分配制度改革再次陷入"公平"与"效率"选择的矛盾时期。由于国民收入分配不公所带来的贫富分化愈加严峻,所引发的社会不满情绪也逐渐暴露出来,呼吁国民分配公平正义的声音日愈响亮。

当前,我国社会经济发展不能再像以往一样单纯地追求经济发展的效率,而必须深化财税体制和国民收入分配制度等"内在化"的体制改革,创造制度"红利"以实现国民收入分配的公平正义和确保社会经济发展的效率,这才能实现社会经济发展"质"的飞跃、摆脱"中等收入陷阱"。因而,在我国社会经济发展的迷茫期,若国民收入分配仅仅由"效率和自由"的价值组合来指导,已经无法取得普遍的社会认同,选择以"公平正义兼顾效率"的价值组合才是构建我国国民收入分配和谐关系的现实需要。

二、房地产税立法应以理顺国民收入分配关系为己任

税收作为政府调节国民收入分配的主要政策手段,与转移支付、社保等其他政策手段相比,在公平分配方面具有无法比拟的作用。而各税种对于国民收入分配的调节,在

① 根据中国统计局《中国统计年鉴》(列年)所列举的"初次分配总收入"中居民、企业和政府收入数据计算得出。《中国统计年鉴 2016》中表 3-21[资金流量表(实物交易,2014 年)]中"六、初次分配总收入"提供的数据表明,全国初次分配总收入为 644,791.1 亿元,居民收入为 387,473.1 亿元,企业收入为 159,051.6 亿元,政府收入为 98,266.4 亿元。载 http://www.stats.gov.cn/tjsj/ndsj/2016/indexch.htm,最后访问日期:2018 年 3 月 1 日。

② 参见《中国统计年鉴 2016》表 3-1(国内生产总值)和表 7-4(各项税收)所列的有关统计数据。载 http://www.stats.gov.cn/tjsj/ndsj/2016/indexch.htm,最后访问日期:2018 年 3 月 1 日。

③ 马海涛、向飞丹晴:《理顺国民收入分配关系的税收政策探讨》,载《经济参考研究》2011 年第 38 期。

调节环节、调节效果及调节结果上都具有其独特的作用,同时调节机理的侧重点也各有不同。当前,房地产具有保值、增值的特点,房价地价的高企,造成国民财富差距不断拉大,已经对我国国民收入分配的和谐稳定产生了影响。如果说开征房地产税有助于实现对国民收入分配的良性调节,则本轮房地产税立法应以理顺国民收入分配"公平与效率"为主要目标。

(一)房地产税立法应侧重国民收入积累环节的调节

税收主要通过直接税与间接税等税种的结合实现对国民收入分配传导的调控,体现为对纳税人收入的实现、使用、积累、继承等多个环节的调节。如增值税、消费税等间接税主要对国民的收入使用环节进行调节,但囿于其税负归宿不明确,收入调节效果也不确定;而所得税和房地产税等直接税则主要在收入的分配与积累环节实现调节作用,其税负归宿较为明确,能够更好地发挥调节收入分配的作用。所得税主要在收入实现环节实现对财富流量的调节,而房地产税则着眼于收入积累环节,通过同时对财富流量与存量征税,直接影响国民财产收入分配状况,是收入积累环节中最直接、也最重要的调节收入分配手段。

目前,我国国民的投资渠道十分有限,房产作为国民基本生活场所的同时,已经成为主要的家庭财富和投资手段。房地产作为我国国民最主要的财产组成,具有明显的财富效应。人们可以通过支付较少资金后凭借银行信贷获得房地产,随后可以通过抵押该房地产来获得金融支持,用于再次置业或进行其他投资,获得更多的投资收益,在提高生活品质的同时实现财富增值。① 由于在一定收入水平内,消费房地产与居民收入有着正相关的关系,因此若开征房地产税,纳税人的负税能力在一定程度上可以得到体现。根据量能课税原则,房地产税依据房地产的价值进行征税,对价值大的多课税,对价值小则少课税,以此来减轻社会财富的不公平分配。② 房地产税立法必须侧重收入积累的调节,以实现对存量财富和增值资产的课税。因此,在本轮房地产税立法中,对于税收要素的选择与设计须明确实质公平的重要性,应侧重对国民收入积累环节的调节功能。

(二)房地产税立法应侧重税收效率与分配公平正义的调节

公平与效率属于辩证统一的关系。房地产税立法对于收入分配的调节机理在侧重公平的同时,还应该侧重税收效率与分配公平正义的调节,以保障税收经济效率。所谓税收经济效率是指税种的开征必须保持中性,不与市场在资源配置中的决定性作用相冲突,尽量减少新税种对于国民日常生活消费、投资选择等带来不必要的困扰,同时不会给国民产生其他经济损失或额外负担。③ 简言之,侧重税收效率与分配公平正义的调节,要

① 张晓琳:《我国开征房地产税的逻辑起点、现实困境及突围之道》,载《经济问题》2016 年第 10 期。

② 张亮:《以税收制度改革促进居民收入公平分配》,载《国家治理》2016 年第 10 期。

③ 王军:《论税收效率问题》,载《税务研究》2015 年第 12 期。

求新税种的调节作用必须具有长期性,既促进经济发展又注重社会公平。①

面对我国价格极高、充满泡沫的房地产市场,部分学者认为,加快房地产保有税立法最主要为了控制炒房、稳定房价。就功能定位而言,房地产税能够实现对房价的宏观调控,但其更为重要的功能是组织财政收入和调节收入分配,以保障税收经济效率。房地产税具有受益税特点,强调其财政收入功能,将其为地方政府筹集的公共资金用于提供完善的公共基础设施、稳定的社会治安环境等公共服务,提高社会整体公共服务水平。②可见,房地产税的立法须重视公平与效率的和谐共存,体现以民生需求为导向的公共财政,既要努力追求当下房地产市场发展的经济效率,同时又要注重国民存量财富分配的均衡性,推动税收效率与分配公平正义的协调发展。

(三)房地产税立法应侧重收入分配结果公平的调节

米尔顿·弗里德曼(Milton Friedman)在《自由选择》中通过"社会平等"表述了收入分配领域公平的含义,他将"社会平等"分为起点公平、过程公平和结果公平三个维度的公平。③ 国民收入分配包括初次分配和再分配,初次分配主要侧重于起点公平和过程公平;而再分配则侧重于结果公平的实现。其中,结果公平又有相对与绝对之分,相对结果公平要求每个社会成员劳有所得,所获得收入同其付出的劳动或提供的资源相当;绝对结果公平则要求国民的最终收入能与所拥有财富数量实现平等。④

当前,房地产作为我国国民个人财富最重要的组成部分,其往往可视为国民收入积累结果的体现。同时,国民拥有的房地产具有不易隐藏的特点,房屋及附着土地的交易必须经过规定的房产和地产产权登记和转让程序,税源不易流失。可见,房地产占用情况意味着房屋所有者和土地使用者具有的经济实力水平,在一定程度上能够反映出国民最终收入与财富数量的匹配情况。因此,房地产既然是就纳税人存量财富进行征税,那么,本轮房地产税立法就应该侧重促进存量财富的分布公平,其对于收入积累的调节必须侧重于最终收入与财富数量的公平,即注重结果公平。

三、我国现行房地产税立法有碍分配公平正义实现的主要问题

房地产税对于收入分配调节机理中社会公平与税收效率关系之处理,既要关注社会经济发展的实践层面,也需要从税收制度安排的层面去审视公平与效率的关系。因而,我国开征房地产税以实现国民收入分配的公平正义,需要从国民收入积累、税收经济效率和收入分配结果公平三方面去审视我国现行房地产税制中有碍于分配公平正义的主

---

① 分配效率包括短期效率、中期效率和长期效率,短期效率只追求经济发展而忽视收入差距,中期效率追求经济发展兼顾公平分配,而长期效率要同时追求经济发展效率和分配公正。刘长庚、张晓鹏:《以有效税制改革促进分配公正》,载《中州学刊》2016 年第 8 期。

② 胡怡建、范桠楠:《我国房地产税功能应如何定位》,载《财政研究》2016 年第 1 期。

③ [美]米尔顿·弗里德曼、罗斯·弗里德曼:《自由选择》,胡骑、席学媛、安强译,商务印书馆 1982 年版,第 152 页。

④ 姜龙:《基于公平视角下的中国房地产税研究》,辽宁大学 2014 年博士学位论文,第 26 页。

要问题，才能准确地理顺我国的国民收入分配关系。

（一）税费繁重不利于国民收入分配公平正义的良好体现

对于房地产税立法的功能定位，首要的乃在于理顺国民收入分配关系，房地产税法所涉及的税种名目繁杂，既有保有环节的房产税等税种，又有流转环节的营业税（现改为增值税）、土地增值税和耕地占用税等税种。同时，更有土地出让领域的巨额土地出让金。这些涉及房地产领域的巨额税费，是政府片面将房地产税费的功能定位仅停留在组织财税收入和追求经济效率上，构成了不断增加房地产成本、推高房价的最主要因素。

根据国家统计局公布的数据计算，我国现有 18 个税种，其中涉及房地产的税种竟有 11 个，包括房产税和城市房地产税、城镇土地使用税、土地增值税、耕地占用税和契税等 5 个房地产业特有的税种以及教育附加税、城市维持建设税、房地产企业营业税（现已改为增值税）、房地产企业所得税、房屋转让个人所得税和印花税 6 个税种。在 2004～2014 年，前 5 个税种的收入合计从 1207 亿元飙升至 1. 38 万亿元，10 年间增长 11 倍，占地方财政本级收入之比，从 10. 16% 上升至 18. 21%。后 6 个税种的收入合计从 1028 亿元上升到 7294 亿元，增长 7 倍，占地方财政本级收入的比重为 9. 61%。[①] 同时，在1999～2014 年，随着城市住房制度改革后地价的飙升，国有土地出让金收入，从 1999 年的 514 亿元到 2014 年的 4. 26 万亿元，增幅达到 82. 88 倍之多，占地方财政本级收入的比例从 9. 2% 增加至 39. 2%，即占到房价的 4 成左右。[②] 以 2014 年为例，如果把上述两项税费加在一起，约占全国财政收入的 40% 和地方财政本级收入的 67. 01%；如果把上述两项税费分别计算，则土地出让金收入和房地产税收入分别约占全国财政收总额的 32% 和 8%，约占地方财政本级收入 39. 2% 和 27. 81%，且地方政府的房地产税费收入占到全国房地产销售额的 85. 8%；[③]值地方政府因房价高企而大受其惠之时，因房价高涨而大受其苦的却是国内对住房具有刚性需求的城镇购房者，特别是即将步入婚姻殿堂或步入不久的年青一代，囿于“安居才能乐业”的传统观念，他们不仅把自己甚至父母多年的积蓄用于房子的首付，而且从此堕为须在较长时期内每月还本付息的“房奴”。根据数据显示：最近 6 年来我国全社会住房贷款余额持续高速增长，从 2011 年 6 月的 6. 8 万亿元增长至 2016 年 6 月的 16. 6 万亿元。[④] 而仅在 2015 年上半年，全国个人购房贷款就达 1 万亿元以上，

---

① 参见《中国统计年鉴 2016》表 7－4《各项税收》所列有关统计数据计算得出，载中国统计局官网：http://www. stats. gov. cn/tjsj/ndsj/2016/indexch. htm，最后访问日期：2018 年 4 月 10 日。

② 根据历年《中国统计年鉴》和《政府工作报告》所列有关土地出让金的数据计算得出，载 http://www. stats. gov. cn/tjsj/ndsj/2016/indexch. htm，最后访问日期：2018 年 4 月 10 日。

③ 任泽平：《房价上涨最大受益者：地方政府土地财政占 6－8 成》，载凤凰财经综合：http://finance. ifeng. com/a/20161019/14947006_0. shtml，最后访问日期：2018 年 4 月 10 日。

④ 根据中国银行《我国住房贷款余额总量趋势》。

以1个家庭(2人或以上)贷款50万元计算,仅半年时间,我国就产生400多万“房奴”。① 至2016年上半年,仅全国18家上市银行发放的个人住房贷款高达2万亿元(相当于我国香港特别行政区2014年全年的GDP总值),从增量来看,其中工、农、中、建四大行上半年的房贷新增规模已达2015年全年约八成,②同样以1个家庭(2人或以上)贷款50万元计算,仅半年时间,我国又增加了800多万“房奴”。

毋庸置疑,土地出让金收入和房地产税收入为我国地方政府带来了巨大的财政收入,保障政府拥有足够的资金用于地方基础设施建设或进行开发区建设,促进地区经济的发展。但是,地方政府一次性收取几十年的土地收益,实际为提前透支之后数十年后的公共收入,可视为竭泽而渔的短视手段。这一方式在土地资源日益匮乏的现状下,只会进一步提高出让金而疯狂助推房价上涨,进而增加城镇居民购置住宅房屋的沉重税收负担以及最终成为“房奴”的重要因素。因此,如果没有整合、减少土地出让金或进行必要的“费改税”改革,就直接开征个人住房的房产和地产保有税,无疑将进一步加重国民保有房地产的税负,使国与民间的收入再分配更加不公平,不利于税收经济效率与分配公平正义的协调。③

(二)“重流转,轻保有”不利于对国民收入积累的调节

自2016年5月“营改增”全面推开,房地产业的营业税全面改征增值税。我国现行房地产税收体系中,保有环节的税种只有房产税和城镇土地使用税,流转环节的税种则有增值税、土地增值税、耕地占用税、契税、印花税等税种。2015年我国税收总收入为124,922亿元,其中房地产保有环节房产税、城镇土地使用税两税收入占总税收收入约3.4%,而房地产流转环节中房地产营业税、土地增值税、耕地占用税、契税四税的税收收入占总税收收入约12.8%。④ 显而易见,我国现行房地产税收体系存在“重流转、轻保有”之失衡,“重流转”意味着我国现行房地产税制对于收入分配之调节集中于收入使用环节,但是其由于税收归宿不明确,无法体现直接的调节效果;“轻保有”则意味着房地产税制忽视了房地产保有税对收入积累环节调节之重要性,缺乏对国民存量财富的调节,难以体现分配公平正义。

---

① 理财中国记者:《中国1年产生800万房奴,看李克强点名力挺行业如何解救他们》。转引自《理财中国》,载 http://www. wx135. com/zh - tw/articles/20150925/560573c8 - cf44 - 4849 - bff5 - 5a0202734e20. html. ,最后访问日期:2018年3月20日

② 参见陈宁:《18家银行半年房贷高达2万亿,高杠杆买房风险加大》,载《大众证券报》2016年9月7日。

③ 张富强:《论房产保有税的正当性》,载《华南师范大学学报》2016年第4期。

④ 2015年我国总税收收入为124,922亿元,房地产税收保有环节,房产税收入为2051亿元,城镇土地使用税为2142亿元;流转环节,房地产营业税为6106亿元,土地增值税为3831亿元,耕地占用税为2097亿元,契税为3899亿元。国有土地出让金为32,500亿元。《2015年全国一般公共预算收入决算表》,载中华人民共和国财政部官网:http://yss. mof. gov. cn/2015js/201607/t20160713_2355039. html,最后访问日期:2016年12月5日。

一方面，由于税负集中在交易环节，当处于供不应求的卖方市场时，税负具有较强转嫁性，房产的卖家通过提价就能将流转税负转移给买方。这使我国国民保有的房地产价值不受税收影响，财富结构分布不均的情况得不到有效调控，这样的制度安排势必造成税收公平的缺失。另一方面，由于保有环节的税负较轻，如果房地产不租或不卖就可以不交税，在某种程度上让房地产的市场投机行为有了可乘之机，加大了房地产市场泡沫。这将使国民间的收入差距进一步扩大，阻碍收入分配公平正义的实现进程。

（三）计税模式不利于收入分配结果公平的实现

房地产税的开征直接关系国民个人住房财富，将切实增加国民的税收负担。欲实现税收调节之结果公平，必须确保房地产税，特别是房产和地产保有税的计税依据能够准确、合理地体现国民所保有房产的真实价值。而房地产税计税依据的量化则需要通过相应的计税模式来衡量与表达。

我国目前衡量房产税的计税依据，主要采用了“原值的余值模式”“市场交易价格模式”两种模式。[①] 首先，我国《房产税暂行条例》规定的“原值的余值模式”是以原值按照一定的比例（如10% ~30%）进行扣除后为计税依据，反映的是房产的原始价值，未能考虑区位、时间点、政策等客观因素对房产价值的综合影响，无法体现国民真实的负税能力。由于我国处于房价不断上涨、“地王”频出的阶段，早先的购房者将以原来的较低价格计算计税依据，而后来的购房者则需以较高的价格计算税款，使得后来的购房者要比早先的购房者承受更为严重的税收负担，这种因购房时间不同而产生的税负差异违背了税收公平原则，无法体现国民最终收入与财富数量之平等。其次，沪渝两地房产税改革中采用的“市场交易价格模式”则以现行房产市场房屋的交易价格为计税依据，其能较为准确地体现房屋的价值。不过，房地产的市场价格容易受到国家政策、市场供求等因素的影响而起伏跌宕，使房地产价格和实际的国民支付能力相去甚远，有违量能课税的要求，因此这一计税模式同样难以实现包括房地产保有税在内的房地产税调节结果公平的作用。

四、我国房地产税立法实现国民收入分配公平正义的制度设计

2015 年党的十八届五中全会审议通过《中共中央关于制定国民经济和社会发展第十三个五年规划的建议》明确提出了“建立税种科学、结构优化、法律健全、规范公平、征管高效的税收制度”的目标要求，因而我国房地产税立法必须就现行房地产税制中有碍实现分配公平正义的主要问题进行针对性地顶层设计，才能充分发挥其对于国民收入分配的调节作用，以促进国民收入分配公平正义的实现。

（一）整合房地产税费以实现国民收入分配的公平正义

目前，我国房地产领域税费名目繁杂，是我国处于“非税收国家”向“税收国家”转型时期的最典型写照，实现房地产业“费改税”的改革，已经成为我国构建现代税收国家一

① 张富强：《论我国房产税计税依据的路径选择》，载《税务研究》2012 年第 11 期。

项刻不容缓的重大使命。①

显然，如果我国仍然将房地产税的功能定位在组织财税收入，那本轮房地产税立法将会在不进行"费改税"这项根本性改革的情形下，开征新的房地产保有税，其后果将明显使纳税人税费负担越发加重，即使实现了税收经济效率，也不符合分配正义的要求。根据"结构性减税"的税收政策导向，我国财税制度改革允许课税有增有减，同时必须坚持的一个原则，即整体税负应当降低。② 申言之，房地产税的开征需要遵循这一政策导向，对目前的房地产业进行税费整合与改革，实现税收的有效调节。必须明确的是，开征房地产税不是直接增设一个新税种，而是要梳理现行的房地产行业的税费设置，实现结构化的改革。具体而言，是在实行土地出让金的费改税基础上，废除其他名目的各种收费，减少房地产开发环节的税费负担，以构建现代税收国家的目标下，通过大幅减少城镇居民实现"居者有其屋"进程中的税费负担和生活成本，保障国民收入分配的公平正义，在此前提下才设法兼顾税收的经济效率。

首先，就房地产开发建设环节的土地出让金制度，必须改变一次性透支几十年土地收益的方式，可采用以租金的方式分年支付，有效降低初始房价与税负。其次，必须对房地产流转环节的税费进行清理，大幅度降低房地产商品税和所得税的税收水平，取消或合并不合理的税种，如房地产增值税与土地增值税存在重复征税之嫌，这样才能实现税种简化与税负减轻，才能最大限度上体现国民收入分配的公平正义，才能有效地保证刚性需求者能够用自己的工资收入购得起房，才能大幅度地减少目前日益增多的"房奴"。最后，对于房地产税收收入，特别对于本轮改革中将增加的房产保有税收入，应从我国国情出发，体现适度保障的原则，依法优先用于建设多层次的住房保障体系。③ 同时"建立严格的收入划分标准和资格审查制度，规定不同收入标准所能享受到的待遇，从而控制不同保障手段和水平的适用对象与范围"，④以体现公平地对待每一个居民。既可以最大限度地保障急需住房的居民能够安居乐业，也可以适当减缓政府在住房保障方面的支出压力，改变我国保障性住房建设严重滞后的现状，最大可能地体现我国作为人民国家的核心价值，并逐步实现"居者有其屋"的中国居家文化传统价值。

（二）扩大征税范围以实现对国民收入积累的全面调节

囿于我国现行房地产税立法"重流转、轻保有"的制度缺陷，房地产税费负担主要由增量房地产的买受人承受，而存量房地产的保有人却不受影响，这样的税收调节方式所起的效果显得间接和片面，缺乏全面性和直接性，不利于分配公平正义的有效实现。开

---

① 我国税收收入仅占政府全口径收入的 50%，处于从非税收国家走向税收国家的转型时期。参见张富强：《论税收国家的基础》，载《中国法学》2016 年第 2 期。

② 熊伟：《房地产税改革的法律逻辑》，载《税务研究》2011 年第 4 期。

③ 张富强：《完善中国住房保障法律制度的几点思考——以美国经验为借鉴》，载《华南师范大学学报》（哲学社会科学版）2014 年第 6 期。

④ 黄逸宇：《美国住房保障制度的经验和启示》（下），载《中国建设报》2010 年 10 月 27 日，第 2 版。

征包括个人住房房产保有税在内的房地产税，需要从整体性的角度统筹安排房地产在开发、流转、取得、保有等各环节的税收制度，实行有增有减的税制设计，在增加房地产保有环节税收的同时，逐步减少其他环节的税负。同时，房地产保有税的征税范围应尽量囊括所有纳税人、所有地区的不动产，与现行法律规定的征税范围相比，未来房地产税的征税范围应从城镇扩大到农村、从经营性用房扩大到非经营性用房、从非住宅类扩大到住宅类不动产。因此，我国房地产税改革最主要的改革，除实现土地出让金的费改税外，就是将房地产保有税的征收范围扩大到个人所有的非经营性房地产，改革方向应该十分明确的。征税范围越广，房产税源越充沛，越有利于分散税收负担，实现存量、增量财富的全面征税，有利于直接、全面地调节收入积累，以实现国民收入分配的公平正义。

（三）采用市场评估值以实现收入分配结果公平的适当调节

房地产的价值，会随时点的不同而不同。然而，我国现行房产税的两种计税依据都难以体现房地产价值的时间特性。第一种是以“房产原值的余值”为计税依据，对于房地产而言，房屋虽然会折旧，但房屋若处于越来越成熟的区位或存在其他的附加价值则会拉动房价的上升，房产原值的余值难以准确反映其“时间价值”。第二种是以“出租房屋的租金收入”为计税依据，如果房屋租赁的合约期较长，且在签订合同之初就已将房租锁定在低价，此后周围类似房产的租金又大幅上涨，则该计税依据难以体现其“时间价值”。[①] 上述的计税模式使房屋保有人因购房时间不同而承担明显的税负差异，违背了税收公平原则，无法体现最终收入与财富数量之平等，难以实现结果平等。而以“市场评估值”作为房地产税计税依据，并借鉴《关于安置残疾人就业单位城镇土地使用税等政策的通知》（财税〔2010〕21号）的做法，明确规定“房地产市场评估值均应包括应税住房的价值及其所附土地的价值”。这种做法是将“土地及所附建筑物价值相结合”作为房地产税的计税依据，具有助于简化区别评估土地及其附属建筑物分开的计算模式，不仅能够较为及时、合理地反映纳税人房地产的市场价值，还能体现纳税人最终收入水平与财富数量的平等，既符合量能课税的原则，又能实现对收入分配结果公平的适当调节。

---

① 杨小强：《保有环节房地产税改革与量能课税原则》，载《政法论丛》2015年第2期。

福利经济学视域下的房产税改革研究

——以个人住宅涉税为对象

张旭光*

房产税作为财产税的主要税种之一,世界各国普遍开征,在西方国家中,甚至构成了其地方财政收入的主要来源。① 我国房产税亦历经多次改革:1986 年作为中央第二次“利改税”成果,我国《房产税暂行条例》(以下简称《暂行条例》)施行;2011 年沪渝两地率先试点对个人住宅征税,取消了《暂行条例》对非营业用房于保有环节的免税策略;2013 年召开的党的十八届三中全会提出:“加快房地产税立法并适时推进改革”,使房产税改革再度引发关注。

近些年,价格居中高不下的房地产市场增温不断,社会反响强烈,中央要求稳定房价的决心日益彰显,房地产市场治理和调控相应地成为各级政府的重要任务,税收必定作为宏观调控的手段加以适用。“治理”与传统的“统治”或“管理”的根本性区别在于,其以正当性为基本要素。② 抑制房地产价格过快上涨,维护市场秩序,促进经济平稳过渡,让居民在感受到经济发展的真正“效用”,成为政府在房地产税制领域的社会治理效果。

一、沪渝两地个人住宅涉税改革方案分析

伴随着市场化程度的提高,房地产赖以存在的土地资源稀缺性日益凸显,再加上政府于土地市场上的调控政策和房地产供求关系的不平衡,很大程度上导致了房产价格的高涨,个人财产形式亦由先前的资金转换为房屋等不动产,当下贫富差距绝大多数体现在其所拥有个人房产的数量和质量上。政府此时需要一种“必要的邪恶”,所谓“必要”是指国家或政府能够解决或提供公共产品的供给,增加社会福利,故为了维持政府的存在和运转,公众必须“出让”或“转移”自己的一部分财产给国家或政府,以保护国家或政

* 华东政法大学经济法学院硕士研究生。

① 刘剑文:《财产税法》,北京大学出版社 2012 年版,第 395 页。

② 俞可平:《治理和善治引论》,载《马克思主义与现实》1999 年第 5 期。

府能够正常运转。[①] 因而,以调节社会贫富差距、正确引导居民住房消费为目标的沪渝两地房产税改革方案的出台(见表1),均押注于调节居民收入分配,所产生后果亦能相应地增加地方财政收入,进而有助于社会福利水平的提高。

(一)试点方案之对比

表1

	上海	重庆
课税对象	1. 上海居民家庭新购第二套及以上住房; 2. 非上海居民家庭的新购住房	1. 个人拥有的独栋商品住宅; 2. 个人新购的高档住房(上年度九城区均价2倍以上的); 3. 外来“三无”人员新购第二套及以上住房的
税率	1. 一般适用税率0.6%; 2. 低于上年度交易均价两倍的,按0.4%	1. 独栋和高档商品住宅 均价 < 上年度3倍,税率0.5%; 3倍≤均价 < 4倍,税率1%; 4倍≤均价,税率1.2%。 2. 外来“三五”人员新购第二套及以上住房的,税率为0.5%
计税依据	应税建筑面积×交易单价×70%[②]	应税建筑面积×交易单价
税收优惠	①上海居民家庭新购二套及以上住房的,合并计算的家庭全部住房面积人均不超过60平方米的,免税; ②超过的,就超过部分征税; ③扣除面积以人数为单位	①存量独栋商品住宅,免税面积为每户180平方米; ②增量新购独栋和高档住房,免税面积为每户100平方米; ③扣除面积以家庭为单位

(二)改革方案之评析

1. 两地方案以遏制房屋非理性需求为出发点

房价的非理性上涨,实质上是住房的投机需求对住房的基本需求的“绑架”或“劫持”。[③] 一方面,城市化水平的提高,使得住房基本需求在相当长的一段时间内,都将呈

① 王鸿貌:《税法学的立场和理论》,中国税务出版社2008年版,第130页。

② 就计税依据而言,两地均认为应当以对房产评估后的价值来确定,且评估值应根据市场价值的波动按照周期进行重估。

③ 柳泽民:《投资与垄断:房价非理性上涨之根》,载《海派经济学》2011年第2辑。

现刚性上涨趋势,需要更多的土地资源来开发房地产市场,但是城镇的土地资源是有限的,投入到房地产开发中的资源也在日益紧缩,导致土地供需矛盾加剧,住房的供给面临较大压力,推动房地产市场价格进一步上涨。另一方面,这一现实给房地产商、住房投机者提供了广阔、稳定且利润可观的市场,导致了部分地区房屋空置率上升,房产投机炒作仍存在,实际住房者购房机会减少,购房成本增加,浪费了实际有效的住房资源,使得住房者的基本需求刚性上涨为住房的投机需求提供了理想的"绑架"对象。

2. 两地方案以让房屋回归居住本能为改革目标

2016年中央经济工作会议明确提出:"房子是用来住的,不是用来炒的"的定位,综合运用财税、金融等手段,调控房地产市场。[①] 房产税改革的目的在于完善房地产税制,提高改革的效率和社会功效,将房屋逐步回归于其居住本能,为真正需求者尽可能地提供基本住房保障,促进房地产市场的平稳发展。试点方案均对非基本需求征收房征税,所得税收可以增加地方政府的财政收入,将拥有更多房产资源的富人财产通过税收的形式转移到政府手中,政府再以公共服务支出的方式提供保障房和公租房,让无房者有屋可居,同时也可以为辖区内的居民提供更优的公共服务,提高居民的社会满意度。

3. 单纯地依靠房产税无法从根本上调控房价

房产税是否能够调控房价,学界仍存较大争议。在市场经济运行机制中,单纯依靠房产税不可能抑制对商品房的炒作,无法从根本上降低房价。经济学原理表明,价格由价值决定,并受供求关系的影响,在住宅领域亦同样适用。如果商品房的供求关系不发生变化,仅依靠税收根本无法达到调控目的。相反,税收会增加房产持有者和使用者的成本,对个人住宅开征房产税不仅不能降低房价,很大程度上会抬高房价。税收新政在促进个人商品房加速流转过程中,相应地减轻了部分炒房者的时间成本和资金成本,在此之前,这些成本很大程度上一直由购房者承担,可以说受税收新政影响最大的不是炒房者,而是购房者,亦是国家调控政策的转变。

二、对个人住宅征税的效用探究——基于社会总福利衡量

经济学认为,改革是循序渐进的过程,是不同利益反复衡量的结果。房产税改革亦是在经济学思维指导下的一次资源重新配置,将之前个人住宅的保有环节免税措施取消,逐步改变我国房地产税体系中"重流转,轻保有"的理念,加强保有环节税收的征纳,以此来释放投机者囤积的房产,调节供给关系。

(一)对个人住宅征税可以缩小贫富差距

沪渝两地的房产税改革方案,是对房屋保有环节的税收征纳方式的重新调整,是位于房地产涉税大环节中的最后一环。国家统计局2016年公布的数据显示:2015年全国居民人均可支配收入基尼系数为0.462,比2012年下降了0.012,居民总体收入差距继续

① 2016年中央经济工作会议公报。

缩小。① 在房价不断走高的当下，房屋成为财富的主要标志，拥有房屋的多少，直接决定了贫富差距的水平。房产税改革的出发点也是在房屋占有数量的不平等，直接导致贫富差距扩大和社会不公增加，政府期望运用税收的调节和引导功能，促使居民合理选择住房消费，在一定程度上缩小社会贫富差距。

房地产资产价格上涨所带来的财富效应，是造成贫富悬殊的重要因素，也将对宏观经济增长产生影响。② 如果放任房地产市场的自然发展，会产生财富的聚集效应。有房者囤积房屋，房屋将会越来越多，房价也越来越高，其选择在高位抛售，实施“剪刀差”式的方式盈利，无房者将永远买不起房屋。这实质上是一种变相的“劫贫济富”，不是一种正常的经济规律，不利于社会的稳定团结，同时更违背了社会主义所追求的共同富裕目标。对个人住宅开征房产税，是在对非理性投资囤房需求遏制的基础上“劫富济贫”，将富裕者的财富通过税收的方式转移给国家，国家通过行政支出的方式构建公租房与保障性住房体系，惠及更多的无房者，有利于提高社会的满意度，提高社会总体福利水平。

（二）对个人住宅征税亦可扩大社会总财富边际效用

除国民净收入总量的增加外，收入的分配状况对社会总福利也有着相当重要的影响，经济福利可以在两种情况下改进：国民所得增长离不开对穷人收入分配的改变，或者说国民所得中增加穷人的份额与减少他的规模分不开。③ 庇古认为：“税收和津贴是调节福利的基本手段。”财富的边际效用递减规律表明，货币财富的边际效用是随着数量的增加而递减的，也就是一个人的财富越多，他的财富的边际效用就越小，为了发挥财富的最大作用，必须调节高收入，补偿低收入。

1. 房产税的征纳，能够提升财富社会价值

房产的积累导致了新的贫富差距扩大，福利经济学理论认为，“富人拥有过多的财富，是一种资源浪费”。沪渝两地通过房产税试点，将基本生活需求以外的房产作为征税对象，将房屋的保有者作为纳税人，要求其每年以房屋价值的一定比率向国家缴纳税费，是地方政府组织财政收入的重要形式，亦是其提供公共服务的主要财政来源，实际上社会总体的财富仍是恒定的，只不过是通过政府的手进行社会内再分配。根据庇古的福利经济学理论，在社会总财富不变的情形下，通过税收方式将高收入者的财富转移给低收入者，使得低收入者财富增加，就是在扩大财富的边际效用。④ 所以，通过对个人住宅征收房产税，以税收的方式来转移财富，避免社会财富过度集中于少数人之手，减低贫富差

① 《居民收入快速增长，人民生活全面提高——十八大以来居民收入及生活状况》，载 http://www.stats.gov.cn/tjsj/sjjd/201603/t20160308_1328214.html，最后访问日期：2017 年 3 月 1 日。

② 邬丽萍：《房地产价格上涨的财富效应分析》，载《求索》2006 年第 1 期。

③ ［英］亚瑟·赛斯尔·庇古：《福利经济学》，何玉长、丁晓钦译，上海财经大学出版社 2009 年版，第 2 页。

④ ［英］亚瑟·赛斯尔·庇古：《福利经济学》，何玉长、丁晓钦译，上海财经大学出版社 2009 年版，第 152 页。

距,没有减少国家财富的总体规模,具有很大的溢出效应,是可以增加社会潜在的总福利水平的。

2. 房产税的征纳,有利于维护社会公平

勒纳、米里斯、罗尔斯、新剑桥学派的代表罗宾逊夫人等认为,公平决定效率,收入分配不公平会导致机会的不公平,进而导致收入并非与努力程度成正比,会降低人们提高效力的积极性。[①] 当房价过高,且通过正常的努力无法获得时,必然会降低需求者的积极性。新加坡国立大学潘来发(Stephen Phua)教授认为,一个国家的房价是其居民人均可支配收入的20~25倍,才符合正常水平。[②] 以此标准来看,我国部分城市房价明显不具有合理性,这也是让广大居民感到社会不公平的主要原因。对个人住宅房产税的征收,一定程度上可以起到调动人们积极性的作用——房屋数量多者、价值高者、住房面积大者多纳税,少者少纳税或者不纳税,与量能课税原则相吻合。而房产税是直接税,在缴纳时纳税人即为负税人,不具有转移特性。房屋多者,税额较高,导致其税负感较重,可以通过此种措施有效地舒缓保有阶段财富持有不公的矛盾心里。在税负的刺激下,非理性保有住房的行为会得到调整,投资者行为选择更趋向于理性,房屋的价值会逐步向居住回归。

3. 房产税的征纳,可以达到对纳税人财富提升的双赢效果

税收具有无偿性,但是这种无偿性是指政府不对纳税人直接地负担经济补偿或者利益偿还。沪渝两地改革意见声明,对个人住宅所征收的房产税,用途在于保障性住房建设支出和公共租赁房的建设和维护。从其目的的定位上,看似和纳税人毫无关联,但实际上对纳税人也是有利的,可以间接地提升纳税人的财富,达到财富边际效用的双赢。

(1)评估计税的规范化,促进房屋定价趋于理性。由上文所述,在房产税的制度设计中,未来计税依据是以房屋市场评估价值为准,但评估不是亦不可能是单个进行的,而须为划定一定区域,进行批量评估。相同区域内的评估价值和征税比例是相同的,当房屋出售或者出租时,在小范围内形成良性的定价方式,更有利于房屋价格回归理性。

(2)政府公共投入加大,房屋价值会随之增长。政府所征个人住宅的房产税用于社会保障性住房建设支出,在建设保障性住房的同时,配套设施会相应地完善,政府的其他财政也会得到积极调动。保障性住房投入建设之时,与之相应的交通、医疗、教育都会得到改善或新建,政府的财政支出多少、交通便利程度、公共服务水平高低,与房屋的价值有着很大程度的关联性。

---

① 孙瑞玲:《个人住房房产税改革研究——基于社会福利保障水平增进的视角》,载《改革与战略》2012年第4期。

② SLHPhua,"Common Law Heritage and Statutory Diversion-Taxation of Income in Singapore and Hong Kong",*Sing. J. Legal Stud*,2007.

4. 房产税改革的最终目标是社会整体效益改进

经济学家们无须证明，实际上也无法证明，政府所采取的政策，结果会使社会上没有一个人受到损失。为了说明这种可能性，只需说明即使所有受损的人都得到了充分补偿，社会上其他人的状态仍然比以前变得更好了。① 经济改革是一个长期的过程，现阶段的受益者也许会是下阶段的受损者，现阶段的受损者也可能成为某个阶段的受益者。征纳房产税的受损者是大量房屋的持有者或者具有高价值的房屋保有者，纳税人所占用的社会资源越多，让其为财产的保有行为承担税负在法理上是必须的。征税后所增加的地方财政收入，用于社会公共设施的建设与社会保障的完善，增加社会安定，提升城市宜居状况，定会提升社会整体福利水平，这其中的收益是巨大的或者金钱无法衡量的，而纳税人所付出的对价仅为其所拥有的小部分财产，而政府的财政支出在后续阶段也已通过公共服务提升的方式给予纳税人补偿。

三、福利经济理念下房产税改革方案完善建议

房产税改革试点已 5 年之久，改革经验已得到很大程度上的积累，进一步推动房产税改革成为必然。笔者在通过上述分析沪渝两地改革的基础上，结合福利经济学思维，对我国房产税改革提出部分建议，以期有所效用。

1. 房产税改革应贯彻税收公平原则，限缩地域户籍限制条款

将户籍作为房产税征纳的限定对象，与税法原理不符，应当限缩适用直至取消。沪渝两地的改革方案中多次提到“非本市居民”“无户籍”，将户籍作为房产税征收对象的确立、税收减免优惠享受的限定。在我国户籍制度改革的大背景下，二元制户籍已在逐步改善，政府将户籍作为房地产市场的行政调控手段，无可厚非，但将之作为税收征纳的标准，完全不符合税法原理。首先，不符合受益原则，持有房产越多，所享有公共服务的机会就越多，对于非本市居民新购的住房征税而对本市居民新购的住房部分不征税，不符合受益原则。以户籍界分房产税税收减免的标准与收益性原则不符。其次，不符合量能课税原则。量能课税原则要求按照纳税人的纳税能力予以课税。购买两套以上住房的本市居民与购买一套住房的非本市居民，其税收负担能力孰优孰劣可谓泾渭分明，因此对本市居民予以免税住房面积之内的税收减免，而对非本市居民则不予减免的做法有悖于量能课税原则。②

因此，以户籍作为区分房产税征收对象和税收减免标准的房地产调控措施已经超越了其调控的边界，其目的在于，运用行政手段打击外地人投资本地房产的积极性，调整房地产市场的供需关系，降低高房价，同时也在一定程度上缓解大城市的常住人口增加所带来的

① Kaldor, N. (1939), “Welfare propositions of Economics and Interpersonal Comparisons of Utility, *Economic Journal*”, 49, pp. 549 – 552.

② 阳建勋：《税收调控房地产的正当性及其必要限度——房产税改革试点的税法原则反思》，载《税务与经济》2012 年第 3 期。

管理压力。面对高房价的压力,政府的税收调控措施已变形,被赋予了其他的外部功能,税收公平原则被逐步抛弃,而变成了巧借税收之名的“限购”。以行政命令直接干预税收和市场,明显不符合房地产改革的市场化趋势。所以,在未来的房产税改革时,政府应当审慎将“户籍限制类”的行政措施直接运用于房产税立法中,应贯彻税收法定和税收公平原则,发挥房产税对房地产市场的宏观调控功能,使房地产市场在动态调节中达到平衡。

2. 房产税改革应注重对收入分配的再调节,适时向存量房推进

改革以来沪渝两地房产税在财政收入中占比,与大多数学者所期许的将房产税构建成地方主体税种相差甚远,房产税也具有其不能承受之重。笔者认为,我国未来房产税改革目的应在立法中进一步明确,更加注重对财富再分配的调节。当下中国,初次分配以效率为主,多劳多得,再分配是对初次分配的调节和矫正,应更加注重公平,税收作为再分配的主要手段,应承担起此种责任。将房产税的改革目标设定为社会贫富差距的缩减和社会总福利的增加,运用“卡尔多改进”理论,在群体获益和纳税人利益减损之间找到利益平衡点,是理想的房产税构建。如果将保有阶段的房产税改革目标仍设定为地方财政的增加,则对房产税在市场机制下的调控功能具有一定的扭曲,偏离了开征房产税初衷。所以,在“调高补低”财税理念下,作为贫富差距重要来源的存量房,则必须纳入房产税的调控范围。一方面,如果仅对新购住宅征税,房产税的调控力度较小,再分配效果不理想;另一方面,在没有增加存量房保有者税负成本的情况下,无法有效释放闲置住房资源,增加供给端房产的投入效果也不可能达到。

3. 构建以法定免税为中心的税收优惠体系,注重对基本需求者的倾斜保护

免税制度是税收法律制度中的矫正制度,在税收法律制度中嵌入免税设计,可以让中低收入者减免税收负担,实现高收入者多纳税,中收入者少纳税,低收入者不纳税的税收效果。① 沪渝两地房产税税收减免方式虽有所区别——以人口和家庭计算减免数额,但目标是相同的,都是在对满足基本住房需求的所有者免税。但现存的问题是,试点地区免税制度的确立是以地方规章形式出现的,造成了各地的差异。在税收法定的大背景下,未来房产税的立法必然是以法律的形式出台,不可能是法规或者部门规章,所以房产税的免税范围也应当由法律所确定,中央立法机关决定免税的范围和方式,地方立法机关结合本地实践,根据中央统一部署确立本地的具体优惠实施细则,且不得在实际操作中随意变动法律所规定的免税原则,进而构成了法律视角下的免税体系。

在免税体系构建中,应衡量纳税人的标准,制度设计必须遵循量能课税原则,注重对基本住房需求者的保护,不能让房产税伤及此部分群体的利益。“量能课征原则是原始的过滤器,可以在既存的税收政策与条款中过滤出不需要纳税的人。”②在不损害受补偿

① 吕铖钢:《房产免税立法与税收公平的归位》,载《华南农业大学学报》(社会科学版)2016 年第 2 期。

② Chodorow Adam, “Ability to Pay and the Taxation of Virtual Income”, *Social Science Electronic Publishing*, 2008, (75): 57.

者的利益时,纳税者的财富才可以发挥最大的社会效益,提升社会总福利水平。

4. 确定以房屋评估价值为基准的累进税率,提升税收的调控力度

当前沪渝试点方案中,以房产市场交易价格计征虽然具有简便性,但在房价涨幅过大的情况下,不能真实地反映纳税人能力。方案虽在一定程度上实行了税率的浮动,但其计算的依据是房屋的每平方米的市场交易单价,而非房屋的整体价格,其对多套房产拥有者的调控力度较小,社会功效较差。相邻的日本,在征收固定资产税时,其税额是通过对登记在固定资产课税总账上的固定资产价格乘以各市町村所固定的税率得到的。① 在未来房产税立法时,可以适当借鉴日本经验并对房产税征收方案进行调整,以市场的评估价格为基准,辅以浮动税率,加大对富裕者的调控力度,在增加税收的同时亦可以提升对低收入者的补偿水准,有利于提升社会总福利。

四、结论

房产税关乎国计民生,是当下及以后很长一段时间内财税领域改革的重点和难点。将房屋回归其居住本能,有效遏制对房屋的非理性投机,是房产税改革的目的与初衷。在改革中运用福利经济学理念,加大其在住房保障方面的支出,能够更好地提升改革的社会效果和大众认同感;将房产税的征纳逐步明晰于优化房地产资源的配置,贫富差距的调节方面,以再分配手段加大对无房者、低收入者的利益返还,扩大社会财富所产生的边际效用。

---

① [日]金子宏:《日本税法》,战宪斌、郑林根译,法律出版社 2004 年版,第 319 页。

论我国环境保护税法律体系的完善

刘继虎* 罗之凡**

一、问题的提出

2016年12月25日全国人大常委会审议通过了我国第一部以环境保护为首要目的的单行税法——《环境保护税法》。环境保护税是为了实现特定环境保护目的而征收的一种税。从立法目的来看,环境保护税不是普通的财政目的税,而是典型的特定目的(环境保护目的)税。我国环境保护税法,可以从狭义和广义去理解。狭义的环境保护税法,专指形式意义上的环境保护税法,即《环境保护税法》;广义的环境保护税法是指实质意义上的环境保护税法,除形式意义的环境保护税法外,它还包括与环境保护密切相关的税法,即环境保护相关税法。面对严峻的环境形势,我国迫切需要优化环境保护税法的法律体系。我国处在环境保护税立法的初期,立法过程中存在经验不足和准备不充分等现实问题,且对环境保护税法律体系的理论研究不足,同时受到立法条件和立法技术的制约,以致环境保护税法律体系表现了两个混乱现象:其一,环境保护税法律体系内部相关税目的缺失或不周延;其二,环境保护税法与环境保护相关税法之间的关系混乱与冲突。

笔者将思考聚焦于环境保护税法律体系的完善。我国究竟应建立一个怎样的环境保护税法律体系?我国目前的环境保护税法律体系有何缺陷?如何改革与完善?环境保护税法与环境保护相关税法的关系如何协调?这一系列问题亟待解决。

二、环境保护税法律体系的概念与体系化的方法

(一)环境保护税法律体系的概念

对于法律体系的理解,学术界主要分两种观点:其一,"法律体系通常指由一国家现行的全部法律规范按照不同的法律部门分类组合而形成的一个呈现体系化的有机联系的统一整体。"①持这种观点的学者认为,法律体系是一种客观存在现象。其二,法律体

---

* 中南大学法学院副院长,教授、博士研究生导师、法学博士。法治湖南建设与区域社会治理协同创新中心研究员。

** 中南大学法学院硕士研究生。

① 张文显:《法理学》,高等教育出版社2007年版,第98页。

系不是一种客观存在,而是一种理论构造的结果,法律作为规范体系是法学家通过对混乱无序的法律材料进行研究,形成的一个互不矛盾的法律陈述的统一体。[①] 法律体系是一个规范性的概念。但无论认为法律体系是一种客观存在还是主观性的理论思考,两种观点都认为,法律是一种体系化的存在。

法律体系是对整个法律秩序所包含的法律规范进行全面尽可能符合逻辑的认识、理解和梳理后形成的一个有机联系的整体。法律体系的理论目的不在于描述现实的法律以及法律之间的关系是怎样的,而在于规范法律以及法律之间的关系应当是怎样的。应当性的法律体系理论是经过理性思考而构成的逻辑产物,并且这样的法律体系理论能够为构造合理的法律体系进行立法提供理性的指导。[②] 因此,体系化的任务就是彻底地将整体中的各个部分用逻辑联系起来,并且以整体的方式把它表现出来,[③]体系思维要求立法者在立法过程中尽可能制定出一个逻辑清晰、上下有序、完美无缺的法律体系;从事法学研究者需要尽可能"发现个别规范、规整之间,及其与法秩序主导原则之间的意义脉络和联系,并且以法律体系的形式把它表现出来"。[④]

结合环境保护税法来看,环境保护税法体系化的工作是一种立法活动。从调整对象看,法律是规范的集合体,若不将法律规范体系化就不能很好地实现规范的目的。从规范的功能和效力看,法律的体系化与规范效力本身密切相关。若法律规范之间不能实现体系化,相互之间的效力就不能有效衔接,彼此间的效力将会相互抵消。此外,法律的体系化还为法律适用提供了便利。环境保护税法律体系,是对以环境保护为立法目的的税收法律法规进行全面尽可能符合逻辑的认识、理解和梳理后形成的一个有机联系的整体。环境保护税法律体系的完善,至少应符合以下标准:第一,环境保护税法有一个相当数量的能够满足环境保护目的的法律法规群;第二,环境保护价值取向对这个领域的法律规范具有整合作用,使之以有机联系的整体表现出来;第三,环境保护税领域的权利、义务在法律规范层面上不会发生抵触与冲突;第四,环境保护税法调整对象的特殊性,使环境保护税法律体系对环境保护税尽可能全口径覆盖,没有显著的法律漏洞。环境保护税法律体系化的目标,就是要形成一个完整、科学、协调的环境保护税法律体系。

(二)环境保护税法律体系化的方法

1. 概念涵摄法

概念定义的过程就是筛选特征加载定义的过程,通过省略概念之间的差异,确定他们的共同之处得到的抽象概念。在这个过程中,可以通过对特征的取舍塑造不同程度的抽象概念,进而利用将抽象程度较低的下位概念涵摄于上位概念。根据形式逻辑的规

① 李桂林、徐爱国:《分析实证主义法学》,武汉大学出版社 2000 年版,第 180 页。

② 钱大军:《论法律体系理论在我国立法中的应用》,载《吉林大学社会科学学报》2010 年第 4 期。

③ 舒国滢、王夏昊、梁迎修等:《法学方法论问题研究》,中国政法大学出版社 2007 年版,第 432 页。

④ 转引自[德]卡尔·拉伦茨:《法学方法论》,陈爱娥译,商务印书馆 2004 年版,第 316 页。

则,将抽象一般概念建立起来的体系称为外在体系。这样构成的体系以“抽象”概念为基石,[①]具有树状系统的外观。其优点在于:这个体系不但可以确保在逻辑上没有矛盾,使法律学具有自然科学意义之下的科学性,而且具有高度的可综览性及预见性,从而能提高法的安定性。[②] 排污税是对污染环境的排污行为征收的一种税,污染产品税是对危害环境的污染产品征收的一种税,生态保护税是对破坏生态的行为征收的一种税,碳税是对造成温室效应的二氧化碳征收的一种税。从这些税的基本概念观察,它们都是针对破坏环境的行为,出于环境保护目的而征收的税。这些概念的共性特征是环境保护。因此,就得到了环境保护税这一上位概念。

外在体系的建构特别强调其概念的逻辑构造,而忽略其价值判断。体系在任何时候都不可能是圆满封闭的,任何一个法律体系不可能包含所有的法律关系和法律构成事实,生活事件之间并不是像概念体系所要求的那样存在僵硬界限的划分,就算两个不具有完全重合特征的事物间的界线也不一定绝对是泾渭分明,况且生活本身经常带来新的结构。立法者必须应用一种语言将这样的体系表达出来,它很少能够达到概念主义所要求的精确程度。因此,仅依赖外在体系的构建并不能完全满足一个科学、合理的法律体系的需要。

2. 价值整合法

将法律规定中特别凸显的法律思想、法律原则、功能性概念归纳或以具体化的方法构建的体系称为内在体系。该体系以法律原则为基石构成,主要包括法律原则和具有规定功能的法律概念两部分内容。法律内在体系既有逻辑系统的取向,也符合价值的追求。法律原则的开放性决定了内在体系的开放性,从而内在体系在一定程度上避免了法律的僵化和滞后。环境保护税除了具有税收普遍存在的财政收入功能外,其首要的价值体现在环境保护功能。利用环境保护这一价值取向,整合排污税、污染产品税、生态保护税和碳税等同样以环境保护为首要价值取向的税,使之归属于环境保护税内在体系之中,由此完善环境保护税法的内在体系。

与内在体系不同,外在体系是通过省略概念中的差异,确定共同之处后再将之抽象化所得到的抽象概念构成体系,但“抽象概念的外延越宽,则内涵越少”,[③]也就是说,概念的高度抽象化会导致其“意义空洞化”,在抽象概念的过程中省略的个别特征,可能正是我们应用法律于具体案件时不得不考虑的因素。[④] 因此,在环境保护税法律体系化过程中,不能将外在体系与内在体系放在两个对立面来进行取舍,两种体系之间有着千丝万缕的联系。内在体系内容中具有规定功能的法律概念,正成为沟通内在体系与外在体系的桥梁,

① [德]卡尔·拉伦茨:《法学方法论》,陈爱娥译,商务印书馆2004年版,第318页。
② 黄茂荣:《法学方法与现代民法》,法律出版社2007年版,第618页。
③ [德]卡尔·拉伦茨:《法学方法论》,陈爱娥译,商务印书馆2004年版,第311页。
④ 吴娇:《拉伦茨内部体系构建理论研究》,载《法制博览》2014年第6期。

将内在体系与外在体系结合,使法律体系既具有逻辑系统取向,也满足价值取向的追求。从立法的抽象概念到法律适用中具有规定功能的法律概念,实现了内在体系与外在体系的沟通,使内在体系和外在体系可以共存相依地存在于整个环境保护税法律体系之中。

三、我国环境保护税法律体系存在的问题

(一)环境保护税法的税目过于狭窄封闭

环境保护税法的税目范围沿用了《排污费征收管理条例》的规定,对排放大气污染物、水污染物、固体废物和噪音这四类典型的污染物征税。这是在排污费"费改税"政策下的税负平移,没有充分体现时代特征,且冠以环境保护税之名行排污税之实。在其税目设计上明显存在过于狭窄和不周严的问题。环境保护税法中以一个税目代替一个税种,有碍环境保护税法律体系的科学发展。

一个科学合理的法律体系应该具有开放性和适当的伸缩性,以回应复杂多变的的社会发展现实。环境保护税法的税目,将应环境保护需求的发展而不断增加,在相同法律价值的指引下,这些新增加的税目可以纳入同一法律体系之中。从而该法律体系一直处于发展中,而未至于终点。[①] 我国的环境保护税法律体系以排污税一个税目代替了环境保护税整个税种,环境保护税法律体系似乎在初生的过程中便戛然而止,没有给该体系未来的发展与革新留下空间。我国已开征的资源税与消费税,其立法目的革新和征税范围的扩充,都渐渐突显出环境保护的目的和功能。独立开征环境保护税以后,环境保护税与已开征的环境保护相关税之间的关系在这样一个狭窄、封闭的环境保护税法律体系中该如何协调?那些目前法律没有涉及但对环境造成严重危害的行为该如何运用环境保护税法及时规制?目前我国开征排污税无论是在基本国情还是立法条件上都是现实可行的,但若盲目地满足眼前的立法现实,就此将环境保护税法的税目体系封闭起来,而不从宏观角度考量环境保护税法律体系整体的伸缩性的科学性,现实立法的妥当性终将是暂时的,随之形成的将是一个紊乱、僵化的法律体系。

(二)环境保护税法与环境保护相关税法立法目的交叉

我国《环境保护税法》第 1 条明确了环境保护税法的环境保护目的。环境保护税,是国家为了保护生态环境,运用税收调节行为的宏观调控手段和工具,是典型的宏观调控型税收。环境保护税作为调节税,与其他税收的重大区别就在于,它不以筹集财政收入为最主要目的,而是以税收调节、保护环境为主要目的。它能调节企业生产和消费中的环境污染行为,加快经济发展方式和产业形态向绿色、环保方向转型。但即便将环境保护税归入宏观调控型税收范畴,它仍然有着税与生俱来的使命——筹集财政收入。因此,环境保护税除了环境保护这一首要目的之外,必然有着财政收入这一次位目的。

资源税在创立初期的立税宗旨主要表现为调节资源级差收入,立法者希望通过开征资源税调节由于资源禀赋、开采及选矿条件、地理位置等差异而形成的自然资源收入差

---

① 黄茂荣:《法学方法与现代民法》,法律出版社 2007 年版,第 560 页。

异,实现企业在同一条件下的公平竞争。[①] 资源的开发和利用及资源税的征收在促进我国宏观经济发展上发挥着积极的作用。但生态环境破坏,资源过度开发等问题也随之而来。为此,《关于全面推进资源税改革的通知》(财税〔2016〕53 号)明确了资源税改革的目标是:"通过全面实施清费立税、从价计征改革,理顺资源税费关系,建立规范公平、调控合理、征管高效的资源税制度,有效发挥资源税组织收入、调控经济、促进资源节约集约利用和生态环境保护的作用。"可以看出,财政收入和调控经济仍然是资源税的首要目标,同时强调环境保护这一末位目标的重要性。

开征消费税是 1994 年税制改革的重要内容之一,为了避免取消产品税、改征增值税后,造成总体税负的下降和国家财政收入的减少,对某些消费品的销售在征收增值税的基础上,再加征一道消费税,使消费税成为增值税的重要辅助税种。[②] 因此,相比环境保护税而言,消费税增加财政收入的功能是显而易见的。消费税课证至今,在调节社会收入分配、增加财政收入、调控消费需求和结构,调整产业结构等方面的确发挥了重要的作用。随着社会经济的不断发展,决策者大都相信对消费终端污染品课证消费税能够矫正污染产品的消费和处置带来的环境负外部性,有益于环境的改善和优化。对污染产品征收消费税在消费者、生产者、产业升级与产品结构三个层面产生环境优化的效应。[③] 因此,国家越来越需要和重视消费税在环境保护中的作用。

由此可见,环境保护税和环境保护相关税在环境保护的立法目的上存在交叉。不同的是,环境保护税虽然有着税收与生俱来的财政收入目的,但其首要目的还是环境保护。而资源税的首要目的表现为财政收入和调控经济,随着资源税制的绿化改革不断推进,将逐步强调其环境保护目的的重要性。消费税的特点决定其最主要目的是财政收入,其次是环境保护。除此之外,其他与环境保护密切相关的税法也在其立法目的中或多或少地嵌入环境保护功能。

(三)环境保护税与环境保护相关税重复征税

相比国外环境保护税的发展,我国环境保护税的立法起步较晚,税制设置比较简单。我国已形成的立法惯性思维是以环境相关税种的"绿化改革"替代环境保护税法的完备、精细立法。因此,环境保护税制与资源税制、消费税制的重叠,在所难免,并引发了日益严重的重复征税。

从消费税的税目可以看出,消费税的征税对象除了包括损害人体健康的烟、酒类产品及奢侈品外,另一个侧重点则是对容易产生环境污染和造成生态破坏,且对资源消耗较大的产品征税。消费税对成品油、木质一次性筷子、实木地板、电池、涂料等污染或破坏生态环境的产品征税,都表现出消费税的环境保护功能。虽然目前消费税吸收了污染

---

① 刘生旺:《资源税应调节差级收入吗?》,载《中央财经大学学报》2016 年第 5 期。

② 张守文:《税法原理》(第 6 版),北京大学出版社 2012 年版,第 223 页。

③ 李晶、王珊珊:《浅析污染品消费税的效应》,载《税务研究》2015 年第 4 期。

产品税的职能,但目前很多污染产品,如会产生固体废物的农药化肥、塑料包装制品、电力产品与生活日用品等污染产品,还没有纳入我国消费税的征收范围。关键在于,消费税的目的主要是调节消费,虽然它也是特定目的税,但是,调节消费的目的毕竟不同于环境保护目的,二者能否兼容或无缝对接,不无疑问。而且,随着科技与经济的发展,新型的污染产品还会层出不穷,依循传统的消费税法规制路径,大有法不济世之感。消费税法承受了不可承受之重,而环境保护税法却无用武之地。再如煤炭这类无须复杂加工即可成为消费品的矿产资源,它是消耗量很大的一类能源,并且容易给环境造成污染。在税收立法中似乎既可划入资源税的税目,也可划入消费税的税目,还可以列入环境保护税的税目,究竟应该将它纳入哪个税种的税目,值得思考。

目前,我国资源税的征税范围针对原油、天然气、煤炭等七类应税矿产品。实际上除资源税征税范围中的这七类自然资源外,我国森林资源、土地资源、水资源等都面临着严重的污染和破坏。我国资源税的征税范围明显过于狭窄。环境保护税的征税范围包含水污染物排放,这与资源税征税范围理应包括水资源又存在一定程度的重叠。资源税征税范围中的原油和金属矿分别是消费税征税范围中的成品油和金银首饰的原材料,又可能在生产过程中因排放污染物造成环境污染而被征收环境保护税,于是导致了资源税、消费税、环境保护税三税重复征税的问题。多数污染产品在生产过程中都伴随着大量的污染物的排放,这就意味着污染产品在生产过程中往往因污染物的排放被征收一道环境污染税,而到了产品消费环节又须承担一道对污染产品征收的消费税。尤其是成品油、天然气等保持自然资源属性的能源燃料甚至在开采过程中还要承担资源税,不夸张地说是形成了"三重征税"。

环境保护税的理论依据是将环境污染所带来的外部不经济内部化,实现最合适的资源配置。① 环境保护税能调节企业生产和消费中的环境污染行为,加快经济发展方式和产业形态向绿色、环保方向转型。它通过引入一种价格信号,改变提供相关服务或相关产品的成本,对各利益主体施以正向或者反向的激励,从而调节各利益主体的污染行为。而在资源税从价计征的背景下,资源生产企业往往会通过价格传导机制将增加的税负转嫁给下游企业,最终将税负转嫁给消费者,加重了消费者的税收负担。同理,消费税随价格转嫁给消费者负担,消费者是消费税的实际负税人。也就是说,无论环境保护税、资源税还是消费税,它们的税负都将转化成价格的组成部分,最终都将由消费者来承担。

无论是资源税、消费税还是环境保护税,国家都有扩大其征税范围的共识和决心,资源税的改革动向和消费税的扩围设想,都直接触及了环境保护税的固有税目和"地盘"。如果放任环境相关税的征税范围自由扩展,各环境相关税之间的重复课税将会更加严重。同一主体在国家征收多种税的情况下被重复征税的概率会大大增加,从而使整体税

① 张宏翔:《环境税理论和实践——基于西方先进国家的成功经验分析》,科学出版社2015年版,第6页。

负在同等条件下也会相对加重。① 当然,从某种程度上说,纳税人承担的环境保护税税负越高,环境保护的作用发挥得越好。但若同一纳税人在同一税源中被重复征收相同或类似的税种,将损害纳税人合法的的财产权益。因此,在设置环境保护税的税目和推进环境保护相关税收的绿化改革时,追求保护环境的目的固然重要,不可忽视的是环境保护税与环境保护相关税的联动效应以及纳税人的权利维系。

(四)环境保护相关税法的环境保护功能不彰显

我国现行各环境保护相关税税收政策都表现出税负较轻,资源利用率不高,差别税率级次的设计不够细化等问题。各环境保护相关税的环境保护功能均有待加强。这突出地表现在消费税法和资源税法中。

我国消费税中包含了许多对环境造成污染的消费品征税,如成品油、电池、涂料、一次性筷子和实木地板等,消费税基本发挥了环境保护税法中污染产品税的功能。但还有其他许多高能耗、高污染的产品未能纳入到消费税的征税范围中。如造成白色污染且回收率低的塑料制品,再如在农业生产过程中对环境和人体造成危害的农药化肥等。煤炭一直是我国能源消费的主体,也是造成大气污染或雾霾的元凶,我国没有将它纳入消费税法的法律规制之中。消费税虽然发挥着环境保护的作用,但它首要的立法目的却不是环境保护。因此,仅仅依赖通过扩大消费税征税范围来替代对污染产品征税是不明智的,有些污染产品并不一定适合纳入消费税中。在消费税的税率设计上,对造成大气污染的鞭炮和烟花的税率偏低,对于石油产品的税率采用"一刀切"的设计方式也不合理,不符合差别原则。

资源税的征税范围目前仅限于几类不可再生的矿产品,征税范围过于狭窄。我国目前许多非矿资源如森林资源、水资源、草原资源等自然资源都面临着严重过度开发利用和资源枯竭的危机。资源税的征税对象都与环境破坏有着密切的关系,随着资源税制的改革,急需将征税范围扩大至目前面临资源破坏和资源浪费最严重的森林资源和水资源中。资源税演进至今,仅将其定位于调节级差收入和财政收入两个目的是远远不够的。随着历史动态变迁,依据环境保护税的特性,资源税的目的已经逐渐从专注调节级差收入转为环境保护,更加注重自然资源的合理利用和有效保护。而过窄的资源税征税范围使其在改革中目的错位,不足以体现环境保护的功能。

四、我国环境保护税法律体系优化的步骤与措施

(一)分阶段完善环境保护税法的税目

我国环境保护税法的税目应该覆盖排污税、污染产品税、生态保护税等税目。环境保护税法税目的完善,采取成熟一个确立一个的渐进式立法模式。当前我国开征排污税的立法条件成熟并且相对容易推行,所以我国《环境保护税法》已将"直接向环境排放应税污染物的企业事业单位和其他生产经营者",列入了征税对象。随着立法条件不断地成熟,我国还应逐步增加环境保护税法的税目,在适当的时候开征碳税、污染产品税和生

① 张守文:《"结构性减税"中减税权问题》,载《中国法学》2013 年第 5 期。

态保护税。环境保护税法体系优化的最终目的,是建立一个科学合理的环境保护税法体系。我国环境保护税的税目应结合国情分阶段地完善,但是,保持环境保护税法律体系的开放性非常重要。环境保护税法的立法,要为未来不断成熟的新税目预留制度空间。

1. 第一阶段确定税目:排污税和碳税

(1)排污税

我国长期实行的排污收费制度,为我国排污税征收提供了征收基础和实践经验。从国外环境保护税法立法的经验来看,对排污行为征税是控制环境污染最有效的方法,可以说排污税是环境保护税中最重要的税目。就目前环境保护税法的内容来看,充分考虑现有污染治理的重点领域以及与现有税费政策的有效衔接,排污税的征税范围包括了大气污染物、水污染物、固体废物和噪音这四类污染物的排放。依据污染者付费原则,通过征税使污染者对其造成环境的外部不经济性承担经济责任,从而减少污染物的排放。目前我国对排放污染物征税的税制设计上采取了排污费改排污税的税负平移方法,是现实、可行的方法。

(2)碳税

对于碳税是否应并入环境保护税征收,应该结合我国环境保护税和碳减排政策的实际进行分析。我国环境保护税作为独立税种开征后,碳税应在环境保护税立法中作为一个税目引入。我国开征碳税的必要性表现在三个方面:其一,我国是《联合国气候变化框架公约》的签署国,目前我国二氧化碳排放量已经超过美国和欧盟的排放量总和,是名副其实的碳排放大国。开征碳税有利于我国实现减碳减排的国际承诺,树立大国形象。其二,碳排放的主要来源是对煤炭、汽油和天然气等化石燃料产品的燃烧,开征碳税有利于加快转变我国经济发展方式,促进企业向清洁绿色生产方式转型。其三,近年发达国家陆续开征碳税,从提升国际竞争力的角度来看,开征碳税有利于我国取得国际环境规则创制的主动权。①

碳税的征收最终反映到化石燃料的消耗上,现行消费税对于成品油征税,而资源税对于煤炭、原油和天然气征税,这些能源燃烧都是二氧化碳的主要来源。碳税的征税对象应覆盖排放二氧化碳的主要产品。开征初期可实行低税率,减小因开征碳税给化石能源使用者带来的过重负担,同时也减少我国开征碳税的阻力。因此,我国应择机增加碳税税目,拓展环境保护税法的税目体系。

2. 第二阶段确定税目:污染产品税和生态保护税

(1)污染产品税

合理、科学地选择污染产品税的税目,是确保污染产品税在我国有效实施的关键,也是协调环境保护税法与消费税法之间关系的关键。不能盲目地把所有造成环境污染的相关产品均纳入污染产品税的征税范围之中。选择污染产品税的税目可以从两方面考

① 刘继虎、刘轩昊:《面向“两型社会”建设的碳税立法研究》,载《财税法治研究》2012 年第 1 期。

量:第一,要满足环境保护的需要,重点选择那些对环境影响大、污染程度高、容易对人体健康造成威胁的产品。第二,要与环境保护税的征管方式相匹配,所选污染产品的污染当量要易于确定和量化。

污染产品主要来源于工业、农业生产和居民生活。在工业生产中,发达国家普遍对煤炭和电力产品征税。煤炭是我国能源消耗的主要产品,我国工业生产和居民生活的能源结构均以煤炭为主,煤烟型污染是造成我国大气污染的主要原因。我国电力行业发展迅速,电力生产依靠大量的煤炭燃烧。目前我国节能减排的任务艰巨,近期可考虑将这两类产品纳入污染产品税的征税范围。

在农业生产中,农药化肥的泛滥使用,给环境和公民健康造成了双重危害。泛滥的农药化肥,不仅有害于农作物的有机生长,而且在危害环境的同时也损害了人体健康。

在居民生活中,大量被随地丢弃的塑料包装废弃物形成了"白色污染",对环境造成极大破坏。塑料包装制品使用范围很广,但回收率很低且一旦丢弃很难降解,对塑料包装制品征收污染产品税,能促进消费者在生活中使用其他环境友好的替代品,从而减少塑料制品的使用。电池类产品含有大量有害物质,在生产过程中易给环境造成危害,生活中使用的电池大多是一次性电池,回收率很低,一旦随意丢弃会造成环境危害。"双高产品"名录中的涂料类产品中也含有大量有毒有害物质,通过对涂料类产品征税,鼓励人们在生活中选择使用环保的涂料产品。

因此,从环境保护需要和税收征管技术的可行性两方面考虑,开征污染产品税初期,拟确定适合征税的污染产品,包括煤炭、电力产品、塑料包装制品、农药化肥等环境污染产品。后期,再将现行消费税中易对环境造成危害的电池、涂料、木质一次性筷子等从消费税中剥离,纳入污染产品税的征税范围中,完善污染产品税的征税范围。

(2)生态保护税

生态保护税,是指对自然资源开发利用行为征收的一种税。目的是将自然资源开发利用的环境外部成本内部化。我国环境保护税立法中,注重对环境污染的预防和治理,生态补偿的理念普遍缺失。而其他环境保护相关税法中,与资源调节密切相关的资源税法的立法目的,主要在于调节资源级差收入,环境保护只是它的次位目的。目前我国资源税的征税范围仅包含七类不可再生的矿产资源,范围过于狭窄,并且因为资源税性质的特殊性,它以销售数量和自用数量为计税依据,无法体现开采和利用自然资源时对环境造成的破坏程度和对资源造成的浪费两项环境负外部性成本。因此,很有必要在环境保护税法中增设生态保护税税目,促进资源的有效利用,降低资源开采和利用对环境造成的危害。

生态保护税的征税对象,是对矿产资源、水资源、森林资源、草原资源等自然资源的开发和利用行为。纳税人是开发和利用上述自然资源的单位和个人。计税依据可分类制定,矿产资源和水资源通过开发和利用的重量、体积计算,森林资源、草原资源可按资源利用的面积作为计税依据。除此之外,还可以考虑依据矿产资源的不同种类、森林资源的不同地域设置差异税率。

（二）增强环境保护相关税法的环境保护功能

从现阶段的政府决策来看，扩大消费税征税范围，全面升级改造资源税，强力开征环境保护税的改革方向已十分明确。消费税和资源税也将成为我国环境保护相关税收的两个重要构成部分。从国外环境保护税法的发展经验来看，我国环境保护税法的体系优化，有赖于环境保护相关税法的修法与完善。应该注重协调环境保护税法与环境保护相关税法之间的关系，增强环境保护相关税法的环境保护属性，在加强环境保护税法立法的前提下，提高环境保护相关税法的绿化程度。

（1）消费税环境保护功能的增强

在资源节约和环境保护政策下，我国消费税已进行了多次多阶段的改革。高能耗、高污染产品对环境造成很大的破坏，若将它们都纳入消费税中，不断扩大消费税对高能耗、高污染产品的征税范围，显然是不合理的。因为，通过税收调节高能耗、高污染产品的首要目的是环境保护，而消费税立法的首要目的是调节消费和财政收入。依赖消费税将其征税范围扩充至包含所有高能耗、高污染产品来实现环境保护目的是不现实的。笔者建议，在我国《环境保护税法》中增设污染产品税税目，科学合理地选择污染产品的征税范围，以此减轻消费税的立法负担。

协调消费税与环境保护税之间的关系，还需采取两项基本措施：第一，调高征税范围中污染产品的税率，目前消费税中对于烟花爆竹、木质一次性筷子等污染产品的税率偏低，应该适当调高税率。第二，通过设置差别税率引导绿色消费，鼓励消费者选择环保产品。开征污染产品税后还涉及消费税中某些税目要调整，将污染环境的消费品由消费税类调整到环境保护税中的污染产品税目。这是污染产品税和消费税有效衔接的关键。

（2）资源税环境保护功能的增强

随着财政部、国家税务总局颁布《关于全面推进资源税改革的通知》（财税〔2016〕53号），我国资源税的功能已由最初旨在调节资源级差收入转变为组织财政收入、调控经济、促进资源节约和生态环境保护。从现在资源税绿化改革的趋势看，为实现自然资源的合理利用和环境的有效保护，我国资源税主要应从以下三个方面做出调整。

首先，扩大资源税的征税范围。基于现在自然资源面临的严峻形势，资源税也承载着资源节约和环境保护的职责。除原油、天然气、煤炭、黑色金属矿原矿、有色金属矿原矿、其他金属矿原矿和盐这七类不可再生的矿产资源外，还应该将森林资源、水资源、土地资源、草原资源等自然资源的开发和利用也纳入资源税的征税范围中，实现全面保护资源、有效优化资源配置和提高资源利用效率的目标。其次，适当调升资源税的税率，从源头遏制企业对资源的过度开发和利用。最后，增加资源税中的税收优惠措施，对资源绿色开采和有效利用的行为给予优惠，鼓励企业在资源开采和利用过程中节约资源、减少环境污染。

(3)其他税环境保护功能的增强

除消费税和资源税两类与环境保护密切相关的税外,其他环境保护相关税种主要通过实施税收优惠政策,实现保护环境的目的。环境保护相关税虽不以环境保护为首要目的,但它们的环境保护作用也越来越凸显。为增强它们的环境保护属性,通过适当扩大税收优惠的适用范围,加大税法对环境友好和资源节约行为的激励力度。

(三)以立法目的为导向协调环境保护税法与环境保护相关税法的关系

每一种税都可以有不同的功能。在税收立法过程中,税收不同功能的期盼就转化成为不同税种立法的价值取向,或者称为立法目的、立法宗旨。梳理环境保护税、资源税和消费税的税制改革和发展脉络可以发现,一种税可能存在多元化的价值取向,也就存在多元化的立法目的。在立法过程中为兼顾不同的立法目的而导致税制设计变得复杂化。

从立法目的看,环境保护税、资源税和消费税都有着保护环境这一共同的价值追求。不同之处在于,环境保护这一立法目的在各税的多元化立法目的中凸显的重要程度不同、目的序位不同。在环境保护税中,环境保护目的居于首位,财政收入目的居于次位。在消费税法中,调节消费、财政收入目的是消费税的主要目的,而环境保护目的只能屈居次位。同理,资源税法常将资源税作为调节资源极差收入之税,补偿资源所有人经济损失之税,财政收入仍是其主要目的,环境保护目的位居次位。

在立法目的存在交叉时,正是立法目的序位的不同,为区分环境保护税与环境保护相关税提供了依据,在环境保护税和环境保护相关税之间划定了界线。因此,在环境保护税法律体系优化的过程中,基本思路是以立法目的序位作为划分环境保护税法与环境保护相关税法的依据,在税制设计过程中,要让序位靠前的目的优于序位靠后的目的优先实现。若对某一具有环保意义的征税对象征税,既可以列入环境保护税,也可以列入消费税,还可以列入资源税规制,就看其立法的首要目的如何。若该制度的首要目的在于环境保护,那首先应当考虑将其纳入环境保护税法之中。若该制度以增加财政收入为主要目的,环境保护只是其伴随的次要目的,则考虑将其融入消费税法或资源税法之中。在立法目的引导下,环境保护税法与环境保护相关税法恪守自身的目的序位,避免在环境保护税立法过程中出现目的越位和缺位现象。

当制度设置把环境保护目的摆在首要位置时,最理想的立法状态是通过环境保护税法来实现。但有些污染产品在税收征管过程中无法从量计征,虽然对环境造成危害,但不一定适合纳入污染产品税中,可根据征管技术的局限性而将其放到下游的消费过程中,通过征收消费税来实现环境保护目的,在技术上具有更强的可行性。

在协调环境保护税法与环境保护相关税法的关系时,要考虑税收征管的成本和征管技术。税收目的的实现需要征管技术的配合,若为实现环境保护目的制定的税制难以操作,或征收成本过高,即便是目的具有正当性,正当目的也不过是“镜中花水中月”。所以,将某些征税对象纳入环境保护相关税种如资源税、消费税的立法中去规制,能够更好地发挥税法保护和改善环境,推进生态文明建设的作用。

信贷资产证券化的增值税规则审视与优化

郝琳琳[*]

一、问题的缘起

信贷资产证券化是以银行业金融机构作为发起机构，将信贷资产信托给受托机构，由受托机构以资产支持证券的形式向投资机构发行受益证券，以该财产所产生的现金支付资产支持证券收益的结构性融资活动。[①] 由该定义可推知，信贷资产证券化具备信托特征，契合信托结构，因而具有信托属性，对其进行课税也因此应符合信托税制的基本原则和基本要求。

随资产证券化市场的不断发展，基础资产的类型日益丰富多样。以2016年为例，全国共发行资产证券化产品8420.51亿元，同比增长37.32%；市场存量为11,977.68亿元，同比增长52.66%。其中，信贷资产支持证券发行3868.73亿元，占发行总量的45.94%；企业资产支持证券发行4385.21亿元，占发行总量的52.08%；资产支持票据发行166.57亿元，占发行总量的1.98%。近年来，企业资产证券化发展势头尤为迅猛，但信贷资产支持证券的发行规模仍占近半壁江山。[②] 因此，实现对信贷资产证券化的有效课税，不仅将有助于推动其合规演进，而且对其他资产支持证券的税制构建起到示范作用。

近年来，信贷资产证券化的税收规则陆续出台。早期的课税依据主要是财政部、国家税务总局《关于信贷资产证券化有关税收政策问题的通知》（财税〔2006〕5号文）（以下简称5号文），对信贷资产证券化的印花税、营业税和企业所得税相关政策进行了规定。随着营业税改征增值税的改革全面展开，其中涉及营业税的课税规则已经难以适用。2016年3月24日财政部和国家税务总局联合发布了《关于全面推开营业税改征增值税试点的通知》（财税〔2016〕36号文）（以下简称36号文），明确从2016年5月1日

---

* 北京工商大学法学院教授。本文为国家社科基金项目"信托税收法律制度研究"（11CFX023）阶段性成果。

① 该定义出自《金融机构信贷资产证券化试点监督管理办法》（中国银监会〔2005〕3号令）。

② 资料来源：中国国债登记有限责任公司：《2016年资产证券化发展报告》，载中国债券信息网：http://www.chinabond.com.cn/cb/cn/yjfx/zzfx/nb/20170109/146095561.shtml，最后访问日期：2017年8月8日。

起，金融业由缴纳营业税改为缴纳增值税。与资产证券化相关的业务主要包括贷款服务、直接收费金融服务和金融商品转让三类。2016 年 12 月 21 日财政部和国家税务总局联合发布《关于明确金融、房地产开发、教育辅助服务等增值税政策的通知》（财税〔2016〕140 号文）（以下简称 140 号文）对 36 号文进行了补充，并解释了“保本”的含义，更主要的是明确规定了“资管产品运营过程中发生的增值税应税行为，以资管产品管理人为增值税纳税人”。而后又于 2017 年 6 月 30 日出台了财政部、国家税务总局《关于资管产品增值税有关问题的通知》（财税〔2017〕56 号）（以下简称 56 号文），作为对 140 号文的进一步补充，不仅界定了资管产品和资管产品管理人的范围，更重要的是确定了资管产品的计税方法，并将资管产品的增值税征税起始日期延缓到自 2018 年 1 月 1 日开始。

此外，《信贷资产证券化试点管理办法》《金融机构信贷资产证券化试点监督管理办法》《信托业务会计核算办法》和《信贷资产证券化试点会计处理规定》等规范性文件，也对信贷资产证券化课税具有或多或少的影响。

虽然，对信贷资产证券化业务和各相关主体的课税，有相当多的规范性文件可以适用，但是，增值税的课征难题依然存在。而且，因资产证券化本身面临的立法和实践困境也将在税款征纳过程之中凸显。

二、争议焦点：收益权能否资产证券化

资产证券化的核心环节就是实现基础资产财产权的移转。在我国，由于受到金融监管制度变化的影响，资产证券化多采取的是资产收益权转让的形式，委托人继续保留与借款人的借贷关系，并常常无法做出“真实销售”，即不仅以收益权作为信托财产，且收益权在财务上不出表，仍由发起人享有未来收益的获取权。由此，收益权不仅未作“销售”，也很难认定为“视同销售”。关于收益权信托是否适格，当基础资产所有权与收益权均未作真实销售时是否符合资产证券化条件，一时成为学界争议的热点。甚至有学者担心，将“资产收益权”而非财产所有权本身设立信托，有悖信托制度的实质，使信托财产失去独立性，从而弱化其风险隔离功能。

那么，到底资产收益权能否成为信托合同的标的？实际上，信托财产独立性的实现不仅取决于信托财产权属是否转移给受托人，更取决于信托法的具体规定及交易结构的设计。我国《信托法》在立法时就将信托的概念界定为，委托人将其财产权“委托给”而非“转移给”受托人，这也为收益权信托的适用留下了广袤的空间。信托财产独立性是信托制度的灵魂，但是信托财产权属的转移并非实现信托财产独立性的唯一途径。在资产证券化实践中，当事人可以根据信托的目的及信托财产的性质，选择转移或者不转移信托财产的归属。立法和学理应该为信托的灵活性提供支持，而不是禁锢实践的发展，这也正是信托法的强大的生命力所在。① 诚如美国信托专家斯考特的名言：“信托的应用

① 楼建波：《信托财产的独立性与信托财产归属的关系——兼论中国〈信托法〉第 2 条的解释与应用》，载《广东社会科学》2012 年第 2 期。

范围可与人类的想象力相媲美。"华尔街谚语"只要有稳定的现金流,就能将其资产证券化"更是将信托的灵活精巧描述到极致。

由此,在银监会《关于规范银行业金融机构信贷资产收益权转让业务的通知》(银监办发〔2016〕82号)中也首肯了信贷资产收益权转让的效力,并认为该业务对进一步盘活信贷存量、加快资金周转发挥了积极作用。同时,还要求发起人(出让方)转让收益权后应继续按信贷资产计提资本和贷款损失准备,这也表明了基础资产并未随收益权一并转移。

在确认了收益权的可信托属性之后,还需要进一步追问,是否所有以收益权作为基础资产的交易活动都属于资产证券化行为?

三、真实销售:信贷资产证券化的实质条件

在基础资产转移阶段,发起人其实有三种"转移"方法:资产出表、不出表和部分出表。"出表"是指发起人将基础资产进行真实出售;"不出表"则相反,是发起人将基础资产继续留在自己的资产负债表内,其实质是担保融资;而"部分出表"则是混合了真实出售和担保融资两种属性。

根据我国《企业会计准则——金融资产转移》《信贷资产证券化试点会计处理规定》,当发起机构将信贷资产所有权上几乎所有的风险和报酬转移,或者放弃了对该信贷资产控制的,发起机构对该信贷资产终止确认,即将信贷资产出表。

在原来营业税制度下,出表的业务是按5%计征营业税。"营改增"后税率提高了一个百分点,同时由于资管行业进项税额的抵扣制度并未明晰,影响了金融机构在资产证券化过程中将基础资产进行"真实销售"进而"出表"的意愿。而在不出表的处理模式下,基础资产将依然保留在发起人的资产负债表内,无法缓解发起人资本金的压力,这样一来,不仅降低了资产证券化业务对金融机构的吸引力,直接影响开展资产证券化业务的热忱,而且由于不能满足信托财产的独立性要求,仅依赖于现金流的归集,也不利于对系统风险的隔离管控。

在基础资产"部分出表"的情形下,发起人通常保留一部分劣后级资产支持证券,是对资产证券化交易活动进行融资担保。根据《人民银行银监会公告进一步规范信贷资产证券化》(中国人民银行、中国银行业监督管理委员会公告〔2013〕第21号)的规定,发起机构需保留5%以上的基础资产信用风险。一般而言,保留信用风险即通过发起人持有劣后级资产支持证券实现。这种作为融资担保的劣后级证券,当然不能确认销售收入,因此,在持有劣后证券进行融资担保的情况下,发起人的基础资产实际上完成了"部分出表"。那么,除属于融资担保的部分不能计入销售收入以外,其他部分则可以认定为"真实销售",应确认其销售额。

虽然中国银监会办公厅《关于进一步加强信贷资产证券化业务管理工作的通知》(银监办发〔2008〕23号)要求发起机构要落实证券化资产的"出表"要求,做到真实出售,降低银行信贷风险,但实务中,有的发起机构并未真正转移信贷资产的所有权与风险,相关资产在形式上也并未从发起机构的资产负债表中转出,即资产"不出表"。其实质是发起机构以信贷资产为质押进行的融资,一旦作为信贷资产的贷款无法收回,或是信托财产不足以支付信托本金与收益时,发起机构需最终承担支付信托本金及收益的责任,这无疑与信托的属性与隔离风险的功能是相悖的。

其实,信贷基础资产在证券化的过程中"出表"或者"大部分出表"有利于确认其"真实销售",进而成为真正意义的"信托",实现"破产隔离"功能,防范因资产证券化而产生的系统性风险。然而,目前的"营改增"方案并未对发起人进行基础资产的"出表"提供支持。综观我国截至2016年年底信贷资产支持证券的基础资产结构,仅48%是银行对企业的贷款,绝大部分的份额已经由汽车贷款、铁路专项贷款、个人住房抵押贷款、信用卡贷款以及不良贷款等所分占。这些基础资产在进行证券化的过程中很难确认"买入价",充其量只在银行账面上有"账面价值"。如果出表,按36号文的规定,金融商品转让应"按照卖出价扣除买入价后的余额为销售额",适用6%的增值税税率。然而,发起人如何确定"买入价"成为难题,"账面价值"无论如何不能与"买入价"等同。更难解决的问题是,将不良贷款资产证券化的流程中,在基础资产转移时可能会对其进行打折处理,很容易出现不良贷款的"卖出价"低于"买入价"的状况。

在基础资产"不出表",即发起人保留未来收益权的情况下,由于无法做到资产独立,只能依赖严格监管以期降低风险。而信托则显著不同,因信托财产独立而天然具有隔离风险的功能,而"财产独立性"恰是信托制度保持经久不衰魅力的根源。而今未能做真实销售的收益权信托,其实质是以未来租金和利息等进行质押担保的融资手段。因此,当发起人的基础资产全部未做真实销售而整体不出表时,无论在信托制度还是税收制度下,都不应确认其为"信贷资产证券化",而应以"融资担保"定性。那么,在基础资产完成真实销售和因购买劣后级证券而保留部分财产权益时,才是合法有效的信贷资产证券化。而从目前的规则和实践看来,对基础资产能否实现风险隔离功能并无强制要求,就如同不少名为"公益信托"的计划实际上并不具有绝对的公益目的,不仅未受到监管部门的取缔或者惩罚,反而获得支持和推广;国家对资产证券化的态度也是支持和鼓励的,虽出台了形式严厉的监管规则,其实是对欠缺实质要件的资产证券化模式的默许和包容。

四、实质课税:分配资产证券化各交易主体纳税义务的基本原则

由于实质课税原则彰显了税法的价值目标,体现了对税收公平、正义的追求,与税收法定原则在本质上协调互补。在信托流转税制度设计的过程中,实质课税原则也当仁不让地成为判断交易行为实质的准则。所以,"实质课税"将是克服信托业营业税改征增值税过程中难题的"解码",是设计包括资产证券化增值税规则在内的整个信托税收制度的指导性原则。

特殊目的机构(Special Purpose Vehicle,SPV)的全部功能就是作为基础资产的载体,其除了回收资产池中信贷资产的利息与本金并依约偿付投资人以外,并没有其他经营活动。实际上,在发起人基础资产不出表的情况下,特殊目的机构的功能仅剩下融资和偿债,并未形成资产池,因此,不宜将其认定为发起人的资产证券化活动,将其归为“融资担保”更加名正言顺。这样不仅容易分配各方主体的纳税义务,也更有利于解决一直争论不休的发票开具和抵扣问题。下文依据实质课税原则解析资产证券化各交易主体的增值税纳税义务,而各交易主体在资产证券化业务中的地位和职能可以从交易结构图中得到直观阐释。如图1所示:

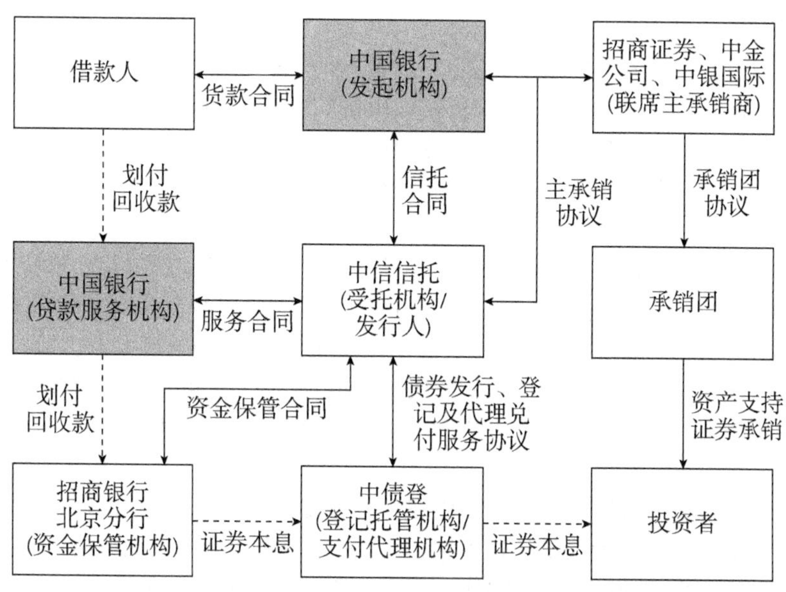

图1 中银2015年第一期信贷资产证券化信托资产支持证券交易结构

资料来源:《中银2015年第一期信贷资产证券化信托资产支持证券发行说明书》,载中国债券信息网。①

(一)发起人

在信贷资产证券化业务中,发起人首先要将信贷资产信托给受托人,完成基础资产的真实销售(形式移转),此时信托合同的标的为应收账款等信贷资产,取得对价的行为属于36号文附件1所列举的金融商品转让,须按照金融商品转让缴纳增值税。

发起人在信贷资产未真实出售的情况下,发起机构实质上是进行了一笔融资借款业务,因此,依实质课税原则,对仍由发起人实际控制的包括收益权在内的信贷资产,不确认资产转让所得与损失,也不涉及增值税。由于发起人保留资产的未来孳息收益权,那么,就需要根据发起人获得收益的属性来判断是否应该缴纳增值税,以及按照何种税目纳税。例如,当资产收益来自银行收取的贷款利息时,则由银行按照“贷款服务”税目纳

① 载 http://www.chinabond.com.cn/resource/1472/1488/1505/18682/21000/18612/21420/313707/313847/21000052/1434079533103758391663.pdf,最后访问日期:2017年8月11日。

税；若为不动产租赁，则对租金收入按照 11% 税率课税，有型动产租赁收入则需承担 17% 税负，等等。

如果发起人持有基础资产的劣后级证券，实质上也是为融资进行担保的行为，在这种情况下，应该以全部基础资产的销售价格减除劣后级证券购买价格后的差额作为金融商品转让的销售额，缴纳增值税。

厘清资产证券化的实质条件，并以实质课税原则分析发起人在不同情况下的税收负担，不仅可以分配交易各方的纳税义务，而且更有助于确认增值税发票的开具主体。由于发起人仍保留基础资产及其收益权，那么，由借款人支付的利息等收益当然由发起人开具发票；在资产真实销售的情况下，自然应由实际收取收益的受托人开票，这样一来，收益权的行使与开票主体不一致的困境也就不复存在。

（二）受托机构

根据 140 号文的规定，资管产品运营过程中发生的增值税应税行为，以资管产品管理人为增值税纳税人。根据该项规定，对于特定目的信托在运营中取得的保本收益，受托机构作为纳税义务人，应该按照"贷款服务"缴纳增值税。①

此外，受托机构作为资产管理人就特定目的信托的设立、资产支持证券发行等收取的管理费、服务费、手续费等收入，按照"直接收费金融服务"缴纳增值税。

（三）各类服务机构

在信贷资产证券化的过程中，贷款服务机构取得的服务费收入、资金保管机构取得的报酬、证券登记托管机构取得的托管费、其他为证券化交易提供服务的机构取得的服务费收入等，均应根据 36 号文及其附件的规定，依"直接收费金融服务"缴纳增值税。

（四）投资者

在真实出售业务模式下，因发起机构已将其持有的贷款"出表"，因此对于后续产生的贷款利息收入，发起机构不再承担增值税纳税义务。投资者购买资产支持证券，如果取得保本收益，则需要按"贷款服务"计算缴纳增值税；如果取得非保本收益，则不需要缴纳增值税。

对于投资者在资管计划存续期间转让资产支持证券的，属于金融商品转让，投资者若为机构投资者需按"金融商品转让"计算缴纳增值税，并就转让所得缴纳企业所得税；若发生损失，按《企业资产损失所得税税前扣除管理办法》（国家税务总局公告 2011 年第 25 号）规定，采取清单申报后允许税前扣除。依据 36 号文附件 3 的规定，投资者若为个人，可免征增值税，但对转让所得需缴纳个人所得税。

---

① 140 号文中明确规定了"保本收益、报酬、资金占用费、补偿金"，是指合同中明确承诺到期本金可全部收回的投资收益。金融商品持有期间（含到期）取得的非保本的上述收益，不属于利息或利息性质的收入，不征收增值税。并且规定了纳税人购入基金、信托、理财产品等各类资产管理产品持有至到期，不属于 36 号文所称的金融商品转让。

对单位投资者买卖信贷资产支持证券取得的差价收入征收增值税；对个人投资者买卖信贷资产支持证券取得的差价收入，免征增值税。对单位和个人投资者持有信贷资产支持证券取得的分红，如果合同明确承诺到期还本则属保本利息收入，应征收增值税。信贷资产证券化各主体增值税税负情况见表 1 所示。

表 1　信贷资产证券化各主体增值税税负情况

资产证券化各阶段	信贷资产证券化各主体	增值税税负
基础资产转移阶段	发起人	1. 基础资产真实销售：按照金融商品转让缴纳增值税。 2. 信贷资产未真实销售，因没有发生转让，无须缴纳增值税。发起人对未来孳息的收益，需要根据收益的属性来判断课税。当资产收益来自银行收取的贷款利息时，则由银行按照“贷款服务”税目纳税；若为不动产租赁，则对租金收入按照 11% 税率课税，有型动产租赁收入则须承担 17% 税负，等等。 3. 如果发起人持有基础资产的劣后级证券，应该以全部基础资产的销售价格减除劣后级证券购买价格后的差额作为金融资产转让的销售额，缴纳增值税
资产管理阶段	受托机构	1. 从信托计划中获得的贷款利息，按“贷款服务”缴纳增值税 2. 从信托计划取得的信托报酬，按“直接收费金融服务”缴纳增值税
	贷款服务机构	取得的报酬，按“直接收费金融服务”缴纳增值税
	资金保管机构	取得的报酬，按“直接收费金融服务”缴纳增值税
	证券登记托管机构	取得的报酬，按“直接收费金融服务”缴纳增值税
	其他为证券化交易提供服务的机构	取得的报酬，按“直接收费金融服务”缴纳增值税
	单位投资者	买卖信贷资产支持证券取得的差价收入缴纳增值税
	个人投资者	买卖信贷资产支持证券取得的差价收入免缴增值税

五、税负从轻：防杜信贷资产证券化增值税重复课征

灵活、精巧的资产证券化架构和设计，给税法规制尤其是增值税课征带来了难题。复杂的信贷资产证券化结构其实可以分解为三次简单交易：一是金融机构获得贷款利息；二是金融机构向特殊目的载体支付利息；三是特殊目的载体向投资者支付利息。三次交易收入又均为贷款服务收入。由于目前贷款服务收入不得抵扣增值税进项税额，无

疑增加了资产证券化各交易主体重复征税的可能性。因此，建议允许受托人从特殊目的载体取得的收入中扣除向投资者支付的利息部分作为销售额征收增值税，或者适当减少纳税环节，避免重复征税。

第一，重新审视基础资产转让行为的可税性。在发起人转让信贷资产环节，当然不能将资产转让划归为“贷款服务”。此外，由于应收账款等信贷资产并不属于可以在二级市场流通的金融产品，将其确认为“金融商品转让”也实属牵强。由此，不应将基础资产转让收入认定为“金融服务收入”，而将其定位在其他增值税税目之中就更不合理。这样一来，发起人转让基础资产的行为就被排除在增值税征税范围之外了。因此，秉持“法无明文规定不课税”的税收正义，该环节即使完成了全部真实销售，也仅应就其与原始资产的差价收入课征所得税，发起机构无须履行增值税纳税义务。

第二，纳税环节宜删繁就简。证券化交易过程只是使获取收入的权利发生了从金融机构到特殊目的载体、从存款人到投资人的移转，依税收中性原则，不应因此致使税负增加和成本提高。虽然 140 号文规定了在资产管理环节由资产管理人承担增值税，但实际上，如前所述，在信贷资产证券化过程中，发起机构、受托机构和投资机构均须承担增值税纳税义务。尤其在 56 号文确定了受托人资管产品运营业务适用 3% 的简易计税方法后，以利息收入为例，利息的增值税税款将无从抵扣进项税额，若在不同阶段由不同纳税主体负担利息收入的增值税，多重征税将在所难免。综合考虑实质课税原则、税收中性原则，以及“营改增”后全行业税负只减不增的目标要求，在信贷资产证券化业务的各阶段，就基础资产利息收入及其后投资人持有资产支持证券所获得的利息课征增值税时，可以采用一次课征制度，选择在受托人缴纳增值税以后，就同一笔利息产生的收入不再由投资人等其他主体承担增值税纳税义务。

行政罚款税前可抵扣性探究

任 超*

在2012年比利时宪法法院对"Tessenderlo Chemie vs. Belgische Staat"案的审理中,欧盟委员会再次以"法庭之友"的身份向法院提交了意见(Observations)。该意见引用并承袭了委员会此前在对荷兰最高法院审理的"Inspecteur van de Belastingdienst v X BV."案中同样以"法庭之友"身份发表的观点,即允许反垄断罚款在税前扣除将影响欧盟竞争政策的有效性。比利时宪法法院及荷兰最高法院认可了欧盟委员会的这一观点,并最终作出了不允许反垄断罚款在税前抵扣的终审判决。

有关反垄断罚款的税前扣除问题,国内学者极少讨论,大概是因为我国法律对此已经作出了非常明确的规定。根据我国《企业所得税法》第10条的规定,"在计算应纳税所得额时,下列支出不得扣除:……(四)罚金、罚款和被没收财物的损失;……"可以说,不仅是反垄断罚款,所有的行政罚款、刑事罚金乃至被没收财物损失都不允许在税前扣除。这样的规定是出于什么原因,这样规定是否合理,欧盟关于反垄断罚款税前可扣除性的争论对我们有何启示,这些问题都非常值得研究。

一、罚款不得税前扣除的原因探究

按照我国《企业所得税法》第8条的规定,"企业实际发生的与取得收入有关的、合理的支出,包括成本、费用、税金、损失和其他支出,准予在计算应纳税所得额时扣除。"而该法第10条的兜底条款是"……(八)与取得收入无关的其他支出。"据此,笔者可以推定,从立法者的角度来看,"罚金、罚款和被没收财物的损失"不能扣除的原因乃在于其与取得收入无关。这种规定并不鲜见,事实上英联邦国家有关罚款税前扣除的规定大多也是如此。如加拿大《所得税法》(Income Tax Act, *ITA*)第18(1)(a)项规定,"除非某项支出和费用发生的目的是为了从一项商业活动或财产中取得收入(income),否则在计算纳税人应税收入时不允许抵扣。"英国2005年《所得税法》第34(1)(a)项和1988年《所得和公司税法》第74(1)(a)项则规定,一项成本和费用允许抵扣的前提是其必须是出于经营的目的(for the purpose of trade)。应该来讲,虽然表述不同,但主旨却是一致的。

---

* 华东政法大学经济法学院副教授,法学博士。

我国《企业所得税法》第 10 条的列举方式暗含了一个前提:即罚金、罚款和没收财物的损失都与取得收入无关。这个前提是否正确却值得考量。加拿大的一个案子(65302 British Columbia Limited v. Her Majesty The Queen)就认为,涉案罚款是与取得收入有关的。该案的原告(British Columbia Limited)是一家饲养禽类的农场,按照该地管理部门制定的配额制度,鸡蛋生产者被分配了一个配额,配额决定了每个生产者可以饲养的鸡的数量,原告出于实际状况考虑,超出了配额的数额,原告的理由是,如果他不这么做,他将失去主要的客户,因为他的客户也在扩展,而配额在当时又无法取得,或者成本太高。尽管如此,原告还是因此被处以 269,629.69 美元的罚款。但是对于该部分罚款能否在税前扣除,原告和税务局就产生了争议。该案最终上诉到了加拿大最高法院。而在有关该罚款支出去是否满足第 18(1)(a)项的取得收入的目的这个问题上,法院一致给了肯定意见。①

当然,即使一项罚款支出与取得收入相关,按照企业所得税法的规定,不允许其税前抵扣也并无问题。因为第 10 条采取的是列举的方式将罚款等支出排除在税前扣除之外,因此,可以说这是立法者作出的一个推定,即将所有的"罚金、罚款、被没收财物损失"推定为是与取得收入无关的支出,且这种推定不可反证。这种立法方式本身并无问题,事实上,作如此推定也是一种现实的需求,尤其是在考虑法律的确定性问题时。但既然是推定,既然也确实存在与收入相关的罚款支出,那么这种推定的合理性就需要加以考虑了,因为不允许罚款等支出的税前扣除虽然有一定程度上的必要性,但也存在很多的不合理性以及对纳税人利益的侵害,这种推定在当下或许是合理的,但之后是否仍然合理恐怕也是值得思考的。本文在接下来的一部分将对不允许罚款等支出的税前扣除存在的问题以及现实必要性进行分析。

二、罚款不得税前扣除的合理性分析——以 XBV 案对罚款性质的区分为起点

(1)哈勒姆(Haarlem)地区法院的观点:罚款实际上可以分为以惩罚为目的的部分和以非法利益剥夺为目的的部分

关于罚款能否税前扣除的争议在本文开头提到的两个案件中展示得非常充分。以 XBV 案为例,该案案情并不复杂。XKG 公司是 XBV 公司的母公司,2002 年 XKG 公司因为之前参与卡特尔而被欧盟委员会根据《欧共体条约》第 81 条处以罚款,XKG 公司将罚款的一部分转移到了 XBV 公司,后者在进行纳税申报时将该部分罚款在税前作了扣除,荷兰税务局对此提出了异议。他们认为,欧盟委员会的此项罚款属于荷兰 2001 年所得税法案第 3.14(1)(c)项所规定的不得税前扣除的项目之一。按照该项规定,欧盟的机构施加的罚款(fines imposed by an institution of the European Union)不允许税前扣

① 65302 *British Columbia Limited*, *Appellant v. Her Majesty The Queen*, *Respondent*[1999]3 S. C. R. 804, 179 D. L. R. (4th) 577, 99 D. T. C. 5799.

除。① 案件初审是在哈勒姆(Haarlem)地区法院。法院认为,荷兰的法律对以惩罚为功能的罚款和通过剥夺违法所得来劝阻(discourage)某个行为的罚款进行了区分,对于后者是允许抵扣的,但前者则不允许。② 因为非法所得部分先前已经被征过税了。③ 但是由于前面所说的第3.14(1)(c)项已经明确将欧盟的机构施加的罚款排除在允许税前扣除的项目之外,法院于是从刑法的角度来着手推理。法院认为,荷兰在1998年的《竞争法案》出台之前,相关案件的执法是以刑法为基础的(national competition law was enforced on the basis of Dutch criminal law),而刑法中则有"fines"和"measures"的区别,而后者,也即是非法利益剥夺,是可以税前扣除的。法院认为,虽然欧盟法没有作这样的区分,但一项制裁(sanction)是必然由两个部分组成的:一是惩罚,二是对非法利益的剥夺。罚款要求违法者必须是故意,这是其惩罚性质,而罚款的计算方式是以纳税人的营业额为基础计算,则又体现了其剥夺非法利益的性质。因此法院认为罚款中凡是属于以剥夺违法所得为目的的部分都应该在计算利润时予以扣除,关于该部分的确认,法院采纳了XKG公司提供的特别报告,认为XKG公司转移到XBV公司的罚款都是只与剥夺违法所得相关的,因此法院认为应该允许在税前扣除。④

(2)欧盟委员会的观点:惩罚因素与非法利益剥夺的因素二者不可能区别开来

税务局不服,上诉到了阿姆斯特丹上诉法院,欧盟委员会随后则以"法庭之友"的身份发表了意见。虽然欧盟委员会理论上仅应该就有关欧盟竞争政策在欧盟各国的统一适用发表意见,但事实上,他们做的不仅于此。首先,欧盟委员会认为,反垄断罚款主要是惩罚和威慑效果而不是剥夺非法所得。即使认可罚款包含剥夺非法所得的因素,但其和惩罚威慑因素并不可能区别开来,"我们无法说罚款中的某一部分对应惩罚威慑因素,而另一部分对应剥夺非法所得要素"。⑤ 其次,欧盟委员会还认为,允许罚款的税前扣除,将损害罚款的惩罚和威慑效果。⑥ 因为允许抵扣实际上导致政府承担了企业的一部分罚款。⑦ 最后,就是要保障竞争政策在欧盟各国的平等适用。当然,有人指出,由于抵

---

① *Inspecteur van de Belastingdienst v. X BV*(C-429/07)[2007]OJ C297/23.

② see Kees Jan Kuilwijk and Diarmuid Rossa Phelan, "On the Tax-deductibility of Fines for EC Competition Law infringements", (2010) 31(3) *E. C. L. R.* 131.

③ see Rene Smits, "Tax Deductibility of Fines Imposed for Competition law Infringements", *E. C. L. R.* 2012, 33(3), 138-145.

④ see Rene Smits, "Tax Deductibility of Fines Imposed for Competition Law Infringements", *E. C. L. R.* 2012, 33(3), 138-145.

⑤ Written observations of the European Commission of 24 September 2009, published on the website of the European Commission's DG Competition: http://ec. europa. eu/competition/court/antitrust requests. html.

⑥ Written observations of the European Commission of 24 September 2009, published on the website of the European Commission's DG Competition: http://ec. europa. eu/competition/court/antitrust requests. html.

⑦ Written observations of the European Commission of 24 September 2009, published on the website of the European Commission's DG Competition: http://ec. europa. eu/competition/court/antitrust requests. html.

扣问题事实上也仅仅是影响税收,而欧盟各国的税率不同,因此各国的税收负担必然是不同,故而抵扣问题并不影响竞争政策的统一适用。对这种观点,欧盟委员会也发表了反驳意见,认为不允许抵扣是一种一般义务(general obligation),这种义务是直接来源于欧盟条约的。[①] 欧盟委员会还认为违反竞争法规定所获取的利润已经履行了纳税义务的观点是与本案无关(irrelevant)的,那种认为该利润的存在限制了损失的发生从而也是一项税收负担(tax disadvantage)的观点也是无关的。[②] 因为这些都无法否认允许抵扣给反垄断罚款的威慑性带来的影响,更无法否认其对竞争政策在欧盟各国的统一执行带来的影响。

(3)荷兰最高法院的观点:反垄断罚款不得税前扣除

案件最终到了最高法院,而最终判决是不允许反垄断罚款在税前扣除。最高法院针对基层法院的很多观点都作出了反驳。最高法院首先认为,荷兰的税法并未在具有惩罚性质的罚款和以剥夺非法利益为目的的罚款之间作出区分,无论是从法律文本还是从先例来看,都没有。至于基层法院提到的1998年竞争法案出台前的情况,最高法院认为在1998年之前实际上并没有多少竞争法的执法案件。其次,针对基层法院提出的罚款的计算方式是以营业额为基础的问题,最高法院认为以营业额来计算罚款并不能说明罚款的目的是剥夺非法所得,之所以以营业额为基础,是因为这能反映出违法行为的严重程度(the gravity of the infringement)。[③] 更何况,如果要为了剥夺非法利益,那么最符合逻辑的方法也应该是根据利润而不是营业额来确定。此外,罚款缺乏一个最高限额也表明其目的不是为剥夺非法利益。

(4)笔者的观点:允许非法利益剥夺部分税前扣除将导致重复征税,但也只能如此

总结案件的各项争议,其实最核心的焦点只有一个,[④]那就是罚款是否有惩罚与剥夺非法利益两种性质之分。荷兰的税法中并未有这样的区分。但从罚款的本质上来讲,剥夺非法利益似乎也是罚款震慑效果的题中之意。一项罚款除了要起到对已发生行为的惩罚效果之外,还应该对其他未来准备从事同样行为的人起到威慑的作用。要做到如此,就要求罚款的数额必须大于违法者从违法行为中获得的利益。事实上,可以说威慑和惩罚的效果都只有在罚款将非法利益剥夺之后才实际存在。[⑤] 而且非法利益的剥夺也只能通过罚款来实现,如要通过民事诉讼程序来进行,目前存在很大困境,因为原告没有

---

① Written observations of the European Commission of 24 September 2009, published on the website of the European Commission's DG Competition: http://ec.europa.eu/competition/court/antitrust requests.html.

② Written observations of the European Commission of 24 September 2009, published on the website of the European Commission's DG Competition: http://ec.europa.eu/competition/court/antitrust requests.html.

③ judgment No 10/01358 of the Supreme Court of the Netherlands of 12 August 2011, paragraph 4.5.

④ 有关欧盟竞争政策统一适用性问题,由于与我国情况不同,这里不做过多讨论。

⑤ see Rene Smits, "Tax Deductibility of Fines Imposed for Competition Law Infringements", *E. C. L. R.* 2012, 33(3), pp. 138-145.

动力或能力起诉,即使起诉也很难胜诉。因此,学界也大多认为,尽管欧盟竞争委员会一直致力于鼓励消费者、消费者协会以及竞争者起诉违法行为,但只要这些努力还没有成果,罚款就仍有必要作为剥夺纳税人非法所得的唯一工具。① 从这个意义上,似乎可以说罚款的数额就是违法者获取的非法利益的数额与法律对其加以惩罚的数额两者的合计数。但是,这种说法忽略了一个事实:企业不是根据名义罚款额来决定自己的行动,而是根据考虑了违法行为被抓到的概率的真实罚款额。② 举例言之,如果法律对某行为规定的罚款为 160 万元,而该行为被执法机构发觉的概率为 40% ,那么对于行为人而言,真实的罚款数额只有 40 万元。因此只要行为人预期从违法行为中获取的利益超过 40 万元,那么他就会选择违法。反过来,如果预期利益为 40 万元,查处概率为 40% ,那么法律应规定最低罚款数额为 160 万元。换言之,要真的起到震慑效果,罚款的数额必须超过违法者从违法行为中获得的期待利益乘以罚款得到实际执行的概率的倒数。③ 不过,从理论上讲,虽然罚款的数额并不是根据承担非法利益剥夺功能部分的罚款数额与承担惩罚功能部分的罚款数额相加而来,但却可以分解成这样的两部分。如在前面的例子中,我们可以将罚款中的 40 万元作为非法利益的剥夺,而将 120 万元作为对违法行为的惩罚。但从实际上来讲,因为潜在的违法者对于预期收益以及被抓到的可能性的主观估计都与实际情况是不同的,因此罚款数额的最小值是无法确定的。④ 那么实际的罚款数额如何确定,按照欧盟委员会有关反垄断罚款的指引,其采用的是"两步走"的策略:第一步确定罚款基数,第二步是在基数的基础上做上下调整。罚款基数是以行为人直接或间接地与违法行为相关的商品或服务的销售额乘以 1 个百分比,该百分比是根据违法的严重程度来决定的,最高 30% 。按照指引,违法的严重程度是在个案中综合多种因素考虑后确定,比如违法的性质、违法者的市场份额、经营的地理范围、是否实施等。大致公式是:"罚款基数 = 涉案年度销售额 × 一定的比例 × 持续时间"。在进行第二步对基数的调整时,一般是要考虑各种情节,如是否主犯从犯或累犯,还要考虑行为人的财务状况,另外就是规定了罚款上限,即不能超过上年度销售收入的 10% 。⑤ 可以看到,实践中罚款的数额基

① see Rene Smits,"Tax Deductibility of Fines Imposed for Competition Law Infringements",*E. C. L. R.* 2012, 33(3),pp. 138 – 145.

② See Veljanovski,"Cartel Fines in Europe——Law, Practice and Deterrence"(2007)29 *World Competition*21,转引自 Kees Jan Kuilwijk and Diarmuid Rossa Phelan,"On the tax-deductibility of fines for EC competition law infringements",(2010)31(3)*E. C. L. R.* 131.

③ See Wils,"The European Commission's 2006 Guidelines on Antitrust Fines: A Legal and Economic Analysis",(2007)30*World Competition*:*Law and Economics Review*7. 18.

④ See Wils,"The European Commission's 2006 Guidelines on Antitrust Fines: A Legal and Economic Analysis",(2007)30*World Competition*:*Law and Economics Review*7. 18 – 19.

⑤ See Wils,"The European Commission's 2006 Guidelines on Antitrust Fines: A Legal and Economic Analysis",(2007)30*World Competition*:*Law and Economics Review*7. 4 – 6 同时,参见薛强:《国外反垄断罚款的计算方法》,载《中国价格监督检查》2012 年第 8 期。

数是根据销售额与违法严重程度来确定,而并非销售额与利润率来确定,而且最终是要根据罚款基数做上下调整而不是在基数上加上1个作为惩罚功能的数额,因此实践中的罚款也并非惩罚数额与非法利益数额的合计数。当然,不可否认的是从功能和性质上讲,罚款确实是由这两部分构成,但是从实践上看,这两部分是没有明确界限的,无法从数额上分离出来。

不能准确区分罚款中上述两部分各自的比例这一事实,对于论证判决的合理性确实有意义,但他却仍然不能否认这两部分的区分客观存在的事实。这种区分要求我们回答一个问题:以剥夺非法利益为目的的这部分罚款,从理论上讲,是否应该在税前扣除。如果是应该的,那么尽管可以从立法的明确规定上,甚至从实际操作需求上寻求合理性依据,但却无法回避这种做法以重复课税的形式对纳税人权利的侵犯,也无法逃脱对立法违背税收中性原则、量能课税原则等的指责。

以剥夺非法利益为目的的这部分罚款应否扣除的关键在于非法利益是否已经履行了纳税义务。首先需明确,纳税人取得非法利益时也应该履行纳税义务,这一点目前基本已经是共识,因为税法并不判断行为的合法性,只要有所得,即应该征税。所谓的非法利益其实就是行为人因为从事违法行为而取得的利润。对于这部分利润,如果纳税人财务规范,应该是已经计入了应税所得额中,因而一般是履行了纳税义务的。当然如果对于这部分利润,纳税人并未进行纳税申报,那么在没收违法所得时自然不应该允许在税前扣除,自不必说。但是如果该部分利润已经履行了纳税义务,那么在剥夺纳税人非法利益之时就应该允许纳税人在税前扣除,否则对该部分利润就进行了重复征税。这就违背了税收中性原则、税收公平原则以及量能课税原则。此外,从这个意义上说,那些认为允许罚款税前扣除实际上使政府承担了部分罚款,或者说损害了竞争政策适用的统一性的说法都是站不住脚的,因为这部分罚款已经承担了纳税义务,只有在计算应税所得额时将其扣除才是真正公平的。

三、从我国的实际状况来看罚款的税前扣除问题

从我国目前的状况来讲,即使赞同罚款两类性质的划分,也无法允许其在税前扣除。正如荷兰阿姆斯特丹大学的税法教授A. G. 波得 · 瓦特尔(A. G. Peter Wattel)所说的一样,虽然同意原告所说的罚款包含惩罚性质和非法利益剥夺性质两个要素,但仍然不认为罚款可以税前扣除,原因很简单,因为法律已经有明确的规定了。① 我国的状况也正是如此,但从立法角度上看,还是有研究的必要的。

事实上,我国的法律在非法利益剥夺这个问题上表述得更加明显。“没收违法所得”直接就是我国的行政处罚方式之一。以我国《反垄断法》为例,其第46条第1款的规定就是,“经营者违反本法规定,达成并实施垄断协议的,由反垄断执法机构责令停止违法

① see Rene Smits, “Tax Deductibility of Fines Imposed for Competition Law Infringements”, *E. C. L. R.* 2012, 33(3), pp. 138 – 145.

行为，没收违法所得，并处上一年度销售额百分之一以上百分之十以下的罚款；尚未实施所达成的垄断协议的，可以处五十万元以下的罚款”。

那么，是否在我国的语境下，罚款就只有惩罚性质而不具有没收违法所得的性质？且不说按照税法的规定，没收违法所得的损失同样不能扣除，实际上我国的罚款也并没有那么单纯。从违法行为中获取的非法利益的数额虽然理论上可以确定，但实际上成本太高，实践中根本不可能准确确定下来。结果就是没收违法所得这个行政处罚的执行其实是走样的。表现在，有的时候执法机构并未对执法对象处以没收违法所得的处罚，而通过提高罚款来同时实现两种目的。比如，近年对茅台、五粮液和上海老凤祥金店等的罚款都没有包括“没收违法所得”。笔者猜测，其原因就是因为违法所得难以确定。事实上，从笔者前面介绍的欧盟的罚款指引来看，也是将罚款与销售额和违法的严重程度等挂钩，而间接实现对非法利益的剥夺。

无论是直接的“没收违法所得”还是罚款中的没收违法所得部分，其来源都是从事违法行为获取的利润，而这种利润本质上其实还是来自于对消费者，乃至对社会的“剥削”。可以说社会中的违法所得是来源于受害人的损失。[①] 换言之，违法所得利润实际上是违法者以非法形式将消费者的利益转移给了自己。这可能是以直接的方式，如销售假冒产品，从而攫取消费者的利益；也可能是以间接的方式，通过破坏正常的市场经济秩序，如垄断、不正当竞争，从而获取非法利益。无论是哪一种，理论上消费者都可以通过民事诉讼向违法者请求赔偿。尽管我国目前似乎只有前一种方式可以民事诉讼，后一种暂时还不行，但这并不意味着后一种方式原理上不可诉，因为无论是欧盟还是美国都有关于反垄断的民事诉讼。

事实上，我国目前虽然是以行政手段没收违法所得，但没收所得到的这部分利益也应该是要以直接或间接的形式返还给受害人才对，因为对相对人进行行政处罚，是为了保护作为相关人的公民、法人或其他组织的合法权益。[②] 从这个意义上来说，没收违法所得本质上是属于民事属性范畴。[③] 进而，“没收违法所得的责任也具有了对受害人补偿的性质，也是一种对违法行为所生之债予以清偿的经济制裁措施。”“通过对违法所得财产的追缴、退赔并发还受害人，使受害人的财产权益恢复原状，也使被破坏的社会关系重建和谐。”[④]

---

① 韩志红、付大学：《没收违法所得返还受害人制度研究》，载《天津师范大学学报》（社会科学版）2012 年第 5 期。

② 韩志红、付大学：《没收违法所得返还受害人制度研究》，载《天津师范大学学报》（社会科学版）2012 年第 5 期。

③ 甚至有学者认为，刑事追缴是一种对犯罪所生之债予以清偿的司法制裁措施，在本质上也属于民事范畴。参见王晨：《诈骗犯罪的定罪与量刑》，人民法院出版社 1999 年版，第 120 页。

④ 韩志红、付大学：《没收违法所得返还受害人制度研究》，载《天津师范大学学报》（社会科学版）2012 年第 5 期。

如果没收违法所得本质上等同于让违法者承担侵权行为责任,那么对该部分罚款(或者非法所得)进行税前扣除自然是理所当然的了,而且在我国税法中也可以说是有法可依的。

这里还值得一提的是,像上述这种将没收违法所得视为一种对受害人的补偿责任的观点在国外判例中也可以找到依据。在我们前面提到的"65302 British Columbia Limited v. Her Majesty The Oueen"案的审理中,法院就摈弃了先前的公共政策理由,而是将罚款分为补偿性质和威慑性质(compensatory or deterrence-based)两类,按照巴斯塔克·J(Bastarche J)法官的观点,如果一项罚款是补偿性的,那么应该允许税前扣除,因为如果不允许扣除,那么最终收缴上来的税款仍然是要拿去修复违法行为带来的损失。但是如果罚款是作为一种惩罚或者对未来行为的震慑,那么就不应该允许其在税前扣除。当然如果罚款同时包含这两个要素,那么就要看何为主要因素。

四、结语

回过头看我国的实际状况,尽管在理论上可以认为直接的"没收违法所得"部分或者罚款中的以没收违法所得为目的的部分应该在税前扣除,但是囿于我国《企业所得税法》第10条第4款的明确规定,这种扣除不可能实现。那么是否就意味着应该修改法律?倒也不见得,目前的做法仍然具有一定的合理性甚至必要性。根本原因就在于"没收违法所得"部分无法实际确定。虽然有人提出通过将举证责任分配给纳税人,由纳税人举证证明其非法所得的数额,后由法官"自由心证",但考虑到这可能给法律带来的巨大不确定性,笔者对此持否定态度。笔者认为,非常值得注意的一点是所得税自行申报体系对法律确定性的要求。可以想见,如果法律规定允许罚款中属于非法利益剥夺的部分在税前扣除,那结果可能导致企业会将所有的罚款在税前列支,而这毫无疑问是不可能被税务机关认可的,从而会导致巨大的执法成本。因此,对法律确定性的追求要求,至少在目前只能"按兵不动",并按照现行税法操作。只有当未来罚款的计算方式更加准确,准确到可以明确区分罚款的惩罚性部分和非法利益剥夺部分时,才可以做修改税法的决定。

论纳税人权利视域中的税刑法立法完善

彭礼堂*

当今中国,出现了不同于传统部门法学的领域法学。领域法学,是以问题为导向、以特定经济社会领域全部与法律有关的现象为研究对象,融经济学、政治学和社会学等多种研究范式于一体的整合性、交叉性、开放性、应用性和协同性的新型法学理论体系、学科体系和话语体系;它是新兴、交叉领域"诸法合一"研究的有机结合,与传统部门法学同构而又互补。① 一体化税法属于领域法学范畴,它调整的税关系包括税收关系和税用关系,具体可以分为税收税用基本关系、税款征收使用债权债务关系、税款征收使用管理关系、税收税用刑事关系。一体化税法包括税宪法、税债法、税行政法、税刑法等内容。一体化税法中的税刑法,既包括税收刑法,亦包括税用刑法。② 它是税法与刑法新兴的交叉学科。本文在税法学科从纳税人权利视角对税刑法立法问题展开探索性理论研究,提出一些看法,以期对税刑法立法有所帮助。

一、纳税人主体在税刑法中的特殊身份和地位

"主体"一词在现代法律上被广泛使用。从法律角度看,每一主体的成立,必先以这个主体具有法律所规定的资格条件为前提,否则这种主体就仅仅是一般意义上的社会活动主体,而不是法律主体。税犯罪行为是税刑法禁止的行为,是一种法律行为,纳税人要成为税刑法上的犯罪主体,不但要以纳税人的行为构成犯罪为必要条件,而且必须以纳税人具备犯罪主体的资格条件为前提和基础。否则,纳税人的行为就不可能符合犯罪构成,就不可能成为犯罪主体。纳税人犯罪的主体资格由税刑法明文规定,纳税人是否进入税刑法领域,完全由纳税人个人意志所决定。纳税人犯罪的主体资格是国家税刑法对不特定的全体纳税人作出,具备纳税人犯罪主体资格的纳税人只有实施了税犯罪行为才能成为税刑法领域的犯罪主体,才可能开始承担刑事责任。因此,税刑法上的纳税人犯

---

* 华中科技大学法学院教授。

① 参见刘剑文:《论领域法学》,载《政法论丛》2016 年第 5 期。

② 参见彭礼堂:《一体化税法论纲》,载张守文主编:《经济法研究》(第 16 卷),北京大学出版社 2016 年版,第 120 ~ 131 页。

罪主体有税犯罪资格主体和税犯罪身份主体之分。[①]

纳税人犯罪与其他类型犯罪相比较具有鲜明的特殊性，这主要是因为作为税犯罪主体的纳税人身份与一般犯罪主体的身份有别。尽管纳税人犯罪总体上属于经济犯罪中的一类，但对市场经济秩序的破坏、对国家税收分配再分配关系的侵害并不具有恒定性。税收关系从国家对纳税人的征收管理关系发展到国家对纳税人请求履行税收债务的关系，税用关系从国家对税款的支配管理关系发展到国家与国民之间以公共产品为标的的债权债务关系，[②]表明税收税用关系指的是一种公法上的债权债务关系。在税债权债务法律关系中，国家作为债权人依法享有请求纳税人缴纳税款的权力，纳税人作为债务人依法承担缴纳税款的义务，纳税人作为债权人有依法要求国家提供公共产品的权利，国家作为债务人依法承担提供纳税人满意的公共产品的义务。[③] 国家与纳税人之间在税收税用关系中的对抗性在消减，纳税人逃骗税款对社会秩序的危害性也在弱化。

纳税人犯罪属法定犯。法定犯是与自然犯相对应的概念。对于自然犯而言，即使法律未作出明确具体的规定，民众亦可根据内心对善恶的标准来作出是否有罪的评价。而对于法定犯，则是国家通过法律将一些行为规定为犯罪，而对这些犯罪行为，一般民众很难依照道德标准对此作出有罪无罪的评价。自然犯一般是“自体恶”，有的犯罪不杀不足以平民愤；纳税人犯罪属“禁止恶”，它主要是违反了国家税收税用刑事法律，反社会性比较模糊，税刑法亦会在不同国度随经济的发展变化呈动态变化，在一定时期认为是犯罪的行为在另一个时期可能只是违法甚至是合法行为，一国认为只是税违法行为，在另一国可能规定为税犯罪。纳税人犯罪属行政犯。行政犯是与刑事犯相对应的概念。刑事犯是指违反刑事法律规定的犯罪，民众可以根据伦理道德等一般社会观念即可清楚辨认；而行政犯不仅违反了行政法律而且达到了行政法规定的应受刑法处罚的程度，它需要根据法律规定才能识别。纳税人犯罪和其他刑事犯罪一样具有社会危害性，将纳税人犯罪定性为行政犯，主要是强调税犯罪的行政违法性。不过有时行政犯与刑事犯二者没有绝对界限，而且如果把税关系主要看成是公法上的债权债务关系，笔者甚至认为纳税人犯罪或可作“民事犯”看待。

纳税人犯罪是一类少数人的犯罪。这里的少数人是与非犯罪的纳税人多数人相对而言，而且角色亦可能相互转换。少数人与多数人一样，是义务主体也是权利主体，不应有所差别。纳税人罪犯的法律地位不是与生俱来的而是后天赋予的。对于生活在税国家的纳税人而言，每个人都有成为纳税人罪犯的可能，每个人都有成为少数人的可能

---

① 参见杨兴培、李翔：《经济犯罪和经济刑法研究》，北京大学出版社 2009 年版，第 35 页。

② 参见郭维真：《中国财政支出制度的法学解析：以合宪性为视角》，法律出版社 2012 年版，第 2 页。

③ 参见彭礼堂：《中国预算法完善的法理学思考》，载张守文主编：《经济法研究》（第 11 卷），北京大学出版社 2012 年版，第 19 页。

性。[①] 税刑法关于纳税人的诸多罪名中规定的都属"法定罪",而对于法定罪的罪与非罪的界定存在较大争议。如前文所说,对于纳税人犯罪,不同国家、同一国家的不同历史时期或社会发展的不同阶段,界定犯罪的标准不一。在一个国家属纳税人犯罪的一些行为,在另一些国家却有可能是纳税人合法的税收筹划行为;在一个特定时期认为是纳税人犯罪的行为,在另一时期却只是纳税人普通的违法行为。纳税人犯罪这种不同于自然犯的法定犯属性决定了现实生活中的每个纳税人都有成为纳税人罪犯的潜在危险。因此,对纳税人罪犯更需要遵循罪刑法定原则,以保护纳税人罪犯的合法权益。纳税人犯罪是一种弱势群体的犯罪。纳税人罪犯作为一类社会性弱势群体,是由纳税人罪犯的现实状况决定的。纳税人犯罪前如何纳税、纳多少税,税款使用流向往往不由纳税人同意和决定,纳税人犯罪审理服刑中也始终处于检察院、法院和监狱管理机关的绝对控制之下,合法权益随时可能遭受司法机关公权力享有者有意无意地限制和侵害;纳税人罪犯刑满释放后,无论在政治生活还是在经济生活等方面,均会受到来自社会和旁人的种种歧视。作为一类少数人犯罪,纳税人罪犯的权利更容易受到侵害。从纳税人权利保护的历史进程看,最初纳税人罪犯不具备主体资格,不享有任何权利,后来随着法治与人权口号的提出,纳税人罪犯逐渐被赋予犯罪主体资格,享有一部分权利,并且仍在发展变化之中。由于纳税人罪犯属"法定犯",每个纳税人都有成为罪犯的可能性,因而对纳税人权利的保护不仅是对纳税人罪犯本人的保护,而且是对社会所有纳税人主体权利的一种间接保护。

二、基于纳税人权利保障的大陆税刑法立法审视

综观世界各国刑事法律,对于税刑法的立法大致可分为四种:一是在刑法典设置专门的章节模式;二是将涉税犯罪立法独立于刑法典的单行刑法典模式;三是在税收法中规定涉税犯罪但适用刑法总则规定的附属刑法模式;四是刑法典和税法典兼有的混合模式。分别可简称:统一刑法典章节模式、单行刑法模式、附属刑法模式、混合模式。我国税(收)刑法立法采用的是统一刑法典章节模式。[②]

改革开放前我国几乎没有税刑法立法。我国1979年刑法关于税收犯罪的罪名也只有偷税罪和抗税罪两种。1992年全国人大常委会颁布的《关于惩治偷税、抗税犯罪的补充规定》(以下简称《补充规定》)增加了逃避追缴欠税罪和骗取出口退税罪两个新罪名,并且将犯罪主体由公民扩大到法人,提高了法定刑刑期并实行自由刑、经济刑双罚制。1995年全国人大常委会通过了《关于惩治虚开、伪造和非法出售增值税专用发票犯罪的决定》(以下简称《决定》),增值税发票犯罪应运而生。1997年修订的刑法典,把1979年刑法中的税收犯罪条款、1992年的《补充规定》、1995年的《决定》都统一纳入分则第三章"危害社会主义经济秩序罪"中的第六节"危害税收征管罪"当中,将税收征管人员的渎

① 参见秦强:《人权视野中的罪犯权利保护》,载《中国石油大学学报》2007年第2期。

② 参见彭礼堂、程宇:《论税刑法的立法模式》,载《武汉公安干部学院学报》2015年第2期。

职、贪污等犯罪并入刑法典分则第九章“渎职罪”当中。由于刑法典对税收犯罪的规定比较原则,最高人民法院和最高人民检察院随后出台过多个关于税收犯罪问题的司法解释。2009 年《刑法修正案(七)》将偷税罪修改为逃避缴纳税款罪。2010 年《刑法修正案(八)》取消了虚开增值税专用发票用于骗取出口退税、抵扣税款发票罪和伪造、出口伪造的增值税专用发票罪两个死刑罪名。

从我国税刑法立法的实践看,税刑法立法从无到有,犯罪主体从公民延伸至法人,发票犯罪成为税收犯罪的主体罪名,税刑法立法采用统一刑法典章节模式。不过,从纳税人权利角度看,我国税刑法立法存在一些问题和挑战。

(一)纳税人犯罪立法的重刑主义

纳税人犯罪立法的重刑主义者认为,只有制定出的税刑法是严刑峻法,才能对纳税人犯罪造成威慑,才能有效地制止纳税人犯罪的发生。在重刑主义者看来,适用较重的刑罚可以有效遏制犯罪,打击犯罪分子的嚣张气焰。即便从实践看刑事立法中的严刑峻法并没有使得犯罪数量减少,但他们还是不承认重刑无效。① 我国税刑法立法的重刑主义表现为税收犯罪圈的不断扩大和法定刑强度较高。具体表现在:一方面,税收犯罪法网不断向税收违法行为和税收违法主体扩张。从 1979 年刑法仅有两条税收犯罪条款扩展到 1997 年刑法“危害税收征管罪”中的十二个条款,罪名也由最初的偷税、抗税罪和伪造税票罪扩大为包括逃税罪、骗税罪、抗税罪、欠税罪、各类发票犯罪及其他渎职犯罪、贪污贿赂犯罪、徇私舞弊犯罪等。另一方面,1987 年的《海关法》、1992 年的《补充规定》、1995 年的《决定》将走私罪、偷税欠税骗税罪、抗税犯罪的主体扩张至单位;1995 年《决定》、1997 年《刑法》将一般主体规定为涉票犯罪主体、将实施骗取国家出口退税行为的一般主体规定为涉票犯罪主体、将实施骗取国家出口退税行为的一般主体由诈骗罪主体调整为骗取国家出口退税罪主体,都是主体扩张的表现。另外,虽然 2010 年《刑法修正案(八)》删去了《刑法》第 205 条虚开增值税专用发票、用于骗取出口退税、抵扣税款发票罪第 2 款和第 206 条伪造、出售伪造的增值税专用发票罪第 2 款关于死刑规定的内容,但依然有无期徒刑的规定,而且有期徒刑的期限一般也长达 10 年以上,这在世界范围内都极为少见。而且税收犯罪刑罚采用单一的较重的刑罚处罚,没有注重非刑罚手段的运用,在预防和制止税收犯罪方面的效果并不好。当然,我国税刑法立法的重刑主义还体现在特定时期的“严打”上。

(二)发票犯罪的“救火式”立法

纳税人违反税款征管罪现有 12 个罪名,按犯罪行为所侵害的对象可分为税款类犯罪和发票类犯罪。② 税款类犯罪是指纳税人规避纳税义务的犯罪,包括逃税罪、抗税罪、

① 参见张腾龙:《论我国重刑主义思潮下刑法谦抑性的时代性亮点》,载《西南石油大学学报》(社会科学版)2015 年第 2 期。

② 参见张书琴:《税收犯罪刑事立法的反思》,载《学海》2016 年第 2 期。

欠税罪和骗税罪等。与税款类犯罪相比,尽管我国发票类犯罪占整个税收犯罪的2/3以上,但发票类犯罪刑事立法似乎总是略显滞后和无力,明显发挥着“救火队”作用。常常是出现了新问题、新情况,才会发现税刑法的空白与漏洞。例如,自1994年税制改革确立了以增值税为主体的税制结构后,增值税实行购进扣税法,增值税专用发票和其他用以抵扣税款的发票不仅可以作为抵扣增值税的法定凭证,而且也是缴纳增值税的货物出口退税凭证。鉴于增值税专用发票对于税款征收的重要程度和纳税人对增值税专用发票违法犯罪情况严重程度,作为权宜之计,1994年最高人民法院、最高人民检察院、公安部、国家税务总局出台了《关于开展打击伪造、倒卖、盗窃发票专项斗争的通知》,1995年全国人大常委会通过的《关于惩治虚开、伪造和非法出售增值税专用发票犯罪的决定》中增设了8种与增值税专用发票有关的新罪名并被1997年修订的刑法典予以吸收。2010年我国《刑法修正案(八)》新增的“虚开发票罪”和“持有伪造的发票罪”两个发票类罪名亦属“救火式”立法。我国发票犯罪的这种“救火式”立法使作为基本法的刑法的稳定性变得极差,不利于纳税人事前对税收违法犯罪行为进行预判。而且这种“救火式”立法导致的结果是,就一般而言犯罪危害程度较轻的发票罪最高刑为10年以上有期徒刑甚至无期徒刑,而犯罪危害较重的税款犯罪最高刑为7年以下有期徒刑,实践中出现轻罪重罚、重罪轻判的情况,与刑法罪责刑相一致原则相违背。显示出我国目前的税收犯罪规范体系基本上处于一种被动应付的局面。①

(三)税职务犯罪立法偏废

一体化税法是税收和税用统一的税法,是包括税宪法、税债法、税行政法和税刑法在内的综合性法律部门。② 一体化税法中的税刑法的犯罪主体和刑事责任的承担者不应只是纳税人。国家财政税务机关及其工作人员、相关国家机关及其工作人员都可能讳反税收刑法和税用刑法而受到刑事制裁,因此税职务犯罪理应包含于税犯罪之中。税职务犯罪立法包括税款征收中的职务犯罪立法和税款支用中的职务犯罪立法两方面。

我国1979年《刑法》并没有税收职务犯罪的立法规定,1992年的《税收征收管理法》以非刑事立法的方式将税务机关工作人员的职务犯罪分列为共同犯罪、受贿罪、玩忽职守罪三个类型。③ 1995年全国人大常委会通过的《关于惩治虚开、伪造和非法出售增值税专用发票的决定》第8条、第9条第一次以刑事立法的方式明确将税务机关的工作人员在发售发票、抵扣税款、出口退税工作中玩忽职守致使国家利益遭受重大损失的行为规定为玩忽职守罪。1997年修改的《刑法》在分则第九章“渎职罪”下第404条、第405条规定了只能由税务机关工作人员构成的两个职务犯罪罪名:徇私舞弊不征、少征税款

① 参见张书琴:《发票犯罪的立法完善探究》,载《中国刑事法杂志》2011年第12期。

② 参见彭礼堂:《一体化税法新论》,载漆多俊主编:《经济法论丛》(第27卷),法律出版社2014年版,第224页。

③ 参见黄殊涵:《试论税务职务犯罪的立法演变》,载《黑龙江省社会主义学院学报》2006年第3期。

罪和徇私舞弊发售发票、抵扣税款、出口退税罪。

税职务犯罪多是在税收征管和税款分配管理的行使执法权力的过程因滥用职权而发生，立法弱化、税负过重、利益驱动、缺乏监管都是导致税职务犯罪的原因。从我国税职务犯罪立法实践看，立法偏废体现在：一是与纳税人犯罪立法相比，税收职务犯罪的徇私舞弊罪、贪污受贿罪、玩忽职守罪、滥用职权罪等分散在刑法分则的不同章节甚至在税收征管法的法律责任章节，给人以重纳税人犯罪立法、轻税收职务犯罪立法之嫌。且相对对纳税人犯罪而言，对税收职务犯罪的刑罚强度不足、只处自由刑未设置财产罚。二是与税收职务犯罪相比，税用职务犯罪或称财政犯罪行为的立法缺失，在财政资金（主要是税款资金）管理使用、违法犯罪的问题上，目前仅有 1 部国务院 2004 年通过的行政法规《财政违法行为处罚处分条例》，至于财政犯罪行为如何处罚，税刑法并没有很好的衔接。

三、税刑法立法基于纳税人权利定位的实现

（一）税刑法立法的原则定位

刑法体现国家刑罚权，为了维护社会经济秩序需要惩治犯罪。但刑罚权过分扩张，亦可能损害到公民的基本人权。现代法治社会，刑法不仅对公民个人有约束力，对国家权力本身也有约束力，即通过刑法的国家刑罚权进行控制。无论是犯罪概念、具体犯罪的构成要件及其法定刑都以刑法事先规定为限，实行罪刑法定，以保障无罪的人不受刑事追究，有罪的人不受刑法以外的刑罚处罚。从这个意义上说，刑法也是公民手中的盾牌，具有人权保障功能，即行使保护犯罪行为者的权利及利益，避免因国家权力的滥用而使其受害的功能。①

税刑法既属刑法亦属税法，既应遵循刑法的罪刑法定原则，亦应遵循税法定原则。罪刑法定原则要求："只有法律才能为犯罪规定刑罚。……超越法律限度的刑罚就不再是一种正义的刑罚。"②这一原则不仅使刑事处罚有了确定性，同时也是对公民个人自由的保护，使公民免受法官的擅断。税法定原则既包括税收法定和税用法定，还包括税犯罪处罚法定等内容。③ 它亦起到限制公权力滥用，保障纳税人权利的作用。

税刑法规制的犯罪主要有纳税人犯罪和税职务犯罪。纳税人犯罪不仅与一般的恶性犯罪有别，其危害程度亦比税职务犯罪的危害程度低，而且在纳税人纳税与国家征税问题上，纳税人处于绝对弱势地位。考虑到税收税用在现代国家多是债权债务关系的情况，考虑到纳税人（罪犯）权利随时可能遭到来自公权力限制的危害，现代国家税刑法立法应确立纳税人罪犯人权保护原则，遵循"法不禁止即自由"，即只要法律没有明文禁止

① ［日］西原春夫：《刑法的根基和哲学》，三联书店 1991 年版，第 33 页。

② ［意］贝卡里亚：《论犯罪与刑罚》，中国大百科全书出版社 1993 年版，第 11 页。

③ 参见彭礼堂：《税宪法原则初论》，载刘剑文主编：《财税法论丛》（第 13 卷），法律出版社 2013 年版，第 181 页。

的权利,纳税人罪犯都应该享有。纳税人罪犯只履行法律规定罪犯应该履行的义务,对于法律之外强加给纳税人罪犯的义务,纳税人有权拒绝。同时遵循义务法定,对纳税人罪犯权利的限制和剥夺法定。基于纳税人罪犯的不利地位和权利易于被侵害的特点,有时甚至有必要采取特殊保护措施,以实现纳税人罪犯与一般人的平等权。

(二)税刑法立法的模式调整

各国税刑法的立法大致可分为统一刑法典章节模式、单行刑法模式、附属刑法模式、混合模式四种模式。我国目前采用的基本是统一刑法典章节模式。对于我国税刑法立法模式如何调整,笔者认为,既需要保持统一刑法典,以统一刑法典的基础,同时借助附属刑法优势,将原有模式调整为统一刑法典加附属刑法的混合模式。因为统一刑法典对保证刑法施行的统一,减少犯罪和量刑之间的割裂,保证公民对于犯罪的认识的信赖有十分重要的意义。"在一般公民的心目中,通过刑法典表达出来的刑法规范似乎比在与非刑事法律中的刑法规范具有更多的权威性。"①但是仅仅依靠刑法典也无法满足应对各类税犯罪的需要,所以同时应当借助附属刑法的优势,以弥补刑法典立法滞后的不足。这样不仅可以避免单一的刑法典的弊端,实现罪刑法定原则所要求的罪与刑的具体化、明确化要求,也能防止因税收税用犯罪形式变化及新型税收税用犯罪形态的出现所带来的朝令夕改,保持刑法典的长久稳定。世界各国的实践也都证明,将税收税用犯罪规定于各种税收税用法律法规中,既不至于使税犯罪行为疏漏于刑法的管制之中,又可使税犯罪的条文不丧失其规范地位,同时也有助于提高涉税犯罪的法律地位。

从税刑法的附属刑法的性质看,其实质是处于部门法之间的中间地带。我国的附属税刑法的立法完全没有必要拘泥于一种立法方式,而应该考虑现实立法的客观要求。一方面,由刑法典规定那些刑法分则条款能够描述清晰,不用援引税法加以解释的简单类型的税犯罪。而附属税刑法则规定的主要是具体类型较多,难以在分则之中简答阐述就能明确的税犯罪。当然关于税刑事犯罪的具体形式,需要在实践中予以总结和归纳,并不断与时俱进。另一方面在非刑法典中规定的与刑事法律密切相关的行政犯罪性质的犯罪,就能全面地规范各类税犯罪行为。我国的附属刑法目前还仅仅是一些口号性质的刑事责任条款,既不能直接适用,常常也无法在刑法典中找到相应的罪名,这就和当今社会的需求相去甚远了。在附属刑法的内容之中,在法定犯的规定的基础上应该将犯罪构成和刑事责任完整地规定出来,这不仅可以增加附属刑法立法的可适用性,也大大增强了法律对社会的可预见性和对民众的引导。此外,由于税犯罪一般都具有专业性的特征,附属税刑法的存在使得各类税犯罪的构成更加详实,其犯罪结果的可预见性增强。总体来说,我国采取刑法典与附属刑法相结合的模式,既是我国法律传统文化的要求,也是各类税犯罪的现实要求的必然结果。

① 参见陈兴良:《刑法哲学》,中国政法大学出版社1992年版,第523页。

（三）税刑法立法的路径选择

完善税刑法立法，保障纳税人权利必须围绕保障和维护纳税人罪犯的权利和规范及限制国家权力两个方面来进行。对纳税人犯罪的处罚实行轻缓化和非犯罪化对待，对国家机关及工作人员的税职务犯罪实行加重化处理，减少减轻自由刑等税刑罚主刑刑种，增加剥夺专用执照和担任公职资格等税刑法附加刑刑种，通过保护纳税人罪犯的权利，达到保护所有纳税人权利的目的。

1. 纳税人犯罪立法的轻刑化

纳税人犯罪立法轻刑化包括刑罚的轻缓化和非犯罪化。纳税人犯罪立法轻缓化主要体现为刑罚内容从轻。在纳税人犯罪中死刑适用尽量避免无期徒刑的适用，减少有期徒刑期限。税刑罚可以在执法过程中从严，而不应在立法中规定过重。纳税人犯罪立法非犯罪化要求能用民法、行政法解决的违法行为，就不要定性为犯罪，就不应该动用刑法。税的问题本质是国家与纳税人基于同意为前提的债权债务关系问题，税的目的是保障纳税人生存权、财产权、文化教育权等基本权利实现。从法理上讲，如果国家违反税的本质和目的，纳税人有权拒绝缴纳。因此在进行税刑事立法时应考虑国家债务履行情况、纳税人对税征收使用同意的情况以及国家是否存在犯罪的情况，对纳税人犯罪采取轻刑化立法。虽然我国《刑法修正案（八）》废除了纳税人税收犯罪死刑规定，在一定程度上缓解了我国税刑法的重刑形象，我国 1979 年刑法典和 2009 年《刑法修正案（七）》也有将漏税行为和逃税中的初犯作为免责情形的非犯罪化处理，但与世界各国对纳税人犯罪立法相比，与我国纳税人与国家间履行税债务的情况看，我国仍属对纳税人犯罪立法最严厉的国家。对纳税人犯罪立法轻刑化刻不容缓。由于刑法专家、税法专家和人权法专家视角不一，因此，他们共同参与立法非常必要。

2. 税职务犯罪主体范围扩大

税职务犯罪主体目前主要局限于税务机关及其工作人员。我国《税收征收管理法》“法律责任”章节和《刑法》“渎职罪”章节及《发票管理办法》中规定了税务机关及其工作人员违反征收税款的刑事责任、违法采取税收保全、税收强制执行措施的刑事责任、税务人员勾结唆使或协助逃税骗税的刑事责任、徇私舞弊滥用职权的刑事责任及发票犯罪的刑事责任等，主要理由是这些税收职务犯罪行为侵害了税收法律秩序，损害国家公务的公正性和廉洁性。其实征税并不只有税务机关及其工作人员，特定税种的征收机关海关及其工作人员、特定时期的财政机关及其工作人员亦可能成为税收职务犯罪主体。

税职务犯罪主体应该包括税款分配管理的国家机关及其工作人员。财政机关及其工作人员，发改部门、科技部门、国防部门及其公职人员在管理、分配、使用国家的财政资金时有存在法律规定的财政违法犯罪行为的，亦适用税职务犯罪立法，成为税用职务犯罪主体。我国目前缺乏与《财政违法行为处分处罚条例》相对应的税用职务犯罪立法规定，财政机关工作人员有财政违法行为构成犯罪的，是依分散在刑法分则中的条款追究刑事责任的。

税职务犯罪立法还应该将犯罪主体从个人延伸至单位，从自由刑延伸到财产刑。在处罚税收税用职务犯罪行为时，不仅应对犯罪的国家公职人员处以自由刑、财产刑，对财政税务机关亦可处以罚金。当然，税收管理机关征税、财政资金管理机关分配税款都是国家公权力行为，在进行税职务犯罪立法、扩大犯罪主体时，抑或存在国家作为犯罪主体的情况。①

3. 税刑罚结构合理安排

税刑罚立法中自由刑必不可少。国外许多国家刑法不适用死刑。对于特别珍视自由刑的国度，自由刑对犯罪的遏制震撼力很大。我国税刑法在废除死刑之后，自由刑就成为刑罚体系中的主要刑种了，它涵盖管制、拘役、有期徒刑、无期徒刑等。我国关于纳税人犯罪的16个罪名中，法定刑规定有10年以上有期徒刑的刑种就占8个之多。虽然税刑法在整个刑罚体系中不算太重，但与国外税犯罪最高刑一般不超过7年相比，我国的自由刑期限较长。在保证有效遏制犯罪范围内，必须适时减轻自由刑期，实现从刑罚严厉向刑罚及时、确定转变，从刑罚惩治向刑罚立法预防转变。

税刑罚立法中有必要加大税职务犯罪行为的处罚力度。在国外，税职务犯罪行为是税刑法处罚的重点，对税职务犯罪行为设置的法定刑一般要重于对纳税人犯罪的惩罚。在德国，一般纳税人犯偷逃税款犯罪，处6个月以下的监禁或者罚金，但税收征管人员犯此罪，就会处6个月以上10年以下的监禁刑。韩国也对税务机关工作人员犯罪作延长判处刑期加重处罚的特殊规定。我国税刑法对税职务犯罪行为的处罚没有作更加严厉的区分立法，犯同样的罪对税务公职人员与对一般纳税人的处罚一样。这样的规定不利于税刑法从惩治法、处罚法向限权法、权利法转变。

税刑罚立法有必要扩大罚金刑适用范围。使罚金刑不仅适用自然人，而且适用单位。增设罚金易科制度，特定条件下让罪犯接受并从事一定的劳务活动。同时充实资格刑规定，增加剥夺专用执照和担任公职资格等税刑罚附加刑刑种，既实现对税犯罪的有效惩罚，又达到对税犯罪的提前预防。

---

① 参见蒋福财：《国家犯罪学》，中国时代出版社2012年版，第1页。

我国税收事先裁定的理论内涵及其法治原则探析

孙伯龙*

税收事先裁定(Advance Tax Ruling)也被称为“预约裁定”，最早起源于瑞典。随着经济发达国家逐步确立，目前税收事先裁定已经成为评判税收法治化水平的指标之一。经济合作与发展组织(Organization for Economic Co - operation and Development，OECD)在其统计的56个经济实体中，有51个国家或地区已经建立税收事先裁定制度，其中，我国属于未建立事先裁定制度的国家。① 而2015年我国的《税收征收管理法修订草案(征求意见稿)》(以下简称“征求意见稿”)中“预约裁定”条款被视为我国即将引入税收事先裁定的证明，引起广泛关注和讨论。但是国内的研究多集中于国外经验介绍及制度设计，对于事先裁定制度本身的理论研究甚少。作为我国财税征管体制中的一项新制度，税收事先裁定的研究不仅要着眼于机制构建，更要将税收事先裁定制度置于我国税法体系及税制改革背景中，厘清法理内涵与价值平衡之间的关系，为我国构建税收事先裁定制度提供理论借鉴。

一、税收事先裁定概念及特征辨明

税收事先裁定是指税务机关就特定纳税人即将进行的交易事项应如何适用税法而进行权威性解释的制度，一般具有以下基本特征：一是事先性，有别于税务机关事后性解释或法律适用，税收事先裁定强调在纳税人做出涉税活动前解决纳税人有关的纳税法律疑义。二是特定性，税收事先裁定是针对特定纳税人筹划实施的特定涉税交易活动，并且裁定结果在特定的期间内发生法律效力。三是确定性，通过事先裁定作出的结果是确定的，征纳双方均可依据裁定预期未来活动的法律效果。四是服务性，税收事先裁定为特定纳税人提供明确、统一的法律适用指导意见，从行为本身来看是一项专业性极强的

* 上海交通大学凯原法学院博士研究生。本文系司法部2016年度国家法治与法学理论研究项目立项课题“税收法定的中国路径”(项目编号：16SFB3041)的阶段性成果。

① OECD. *Tax Administration 2015: Comparative Information on OECD and Other Advanced and Emerging Economies*, OECD Publishing, Paris. pp. 289 - 290.

税收服务。

事先裁定的作出机关,可分为司法机关税收事先裁定和行政机关税收事先裁定。司法机关进行税收事先裁定一般还有创制税法的性质,因为伴随个案裁定形成的司法判例其他纳税人可援引适用,主要代表国家是瑞典、印度。但是在2015年OECD的统计报告中认为,瑞典没有税收裁定制度,而与其制度相似的印度则被归入建立了税收裁定制度的国家。[①] 另外是行政机关主导的税收裁定是在税务机关内部专门设置部门进行事先裁定,行政机关主导的税收事先裁定具有程序简单、专业高效、执行便宜的优势,因此,大多数已经建立税收裁定制度的国家均采用行政模式,如澳大利亚、美国、英国等。[②]

根据事先裁定的适用范围,税收事先裁定可分为私人裁定和公共裁定。公共裁定是指有权机构针对特定群体、特定行业或者特定商业活动提供税收法律规范的解释或适用指引,公共事先裁定对特定群体、特定行业或者特定商业活动则具有普遍法律约束力。私人裁定是有权机关对于特定纳税人的特定活动事先做出税法上的指引,一般私人裁定事项具有普遍性和代表性时,有权机关会发布公共裁定,以补充现有税法之不足。由于英美法系税法规则庞杂,为便捷纳税人理解和适用税法规则,税务机关对特定纳税人将要发生的交易安排进行税法裁定,以满足纳税人税收期待;而在大陆法系国家,税收事先裁定主要是指私人裁定,因为公共裁定已经被税务部门制定的税法解释性法律文件所代替。

目前,国际主流模式是由行政机关向特定纳税人提供税收事先裁定,因此税收裁定权的行使具有二元属性:一种是以专门税务执法部门为核心,纳税人事先提起申请,随后由税务执法部门根据申请书中列明的事项,参照法律及税法规范性文件做出权威性的法律指导意见,在事先裁定整个过程中税务机关根据其职权主导此程序,因此一般不向纳税人收取裁定费用。另一种是以纳税人为核心,纳税人在程序上掌握主动权,税务执法部门依据税收法律法规做出裁定意见后,纳税人需要向其支付相应的服务费。

从OECD梳理的各国税收事先裁定运行状况来看,事先裁定的案件量与各国税收事先裁定的功能定位有关。[③] 对于纳税人而言,申请税收事先裁定不只是为了降低企业税负、享受更多税收减免,重点是在税务机关指导下明确该项交易安排的税务风险。对于税务机关而言,要在税收法律框架内对将来交易活动进行税法解释,不仅对税收法律和政策有专业的认知,还要对纳税人安排的交易结构和信息全面的把握。事先裁定对申请人并不具有强制力,因此税收事先裁定可直接实现的功能就是税务机关通过解释税法以明确某种税收筹划的税务风险,而要提高纳税人的税法遵从度,则要尽可能消除干扰税

---

① OECD. *Tax Administration 2015: Comparative Information on OECD and Other Advanced and Emerging Economies*, OECD Publishing, Paris. p. 289.

② 黄家强:《税务事先裁定制度的性质判定与效力审思》,载《税务与经济》2018年第2期。

③ Gerald G. Portney, *Letter Rulings: An Endangered Species?*, Tax Lawyer, Spring 1983(3), pp. 755 - 758.

收事先裁定准确性的因素，通过法律程序规范裁定行为，提高纳税人事先裁定的公信力。

二、税收事先裁定的法律性质厘定

（一）行政契约、行政服务与行政解释的界分

对于事先裁定的法律性质，理论及实务界众说纷纭，笔者总结为以下三种不同的观点：

第一种观点认为，事先裁定具有契约性质。① 由于政府与纳税人之间是一种公法上的债权债务关系，②税收事先裁定则是特定纳税人请求税务机关对于其将来发生的税收活动进行专门性地评价，是纳税人与税务机关之间的一个非强制性的契约，体现出“协商治理”的契约精神。有学者认为事先裁定属于行政承诺，是由税务机关单方面地承诺未来在纳税人发生特定交易时将做出怎样的行政行为。但笔者认为“行政承诺说”的观点严格意义上也具有税收事先裁定的契约性的特征。③ 虽然裁定的交易安排对特定纳税人而言并无强制约束力，但申请人一旦依据设定的交易安排进行经济活动，则税务机关就要受到此契约的约束，因此事先裁定具有契约性。第二种观点认为，事先裁定是一种行政性服务。④ 严格意义上说行政服务并非法律概念，但事先裁定之所以定性为行政服务，主要是由于事先裁定的公共服务性。一方面，裁定要经纳税人申请才可启动，但在收到税务部门的裁定结果之后，纳税人仍有不按照申请中的计划开展经济活动的自由；另一方面，针对特定主体的特定事项进行事先裁定，体现了税务机关为特定纳税人提供的公共服务，这也与诸多行政性服务相类似，因此事先裁定是一种税收行政性服务。第三种观点认为，事先裁定是一种行政解释，行政机关的征税权中包括对经济活动中的税务问题进行事先裁定，而事先裁定权是在税法框架下按照法定权限和程序解释税法规定，并明确告知纳税人是否纳税以及预期纳税金额，最终为纳税人提供可预期的税务风险。税务机关的事先裁定结果对于双方均具有指导意义，但却不直接产生法律后果，所以事先裁定应纳入行政行为的规范体系。

但是，上述三种观点仍有不足之处：税收事先裁定主要体现税务机关对纳税人未来涉税交易依据税法解释的权威性裁定，但其中既有契约性的税收安排又有行政执法权力的行使也有公共行政服务特征，而不应以偏概全单突出其某一方面的特性。税收事先裁定制度若是以纳税人和税务机关的“平等——互动”为中心，则体现出行政契约性；若是以税务机关为中心，则体现为行政解释；若以纳税人为中心，则体现了税收公共服务。

（二）事先裁定的渊源及本旨审视

我国2000年修订的《海关法》中首次引入事先裁定条款，即经申请由海关部门对拟

① 虞青松：《构建税务事先裁定制度》，载《中国社会科学报》2013年11月20日。

② 葛克昌：《税捐行政法》，厦门大学出版社2016年版，第7～9页。

③ 聂森、熊伟：《预先裁定制度与纳税人权利保护》，载《国际税收》2016年第1期。

④ 熊晓青：《事先裁定热点问题研究》，载《国际税收》2016年第4期。

进口或者出口的货物预先作出商品归类的行政裁定，以便于进、出口商快速通关，提高海关行政效率。在简政放权改革、减少行政审批权过程中，事先裁定制度从海关逐渐向税收等专业性较强的行政执法部门转化。税收领域的事先裁定最早出现在国家税务总局2013年的《关于加强纳税人权益保护工作的若干意见》中，提出“对于特别重要的税法适用问题，也可以探索为纳税人提供特定商务活动的涉税事项事先裁定，帮助纳税人防范纳税风险。”2013年12月国家税务总局出台了《关于进一步加强大企业个性化纳税服务工作的意见》，提出“试行大企业涉税事项事先裁定制度”。在2014年的《“便民办税春风行动”实施方案》中，由国家税务总局纳税服务司作为牵头部门，以提高办税服务效率为主要目标，提出“试行涉税事项事先裁定制度，增强税收政策确定性和执行统一性”。2015年国家税务总局颁布了《深化大企业税收服务与管理改革实施方案》，提出优化大企业个性化纳税服务的四项举措，分别是“创新大企业个性化纳税服务方式”“提供大企业税收政策确定性服务”“完善大企业税务风险内控制度”“健全大企业税收服务协调机制”，将税收事先裁定的适用主体集中在大企业。

在上述规范性文件的推动下，我国税收事先裁定制度在各地税务部门也有初步实践，例如，广州市地税局率先出台了《涉税事项事先裁定管理办法（试行）》，嘉兴市国税务局的《关于进一步完善大企业个性化纳税服务工作的实施意见（试行）》，以及绍兴市地方税务局的《特定涉税事项事先裁定管理办法》等，都规定了税务部门对大企业展开个性化的税收服务规则。还有税务机关与大企业签订《税收遵从合作协议》，对纳税信用好的协议企业主动提供税务事先裁定、绿色办税通道等个性化纳税服务，如2012年10月国家税务总局分别与中国海洋石油总公司、中国人寿保险和西门子公司签署了税收遵从合作协议，其中纳税人可申请事先裁定的条款成为协议的亮点，随后各地税务机关与大企业在税收遵从协议中均出现税收事先裁定条款。

但我国在引入税收事先裁定时，对该制度的本旨理解却存在偏差：从“征求意见稿”的相关条款中可知，税收事先裁定的立法目的是为纳税人提供纳税服务，降低大企业商业活动中的税收风险，减少税务机关与纳税人之间的纠纷，提高税法遵从度。然而在2017年版的《国税总局的权力和责任清单（试行）》中，税收事先裁定被置于“税费征管”项下而不是“纳税服务”项下，强调对大企业税收风险将通过计算机数据模型以及组织专业人员团队展开分析和应对，说明我国的税收事先裁定的功能定位是征管过程中的税收风险控制。另外，在我国一些税收规范性文件及税务机关与大企业签订的税收遵从协议中，税收事先裁定制度的功能定位是以实现税法确定性为目标，最大限度地降低纳税人在交易活动中对税法及税收政策的疑虑。究其内在原因则是税收事先裁定以提升个性化纳税服务水平为出发点，但在执法机关和纳税人看来却有截然不同的功能定位：一种是与行政职权相衔接，另一种则是与纳税服务相匹配，究其原因则是对于事先裁定性质存在不同的理解。

(三)税收事先裁定:行政指导行为

结合税收事先裁定的法律渊源及其本旨,对于税收事先裁定的法律性质,笔者有以下三点反思:首先,税收事先裁定制度是以税收服务为制度依据,税务机关对特定纳税人的税收风险进行分析、提示或答复,显然并不是公共服务事项,因为事先裁定的裁定结果会对税务机关产生法律效力,这与一般的税务咨询服务不同,由此可知行政服务并不是事先裁定制度的法律性质,而仅仅是税务机关的依法行政的宗旨。其次,虽然大企业与地方税务机关的税收遵从合作协议中包含有税收裁定条款,突显了征纳双方平等协商的契约性,但若为民事契约其缺乏对待给付,若为行政契约又难以突显行政优益权,因此根本上仍是典型的柔性执法而非契约中的意思自治。最后,在特定纳税人对适用税法存在疑义时,税务机关根据该纳税人申请书中提供的未来交易活动的信息予以裁定。有学者认为这属于一种"行政裁定",[①]但笔者认为,税收事先裁定中的"裁定"与我国《海关法》中的预先归类裁定中的"裁定"是不同概念,二者在行政职权上也有不同的特征。并且,行政裁定不是一种行为类型而是行为的外在表现形式,作出"行政决定""行政裁决""行政意见"等文书的行为并不能统称为"行政裁定",以避免与狭义上的"行政裁定"相混淆。

由于行政指导行为是行政机关对行政相对人以口头或者书面的形式进行劝告、告诫、说服,以达到预期的行政目的,税收事先裁定从外在形式和内在效力上应当归属于行政指导行为。基于以上分析可知,我国税收事先裁定是为特定纳税人提供税法解释服务的行政指导行为。[②]

三、税收事先裁定与相关制度的错位衔接

在我国税收执法实践中,如果要建立系统的税收事先裁定制度,避免税收预先裁定偏离制度目标导致"制度失灵",[③]将税收事先裁定置于我国财税体制大背景下,就需要协调好事先裁定与纳税人税收筹划、与税务机关个案批复、与预约裁定等现有制度之间的关系。

一是税收事先裁定与预约定价制度的关系。预约定价制度(Advance Pricing Arrangement)是国际通行的一种转让定价调整方法,实践中我国早在1998年就有税务机关与企业签订预约定价协议,[④]随后在我国《企业所得税法》及其实施条例中均规定了预约定价条款。在2002年的《税收征管法实施细则》中,详细制订了税务机关与纳税人之间的预约定价条款,在国家税务总局《关于完善预约定价安排管理有关事项的公告》中将

① 万曙春:《海关行政裁定的行为性质辨析》,载《海关与经贸研究》2002年第2期。

② 莫于川:《法治视野中的行政指导行为——论我国行政指导的合法性问题与法治化路径》,载《现代法学》2004年第3期。

③ 杨圣坤:《制度失灵的基础理论问题研究》,载《江南社会学院学报》2012年第4期。

④ 黄坚:《厦门积极推行预约定价》,载《中国税务报》2001年1月16日,第007版。

预约定价制度视为协议。有学者就认为,预约定价是税收事先裁定的一种。① 但笔者认为并不尽然,因为我国预约定价制度的立法初衷主要是加强国际税收征管,打击关联交易中的避税行为,适用范围也从外资企业逐渐向国内企业扩展;并且,税收事先裁定制度与预约定价的裁定内容不同,预约定价主要是具体交易活动中税收安排,而不涉及税法解释及适用问题。②

二是税收事先裁定与税收筹划之间的关系。税收筹划主要是对企业交易作出统筹安排以减轻事后税收成本的纳税服务,与税收事先裁定机关并无直接关系。但在我国税收事先裁定的案例中,企业将税收筹划申请税务机关事先裁定,税务机关往往会主动指导企业调整税收筹划进而干预企业经营活动,甚至降低税收减免政策的适用标准,导致纳税人及税务机关错误地认为税收事先裁定制度是一种税收筹划(服务),如安徽省国税局对马钢集团重组的事先裁定案,胶州市国税局和青岛市国税局处理的城阳公司案,以及南沙区国税局不动产融资租赁项目的事先裁定。③ 显然,上述行为已经超出了税务机关的法定职权,不仅造成各地税务机关适用税法难以统一,也误导了纳税人申请税收事先裁定的动机。因此,应在税收事先裁定制度中明确双方的权利义务界限,发挥事先裁定中个案的税法解释功能。

三是税收事先裁定与个案批复之间的关系。个案批复是我国税务机关在长期税收执法中针对无法准确适用税法或者税收政策而产生异议的案件,主动向国家税务总局申请针对个案的法律解释意见,类似于公共裁定因而具有普遍效力。目前个案批复仍发挥着税法漏洞填补、及时灵活调整税收法律的法解释功能。2012 年国家税务总局颁布了《税收个案批复工作规程(试行)》对该制度做了系统安排,2015 年又发布《关于进一步规范税收个案批复类文件办理工作的通知》,从个案批复的程序到实质上严格规范该制度。个案批复集中体现了个案问题的代表性,由于批复具有规范性文件的法律效力,这是个案批复与税收事先裁定的差异。另外,个案批复经历了税务机关内部自上而下的核准制度,从发现问题到获得国家税务总局批复的时效性较低,也存在诸多制度弹性使批复难以及时保证个案中纳税人的税收公平。

四是税收事先裁定与税收遵从协议之间的关系。我国各地税务机关积极主动与税收信誉较好的企业签订税收遵从协议,为特定纳税人提供税收事先裁定(服务)。有学者倾向于从行政合同角度认识其性质,也有学者认为这类遵从协议属于行政指导。但笔者认为,税收遵从协议体现契约性但不能笼统地归为某一种行政行为类型。④ 税收遵从协

① 刘芳:《我国税收事先裁定制度的立法研究》,吉林财经大学 2015 年硕士学位论文,第 13 ~ 14 页。

② 朱大旗、姜姿含:《税收事先裁定制度的理论基础与本土构建》,载《法学家》2016 年第 6 期。

③ 王培霖:《国税局探索税收事先裁定 安徽马钢首试点案例》,载《第一财经日报》2014 年 8 月 4 日;胡海啸:《企业借助事先裁定延迟纳税 8000 万元》,载《中国税务报》2015 年 11 月 6 日,第 B2 版;许琛:《南沙发全市首份税务事先裁定书》,载《金羊晚报》2016 年 3 月 3 日版。

④ 熊樟林:《税收遵从协议行政指导属性之证成》,载《北京理工大学学报》(社会科学版)2015 年第 4 期。

议主要体现税收法律主体之间的契约性,从协议目的出发规定事先裁定条款,以减少税收争议,促进征纳双方对于法律规定不明确的交易活动达成一致的观点。但是税收事先裁定制度本身具有独立性,由于纳税人交易安排存在特殊性,税收遵从协议中规定事先裁定条款有其必要性,但不应将二者混同或将税收事先裁定归属于税收遵从协议。[①] 我国建立税收事先裁定应该具有一套完整、体系化的制度,以促进税收遵从协议的履行。

四、税收事先裁定的法律原则体系建构

作为一项不具有强制力、注重沟通协调、方式灵活多样的柔性管理方式,[②]税收事先裁定在实践中需要遵循以下四个基本原则:

首先是以税收法定原则为核心。我国税收事先裁定的案例中,大多裁定内容为企业对如何适用税收减免政策或者税收筹划安排是否合法等事项,与税法行政解释填补法律漏洞相去甚远。例如,2013 年马钢集团就资产重组方案向安徽国税局申请事先裁定,安徽省国税局给出了"此次资产重组不征收增值税"的意见,依据该裁定马钢集团依法享受税收优惠 2.6 亿元。[③] 正因如此,规范税收裁定就必须强调在税收裁定中遵循税收法定原则:一是不得随意变更税收要素,由于税收事先裁定中税务机关与纳税人之间存在信息交流,对于纳税期限、纳税地点等要素可在法定范围可以协商,但是对于课税对象、税基、适用税率、减免税等要素不得随意变更适用条件。[④] 二是建立统一的事先裁定程序,由于我国目前没有明文的程序规定对税收事先裁定进行规范,所以各地方的税收裁定案件程序随意,造成税收事先裁定制度缺乏严肃性,因此在未来税收事先裁定必须严格法定程序。

其次要以依法行政原则为基础。在税收事先裁定中依法行政有以下三项内涵:一是事先裁定要合法合理。对于税收部门的行政指导行为虽并无专门法律规制,但在行政执法中也应符合上位法要求。税收事先裁定制度是针对特定纳税人、特定交易的税收行政指导,要以纳税人申请为必要条件,因此,纳税人也有权利撤回或者放弃申请。税收事先裁定要合法合理就要求税务机关不得超越法律规定或者违反比例原则而滥用行政职权。二是事先裁定要公平公正。公平公正是事先裁定中征纳双方共同追求的法律价值,这也要求税务机关在对具体交易安排进行裁定时不能仅以"国家税收利益"为导向,必须在国家税权与纳税人权益之间寻求最佳平衡。三是事先裁定要权责统一。"有权力就必然有责任,有权利就必须有救济",对税务机关的事先裁定权力要有完善的监督与责任机制,对于纳税人的申请事先裁定的权利要有健全的救济机制,从而推动税收事先裁定制度的法治化。

---

① 谷铮彦:《税务事先裁定制度之设计原理》,载刘剑文主编:《财税法论丛》(第 16 卷),法律出版社 2015 年版,第 452 页。

② 莫于川:《行政民主化与行政指导制度发展(上)》,载《河南财经政法大学学报》2013 年第 3 期。

③ 查永泉:《事先裁定回头看,企业重组焕活力》,载《中国税务报》2016 年 11 月 29 日,第 A1 版。

④ 黄茂荣:《税法解释与司法审查》,台北,植根法学丛书编辑室 2015 年版,第 259 ~ 260 页。

再次要以正当程序原则为保障。正当程序有独立的法律价值,[①]在税收事先裁定中既要避免征纳对立也要防止权力寻租。税务机关要实现事先裁定制度的正当程序,可以从以下两方面着手:一是对裁定过程建立规范程序,促使税收机关公正、专业、权威的作出裁定,同时确保纳税人真实、全面的披露交易信息。[②] 另外,明确税务机关的进行裁定的职权范围,不得对纳税人预期的交易安排做出实质性的变更建议,也不得调取与裁定事项无关的纳税人信息。二是对裁定结果建立监督程序。对税收事先裁定可以选择内部监督和外部监督结合的方式。内部监督程序主要是备案制,对于裁定结果向上一级税务部门进行备案,上一级税务部门对存在违法或者不合理的税收事先裁定应及时予以纠正;外部监督程序主要是信息公开,对于裁定结果在删除申请人涉密信息之后及时向社会公开,将事先裁定纳入政府信息公开的范围内由社会监督。

最后要以诚实信用原则为支撑。[③] 坚持诚实信用原则有助于税务机关事先裁定的改善服务机制、提升裁定效率,进而增强税务机关的公信力和法治水平,[④]也有助于特定纳税人参照行政裁定的指引安排交易活动从而提升税法的遵从度。税务机关遵守诚实信用原则主要有两个不同维度:一是税收事先裁定的行为维度,在税务机关对纳税人的预先交易的税收裁定过程中,与纳税人协商必须以诚信原则为基准,做到"公布信息真实有据、税法解释合法及时"。二是税收事先裁定的效力维度。对于发现确有错误的个案事先裁定,除应及时纠正之外,对于已经按照事先裁定进行交易活动的特定纳税人,可按最有利于纳税人的方案缴纳税收,以保护纳税人的信赖利益。其中葛克昌教授认为,税务机关的违法承诺(如不应扣除或免税,却承诺扣除免税),特定纳税人产生信赖并安排其经济活动,才有信赖利益保护的必要性。[⑤] 但是,税收事先裁定作出后还存在信息不完全、法律变更等因素的影响,因此,税收事先裁定中不应一味强调纳税人的信赖利益,而忽视了事先裁定本应有的价值属性。

五、余论

从我国《税收征收管理法》的修订进程来看,立法部门对于税收事先裁定制度保持非常谨慎的态度,由于"征求意见稿"对税收事先裁定权属规定得较为模糊,相关程序性事项也未有明确规定,也导致实务中税收机关和纳税人对于事先裁定持观望态度。一方面,税收事先裁定制度要与国际规则相衔接;另一方面,也要对我国税收征管模式进行变

① 季卫东:《法律程序的形式性与实质性——以对程序理论的批判和批判理论的程序化为线索》,载《北京大学学报》(哲学社会科学版)2006 年第 1 期。

② Carlo Romano. *Advance Tax Rulings and Principles of Law*, IBFD Publications BV, 2002, pp. 35 – 37.

③ 刘丹:《论行政法上的诚实信用原则》,载《中国法学》2004 年第 1 期。

④ 陈鹏:《诚实信用原则对于规范行政权行使的意义——对当前学说及司法实践的检讨》,载《行政法研究》2012 年第 3 期。

⑤ 葛克昌:《税捐行政法》,厦门大学出版社 2016 年版,第 70 ~ 71 页。

革。[①] 但从各国税收事先裁定制度的模式比较来看,税收事先裁定性质上是以个案解释为核心的税务行政指导行为。随着我国"金税三期"工程的推进,大数据下的税务活动信息搜集和交换更为简单便捷,为税收事先裁定的准确性提供极大的帮助。回归本文,我国推动税收事先裁定制度的建立,首先应深刻认识其法理性质及价值内涵,发挥在个案税法适用中的指导价值,从根源上提高纳税人的税法遵从度。但是,税收事先裁定中的"申请——协商"模式体现了和谐互动、定制化行政服务的现代税收征管法律关系,对于税务管理和纳税人争议解决模式都有较大突破;在税收法治化过程中,一方面需要税收事先裁定制度增加税法的可预测性,另一方面也必须认识到税收事先裁定制度存在难以克服的两个弊端——裁定双方信息不对称问题以及税务机关和纳税人都可能有权力(利)滥用的问题。因此,对于我国引入税收事先裁定,在理论上有待进一步研究完善。

① 杨同宇:《税收预约裁定制度之解构与路径展望》,载《税务与经济》2018年第3期。

美国外国税收抵免制度的历史演变及新近发展*

魏 俊**

一般而言,美国纳税人应就其全球收入向美国纳税,所以纳税人就存在双重征税的压力。为了减轻这种压力,美国设立了外国税收抵免(Foreign Tax Credit,FTC)制度。① 美国是世界上最早设立 FTC 制度的国家,同时,FTC 制度也是美国税收制度中一项复杂、广泛和高风险的制度,加上相关规则的不断变化导致政策的矛盾性,该制度成为美国税法学界一直最为关注的话题。一些早期抵免规则的基本问题(如哪些纳税人可有权获得抵免?抵免计算在何时受外国法的调整?又在何时受美国法的调整?抵免规则的适用应该在何种情况下为政策考量让路?何时产生纳税义务?)直到今天都未得到彻底解决。此外,美国 FTC 制度在近年来还出现了一些新的发展,如通过滥用 FTC 拆分器、"汇总"提案、FTC"发生器"交易等,这些已成为近年来美国税务诉讼、立法和行政指导的核心。

一、美国 FTC 制度的产生及历史演变

(一)1918 年美国 FTC 制度的首次颁布

虽然在 1913 年美国开征联邦所得税时就允许纳税人扣减外国税收,②但直到 1918 年美国国会才在其《联邦税收法典》(Internal Revenue Code,IRC,以下简称《法典》)中颁布了 FTC 制度。③

1918 年之前,美国税法允许双重征税,但由于 1913 年美国最初征收所得税时税率很

---

* 本文主要是根据菲利普 · R. 维斯特(美国 Steptoe&Johnson 律师事务所华盛顿办事处税务实务主席和合伙人)和阿曼达 · P. 瓦瑪(Steptoe&Johnson 律师事务所华盛顿特区办事处助理)在 2011 年美国芝加哥大学税收研讨会上所作报告"*The Past and Future of the Foreign Tax Credit*"(外国税收抵免的过去和未来)的部分内容所进行翻译和整理。原作者报告的早期版本发表于 2012 年 3 月 27 日出版的《税收》杂志。此外,本文还参阅了蔡连增所著《美国联邦所得税法外国税收抵免制度研究》的部分内容。在此谨向前述作者表示感谢。

** 山东工商学院法学院副教授。

① 除此之外,美国纳税人还可以通过税收减免来避免被重复征税,但在大多数情况下,外国税收抵免要比税收减免对纳税人更有利,因为税收抵免允许纳税人可以美元对美元,在此基础上可以减少其美国纳税义务。

② Revenue Act of 1913, ch. 15, 38 Stat. 144.

③ Revenue Act of 1918, ch. 18, 40 Stat. 1057.

低,所以双重征税问题还不是一个十分严重的问题。然而,到了1918年,由于第一次世界大战导致世界各个国家迅速提高了税率,国际双重征税开始成为压在那些从事海外经营和投资的美国人身上的沉重的税收负担。美国个人的最高边际税率达到77%,对公司而言,尽管当时基本公司税率只有10%,但8%~60%的超额利润税率也适用于许多大公司。在这样的情况下,其他国家的税收加成征收就成为了潜在的没收,如何救济就成了一件十分紧迫的事情。这些情况最终促成了1918年美国FTC制度的颁布。

(二)1921年的FTC限制制度

实行抵免制度以后,美国税率下降,而欧洲的税率仍然保持较高水平。由于外国税收抵免额不受限制,允许纳税人用来抵销在美国国内收入的征税,这引起了人们对国会的不满。例如,假定某个纳税人来源于A国和来源于美国的收入都是100美元,A国的税率是50%,美国的税率是40%。A国对该国取得的收入征收50美元的税,美国对纳税人源自全球的收入征收80美元的税(200美元×40%)。由于对外国税收抵免额没有限制,纳税人可以用50美元抵免额抵销其在美国的纳税义务,结果在美国只纳税30美元。这样,纳税人源自美国收入的纳税义务因此就减少了10美元(否则应该是40美元)。可见,如果外国税率比美国税率高,抵免就可能会抹去那些本属于美国的大量税收。例如,当时英国税率是美国的3倍,一些收入主要来自美国的大企业,其国内收入的税收义务通过抵免基本都被抹去了。

这个问题也引起了国会的关注。1921年美国国会颁布了外国税收抵免"总额"的限制性规定,即规定纳税人只能以其来源于外国的收入占全球收入的比例来抵销其美国的整体纳税义务。[①] 依此规定,上面的例子中,纳税人的外国税收抵免限制的计算公式为:

80美元(纳税人全球收入在美国的纳税义务)×50%(纳税人的来源于外国的收入100美元占纳税人的全球收入200美元的比例)=40美元

这样,纳税人的外国税收抵免的限额是40美元,纳税人仍需要向美国纳税40美元,而不是先前计算的30美元。此外,该法案还建立了"源泉规则",该规则曾被1918年法案省略,但对外国税收抵免的操作而言却至关重要。直至目前,1921年外国税收抵免限制法案仍是美国外国税收抵免制度的一个重要组成部分。

(三)1921年以后FTC限制制度的修改

1921年以后,美国国会在各个方面对外国税收抵免限制进行了多次修改。如1932年规定纳税人在"总额"抵免限制和新的"分国别"抵免限制之间采用较小的外国税收抵免限额。[②] 按照"分国别"抵免限制的规定,外国税收抵免限制计算分别适用于每个外国税收的支付国,而不是将所有的外国收入和外国税收加在一起适用。1954年美国国会取

① Revenue Act of 1921,42 Stat. 227.

② Revenue Act of 1932,ch. 209,§131(b),47 Stat. 169,211.

消了“总额”抵免限制，只允许“分国别”抵免限制。① 1960 年规定允许纳税人在“总额”抵免限制和“分国别”抵免限制之间进行选择（但一经选择，除非经国税总局 IRS 同意，否则是不可撤销的）。② 1962 年国会为非营业利息收入规定了单独的限制。③ 1976 年“分国别”抵免限制被取消，只剩下了“总额”抵免限制。④ 1986 年国会的税收改革法案中，设立了额外的限制，即要求按有关收入的类别（篮子）而不是按国别单独计算外国税收抵免。⑤ 2004 年国会将类别（篮子）由 9 个缩减到 2 个，并且调整了作为外国税收抵免限额计算重要组成部分的利息费用的分配规则。⑥ 2010 年以后，美国国会颁布了外国税收抵免拆分器（《法典》第 909 条）及其他一些有关外国税收抵免的规则。

二、美国 FTC 制度的基本内容

（一）有权享受税收抵免的纳税人

根据美国《法典》第 901（b）（1）规定，美国公民和美国公司有权就任何所得、战争利润以及超额利润在纳税年度内缴纳或应纳的外国或者美国属地的税收获得外国税收抵免。非美国公民的居民也有权就这类税收获得抵免。此外，某些在美国从事美国贸易或商业活动的非居民外国人和外国公司有权在《法典》第 906 条规定范围内，就与美国贸易或业务有关的收入所缴纳的外国税收有权获得抵免。合伙企业的合伙人、遗产或信托的受益人也有权就纳税年度内合伙企业、遗产或信托支付或者计提的外国税收获得抵免。有权抵免的纳税人是指依照外国法律承担外国纳税义务的纳税人（技术纳税人规则，the “technical taxpayer” rule），纳税人有权抵免的是依据外国法所应承担的法定外国税收义务。

技术纳税人规则要追溯到 1938 年在“Biddle”一案的判决，该判决已经在此后的条例中得到实施。⑦ 在“Biddle”一案中，一家英国公司的美国股东就公司分配其利润所征收的英国税申请抵免。依照英国税制，英国公司就其所得纳税，且对股东分配的总和体现公司纳税。⑧ 在“Biddle”案中纳税人就外国公司所缴纳的税收申请外国税收抵免。

“Biddle”案就“所得实际缴纳或应纳的外国税收”的抵免问题进行了探讨。高等法院指出，“判决中必须阐明规定‘准许居民纳税人外国所得税抵免’的确切含义。”法院认

① Internal Revenue Code Act of 1954（P. L. 83 – 591），ch. 736，§ 904，68A Stat. 3，287 – 88.

② Revenue Act of 1960（P. L. 86 – 780），§ 1（a），74 Stat. 1010，1010.

③ Revenue Act of 1962（P. L. 87 – 834），76 Stat. 960.

④ Tax Reform Act of 1976（P. L. 94 – 455），sec. 1031，§ 904，90 Stat. 1610，1620 – 24. 1976 年国会还颁布了“the overall foreign loss（OFL）recapture rules of section904（f）”，根据该规定，在一年内用于抵销源自美国收入的国外亏损可以在下一年度内通过对随后年度源自外国的收入重新定性为源自美国的收入弥补。

⑤ Tax Reform Act of 1986（P. L. 99 – 514）.

⑥ American Jobs Creation Act of 2004（P. L. 108 – 357）.

⑦ *M. D. Biddle*，SCt，38 – 1 USTC 9040，Ct D 1303，302 US 573，58 SCt 379，1938 – 1 CB 309.

⑧ 如果股东收入超过一定数额，股东也需支付额外附加税，本案不涉及附加税问题。

为,“根据我们自己的规章规定,股东是否付了税……必须最终通过查明英国税收设置和征收的方式检查来确定,即该股东已按照英国法律行事,且纳税是否与我们自己规定中使用的术语存在实质相当。”法院确定,根据英国法律,是公司而不是股东具有法定的纳税义务。法庭也注意到,不纳税应采取补救措施的应该是公司而不是股东,股东不能为公司不纳税承担责任。法院最后得出结论认为,本案股东与美国税法中“已纳税”的术语不相符。依照现行规定,基于美国《法典》第901条及第903条的目的纳税人是指外国法规定了这类税收的法定义务的人,即使其他人(如扣缴义务人)免除了这类税的义务。[①]因为技术纳税人规则是正式的法定义务,所以容易导致外国法上的法定纳税义务人有别于就相关外国收入征税的纳税人的情况。

(二)可抵免的外国税收

美国《法典》第901条对“收入、战争利益或者超额利润”所征收的外国税收抵免作了限制,第903条将抵免扩展到对“替代所得”征收的外国所得税。为了既能在《法典》第901条又能在第903条规定下获得抵免,外国征收必须是“税收”。

1.税收必须是美国税法意义上的所得税

税收必须是由国家根据税务当局征收的,而不是其他的机构。所以,刑罚惩罚、罚款、利息和关税不认为是“税收”,针对以交换的方式从外国获取的“特殊经济利益”的人所进行的外国征收也不是“税收”。此外,根据美国《法典》第901条规定,要成为可获得抵免的税收,还必须满足以下两个特点的“测试”要求。

第一个要求是接近净收益的可能性测试。即外国税必须是在其所适用的正常情况下“尽可能接近净收益”。[②] 税收符合净收益标准必须满足三个条件:(1)税收必须符合“实质征税的要求”。一般情况下,如果依照美国税法已经被征税或者随后将要发生实际征税,那么这个条件就是满足的。[③] 然而,在某些情况下满足实质征税可能是以实际征税之前某一事件的出现或某些视同分配的发生为条件的;[④](2)外国税收必须以总收入(或根据不低于市场公允价值方法计算出的总收入)为基础征收的;[⑤](3)税收必须满足“净所得要求”,税基必须依据减少的总收入来计算,以弥补主要的成本和费用。[⑥] 最近,在“PPL公司”[⑦]和“Entergy公司”[⑧]的两个判决中,税务法院得出结论,1997年由英国政府对某些前政府拥有的公用事业征收的暴利税,依照美国《法典》第901条的规定属于可抵

① Reg.,1.901-2(f)(1).

② Reg.,1.901-2(a)(3).

③ Reg.,1.901-2(b)(2)(i)(A).

④ Reg.,1.901-2(b)(2)(i)(B)-(C);Reg. 1.9012(b)(2)(ii).

⑤ Reg.,1.901-2(b)(3).

⑥ Reg.,1.901-2(b)(4).

⑦ PPL Corp. and Subsidiaries,135 TC 304,Dec. 58,325(2010).

⑧ Entergy Corp. & Affi liated Subsidiaries,100 TCM 79,Dec. 58,288(M),TC Memo 2010166.

免的税收。政府分别将税务法院的判决上诉到上诉法院的第三巡回法庭(PPL 公司)和第五巡回法庭(Entergy 公司)。[①] 最后判决结果是,第三巡回法庭推翻了税务法院的判决,而第五巡回法庭则维持了税务法院的判决,很多学者认为此案的最终判决结果将对美国今后外国税收抵免制度产生深远的影响。

第二个要求是非"吸收式的税收"(soak-up tax)。突出特点测试的第二个要求规定,外国税收是美国意义上的所得税,即仅限于税收义务不依赖于另一国税收抵免额(吸收式税收)的范围。[②] 因此,当外国税收只是为了抵免的目的而被征收,且在此范围内,不应该对纳税人征收外国税时,这样的外国税就无法满足突出特点测试的要求。

2. 纳税人税收缴纳必须是强制的和非自愿的

只有强制缴纳才被认为是纳税。缴纳金额超过依照外国税法应纳税额的部分不具有强制性。按照规定,如果缴纳的金额是根据纳税人以外国法律合理的解释、实质性的适用以及程序性规定相一致的方式确定的(包括适用的税收条约),随着时间的推移,纳税人合理的预期纳税义务以这样的方式减少,那么,缴纳的金额就没有超过其应纳税额。[③] 正如法院公开判决所称,如果纳税人实际注意到或者总体注意到外国法的解释或适用很可能是错误的,那么其解释和适用就被认为是不合理的。[④] 纳税人通常可以通过咨询主管外国税务的顾问,从他们那里获得建议。此外,纳税人还必须"尽力采取有效和切实的补救措施(包括援引适用税收协定下的主管当局程序),以减少纳税人的外国税收义务(包括根据外国税务审计调整的义务)",[⑤]只有根据数量和成功的可能性所得出的成本(包括抵消的风险或额外的税务义务)合理时,补救措施才被认为是"有效和切实的"。[⑥] 对纳税人两笔或两笔以上业务的结算将从总体上进行评估,以确定该数额是否属于强制性征收。[⑦]

在 2010 年宝洁公司(Procter & Gamble,P&G)涉税一案中,联邦地区法院认为,即使双重征税冲突是发生在两个外国之间而不是在美国与外国之间的,纳税人也必须启动主管当局程序。[⑧] 该案宝洁公司申请抵免几个纳税年度内支付给日本的税金,但在随后一年,韩国税务当局认为,该企业缴纳的日本企业所得税中还包含了应向韩国缴纳的税金,但美国国税局不允许宝洁公司所缴纳的韩国税收享受税收抵免。法院认定,"尽管宝洁公司被要求缴纳韩国税收,并且被其韩国律师合理地告知韩国征税的合法性和准确性,

① PPL Corp. ,No. 11 –1069(3d Cir. December 22,2011);Entergy Corp. ,No. 10 –60988(5th Cir).
② Reg. ,1. 901 –2(c).
③ Reg. ,1. 901 –2(e)(5)(i).
④ Reg. ,1. 901 –2(e)(5)(i).
⑤ Reg. ,1. 901 –2(e)(5)(i).
⑥ Reg. ,1. 901 –2(e)(5)(i).
⑦ Reg. ,1. 901 –2(e)(5)(i).
⑧ Procter & Gamble Co. ,106 A. F. T. R. 2d 20105311(S. D. Ohio 2010).

但宝洁公司未能尽力采取有效和切实的补救措施,包括援引主管国家根据适用的税收协定提供的主管当局程序……以‘减少对日本的税务义务’,虽然美国国税局针对的是韩国而不是日本的税收抵免提出的质疑,但法院最终判决,向日本支付的税款并非是强制性的,宝洁公司只能对韩国支付的税款有权获得抵免。”

3.所得税的“替代税”

美国《法典》第903条规定,外国税收中“替代所得税”也可以抵免。① 根据《法典》第901条规定,首先,该税收必须是§1.901-2(a)(2)(上述)所指含义的税收。此外,税收必须作为替代所得税或普遍强制征收的一系列所得税。其次,该税不能是“吸收式的税收”(soak-up tax),但替代税在下列范围内不被认为是“吸收式的税收”:(1)不是对纳税人征收,而是为了税收抵免的目的而征收的外国税收;(2)如果该税收已经由普遍征收的所得税所代替,纳税人实际缴纳的外国税额超过了纳税人应该缴纳的外国税额。

(三)可抵免的外国税收额

1.实际缴纳或者应纳的外国税收抵免限制

根据美国《法典》第901条、第903条规定,外国税收只允许在“缴纳或者应纳”范围内可抵免。有合理的理由确定要返还、抵扣、减少或者免除的税额不属于实际缴纳的税额。下列范围的税额也不认为属于“缴纳或者应纳”:(1)直接或者间接向纳税人、关联方或者交易任何一方提供补贴或者关联交易的税额;(2)补贴是参照税收金额或税基确定的。补贴包括由外国直接或者间接给予纳税人、相关者或者交易方,或者关联交易的任何利益。应按实质而不是按形式确定补贴是否存在,这与纳税人是否从补贴中得到了明显的好处无关。②

2.间接抵免(或者被视为缴纳外国税收抵免)

根据美国《法典》第902条规定,如果一个美国公司在纳税年度从其拥有10%以上有表决权股份的外国子公司收到股息,对应于这些股息的由该子公司(就其公司利润)缴纳的外国所得税视为已经缴纳。③ 根据该条所获得的抵免一般称为“间接抵免”(或者视同缴纳外国税收抵免)。在下列情况下美国公司有权就外国子公司缴纳的外国税收获得间接抵免:(1)美国公司收到来自于外国子公司的股息;(2)有属于F分部的所得。④ 根据所带来的股息或者收入计算的外国税收数额(依据外国法)是所得(或者视同在“F分

---

① Reg.,1.903-1(a).根据规定,外国征收涉外税收目的(例如,由于在确定所得税税基方面征管的困难而放弃征收涉外税,否则一般是要征收的)是非实质性的。涉外税收的税基对实现的净收益是否承担任何关系也是非实质的。例如,税基可以是总所得,总收入或者总销售额,或者是生产或出口额。

② Reg.,1.901-2(e)(3)(ii).该条例规定,如果满足某些条件,在一个也存在自由汇率的地方,使用的外国政府官方的汇率将外币兑换成美元也没有补贴。

③ IRC,902(a).

④ 1962年美国制定了受控外国公司(CFC)规则,即著名的“F分部”。因其在美国《联邦税收法典》中位于N部分的F分部,即第951条至第960条,故此得名。

部”项下带来的所得)的百分比的函数(依据美国法)。[①]

3. 外国税收抵免限制和分篮限额

外国税收抵免一般限于纳税人源自外国的应税所得在美国的纳税义务(根据美国税务会计准则计算)。限额是通过以纳税人当年总的美国应纳税额乘以纳税人当年源自外国的应税所得占当年纳税人全球范围应税所得的比率计算出来的。依照现行法律,限制分别适用于“消极类所得”和“普通类所得”两个篮子。[②] 消极所得包括依照美国《法典》第954(C)的规定外国个人持股公司的所得(如股息、利息和特许权使用费)以及其他类型的消极所得。[③] 而银行、融资或类似业务,或某些保险业开展活动产生的消极类所得则被视为普通类所得。[④] 普通类所得包括除了消极收入以外的所有收入。[⑤]

为了确定每个篮子来源于境外的应纳税所得以便计算外国税收抵免限额,纳税人必须将费用扣除在美国国内总收入和境外总收入之间进行分配和分摊。[⑥] 分配和分摊的规则是复杂的,但对计算外国税收抵免限制来说很关键。如果费用过度分摊到外国收入,纳税人的外国税收抵免限额就会比较少,将导致可用于抵销美国国内税的外国税收就比较少;反过来,如果费用过少分摊到境外收入,外国税收抵免的限额就会比较高,将导致更多的外国税收可用于抵销美国税。此外,对某些类型的费用,如利息支出,还规定了特殊的规则。[⑦] 根据美国《法典》第864(e)规定,集团分公司的利息支出的分配和分摊必须依据其占整个集团公司资产(按公允市场价值或标准计算)的比例来计算。在外国子公司中拥有的股票视为是集团分公司的资产,但外国子公司的利息支出不计算在内。2004年美国国会颁布了一项全球范围内的利息分摊规则,根据此规则,外国子公司的资产和利息支出都要计算在内。[⑧] 这个规则的有效期推迟到2020年12月31日以后的纳税年度的才开始生效(原定生效的时间是2008年12月31日之后的纳税年度)。

总之,在全球利息分摊的情况下,只有当跨国子公司的总的利息支出与该公司外国资产占该公司总资产的比重的乘积大于跨国集团外国子公司已经分配和分摊到外国收

① Reg. ,1. 902 -1(a)(9).

② IRC,904(d). 2004年美国劳工法案之前,总共有9个FTC篮子:(1)消极所得;(2)高预提税收利息;(3)金融服务所得;(4)销售收入;(5)来自非受控的IRC 902公司的某些股息;(6)来自国内跨国公司或者以前国内跨国公司的某些股息收入;(7)归属于某些外贸收入的应纳税所得额;(8)来自外国销售公司或者以前外国销售公司的某些分配所得;(9)其他所得。

③ IRC,904(d)(2)(A)(i).

④ IRC,904(d)(2)(D).

⑤ IRC,904(d)(2)(A)(ii).

⑥ 见 *generally* Reg. ,1. 861 -8。一般情况下,对于每一项抵扣,纳税人都必须将抵扣分配到与该抵扣有关的“总收入类”。“总收入类”包括在Code Sec. 61. Reg. ,1. 861 -8(a)(3)所列的一个或多个项目(或项目细分类)。

⑦ Reg. ,1. 861 -9T(a).

⑧ IRC,864(f).

入的利息支出,并且致使该外国子公司形成了自己独立的集团公司时,跨国子公司的国内公司的利息支出才可以分配和分摊到外国收入中去。

三、美国 FTC 制度的最新发展

(一)FTC“拆分器”——美国《法典》第909条及其指南

如前所述,外国税收一般被认为是一个人受外国法律强加的法定义务。根据技术纳税人规则,负有外国税收法定义务的人有别于根据美国税法规则实现基本收入的人,这就导致了税收关系中境外收入的拆分,在某些情况下,这种拆分会导致外国税收倒流回美国,使美国没有相关收入可以征税。这最终导致美国国会于2010年出台了《联邦税收法典》第909条以彻底解决这个问题。

1.“建议的法律责任规定”

2006年8月3日美国财政部和税务总局出台了一个规定——“建议的法律责任规定”,对技术纳税人规则做了修改。[①]

“建议的法律责任规定”为确定何人在何种情况下具有缴纳外国所得税的法定义务提供了一系列规则,旨在明确“法律责任规定”在具体实际情况下的适用。根据该规定,对于两个以上的人的混合收入(包括集团成员对集团税收不负共同责任的情况,如“*Guardian* 公司”案[②])按照外国综合税制征收外国税,所有成员的外国税收必须与每个成员的净收入(依照外国法律计算)的相对数额成比例,然而,当外国法规定存在以下情况时外国税收将不被认为是对混合收入征税:(1)在集团利益机制下,允许一人将亏损转嫁给另外一人;(2)在综合税制下,要求将股东收入并入公司应税所得;(3)或者在反迟延纳税机制下,要求将股东所得纳入公司应税所得。

“建议的法律责任规定”对技术纳税人规则做了修改,规定了反向混合(不是为美国税收目的而是为转移外国税收目的设立实体),反向混合的实体负有外国法规定的税收

① 该规定的修订版本于2012年2月最终定稿。

② *Guardian* 公司是一家美国综合集团公司的母公司,英特尔 *Guardian* 持股公司(IHC)是 *Guardian* 公司的一个美国子公司,拥有 *Guardian* 欧洲公司(GIE)的股份。*Guardian* 欧洲公司(GIE)是一个独立的实体,交替持有几家卢森堡子公司的股份。*Guardian* 集团公司申称,根据《法典》第901条规定,IHC 有权就 GIE 自身所得和其子公司所支付的卢森堡税收享受外国税收直接抵免。而政府认为,即使 GIE 就其利润已经支付了税收,但根据卢森堡法律,GIE 和卢森堡子公司 GIE 的子公司所取得的收入应该对卢森堡承担分别及连带的纳税义务,并且根据 Reg.,1.901-2(f)(3)之规定,每个实体都有义务承担自己的纳税义务份额。所以,IHC 无权就 GIE 自身所得和其子公司所支付的卢森堡税收享受外国税收直接抵免。*Guardian* 集团公司向联邦法院提起申诉,联邦法院判决支持了 *Guardian* 集团公司的主张,后该案上诉到联邦法院上诉法院,经联邦上诉法院巡回法庭审理认为:国内税法不是一个高度精确的工具,它只是规定了一般性的原则。Reg.,1.901-2(f)(1)表面上区分了两种情况,一种情况是支付税款的纳税人仅仅是一个扣缴义务人(或者类似于汇款代理人),并且代表另外一个负有法定纳税义务的人支付了这笔税款;另一种情况是支付税款的人负有这种税的法定纳税义务。本案 GIE 不应当被视为一个集体或者汇款代理,因为根据卢森堡法律,GIE 承担法定的纳税义务。最后,巡回法庭判决,政府关于外国税收抵免的上诉理由是无效的。

法定义务，每个反向混合的业主根据其在反向混合收入中所占份额缴纳外国所得税。反向混合的外国纳税义务是业主依照外国法律计算的应纳税所得的比例(反向混合所得归属于业主的份额)决定的。尽管“建议的法律责任规定”解决了一些个案的问题(如前述“*Guardian* 公司”案)，但还是无法解决所有潜在的拆分安排。一些人认为，只有立法才是该问题解决的最佳途径。

2. 外国税收抵免拆分器(美国《法典》第 909 条)

2010 年奥巴马政府在预算建议中呼吁，采用一种匹配规则以防止可抵免外国税收从相关的外国所得中分离，2010 年 8 月 10 日国会在一个不起眼的、通常被简称为教育工作和医疗补助经费法案(“EJMF 法案”)中，①颁布了美国《法典》第 909 条，即所谓的外国税收抵免拆分器。

在存在有“外国税收抵免拆分项目”的情况下，纳税人在纳税年度之前的相关收入所缴纳或者应纳的外国所得税，不计入美国的外国税收抵免。在直接抵免的情况下，作为拆分项目的一部分，由非受控第 902 条公司②支付的外国所得税，在该类公司或者与该类公司有关且符合美国《法典》第 902 条(a)或(b)规定要求的美国公司计入相关收入的纳税年度内可以计入抵免。“外国税收抵免拆分项目”的定义是广泛的，除了上述之外，还包括如无视付款，转让定价调整，在美国和外国法律下导致扣除和时间差异转换的财产捐助等。尤其是当“隐形人”为了税收抵免的目而将相关所得计入或将被计入缴纳外国税收时，就会产生“外国税收抵免拆分项目”的问题。这里的“隐形人”被定义为投资者直接或间接拥有至少 10% 所有者权益(表决权或价值)的任何实体，或者在投资者中直接或间接拥有投资者至少 10% 所有权权益(表决权或价值)的任何人，以及“(税务)局长确定的任何其他人”。《法典》第 909 条适用于 2010 年 11 月 31 日开始以后纳税年度有关缴纳或者应纳的外国所得税。为了确定纳税年度内的与股息支付或者《法典》“F 分部”项目下有关收入的间接外国税收抵免，第 909 条也适用于 2010 年 11 月 31 日开始或者之前纳税年度有关由非受控第 902 条公司缴纳或者应纳的外国所得税。

3.《法典》第 909 条指南及最终法律责任规定

为了能将第 909 条适用于 2011 年之前的征税，美国财政部和税务总局在 2010 年发布了第 92 号公告，以指南的形式解决了关于 2010 年 12 月 31 日之前缴纳或者应纳外国所得税如何适用第 909 条的问题。此外，2012 年 2 月 9 日美国财政部和税务总局还根据第 909 条颁布了一个暂行条例(T. D. 9577)，并且根据“Code Sec. 901”出台了最终法律责

---

① 除 IRC,909 以外，EJMA 法案还包括其他各种有关抵消外国税收抵免的规定，包括与 IRC,956 包含的规定有关的、视同已经支付的外国税收的限制，否定与某些涵盖资产收购有关的外国税收抵免的规定，以及根据条约规定，为某些项目来源制订单独的外国税收抵免限制。当然，在其他各种情况下也可能会导致可抵免的外国税收从来源于外国的收入中分离。此外，在涉及混合工具、销售和回购交易，以及集团减免的情况下，也可能发生外国税收从国外收入中分离。

② 即与一家能够申请间接外国税收抵免的美国公司有关的外国公司。

任规定。暂行列出了一个被视为引起外国税收抵免拆分活动安排的单独清单，在法令限制范围内，该清单为纳税人提供了广泛的急需指引。与暂行规定出台的同日，美国财政部和税务总局根据《法典》第901条出台了最终法律责任规定（T. D. 9576），解决了纳税人外国税收法律责任的问题。该规定部分保留了2006年建议的法律责任规定的部分内容，但又作了明显的修改，最明显的就是取消了反向混合规则（该规则由第909条暂行规定所替代和覆盖）。

（二）“汇总”提案

由于根据2004年美国《就业促进法》减少“消极类所得”和“一般类所得”两个外国税收抵免限额类别，这就增加了美国纳税人通过“交叉抵免”以减少美国纳税的机会。在2010财年、2011财年和2012财年的预算案中，奥巴马政府提交一个以“汇总”为基础计算间接外国税收抵免的提案，该提案预计在10年内大约能筹集到5200万美元的税收收入。2011年9月奥巴马政府发布了一项赤字削减计划草案，以为其拟议的“美国劳工法”提供支持。赤字削减计划包括了外国税收抵免汇总建议，以及推迟扣除与递延收益相关的利息支出的建议等。在草案中第一次详细阐述了“汇总提案”。建议政府制定一项新的规则（该法第910条），并且引入几个计算外国税收抵免的新的概念：

1. 现行包含率。该比率用于计算美国《法典》根据第910条规定允许抵免的外国税收数额，并规定适用于下列情况下的计算：(1)在纳税年度内非受控该法第902条公司获得的所有股息加上该法第902条公司“F分部”所含部分的总和（不考虑该法第78条的合计）；(2)1986年以后未分配利润总金额以上的部分。

2. “暂停抵免1986年以后的外国所得税”。由于汇总机制，1986年以后外国所得税汇总部分任何纳税年度都不允许抵免。

美国《法典》第910条(a)规定，根据第902条或者第960条，外国税收金额视为已经支付，且允许抵免。“金额不得超过1986年以后纳税年度外国所得税总额与1986年以后暂停征收的外国所得税的总和依据与‘当前包合率’相同比例计算的税额”。1986年以后暂停征收的外国所得税允许根据《法典》第910条的规定在以后纳税年度抵免，抵免的范围是1986年以后当年视同支付的外国税收金额不得超过《法典》第910条的限制。允许在暂停年度内抵免的暂停征收的外国所得税将被视同由美国公司在暂停年度内支付。《法典》第910条限制将单独适用于每个外国税收抵免篮子。

“汇总”提案也遭到了一些批评。一些人认为提案超越了美国的税收条约的一般规定，即美国应该为其他缔约国针对股利支付征税提供抵免。还有人认为，提案与条约义务不一致，因提案“不会为缔约国对居民企业股息之外的利润征税提供（外国税收抵免）。然而，允许抵免的（外国税收）数额将被限制到参考所有外国子公司分配和未分配（收入和利润）所测算的数量［不限于包含在缔约国公司分配和未分配（收入和利润）项目］，并且不仅限于位于与美国签订有所得税条约的管辖区域的国外子公司”。

还有人认为该建议将加剧“开锁”效应，在这种情况下，公司将外汇收入滞留海外，以避免美国遣返征税。

（三）FTC“发生器”交易

1998 年财政部和国税局曾试图在第 98 - 5 号通告中解决某些外国税收抵免套利交易问题。该通告提出，如果交易的合理预期利润与所谋求抵免的价值相比是非实质的，那么就将利润测试法适用于否定两种类型的交易，即(1)通过资产收购以转移外国纳税义务的交易，该资产收购产生的收入流受制于外国的毛税基；(2)允许享受双重征税优惠的跨境税收套利交易。尽管该通告被第 2004 - 19 号通告所撤销，但财政部和国税局对可能涉及“不当外国税收结果”的结构性交易安排依然继续关注。2011 年 7 月 13 日财政部和国税局出台了最终的规定(T. D. 9535)以解决外国税收抵免“发生器”交易问题。

最终的规定采用了 2008 年(T. D. 9416)暂行规定并进行了一些修改。根据最终规定，支付给外国税务机关的属于“结构化的被动投资安排”(Structured Passive Investment Arrangement, SPIA)的金额，不能获得外国税收抵免。满足以下 6 个条件的安排即构成 SPIA：

1. 该安排利用了一个实体，其中：(1)几乎所有实体的总收入属于被动投资所得，并且几乎所有实体资产的持有时间都直至产生这些被动投资所得；(2)实体所得存在有外币支付的情形。

2. 根据美国《法典》第 901 条(a)的规定，如果外国付款是一笔税款，那么这个人(“美方”投资者)就有资格就该笔外国付款的全部或者部分申请抵免(包括根据《法典》第 902 条或第 960 条规定视同支付的外国税收抵免)。

3. 美方的外国付款份额远远大于(或者预计将会)美方根据美国《法典》第 901 条(a)的规定将有权申请获得的外国税收抵免额(如果有)，该笔外国税收是在美方直接拥有这些资产情况下，依据美方所拥有的资产比例分配的所得应缴纳的外国税收。

4. 根据外国法律，该项安排将给交易对手或相关人士带来合理预期的税收优惠。如果这种外国税收优惠属于抵免，那么就满足了外国支付给美方份额达到或者超过 10% 这个条件。有关其他类型的外国税收优惠(如免税，扣除和排除损失)，如果外国付款征税中美方所占份额的外国基数达到或者超过 10%，这个条件也是满足的。

5. 根据所在外国法律，按照管理地、公司所在地，或者类似标准，或以其他方式征收净基础税，直接或间接拥有或收购 SPV 股权(或者其资产)的个人。双重国籍公民或美国居民一般就全球范围收入向美国纳税，不作为相对方对待。

6. 美国和外国根据各自的税收制度在对待安排的规定不一致，如果在外国法律“左右”美国税收情况下，会造成美国收入实质上大大减少或者外国税收抵免大大高于正常值。

四、结论

综上所述，美国外国税收抵免制度的形成和演变，具有悠久的历史脉络，其制度的复杂性、广泛性和高风险性在美国的税收制度中具有很强的代表性。尽管美国 FTC 制度在过去100年中经历了各种变化,但演变历史并没有出现一个清晰的方向,有时宽泛,有时又狭窄,这种变化特点是与该项制度受到美国强烈的政策取向所驱动(有时追逐同样的目的却引向了不同的方向)相一致的。近来美国FTC制度的变化在一定程度上可以说是改变了抵免的基本特征,使制度变得更加复杂化。但总体来讲,该制度在不同历史时期的政策调整基本适应了经济全球化税收征管的要求,这些无疑对我国当前“一带一路”倡议背景下,鼓励企业“走出去”的国际税收征管立法和制度建设,具有重要的借鉴意义。

四、中国台湾地区学者专栏

补充性原则与地方课税权

葛克昌*

一、问题概说

20 世纪中叶后欧洲自由法治国家因个人自由过于泛滥,社会贫富不均日益恶化,要求国家应挺身而起,扩张职权,不仅为法律秩序之维护者,同时须为社会正义之形成者,但国家职权越来越不加节制,致有碍市场经济发展与个人自由及社会生机,而产生右派与左派之极权主义。为对此危机加以防杜,而有国家补充性原则理论萌芽。第一个将其学术化,为德国波昂大学 J. 伊森塞(J. Isensee)教授,早于 1968 年发表博士学位论文《补充性原则与宪法——国家社会关系之衡平研究》①(Sunsidiaritätsprinzip und Verfassung),其后渐渐引起诸多讨论,形成补充性原则系宪法原则之共识。②《欧洲共同体条约》第 5 条第 3 项明文规定应适用补充性原则与比例原则后,并于 1997 年阿姆斯特丹附件另制定补充性原则与比例原则议定书,引起更多讨论。③ 该原则涉及国家哲学、宪法及国家经济,同时是当代欧洲政治主流思潮基督教社会学理论基础。此一原则,由德国形成典范,学说及联邦宪法法院判决,扩及欧洲各国,国家乃为确保个人自由,国家补充性原则乃为解决国家任务有行为界限之亘古课题。以及在自由与保守理念、自然法与实证法之冲突协调。该原则涉及当代德国联邦二大基本理念:社会市场经济与社会法治国;国家补充性原则同时也是有关基本权与权限划分,宪法解释之基本原则。问题是补充性原则,在宪法上既无明文,是否能以不成文宪法原则视之?可否作为司法裁判依据?则须追溯国家补充性原则思想渊源及其法律效力。传统大陆法之国家与社会二元理论,随着自由法

---

* 中国台湾地区税法学会理事长、东吴大学法学院客座教授。

本文承黄若清律师,搜集文献、协助完成,并此致谢。

① 该书在 2001 年增订第 2 版,增加补充性原则可否形成宪法原则之讨论,由初版 105 页增加至 391 页。

② 最著名者,如 Th. Würtenburger, Das Subsidiaritätsprinzip als Verfasungsprinzip in Staatswissenschaft und Staatspraxis, 1993, S. 621。

③ 相关论文集, D. Merten (Hg.) Die Subsidiarität Europas 1993; R. Hrbek (Hg.) Das Subsidiaritätsprinzinzip in der europäischen Union 1995;王玉叶:《欧洲联盟之辅助原则》,载《欧洲联盟法研究》,台北,元照出版有限公司 2015 年版,第 39 页;王鹤:《评欧共体的辅助性原则》,欧洲,11 卷 2 期,1993 年 4 月,第 19 页以下。

治国理论之沉沦,其合理正当性已日益受到挑战,但也不能漠视国家与社会仍有区别,[①]问题是如有疑义,应归社会或国家,国家补充性原则可否作为解决之桥梁。

国家补充性原则最常被论及于中央与地方权限划分。[②] 主要系指事权与财权划分,如社会福利给付,中央与地方事权有所争议,宜划归地方。但国家补充性原则既是宪法上国家与社会规制与体制原则,主要指社会优先于国家,因民主国家,国家系为人民利益而存在,国家补充性原则精神,以个人为主体,尊重个体之自主与责任,用以保障个人自由。社会法治国家之社会任务系协助个人自由之实现,个人得以自我实现自由时,国家公权力即不应介入。[③] 同样与个人更接近之小团体,如家庭、非营利组织,无论病患照料、儿童养育、家庭救助较国家之服务给付更有效率,更富人性,基于国家补充性原则,宜由小团体优先为之,社会法治国家仍负补充财务责任,即对生存照顾所需予以免税支持,[④]优先于社会给付法,其中尤以地方课税权最重要。[⑤] 以下先由国家补充性原则思想渊源、补充性原则之宪法意义,补充性原则与地方财税法及其相关法律问题予以探讨。

二、补充性原则与地方课税权

(一)补充性原则与租税国家

现代社会法治国家,其任务之履行有赖具纳税能力人民之营利行为中,国家参与分配。社会国从收入面而言为租税国,就支出面而言即为给付国。[⑥] 二者现代社会国家具有互补功能。[⑦] 在前如无纳税人付出,即无社会国之给付。现代社会国家同时要成为法治国家,在社会政策上须严守补充性原则。[⑧] 国家只是协助自我救助者,原则上国家自身不得有资源分配权,借由税收而进行之国家继救助,与私人自我救助能力相较,前者应居补充性地位。补充性原则之首要要求,即个人或家庭之安全确保具有较高质量之处,即国家之社会安全体系停止之所。私人之救助行为,原则在服务给付,无论病患照料、儿童

① 参见葛克昌:《国家与社会二元论及其宪法意义》,载葛克昌:《租税国的危机》,厦门大学出版社 2016 年版,第 28 页以下。

② 欧盟及其成员关系,亦比照国内法之中央与地方权限划分。

③ 参见葛克昌:《国家与社会二元论及其宪法意义》,载葛克昌:《租税国的危机》,厦门大学出版社 2016 年版,第 144 页。

④ 进一步讨论参见葛克昌:《人性尊严、人格发展——赋税人权之底线》,载葛克昌:《税捐行政法——纳税人基本权视野下税务稽征法》,厦门大学出版社 2016 年版,第 26 页以下。

⑤ 参见刘剑文:《地方税立法的纵向授权机制设计》,载《北京大学学报》(哲学社会科学版)2016 年第 5 期。

⑥ 参见葛克昌:《国家与社会二元论及其宪法意义》,载葛克昌:《租税国的危机》,厦门大学出版社 2016 年版,第 108 页以下。

⑦ K. Tipke, Die Steuerrehtsordnung I,2 Aufl. ,2000, S. 2.

⑧ 张桐锐:《补充性原则与社会政策》,载《黄宗乐教授六秩祝贺论文(公法学篇)(一)》,第 221 页以下;葛克昌:《地方课税权与财政民主》,载葛克昌:《行政程序与纳税人基本权》,北京大学出版社 2005 年版,第 106 页以下;詹镇荣:《补充性原则》,载《月旦法学教室》2003 年第 12 期。

养育,家庭救助较国家之服务更有效率、更富人性。凡行国家救助之处,首先应实行者乃租税改革,以社会政策目的之租税优惠,支持个人及家庭之自我救助;如仍有所不及,则以国家现金救助之;最后,才是国家之服务给付,以济私人救助之不足。

按租税国家乃以国家社会二元化为前提。① 国家社会二元论乃基于自由主义理念,其主要论点,在于社会领域之内,基于司法自治所为之运作模式及其功能,在基本价值观实践上,较由国家公权力为之者,有较高之水平。基于此种观点,在社会领域内国家虽非完全不能介入,但国家职权与社会职权产生疑点时,应划归社会。此一关点为伊森塞加以发展成"国家补充性原则"②作为国家与社会关系中,宪法上规则与体制原则。③

此种补充性原则,在 1931 年教宗庇护(Pius)十一世曾发通谕(Quadragesimo anno):④

> 就好像不应剥夺个人能自发、自力完成之事而委由社会为之,将小团体或下为团体能做且能顺利完成之事交给大团体或上位团体,也是违反正义;同时,这也是很不利的,且紊乱了整个社会秩序。任何社会活动,依其概念与本质,都仅具补充性,其应支持社会体之成员,而非加以打击或吞没。国家应将地方或小团体所能胜任交予小团体;专心于仅有国家能胜任之事项,并作好领导管制监督角色。

补充性原则虽强调个人之自我负责、自我实现。但天主教之"人"概念,并非指孤立之个人,而是与他人共同存在,即与社会关联性之个人。按基督教天主教圣经,创世纪上帝创造天地、同时依上帝形象造人,每一个人均为"具体而微的上帝",此种人本主义之哲学观,造就成个人为先,国家仅具补充性功能。教宗庇护十一世借由补充性原则,不外希望国家能扶助社会上中介团体,使其能担负社会整合的功能。⑤ 补充性原则由此观点理解,不但与租税国课税权理论有关,且与地方课税权理论有关。

(二)补充性原则与地方课税立法权

"凡个人能自发、自力完成者,不应加以剥夺而交由团体为之。"此种补充性原则,乃在维护人类不受侵犯之人性尊严,促成人格之自由发展。现代法治国家,不以传统民主多数决之形式意义法治为满足,而进一步要求"以人性尊严与个人基本价值为中心"之实质法治国家,即正义国家。

---

① J. Isensee, Steuerstaat als Staatsform, in FS für Ipsen, 1977, S. 426.

② J. Isensee, Subsidiartätsprinzip und Verfassungsrecht, 1968.

③ 参见葛克昌:《国家与社会二元论及其宪法意义》,载葛克昌:《租税国的危机》,厦门大学出版社 2016 年版,第 28 页以下。

④ J. Isensee, Subsidiaritätsprinzip und Verfassung, 2Aufl. 2001, 2. 18.

⑤ 张桐锐:《补充性原则与社会政策》,载《黄宗乐教授六秩祝贺论文(公法学篇)(一)》,第 227 页。BVerfGE 4, 7(15f.); C. Bumke, Der Grundrechtsvorbehalt, 1998, S. 142.

如以民主国家而言,由人性尊严与个人基本价值为中心之民主理念,要求越与人民邻近事务,应尽可能由个人自我决定、自我实现。现代西方宪政国家源自基督教人性观,在创世纪中上帝依其形象创造人类,人在法律上具人格与权利主体性。人类乃有别于动物,非在物质层面,而在精神层面、在灵魂深处,即具有与上帝具体而微之精神生活理性主体。人有自由、有能力,基于理性形式,而不受欲望牵制。[①] 具有自由能力、社会性平等个人,在人格自由发展下,自我负责地自行决定其生活方式、未来生活且依照理性行为。[②]

社会法治国家,其国家职权虽较自由法治国扩张,除在社会领域消极防御公权力侵犯以保障个人自由外,主要系协助个人对自由之实现。[③] 社会法治国之给付行政,乃在促成基本权之充分实现。即使宪法上之抽象自由,借由立法落实于家体之社会生活,即借由公权力协助个人自由之实现。个人人格发展可能性,首先须触及实现个人自由不可让与之社会条件。自由实现之条件,在于先拥有实体及精神上必要物资,作为自我决定之前提。

给付国原则,在于确保借由必要物资条件提供,来促成个人在社会自由发展机会。唯国家提供之各种给付,乃在协助个人自我发展。凡个人能自我实现之处,即为国家干预应停止之所。故接受国家救助者,应先运用一切自己可能维持生活之手段与方法;若竭尽一切能力,尚不能维持最低生活时,始接受国家救助。此种社会法治国之补充,可演绎推论出:个人之自由优先于国家社会义务。此种补充原则具有优先效力之宪法上要求,即公权力应尽力促成实现基本权,国家补充性原则涉及职业活动自由及私有财产之使用自由基本权,与个人对自己生活之自我负责性,是以,凡个人得自我实现、自我成就时,国家之社会任务即退居幕后。[④]

由于公权力仅具补充性,在社会各种组织团体中,公共事务只有下级团体力有未逮时,上级组织始有处置之任务。换言之,个人能自我成就者,无须借家庭为之;家庭能处置者,无须民间团体介入;民间团体能完成者,中央政府即不必干预。此种之“就近原理”[⑤]越与人民邻近之公共事务,需由政府为之者,尽可能由地方自治团体为之,而此等事务,亦尽可能保障人民之参与决定,此为国家补充性原理所衍生之地方自治理念。是以地方课税权并非联邦国家所独有之制度,单一国家亦不妨由地方行使课税立法权。因地方自治乃源于宪法上人性尊严与个人人格发展之基本价值,而国家仅具工具性价值。个人为发展自己人格,就自己居住区域,有权参与自己关系密切之公共事务,尤其自我决

① 张桐锐:《补充性原则与社会政策》,载《黄宗乐教授六秩祝贺论文(公法学篇)(一)》,第224页。

② BVerfGE 5,85(204f.);BVerfGE 4,7(15f.);A. Bleckmann, Staatsrecht III,3 Aufl.,1989,S. 451.;P. Häberle,Das Menschenbild im Verfassung,1988,S. 73ff.

③ 参见葛克昌:《国家与社会二元论及其宪法意义》,载葛克昌:《租税国的危机》,厦门大学出版社2016年版,第77页以下。

④ P. Kirchhof,Steuergerechtigkeit und sozialstaatliche Geldleistungen,JZ,1982,S. 309.

⑤ Fleiner-Gerster,Allgemeine Staatslehre,2 Aufl.,1994,S. 455.

定、自我负责。

(三)补充性原则与地方自治

地方自治首要课题,即地方事务由地方自主负责;自治事务之执行,需有财源。财源如何在居民间公平分配,亦与自治事务不可分,因此对自治事务之自我负责,其中亦包含对其财政自我负责。自治事项之保障,在于对该事项所需费用能充分供应,并有权自主决定其财政工具。地方所以需有自主财源,应自行决定,除可供其自主调度外,不必仰赖中央,避免受国家过度干预外,其主要理由有二:一方面,地方需要多大财政规模,可与地方决定需增加多少自治事项之决策一并考虑。换言之,地方决定增加管辖事务,同时应对所增加之财政负担予以斟酌,即由收入、支出两方面一并考虑。另一方面,在从事自治行政时,须反复衡量地方自治形成之本质。地方自主决定推展某项事务,须考虑增加财务负担,并由居民分配时,是否仍为有利。在决策过程中财政之自我决定、自我负责,为自治行政重要之一环。

财务责任之厘清,能使地方公共财更符合居民偏好,[①]故地方自治以财政责任为核心,而以人性尊严为价值中心之民主要求,与人民越接近之公共事务,应尽可能自我决定、自我负责。基于政府为人民而存在,国家仅具工具性,须遵守国家补充性原则,地方自治之灵魂在于地方财政自主与财政责任。[②] 其主要课题在于地方税自治条例在中央制定框架性地方课税通则下自治立法权,而其内容不应背离地方自治精神。居民能自主决定税捐负担,对自治事务与财政收支,使能寄予关怀;对地方未来发展规划,始能重视。地方自治事项,居民之自我监督、增进效能、杜绝浪费,始有可能。地方自治之基本精神,在于地方自治事项,在其议会自治立法过程,经由意见冲刷、辩论协商、斡旋妥协而在理性权衡不同之利益冲突,在公开之意思形成过程,决定公共事务,而此种决定居民愿意为其负担代价。[③] 一国人民,有双重身份,一为与国家间国民身份,其基本义务,为缴纳国税义务;二为与地方自治团体间居民身份,其基本义务,为缴纳自治税捐义务。而后者与其关系更密切,更需其关怀、参与。从此观点,地方税之立法值得吾人重视。当然,国家为避免各地方自行其是,或损害其地方利益及国家共同利益,中央非不得制定框架性地方税通则,但仍不得致剥夺各地方自主定财政责任。

三、补充性原则思想溯源

国家补充性原则在20世纪意义,源于天主教廷的寺院法(Cannon Law),例如,1931年教宗庇护十一世所发布通谕,已如前述。其主要原因在当时国家权力逐渐侵蚀教会固有权力,即社会法治国家日益扩争国家职权,使国家社会二元化遭受破坏。其后在1930年纳税德国希特勒之民族国家集体主义兴起,国家补充性原则思想扩散,即为对抗此种

① Martius/Henneke, Kommuale Finanzaustautung und Verfassungsrecht, 1985, S. 67ff.

② Tappe/Wernsmann, Öffentliches Finanzrecht, 2015, § §3,5.

③ 黄茂荣:《事务划分、财政划分、与财政调整》,载《植根杂志》第14卷第9期。

集权主义。并在第二次世界大战后对纳粹德国大灾难之反省,德国及瑞士即在国家辅助原则纳入宪政体系中,在地方自治与联邦体系之中。欧盟经历40多年整合,又高举国家补充性原则来节制欧盟势力急速发展。而国家补充性原则,此种国家法哲学成为欧洲最热议研究课题,因国家补充性原则此种不确定法律概念,过于抽样空洞,且可源于古希腊哲学,具歧义导致争议不断,[①]从而影响地方课税权亦常有争论。

为厘清此种歧义,吾人分别由基督社会学说发展,古希腊国家理论之萌芽,现代宪法理论及地方课税权等分别讨论之:

(一)教宗庇护十一世1931年通谕

教宗庇护十一世在1931年通谕,提出个人能自力完成者,不能交由社会为之;小团体或下位团体能完成者,不能由大团体或上位团体为之。否则即违反正义并紊乱社会秩序,已如前述。具体分析之:

1. 教宗通谕描绘出新社会秩序之典范,以达到结构上与伦理上改革。其基于当时社会现实与秩序下个人主义正处消沉之时,同时国家职权日益扩张,过度侵蚀社会团体之功能。[②] 教宗通谕旨在个人为权力分配之出发点,为了保护个人免受过度中央集权之害,教宗相信可由个人或最接近个人的小团体能够做好的事务,不应交由上级团体从事,否则即违反正义,破坏社会秩序。

2. 教宗庇护十一世通谕源于新寺院自然法思想,此种思想强调法与道德有不可分割关系,国家立法者负有尊重一切人的平等尊严。[③]

(二)希腊哲学中国家补充性原则

国家补充性原则可上溯古希腊柏拉图之共和国,其在国家正当性理论,个人能力有所不足,而须组成国家。亚里士多德更进一步提出"人类本质上为政治动物""个人不论衣食住行均有所不足,而须仰赖他人协助"。因此不同身份之个人会因不同目的结合,组成各种功能团体。例如,与个人最密切之家庭,逐渐扩张村落、氏族,终而国家。[④] 国家系协助个人、家庭或其他次级团体,达成所希望之生活与目标,此一政治理论,即为"国家补充性"理论之渊源。

(三)宪法依据

国家补充性原则在宪法上,与宪法基本原则诸如:民主原理、社会国家(民生福利国家)原则与基本权保障原则。以下分述之:

民主原理纳税者权利之立法与司法保障

按国民主权原则在宪法中具有本质重要性,亦为宪法整体基本原则所在。国民主权

---

① J. Isensee, Subsidiaritätsprinzip und Verfassung, 2Aufl. 2001, 2. 18. S. 14ff.

② J. Isensee, Subsidiaritätsprinzip und Verfassung, 2Aufl. 2001, 2. 18. S. 185.

③ J. Isensee, Subsidiaritätsprinzip und Verfassung, 2Aufl. 2001, 2. 18. S. 21f.

④ J. Isensee, Subsidiaritätsprinzip und Verfassung, 2Aufl. 2001, 2. 18. S. 341.

原则须予以落实具体化,昔日所重在国家权力行使必须具备民主正当性,如代议民主之正当性,在于民意代表行使职权须遵守选民约定。但在近年已注意由国民权利观点,应由国民取得国家政策的最高决策权。由于制宪者及宪法学者多无法理解现代国家本质上是租税国家,国家收入主要取诸税捐收入,其支出主要亦赖此税捐收入。从租税国家观点,国民主权具体表现,即为纳税人全体是国家主权之主要拥有者,而国家机关由此而派生,乃为纳税人服务者。纳税人有权借由纳税人团体监督管理税捐之征收与使用,纳税人团体亦得担当公益诉讼之当事人。

国家补充性原则,系尊重人性尊严与人格发展及由其发展出之民主价值。① 与民众最为亲近之"地方政府",最能代表民意,经此自治立法最能反映民意,人民对政策不满,亦最容易向地方政府反映。民众更容易参与政策决定与立法,可增强个人与地方政府尊严与民主参与。尤其对其事权愿意付出地方税之代价,更能关切政策施行,且借由权力下放,可避免权力过度集中,避免专制与腐化。民主政治中权力分立,国家补充性原则即为垂直之分权。赋予地方自主决定,自行决定课税权,得以反映地方变迁,亦能保持地方特色与多元文化,亦足以加强地方间竞争,确保以脚投票之民主价值,地方自治在民主制度功能得以展现。

(四)社会国家(民生福利国家)

社会法治国不同于自由法治国,国家不仅是法律秩序之维护者,同时是社会正义形成者。社会正义之形成,主要系依赖税法作为调节贫富差距之主要工具,虽宪法系以促进民生福祉为一项基本原则。……本此原则,国家应提供各种给付,以保障人民得维持合乎人性尊严之基本生活需求,扶助并照顾经济上弱势人民,推行社会安全等民生福利措施。但大量之社会福利给付源于税捐收入,不公平之税捐负担(如大部分由薪资所额负担)将随社会福利扩充而扩散其贫富差距,促成社会公平,首要之途为导向社会法治国之租税改革。1945 年德国公法学者福瑟夫(Forsthoff)在其《社会法治国概念与本质》中,明确指出"现代法治国家同时要成为社会国家",主要意义在于:"社会国家功能表现在租税国国家而言"。法治国,特别是实质意义之法治国,本质上须同时为租税国家,特别是现代法治国,同时要成为社会国家,不免有其扞格紧张之处:因社会国系以调整现实社会不平等为己任,应勇于打破社会现状;法治国主要在保障个人经济自由与财产权,本以排除国家干预为目的,坚持法治国自由保障,则不免使社会国积极干预社会不平之理想,为之落空。然而国家不直接借由公权力予以管制调整,而间接透过税法为中介,人民之经济自由除依法纳税外,得免于国家干预;另一方面个人经济自由禁止国家干预之堡垒,亦因纳税义务得斟酌社会国家目标而打开一缺口,国家得借由累进税率、社会政策目的租税优惠、遗产税制以及量能平等负担原则等调整,打开不干预堡垒之缺口,国家亦得闯

① 参见葛克昌:《人性尊严、人格发展——赋税人权之底线》,载《税捐行政法——纳税人基本权视野下税务稽征法》,厦门大学出版社 2016 年版,第 26 页以下。

入并得以重组社会财货秩序。故社会国理想要同时维持法治国传统,只有以租税国形态,表现其功能。而纳税人保护立法,亦应强调以生存权保障为核心之量能原则,对社会底层予以不课税保障,并辅以社会给付或所得税扣抵制度,使其重新成为具纳税能力、对社会有贡献之成员。此种家庭照顾质量高于国家,以免税措施优先于社会福利为国家补充性原则之果。①

国家补充性原则有助于社会法治国之实践,由于民主政治发展,社会福利给付下选民之要求日益扩张,终至国家财政无法负荷,国家补充性原则得以节制社会给付,避免其过于泛滥②。

(五)法治国家原则

不仅指形式意义法治国原则,亦指实质意义之法治国原则。③

法治国原则指依法行政,主要指法律保留原则与法律优位原则。国家补充性原则在法律保留方面,包括承认地方自治事项地方得制定自治条例。

在实质法治国方面,国家补充性原则对个人自由保障有实质效果。对国家行为滥用亦有节制作用。尤其在肯认人性尊严与人格发展,国家补充性原则运用,使比例原则与权力滥用禁止功能更能发挥。

四、结论

综上所论,可简单做以下数点总结:

(一)国家补充性原则,强调个人能胜任之任务,不宜委之于社会;社会能胜任者,国家不应亲身介入;得以减免税为之者,不必以社会给付及服务为之;地方政府能之者中央政府宜退让。基本上系人性尊严人格发展所展现之宪法价值观。

(二)现代国家补充性原则阐述最明确者,为天主教宗庇护(Pius)十一世1931年通谕最为驰名,其思想源于天主教寺院哲学,亦可远溯希腊哲学亚里士多德国家系为人民需求而存在理念。然其不仅为宗教社会学及政治哲学思想,而系宪法上基本原则,虽该原则过于空洞不够明确引起不少争论。唯国家职权与社会职权归属或中央政府与地方政府职权有疑义时,国家补充性原则系有力之立法指标,亦可作宪法解释之基准,以确保个人之自由,国家补充性原则最足展现宪法中民主原则,让人民能就其切身关切事业,自我救助,国家从而以税法扣除额免税额方式补充之,地方政府与中央政府职权有疑义时归地方,亦有助于人民参与。而就社会国原则,为达成照顾社会弱势者目标,而不至使政府过度负担,并避免其权力滥用。就法治国原则而言,肯认地方税之自治条例为依法课税之法律;并使自由权获得确切保障。国家补充性原则具有宪法上优先于宪法要求;公

① J. Wieland, kommunale Steuern und kommunale Finangnot, in J ieland (hrsg.) Kommunalsteuern unf abgaben, 2012, S. 368f.

② J. Isensee, Subsidiaritätsprinzip und Verfassung, 2Aufl. 2001, 2. 18. S. 269.

③ J. Isensee, Subsidiaritätsprinzip und Verfassung, 2Aufl. 2001, 2. 18. S. 270.

权力应尽力促成其实现基本权。

(三)越与人民邻近之公共事务,需由政府为之者,尽可能由地方自治团体为之,并尽可能保障人民之参与。公共事务之决定须与其财源及课税权一并考虑,人民决定推动地方公共事务,应先决定是否愿意为其负担税捐,此等公共事务始能在人民关切下推动,并贯彻人民意愿。是以地方课税权非联邦国家所独有,单一国家承认地方自治者亦宜由于地方享有课税立法权。

(四)地方财政自主,不仅避免中央干预,其主要理由有二:一为地方许有多大财政规标可与地方决定需增加多少自治事项之决策一并考虑;二为地方自主决定推展某些事项,需考虑财政负担增加,并分配于居民是否仍有利。在决策过程中财政之自我决定、自我负责,为自治行政中重要一环。当局非不得制定框架性地方税法通则,但仍不得剥夺各地方自主决定财政责任。

不动产税制之建构及不动产市场之宏观调控

黄茂荣*

一、前言

因为不动产税受政治、经济及社会等因素的影响比较深,所以其合理规范无法单从法律层面规划,必须考虑各级行政机关与不动产有关之财政能力及财政需要何在,官僚系统之考虑因素为何。不动产产业之荣枯对于经济发展之关联及其与金融产业之连动密切,不可轻慢。另受薪者必须安居,始能乐业,要借助于源自不动产之财产税做好公共设施,防止灾害,增进地利,借助于其所得税,有计划地做好社会住宅之兴建、管理与流通,以缓和因不动产而造成之贫富不均,所引起的冲击,通过社会照顾维护社会和谐。

二、不动产税制之建构现况

(一)房屋与土地之分立课税及所含税目

因为中国台湾地区"民法"第66条第1项将不动产区分为土地及其定着物,所以土地及其定着物为互相独立之物,基于一物一权主义,分别为物权之客体。在此物权关系的基础上,关于不动产税,台湾地区"土地税法"及"房屋税条例"分别以土地及其定着物为其税捐客体,制定不动产交易之土地契税、房屋契税、房屋营业税;其持有之地价税、田赋、房屋税;房屋交易所得归类于财产交易所得的一部分,并入一般所得税综合课征(台湾地区"所得税法"第14条第1项第七类)、土地交易所得依台湾地区"土地税法"第28条征收土地增值税,自一般所得税分离课税。所以依台湾地区"所得税法"第4条第1项第16款规定,个人及营利事业出售土地之交易所得,免纳所得税。以上规范结构一体适用于个人及营利事业。

(二)新制:房屋及土地交易所得之合并课税

1. 房屋及土地交易所得合并课税

房屋及土地交易所得本来分别课税,直至2015年6月24日修订之台湾地区"所得税法"第4条之4第1项始规定合并课税:个人及营利事业自2016年1月1日起交易房

---

* 台湾大学法学院兼任教授。

屋、房屋及其坐落基地或依台湾地区有关规定得核发建造执照之土地(以下合称房屋、土地),符合下列情形之一者,其交易所得应依第14条之4至第14条之8及第24条之5规定课征所得税:(1)交易之房屋、土地系于2014年1月1日之次日以后取得,且持有期间在2年以内。(2)交易之房屋、土地系于2016年1月1日以后取得。依该项规定,自2016年1月1日起,房屋及土地交易符合该项规定者,其房屋与土地之交易所得将合并计算其税基(交易所得),课征所得税。但(1)2014年1月1日以前取得,或(2)2014年1月1日之次日以后取得,且持有期间在2年以上者,不在此限。亦即除该项第1款所定情形外,交易之房屋、土地系于2016年1月1日以后取得者,始有该条所定新制"房屋土地合一交易所得税"之适用。唯就土地交易所得部分,土地增值税仍与该税分离课税,土地增值税之税基(土地涨价总数额)不但自房屋土地合一交易所得减除("所得税法"第14条之4第3项),而且当房屋土地合一交易所得小于土地涨价总数额时,仍然按依土地公告现值,推计计得之土地涨价总数额("土地税法"第31条,"平均地权条例"第38条、第38条之1、第47条之1、第47条之2参照),课征土地增值税。

2. 对个人房屋、土地交易所得之适用

个人依"所得税法"第14条之4前2项规定计算之房屋、土地交易所得,减除当次交易依"土地税法"规定计算之土地涨价总数额后之余额,不并计综合所得总额("所得税法"第14条之4第4项)。亦即与个人其他种类之所得分离,按专属税率课税。要之,"所得税法"第14条之4所定房屋、土地交易所得首先减除土地增值税之税基,以其余额为税基,以与土地增值税在税基的层次互相划分,确保该二税捐之分离课税,不重复课征。而后再将该余额,自其他种类之所得分离,独立课征,以确保不与一般所得税重复课征。

个人有前条之交易所得或损失,无论有无应纳税额,应于房屋、土地完成所有权移转登记日之次日……起算30日内自行填具申报书,检附契约书复印件及其他有关文件,向该管稽征机关办理申报;其有应纳税额者,应一并检附缴纳收据("所得税法"第14条之5)。个人未依前条规定申报或申报之成交价额较时价偏低而无正当理由者,稽征机关得依时价或查得资料,核定其成交价额;个人未提示原始取得成本之证明文件者,稽征机关得依查得数据核定其成本,无查得资料,得依原始取得时房屋评定现值及公告土地现值按当局发布之消费者物价指数调整后,核定其成本;个人未提示因取得、改良及移转而支付之费用者,稽征机关得按成交价额5%计算其费用("所得税法"第14条之6)。"个人房屋、土地交易损失,得自交易日以后3年内之房屋、土地交易所得减除之"("所得税法"第14条之4第2项)。此即将房屋及土地交易所得合并计算及课征之新制的房屋及土地交易所得税。在有新制房屋土地交易所得税之课税后,该管稽征机关已有向其申报关于课税标的(房屋及土地)之实际交易价格的数据。是故,就个人房屋、土地交易损失在往后房屋、土地交易所得之减除,殊无加上"自交易日以后三年内之房屋、土地交易所得"始得减除之限制的必要及正当理由。

关于房屋、土地交易所得之计算基础,其当次成交价额,倾向于从高,以实价或时价为准,并以按时价课税为优先。而其原始取得成本,则倾向于从低,依原始取得时,房屋评定现值及公告土地现值,按当局发布之消费者物价指数调整后,以推计的方式,核定其成本。

鉴于价格之直接管制不易,所以除非是近亲("遗产及赠与税法"第6款:二亲等以内亲属间财产之买卖,推定为赠与)或关系企业间("所得税法"第43条之1)之交易①,原则上不应干预其约定之价格,质疑其高低。"所得税法"第14条之6的前开规定显然唐突。另私人少有能依取得时房屋评定现值及公告土地现值购得房屋、土地。是故,稽征机关在认为申报之成交价额较时价偏低时,既然能依时价或查得资料,核定其成交价额,则在纳税义务人未提示原始取得成本之证明文件时,当亦能依原始取得时之时价或查得资料,核定其取得成本,以符核实课征原则。殊不宜在成交价额规定,按查得之时价核实计算,而在取得成本规定,按显然低于时价之原始取得时房屋评定现值及公告土地现值,推计之。

3. 对营利事业总机构在台湾地区境内者之适用

从事交易之营利事业之总机构在境内者(居民企业),其当年度之房屋、土地交易所得额,减除依"土地税法"规定计算之土地涨价总数额后之余额,构成之房屋、土地交易所得额,计入营利事业所得额课税,不分离课征。但其余额为负数者,以零计算;其交易所得额为负者,得自营利事业所得额中减除。其中,"其余额为负数者,以零计算"之意旨为何?指不发生新制之房屋、土地交易所得税。"其交易所得额为负者,得自营利事业所得额中减除"规定中之交易所得额的计算,依"所得税法"第24条之5第1项但书,不得减除土地涨价总数额。该规定之意旨为:该交易所得额的计算与土地增值税之课征无关,以贯彻"所得税法"第24条第1项前段,不区分所得种类,综合课征营利事业所得的规定。

4. 实际交易价格低于土地公告现值之问题

从事交易者为总机构在台湾地区境内之营利事业时,其当年度之房屋、土地交易所得额,既以减除依"土地税法"规定计算之土地涨价总数额后之余额,为其税基,与土地增值税分别课税,则减除土地涨价总数额后之余额为负者,固不课征新制房屋土地交易所得税,但仍课征土地增值税。然当其余额为负数,显示其实际之涨价总数额,因实际交易价格低于土地公告现值,而小于依"土地税法"规定计算之土地涨价总数额。在无新制房屋土地交易所得税制时,纯依"土地税法"当亦不得凭空依土地公告现值,推计其

① 台湾地区"所得税法"第43条之1规定:营利事业与台湾地区内外其他营利事业具有从属关系,或直接间接为另一事业所有或控制,其相互间有关收益、成本、费用与损益之摊计,如有以不合营业常规之安排,规避或减少纳税义务者,稽征机关为正确计算该事业之所得额,得报经台湾地区财政主管部门核准按营业常规予以调整。

有“土地税法”所定之土地涨价总数额，主张按该虚无之土地涨价总数额课征土地增值税。

所以有此种异常现象：房屋、土地交易所得额小于土地涨价总数额，乃因前者，按实际交易价格，核实计算；而后者，按公告土地现值，推计计算。是故，在实际交际价格低于交易时之土地公告现值时，至少应容许以实际交际价格，取代交易时之土地公告现值，计算“土地税法”所定之土地涨价总数额，以符量能课税原则。不得为营利事业所得税之合并课征的计算需要，仅简单规定，“其交易所得额为负者，得自营利事业所得额中减除，但不得减除土地涨价总数额”（“所得税法”第 24 条之 5 第 1 项但书），而在其土地增值税之课征，置实际交际价格低于交易时之土地公告现值于不顾。

另核实计算之房屋、土地交易所得额中之土地交易所得额，如大于依“土地税法”规定计算之土地涨价总数额，则在该土地之下一次交易，对该超过部分之土地交易所得额课征土地增值税时，其土地增值税之税基，便有在先后两次交易，先课征新制之房屋、土地交易所得税，而后又课征土地增值税之重复课征的可能。其重复课征之范围：下次交易之房屋土地交易所得如果为零，则下次交易之土地增值税税基，亦即其依土地法计得之土地涨价总数额，因系按土地公告现值推计计算，所以，将会全部与上次事务已课征新制房屋土地交易所得税之交易所得（税基）重迭，形成第二次课征。下次交易之房屋土地交易所得如果大于零，而小于土地增值税之税基（土地涨价总数额）时，在其差额之范围有税基重迭，形成第二次课征。该重复课征应透过修订有关规定予以消除。

5. 对营利事业总机构在台湾地区境外者之适用

从事交易之营利事业之总机构在台湾地区境外者（非居民企业），不但其房屋、土地交易所得，自其他所得种类分离，独立按下列规定税率分开计算应纳税额，其在台湾地区内有固定营业场所者，由固定营业场所合并报缴；其在台湾地区内无固定营业场所者，由营业代理人或其委托之代理人代为申报纳税：（1）持有房屋、土地之期间在 1 年以内者，税率为 45%。（2）持有房屋、土地之期间超过 1 年者，税率为 35%（“所得税法”第 24 条之 5 第 3 项）；而且非居民企业交易其直接或间接持有股份或资本总额过半数之台湾地区外公司之股权，该股权之价值 50% 以上系由台湾地区内之房屋、土地所构成，其股权交易所得额，按前项规定之税率及申报方式纳税（“所得税法”第 24 条之 5 第 4 项）。

（三）房屋或土地交易所得有关税捐之竞合

以房屋或土地交易所得为税捐客体之税捐，在 2015 年 6 月 24 日修订台湾地区“所得税法”前，对房屋及土地交易所得分别课税：将房屋交易所得归类于财产交易所得与其他种类之所得综合课征一般所得税；将土地交易所得自其他种类之所得分离，依“土地税法”课征土地增值税（特种所得税）。这同等适用于个人及营利事业所从事之房屋及土地的交易。然在 2015 年 6 月 24 日“所得税法”修定中，将 2016 年 1 月 1 日以后符合“所得税法”第 4 条之 4 之房屋及土地交易所得，合并为一类：房屋、土地交易所得。

在自然人及总机构在台湾地区外之营利事业,将之自其他种类之所得分离,依专用税率课征房屋、土地交易所得税(特种所得税)。总机构在台湾地区内之营利事业,将之计入营利事业所得额课税,与其他种类之所得综合课征,其交易所得额为负者,得自营利事业所得额中减除,但不得减除土地涨价总数额("所得税法"第24条之5第1项)。在上开情形,无论是关于自然人或营利事业之土地交易所得,皆保留"土地税法"所定之土地增值税(特种所得税),利用自房屋、土地交易所得减除依"土地税法"计算之土地涨价总数额的方法,将土地增值税之税基自房屋、土地交易所得税之税基分离,以对于土地涨价总数额分离课征土地增值税。这部分除不与一般所得税综合课征外,亦不与该减除后之余额构成之房屋、土地交易所得合并课征房屋、土地交易所得税。土地增值税与房屋、土地交易所得税之划分方法为:在税基的层次进行分割。此与其他互相竞合之税捐,利用在税捐客体之层次划分者,不同。如孳息所得与交易所得之划分("所得税法"第14条第1项第5类、第7类)。

(四)房屋及土地之持有的课税

1.房屋税及地价税之税基的推计

以房屋或土地之持有为税捐客体之税捐有:对房屋所课之房屋税及对土地所课之地价税或田赋。此为以房屋或土地之存量为客体的财产税。其中房屋之存量除可能由于兴建而增加外,其税基并可能因房屋评定价格之调升,而提高,从而增加其税收。土地之存量虽然不变,但仍可能因课征田赋之土地("土地税法"第22条),改课地价税,而增加应课地价税之土地的存量。另同样可能因公告地价之调整,而提高其税基,从而增加其税收。此外,并可能因为其税率之调整,而更进一步加重其税负。目前田赋停征中。

财产税之税捐客体究竟是财产本体或其孳息?望文生义,当为其本体,但实际上应以其孳息为客体,且其税负不可超出其孳息的价值,始符保障财产权之意旨。不动产税为对物课税,在其税基之计算,不考虑其所有权人个人及家属之生活需要的属人因素,亦不考虑不动产之物上负担。[①] 这在以其持有为税捐客体之情形,固尚可言之成理,但在其以所得为税捐客体之情形,不斟酌其纳税义务人之属人因素,并不合理。特别是在导入以房换取终身定期金之养老给付的情形,如对当中所涉之不动产交易所得,按特别税率,分离课征土地增值税及个人新制房屋土地交易所得税("所得税法"第14条之4第3项),而不考虑其属人之免税额及扣除额等因素("所得税法"第17条),显然不符关于个

① *Seer* in:*Tipke/Lang*,Steuerrecht,22. Aufl.,Köln 2015, § 16 Rz. 1.

人所得税建制所当遵守之主观净额原则,有违量能课税原则。①

不论以其本体或孳息为客体,共通的问题为:其量化都有一定程度之困难。盖如以其本体为客体,因对之课征财产税之财产在课征当期,大部分并无交易,所以其量化没有因交易而经市场确认之价格为标准。其结果,不可避免地必须借助于推计。同理,每一笔房屋或土地之实际孳息,亦非定数,难以一概而论。因此,可行方法亦必须借助于推计,以法定之当有孳息(der Sollertrag)为其税捐客体之量化的计算基础。由于推计,在个案上,难以尽符事实;在通案上,难以平等一致,再加上当实际上以孳息为税捐客体,必造成财产税与所得税之重复课征,所以,财产税之合宪性渐渐引起疑问。② 是故,有逐渐缩小其客体范围的趋势,并重构其可税性之论据。③

2. 现行地价税之要件类型及其累进课征

关于地价税之税捐客体范围、税基及税率,"土地税法"之规范模式如下:

税捐客体:第 14 条首先就应课地价税之土地规定:已规定地价之土地,除依第 22 条规定课征田赋者外,应课征地价税。此为关于地价税之税捐客体的规定。

税基的计算单元:其第 15 条就每一土地所有权人应课地价税之税基的计算单元规定:地价税按每一土地所有权人在每一"直辖市"或县(市)辖区内之地价总额计征之(第 1 项)。前项所称地价总额,指每一土地所有权人依规定程序办理规定地价或重新规定地价,经核列归户册之地价总额(第 2 项)。以每一土地所有权人在一个"直辖市"或县(市)辖区之土地为课征单元,计算其地价总额,综合按累进税率课征地价税的规定,从平均地权的观点论之,并不尽一贯。盖既要综合累进课征,为何不以土地所有权人之全部土地,而以其在一个"直辖市"或县(市)辖区之土地为课征单元;另,其纳税义务人并不

---

① 在涉及主观净额原则或量能课税原则之违反的案件,台湾地区司法机构常遁入平等原则,致其真正的道理隐而不彰。盖平等原则固当遵守,以防止相关机关恣意行使公权力。但仍应注意平等只是公平的形式标准。引为平等实践目标之先案,可能并不符合实质正义之标准。当其符合实质正义,固当贯彻;当其不符,自然不可主张,依平等原则,应该"执迷不悟,一错到底"。如释字第 701 号:……2005 年 12 月 28 日修正公布之"所得税法"第 17 条第 1 项第 2 款第 2 目之 3 前段规定:"……(二)列举扣除额……3. 医药……费:纳税义务人及其配偶或受扶养亲属之医药费……以付与公立医院、公务人员保险特约医院、劳工保险特约医疗院、所,或经台湾地区财政主管部门认定其会计记录完备正确之医院者为限"(上开规定之"公务人员保险特约医院、劳工保险特约医疗院、所",于 2008 年 12 月 26 日经修正公布为台湾地区居民健康保险特约医疗院、所,规定意旨相同),就身心失能无力自理生活而须长期照护者(如失智症、植物人、极重度慢性精神病、因中风或其他重症长期卧病在床等)之医药费,亦以付与上开规定之医疗院所为限始得列举扣除,而对于付与其他合法医疗院所之医药费不得列举扣除,与平等原则之意旨不符,在此范围内,系争规定应不予适用。台湾地区财政主管部门"释字第 745 号":……所得税法第 14 条第 1 项第 3 类第 1 款及第 2 款、第 17 条第 1 项第 2 款第 3 目之 2 关于薪资所得之计算,仅许薪资所得者就个人薪资收入,减除定额之薪资所得特别扣除额,而不许薪资所得者于该年度之必要费用超过规定扣除额时,得以列举或其他方式减除必要费用,于此范围内,与平等权保障之意旨不符,相关机关应自本解释公布之日起 2 年内,依本解释之意旨,检讨修正"所得税法"相关规定。

② *Hey* in: *Tipke/Lang*, Steuerrecht, 22. Aufl., Köln 2015, § 3 Rz. 60ff.

③ *Seer* in: *Tipke/Lang*, Steuerrecht, 22. Aufl., Köln 2015, § 16 Rz. 2ff.

区分自然人与法人，而法人之股东数量不一，当其数量众多时，如将其地价总额除以股份数，再分别乘以各股东之股份数，如实计算可归属于各股东之地价总额，其核实应适用之税率，必然较低。如真要如是核实课征，因为股东及其股份皆可能时有变动，如何落实，也是稽征经济上的大问题。

基本税率及累进税率：第 16 条就地价税之基本税率及累进税率规定：地价税基本税率为 10‰。土地所有权人之地价总额未超过土地所在地“直辖市”或县（市）累进起点地价者，其地价税按基本税率征收；超过累进起点地价者，依下列规定累进课征：

（1）超过累进起点地价未达 5 倍者，就其超过部分课征 15‰。

（2）超过累进起点地价 5 倍至 10 倍者，就其超过部分课征 25‰。

（3）超过累进起点地价 10 倍至 15 倍者，就其超过部分课征 35‰。

（4）超过累进起点地价 15 倍至 20 倍者，就其超过部分课征 45‰。

（5）超过累进起点地价 20 倍以上者，就其超过部分课征 55‰。

前项所称累进起点地价，以各该“直辖市”或县（市）土地 7 公亩之平均地价为准。但不包括工业用地、矿业用地、农业用地及免税土地。

其第 2 项但书规定，关于累进起点地价之计算，不计入“工业用地、矿业用地、农业用地及免税土地”之平均地价。该规定所影响者为关于累进起点地价的标准，与工业用地、矿业用地、农业用地或其他用途之土地应适用税率无关。另除“工业用地、矿业用地、农业用地”外，其他用途之土地并不因未规定于该项但书，而当然适用该条第 1 项所定之税率。实际上，仍应视各该土地是否该当于“土地税法”第 17 条至第 21 条所定要件，决定其应适用之税率。此为具有地价税特色之税率的规定。其规定内容如下：

自用住宅用地、居民住宅及劳工宿舍，“土地税法”第 17 条规定，合于下列规定之自用住宅用地，其地价税按 2‰计征：

（1）都市土地面积未超过 3 公亩部分。

（2）非都市土地面积未超过 7 公亩部分。

居民住宅及企业或公营事业兴建之劳工宿舍，自动工兴建或取得土地所有权之日起，其用地之地价税，适用前项税率计征。

土地所有权人与其配偶及未成年之受扶养亲属，适用第 1 项自用住宅用地税率缴纳地价税者，以一处为限。

工业用地等非商业、执行业务等服务业用地，“土地税法”第 18 条规定，供下列事业直接使用之土地，按 10‰计征地价税。但未按目的事业主管机关核定规划使用者，不适用之：

（1）工业用地、矿业用地。

（2）私立公园、动物园、体育场所用地。

（3）寺庙、教堂用地、当局指定之名胜古迹用地。

（4）经主管机关核准设置之加油站及依“都市计划法”规定设置之供公众使用之停

车场用地。

(5)其他经行政管理机构核定之土地。

在依有关规定划定之工业区或工业用地公告前,已在非工业区或工业用地设立之工厂,经当局核准有案者,其直接供工厂使用之土地,准用前项规定。

第1项各款土地之地价税,符合第6条减免规定者,依该条减免之。

公共设施保留地,"土地税法"第19条,都市计划公共设施保留地,在保留期间仍为建筑使用者,除自用住宅用地依第17条之规定外,统按6‰计征地价税;其未作任何使用并与使用中之土地隔离者,免征地价税。

非供公共使用之公有土地,"土地税法"第20条,"公有土地按基本税率征收地价税。但公有土地供公共使用者,免征地价税"。

空地税,"土地税法"第21条,凡经"直辖市"或县(市)当局核定应征空地税之土地,按该宗土地应纳地价税基本税额加征二至五倍之空地税。

3.基本税率与特别税率

论诸实际,地价税为对于土地孳息课税,而物之孳息的多寡,视其用途而异。所以,为符合量能课税原则,应按土地之用途,规划其构成要件之态样,连结与之匹配之税率。当中,量化标准及税率皆能决定特定土地之地价税的应纳税额。因此,在地价税之税制规划,应分别按土地用途对土地加以分类,而后按其用途规定其税基之计算标准及应适用之税率。现行"土地税法"在其地价税之构成要件的规范规划,关于税率的部分,其思考过程不完全按土地用途,分别安排其构成要件,连结其税率,而将全部应课地价税之土地当成一类("土地税法"第14条),规定其基本税率,并在该基本税率之基础上,按其税基之相对大小,定其应适用之累进税率("土地税法"第16条)。此为基础规定。

在该基础上,对于下列用途之土地,另行规定适用较低税率或不适用累进税率。该等规定或因所定税率较基本税率为低,或因不适用累进税率,而在实务上认定其为是关于地价税之税捐优惠规定。因之引申出"土地税法"第41条规定:依第17条及第18条规定,得适用特别税率之用地,土地所有权人应于每年(期)地价税开征40日前提出申请,逾期申请者,自申请之次年期开始适用。前已核定而用途未变更者,以后免再申请(第1项)。适用特别税率之原因、事实消灭时,应即向主管稽征机关申报(第2项)。依上开规定,"土地税法"第16条所定之基本税率及与之匹配之累进税率为普通规定,而第17条及第18条规定者为特别税率,其间有规定竞合上之普通规定与特别规定之关系:特别规定优先于普通规定受适用。此为排斥性之竞合。为其特别规定之适用尚系于纳税义务人之事先申请及该管稽征机关之核准。这除与税捐债务是法定之债,其发生及数额应依规定,而不待于行政处分的意旨不尽相符外,并因增加应事先申请核准为适用特别税率之要件,而提高征纳成本,并容易诱发违章案件。

4. 地价税法之简化

“土地税法”以土地之用途为其最后应适用之税率的构成要件,规定:(1)自用住宅用地,含居民住宅及企业或公营事业兴建之劳工宿舍(“土地税法”第17条),其地价税按2‰计征。① (2)①工业用地、矿业用地。②私立公园、动物园、体育场所用地。③寺庙、教堂用地、当局指定之名胜古迹用地。④经主管机关核准设置之加油站及依“都市计划法”规定设置之供公众使用之停车场用地。⑤其他经行政管理机构核定之土地。(“土地税法”第18条第1项)②其地价税按10‰计征,且不适用累进税率。(3)都市计划公共设施保留地(“土地税法”第19条)。在保留期间仍为建筑使用者,除自用住宅用地依第17条之规定外,统按6‰计征地价税;其未作任何使用并与使用中之土地隔离者,免征地价税(“土地税法”第19条后段)。(4)公有土地按基本税率征收地价税。但公有土地供公共使用者,免征地价税(“土地税法”第20条)。

上开规定固以土地之用途,为其最后应适用之税率的构成要件,但因其将下引第17条及第18条规定,定性为第16条之优惠性的特别规定。该关于地价税税率之普通与特别规定的规范结构,除使地价税的规定有不必要的复杂外,并提高征纳成本,所以应予简化。其简化的方法为:(1)自始按土地之用途规划其构成要件之态样,分别独立规定,连结其该当税率,分别适用于不同法定用途之土地。(2)各构成要件之态样间不要有普通与特别的关系。(3)只有在当纳税义务人不依规定用途,或不能依规定用途使用其土地时,始按其实际使用之用途所该当之构成要件,适用其用途所该当之税率。

其理由为:关于土地之用途,“土地法”采法定原则,由“直辖市”或县(市)地政机关编定之。凡编为某种使用地之土地,非经核准,不得供其他用途之使用。③ 因此,地价税之构成要件大可原则上自始连结于各笔土地经依有关规定编定之用途,连结该用途之该

① 关于自用住宅用地,有(1)都市土地面积未超过3公亩部分。(2)非都市土地面积未超过7公亩部分之面积的限制。而对居民住宅及企业或公营事业兴建之劳工宿舍,除自动工兴建或取得土地所有权之日起,其用地之地价税,即按自用住宅用地之税率计征外,亦无面积之限制。此外,土地所有权人与其配偶及未成年之受扶养亲属,适用第1项自用住宅用地税率缴纳地价税之土地,并以一处为限(“土地税法”第17条)。

② “土地税法”第18条第2项:在依有关规定划定之工业区或工业用地公告前,已在非工业区或工业用地设立之工厂,经当局核准有案者,其直接供工厂使用之土地,准用前项规定。该项所定者为,一笔土地虽非第1项所指规定工业用地,但事实上供工厂使用,且经当局核准有案者,亦准用第1项关于工业用地之税率。另“土地税法”第6条规定:为发展经济,促进土地利用,增进社会福利,对于防卫、行政机关、公共设施、骑楼走廊、研究机构、教育、交通、水利、给水、盐业、宗教、医疗、卫生、公私墓、慈善或公益事业及合理之自用住宅等所使用之土地,及重划、垦荒、改良土地者,得予适当之减免;其减免标准及程序,由行政管理机构定之。另同条第3项规定:第1项各款土地之地价税,符合第6条减免规定者,依该条减免之。依“土地税法”第6条及“平均地权条例”第25条规定订定土地税减免规则。此为土地税之减免的规定。

③ “土地法”第81条规定:“直辖市”或县(市)地政机关得就管辖区内之土地,依经济政策、各地需要情形及土地所能供使用之性质,分别商同有关机关,编为各种使用地。第82条规定:凡编为某种使用地之土地,不得供其他用途之使用。但经该管“直辖市”或县(市)地政机关核准,得为他种使用者,不在此限。第84条规定:使用地之种别或其变更,经该管“直辖市”或县(市)地政机关编定,由直辖市或县(市)当局公布之。

当税率。而后仅在其为异于规定用途之使用,或在其规定用途包含两种以上之用途时(如住商两用),课其所有权人申报其用途之义务,并按其实际使用之用途,连结与其用途该当之要件与税率,以省下为适用基本税率以外之税率,而依现行有关规定必须提出之申请及核准的征纳费用。因为地价税终将由使用人负担,所以在地价税之课征,自用住宅及出租之住宅并无区分之必要性及妥当性,以免住宅承租人所负担之地价税反而高于有使用自用住宅者。在实务上,较多引起问题的情形是:在经编定为工业用地,而其所有权人未为任何使用之情形,是否亦应按工业用地之税率课税。除非实际上有为应适用较高税率之其他用途的使用,应按工业用地之税率课税。至于在长期不为使用的情形,是否在地价税之外另寻防止滥用的措施,是另一个问题。

(五)不动产之评价的规范基础

关于各种不动产税之税基,在财产税(地价税及房屋税),由于其税捐客体大多数在课税当期并无交易,所以按其实际价值核实计算有先天的困难。因此,向来据推计的方法,以其法定之评定价格为其税基之计算基础。

1. 建物之评价

房屋税之课征,以房屋现值为其税基("房屋税条例"第 5 条)。房屋税是一种财产税,其税捐客体:房屋,在课征年度通常并无交易。是故,房屋现值仅能以推计的方法核计之。为其核计,"房屋税条例"首先规定,各"直辖市"、县(市)(局)应选派有关主管人员及建筑技术专门人员组织不动产评价委员会("房屋税条例"第 9 条第 1 项)。不动产评价委员会应依据下列事项分别评定,并由"直辖市"、县(市)当局公告之:(1)按各种建造材料所建房屋,区分种类及等级。(2)各类房屋之耐用年数及折旧标准。(3)按房屋所处街道村里之商业交通情形及房屋之供求概况,并比较各该不同地段之房屋买卖价格减除地价部分,订定标准(第 1 项)。前项房屋标准价格,每 3 年重行评定一次,并应依其耐用年数予以折旧,按年递减其价格(第 2 项)("房屋税条例"第 11 条)。主管稽征机关应依据不动产评价委员会评定之标准,核计房屋现值(第 1 项)。依前项规定核计之房屋现值,主管稽征机关应通知纳税义务人。纳税义务人如有异议,得于接到通知书之日起 30 日内,检附证件,申请重行核计(第 2 项)("房屋税条例"第 10 条)。

关于房屋现值之评价标准的订定,"房屋税条例"第 11 条第 1 项规定,除其建造材料所涉造价及其外耐用年数及折旧标准外,尚应按房屋所处街道村里之商业交通情形及房屋之供求概况,并比较各该不同地段之房屋买卖价格厘定,当中虽有规定应"减除地价部分",但其考虑因素,仍有房、地不分的问题。按不动产涉及房屋的部分,其价值应取决于其建造成本(取得成本),而后除非因通货膨胀而有价值重估的理由外,只有逐年折旧的可能,不应有涨价的情事。如有涨价,应涨在其基地,而非涨在房屋。一笔土地如因其开发,而有高于邻地之特别涨价的情形,其涨价犹如一张画纸或画布,因名家在其上书画而涨价,而非因公共投资而涨价。如因此而有较高之孳息所得或交易所得,应按一般所得税的规定课税,不适合从不劳而获的观点,主张应适用基于平均地权之涨价归公的思想,而制定之法令。同样的问题表现在由之引申之豪宅或路段率之加价因素。① 盖豪宅与路段因素,不影响房屋之取得成本或重置成本(造价),不是决定其房屋现值之相干的因素,所以不适合引用来调整其房屋现值(税基)。至于税率则是属于财政收入或经济的宏观调控,得利用之政策工具。是故,如真要对豪宅或按房屋所在之路段对房屋,课以重税,不适合在其税基,依据与其造价无关之因素或论点,调整其房屋现值。而应从其过大面积所耗费之稀有土地资源,或建筑高度所耗费之较多的能源、消防等公共资源,对其他需地人或房屋之排挤效应立论,调整其税率,提高其使用成本。

关于建物现值之估计,除"房屋税条例"之上开规定外,另有依"土地法施行法"第40条之授权订定之"地价调查估计规则"2013年12月31日修正发布有下列规定。

建物现值之评价的规范基础:

"地价调查估计规则"第10条规定:买卖或收益实例之土地上有建筑改良物(以下简称建物)者,其建物现值,依第11条至第13条规定计算。

第11条规定:建物主体构造之种类如下:(1)竹造。(2)土造、土砖混合造。(3)木造。(4)石造。(5)砖造。(6)加强砖造。(7)钢铁造或轻钢架造。(8)钢筋混凝土造。(9)钢骨钢筋混凝土造。(10)钢骨造。(11)其他。

第12条规定:"建物现值之估计程序如下:(1)计算建物重建价格。其公式如下:建物重建价格=建物单价×建物面积。(2)计算建物累积折旧额。其公式如下:建物累积折旧额=建物重建单价×建物每年折旧率×经历年数。(3)计算建物现值。其公式如下:建物现值=建物重建价格-建物累积折旧额(第1项)。② 前项建物单价,应以不同

---

① 台北市"税捐稽征处"新闻稿:台北市局部调整99条街路的路段率,影响6.6万户次年5月开征房屋税将增加9%。台北市政府2月11日已公告各行政区的房屋街路等级调整率(以下简称路段率),并自2014年7月1日起实施,共调整99条路段,受影响户数计6.6万户,2015年5月开征的房屋税将增加,平均增加的幅度约9%。

台北市"税捐处"表示,依规定房屋路段率的调整每三年检讨一次,上一次(2011年)已就台北市作通盘检讨大幅调高452条街路的路段率,总计影响39万余户房屋,本次(2014年)调整原则,仅就捷运信义线周边及永康商圈、公馆商圈、美丽华商圈、饶河街夜市、南港经贸园区、内湖科技园区、豪宅建案林立区、原适用路段率偏低等部分路段,并参考台北市各行政区2013年土地公告现值涨幅图概况,局部调整99条路段率。

由于路段率是评定房屋现值的重要因素之一,位于调高路段率之房屋,其房屋税将会增加。该处举例说明,本次永康街路段率调高10%,附近约50坪的店家,房屋税约由新台币37,000元提高至新台币41,000元左右,增幅约10%;位于中山区高总价别墅型房屋,路段率调高50%,房屋税约由新台币44,000元提高至新台币65,000元左右,税额增幅达48%。至于没有调整路段率的房屋,其次年的房屋税,将因折旧因素而减少。所以,核实评定路段率,能合理反映房屋应有之现值,以符合租税公平及量能课税(资料检视:2016/2/28 数据来源:台北市"税捐稽征处")。

② 在建筑物之损害赔偿,当以回复原状为赔偿方法,固当以该建筑物之重建成本(价格)为其计算基础。这当亦适用于征收补偿的情形。课税当以建筑物本身为其税捐客体,其税基之计算应以其建造成本(取得成本)为其计算基础。是故,"地价调查估计规则"第12条以建物重建价格为建物现值之计算基础,尚有商榷余地。

主体构造种类之建物标准单价为准。但建物之楼层高度、层数、材料、用途、设计及建筑物设备等特殊者，应酌予增减计算之（第2项）。第1项建物现值之计算，得简化为下列公式：建物现值＝建物单价×［1－（年折旧率×经历年数）］×建物面积（第3项）。”

第13条规定：“前条所称建物面积，已办理登记者，以建物登记之面积为准；其全部或部分未办理登记者，以实际调查之面积为准。”

2. 土地之评价

为土地之评价，“平均地权条例”（2011年12月30日修正公布）第16条规定：举办规定地价或重新规定地价时，土地所有权人未于公告期间申报地价者，以公告地价80%为其申报地价。土地所有权人于公告期间申报地价者，其申报之地价超过公告地价120%时，以公告地价120%为其申报地价；申报之地价未满公告地价80%时，得照价收买或以公告地价80%为其申报地价。[①] 该申报地价即为“土地税法”（2015年7月1日修正公布）第15条所定地价总额的计算基础。该地价总额为地价税之税基。地价税按每一土地所有权人在每一“直辖市”或县（市）辖区内之地价总额计征之（“土地税法”第15条第1项）。其所以规定，以每一“直辖市”或县（市）辖区内之地价总额为税基，乃基于经济应以民生主义为基本原则，实施平均地权，节制资本，以谋民生之均足。其实施平均地权之机制为以地价总额为税基，并依税基之相对大小，适用不同税率累进课征。[②]

依“平均地权条例”第16条，地价虽原则上按土地所有权人申报之地价定之，但其申报之地价如上所述仍受公告地价之制约，并不完全以其申报之地价为准。是故，地价税之税基，基本上还是推计的。这固是无交易之土地价值，在评价上自有之困境，但其引申

---

① “平均地权条例”（2011年12月30日修正公布）第16条既有申报之地价未满公告地价80%时，得照价收买的规定，则在不照价收买时，便应按土地所有权人实际上申报之地价，而不应以公告地价80%为其申报地价，课征地价税。

② “土地税法”（2015年7月1日修正公布）第16条（税率）：地价税基本税率为10‰。土地所有权人之地价总额未超过土地所在地“直辖市”或县（市）累进起点地价者，其地价税按基本税率征收；超过累进起点地价者，依下列规定累进课征：（1）超过累进起点地价未达5倍者，就其超过部分课征15‰。（2）超过累进起点地价5倍至10倍者，就其超过部分课征25‰。（3）超过累进起点地价10倍至15倍者，就其超过部分课征35‰。（4）超过累进起点地价15倍至20倍者，就其超过部分课征45‰。（5）超过累进起点地价20倍以上者，就其超过部分课征55‰（第1项）。前项所称累进起点地价，以各该直辖市或县（市）土地7公亩之平均地价为准。但不包括工业用地、矿业用地、农业用地及免税土地在内（第2项）。

之推计,如果不能办到相对平等之程度,便会使地价税之课征,带有原生之不平等。[①] 然即便如此,关于土地之评价,还是应尽可能力求与邻近土地间之相对的平等。[②] 例如,不得特别调低公共设施保留地或将予征收之土地的地价,而应与其邻近之土地平等评价。[③] 此外,也不应在将土地编列为公共设施保留地后,迟迟不为征收,而却限制其使用。而后在公共设施保留地,因受相关规定限制,既不能使用,亦难以流通,以致市价大跌,跌破公告现值时,规定其所有权人将公共设施保留地捐赠各级行政机关时,其捐赠财产之价值不得按其公告现值,而只可按其公告现值之16%计算捐赠财产的价值。[④] 盖公共设施保留地之市价所以低落,乃肇因于需地机关既不征收,又限制其使用。是故,其评价应以其若未经编定为公共设施保留地,本来会有之价值评定之,方始合理。

关于地价之估计,应依"土地法施行法"第40条规定,2013年12月31日修正发布之"地价调查估计规则"为之。另依该规则所为之地价调查估计,应符合"平均地权条例"有关规定。其重要规定如下:

办理程序,地价调查估计之办理程序如下:(1)搜集、制作或修正有关之基本图籍及资料。(2)调查买卖或收益实例、绘制地价区段草图及调查有关影响区段地价之因素。(3)估计实例土地正常单价。(4)划分或修正地价区段,并绘制地价区段图。(5)估计区段地价。(6)计算宗地单位地价("地价调查估计规则"第3条)。

影响区段地价之因素:第3条第2款所定影响区段地价之因素,包括土地使用管制、交通运输、自然条件、土地改良、公共建设、特殊设施、环境污染、工商活动、房屋建筑现况、土地利用现况、发展趋势及其他影响因素之数据等(同规则第9条第1项)。

---

① 由于不动产相互间平等价格评价不易,引起之不平等课税的违宪问题,在德国近来不断有应废止不动产税之呼吁。不过,由于乡镇(Kommune)对于不动产税之税收的依赖,在找到替代之自主财源前,其废止只能停留在议论的层次(*Seer* in:*Tipke/Lang*, Steuerrecht, 22. Aufl., Köln 2015, § 16 Rz. 4.)。至于一般财产税,经德国联邦宪法法院决议宣告"与宪法不符限期应于1996年12月31日前修订",而国会未于该期限前修定,已失其效力。目前不但国会难有多数,而且也少有学说支持保留一般财产税之立法(*Seer* in:*Tipke/Lang*, Steuerrecht, 22. Aufl., Köln 2015, § 16 Rz. 61ff.)。详细论证请参见 *Tipke*, Die Steuerrechtsordnung, Band II, 2. Aufl., Köln 2003, S. 768ff.。

② "地价调查估计规则"第14条第1项第1款:以买卖实例估计土地正常单价方法如下:(1)判定买卖实例情况,非属特殊情况者,买卖实例总价格即为正常买卖总价格;其为特殊情况者,应依第7条及第8条规定修正后,必要时并得调查邻近相似条件土地或房地之市场行情价格,估计该买卖实例之正常买卖总价格。

③ "平均地权条例"第10条规定,本"条例"实施地区内之土地,当局于依规定征收时,应按照征收当期之公告土地现值,补偿其地价。在都市计划区内之公共设施保留地,应按毗邻非公共设施保留地之平均公告土地现值,补偿其地价,其地上建筑改良物,应参照重建价格补偿。

④ 台湾地区司法机构释字第705号:……台湾地区财政主管部门……发布之台财税字第○九二○四五二四六四号、第○九三○四五一四三二号、第○九四○四五○○○七○号、第○九五○四五○七六八○号、第○九六○四五○四八五○号、第○九七○四五一○五三○号令,所释示之捐赠列举扣除额金额之计算依财政主管部门核定之标准认定,以及非属公共设施保留地且情形特殊的项目报部核定,或依土地公告现值之16%计算部分,与租税法律主义不符,均应自本解释公布之日起不予援用。

买卖或收益实例之调查、修正与查证：地价调查应以买卖实例为主，无买卖实例者，得调查收益实例（第1项）。前项收益实例，系指租赁权或地上权等他项权利，且具有租金或权利金等对价给付之实例（第2项）（“地价调查估计规则”第4条）。买卖或收益实例如有下列情形之一，致价格明显偏高或偏低者，应先作适当之修正，记载于买卖或收益实例调查估价表。但该影响交易价格之情况无法有效掌握及量化调整时，应不予采用：（1）急买急卖或急出租急承租。（2）期待因素影响之交易。（3）受债权债务关系影响之交易。（4）亲友关系人间之交易。（5）畸零地或有合并使用之交易。（6）地上物处理有纠纷之交易。（7）拍卖。（8）公有土地标售、让售。（9）受迷信影响之交易。（10）包含公共设施用地之交易。（11）人为哄抬之交易。（12）与规定用途不符之交易。（13）其他特殊交易（“地价调查估计规则”第7条）。买卖或收益实例除依前条规定办理外，并应就下列事项详予查证确认后，就实例价格进行调整，并记载于买卖或收益实例调查估价表：（1）交易价格、租金或权利金等及各项税费之负担方式。（2）有无特殊付款方式。（3）实例状况（“地价调查估计规则”第8条）。

3. 土地及建物合并计价及其解析

土地上如有建物，在不动产交易上，常将土地及建物合并计价。所以，当“不动产税法”就土地及建物分别独立课税时，必须先将该合并约定之土地及建物价格，解析为土地价格及建物价格，而后分别适用关于土地及房屋之相关税法规定，就其交易课征契税、营业税；就其房屋交易所得及土地交易所得课征一般所得税、土地增值税，或2016年后施行之新制房屋土地交易所得税；就其持有课征地价税及房屋税。因为“地价调查估计规则”系为地价之调查估计而制订的规则，所以其规定以地价为中心，而后附带规定建物现值之估计。

就土地及建物合并计价，约定其总价者，其分属土地及建物之价格的解析程序，“地价调查估计规则”第14条规定，先计算建物之价格，再自其总价减除建物价格，以计得土地之价格：

以买卖实例估计土地正常单价方法如下：

（1）判定买卖实例情况，非属特殊情况者，买卖实例总价格即为正常买卖总价格；其为特殊情况者，应依第7条及第8条规定修正后，必要时并得调查邻近相似条件土地或房地之市场行情价格，估计该买卖实例之正常买卖总价格。

（2）地上无建物者，计算土地正常买卖单价。其公式如下：土地正常买卖单价 = 正常买卖总价格 ÷ 土地面积。

（3）地上有区分所有建物，买卖实例为其中部分层数或区分单位者，其土地正常买卖单价之计算程序如下：

第一，推估各楼层可出售面积、各楼层房地正常买卖平均单价、车位平均价格及车位数。

第二，估算全栋房地可出售总价格。其公式如下：

全栋房地可出售总价格 = ∑[(各楼层房地正常买卖平均单价 × 各楼层可出售面积)+(车位平均价格 × 车位数)]

第三,计算全栋建物现值,依第 12 条规定办理。

第四,估算全栋建物之装潢、设备及庭园设施等费用。

第五,估算全栋建物买卖正常利润。

第六,计算土地可出售总价格。其公式如下:

土地可出售总价格 = 全栋房地可出售总价格 - 全栋建物现值 - 全栋建物之装潢、设备及庭园设施等费用 - 全栋建物买卖正常利润

第七,计算土地正常买卖单价。其公式如下:

土地正常买卖单价 = 土地可出售总价格 ÷ 基地面积

(4)地上有建物,且买卖实例为全部层数者,其土地正常买卖单价之计算程序如下:

第一,计算全栋建物现值,依第 12 条规定办理。

第二,估算全栋建物之装潢、设备及庭园设施等费用。

第三,估算全栋建物买卖正常利润。

第四,计算土地正常买卖总价格。其公式如下:

土地正常买卖总价格 = 全栋房地正常买卖总价格 - 全栋建物现值 - 全栋建物之装潢、设备及庭园设施等费用 - 全栋建物买卖正常利润

第五,计算土地正常买卖单价。其公式如下:

土地正常买卖单价 = 土地正常买卖总价格 ÷ 基地面积

前项所称全栋建物买卖正常利润,应视实际情况叙明理由估计。

4. 估计区段地价之方法

估计区段地价之方法如下:(1)有买卖或收益实例估计正常单价之区段,以调整至估价基准日之实例土地正常单价,求其中位数为各该区段之区段地价。(2)无买卖及收益实例之区段,应于邻近或适当地区选取两个以上使用分区或编定用地相同,且依前款估计出区段地价之区段,作为基准地价区段,按影响地价区域因素评价基准表及影响地价区域因素评价基准明细表,考虑价格形成因素之相近程度,修正估计目标地价区段之区段地价。无法选取使用分区或编定用地相同之基准地价区段者,得以邻近使用性质类似或其他地价区段之区段地价修正之(第 1 项)。估计区段地价之过程及决定区段地价之理由,应填载于区段地价估价报告表(第 2 项)。第 1 项第 1 款所称之中位数,指土地正常单价调整至估价基准日之单价,由高而低依序排列。其项数为奇数时,取其中项价格为中位数;其项数为偶数时,取中间两项价格之平均数为中位数;实例为一个时,以该实例之土地正常单价为中位数(第 3 项)。影响地价区域因素评价基准,由内政主管部门定之(第 4 项)(“地价调查估计规则”第 21 条)。

（六）房屋契税与营业税之重复课征

在房屋之所有权的移转，[①]纳税义务人应于不动产买卖、承典、交换、赠与及分割契约成立之日起，或因占有而依规定申请为所有人之日起30日内，填具契税申报书表，检附公定格式契约书及有关文件，向当地主管稽征机关申报契税（"契税条例"第16条第1项）。主管稽征机关收到纳税义务人契税申报案件，应于15日内审查完竣，就其契价[②]及应适用之税率（"契税条例"第3条），查定应纳税额，发单通知纳税义务人依限缴纳（"契税条例"第18条第1项）。纳税义务人应于稽征机关核定缴款书送达后30日内缴纳（"契税条例"第19条）。契税之纳税义务人为取得所有权或典权者（"契税条例"第4条、第5条）。其税基之计算基础：契价，因以当地不动产评价委员会评定之标准价格为准，所以是一种推计之移转价格。

销售房屋者如为营业人，另依"营业税法"课征营业税。"营业税法"第14条所定之营业税之销售额（税基），依"营业税法"第16条，指"营业人销售货物或劳务所收取之全部代价，包括营业人在货物或劳务之价额外收取之一切费用。但本次销售之营业税额不在其内"。亦即核实，而非推计计算。其纳税义务人为销售房屋之营业人（"营业税法"第2条第1款）。因此，在房屋销售人为营业人时，就该房屋之销售所课之房屋契税及房屋营业税之纳税义务人虽然不同，但因营业税为法定间接税（"营业税法"第32条第2

---

① "契税条例"第2条规定：不动产之买卖、承典、交换、赠与、分割或因占有而取得所有权者，均应申报缴纳契税。但在开征土地增值税区域之土地，免征契税。依该条规定，除"因占有而取得所有权者"外，其以"不动产之买卖、承典、交换、赠与、分割"为原因者，是否亦以"取得所有权"为契税债务之发生要件，一时尚有疑义。肯定说："土地税法施行细则"第60条规定：土地增值税于缴纳期限届满逾30日仍未缴清之滞欠案件，主管稽征机关应通知当事人限期缴清或撤回原申报案，逾期仍未缴清税款或撤回原申报案者，主管稽征机关应径行注销申报案及其查定税额。"欠缴土地税（含土地增值税）之土地，在欠税未缴清前，不得办理移转登记或设定典权"（"土地税法"第51条）。是故，在完成土地所有权移转或典权设定登记前，土地增值税应尚不发生，所以关于土地增值税并无滞纳的问题。而仅有土地买卖未办竣权利移转登记，再行出售者，处再行出售移转现值2%之罚锾的规定（"土地税法"第54条）。今"契税条例"第2条但书既规定："开征土地增值税区域之土地，免征契税。"亦即契税与土地增值税在存在上有替代关系。是则契税债务与土地增值税债务自当同以受让人方取得所有权为其发生要件。另"契税条例"第12条第1项规定："凡以迁移、补偿等变相方式支付产价，取得不动产所有权者，应照买卖契税申报纳税；其以抵押、借贷等变相方式代替设典，取得使用权者，应照典权契税申报纳税。"该项亦以受让人方取得所有权为其发生要件。另"契税条例"第23条还规定：凡因不动产之买卖、承典、交换、赠与、分割及占有而办理所有权登记者，相关机关应凭缴纳契税收据、免税证明书或同意移转证明书，办理权利变更登记。该条规定应以足以维护契税债权。否定说："契税条例"第25条规定：纳税义务人不依规定期限缴纳税款者，每逾2日，加征应纳税额1%之滞纳金；逾期30日仍不缴纳税款及滞纳金或前条之怠报金者，移送法院强制执行。该条显以在"取得所有权或典权"前，契税债务已发生为其前提。不过，在移转税之建制论理无采否定说，使契税债务在"取得所有权或典权"前便已发生的必要。或谓在有体物之销售，"营业税法"规定，以交货及收款二者发生在先时，为其税捐债务之发生要件，不以交货为其唯一之发生要件。然必须注意："营业税法"另有透过销货退回及进货退出，退还税款之规定（"营业税法"第15条第2项）。

② "契税条例"第13条第1项规定：第3条所称契价，以当地不动产评价委员会评定之标准价格为准。但依第11条取得不动产之移转价格低于评定标准价格者，从其移转价格。

项、第3项)，终将由营业人转嫁于买受人，所以仍构成经济上之重复课征。

(七)小结

现行不动产税制有完整的税目或税种。

移转税有：

房屋契税、房屋营业税

土地契税

财产税(持有税)有：

房屋税

地价税/田赋

所得税有：

房屋(财产)交易所得税与其他种类之所得综合课征一般所得税

土地交易所得税(土地增值税)与其他种类之所得分离课征

2016年后施行之新制房屋土地合一交易所得与土地增值税分离课征。然后就房屋土地合一交易所得，对自然人或非居民企业与其他种类之所得分离课征；对居民企业与其他种类之所得综合课征一般所得税

旧制之特征为：(1)房屋与土地分别课征，如房屋契税、土地契税；房屋(财产)交易所得与土地增值所得(土地涨价总数额)分别计算、课征。(2)其税基，在房屋税，按房屋评定价格；在地价税，按土地公告地价；在土地增值税，按土地公告现值，推计计算。

新制之特征为：(1)房屋与土地之交易所得合并计算。(2)房屋与土地之交易所得，除规定核实计算外，并有低于时价时之调整规定。(3)财产税之税基调高：地价税大幅调高其土地公告地价；房屋引入属于土地因素之路段率调高房屋价值。(4)地价税及房屋税虽非新税，但因提高其税基之计算标准(房屋价值或土地公告地价)，亦显著增加其税收。鉴于房屋及土地价格皆有过高的情形，调整房屋价值或土地公告地价，使之趋近于市价，有引起税负过重之虞。房地使用者是否负担得起及其对物价之影响，尚待观察。(5)在新制房屋土地交易所得税形同在土地增值税外，开征新税。这实际上是否能增加土地增值税及新制房屋土地交易所得税加总之所得税税收，系于加税对于房屋土地交易量之压缩的程度及其税率。

新旧制无差异的部分：房屋契税推计计算，房屋营业税核实计算；土地增值税保留未修订，继续与其他种类之所得分离课征。

三、不动产税制原设定之政策目标及其检讨

(一)原设定之政策目标

经济应以民生主义为基本原则，实施平均地权，节制资本，以谋民生之均足。此为经济之基本原则。

为实施该基本原则中与平均地权有关的部分，制定“平均地权条例”，想循自报地价、照价课税及涨价归公的方法，达到平均地权的目的。其具体规定为：

自动报价:“平均地权条例”第16条规定,土地所有权人于举办规定地价或重新规定地价后,应在30天之公告期间内,申报地价(“平均地权条例”第15条第4款);其未于公告期间申报地价者,以公告地价80%为其申报地价。土地所有权人于公告期间申报地价者,其申报之地价超过公告地价120%时,以公告地价120%为其申报地价;申报之地价未满公告地价80%时,得照价收买或以公告地价80%为其申报地价。经依该规定,规定地价之土地,应按申报地价,依规定征收地价税(同“条例”第17条)。

照价课税:照价课税系以土地之持有为税捐客体的财产税。目前有地价税及田赋二种税目。① 鉴于土地之孳息(生产力)因其用途,而大小不同,且该孳息之经济价值为土地所有权人所以有负担税捐之能力的经济基础。是故,土地财产税之课征尚不得超出其孳息价值所能支应的程度。过去,由于地价税之税基(土地之公告地价)远低于市价,所以,地价税之负担不存在是否过重的问题。一般也不关注地价税望文生义以地价为其税基所隐藏之问题。然今,因市价已逾其生产力,而公告地价又已逐渐逼近市价,乃引起土地孳息是否还能支撑其地价税之负担的现实问题。② 另为房屋税之课征,规定按含土地因素之路段率,加成计算其建造成本为房屋价值(税基),使房屋税隐含地价税,以致地价税之负担更为加重。此外,还在税基的调整之外,按持有房屋户数提高其税率。以上政策之目标在于透过持有税之提高,抑制房地价格之飙涨。但显然用错了政策工具。盖不动产之经济管制目标应在于地尽其利及物尽其用。为地尽其利,不应因土地之开发使用,而对开发产生之建物(房屋),利用含有地价因素之路段率,调整税基(房屋价值),对房屋课以重税;为物尽其用,不但不应对自用及出租之住房差别其税率,亦不应按持有房屋之户数提高其房屋税税率。正确的规定应是,只论其用途种类(如住家用或营业用),而不应按其自用或出租,也不应按其持有户数。其理由为:土地必须有人出资开发、兴建房

---

① “土地税法”第14条规定:已规定地价之土地,除依第22条规定课征田赋者外,应课征地价税。关于田赋之征收对象,“土地税法”第22条规定:非都市土地依规定编定之农业用地或未规定地价者,征收田赋。但都市土地合于下列规定者,亦同:(1)依都市计划编为农业区及保护区,限作农业用地使用者。(2)公共设施尚未完竣前,仍作农业用地使用者。(3)依规定限制建筑,仍作农业用地使用者。(4)依规定不能建筑,仍作农业用地使用者。(5)依都市计划编为公共设施保留地,仍作农业用地使用者(第1项)。前项第2款及第3款,以自耕农地及依“耕地三七五减租条例”出租之耕地为限(第2项)。农民团体与合作农场所有直接供农业使用之仓库、冷冻(藏)库、农机中心、蚕种制造(繁殖)场、集货场、检验场、水稻育苗用地、储水池、农用温室、农产品批发市场等用地,仍征收田赋(第3项)。公有土地供公共使用及都市计划公共设施保留地在保留期间未作任何使用并与使用中之土地隔离者,免征田赋(第4项)。为减轻农民负担,台湾地区行政管理机构业已依“土地税法”第27条之1规定,决定自1987年第二期起停止征收田赋[台湾省“农林厅”1995年10月23日(1995)农经字第72354号]。

② 基于平均地权政策,关于地价税尚有按土地所有权人之地价总额,对于土地所在地“直辖市”或县(市)之累进起点地价的倍数,累进课征的规定(“土地税法”第16条)。该规定与地价税之税捐客体(土地的孳息)并无直接关联。是故,以之为累进课征的基础,并不妥当。如真要地尽其利,强制囤积之房屋及土地出租,要比累进课征更为有效且合理。盖其不容易透过分散土地所有权来规避。

屋,才能供因生活或营运之经济活动,需要室内场地者使用。只要其确实提供使用,而无囤积或浪费,在其房屋税之课征,并无按其究竟是自用或出租,或按其持有户数,而差别其税率的必要。当无囤积,不但可由市场形成租金之均衡价格,而且可消除不动产业与其他行业间之不均衡的发展。至其所有权人如因投资于不动产而有所得,可与其他投资一样,平等地按其所得的大小累进课税。不过,由于不动产资源容易发生垄断,以及土地及营建行政,容易扭曲其市场机能,所以还必须特别注意维持不动产市场之公平竞争机能。

涨价归公:为实施涨价归公,土地所有权人于申报地价后之土地自然涨价,应依第36条规定征收土地增值税。但当局出售或依规定赠与之公有土地,及接受捐赠之私有土地,免征土地增值税(同"条例"第35条)。关于土地增值税之课征详细规定于"土地税法"。土地增值税是将源自土地之交易所得,从其他种类之所得分离所建立之特种所得税。虽然其目的宣称将土地之涨价归公,但由于就其涨价,并不按实际交易价格核实,而是按公告现值推计计算,所以并未办到真正涨价归公。从而未能透过涨价归公,抑制土地所有权人之涨价诱因。不过,事实上只要没有限制私人拥有所有权之土地面积,课以重税只能窒息土地交易活动,并不能根本制止有限供给之土地的市价。依"平均地权条例"第51条施行涨价归公之收入,以供育幼、养老、救灾、济贫、卫生、扶助残障等公共福利事业、兴建居民住宅、征收公共设施保留地、兴办公共设施、促进农业发展、农村建设、推展居民教育及实施平均地权之用。此为关于对土地涨价所得所课之土地增值税应用于经济调控及社会目的之规定。有疑问者为:在财政收支应统筹统支的观点下,应如何真正落实其制度设计及监督。

平均地权基金:为实施"平均地权条例","直辖市"、县(市)主管机关应设置实施平均地权基金;其设置管理,由"直辖市"、县(市)主管机关定之("平均地权条例施行细则"第14条)。[①] 基金来源:(1)出售照价收买土地之价款收入,除归还垫款及债券之本息外,如有盈余,应悉数解缴实施平均地权基金("平均地权条例施行细则"第49条第2项)。(2)出售区段征收土地之地价收入,除抵付开发成本外,全部拨充实施平均地权基金,不足由实施平均地权基金贴补之(同"条例施行细则"第80条)。(3)本"条例"第60条第1项所称以重划区内未建筑土地折价抵付,指以重划区内未建筑土地按评定重划后地价折价抵付(第1项)。前项折价抵付之土地(以下简称抵费地),除按底价让售为社会住宅用地、公共事业用地或行政管理机构项目核准所需用地外,应订底价公开标售,并得于重划负担总费用已清偿之原则下,办理公开标租或招标设定地上权。经公开标售而无人得标时,得于不影响重划区财务计划之原则下,予以降低底价再行公开标售、标租或

① 新北市依"平均地权条例施行细则"第14条之授权,制定"新北市实施平均地权基金收支保管及运用办法"。其第3条规定本基金之来源如下:(1)市地重划后土地之处理收入。(2)区段征收后土地之处理收入。(3)裁撤留供市地重划区内增加建设、管理、维护费用专户之剩余款。(4)照价收买土地及其改良物出售之盈余款、租金及使用费之收入。(5)循预算程序拨入款项。(6)本基金之孳息。(7)其他款项来源及收入。

招标设定地上权(第2项)。前项抵费地处理所得价款,除抵付重划负担总费用外,剩余留供重划区内增加建设、管理、维护之费用及拨充实施平均地权基金;不足由实施平均地权基金贴补之(第3项)(同"条例施行细则"第84条)。(4)依前条第3项规定留供重划区内增加建设、管理、维护之费用部分,应指定行库,按重划区分别设立专户储存支用;其运用范围如下:①道路、沟渠、桥梁之加强及改善工程。②雨水、污水下水道及防洪设施等改善工程。③人行道、路树、路灯、号志、绿化等道路附属工程。④儿童游乐场、邻里公园、广场、绿地、停车场、体育场等设施。⑤小区活动中心、图书馆。⑥改善既成公有公共建筑物及其附属设备。⑦小区环境保护工程。⑧该重划区直接受益之联外道路与排水设施及其他公共建设工程。⑨其他经地方当局认定必要之公共设施工程。⑩地方当局视财源状况及实际需要认定必要之第8款用地取得(第1项)。重划由主管机关办理者,应将前项费用拨交该管"直辖市"或县(市)主管机关,并依前项规定办理(第2项)。第1项专户设立届满15年者,得裁撤之。裁撤后所余经费,应全数拨入该"直辖市"或县(市)实施平均地权基金(第3项)(同"条例施行细则"第84条之1)。

(二)检讨

1. 不动产之评价与平等课税之违反

按地价税或房屋税,无论是以土地或房屋本身为其税捐客体,当以土地或房屋价值或以其当有孳息为税基,皆因土地或房屋在课税年度通常没有交易,而只能借助于推估,致使其所涉土地或房屋之真实价值的评价不易如实;另外,众多土地及房屋之推估性的评价,无论是其本体或孳息,在土地或房屋之财产间,或在土地或房屋与其他种类之财产间,皆不易做到如实相对的同等正确(realitätsgerechte Wertrelation)。是故,在地价税及房屋税之税基的核定,容易因此有违反平等原则的情形。这是财产税之存在特征使然。不过,当由于地方当局之财政需要,一时还不能废止地价税及房屋税时,而应力求最大的程度,相对正确地评价各笔土地及房屋价值,作为地价税及房屋税的税基,以符合平等课税之要求。① 但这不表示,应努力将房屋及土地之规定评定价值,趋近于市价,以避免其趋近,对于市价可能引起之促涨作用。就不动产税而言,在能够达到增加相等税收的手段中,宁可"低税基,高税率"。盖调整税率因无由于暗示,引起促升市价的副作用,原则上要优于调整税基。

此外,还应注意:不动产价格是否已脱离于其生产力,成为不理性之炒作价格。不要误将已不理性之不动产价格,虚妄地看成象征经济繁荣之指标,暗自高兴。特别是各级行政机关不可耽溺于因此突然大量增加之地价税及房屋税的税收,以防止不理性之高房地价格引起之地价税及房屋税的加重,进一步妨碍经济发展。

见表1所示,不动产税(土地增值税、地价税、房屋税)及所得税之荣枯的发展趋势:

① *Seer* in:*Tipke/Lang*,Steuerrecht,22. Aufl.,Köln 2015,§ 16 Rz. 4.

表1　部分年度直接税税收结构

会计年度	直接税（%）	全部所得税（A）（%）	营利事业所得税（%）	个人所得税（%）	土地增值税（B）（%）	遗产及赠与税（C）（%）	A+B+C（%）	地价税（%）	房屋税（%）
1988	47.5	22.1	10.9	11.1	13.8	0.9	36.8	2.2	3.8
1989	51.8	23.2	11.8	11.4	15.7	0.7	39.6	2.6	3.2
1999	55.1	31.9	14.3	17.6	7.5	1.6	41	3.5	3.4
2000	56.6	31.6	15.9	15.7	6.4	2	40	4.8	2.5
2005	59.3	39.9	21	18.9	5.2	1.9	47	3.4	3.2
2006	58	36.6	18.8	17.8	5	2.1	43.7	3.6	3.4
2010	58.5	36.4	17.6	18.8	4.5	2.5	43.4	3.9	3.6
2015	62	43.8	21.6	22.2	5.3	1.5	50.6	3.3	3.2
2016	62.5	45.2	22.9	22.3	3.74	2.13	51.1	4.2	3.2

其百分比指对于台湾地区税收之比例。①

由表1台湾地区可归纳出几个现象：第一，土地增值税的贡献度自1989年开始逐年降低，2013年虽开始缓步回升，于2015年回升至5.3%，然2016年又突然陡降至3.74%。不过，直接税税收占台湾地区总税收的比例仍呈稳定上升趋势。其动力来自所得税。自1988年47.5%，上升至2016已是62.5%。这显示不动产产业已渐失去"火车头"产业的地位。第二，房屋税税收占台湾地区总税收的比例基本上稳定。这显示房屋存量价值的增加与经济发展情形同步。第三，地价税的成长来自公告地价的调整，这显示财政与地政机关的地价政策：维持公告地价与土地市价之一定的比例关系。

虽然报纸报道，台湾地区内生产毛额（GDP）之成长近年都在2%以下，但表1显示，不仅以所得之增加的流量为税基之营利事业所得税及综合所得税的税收，除2013年外，年年皆有大于GDP之成长率的成长，屡创新高，而且以土地及房屋之存量为税基之地价税及房屋税亦年有增长。其中特别是单纯透过调高公告地价，放大供给不变之土地的地价税税基，在2011～2016年5年间，地价税之税收即从新台币63,374,107,000元跃升至新台币93,888,422,000元，成长约48.1%，其税收已大于2016年之土地增值税的税收（83,385,482千元），多出新台币1,050,294万元（见表2）。值得注意的是：如果土地市价已脱离其生产力，趋于泡沫化时，将地价税之税基的计算基础（公告地价），趋近于市价，

① 表1之百分比数据，系依台湾地区财政主管部门财政统计数据库系统所得资料，以各税各年度之实收净额为分子，以税目总计（含税课收入、公卖利益—应缴库数、金融业营业税、健康福利捐、特种货物及劳务税等）为分母，计算所得。表1各该税目之百分比加计之所以不足直接税及间接税之百分比，系因本文未将全部税目计入，如证券交易税、期货交易税、娱乐税、契税等。

是否是一个适当的政策。其理由为:各行各业之经济活动及居民之生活,莫不需要土地形成之活动空间。公告地价之趋近于泡沫性市价,会使不动产产业以外之行业赖以生存与发展之资源受到排挤,过多流向不动产产业,扭曲产业结构,造成资源在产业间之不正常配置,使经济成果之分配更难以健全。同时,萎缩中产阶级,并恶化贫富不均的情势。

表2 2011~2016年税收实征净额① 单位:新台币元

年度	总收入	营利事业所得税	综合所得税	土地增值税	地价税	房屋税
2011	1,764,610,616,000	367,186,074,000	343,004,982,000	78,607,815,000	63,374,107,000	59,466,872,000
2012	1,796,697,193,000	367,744,332,000	393,065,301,000	81,136,682,000	62,712,169,000	61,796,279,000
2013	1,834,124,153,000	351,115,287,000	392,174,282,000	103,254,687,000	70,826,019,000	63,013,454,000
2014	1,976,106,922,000	402,631,678,000	410,852,287,000	101,658,876,000	71,515,636,000	64,672,878,000
2015	2,134,857,093,000	462,784,445,000	473,946,434,000	113,457,069,000	71,141,328,000	69,421,961,000
2016	2,224,075,454,000	510,388,471,000	495,971,933,000	83,385,482,000	93,888,422,000	72,962,850,000

2. 不动产财产税之重新定性

不动产税中之地价税及房屋税为一种财产税。名目上以土地或房屋本身(之持有)为其税捐客体。但基于财产权之保障的规定,学说的发展认为,其实应以其当有之孳息为其税捐客体。因其孳息,无论是实收或设算之孳息(租金)在课征地价税及房屋税后,其税后孳息,特别是实收之租金,皆再课征所得税。在此观点下,地价税及房屋税与所得税构成法律上之重复课征。其课征之正当性,传统上立基于源自财产之孳息所得,系不劳而获之所得,较之劳务所得应有较高之负税能力。② 不动产之租金、债券之利息及股票之股利虽皆是财产之孳息,同为非劳务所得,然对债券及股票,非但不课征财产税,而且对其利息及股利等孳息,在"所得税法"上并常有其优惠之规定,适用优惠税率("所得税法"第14条之1),或给予定额之储蓄投资特别扣除("所得税法"第17条第1项第2款第3目)。因此,以不劳而获,为对于财产孳息课征财产税之论据,渐渐失其说服力。代之而起者为:负面外部性的理论。认为对于财产之孳息课征税捐之目的,在于衡平其负面外部性对公共领域或社会引起之成本。该成本应予内部化并由财产持有者负担,才能使财产持有者与其他人间之费益的归属趋于公平。③ 在其实际应用,视情形有建立在

① 资料来自:台湾地区财政主管部门财政统计资料查询,台湾地区实征净额日历年别——按税目别分,产生时间:2017年4月4日。

② *Hey* in:*Tipke/Lang*,Steuerrecht,22. Aufl.,Köln 2015,§ 3 Rz. 66.

③ *Paul A. Samuelson/William D. Nord-haus*,Economics,15th edition McGraw-Hill,Inc. 1995,pp. 351–353;*N. Gregory Mankiw*,Principles of Economics,6th edition 2012,pp. 213–214;*R. Glenn Hubbard/Anthony P. O'Brien*,Economics,2006 Pearson Education Inc.,pp. 141–143.

"受益者付费原则"上,其表现为服务规费、特许规费、工程受益费之征收;或建立在"污染者付费原则"上,其表现为排放特许费、环保税、能源税之征收。其在地价税及房屋税之适用,改从其开发及使用,对于环境的影响及对公共设施引起的负担立论,[①]研议其相关行政部门间之财政收支的归属。同理,探讨管线及网络经济之外部性及目前相关产业与之有关之收入与成本费用的归属情况,应有助于不动产税捐或规费有关制度的重建,并改善与之有关之财政收支。

3. 关于经济管制

为达到平均地权活化经济的目标,在台湾地区除制定有关于不动产之税制外,并有关于不动产之经济管制的"法令",管制耕地之持有面积及耕地租佃之租金。例如"土地法"(2011 年 6 月 15 日修正公布)、"平均地权条例"(2011 年 12 月 30 日修正公布)、"耕地三七五减租条例"(2002 年 5 月 15 日修正公布)、"农业发展条例"(2016 年 11 月 30 日修正公布)、"农地重划条例"(2011 年 6 月 15 日修正公布)、"农村小区土地重划条例"(2002 年 12 月 11 日修正公布)、"土地征收条例"(2012 年 1 月 4 日修正公布),以及已经在 1993 年 7 月 30 日废止之"实施耕者有其田条例"。[②] 当中特别值得强调的是:"耕地三七五减租条例"及"实施耕者有其田条例",在台湾地区之土地改革历史中,所具有之理

---

① 关于财产税之正当性的论证,请参见 *Tipke*, Die Steuerrechtsordnung, Band. II, Köln 1993 S. 771ff. ; *Seer* in: *Tipke/Lang*, Steuerrecht, 22. Aufl. , Köln 2015, § 16 Rz. 2ff. 。

② "实施耕者有其田条例"(1993 年 7 月 30 日废止)之重要规定有:第 8 条下列出租耕地,一律由当局征收,转放现耕农民承领:(1)地主超过本"条例"第 10 条规定保留标准之耕地。(2)共有之耕地。(3)公私共有之私有耕地。(4)当局代管之耕地。(5)祭祀公业宗教团体之耕地。(6)神明会及其他法人团体之耕地。(7)地主不愿保留申请当局征收之耕地(第 1 项)。第 1 项第 2 款、第 3 款,耕地出租人如系老弱、孤寡、残废、借土地维持生活或个人出租耕地,因继承而为共有,其共有人为配偶、血亲、兄弟、姊妹者,经当局核定,得比照第 10 条之保留标准保留之(第 2 项)。第 1 项第 5 款,祭祀公业及宗教团体保留耕地,比照地主保留耕地之标准,加倍保留之,但以本"条例"施行前原已设置之祭祀公业及宗教团体为限(第 3 项)。第 9 条下列耕地经"省"当局核准者,不依本"条例"征收:(1)业经公布都市计划实施范围内之出租耕地。(2)新开垦地及收获显不可靠之耕地。(3)供试验研究或农业指导使用之耕地。(4)教育及慈善团体所需之耕地。(5)公私企业为供应原料所必需之耕地(第 1 项)。"省"当局为前项之核定,应报请行政主管部门备案(第 2 项)。第 10 条本"条例"施行后,地主得保留其出租耕地七则至十二则水田三甲,其他等则之水田及旱田,依下列标准折算之:(1)一则至六则水田,每五分折算七则至十二则水田一甲。(2)十三则至十八则水田,每一甲五分折算七则至十二则水田一甲。(3)十九则至二十六则水田,每二甲折算七则至十二则水田一甲。(4)一则至六则旱田,每一甲折算七则至十二则水田一甲。(5)七则至十二则旱田,每二甲折算七则至十二则水田一甲。(6)十三则至十八则旱田,每三甲折算七则至十二则水田一甲。(7)十九则至二十六则旱田,每四甲折算七则至十二则水田一甲(第 1 项)。前项保留耕地,由乡(镇)(县辖市)(区)公所"耕地租佃委员会",依照保留标准查实审议,报请县(市)当局"耕地租佃委员会"审定后,由县(市)当局核准之;"耕地租佃委员会"为审议或审定时,得视土地坵形为 10% 以内之增减(第 2 项)。地主不愿保留耕地时,得申请当局一并征收之(第 3 项)。第 11 条,地主如于出租耕地外兼有自耕之耕地时,其出租耕地保留面积,连同自耕之耕地合计,不得超过前条保留标准。但兼有耕地面积已超过前条标准者,其出租耕地不得保留。第 14 条,征收耕地地价,依照各等则耕地主要作物正产品全年收获总量之二倍半计算(第 1 项)。前项收获总量,依各县(市)办理耕地三七五减租时所评定之标准计算(第 2 项)。

论及实践的重要意义。关于耕地之经济管制,该二“条例”在台湾地区有成功的经验。归纳之,其重要运转机制为:(1)个人所有权之数量管制:限制耕地加总之最高面积;(2)超出限制面积之耕地,强制征收;(3)不自耕之耕地强制出租;(4)出租之耕地,强制其减租至收成的375‰。[①] 透过该管制措施,基本上消除大地主囤积耕地,提高自耕农及佃户之耕作意愿,释放耕地之生产力,同时并有效消弭耕地之投机,使其价格基本上对应其生产力。然该关于耕地之成功的管制经验,不但没有被移植至建地,而且本来处理得好好之耕地管制的成果,逐渐流失。其结果,台湾地区之土地价格,含耕地,最后依然飙涨。

四、不动产市场之现况

台湾地区之不动产市场现况是低度使用之住宅及新建余屋(待售)住宅多,而其价格却还居高不下,房价所得比过度偏高。

(一)低度使用(用电)住宅

台湾地区内政主管部门“营建署”利用房屋税籍数据与台电用电数据,将每年11月、12月平均用电度数低于60度之住宅,界定为低度使用(用电)住宅。2011年至2015年,总低度使用(用电)住宅占存量比例从2011年的10.15%上升至2012年的10.63%,2013年为10.50%,2014年为10.30%,2015年为10.35%,较2014年增加0.05个百分点。依2015年度11月、12月用电数据显示,台北市与新北市低度使用(用电)住户比例维持在7%左右,相对于中南部县市比例较低。新北市整体比例虽低于台湾地区平均,但因房屋税籍住宅类数量大,推算低度使用(用电)住宅数约有11.8万宅,相对高于其他县市。宜兰县、金门县、连江县、云林县、嘉义县、花莲县与台东县,为比例较高的县市。[②]

(二)新建余屋(待售)住宅

台湾地区内政主管部门“营建署”利用地籍数据、房屋税籍数据与台电用电数据,将屋龄5年内、仍维持第一次登记且有销售可能性的住宅,视为新建余屋(待售)住宅(见表3,表4)。从2013年第1季的2.7万余宅缓降至2013年第2季的2.5万余宅,2014年第1季上升至3.4万余宅,其后除2014年第2季小幅度降低外,至2015年第4季台湾地区新建余屋(待售)住宅数以来到55,586宅。其中以新北市12,023宅较多,高雄市为9262宅次之,桃园市为7852宅排名第三,台中市则为6677宅,台北市、台南市则为4016宅与

---

① 是否适合管制不动产之租金上限,经济学家向有疑虑。其论据主要为:租金上限如果低于没有管制时之均衡租金,则将发生供给不足及需求过多造成之短缺的问题。该短缺,在短期固因供给及需求的弹性较低,而不明显;但在长期,不仅在质,而且在量,皆势将扩大其短缺的程度:既有房屋的维修渐差,新建的房屋渐少。此外,需租房屋者,为抢租房屋,可能形成违法的黑市交易(*R. Glenn Hubbard/Anthony P. O' Brien*, Economics, 2006 Pearson Education Inc., pp. 118 – 119; *N. Gregory Mankiw*, Principles of Economics, 6th edition 2012, pp. 117 – 118)。租金上限之限制,在耕地租赁所以没有建物租金之限制的缺点,乃因耕地之供给无弹性,不因其租金之限制引起供给之减少的问题。此外,耕地之用益与维护,由承租人为之,也没有因此引起荒废的问题。

② 台湾地区内政主管部门“营建署”2016年10月出刊,关于低度使用(用电)住宅、新建余屋(待售)住宅之最新调查报告摘要。

3339宅。

表3 六市低度使用(用电)住宅总户数统计 单位:户

年度	台湾地区	台北市	新北市	桃园市	台中市	台南市	高雄市
2015	862,682	63,890	118,713	89,543	97,887	67,117	111,101
2014	849,869	64,749	118,963	83,962	96,750	66,036	108,825
2013	856,924	66,354	117,772	81,992	99,156	67,371	108,414
2012	863,083	68,504	119,136	79,969	100,938	69,335	108,460
2011	813,925	65,907	113,972	76,746	92,356	65,210	102,672

表4 六市新建余屋(待售)住宅总户数统计 单位:户

时间	台湾地区	台北市	新北市	桃园市	台中市	台南市	高雄市
2015年第4季	55,586	4016	12,023	7852	6677	3339	9262
2015年第3季	53,049	4106	11,487	7505	6425	3287	8593
2015年第2季	52,149	4143	11,245	7326	5861	3124	8719
2015年第1季	45,144	3684	9963	6111	5009	2627	8269
2014年第4季	38,241	3190	8956	4698	4057	2206	6722

以上数据来源:台湾地区内政主管部门不动产信息平台,2017年4月26日读取。

表5 2016年第3季房价负担能力指标

县市	贷款负担率(%)	贷款负担率(百分点)		房价所得比(倍)	房价所得比(倍)	
		季变动值	年变动值		季变动值	年变动值
台湾地区合计	38.49	1.35	2.40	9.35	0.37	0.82
台北市	63.71	1.32	-2.46	15.47	0.40	-0.16
新北市	52.33	0.52	-0.78	12.70	0.19	0.16
台中市	38.79	0.12	2.16	9.42	0.08	0.77
新竹县	35.91	1.32	1.75	8.72	0.37	0.65

续表

县市	贷款负担率(%)	贷款负担率(百分点)		房价所得比(倍)	房价所得比(倍)	
		季变动值	年变动值		季变动值	年变动值
高雄市	35.48	1.91	2.00	8.61	0.51	0.71
彰化县	35.44	2.00	3.23	8.60	0.53	1.00
桃园市	35.00	1.01	2.45	8.50	0.29	0.81
宜兰县	33.90	1.88	2.59	8.23	0.50	0.84
新竹市	33.28	0.85	-3.53	8.08	0.25	-0.61
花莲县	32.71	0.03	1.90	7.94	0.05	0.67
澎湖县*	32.07	0.91	-2.40	7.79	0.26	-0.35
南投县	31.57	2.13	4.17	7.66	0.56	1.20
台南市	30.64	0.27	1.82	7.44	0.10	0.63
苗栗县	30.39	2.87	-1.04	7.38	0.73	-0.04
云林县	28.33	0.30	0.45	6.88	0.11	0.30
台东县*	27.43	0.18	0.53	6.66	0.08	0.31
屏东县	24.22	0.73	1.13	5.88	0.21	0.43
嘉义市	23.56	0.53	-0.04	5.72	0.16	0.15
嘉义县	23.23	0.19	-0.98	5.64	0.08	-0.08
基隆市	22.68	-0.04	0.62	5.50	0.02	0.30

备注:

1. 本表格县市依贷款负担率从大至小排顺序。

2. 季变动值表示本季数值减上季数值;年变动值表示本季减去年同季数值。变动值为原始数值相减后,采四舍五入法,取至小数点第2位得出。

3. 本季澎湖县、台东县房价数据样本数少于100笔,房价负担能力指针信息在交易样本有限情形下,应参酌解读该统计区域长期趋势及整体情况,避免过度解读而造成偏误。

数据来源:台湾地区内政主管部门不动产信息平台,2017年4月26日读取。

五、不动产产业之宏观调控

(一)市场失效需要宏观调控

房价所得比过高显示,在该价格水平一般人买不起,因此有大量空屋销售不出去,闲置在那里。该闲置状态原则上会形成资金的积压,促使所有权人降价求售,而后也会因其降价而降低房价所得比,使较多人能够买得起,从而通过价格之调整,使供需重新获得均衡。然为何过高之房价所得比及空屋会长期存在?这表示市场之上述价格机能失效,未能产生调节供需之作用。这时必须针对不动产市场所以失效的原因,借由公权力,通过经济管制施以宏观调控,使其恢复正常之调节机能。造成交易市场之价格机能失效的主要原因为:规范上容许不动产闲置不用,以及可期望之交易所得能弥补其囤积期间之资金成本(如利息)的负担。是故,如通过强制出租,消除其得闲置的可能,并透过逐步紧缩闲置房地之融资的定向调控,①有规划的缩紧、阻断闲置房地所有权人,利用金融机构提供之低利贷款,降低其持有成本的机会,将可基本上回复不动产市场之价格机能,使不动产之租金及交易价格,符合市场供需达于均衡时之水平。

(二)调控目标

当前之不动产市场存在之主要问题为:虽有诸多与不动产有关之税捐手段,但有空屋依然过多,且价格却下不来的矛盾现象。据台湾地区内政主管部门不动产信息平台之统计:房价所得比在2002年第1季,台北市为6.06倍,新北市为6.36倍;2016年第2季,台北市为15.07倍,新北市为12.51倍。② 因为不动产为一切生活及生产活动之必要的空间要素,所以,其价格之飙涨,势必吞噬各行各业之经济成果,窒息中产阶级之生机。最终除将使经济难以再有发展外,还会因为经济之停滞,引发停滞性通货膨胀。其结果,不动产产业将因欠缺其他产业之实质成长的支持,而趋于泡沫化,并累及金融产业,使其以不动产为担保之债权亦相随有泡沫化的风险。此种经济形式之特色为:经济虽少有成长,但民生基本需求之行业,基于其强势之市场地位,与不动产产业同步,调整价格,维持其获利率,而弱势之受薪者,不但其薪资在台湾地区已约20年几乎不调,而且连财政能力也受累。导致即使岁出决算总计,基本上虽还是年有增加,而军公教退休人员却面临当局将要以几十百分比的大幅度,调降其许诺之退休给付的情势。其因此引起之经济的紧缩效应,经社体系之解构,全体受薪者,特别是军警公教人员,之普遍的不安及生活水平的下降等对台湾地区经济、社会及政治的影响,难以估量。见表6所示,为各级当局岁出净额(按政事别中分类分):

---

① 关于利率之调控所以必须定向的理由为:避免因此影响其他产业之融资可能及其利率。

② 台湾地区内政主管部门不动产信息平台:房价所得比,从2002年第1季,台北市为6.06倍,新北市为6.36倍,一路上升至2015年台北市为16.16倍,新北市为13.02倍达于最高点。而后稍微回降至2016年第2季,台北市为15.07倍,新北市为12.51倍。也就是说,目前欲居住在大台北者,一般人大约要不吃不喝15年才能在台北市,12年才能在新北市买得起房子。

表 6

单位:新台币元

年度	岁出总计	退休抚恤支出	退抚支出占岁出总计之百分比(%)
1991	1,275,612,966	88,320,429	7
1992	1,561,930,419	94,974,892	6
1993	1,756,306,405	102,076,160	6
1994	1,826,367,353	111,237,222	6
1995	1,910,066,033	118,121,466	6
1996	1,843,786,165	137,117,578	7
1997	1,878,763,513	179,722,760	10
1998	1,992,593,487	187,673,352	9
1999	2,050,003,571	180,581,725	9
2000	3,140,936,188	265,079,307	8
2001	2,271,755,089	175,722,182	8
2002	2,144,993,677	170,988,093	8
2003	2,216,514,388	173,222,747	8
2004	2,245,046,575	179,665,178	8
2005	2,291,999,146	191,530,723	8
2006	2,214,225,610	196,962,845	9
2007	2,290,169,058	200,677,374	9
2008	2,343,585,358	202,228,244	9
2009	2,670,898,052	205,291,378	8
2010	2,566,804,424	201,002,052	8
2011	2,612,946,994	213,038,722	8
2012	2,677,984,291	218,354,757	8
2013	2,665,241,259	209,680,028	8
2014	2,645,712,036	213,707,647	8
2015	2,645,188,879	218,503,986	8

说明:1. 2002 年(含)以前为决算审定数;2003 年起为决算数。

2. 岁出净额不包括债务之偿还。

3. 除总预算收支外,并将特别预算收支一并计入。

4. 数据来源:台湾地区财政主管部门财政统计数据库产生时间:2017 年 4 月 6 日。

由于薪资不调,退抚给付将要大幅缩水,而不动产价格依旧高不可攀,民生必需品或服务的价格又因停滞性通货膨胀,同步涨升,使总体经济之信息弥漫悲观的气氛。于是,有国际竞争力之人才已开始展开其另一波乱邦不居之移民的旅程。鉴于必须使人安居,才能盼其乐业,所以必须尽快想出有效的调控工具,能够落实调控目标,促使不动产价格恢复至健全市场之均衡价格。

(三)调控工具

可能的调控工具主要为税捐工具、金融工具及房地所有权或用益权之管制。

1. 税捐工具

为奖励投资或抑制消费固常选择税捐之优惠,例如,"促进民间参与公共建设法"(2015年12月30日修正公布)第36条(营利事业所得税之免征)、第37条(投资抵减)、第38条(关税之减免及分期缴纳)、第39条(地价税、房屋税、契税之减免)、第40条(股东投资抵减);或加重,如增定"所得税法"第4条之4、第14条之4至第14条之8及第24条之5等规定,对2016年1月1日起房屋、土地交易所得,按新制课征房屋、土地交易所得税,作为调控工具。按税捐优惠,可增加其供给或需求;加重可减少其供给或需求,以增减其达于均衡之供需数量,或降升其供需价格。但加重课税,当其经市场机能之调整达于新的均衡时,只能升高其均衡价格、减少其均衡数量。所以,当前之不动产政策的目标,如在于抑制房地价格,则其以加税为内容之税捐工具最后不能有效果。然降税既不在所欲,亦非适当之政策工具。另外,不动产之持有税(财产税)的改革,应重在使其业主负担不动产开发及用益之外部成本,以维持不动产产业与其他产业间之税捐平等,不宜单纯地以加重其持有成本为目标。还要多深入研究不动产开发及用益之外部成本,以恰如其分,规划其相关之财政收支,使不动产财产税之税制符合受益者付费原则及肇因者或污染者付费原则,[①]避免不动产之承租人或各行各业及消费者,因不动产财产税之转嫁,而生活益发困难。

我国台湾地区之空屋数量及不动产价格之高昂显示,向来偏赖于土地增值税、地价税及房屋税之不动产税制,对于不动产价格不能起到期望之抑制,或促使其恢复至健全市场之均衡价格。2015年6月24日增定"所得税法"第4条之4规定,对于个人及营利事业自2016年1月1日起交易房屋、房屋及其坐落基地或依有关规定得核发建造执照之土地(以下合称房屋、土地),符合该条所定要件者规定,应依第14条之4至第14条之8及第24条之5,课征所得税(新制之房屋、土地交易所得税)。该税之增定,就按实价计算,超出土地增值税税基之房屋、土地交易所得,对个人及总机构在台湾地区外之营利事业,新增与一般所得分离课征之特种所得税;对总机构在台湾地区内之营利事业,计入营利事业所得额课税,余额为负数者,以零计算;其交易所得额为负者,得自营利事业所得额中减除,但不得减除土地涨价总数额("所得税法"第24条之5)。这属于所得税之加

① *Seer* in:*Tipke/Lang*, Steuerrecht, 22. Aufl., Köln 2015, § 16 Rz. 38f.

重。该税之新增固使不动产价格开始回落,使房价所得比,从2015年台北市为16.16倍,新北市为13.02倍之最高点,稍微回降至2016年第2季,台北市为15.07倍,新北市为12.51倍。然税捐理论昭示,税务经验将印证:突然对不动产课以重税,固可能由于市场一时反应不过来,而引起因一时抑制需求或惊慌倒货时之跌价效应,但长期而论,课以较先前为重之税,最后只能引起量缩价昂的结果,[①]对于抑制房地价格将少有长期效果。是故,如真要调控房地价格,而不影响其市场之供需机能,这尚属短期治标的措施。若要治本,必须深入研究房地价格所以飙涨之总体经济因素,另谋其他调控工具。

2. 金融工具

按货物之价格如非取决于有效之供需,必有扭曲其供需之因素。否则,不会发生:在有大量空屋形成之供过于求的现象时,其房地价格还是居高不下。其重要之扭曲因素通常认为是:资金宽松,欠缺投资标的,且其囤积不受管制或禁止。

然资金再宽松,其投资上的选择,至少还是必须与资金利息所构成之资金成本相比较。特别是当利率低于不动产之投资报酬率时,宽松之资金才会源源不断经由投资客,注入不动产产业。假设投资客断链,开发业者即无开发的动能。而投资客之自有资金一般容易达于极限。是故,只要限制其来自金融机构之融资,消弭其资金杠杆,原则上短时间内便应可显著产生收敛其可能导致泡沫化之假性需求。如果这样,还是不能达到预期之效果,可再限制其囤积房地,以公开竞标的方式,强制出租。强制出租之目的在于:促进物尽其用及地尽其利的同时,借由市场机能产生均衡的租金价格,从而亦形成房地之均衡的交易价格。如还不能收效,则再考虑关于租金之管制,将其控制在尚可维持不动产产业在开发与交易市场之活络,所需之适当动能及流通的水平。

要之,其宏观调控应视情形,利用财政工具或经济管制工具,不适合孤注一注,偏于其一。所涉财政工具除税捐外,并应善用特许规费;经济管制工具,首先为货币工具,选择性的定向收紧对于闲置不动产之融资,逐步抽回闲置不动产业主,自金融机构融通之开发、营建资金,以及逐步紧缩投资客自金融事业融通之资金,以去除其金融杠杆。其理由为:任何人不得利用金融机构之资金,从事重要生产因素之囤积,妨碍经济之正常运转。同时,应将囤积之不动产,强制其注入租赁市场,以在租赁市场形成均衡之租金价格。这时不动产之均衡交易价格亦可随之产生。

3. 地方当局之财政需要

房地产市场对于房地产所以丧失其调节机能,有一部分原因是来自地方当局之财政需要,驱使其区段征收、市地重划或都市更新的作业,提供不动产业者炒作不动产价格的可乘之机。其失控的第一个影响是:当不动产开发商因此取得低成本之土地时,便可以借助于其将开发完成之房地,自金融机构融通远超出其开发及营建成本之资金,形成其

---

① *N. Gregory Mankiw*, Principles of Economics, 6th edition 2012, pp. 156 – 160; *R. Glenn Hubbard/Anthony P. O' Brien*, Economics, 2006 Pearson Education Inc., pp. 112 – 117.

高房地价格或过度膨胀其信用之财务支撑。这是过高毛利引起之市场的扭曲现象，不利于不动产产业之健全发展。

在土地开发，其实会引起庞大之公共设施或服务的成本费用。地方当局必须更仔细地规划其与土地有关之行政服务，精算其成本及费用，一时大量者，要利用工程受益费或开发特许费的征收；①平时之服务所需者，要利用地价税及房屋税的征收。制度的设计要符合税费征收标的之属性，不可单纯因为目前房地价高，即为增加税费收入，而在税费债务之构成要件上，创设各种与税费征收标的之属性不符的加重项目或因素。如房屋税本当以房屋造价为其税基，并在税负之高低，受其一般可期待之孳息的制约。不适合将与土地有关之因素，如发现在不同路段有高低之经济荣枯时，将路段率建入房屋价值之调整因素，以提高房屋税。如真要以路段率调整不动产之价值，在房屋与土地分别课征其持有税的情形，应调整土地地价，而非房屋价值。盖房屋为营建产生之人造建物，其价值应系于其建造（取得）成本。在持有期间，充其量只能因营建成本之通货膨胀，透过资产重估，调整其现值，不可随其所在路段之经济繁荣的程度，主张提高其房屋价值。

按房地行政本来有自偿性，台湾地区人才济济，只要给予机会，一定能够自偿地系统化地解决土地规划、都市计划、都市管线（电信、电力、瓦斯、自来水、污水）、交通、水土保持、环保、卫生、防灾等与房地有关之问题。地方当局有举办区段征收、市地重划或都市更新作业，以及从事各种土地开发之充分机会。台湾当局应像辅导地方当局从事地方法制作业一样，辅导建立其经济有效，能够自偿之运作模式。切莫发生各级行政机关与营建厂商协商出来之权利义务的交换关系，较之没有经验之农夫与营建厂商合建分屋时，协商出来的内容，更不利。

深入归纳分析财政，其所以困难的缘由在于，糊涂的财经行政，疏于财经纪律的建立、财经效率的评鉴，以及不重视财经干才之培养与肯定，以至于即使财政已极度困难，还尽出一连串虚胖、无关连效益的花钱大计划，一点一滴流失生机。如真想振衰起蔽，首要破除信息不对称，建立产业纪律，维护交易秩序，降低交易成本，启动市场机能，动员民间资源参与永续开发、维护与营运的项目，体现土地营建行政的自偿性。这里需要的是公正的行政，只要深自反省，以消除导致纵容到连雨遮皆可计入室内坪数，同等计价之行政偏差，便有能力将不动产之质量规格，无论是关于质或量，客观加以标准化。又如在捷运之兴建，其场站与路线的规划，如能公正处理各站外围土地之区段征收，并辅以工程受益费之征收，不使兴建捷运之利，平白落入私人之手，应即可取得支应兴建捷运所需之费用，不至于形成当地当局之沉重的财政负担。这些需要创设课题，深入研究推演才能累积知识与经验，规划出可行的发展模式，不可轻陷于无知之信息不对称中，盲目运行。

然因土地行政汇总不易监督之经济管制、经济补贴、政府采购的财经行政大权，当中

---

① 规费与工程受益费：(1)容积之特许规费；(2)路段之工程受益费（受益者付费）；(3)文化、教育规费；(4)消防、卫生规费；(5)环保规费（清洁规费、污染者付费）。

如有私心，也是一块最容易上下交征利，累及无辜，一起沉沦腐败的场域。各级当局的首长，如有志于展现其雄才大略的能力，土地、营建及交通行政是其最容易与各个产业形成完美发展循环，并自偿实现的项目。善恶一线间，切要把握难得，而易失可造福四方的机会。

4. 社会住宅及书店图书馆

在市场经济，无论如何努力，一时必难满足低所得者之居住需求，因此，各级当局要立志，以社会住宅之圆满提供，作为施政之人权标准的指标。在区段征收、市地重划时，必须有逐步兴建足够社会住宅之配套措施，一以对经济困难者救急，另以制衡商品房之市场价格。在社会住宅之兴建、维护与流通，必须动员相关人才，发挥像在宗教活动之积极性与慈悲心，从小区内外，用心协助维持适合人性尊严之居住水平。授受之间，切莫自私，以提高其质量、效率，避免其沦为贫民窟。否则，善门难开，势必难上加难。

除社会住宅外，其实书店图书馆也亟须不动产税之减免的奖励。目前仅见台湾地区“文化艺术奖助条例”第26条规定：“经文教主管机关核准设立之私立图书馆、博物馆、艺术馆、美术馆、民俗文物馆、实验剧场等场所免征土地税及房屋税。但以已办妥财团法人登记或系办妥登记之财团法人兴办，且其用地及建筑物为该财团法人所有者为限。”该条但书将减免对象限于“办妥登记之财团法人兴办，且其用地及建筑物为该财团法人所有者”。显然陈义过高。只要注意到实体书店已渐难与网上书店竞争及昔日书店一条街已经消失，可见具有书本流通功能之书店，至少需要税捐优惠来减轻其房地的资金负担，协助其生存、发展。

5. 新税或加税是否能增加税收

对于货物或劳务课税时，设其对每单位需求或供给课征之税额为 T，乘以其总销售量 Q，等于可能取得之总税收 TQ。对于货物或劳务开征新税或加税，会提高其单位需求或供给之税额至 $T(1+R_1)$，降低供给与需求之数量 $Q(1-R_2)$。每单位需求或供给因此增加后之税额，乘以其因此减少后之需求或供给总量，等于对该货物或劳务课征新税或加税后之总税收 $T(1+R_1)Q(1-R_2)$。该课征新税或加税后之总税收 $T(1+R_1)Q(1-R_2)$ 与开征新税或加税前之总税收 TQ 相比，可能较多，亦可能较少。端视新税之税率 r_2 或加税时其新旧税率差 r_2，对既有税捐之税率 r_1 的百分比 R_1，以及开征新税或加税后，减少之需求或供给总量占开征新税或加税前之需求或供给总量的百分比 R_2 而定。

设课征新税或加税前，与新税有税捐客体之关联的货物或原应税货物之价格为 P，既有税捐之税率为 r_1，每单位需求或供给的税捐收入为 $T_1=P*r_1$，其需求或供给总量为 Q，总税收为 T_1Q；新税之税率 r_2 或新旧税率差 r_2，对既有税捐之税率 r_1 的百分比为 R_1，设课征新税或加税后，每单位需求或供给增加的税捐收入为 $T_2=P*r_2$。课征新税前之需求或供给总量 Q，课征新税后，减少之需求或供给总量占开征新税前之需求或供给总量的之百分比为 R_2，则课征新税或加税后，其需求或供给总量为 $Q(1-R_2)$。每单位需求或供给之原来税收加上新税或加税增加之税捐收入的每单位需求或供给之总税收为 $T=T_1+T_2=T_1*(1+R_1)$：

$T_1 = P * r_1$

$T_2 = P * r_2$

$T_2/T_1 = r_2/r_1 = R_1$

$T = T_1 + T_2 = P * r_1 + P * r_2 = T_1 * (P * r_1 + P * r_2)/T_1 = T_1 * (P * r_1 + P * r_2)/P * r_1 =$

$T_1 * (1 + r_2/r_1) = T_1 * (1 + R_1)$

$T_1(1 + R_1) \times Q(1 - R_2) = T_1Q(1 + R_1)(1 - R_2)$,

则 $T_1Q(1 + R_1)(1 - R_2) > T_1Q$ 之条件为:

$(1 + R_1)(1 - R_2) > 1$,且 $R_1 > R_2$

则 $1 + R_1 - R_2 - R_1R_2 > 1$

则 $R_1 > R_2 + R_1R_2$

由上开方程式可见,肯定的是:需求或供给总量之减少的百分比,只要低于新税之税率或加税时之新旧税率差对原来税率之百分比的一个百分点,总税收即会增加。盖当 R_1 大于 R_2 一个百分点,而 R_1 和 R_2 虽为正数,但必小于一个百分点时,上开条件成立。相等则会减少。当 R_1 与 R_2 相等时,R_2 加上一个正数即大于 R_1,上开条件不成立。在开征新税,就新税而论,固必有新税收构成之税收的增加。但如考虑与新税相关之既有税捐,则由于既有税捐可能因新税之开征,而降低其货物之需求或供给总量,从而减少其税收。所以当将新税与既有税捐的税收合计,一起考虑,仍有与加税类似之问题。如货物税(特种消费税)与营业税(一般消费税)相关,当对于一部分之货物新开征货物税时,固可能增加货物税之新税收,但可能同时因降低该货物之需求,而影响其既有营业税之税收。这时因为货物税及营业税之课征客体(货物)相同,可以将其货物税之新征,化约为既有营业税之加税,套入前开方程式,一起分析其税收之消长。新增之货物税税收是否大于减少之营业税税收,尚取决于该货物之需求的价格弹性,视其需求因此减少的程度而定,不能一概而论。①

六、结论

不动产财产税与一般所得税,因其以同一笔不动产之孳息(租金)为其税捐客体,且纳税义务人同一,所以有法律上的重复课税。为根本消弭该重复课税,并适当处理租金、利息及股利间之平等课税的问题,必须从负面外部性的观点,重新定性不动产财产税之属性,根据受益者付费原则及污染者付费原则,导入工程受益费、开发特许费、环境税,规划其在各级当局之财政收支,以维持税费之课征对于不同产业或经济活动之中立性,并

---

① 对于货物或劳务开征新税或加税不一定会增加总税收的观点,由经济学家阿瑟·拉弗(Arthur Laffer)于1974年在一家餐厅第一次对一些记者及政治家提出。后来经美国里根(Reagan)总统采纳为其减税的理论依据。拉弗及里根之上述观点后来被称为供给侧经济学(supply-side economics)(*N. Gregory Mankiw*, Principles of Economics, 6th edition 2012, pp. 169 – 171; *Paul A. Samuelson/William D. Nordhaus*, Economics, 15th edition McGraw-Hill, Inc. 1995, pp. 313 – 316)。

健全地方财政。按路段率调整房屋价值的规定，混淆房屋价值与地价之影响因素，应予避免。如迫于财政需要，可改按路段调整公告地价，或调整房屋税之税率，达到增加不动产税税收之相同目的。

不动产所得税，无论是土地增值税或新制房屋土地合一之所得税，固有涨价归公之不动产政策上的正当性，但仍应注意：新制实施后，土地增值税及新制房屋土地合一之所得税，自其第二次交易起，在先后两次交易，实际上有先核实课征房屋土地合一之所得税，而后再推计课征土地增值税之重复课征的可能性。此外，并应异于其他种类之所得，要将其税捐收入专用于社会住宅之兴建或其他更迫切之缓和贫富不均问题的项目，如对于贫困家庭之教育与健保的补助，不适合流用于其他项目，以确保不动产税制能符合社会国家原则，救助贫困家庭之急迫需要，培育其自力更生的能力。其理由为：源自不动产之涨价所得，具有一定程度导致贫富不均的反社会性。此与其他源自市场活动致富的情形，大有不同。少有一种财货可像不动产一样，单纯透过持有，而无须用心经营，即可随其他产业之经济发展或通货膨胀，而有财产增值利益，同时使无不动产财产者，因租金或不动产价格的提高，而陷于相对不利的境地。

房屋之买卖契税税率为其契价6%（“契税条例”第3条第1款），在房屋销售人为营业人时，其营业税税率为其收取之全部代价5%（“营业税法”第10条）。但得扣减进项税额。该二税捐因以同一笔房屋之销售为税捐客体，而纳税义务人不同，分别为买受人及出卖人，所以有经济上的重复课税，故亦应斟酌其整并。此外，在中古屋之销售营业税的课征，其进项税额之扣抵，需要类似于“营业税法”第15条之1，关于中古车之进项税额的扣抵规定，不宜从举证责任之分配的观点，简单以销售营业人不能提出进项税额凭证为理由，主张其当然不得扣抵进项税额。盖中古屋之出卖人在买入时，可能已受营业税之转嫁，而在卖出时，可能不是得开立进项凭证之非营业人，而自其进货转售之销售人却为营业人，应自动报缴加值型营业税。

由于台湾地区之不动产市场，在2015年有86,2682户之空屋，而其价格所得比在2015年第2季，于台北市为15.07倍，新北市为12.51倍。这显示其大量空屋的市场形势并没有引导其降价，以消除该严重供过于求的现象。这表示台湾地区之不动产市场有导致其市场失效的环境因素存在。鉴于不动产中之土地，其供给弹性几乎是零，其上之建物的兴建又需要庞大资金，所以其闲置引起之地不能尽其利，物不能尽其用的情形，极度不利于经济之发展。是故，迫切需要深入研究，找出所以导致其市场失效的原因。

过去，在建地的市场，各级当局主要试图透过土地增值税及地价税，平均其地权，将其涨价部分归公，以建立不动产市场之公平。然越到近年，越是距离期望的目标越远。到底是哪个调控环节失效？飙升之涨价利益到底跑到哪里去了？合理的理解自然是首先归属于不动产业者，而后部分以其成本费用、损失及税捐的形式流向有助于不动产业之发展的部门。其中必须拿出来检讨的是，金融机构在不动产市场之发展经过中所扮演的角色，以及不动产产业如有价格崩盘的情形，该风险是否超出金融机构能负荷的程度。

从几年前，发生在美国，蔓延至全球之次房贷引起的金融风暴看来，金融机构承担不动产产业之泡沫风险的能力不可高估。是故，为恢复不动产市场之市场机能，首先必须小心去杠杆，逐步限制投资于空屋者，应以自有资金，不得使用金融机构之资金投资。其次为规划适当制度，将空屋限期注入市场，以恢复不动产市场之供需的均衡，并自然形成其均衡的租赁价格及交易价格。为使不动产产业相关之地方政府不因不动产市场之调控，而遭遇财政困难，必须同时规划其相关之财政收支制度。此外，居住费用为受薪者，特别是低薪者之重要的生活负担，必须利用完善之社会住宅制度，尽速帮忙解决，使其能安居乐业。这有赖于服务受薪者之建筑合作社的建立，以提高其资金之储蓄、筹措、管理，营建之效率。此外，并应建立社会住宅之妥适的封闭性流通市场，限制只在具备可享有一定社会福利者间流通，且其流通应采先由管理社会住宅之福利机构（暂按折旧后之残值）购回，而后再对符合资格者释出的方式，以避免社会住宅流入商品房市场。但后来释出之住宅价格超过购回价格时，应将其差额补给向其购回之原所有人。

为降低对于社会住宅之封闭性流通市场的抗拒，在继承的情形，一时宜先不限制其继承人之资格。不过，社会住宅仍应供自用，不得出租或出借于他人使用。在其原所有人不再需要时，仍应由管理社会住宅之福利机构（暂按折旧后之残值）购回，而后再对符合资格者释出。但后来释出之住宅价格超过购回价格时，应将其差额补给该福利机构向其购回之原所有人。

地价税法律体系之研讨

陈清秀*

一、概说

大地覆载万物，是万物生存发展的凭借，也是百业能够营生的基础，要能万物欣欣向荣，百业繁荣，均有赖土地作为发展基础。故易经坤卦（坤为地）《彖》曰："至哉坤元，万物资生，乃顺承天。坤厚载物，德合无疆，含弘光大，品物咸亨。"可见土地对人类的重要性。在《礼记·大学》里也表示："是故君子先慎乎德。有德此有人，有人此有土，有土此有财，有财此有用。"故一般传统观念上"有土斯有财"，人类对于土地之重视，可见一斑。

在此土地固然以顺其自然式的方式，提供人类各种生活用途，但人类在取得及使用过程中，难免因为土地资源稀少，不敷人类使用，无法各取所需，而容易产生冲撞与冲突。① 即土地原则上仅能自然存在，无法再生产，而且仅限于可以有效利用的土地。土地属于有限的稀有资源，为人类生活及经济活动所必须利用的不可或缺的、不可替代的财产，如果土地被人为炒作作为投机或投资商品，即无法形成符合实际使用价值的合理价格或供给与需求均衡的价格，因此土地特别具有公共性，应促进其合理有效利用，以符合人类生活所需。②

因此，国家固然一方面要保障人民的土地财产权，以防止他人不当侵害，另一方面也要对于土地进行管制，以确保人人可依赖土地（包括房屋）安居乐业，以免生活陷入贫无立足之地。因此，有关土地之利用，首重合同之和谐秩序，俾使人类在共同生活上可以共

---

* 东吴大学法律学系教授。

① 在佛说长阿含经卷六也记载佛说人类因大地自然生长之粮食，互相争夺储备使用，不敷食用，因此，相约"当共分地，别立幖帜"。即寻分地，别立幖帜。"犹此因缘，始有田地名生。彼时众生别封田地，各立疆畔，渐生盗心，窃他禾稼，——由有田地致此诤讼。今者宁可立一人为主以治理之，可护者护，可责者责，众共减米，以供给之，使理诤讼。"从而拥立共主治理占有土地秩序。http://tripitaka. cbeta. org/T01n0001_006，最后访问日期：2017 年 7 月 22 日。

② 福家俊朗：《资产课税の法理と土地の公共性——土地问题と租税制度をめぐる法理論的課題》，载福家俊朗：《現代租税法の原理》，1995 年，第 1 版，日本评论社，頁 197。

存共荣。[①] 土地相对于其他一般财产,具有极高的公共利益性质,属于广义的"公共财"之一环,因此,孙中山先生在其遗教中特别强调"平均地权",以实现民生主义的均富理想目标,以营造和谐社会。

二、课税正当性

(一)概说

由于土地的公共性与稀有性,为维持全体居民均有合理使用土地,以维持其生存发展的公共利益,政府有特别加以管制之必要。

对于土地,应实施平均地权,以谋民生之均足。土地应当"照价征税",有关土地之管制应以扶植"自耕农及自行使用土地人"为原则。

因此,土地应课征地价税。其地价税之课征,除应适用量能课税以符合公平负担原则外,也应落实社会政策目的,其一应扶植自耕农及自行使用土地人为原则(地尽其用,各取所需);其二应实施平均地权,以谋民生之均足(缩小贫富差距,均富原则)。

(二)地价税之法律性质

不动产税包括房屋税与地价税的课税目的,大致有下列四种:(1)财政目的:获得财政收入目的;(2)财税法制目的:完善财产税体系,实现量能课税;(3)经济政策目的:宏观调控房市,抑制房地不动产不合理上涨,引导理性住房消费;(4)社会政策目的:调节分配,以平均社会财富。[②] 至于地价税之法律性质,也可以从其目的配合观察。

1.财产应有收益税性质

地价税属于财产税之一种,对于土地之财产标的课税,税源来自纳税人之收入,税负难以转嫁,属于直接税性质,[③]即财产税对持有土地财产所产生之收益进行课税,故具有一般所谓"应有收益税"(Sollertragsteuer)之性质,从量能课税原则出发,具有正当性。地价税对持有土地之基础的收益,由于所得税法对于土地的利用收益可能给予优待处理,因此土地税可以作为一种补充的、追补的租税。[④] 因地价税之课征,并不考虑其土地所有人之生活关系,即不承认个人基本生活费扣除问题,因此,具有所谓"对物税"(Realsteuer)性质,而不是"对人税"。此外,也不考虑土地所有人之家庭关系,或持有土地所联结之负债关系,因此属于客体税(Objektsteuer),而不是主体税(Sujektsteuer),即属

---

① 在易经雷地豫卦曰:"雷出地奋,豫。先王以作乐崇德,殷荐之上帝,以配祖考。"即提示有关土地之利用方式,应犹如春雷动地,雷动震奋,大地鼓舞,万物繁茂,有春临大地之象,使万物欣欣向荣。而"乐者为同,礼者为异,豫道重在于合同,因此其吉道为感情的交流,用心倾听。忌则在于不知节制,流于淫逸、耽溺、怠惰。"引自易学网豫卦(雷地豫)解说,http://www.eee-learning.com/book/neweee16,最后访问日期:2017 年 7 月 22 日。

② 刘剑文:《理财治国观——财税法的历史担当》,法律出版社 2016 年版,第 229 页以下。

③ 潘明星、王杰茹:《财产税属性下房产税改革的思考》,载陈少英主编:《财税法研究》(第 3 卷),法律出版社 2013 年版,第 197 页以下。

④ Klaus Tipke, Steuerrechtsordnung, Band II, 1993, S. 811.

于外型标准课税(rohe Merkmalbesteuerung)模式。①

对于土地财产的课税,有认为财产是一个人的经济上给付能力的表现,包括对于财产的应有孳息收益以及其尚未实现的财产增值利益,进行课税,具有正当性。即"基础的"财产所得,比较劳力所得,更具有负担税负能力,此即学说上称为基础说。(Fundustheorie)。② 同时由于持有不动产之财产本身,表彰纳税义务人之财富经济上负担能力,至少具有应有收益能力,故基于量能课税原则,应对于不动产之财产课征财产税。③

财产税既然属于应有收益税,其与所得税之关系,也相当密切。尤其如果拥有财富的人并没有缴纳所得税,则财产税也适当的具有补充所得税的性质。

德国联邦宪法法院 1995 年 6 月 22 日判决认为财产税是把握财产之应有收益能力。经由所得税及财产税,对于财产课税之宪法上界限,应限于财产的收益能力。④ 基本上可谓采取此说。

在不可归责于纳税人事由,导致其"应有收益能力减少或丧失"时,则也应有减免税捐机制。就此台湾地区"最高行政法院"2011 年判字第 949 号判决在房屋不动产课税案件中即指出:"新、旧财税理论对课征不动产财产税之理由虽有不同,但都同意财产税之课征必须该财产客观上具备'使用可能性',才能成为适格之财产税税捐客体。因为如果一笔财产对所有人或持有人而言,客观上没有加以使用之客观可能性时,不仅该财产对其没有任何经济上之意义或效用,也难以想象该财产会有因使用而生之负外部性存在,又如何能令之负担税捐。"⑤

2. 受益负担税性质

有关土地之地价税也有从"受益负担原则"(量益原则)(Äquivalenz-prinzip)加以正当化,认为地方之基础服务与建设经费,可以通过地价税之征收加以填补。尤其因为持有土地不动产加以使用所产生之外部成本,可以通过地价税加以弥补。此一思想观念也符合地价税有可能转嫁给承租人(土地利用人)负担,就其经济上负担主体而言,具有"居民税"(Einwohnersteuer)之特征。⑥

---

① Seer, in: Tipke/Lang, Steuerrecht, 22. Aufl., 2015, § 16 Rz. 1.

② Tipke/Lang, Steuerrecht, 20. Aufl., 2010, § 4 Rz. 100.

③ 陈清秀:《税法总论》,2012 年第 7 版,第 36 页以下。

④ BVerfG-Beschluß vom 22. 6. 1995(2 BvL 37/91)BStBl. 1995 II S. 655.

⑤ 至于所谓"客观上可供使用",本判决指出"首要之考虑不外'期待可能性',即可合理期待,特定房屋税捐客体之归属主体得按照建物管理法规范之要求,合法使用该建物。符合此一要件,即使受客体归属之税捐主体实际上不为使用,仍应认该税捐客体之房屋税生效时点已届至,而应该生效时点所属税捐周期开始课征房屋税(台湾地区"最高行政法院"2011 年判字第 832 号及第 833 号判决意旨参照)"。又"可供使用"之判断,要考虑建管相关规定上之管制规划,以及税捐主体是否有按照该规范为使用之期待可能。

⑥ Seer, in: Tipke/Lang, Steuerrecht, 22. Aufl., 2015, § 16 Rz. 2.

盖地价税是对于不动产课税，而不动产之价值高低，与当地行政机关提供之公共设施及服务质量，具有相当的因果关系，也与当地社会繁荣与否密切关联，并非单纯依赖所有人之投入改良成本费用而获得价值利益，故基于受益负担原则（或量益原则），地方因财产之使用收益所产生之基础建设服务费用支出，应以财产税加以补偿。即对于不动产，可以利用课税方式，将其持有不动产之外部成本内部化，衡平私人经济活动所引起的外部成本，由从事该活动者负担，以矫正市场机能因外部性而失效之情事。①

德国联邦财务法院2006年7月19日判决认为，基于受益负担之量益原则，不动产税的课征，与基于不动产所产生外部之乡镇负担相连接，故具有宪法上课税之正当性，此一受益负担原则并不考虑纳税义务人之个人的经济上给付能力，也不考虑是否为自用住宅，均应课税。②

3.社会、经济政策目的税性质

基于社会国家原则，避免财富悬殊，透过财产税之课征，可以降低财富集中，发挥社会财富重分配效果，③从而符合社会国家原则之要求。尤其土地不动产属于国家稀有资源，不应作为人民投资理财工具，也不应集中于少数人所有，故课征房地产税可以使持有不动者增加其持有成本，房地产持有税使低度利用或闲置不用之不动产，不至于几乎零成本持有，因此可以促进不动产的流动，刺激供给，从而可以抑制不动产之投机与假性需求，④剥夺其持有不动产之预期增值利益，以谋求不动产之价格稳定，避免炒作，其他国家和地区立法例有基于不动产之平均地权的政策目的，对于持有不动产土地加重课税，以剥夺其持有期间之涨价利益，避免投机炒作（如日本立法例）。⑤ 此即所谓“土地有利性缩减论”。⑥

就不动产税而言，也有从经济政策的观点，即从土地政策的角度（提高土地市场的流通性），加以正当化。因为地价税增加土地所有人的持有土地的负担，并吸收土地的自然增值利益，可以让土地的投机者（对于土地没有利用需求的人）无利可图，而减低持有土地的意愿，从而抑制土地的投机，促进土地的有效利用。

因此，地价税作为一种应有收益税，可以促进土地从事产生收益的利用活动，尤其促进地主按照建筑计划使用，同时也可以促进提高土地的交易市场的流动性。⑦

日本在1991年导入地价税法，对于法人及个人之土地等课征地价税，作为国税一

① 黄茂荣：《税法总论——税捐法律关系》（第3册），2008年第2版，第321页及第484页以下。

② BFH-Urteil vom 19.7.2006（ⅡR 81/05）BStBl. 2006 Ⅱ S.767.

③ Harvey S. Rosen：《财政学》，李秉正译，2005年再版，第447页。

④ 李晨：《重审保有税收的调控作用——以房产税的试点为视角》，载陈少英主编：《财税法研究》（第3卷），法律出版社2013年版，第224页。

⑤ 金子宏：《租税法》，2015年第20版，第644页以下。

⑥ 山本守之：《租税法の基础理论》，增补版，2005年，页170。

⑦ Klaus Tipke，Steuerrechtsordnung，Band Ⅱ，1993，S.811.

环。其导入此一制度之时代背景乃是因应1985～1990年土地飙涨,有无持有土地资产及其程度,人民财富资产贫富悬殊显著扩大,导致社会上不公平感增大,在大都市生活圈要取得住宅显有困难,而要取得公共事业所需土地也呈现困难,妨害社会基础的整备,导致产生种种社会经济问题,因此,于1989年制定《土地基本法》,提出"关于土地,公共福祉优先之理念",并规定综合的土地政策。① 其中对于国家及地方自治团体,要求确保租税负担公平,对于土地应采取适当的租税措施(日本《土地基本法》第15条)。据此政府的税制调查会检讨具体的税制上措施结果,建议应确保对于土地之持有的负担公平,缩减持有土地作为资产的有利性,应按照土地之资产价值负担租税,而导入地价税作为国税(1990年10月有关土地税制之理想方式的基本咨询意见)。因此,作为土地税制改革之一环,而在国家层面创设地价税作为土地持有税。因此,日本地价税,除了本来的财政收入目的之外,也具有强化实现特定政策目的之税制。②

依据日本学者金子宏教授之分析,当时日本地价税之立法目的有二:③一是对于持有一定金额以上之土地者,对于土地之持有增加新的租税负担,以矫正资产之落差,并防止财富悬殊之扩大,以符合公平负担之理念。二是抑制地价,以谋求地价之稳定与安定。土地价格飙涨之最大原因,是因为土地之投机炒作,人民投资不需要土地。由于土地属于稀有资源之财产,一般认为持有土地必然持续上涨,且是最安全可靠之投资。因此,为抑制土地之投机,谋求地价稳定,必须打破上述土地"神话"。而有必要缩减持有土地之有利性,因此对于土地,以其实价为基准每年进行课税,以提高土地持有成本,可以减少不必要之土地投资,土地持有人或者必须将土地转让,或者提高土地有效利用,以回收持有成本。

日本原本即有固定资产税,并将房地不动产纳入课税。因此,与地价税之税源有发生竞合的情况,但有学者认为固定资产税比较偏重在地方政府提供行政服务之受益层面,而具有受益负担(量益课税)的特征,因此,其性质上与地价税不同。④ 且土地价格之估价标准不同,地价税以土地资产价值估价,而固定资产税则以土地使用收益之收益价值估价。地价税对于居住用地以及小规模事业用地均不纳入课税,而固定资产税课税范围则较大。在固定资产税后,就土地的资产价值仍能表彰租税负担能力,对之课征地价税仍有正当性。⑤

在中国台湾地区,由于土地税也兼作为平均地权的政策工具,因此采取累进税率,以平

---

① 金子宏:《租税法》,22版,2017年,弘文堂,页690。

② 北野弘久:《现代税法讲义》,第5订版,2009年,法律文化社,页205。

③ 金子宏:《租税法》,22版,2017年,弘文堂,页691。日本由于泡沫经济崩坏,地价持续显著下跌,因此在1998年以后就重新检讨土地税制,并停止地价税之课税。

④ 筱原正博:《不动产税制の国际比较分析》,清文社,1999年版,页158。

⑤ 此为日本政府税制调查会之咨询意见,参见北野弘久:《现代税法讲义》,第5订版,2009年,法律文化社,页210。

均社会财富,因此,也具有社会政策目的税性质,并非单纯作为财政收入目的之租税而已。

台湾地区司法主管机构"大法官"释字第625号解释理由书指出:"私有土地应照价纳税",本此意旨——地价税系采累进税率课征,土地所有权人之地价总额超过土地所在地之"直辖市"或县(市)累进起点地价者,即累进课征,超过累进起点地价倍数越高者,税率越高,故土地所有权人在同一"直辖市"或县(市)之所有土地,面积越多及地价总额越高者,其地价税之负担将越重,借此以促使土地所有权人充分利用其土地或将不需要之土地移转释出。也从民生主义之社会福利原则,对于地价税之课征采取累进税率,以促进土地利用,抑制土地投机,兼具有社会政策目的性质。

4. 地价税为地方税

由于不动产具有不可移动性与藏匿性,并不直接参与流转,在有关不动产信息掌握上,地方具有地缘的便利性,而土地之价值,经常与地区之经济、社会及文化发展有密切关系,此经常来自于地方提供设施等公共服务之贡献,且基于受益负担的公平原则,土地税收适合于划归地方自治团体之财政收入,作为地方税体系之一环,以确保地方的财政能力,建构完善的地方公共服务基础。[①]

中国台湾地区对于房地产课征之房屋税与地价税税收,依据台湾地区"财政收支划分法"规定,划分归属于地方税税目,属于"直辖市"、县市及乡镇地方当局之重要税收(台湾地区"财政收支划分法"第12条第1项及第2项[②]),作为地方当局重要财政收入来源,2016年台湾地区合计征收地价税新台币938亿余元(93,888,422,000元)[③],约占当年整体地方税税目之税收总额之33.5%。[④]

地价税虽然划归地方税,但为维持法律秩序统一以及经济秩序之统一,同时维持全体居民生活条件负担之均衡,仍由当局制定"土地税法"以及"平均地权条例"加以规范,而非由各地方自治团体各自本于地方自治。仅在有限度之范围内,赋予地方自治空间。即"地方税法通则"第4条规定:"直辖市"当局、县(市)为办理自治事项,充裕财源,除印花税、土地增值税外,得就其地方税原规定税率(额)上限,于30%范围内,予以调高,订定征收率(额)。但原规定税率为累进税率者,各级税率应同时调高,级距数目不得变更。

① 郭维真:《国家治理及其改良:以税收授权立法为视角》,载陈少英主编:《财税法研究》(第3卷),法律出版社2013年版,第289页。

② 台湾地区"财政收支划分法"第12条第2项规定,县之地价税收入,除自己分配50%外,其余应以在乡(镇、市)征起之收入30%给该乡(镇、市),20%由县统筹分配所属乡(镇、市)。

③ 台湾地区财政部主管部门统计资料,http://web02.mof.gov.tw/njswww/WebProxy.aspx? sys=220&ym=10501&ymt=10512&kind=21&type=1&funid=i0421&cycle=41&outmode=0&compmode=00&outkind=11&fld27=1&rdm=kk4nmhoe,最后访问日期:2017年7月22日。

④ 2016年地方税税收如下:土地税(包括地价税及土地增值税)新台币(以下亦同)177,273,904,000元,房屋税72,962,850,000元,印花税10,644,443,000元,娱乐税1,524,589,000元,使用牌照税63,016,185,000元,契税11,375,814,000元,合计约2,801亿元。

前项税率(额)调整实施后,除因原规定税率(额)上限调整而随之调整外,2 年内不得调高。在法定税率上限 30% 的调高额度范围内,给予地方自治。又关于地价税税基之土地估价,由于法规规定之估价标准不明确,因此给予地方当局许多行政裁量决定的自治空间。

5. 本文见解

由于不动产课税正当化之理由见解不一,因此,德国北部各邦倾向采取应有收益理论,将不动产税理解为应有收益税(Sollertragsteuer),进行不动产课税。其次基于地方财政收入之需要考虑,兼采受益负担理论也有其可取之处。德国南部各邦倾向舍弃应有收益理论,改采取受益负担理论进行不动产课税。①

上述收益能力说,立基于量能课税原则,而受益负担说引进对价理论,固有其立论依据,但租税之本质为无对待给付之无偿给付关系,有关受益负担如何运用,是以市价或收益能力作为评估对价之基准,不无疑义,且容易导入类似"人头税"之观点,以不动产土地之大小以及土地上建筑物之楼地板面积之物理上表面形式标准,作为对等关系之评价标准,②而导致贫富不分,均负担相同税负,有违量能课税原则。

故本文认为对于持有不动产之课税,就其持有不动产期间之应有收益进行课税,采取收益能力说,以反映量能课税原则,应较为可采。其次如要抑制不动产之投机炒作,则适度导入财富重分配理论,对于持有多处不动产者加重课税,以平均社会财富,亦可加以考虑。但是在房地产炒作而市价暴增,但实际收益能力并未能随之提高时,则按照泡沫化之市价课税,除非出售实现其市价收益,否则纳税人势必负担不起。因此,比较符合事物之本质的课税根本之道,仍应以应有收益能力价格课税,较为妥当。③ 而在不可归责于纳税人事由,导致其应有收益能力减少或丧失时,则仍应有减免税捐机制。

(三)土地不动产课税之价值理念

1. 量能课税原则与公平负担:估价标准应符合平等原则

地价税作为财产税之一种,在课税时应先遵守有关租税负担原则上应符合量能课税原则,④其中土地财产之估价,也应遵守平等原则。

德国联邦宪法法院在财产税判决中判决认为基于宪法上平等原则,各项财产之估

① Seer, in: Tipke/Lang, Steuerrecht, 22. Aufl., 2015, § 16 Rz. 38.

② Seer, in: Tipke/Lang, Steuerrecht, 22. Aufl., 2015, § 16 Rz. 38.

③ 金子宏:《固定资产税制度の改革》,载金子宏:《租税法理论の形成と解明》,下卷,2010 年初版,页 509 以下。

④ 释字第 745 号解释理由书:为计算个人综合所得净额,制定者斟酌各类所得来源及性质之不同,分别定有成本及必要费用之减除、免税额、扣除额等不同规定(台湾地区"所得税法"第 4 条、第 14 条及第 17 条等规定参照)。此等分类及差别待遇,涉及财政收入之整体规划及预估,固较适合由代表民意之制定机关及拥有财政专业能力之相关行政机关决定。唯其决定仍应有正当目的,且其分类与目的之达成间应具有合理关联,始符合量能课税要求之客观净值原则,从而不违反平等权保障之意旨。认为课税规定应符合量能课税之原则,始不违反平等权保障之意旨。

价,均应采取符合实际的价值(realitatsgerechten Wertrelation)方式进行估价。[①] 此判决所示法理,不仅适用于财产税、遗产及赠与税上,也应适用于土地税之估价上。因此,如果台湾地区"土地税法"所规定统一估价方式,不符合上述平等估价要求时,将导致违反平等的价值矛盾。[②]

2. 生存权保障

土地不动产之课税,通常不考虑纳税人主观的生活情况以及负债情况,纯粹按照土地之财产外观作为课税基础,进行课税。然而土地不动产之税,也涉及居民基本生存权之保障,即纳税义务人所赖以维持其自己以及家庭基本生存的土地财产(自用住宅土地),相对欠缺经济上负担能力。地价税作为应有收益税,对土地所有人之应有收益能力课税,对于土地所有人维持基本生活所需、而在一般居民通常及平均使用范围内之自用住宅土地,应友善不予以课税或从轻课税,以保障土地所有权、土地所有人之基本生存权及其婚姻家庭之幸福生活。[③] 台湾地区"纳税者权利保护法"第4条第1项规定:"纳税者为维持自己及受扶养亲属享有符合人性尊严之基本生活所需之费用,不得加以课税。"在此基于地方财政收入之急迫需要,在未有其他替代财源之前,对于自用住宅土地之地价税,仍然无法完全给予免税。[④]

3. 基于财产权保障要求,租税负担总量管制:导入半数理论

由于地价税是就其潜在的应有收益课税,故应从土地的收益中缴纳,因此,土地的收益,除负担所得税之外,尚应负担地价税,而有双重负担的情形。为避免所得税和财产税对于财产收益重复课税,在个人,有关不动产租赁所得之计算,也可扣除税捐负担之必要费用。

由于财产税是对于财产的应有收益课税,而当财产有实际收益时,仍应课征所得税,因此,财产的整体税捐负担,应有其最高总额限制(总量管制)。德国联邦宪法法院1995年6月22日提出"半数原则"(Halbteilungs-grundsatz)作为其界限。即财产税加上收益税(所得税等)的应有收益之总体税捐负担,就财产收入减除相关成本费用后之剩余收益金额,依据类型化观察法,其因课税而保留于私人及公部门之手中应接近于半数,即至少仍应有接近半数收益归于纳税人私有。盖宪法保障人民的私有财产权,财产权虽然负有社会义务,其财产权的使用,应同时为私人的利用及有利于公共福祉,但不能反客为主,负担租税之社会义务,不应超过应有及实有收益之半数。[⑤] 因此,对于税率设定最高限

---

① BVerfGE 93,121(136).

② Seer,in:Tipke/Lang,Steuerrecht,22. Aufl. ,2015, § 16 Rz. 4,23.

③ Seer,in:Tipke/Lang,Steuerrecht,22. Aufl. ,2015, § 3Rz. 192, § 16 Rz. 4.

④ 有关自用住宅土地之地价税课税违宪疑义,德国联邦宪法法院以往曾经不予受理裁判(BVerfG NJW 2009,1868)。

⑤ BVerfGE 93,138;BVerfG-Beschluß vom 22. 6. 1995(2 BvL 37/91)BStBl. 1995 Ⅱ S. 655. 有关半数理论,参见葛克昌:《所得税与宪法》,2009年第3版,第281页以下。

制,也可避免地方侵蚀所得税之国税税源。

4. 基于民生主义之社会国原则,应实施平均地权

基于平均地权之基本政策与民生主义原则,为促进土地有效利用,适当分配土地利益,抑制土地投机炒作垄断,地价税之课征,应以平均地权为政策目标。如采取累进税率,即属之。

同时对于空地得加征空地税(台湾地区"平均地权条例"第26条第1项)以及第二住宅以上加重课税,以促进土地之有效利用。

有关土地税制之政策目标,依据日本税制调查会于1968年及1973年提出《土地税制之应有方式之咨询意见书》(土地税制のあり方についての答申)之分析,应可归纳如下:①

(1)促进土地供给及有效利用

其手段包括通过租税增加管理费用,同时促进期待之利用,宜考虑税制以外之其他各种诱导措施。并强化持有课税,课征空地税,导入取得者课税方式,对于未利用地进行课税,及创设促进高度利用特别税。对于大都市近郊地区之未利用地、投机保有地,创设特别的土地保有税。

(2)抑制假性需要,以及抑制投机性土地交易(附带抑制地价)

对于短期转让交易所得之课税之强化,将转卖利益还原社会,尤其对于法人之土地交易所得课以重税,以抑制法人之土地投机。

(3)开发利益之吸收

创设开发利益特别税,或扩充受益者负担金制度。

以上三项政策之执行,可运用持有课税、转让课税以及取得课税3种租税类型。

5. 基于扶植自耕农之基本政策,对于农地给予租税优惠

对于农地之课税,应以扶植自耕农作为政策目标。

三、课税规范依据

(一)概说

台湾地区土地课征地价税,其依据主要有二:一为"土地税法";二为"平均地权条例"。前者主管机关为财政主管部门,后者主管机关为内政主管部门。由于土地税涉及平均地权之社会政策目的,而平均地权属于内政主管部门主管政策业务范围,故"平均地权条例"之政策规划,划归内政主管部门主管。又土地税也涉及当局财政收入,而财政收入属于财政主管部门之主管政策业务范围,故"土地税法"划归财政主管部门主管。上述两个规定同一地价税课征事项,导致叠床架屋,产生规范竞合问题,徒增适用上之纷扰。未来应朝向单一规定统一规律为宜。

---

① 转引自福家俊朗:《资产课税の生理と病理——现代土地税制の普遍性と特殊性》,载氏着:《现代租税法の原理——转换期におけるその历史的位相》,日本评论社,页263以下。

(二)有关规定竞合问题

1. 我国台湾地区"土地税法"与"平均地权条例"

在上述两个规定有冲突之情形,应优先适用哪一个,不无争议。解释上依据"特别法优先适用原则"(台湾地区"中央法规标准法"第16条),原则上似应以特殊政策目的规范之"平均地权条例"优先适用(台湾地区"平均地权条例"第1条)。但例外情形,如果"土地税法"嗣后修正,对于纳税人有利,而"平均地权条例"则因为制定者疏忽未予以同时修正时,则考虑贯彻最新制定者旨意,也可考虑依据"新法优于旧法原则"处理,优先适用最新修正之"土地税法"规定。

2. 台湾地区"土地税法"与"土地法"

从"土地税法"就土地税课征事宜而言,为"土地法"之特别法,有关地价税欠缴或滞纳之处理事宜,"土地税法"既已有规定,应依"土地税法"之规定办理。另依"税捐稽征法"第1条规定:税捐之稽征,依本规定;本规定未规定者,依其他有关规定,故有关土地税之稽征、保全及强制执行等事宜,"土地税法"及"税捐稽征法"既订有相关规定,即应依其规定办理。[①] 故"土地法"第201条规定:积欠土地税达2年以上应缴税额时,"直辖市"或县(市)财政机关得通知"直辖市"或县(市)地政机关,将欠税土地及其改良物之全部或一部交司法机关拍卖,以所得价款优先抵偿欠税,其次依有关规定分配于他项权利人及原欠税人。既属于普通法性质,尚无适用余地。

3. 台湾地区"土地税法"与"促进民间参与公共建设法"之租税优惠规定

"促进民间参与公共建设法"相对于"土地税法",为特别法(台湾地区"促进民间参与公共建设法"第2条),该规定第39条第1项规定参与重大公共建设之民间机构在兴建或营运期间,供其直接使用之不动产应课征之地价税,得予适当减免。准此,原依"土地税法"所应课征地价税者,如符合上开"促进民间参与公共建设法"相关规定者,依据特别法优于普通法之法理,应可给予适当之减免。

对于不动产即符合"土地税减免规则"第7条规定[②]之免税要件,如民间机构依"促进民间参与公共建设法"第8条规定之方式介入使用(兴建、营运),并未影响其符合原免税条件者,则因此时并无应改予课税之特别规定,仍应有上述"土地税减免规则"免税规定之适用;唯如因民间机构之介入使用,致受影响而不符合"土地税减免规则"所规定之免税要件,即应无上述税法免税规定之适用。[③]

---

① 台湾地区内政主管部门2002年10月1日台内地字第0910012601号函。

② 第7条规定:下列公有土地地价税或田赋全免:(1)供公共使用之土地。……(5)公立之医院、诊所、学术研究机构、社教机构、救济设施……。

③ 台湾地区财政主管部门2006年1月17日台财税字第09504500720号函。

四、课税要件

(一)课税主体:纳税义务人

1. 通常情形

地价税之纳税义务人乃是利用土地使用收益以获得所得所归属之人。土地所有权人不仅所有土地,且实质上享有使用收益及处分权利,故原则上为纳税义务人。① 但设有典权土地,为典权人;承领土地,为承领人;承垦土地,为耕作权人。

地价税每年一次征收者,以8月31日为纳税义务基准日;每年分两期征收者,上期以2月28日(闰年为2月29日),下期以8月31日为纳税义务基准日。各年(期)地价税以纳税义务基准日土地登记簿所载之所有权人或典权人为纳税义务人(台湾地区"土地税法施行细则"第20条)。

原为依有关规定免征地价税之土地,于移转所有权后变为应税土地时,应自办妥移转登记日之次期起,恢复课征地价税。原为应税土地于移转所有权后仍为应税土地,其纳税义务人应依"土地税法施行细则"第20条规定之纳税义务基准日,土地登记簿所载之所有权人为准。②

土地所有权属于公有或公同共有者,以管理机关或管理人为纳税义务人;其为分别共有者,地价税以共有人各按其应有部分为纳税义务人;田赋以共有人所推举之代表人为纳税义务人,未推举代表人者,以共有人各按其应有部分为纳税义务人(台湾地区"土地税法"第3条)。

在公同共有土地未设管理人之情形,依"税捐稽征法"第12条规定,应以全体公同共有人为纳税义务人。故依规定各公同共有人对全部应纳地价税捐仍负连带责任。但部分共有人于地价税缴款书送达后申请分单缴纳,如其公同共有关系所由规定或契约定有公同共有人可分之权利义务范围,经稽征机关查明属实者,实务上准就该申请人(潜在)应有权利部分分单缴纳,③但仍不免除其连带责任。④

2. 指定代缴义务人

土地有下列情形之一者,主管稽征机关指定土地使用人负责代缴其使用部分之地价税(第4条):(1)纳税义务人行踪不明者。(2)权属不明者。(3)无人管理者。(4)土地所有权人申请由占有人代缴者。如土地无偿借予私立学校使用,该校对该借用土地即有事实上管领力,应认属上述所称占有人。⑤

---

① 福家俊朗:《资产课税の法理と土地の公共性——土地问题と租税制度をめぐる法理論的課題》,载福家俊朗:《現代租税法の原理》,1995年,第1版,日本评论社,頁249。

② 台湾地区财政主管部门1982年2月4日台财税第30726号函。

③ 分单缴纳地价税额之计算公式(台湾地区"土地税法施行细则"第19条附件),"核准分单缴纳当年(期)税额 = 分单土地之当年(期)课税地价 ÷ 当年(期)课税地价总额 × 当年(期)应缴地价税税额"。

④ 台湾地区财政主管部门2013年7月19日台财税字第10200589390号令。

⑤ 台湾地区财政主管部门1993年9月9日台财税第821496039号函。

由于地价税采取累进税率课税，因此，如果土地所有权人在同一“直辖市”、县（市）内有两笔以上土地，为不同之使用人所使用时，如土地所有权人之地价税按累进税率计算，各土地使用人应就所使用土地之地价比例负代缴地价税之义务。

上述指定代缴属于行政处分，受指定代缴义务者如有不服，得提起诉愿及行政诉讼请求撤销代缴处分。至于经稽征机关指定负责代缴地价税之占有人逾滞纳期限仍未缴纳时，可依规定加征滞纳金，于滞纳期限届满后，先就代缴人之财产予以移送强制执行。① 倘若代缴人之财产不足抵缴滞欠之地价税时，则原土地所有人之纳税义务仍不消灭，故其税单应改送达通知土地所有权人，②如所有人逾期不缴纳，并已经过滞纳期间，③再以该税单为执行名义，对于所有人财产强制执行。④ 在此要对于占用土地强制执行，必须先取得以土地所有人为纳税义务人之执行名义，故应先对于土地所有人作成课税处分，此为强制执行之合法要件。

主管稽征机关是否指定土地使用人负责代缴税捐，有关规定“得指定”（第4条），故解释上稽征机关应有行政裁量之权限，土地所有人对于稽征机关并无公法上请求权，而仅享有“无瑕疵裁量请求权”。土地所有权人申请由占有人代缴而占有人有异议时，稽征机关固得协助土地所有权人查明更正办理，但如双方当事人仍有争议，在有关资料未能确定前，仍应向土地所有权人发单课征。⑤ 土地所有权人对于稽征机关否准指定代缴义务人之驳回处分，如有不服，应可提起课予义务之诉愿以及课予义务之行政诉讼，请求稽征机关作成指定代缴之行政处分。

代缴义务人与土地所有人之法律关系，原则上应依据私法上规定处理，如在租赁关系，承租人代缴之地价税，除契约另有约定地价税转嫁由承租人负担之特约外，得抵付使用期间应付之地租，或向纳税义务人求偿（台湾地区“土地税法”第4条第3项）。

（二）课税客体

1.课税范围

地价税作为地方税，应以坐落于该地方自治团体课税权辖区范围内之土地作为课税对象。如果对于企业或农业所持有之不动产土地也进行课税，则此种地价税，有学者认

---

① 台湾地区财政主管部门1982年10月7日台财税第37377号函。

② 台湾地区财政主管部门2011年4月29日台财税字第10000047411号函。

③ 原代缴义务人之滞纳期间，乃是督促其纳税之间接强制手段之期间，并非督促原土地所有人为纳税之手段，故似应不得以该滞纳期间替代土地所有人欠税之滞纳期间。台湾地区财政主管部门2002年12月9日台财税字第0910457437号函，亦谓土地经稽征机关依台湾地区“土地税法”第4条规定指定土地使用人代缴地价税者，使用人未依限缴纳致应加征滞纳金者，嗣后土地所有权人如系本于纳税义务人身份，申请缴纳地价税者，因其既无滞纳之行为，应无须缴纳使用人欠缴之滞纳金。

④ 台湾地区财政主管部门2011年4月29日台财税字第10000047411号函。

⑤ 台湾地区财政主管部门1998年11月3日台财税第871972311号函。

为也算是一种“企业税”(Unternehmensteuer)。[①]

已规定地价之土地,除依“土地税法”第22条规定课征田赋者外,应课征地价税(“土地税法”第14条)。

2.课税对象除外:农业用地

在土地依有关规定作农业使用之情形,该土地依有关规定应课征田赋。即非都市土地依有关规定编定之农业用地或未规定地价者,征收田赋,不课征地价税(第22条前段)。

所称农业用地,指非都市土地或都市土地农业区、保护区范围内土地,依有关规定供农作、森林、养殖、畜牧及保育使用者,供与农业经营不可分离之农舍、畜禽舍、仓储设备、晒场、集货场、农路、灌溉、排水及其他农用之土地,以及农民团体与合作农场所有直接供农业使用之仓库、冷冻(藏)库、农机中心、蚕种制造(繁殖)场、集货场、检验场等用地(第10条)。另包括水稻育苗用地、储水池、农用温室、农产品批发市场等用地,仍征收田赋(第22条第2项)。

按都市计划编为农业区及保护区,限作农业用地使用者,虽然闲置未作农业使用,如经查明并未违反有关规定改作农业用地使用以外之其他用途,仍属于田赋课征范围,不课征地价税。[②] 又都市土地事实上仍作农业使用者,在规定要件下,亦征收田赋,不课征地价税(第22条第1项后段)。如公共设施尚未完竣前,或依有关规定不能或限制建筑,仍作农业用地使用者(但以自耕农地及依“耕地三七五减租条例”出租之耕地为限);或依都市计划编为公共设施保留地,仍作农业用地使用者,均属之。

依台湾地区“土地税法”规定,田赋之负担,一般较地价税为轻。都市土地已规定地价者,原应改课征地价税,唯依有关规定不能建筑之都市土地,仍作农业用地使用者,收益有限,为减轻农民负担,仍课征田赋,不课征地价税(台湾地区“土地税法”第22条第1项第4款及“平均地权条例”第22条第1项第4款)。

其中所谓及依有关规定不能建筑或限制建筑土地之认定,尚非稽征机关之权责,应洽有关权责机关办理。[③] 上述规定依有关规定不能建筑之情形,如畸零地在与邻接土地合并使用前,依“建筑法”第44条规定不得单独建筑,如仍作农业用地使用,则在与邻接土地合并使用前,既不得建筑以获取较高之土地收益,依上开规定之制定意旨,自应课征田赋,而非地价税(释字第674号解释)。

田赋征收实物,原则上就各地方生产稻谷或小麦征收之,例外折征代金(第23条)。有关实物征收的稽征成本高,也不易保存。但农民可以其生产收货物纳税,可以减轻其经济负担,避免于纳税时必须大量抛售农产品以换取现金纳税,导致供需失调而谷价下

---

① Seer, in: Tipke/Lang, Steuerrecht, 22. Aufl., 2015, § 3Rz. 192, § 16 Rz. 5.

② 台湾地区财政主管部门2001年2月12日台财税第0900450899号函。

③ 台湾地区财政主管部门1994年10月28日台财税第831617497号函。

跌(谷贱伤农)。

而为调剂农业生产状况或因应农业发展需要,台湾地区行政主管部门决定停征全部或部分田赋(第27-1条)。因考虑农业所得不多,收益有限,本于量能课税原则,原本应减轻其租税负担,加上考虑当前社会经济结构之改变,田赋在整个税制中之地位日渐式微,加以稽征程序烦琐,稽征成本偏高,及征纳双方均感不便,同时为减轻农民负担,田赋已自1987年第2期起停征。[①]

如果原属符合台湾地区"土地税法"第22条规定课征田赋之土地,部分变更为非农业用地使用,依有关规定应改课地价税者,应按其实际使用面积,分别课征田赋及地价税。[②] 例如,分别共有课征田赋之土地,部分变更为非农业使用,依有关规定改课地价税时,应按其实际变更使用面积,分别按各共有人持分比率课征田赋及地价税。唯若全体共有人经协议分管使用时,得按各共有人实际使用情形课征田赋或地价税。[③] 如共有农业用地,部分变更为非农业使用,共有人无法提示分管协议者,倘若该变更使用之共有人签章切结该变更使用部分之土地确为其分管,并附具分管区域之地籍图,且标明其分管之位置,如其变更使用面积小于或等于切结人应有持分面积,得就切结人变更使用面积改课地价税;如其变更使用面积大于切结人应有持分面积,超出部分再按其他共有人持分比率改课地价税。[④] 又如土地部分位于都市计划公共设施完竣区,部分位于公共设施尚未完竣区内作农业使用,应按公共设施完竣之比例,分别课征地价税与田赋(田赋停征)。[⑤]

(三)课税客体之归属

土地为信托财产者,于信托关系存续中,以受托人为地价税或田赋之纳税义务人。此一规定意旨乃考虑信托关系存续中,信托土地名义上已为受托人所有,且受托人对信托土地负有管理义务,而地价税、田赋乃信托土地于管理期间之必要支出,爰明定以受托人为该信托土地地价税或田赋之纳税义务人。由于此种税捐客体之归属方式,并非基于信托土地之经济利益归属考虑,并不符合实质课税原则以及量能课税原则,而从稽征经济效率考虑,并确保税捐债权之履行,避免委托人利用信托脱产,以至于无法确保税收,[⑥] 故以受托人为纳税义务人。

从经济利益状态观察,受托人实质上应属于代缴义务人,受托人于清偿税捐债务后,其于私法契约关系上,因为信托关系而为委托人负担债务,依台湾地区"信托法"第39条第1项的规定:"受托人就信托财产或处理信托事务所支出之税捐、费用或负担之债务,

---

① 参见1989年10月12日台湾地区"土地税法"修正草案之说明,立法机构公报78卷91期,页5。

② 台湾地区财政主管部门1991年11月28日台财税第800421421号函。

③ 台湾地区财政主管部门1992年8月18日台财税第811675581号函。

④ 台湾地区财政主管部门2002年9月10日台财税字第0910455296号令。

⑤ 台湾地区财政主管部门1991年11月28日台财税第800706491号函。

⑥ 台湾地区"信托法"第12条第1项规定:"对信托财产不得强制执行。"

得以信托财产充之。”自得请求偿还。

另地价税之计征，按每一土地所有权人在每一“直辖市”或县（市）辖区内之地价总额合并归户适用累进税率课征，考虑信托土地所有权与利益分立之特性，并避免委托人借信托规避地价税之累进税率课征之租税负担，①因此信托土地原则上应与委托人在同一“直辖市”或县（市）辖区内所有之土地合并计算地价总额，依第16条规定累进税率计算课征地价税。再分别就各该信托土地地价占地价总额之比例，计算其信托土地之应纳地价税。

但信托利益之受益人为非委托人，而受益人已确定并享有全部信托利益，且委托人未保留变更受益人之权利者，则该信托土地的经济上、利益实质上已经归属于受益人所有，本于实质课税原则，该信托土地应与受益人在同一“直辖市”或县（市）辖区内所有之土地合并计算地价总额，依第16条规定累进税率计算课征地价税。再分别就各该信托土地地价占地价总额之比例，计算其信托土地之应纳地价税（台湾地区“土地税法”第3-1条）。

在信托关系存续中信托财产所生之地价税，受托人不缴纳者，依台湾地区“信托法”第12条第1项规定：对信托财产不得强制执行。但……因处理信托事务所生之权利或有其他规定者，不在此限。该但书规定所称“因处理信托事务所生之权利”包括因信托财产所生之地价税在内，故税捐稽征机关得对欠税之信托财产强制执行。②

（四）税基

1. 以每一地方自治团体辖区内之地价总额为课税基础

地价税按每一土地所有权人在每一“直辖市”或县（市）辖区内之地价总额计征之。前项所称地价总额，指每一土地所有权人依程序办理规定地价或重新规定地价，经核列归户册之地价总额（台湾地区“土地税法”第15条）。

在设定典权之情形，有关设有典权之土地其地价税之纳税义务人为典权人之规定，并不影响有关地价总额之计算。即典出之土地其所有权仍为原业主所有，自应并同原业主所有地价总额按规定累进税率计征，核计地价税后，再按该项出典土地所占地价比例，就典权土地应负税款分单向典权人课征。③

2. 土地估价原则

地价税之土地价额之估价原则，涉及财产税之课税法理，其估价原则可能有三：

（1）市场交易价值说

认为应以财产之交易价格作为课税标准，因为财产之市场交易价值即代表其财富，

① 台湾地区财政主管部门“赋税署”2002年10月25日台税三发字第0910456298号函。

② 台湾地区法务主管部门2006年1月26日法律字第0950002187号函，台湾地区财政主管部门2006年2月17日台财税字第09504509730号函。

③ 台湾地区财政主管部门1979年11月6日台财税第37736号函。

反映其经济资源价值,表彰其经济上给付能力,且随着不动产市场价值的上涨,税基也可以随之扩大,也同时可以反映不动产的时间价值。①

主张此说者认为,市场买卖交易价格数据,比较容易取得,而土地租赁事务数据则相对较为困难,就稽征程序经济观点而言,具有可行性之优点。尤其在我国台湾地区,由于土地买卖交易采取"时价登录制度",要取得土地之市场买卖交易价格数据,相对比较容易。

(2)收益还原价值说

认为财产税应把握其财产之潜在的应有收益能力课税,因此,应以财产之收益价值,即租金之收益还原价格,作为课税标准。由于市场交易价格经常远超过收益价格,如果财产尚未转让交易以实现其市场价值利益,就要对于尚未实现的利得收益课税时,纳税者势必欠缺纳税能力,而不符合量能课税原则。② 且对于纳税人据以生活或从事生产经济活动所需土地,如按照资产交换价值进行课税或对于尚未实现之利益进行课税时,势必造成生活资产或生产手段的枯竭,变成"杀鸡取卵",不利于财产之永续存在与永续经营。另外,着重于资产保有与地方当局提供行政服务间之受益关系,以土地所有人继续保有土地资产为前提,每年经常性地要求其负担租税,因此,应从持有土地每年所获得之收益中要求其支出负担。此与土地资产之移转交易所得税,要求从出售土地所取得之收益课税,尚有不同。因此,土地财产之课税,其估价标准最后仍应以收益价格为准。③ 由于土地估价困难,在稽征技术上无法逐一认定纳税人对于土地之利用形态,因此,不考虑个别案件之情况,最后仅能采取"外部形式标准"轻度课税。④

(3)折中说

如一并考虑土地价格飙涨,被作为投资炒作之财产商品,为抑制土地投机,必须剥夺土地持有之有利性,因此财产税之估价标准,不能固守收益价格标准,而应部分朝向市场交易价格之趋势,因此,日本实务上曾经为此以土地市价之70%(七成)作为公告课税地价,即其财产之估价标准,从收益价格的估价,移动朝向接近交易价格的估价之方向发展,而实际上介于市场价格与收益价格之中间。⑤

---

① 史正保:《论我国物业税的开征》,载陈少英主编:《财税法研究》(第3卷),法律出版社2013年版,第197页以下,第181页。

② 福家俊朗:《资产课税の法理と土地の公共性——土地问题と租税制度をめぐる法理論的課題》,载福家俊朗:《現代租税法の原理》,1995年,第1版,日本评论社,頁250。

③ 尾崎护:《地価税の遺したもの》,载稚井光明、小早川光郎、水野忠恒、中里実:《公法学の法と政策(上)——金子古稀》,2000年初版,有斐阁,页38。

④ 福家俊朗:《资产课税の法理と土地の公共性——土地问题と租税制度をめぐる法理論的課題》,载福家俊朗:《現代租税法の原理》,1995年,第1版,日本评论社,頁251。

⑤ 尾崎护:《地価税の遺したもの》,载稚井光明、小早川光郎、水野忠恒、中里実:《公法学の法と政策(上)——金子古稀》,2000年初版,有斐阁,页39。

3. 实践

(1)日本

日本立法例以往规定地价税应以课税时期之时价为准，采取时价主义。在此要能客观估价土地之价值，实际上并不容易。日本实务上采取与继承税相同之估价方式，依据国税厅所订定之"财产评价基本通达"进行估价。[①]

就日本固定资产税之课税而言，其财产之课税标准，原则上以"适正的时价"为准（日本《地方税法》第341条第5款）。[②] 所谓"适正的时价"，如何解释，不无疑义，有倾向于认为是在正常条件下，在独立当事人间所自由成立之交易价格，而着重在财产的交换价值。依此见解，时价乃是指公平交易价格。然而由于财产税是对于持有财产课税，并非对于财产之交换出售课税，因此以交易市价计算，并不符合财产实际使用情况，而毋宁应依财产在正常情况下，通常可使用收益的利用价值为准，即以收益价格作为课税基础之时价基准（排除将来出售之期待价格），较为合理。[③]

在不动产土地之估价，日本实务上从1994年（平成6年）起，即以买卖交易价格之70%作为公定地价，再以公定地价之70%作为固定资产税之课税标准。其理由是，考虑市价浮动，同时为反映不动产土地之收益价格，一般以公定地价之70%为原则，即大约是时价（市价）之约半数（1×70%×70%＝49%）作为课税估价基准。[④] 其理论依据是地价之公定地价，乃是以"土地最有效利用之原则"作为前提，进行估价；而在固定资产税，其财产以居住或营业使用为目的，因此，应以通常使用或通常可能使用之收益价格，作为课税价值，较合理。因此，收益价格按照公定地价之70%比例计算，[⑤]故日本固定资产税之实际运作，可谓原则上以收益价值作为课税基准。

又虽然按照公定价格之70%计算，仍然使估价额过高，租税负担急遽升高，因此采取负担调整措施，尤其为减轻住宅用地之租税负担，对于住宅用地之课税标准，再按照评价额之1/3计算，又对于200平方公尺以下之小规模住宅用地之课税标准，按照评价额之1/6计算（日本《地方税法》第349条之3之2第1项及第2项）。[⑥]

(2)台湾地区：估价标准法制化不足

台湾地区"土地税法"第15条第2项仅规定，按照规定地价计算地价总额课税，又依

---

① 北野弘久：《现代税法讲义》，第5订版，2009年，法律文化社，页209。

② 金子宏：《租税法》，2015年，第20版，页659。

③ 碓井光明：《要説地方税のしくみと法》，2001年，頁193以下。

④ 金子宏：《固定资产税の性质と问题点》，载金子宏：《租税法理论の形成と解明》，下卷，2010年初版，页501以下。

⑤ 此为日本资产评价体系研究中心之土地研究委员会所提研究意见，而被采纳。参见碓井光明：《要説地方税のしくみと法》，2001年，頁197以下。

⑥ 金子宏：《固定资产税の性质と问题点》，载金子宏：《租税法理论の形成と解明》，下卷，2010年初版，页503以下。

据台湾地区“平均地权条例”第17条规定：已规定地价之土地，应按申报地价，依有关规定征收地价税。在举办规定地价或重新规定地价时，土地所有权人未于公告期间申报地价者，以公告地价80%申报地价（“平均地权条例”第16条）。至于公告地价之估价，依台湾地区“平均地权条例”第15条第1款规定，“直辖市”或县（市）主管机关办理规定地价或重新规定地价，应“分区调查最近一年之土地买卖价格或收益价格”，似乎综合考虑市场交易价格与收益价格，而依据台湾地区内政主管部门1999年8月24日台内地字第8885163号函：有关公告地价之评定原则，系由“直辖市”或县（市）“地价评议委员会”参考当年土地现值表、前次公告地价、地方财政需要、社会经济状况及民众地价税负担能力等因素办理评定。[①] 其综合考虑因素更多，并非单纯以市价标准或收益价格标准为准，导致税基计算之财产估价标准，欠缺透明化与法制化。

另依据台湾地区“地价调查估计规则”第4条规定：“地价调查应以买卖实例为主，无买卖实例者，得调查收益实例。前项收益实例，系指租赁权或地上权等他项权利，且具有租金或权利金等对价给付之实例。”似以市价优先，在行政实务上，规定地价也常与市价保持数倍差距，约占20.5%（详见表1），而据以课税之税基则按照公告地价之80%计算，其与市价之差距约占16.4%又更为扩大，可见行政实务上估价，并未采取市价估价，仍按照收益价格估价。如果考虑市场上一般收益价格占市价30%左右，[②]则上述规定地价仍未达收益价格之水平，而有呈现偏低之情况（例外情形，台北市占比26.29%较为接近租金收益水平）。

表1　台湾地区公告地价占市价百分比[③]

年份	2000	2004	2007	2010	2013	2016
台湾地区平均数（%）	—	17.35	19.04	21.96	20.19	20.50
台北市（%）	29.6	34.4	34.48	31.47	25.46	26.29

又由于有关规定并未规定统一的估价标准，实务上各地方当局地价估价结果，占市价之成数比例为何，也呈现各自为政的情况。

有关地价查估程序，依台湾地区“平均地权条例”第15条规定，“直辖市”或县（市）主管机关办理规定地价或重新规定地价之程序包括：（1）分区调查最近一年之土地买卖价格或收益价格。（2）依据调查结果，划分地价区段并估计区段地价后，提交“地价评议

① 参见台北市相关规定查询系统，载 http://www. laws. taipei. gov. tw/lawsystem/wfLaw_Interpretation_Content. aspx? SOID = 20898&SR = LS，最后访问日期：2017年7月25日。

② 2012年台北市房价投资之租金报酬率为1.57%（参考 https://www. sharktank. com. tw/pages/page - 14.，最后访问日期：2017年7月25日），采取20年之收益还原价格，约31.4%。

③ 资料来源：https://www. land. moi. gov. tw/chhtml/content. asp? cid = 14&mcid = 194.，最后访问日期：2017年7月25日。

委员会”评议。(3)计算宗地单位地价。(4)公告及申报地价,其期限为30日。(5)编造地价册及总归户册。

上述估价由“地价评议委员会”为之,该“委员会”由“直辖市”或县(市)当局组织之,并应由地方民意代表及其他公正人士参加(台湾地区“平均地权条例”第4条);其地价及标准地价评议委员会组织规程规定本会置委员15人或16人,其成员包括地方行政机关负责人或副职负责人担任“主任委员”,“秘书长”或“副秘书长”兼任“副主任委员”;其余“委员”,由“直辖市”或县(市)当局遴聘下列人员担任:议员代表1人,地方公正人士1人,地政专家学者2人,不动产估价师2人或3人,法律、工程、都市计划专家学者各1人,地政主管人员1人,财政或税捐主管人员1人,工务或都市计划主管人员1人,建设或农业主管人员1人。其中地价估价专业人员所占比例不高,可见目前实务运作上,并非单纯按照估价专业评估。

4. 估价法制之整备建议

有关地价税课税土地之估价,涉及税基之计算标准……系影响居民应纳税额及财产权实质且重要事项,自应以有关规定或有关规定具体明确授权之命令定之。(释字第705号解释理由书),始符合租税法律主义以及法律保留原则,故将来实有必要统一明定之。有关估价标准也应采取统一一致之估价标准,避免各地估价标准不一,有违课税公平原则。

考虑地价税性质上属于应有收益税性质,公告地价是作为课征地价税之基础,因此,建议原则上应以收益价格作为公告地价之标准,较为合理。例外情形,如考虑抑制土地投机炒作,也可以在收益价格之上,参考市价稍作调整,提高土地估价之价值。

又考虑在收益价格经常难以调查,包括可能因纳税人短、匿报租赁所得而难以正确评估,①可以交易价格再乘上符合租赁市场行情之一定合理比率,作为收益价格(参考日本立法例)。其次另一简化课税方式为采取以市场交易价格作为课税基础模式,但在此仍应评估考虑其收益能力与交易价格之差距,而适度在税率上反映之。

展望未来,为建构良善的不动产课税制度,应加强不动产评估理论和方法的研究,以形成一套健全完善的不动产评估制度与体系,以及健全申诉制度,以提高评估结果的客观性、公正性与合理性。② 在此有主张可以按照交易频繁商用不动产、收益用不动产分类进行评估,或按照稽征收集买卖或租赁之事务数据难易程度进行评估标准之类型化③。

---

① 贾绍华、曹明星、孟杰:《房产税:困惑中的改革与立法中的民意》,载陈少英主编:《财税法研究》(第3卷),法律出版社2013年版,第156页。

② 汤贡亮、汪昊:《房地产税收改革的若干问题思考——从重庆、上海改革说起》,载陈少英主编:《财税法研究》(第3卷),法律出版社2013年版,第151页以下;潘明星、王杰茹:《财产税属性下房产税改革的思考》,载陈少英主编:《财税法研究》(第3卷),法律出版社2013年版,第201页。

③ 施正文、向晓微:《论中国房产税评估制度的建构》,载陈少英主编:《财税法研究》(第3卷),法律出版社2013年版,第171页以下。

然而,如果基于稽征经济原则而采取不同评估标准时,则如何与公平课税原则取得协调,也是值得注意之课题。早年德国财产税法的评估标准不一,因此被德国联邦宪法法院宣告违反平等原则而违宪。

(五)税率

1. 本于平均地权意指,采取累进税率

地价税基本税率为 10‰。土地所有权人之地价总额未超过土地所在地“直辖市”或县(市)累进起点地价者,其地价税按基本税率征收;超过累进起点地价者,采累进税率课征(第 16 条)。所称累进起点地价,以各该“直辖市”或县(市)土地 7 公亩之平均地价为准,但不包括工业用地、矿业用地、农业用地及免税土地在内。

地价税累进起点地价之计算公式(台湾地区“土地税法施行细则”第 6 条附件)

地价税累进起点地价 =[“直辖市”或县(市)规定地价总额 −(工业用地地价 + 矿业用地地价 + 农业用地地价 + 免税地地价)]÷{“直辖市”或县(市)规定地价总面积(公亩)−[工业用地面积 + 矿业用地面积 + 农业用地面积 + 免税地面积(公亩)]}×7

2. 为保障居民居住之生存权,采取自用住宅之特别税率

合于下列规定之自用住宅用地,其地价税按 2‰计征:(1)都市土地面积未超过 3 公亩部分。(2)非都市土地面积未超过 7 公亩部分(第 17 条第 1 项)。

土地所有权人与其配偶及未成年之受扶养亲属,适用自用住宅用地税率缴纳地价税者,以一处为限(第 17 条第 3 项)。累进税率及地价税之计算公式见表 2、表 3。

表 2　累进税率

类型	地价总额	税率(‰)
第一级	未超过累进起点地价	基本税率 10
第二级	累进起点地价至 5 倍	15
第三级	累进起点地价 5 倍至 10 倍	25
第四级	累进起点地价 10 倍至 15 倍	35
第五级	累进起点地价 15 倍至 20 倍	40
第六级	超过累进起点地价 20 倍	55

表 3 地价税之计算公式(台湾地区“土地税法施行细则”第 5 条附件)

税级别	计算公式
第一级	应征税额 = 课税地价(未超过累进起点地价者) × 税率(10‰)
第二级	应征税额 = 课税地价(超过累进起点地价未达 5 倍者) × 税率(15‰) - 累进差额(累进起点地价 ×0. 005)
第三级	应征税额 = 课税地价(超过累进起点地价 5 倍至 10 倍者) × 税率(25‰) - 累进差额(累进起点地价 ×0. 065)
第四级	应征税额 = 课税地价(超过累进起点地价 10 倍至 15 倍者) × 税率(35‰) - 累进差额(累进起点地价 ×0. 175)
第五级	应征税额 = 课税地价(超过累进起点地价 15 倍至 20 倍者) × 税率(45‰) - 累进差额(累进起点地价 ×0. 335)
第六级	应征税额 = 课税地价(超过累进起点地价 20 倍以上者) × 税率(55‰) - 累进差额(累进起点地价 ×0. 545)

土地所有权人死亡,土地无人管理,经主管稽征机关指定土地使用人为地价税代缴义务人,该代缴义务人纵在该地办竣户籍登记且无出租或供营业,仍不准按自用住宅用地税率课征地价税。①

3. 基于收益能力之减少而减免税率

都市计划公共设施保留地,在保留期间仍为建筑使用者,除自用住宅用地依第 17 条之规定外,由于都市计划有关规定限制,只能为从来之使用,无法再开发进行有效的高度利用,在收益能力上显著减少,故统按 6‰之特别税率计征地价税;其未作任何使用并与使用中之土地隔离者,免征地价税(第 19 条),以符合量能课税原则。

都市计划划设之公共设施用地在尚未依有关规定拨用前,自仍属公共设施保留地,如原为住宅使用之公有土地经都市计划变更为公园用地,在公园用地之需地机关未依有关规定拨用前,该土地虽为公有土地,唯仍属公共设施保留地,而有台湾地区“土地税法”第 19 条(台湾地区“平均地权条例”第 23 条)规定之适用。②

如果土地已经由当局取得,或非留供各事业机构、各该管当局或乡、镇、县辖市公所取得者,即非属公共设施保留地。是以,都市计划划设之公共设施用地,经当局依相关规定核准私人或团体投资兴建者,于该私人或团体投资兴建完成,其须申领使用执照者,于

① 台湾地区财政主管部门 1983 年 1 月 22 日台财税第 30467 号函。

② 台湾地区内政主管部门 2000 年 8 月 19 日台内地字第 8965481 号函。

取得使用执照后，即非属公共设施保留地。①

又当局核准建筑使用之儿童游乐场用地，虽为当局依有关规定划设之公共设施用地，唯其划设目的并非留供该市行政部门取得开辟，而系划供乐园迁建之用，其不具保留性质甚明，尚难认定为公共设施保留地，该土地地价税尚无上述特别税率规定之适用。②

土地所有人所有依都市计划划定之使用分区为部分住宅区、部分道路预定地之土地，在尚未分割确定前，实务上认为得由本案当事人出具承诺书，就公共设施保留地部分，由主管机关先行估算面积，改按公共设施保留地税率课征地价税（暂时性推估课税处分），俟将来地政机关钉桩径为分割确定后，面积如有增减，再依有关规定办理退补税款。③

由于地价税作为应有收益税，在地主因为不可归责于自己之事由而减少收益的情形，应给予地价税之减免，即纳税义务人应享有减免税捐之请求权。如土地受到军事管制区管制、水质保护区管制、古迹保存之管制、飞航管制区管制，无法有效利用，应给予部分减免地价税（台湾地区"土地税减免规则"第11条之1至第11条之4）。

又"因山崩、地陷、流失、沙压等环境限制及技术上无法使用之土地，或在垦荒过程中之土地，地价税或田赋全免。"（"土地税减免规则"第12条）而在土地遭受严重污染，如经环境保护主管机关依相关规定公告为"污染整治场址"，让该公司进行污染整治，且经查明该土地于整治期间无法作任何使用，准认属技术上无法使用之土地，免征地价税。④又如在高压线下原比照公共设施保留地税率计征地价税之土地，因建筑高度受限制，于实际使用情形未变更下，准继续按公共设施保留地税率课征地价税。⑤

以德国立法例为例，如果已经建筑之不动产或农林业之经营，因不可归责于纳税义务人，而减少毛收益超过50%以上时，则免除25%之不动产税捐，如果完全丧失收益，则免除50%税捐，此一部分免税规定也对应不动产税捐具有受益负担（对价关系）性质的观点。⑥

4. 基于公共用益性而减免税率

公有土地按10‰基本税率征收地价税。但公有土地供公共使用者，免征地价税（第

---

① 台湾地区财政主管部门2004年12月24日台财税字第09304569490号函检送台湾地区内政主管部门2004年12月6日召开研商"都市计划公共设施保留地认定相关事宜"会议记录之会议结论。

② 台湾地区财政主管部门1997年2月13日台财税第860058359号函。

③ 台湾地区财政主管部门1999年1月19日台财税第881896214号函。

④ 台湾地区财政主管部门2002年2月20日台财税字第0910450106号函。但在土地中度污染，遭环境保护主管机关公告为"污染控制场址"，虽仅能低度利用，但在污染整治期间，实务上仍不准减征地价税（台湾地区"最高行政法院"2015年判字第90号判决）。此一见解似违反体系正义与应有收益之量能课税原则（参见陈清秀：《地价税之课税法理》，载《台湾法学杂志》第311期。

⑤ 台湾地区财政主管部门2011年1月31日台财税字第09900496430号函。

⑥ Seer, in: Tipke/Lang, Steuerrecht, 22. Aufl., 2015, § 3Rz. 192, § 16 Rz. 33.

20条)。如私有土地经用地机关征收取得后,在未开辟使用前,仍为原地主建筑使用,但既已由该管当局乡、镇、县辖市公所取得者,则非属公共设施保留地,自应适用公有土地课税规定。①

又所谓“供公共使用”,是指供不特定多数人使用,不包括特定人使用在内。如台湾地区经济主管部门加工出口区管理处管有土地,既经查明为加工出口区内承租厂商运输、行走之道路、员工育乐中心及废弃物处理场等用途,且以上设施在围墙内,系供承租之厂商使用,不符“供公众使用”之要件。②

在公有土地之情形,台湾地区“国有财产法”第8条特别规定,公有土地之课征地价税,限于放租有收益及该规定第4条第2项第3款所指事业用土地(事业机关使用之土地),此当系考虑利益分享原则,并维护税制之竞争中立性原则,并避免影响地方当局之财政收入。③ 至于其余用途之公有土地,则免征土地税。

5. 基于公益用途之减免税捐

为发展经济,促进土地利用,增进社会福利,对于行政机关、公共设施、骑楼走廊、研究机构、教育、交通、水利、给水、盐业、宗教、医疗、卫生、公私墓、慈善或公益事业及合理之自用住宅等所使用之土地,及重划、垦荒、改良土地者,得予适当之减免;其减免标准及程序,由台湾地区行政管理机构定之(第6条)。

例如,从事教育、公益、慈善、医疗事业用地及宗教设施用地等用地,原则上可免征定价税(台湾地区“土地税减免规则”第8条第1项第1款、第5款及第8款)。又无偿供公众通行之道路土地,经查明属实者,在使用期间内,地价税或田赋全免。但其属建造房屋应保留之规定空地部分,不予免征。(台湾地区“土地税减免规则”第9条)。其中但书规定的空地部分,如考虑台湾地区“土地税减免规则”第10条第1项所称“骑楼走廊地”,可以部分免税,则属建造房屋应保留之空地,供公众通行使用时,依举轻明中之法理,似亦应部分免征。④

土地所有权人在同一辖区内拥有应税与减免税土地,其免税土地地价应免予合并计入地价总额内计征地价税,至于持有减税土地地价,仍应并入地价总额内计算“毛应纳税额”后,再依下列方式计算应纳地价税额:⑤

1. 减税土地之毛应纳税额=毛应纳税额×减税土地地价/地价总额。

2. 减税土地应减征税额=减税土地之毛应纳税额×减税比率。

3. 应纳地价税额=毛应纳税额-减税土地应减征税额。

---

① 台湾地区财政主管部门2000年8月30日台财税第0890456241号函。

② 台湾地区财政主管部门1999年2月6日台财税第880057006号函。

③ 1975年1月7日台湾地区“国有财产法”第8条修正之制定理由说明。

④ 台湾地区财政主管部门2002年4月4日台财税字第0910452296号令似乎认为未经建筑之一般空地,虽供无遮檐人行道之公众通行使用,仍无减免地价税规定之适用。

⑤ 台湾地区财政主管部门1987年8月19日台财税第7622925号函。

6. 为照顾中低收入户及劳工,对于居民住宅及劳工宿舍用地给予税捐优惠

基于社会福利政策目的,照顾低收入户以及劳工福祉,鼓励兴建居民住宅以及兴建劳工宿舍,对于居民住宅及企业或公营事业兴建之劳工宿舍,自动工兴建或取得土地所有权之日起,其用地之地价税,按2‰税率计征(第17条第2项)。

当局兴建之居民住宅,无论系用以出售或出租,均可适用上述特别税率①。

居民住宅小区内兴建之商业、服务设施及其他建筑物,虽属住宅用地上兴建之设施,唯其既非以住宅使用为目的,仍无台湾地区"土地税法"第17条第2项规定之适用。②

上述兴建劳工宿舍之企业,指任何以营利为目的之事业,凡公司暨以独资或合伙方式经营之事业皆属之。而所称公营事业,系指台湾地区"公营事业移转民营条例"第3条规定之下列各项事业:(1)当局独资经营之事业。(2)各级行政部门合营之事业。(3)依台湾地区"事业组织特别法"之规定,由当局与居民合资经营之事业。(4)依台湾地区"公司法"之规定,由当局与居民合资经营而当局资本超过50%以上之事业。③

如果劳工宿舍为财团法人医院所兴建,则其用地可否适用特别税率?实务上采取文义解释,认为财团法人尚非企业定义之范畴,财团法人医院所有供医护、医事及行政人员之员工宿舍(包括单身及眷属宿舍)用地,无台湾地区"土地税法"第17条第2项规定按特别税率课征地价税之适用。④ 本文认为,基于平等原则,同时贯彻奖励兴建劳工宿舍以照顾劳工之意旨,应准予比照办理,⑤否则对于财团法人兴建劳工宿舍,反而构成税法上歧视待遇。

劳工宿舍用地,其地上建物为楼房,部分楼层供作劳工宿舍使用,部分楼层供作其他用途使用时,准以各层房屋实际使用情形所占土地面积比例,分别按特别税率及一般税率计课地价税。至于在同一楼层内或同一平房内,部分作劳工宿舍,部分作其他用途使用,如其使用情形有明确界线划分者,准依实际使用情形所占面积比例,分别按特别税率及一般税率计课,否则应全部按一般税率计课地价税。⑥

公司董事长职务系事业经营之负责人,台湾地区"劳基法"称为雇主;总经理、经理、顾问等职务若系依台湾地区"公司法"所委任者,均不属台湾地区"劳动基准法"所称之劳工,其宿舍用地应不得适用特别税率课征地价税。唯实务上又认为总经理、经理、顾问等职务如系基于雇佣关系受该公司雇用从事工作获致工资者自属劳工,其宿舍用地如符

① 台湾地区财政主管部门1984年2月29日台财税第51416号函。

② 台湾地区财政主管部门2005年5月4日台财税字第09404530350号函。

③ 台湾地区财政主管部门1991年6月29日台财税第800181836号函。

④ 台湾地区财政主管部门2008年3月12日台财税字第09700079730号函。

⑤ 本条项有关企业兴建劳工宿舍用地给予优惠奖励之制定理由,在于奖励企业兴建劳工宿舍,制定者本意,并无故意排除公益团体兴建劳工宿舍之意。参照1989年10月5日二读逐条讨论会议"立法委员"之提案发言,台湾地区立法机构公报78卷80期,第70页以下。

⑥ 台湾地区财政主管部门1992年2月18日台财税第810753420号函。

劳工宿舍有关规定,应准按特别税率课征地价税。①

企业或公营事业兴建之劳工宿舍,如经查明符合规定,无论其是否向住宿员工收取费用,均得适用2‰税率课征地价税。②

劳工宿舍用地面积之计算,应按已建劳工宿舍基地面积,加计该已建筑劳工宿舍之空地面积为准。③

7. 为促进产业发展,对于事业用地,采取基本税率

供下列事业直接使用之土地,按10‰基本税率计征地价税,不适用累进税率。但未按目的事业主管机关核定规划使用者,不适用之(第18条):

(1)工业用地、矿业用地。

包括自有自用或出租与兴办工业人使用,均得适用。④

实务上有认为甲公司所有土地,原经核准按工业用地税率课征地价税,唯经查获于1989年间公司歇业已注销工厂登记证,土地所有权人未依规定申报,迨至1991年年初出租予乙公司使用,核其情形应无有关准"继续"适用工业用地税率课征地价税规定之适用。⑤

本文认为,在此似应本于职权调查是否仍继续做工业使用,如果停业期间并未作工业使用,自不得适用上述特别税率。否则纳税人如能举证证明,或稽征机关主动查明符合特别税率之要件事实时,则仍应准予适用之。

(2)私立公园、动物园、体育场所用地。

(3)寺庙、教堂用地、政府指定之名胜古迹用地。

(4)经主管机关核准设置之加油站及依台湾地区"都市计划法"规定设置之供公众使用之停车场用地。

(5)其他经台湾地区行政管理机构核定之土地。

(6)在依有关规定划定之工业区或工业用地公告前,已在非工业区或工业用地设立之工厂,经当局核准有案者,其直接供工厂使用之土地。

上述土地之地价税,符合第6条减免规定者,依该条减免之。

8. 基于抑制土地投机加重课税:加征空地税

为使物尽其用,土地应该发挥其应有功能,进行有效利用,即土地作为财产,不仅被人占有支配,也应有其尊严,受人尊重,要求按照它的价值给予保护与照顾,使人得以使

① 台湾地区财政主管部门1991年11月13日台财税第800326907号函。

② 台湾地区财政主管部门2004年8月9日台财税字第09300395530号函。

③ 台湾地区财政主管部门1992年1月14日台财税第800751985号函。

④ 台湾地区财政主管部门1980年6月13日台财税第34700号函,台湾地区财政主管部门1992年8月21日台财税第810303719号函。

⑤ 台湾地区财政主管部门2005年4月15日台财税字第09404523640号函。

用和享受,故应要求按照土地财产的自己规律(符合土地之事物本质的规律)加以对待。[①] 因此,如果土地闲置荒废不用,应课征空地税。

空地税是对可利用而逾期尚未利用或作低度利用的私有土地所课征的惩罚性租税,以加重空地地主的土地持有成本,迫使地主出售闲置土地或作建筑使用,以增加建筑用地之供给,促进都市土地利用,并抑制土地价格上涨。

因此,凡经"直辖市"或县(市)当局核定应征空地税之土地,[②]按该宗土地应纳地价税基本税额加征2~5倍之空地税(台湾地区"土地税法"第21条)。由于空地税加征倍数是地价税基本税额的2~5倍,而现行地价税基本税率为10‰,加征税额仅为申报地价的50‰。而按台湾地区"平均地权条例"第26条规定,除空地税外,尚可照价收买。

然而要实施空地税,在现实执行面上仍有许多技术性问题有待解决。对于"空地"如何解释适用,如畸零地、停车场是否为空地,有待厘清。又建商需整合基地、清理地上物、处理产权纠纷等,这类土地如果也视为空地,容有不妥。尤其因为不可归责于地主,以至于土地无法有效利用的情形,例如,土地被无权占有、违章建筑或因地主失踪或死亡,而因故无法办理继承登记,导致无法处分利用土地,如加征空地税,也有争议。

以往台湾地区曾两度开征空地税,1973年时因国际能源危机爆发而停征;第二次是台北市和高雄市同步开征,后因经济不景气冲击房地产市场,于1985年台湾地区行政管理机构通过台湾地区财政主管部门、"空地税暂停征"解释令,全面暂停课征空地税与照价收买的措施。[③]

其后由于房地产炒作,大台北地区房价飙涨,台湾地区财政主管部门与台湾地区内政主管部门于2011年1月26日以台财税字第10004504720号及台内地字第1000022074号令公告废止"空地税暂停征"解释令,地方当局从即日起可本于权责决定是否课征空定税。[④]

另外,由于实施空地税或照价收买之权责系属地方当局所有,地方当局考虑其必要性各有不同,因此,一般预料空地税或照价收买不会统一实施,比较可能分期、分区实施。一般推估地价较高的台北市、新北市是先上路的县市。

---

① 拉德布鲁赫:《法哲学》,王朴译,法律出版社2013年版,第157页。

② 按台湾地区"平均地权条例"第26条规定:"直辖市"或县(市)当局对于私有空地,得视建设发展情形,分别划定区域,限期建筑、增建、改建或重建;逾期未建筑、增建、改建或重建者,按该宗土地应纳地价税基本税额加征2~5倍之空地税或照价收买。此一空地指依有关规定核发建造执照,且无限建、禁建情事之可供建筑用地(同"条例施行细则"第40条第1项)。

③ 张英毅:《空地税解冻,地方政府将可依法开征》,载https://www.credit.com.tw/newweb/value/weekly/index.cfm?sn=164,最后访问日期:2017年7月25日。

④ 蔡惠绒:《花莲县开征空地税实施可行性研析,花莲县地方税务局研究报告》,www.hltb.gov.tw/core/download/getfile.php?itemId=491&filekey=2。

五、结语

地价税之课征,基于量能课税原则,原则上应顾及地主持有土地之应有的收益能力,因此,原则上应以收益价格为课税土地之估价标准。

为考虑生存权保障,对于符合通常住宅使用之面积范围内之自用住宅用地,应给予免税或从轻课税。而在土地减损或丧失收益能力时,也应给予减免税捐。如果土地提供公共使用或公益慈善或宗教使用,则土地所有人已经没有从事土地之私人使用收益,为奖励公益活动,应可免征地价税。又为使事业可以永续发展,避免负担过重而影响其谋生能力,对于事业用财产给予基本税率之课税,应有其正当性。

此外为平均地权,应抑制土地投机,减少投资炒作之经济诱因,因此,对于一般土地采取累进税率课税,符合民生主义之社会国家原则之要求。同时一般地价税之课征,也应能够适当反应持有土地成本,以促进土地之有效利用。对于闲置建筑用地,经相当期间命改善而不改善者,应可加征空地税。

现行台湾地区"土地税法"对于地价之估价标准,仍欠缺明文规定,导致行政裁量权过大,故地方当局执行标准不一,有违课税公平原则。故建议应可将估价标准纳入有关规定中统一规范。

中国台湾地区房地产税制定问题研究

——以台北市调高房屋税基课征豪宅税为例

柯格钟*

一、前言:问题背景与问题意识

在中国台湾地区,房屋与土地依照台湾地区“民法”第66条第1项之规定,属于不同客体(标的物)的不动产,从而,一般人在买卖不动产时,必须同时订立两份私法上的契约,一份针对房屋所坐落基地的土地(或者土地持分)之买卖契约书,另一份则是针对房屋买卖所有权的买卖契约书。在台湾地区“税捐法”,同样遵循前述民法的分类体系,对于土地移转所课征之税捐,主要为移转土地所有权时,出卖人因出售土地所产生之转售价差的土地增值税,以及房屋移转时所需缴纳的契税,与房屋转让时之转售价差的财产交易所得税(税捐法上归类为所得税,若为自然人出售则课征综合所得税,若为营利事业出售则课征营利事业所得税)。在不动产持有期间,对于土地所有权人,主要课征地价税(田赋虽有税目,但自1985年起停征);如果是房屋,则主要课征房屋税,相关规定依据则分别为台湾地区“土地税法”与“房屋税条例”。

房屋税之征收,原则上系以房屋或建筑物的所有权人为征收对象。依据台湾地区“房屋税条例”第5条第1项之规定,房屋税额的计算依照房屋现值,乘上该处所规定的房屋税率征收之,从而,房屋现值即为台湾之房屋税额的计算基础,房屋现值即为学说上一般所称的税基(Bemessungsgrundlage,Tax Base)。

依据台湾地区“房屋税条例”第7条前段之规定:纳税义务人应于房屋建造完成之日起30日内检附有关文件,向当地主管稽征机关申报房屋税籍有关事项及使用情形。此为纳税义务人申报房屋现值与其使用状况。为了核定纳税义务人所申报现值,各“直辖市”及县市依据台湾地区“房屋税条例”第9条第1项之规定,应选派有关主管人员及建筑技术专门人员组织“不动产评价委员会”,进行有关房屋现值的评定,依据“房屋税条例”第10条第1项之规定,主管稽征机关应依据“不动产评价委员会”评定之标准,核计

* 台湾大学法律学院。

房屋现值。换言之，房屋税的稽征机关须遵照“不动产评价委员会”有关房屋现值之评定。对于此处所核定之房屋现值，依同条第2项的规定：依前项规定核计之房屋现值，主管稽征机关应通知纳税义务人。纳税义务人如有异议，得于接到通知书之日起30日内，检附证件，申请重行核计。

由“直辖市”与县市之“不动产评价委员会”所评定的房屋现值，在税捐实务上称为房屋（评定）标准价格。根据台湾地区“房屋税条例”第11条第1项之规定，房屋标准价格系由“不动产评价委员会”依据下列事项而分别评定之，包括：(1)按各种建造材料所建房屋，区分种类及等级；(2)各类房屋之耐用年数及折旧标准；(3)按房屋所处街道村里之商业交通情形及房屋之供求概况，并比较各该不同地段之房屋买卖价格减除地价部分，以订定标准价格。这项之房屋标准价格，依据同条第2项的规定，“每三年重行评定一次，并应依其耐用年数予以折旧，按年递减其价格”。

为征收房屋税，台湾地区“房屋税条例”第24条授权给各个“直辖市”及县市，依照该“条例”之规定，拟定房屋税的征收细则，报经财政主管部门备案。为此，各地方自治团体依程序制定各自治团体所应适用之房屋税征收“条例”。以台北市为例，即为此订有“台北市房屋税征收自治条例”。在该“自治条例”中，为执行上开有关规定第11条第1项之规定，“台北市房屋征收自治条例”第8条规定：稽征机关应依同条第1项第1款至第3款规定房屋种类等级、耐用年数、折旧标准及地段增减率等事项调查拟定，交由本市“不动产评价委员会”审查评定后，由台北市公告之，并送台北市议会备查。从而，在台北市房屋税之稽征实务上，即出现“房屋构造标准单价表”“折旧率及耐用年数表”“房屋街路等级调整率评定表”三项表格，期待有关规定在适用上可以更明确化。其他台湾地区之各“直辖市”与县市当局为征收其房屋税，大抵上也都是处于相同的模式情况，以上述三个表格，完备房屋税征收的规范基础。

关于“房屋构造标准单价表”方面，内容主要涉及房屋构造所使用之建材、房屋的使用用途与其总层数的情形。由于台北市之各大楼建筑构造、使用与层数情形各有不同，为核定各该建筑物的房屋标准价格，乃公布“台北市房屋构造标准单价评定作业要点”，为相关作业程序与判断标准依据。为作更细致之认定，台北市又更进一步公布“台北市35层以上房屋构造标准单价表”“台北市35层以下房屋构造标准单价表”“台北市地下建筑物标准单价表”等；在“折旧率及耐用年数表”方面，台北市公布“台北市房屋折旧率及耐用年数表”兹为适用；在“房屋街路等级调整率评定表”方面，为使街路等级调整率，在税捐实务上简称“地段率”，其调整作业程序透明化、制度化并同时简化审核程序，台北市公布“台北市税捐稽征处房屋街路等级调整率作业要点”，规定街路等级之调整率的调整时间、间隔与调整方式（级数）。

近年来，台湾地区之城市地区特别是台北市内不动产的价格，以倍数方式跳跃成长，年轻人或中壮年之上班族若先前未曾购屋者，渐渐再也无法靠着一己之力，以受薪阶级所能赚取的微薄薪水，在台北市内购屋居住，从而被迫必须与父母同住，或者搬迁到外地，必须往返两地之间，才能换取工作与居住质量的平衡。在此同时，却有人在台北市内囤房多处，遂引来社会巨大愤怒与不平民怨。为反映社会大众观感，实现量能课税原则，台北市首先在 2011 年 1 月 24 日推出房屋税加税之措施，将原先“台北市房屋构造标准单价评定作业要点”修正改名为“台北市房屋标准价格及房屋现值评定作业要点”，引进所谓之“高级住宅加价课征房屋税”要点，即外界所称的“豪宅税”。[①] 依据修正后之作业要点之第 15 点规定：房屋为钢筋混凝土以上构造等级，经逐栋认定具有下列 8 项标准，为高级住宅，其房屋构造标准单价按该栋房屋坐落地点之街路等级调整率加成核计：(1)独栋建筑；(2)外观豪华；(3)地段绝佳；(4)景观甚好；(5)每层户少；(6)户户车位；(7)保全严密；(8)管理周全(第 1 项)。前项认定标准，除商业大楼及已依第 14 点规定加成课征之房屋以外，自 2011 年 7 月 1 日起实施(第 2 项)。换言之，该新制之高级住宅加价课征房屋税的措施，系自 2011 年 7 月 1 日起施行，按照房屋税基持有期间，即为自该日开始至 2012 年 6 月 31 日止，在税捐稽征机关核课纳税义务人 2012 年之房屋税时即开始适用。

上开“台北市房屋标准价格及房屋现值评定作业要点”于 2014 年 2 月 11 日时再次修正，修正后之第 15 点规定大抵与之前认定的标准相仿，仅将“逐栋”改为“按户”而个别认定，并宣告自 2014 年 7 月 1 日起实施。[②] 修正理由认为这样将使高级住宅认定，更接近于真实。

前开台北市借由调整房屋税基之标准价格方式，借以课征豪宅税的做法，自然遭到来自被认定为居住于所谓“高级住宅”之中，或者持有高级住宅之房屋所有权人的强烈反抗，乃提起诸多的行政救济程序，以主张其权利。在所有涉讼事件中，几乎所有纳税义务人都会提出以下之抗辩，主张：本案系争房屋税基之决定，违反常态之下关于房屋价值评定原理，盖因房屋会随屋龄增加而老旧，故会计上本应逐年折旧摊提，而到最后房屋的市场价格势必归零，故历年来房屋税额均应逐年递减，但在本次房屋税额调整中，不但未曾减少，甚至还找一些不当理由，借以大幅增加房屋的价值，系违反会计原理、依法课税原则、抵触不溯既往原则、违反信赖保护原则、违反课税平等原则，且豪宅认定之 8 项标准并不清楚明确，因而违反法律明确性原则，甚至也有提出房屋税基与地价税基关于所处地段的规定，属于重复考虑。

前述之各项主张，除违反会计原理与平等课税原则之指责外，其他均与依法课税原则有关。从而，吾人首先应探究该等房屋评定作业要点的性质为何，只有在检讨相关规定法律性质后，才能够进一步决定台北市调整房屋税基，据以课征豪宅税的做法，是否抵触众人所指摘的依法课税原则(Prinzip gesetzmäßiger Besteuerung)。

① 台北市 2011 年 1 月 24 日府财税字第 10030212100 号公告。

② 台北市 2014 年 2 月 11 日府财税字第 10330000500 号公告。

二、依法课税与核实课税之区分

在法治国原则与依法课税原则下，制定者之决定与行政机关执行法律规范系属不同层次的事项，依法课税原则之制定者决定课税构成要件与法律效果，系由代表民众之议会，以自主决定的方式，决定民众税捐负担诸如税捐项目与课税范围与其额度，亦即，有关税目类型的决定、相关之税捐主体与客体范围的划定、税基计算之方式、课税比例高低等规定，均系由制定者代表民众所作成的第一次决定。如以所得税之应税所得（属于税捐客体概念）而言，划定属于应税所得之计算范围的规定，如收入、成本与必要费用之概念、范围为何，以何种方式计算收入、成本或费用；如以加值型营业税的应税销售额而言，何者为营业税申报时应计入计算的销项、进项销售额的范围，应如何计算销项税额与可供扣抵的进项税额，均应由税捐制定者自行以制定法的方式，或者依照解释实务之看法，也包括授权制定的法规命令进行规范。

对于制定者制定之法律规范或者授权机关所制订行政命令而作成第一次决定以后，为执行法律或法规命令之行政机关在执行相关法律规范时所必要的规范解释、事实认定活动，性质上就属于第二次决定的事项。以解释事实为例，就个案中关于具体事实应该如何进行判断，尽管主要仍应交由个案之该管主管机关依据自由心证原则，依照个案之证据资料而为事实整体的综合判断，但仍不排斥该管主管机关之上级机关，为统一或提点下级机关或其所属公务员，在判断具体个案事实中所应该掌握的办案要领，给予统一性的指令以进行指挥。这些要领，包括判断个案事实时所应掌握之重要的证据方法、证据应该如何评价为何种类型的客观事实、所掌握之客观证据资料与事实是否已经足以该当系争法律规范构成要件所规定的抽象事实，也包括整体事实在涵摄于法律过程之中所应注意的必要程序事项，均属事实判断的问题，若纳税义务人无法提出必要之证据方法（如进销货发票），税捐机关应如何以其他间接方式（如命其提出买卖契约书、进货单或托运单），以事实推定方式而评价客观事实（事实推定）等，均属于主管机关可以依据职权，在其发布的事实认定性之行政规则中加以规范的事项。

只是，税捐实务上仍有许多解释上可能发生疑义的案例，说明税基规定与认定事实行政规则之间区分的困难。例如，台湾地区“大法官”释字第 438 有关外国佣金之认定，解释中提及“营利事业所得税查核准则”，系规定有关营利事业所得税结算申报之调查、审核等事项。“大法官”认为该“准则”第 92 条第 5 款第 5 目规定：在台湾地区以新台币支付境外佣金者，应在不超过出口货物价款 3% 范围内，取具境外代理商或代销商名义出具之收据为凭予以认定，乃对于佣金之认定与举证方式等技术性、细节性事项加以规定，为简化稽征作业、避免境外佣金浮滥列报所必要，并未逾越“所得税法”等相关之规定，亦未加重居民税负，实际上，划定支付境外佣金之范围应在不超过出口货物价款 3% 范围内者，属于税基之规定，应由有关规定或授权命令订定之，至于取具境外代理商或代销商名义出具之收据为凭予以认定，则属于事实认定性之行政规则，无须有关规定授权，两者所需要规范基础，实际并不相同。

从以上说明可知,在台湾地区税捐实务上,对于依有关规定课税与核实课税原则的划分,纵使是台湾地区司法机构“大法官”解释,亦未必能够精准地掌握学理划分的界限。

三、“台北市房屋税征收自治条例”与相关规范的法律性质

依据台湾地区“房屋税条例”第 24 条规定:房屋税征收细则,由各“直辖市”及县(市)当局依本“条例”分别拟订,报财政主管部门备案。从而,依照上述规定,由各县市当局所拟订,包括台北市在内,依本条规定所拟订之“台北市房屋税征收自治条例”,在该“自治条例”第 1 条规定:本自治条例依台湾地区“房屋税条例”第 24 条规定制定之。此种自治条例规范之法律性质,即应属于台湾地区“行政程序法”第 150 条第 1 项称之“法规命令”。

作为“法规命令”,“台北市房屋税征收自治条例”是否可以规范,涉及民众权利义务关系的事项? 这涉及对于依法课税原则(Prinzip gesetzmäßiger Besteuerung)当中的“法”,要如何加以理解。对于此点,台湾地区司法机构“大法官”向来都是采取用“一般法律保留”的态度,即“法”不仅包括由台湾地区立法机构通过的制定法(Gesetze),也包括由台湾地区立法机构授权税捐主管机关所公布的“法规命令”(Rechtsverordnungen)在内,此点参照台湾地区司法机构“大法官”历年来的解释即可得知。

在“法规命令”之外,依“台北市房屋税征收自治条例”第 8 条之规定:台湾地区“房屋税条例”第 11 条所称之房屋标准价格,稽征机关应依同条第 1 项第 1 款至第 3 款规定房屋种类等级、耐用年数、折旧标准及地段增减率等事项调查拟定,交由本市“不动产评价委员会”审查评定后,由台北市公告之,并送台北市“议会”备查。在该条文中所提到依据台湾地区“房屋税条例”第 11 条,规定了关于影响房屋税基之 3 项要素(房屋种类等级、耐用年数与折旧标准、地段增减率)等“房屋标准价格”,作为进一步在实务上适用或认定为房屋税基的规范。

依台北市“税捐稽征处”在 2008 年,以台北市 2008 年 3 月 6 日府财税字第 09730319400 号公告修订作成之“台北市房屋标准价格及房屋现值评定作业要点”,①其中第 1 点规定:“为简化房屋标准价格之评定及房屋现值之核计作业,特订定本要点”,同时参考主管机关台北市“税捐稽征处”公告内容,显然系将上开作业要点作为一种行政作业上的规则,性质上应属依台湾地区“行政程序法”第 159 条第 1 项规定而制订公布的“行政规则”(Verwaltungsordnungen)。本作业规则最新一次的修订,如前言中所叙述,即 2014 年 2 月 11 日以台北市财税字第 10330000500 号所为修订公告。

依据上述说明,在前言中所提到引发征纳双方极大争议之“台北市房屋标准价格及房屋现值评定作业要点”第 15 点规定,有关豪宅税之房屋构造标准单价的认定准据,此一作业要点,应属未经授权而发布之一般性命令,盖从其规范名称与目的来看,为认定房

---

① 载 http://www.tpctax.gov.taipei/ct.asp? xItem = 1185598&ctNode = 34831&mp = 103011,最后访问日期:2017 年 7 月 14 日。

屋税基之房屋构造标准价格的规则，即台北市为协助所属之下级机关或属官，用以认定房屋构造单价事实所订颁的第二类“行政规定”，既非如其在名称所称的“作业规则”，也非授权制定的“法规命令”。依照台湾地区“行政程序法”第160条第2项规定，此类规则应由负责人签署同时登载于政府公报发布之，始生效力。作为行政规则，并无拘束纳税义务人的规范上效力。同样道理也适用于与“房屋构造标准单价表”同列之“折旧率及耐用年数表”“房屋街路等级调整率评定表”。

四、台北市认定豪宅税的根本问题

在2014年2月11日台北市财税字第10330000500号公告中，除公告前述修正后之“台北市房屋标准价格及房屋现值评定作业要点”（附件1）外，同时还公告修正“台北市税捐稽征处房屋街路等级调整率作业要点”（附件2）、“台北市房屋街路等级调整率评定表”（附件3）、“台北市税捐稽征处因政府机关兴建公共工程施工期间办理房屋街路等级调整率作业要点”（附件4），更由于台北市之高楼林立，为对于房屋构造标准单价作更为细致的判断与认定，同时公告“台北市35层以下房屋构造标准单价表”（附表1）、“台北市36层以上房屋构造标准单价表”（附表2）、“台北市地下建筑物标准单价表”（附表3），及“台北市35层以下房屋构造标准单价表(2014年7月底起适用)”（附表4）、“台北市36层以下房屋构造标准单价表”(2014年7月底起适用)（附表5）、“台北市地下建筑物标准单价表(2014年7月底起适用)”（附表6），以补充该等房屋之构造标准单价表应判断的内容，同时还公告“修订台北市房屋街路等级调整率表”（附表7）、“台北市房屋折旧率及耐用年数表”（附表8）。

比较附表1“台北市35层以下房屋构造标准单价表”与附表4“台北市35层以下房屋构造标准单价表(2014年7月起适用)”之不同，以同样总层数为35层的构造标准单价进行比较，见表1：

表1 单位：元/平方公尺

构造	钢骨造、钢骨混凝土造、钢骨钢筋混凝土造				钢筋混凝土造、预铸混凝土造			
用途	第一类	第二类	第三类	第四类	第一类	第二类	第三类	第四类
2014年7月前	10920	10810	10160	9650	10420	10170	9830	9500
2014年7月后	24350	24150	22650	21550	21600	21100	20400	19700
倍数(倍)	2.23	2.23	2.23	2.23	2.07	2.07	2.07	2.07

从表1比较可知，属于前类构造物的房屋构造标准单价表，平均调整数为2.23倍，属于后类构造物的房屋构造标准单价表，平均调整数为2.07倍。这种均一式之调整倍数，看似符合公平，其实不太合于生活经验上的法则。盖房屋会因为建筑房屋之主结构材料的不同，确实会有不同的造价标准，但这种造价标准必须建立在建筑实务上，房屋建造之实际成本费用构筑的经验值上，并非以主管机关想象中的建造标准为基准。在2014年前后，房屋建筑的相关成本费用，是否确实有着巨幅调整？其调整幅度是否符合台北

市在调整相关建筑物之造价成本费用上的倍数标准?无论钢骨造、钢骨混凝土造、钢骨钢筋混凝土造,一律均涨价为2.23倍?无论钢筋混凝土造、预铸混凝土造,一律均涨价为2.07倍?此种倍数之调整是否为累积多年后一次性的调足涨价?因主管机关并未有足堪说明之数据或统计数据作为调整基准,就此而言,吾人实在无法据以确定实务上此种统一调整涨价倍数的正当性。

另外,依据"台北市房屋标准价格及房屋现值评定作业要点"第2点第2句规定,"房屋构造标准单价表"之适用,依使用执照核发日或房屋建造完成日认定之。然而,在前言中所述之"台北市房屋标准价格及房屋现值评定作业要点"第15点规定,显然存有高度争议性。盖因为在该处之规定,是以建筑执照发出后的事后调整价格方式,即依据台北市2011年1月24日与2014年2月11日公告修正标准,在认定为系争住宅为高级住宅后,台北市采取事后加价方式,调整早经建筑完成物之构造标准单价,显然背离前述第2点第2句规定,以"使用执照核发日或房屋建造完成日认定"之规范的意旨。

五、结论:房屋税基的依法课税原则

一个应然房屋税基的规定,并不全然仰赖前述中之房屋构造标准单价而完全决定,系综合房屋构造标准单价、房屋折旧与耐用年数,以及非常重要的因素,即房屋所处之街路地段而综合考虑以进行决定。

第一项因素为房屋构造标准单价,在房屋建造完成时即已经客观上已经确定或可得而确定的因素,如前所说明,除非建筑物有增建或改进,不然房屋的构造标准单价应该就能确定;第二项因素为房屋折旧与耐用年数,按照房屋建筑构造在物理上的耐用年数而决定,原则上,房屋建筑构造标准单价表在建造完成后,即属于房屋建筑成本最为高价的时候,其后将随着时间经过,即按照年数而有折旧问题,房屋价值亦将随的年数而价格越来越发低落;第三项因素为房屋所处地段率的因素,反映出房屋所处地理位置所造成的价格高低,这是一项不断变动并且影响房屋税基计算相当大的因素,房屋建筑物在市场上价格会随着房屋所处地段各种外在因素,包括人口流动与房屋建筑供给量的增加或减少、嫌恶设施(如殡仪馆或火葬场)或者喜好设施(如公园、百货公司、捷运等公告设施)的迁入或迁出、商业或产业的变迁或发展(如上班人潮),因此而有所变化,当房屋所处地段,因为人口流入净增加、房屋供给量变少、嫌恶设施迁走、喜好设施迁入、因产业或商业发展而使本地段增加更多之工作机会时,房屋纵使在建造完成时的标准价格已经确定,房屋也会随着房屋年龄数之增加而有折旧;本来价格应该会有所跌落,却因为坐落在此一优良地点卓越的好地段,仍将会具有所谓稀有物品之"保值性"或甚至具有高度增值的潜力。从而,房屋价值在市场上之价格,并不必然会因为房屋折旧而价格跌落,反而有可能随着房屋所在之坐落地段,因为物品稀有而有价格上扬的高度可能。特别就是那些在认定标准中所提出来的"高级住宅"(豪宅),其房价上扬将更加显著。

总结而言,所谓房屋构造标准单价,应该要如实反应,房屋在建造时的建筑成本,这才符合作为事实认定性之行政规则的标准。但台北市借由调整"台北市房屋标准价及房屋现值评定作业要点”之规定,达到调整房屋税基并据以加税的目的,是借由事实认定性之行政规则的外观,实际涉入房屋税基应由“议会”制定或授权“法规命令”规范的重要事项,在此范围内,台北市之做法即有违反依法课税原则之嫌疑。

中国台湾地区个人持有房地产交易所得课税问题探讨

吴德丰*

一、前言

几乎个人所拥有的一切动产、不动产及无实体财产,包括房屋、土地、家具、艺术品、股票、债券等,无论是否供个人使用或是否以投资为目的,当出售或转让时,其售价超过调整后的取得成本,称为资本利得(capital gain),为个人所得税的课税范围。

台湾地区财产交易的资本利得,台湾地区"税法"上称为"财产交易之增益",为台湾地区境内来源所得(台湾地区"所得税法"第8条第7款),或称为"财产交易所得",其定义为"纳税义务人并非为经常买进、卖出之营利活动而持有之各种财产,因买卖或交换而发生之增益"(台湾地区"所得税法"第9条)。

台湾地区对于地上建有房屋的不动产移转,对房、地分开课税。纵然一笔不动产实际上系房屋及土地合并交易,但土地涨价部分,课征土地增值税(以下简称土增税)属"地方税";房屋价值增益部分,则课征财产交易所得税,属"中央税"。然而,自2016年1月1日起实施所谓的"房地合一实价课征所得税"新制,以实际成交价格减除实际成本及费用后的余额,作为所得额课征所得税。符合新制课征所得税的房地,排除旧制房屋交易课征所得税的适用。至于土地部分,仍应课征土增税,呈现新旧制并存的现象。

税捐征课,主要在于纳税主体与课税客体的确定,资本利得的范围甚为广泛,其所有权人可区分为自然人、法人或其他形式的组织(例如,在台湾地区特有的所有权人为祭祀公业、土地公庙等)。本文仅聚焦于探讨个人(自然人)持有不动产出售或转让的资本利得课税问题。

二、现行个人持有房地产交易所得课税

个人持有房地产交易的所得课税,原则上,土地增值部分课征土增税,房屋增值并入个人综合所得课税;符合特定条件的不动产交易,自2016年1月1日起课征"房地合一

* 资诚联合会计师事务所税务法律服务、执业会计师,东吴大学副教授。

实价课征所得税”。兹就三种情形说明如下：

(一)土地交易所得课土地增值税

土地增值税系对已规定地价的土地，于土地所有权移转时就其土地涨价总数额征收，为台湾地区“土地税法”第28条(台湾地区“平均地权条例”第36条)所规定。因为土地所有权移转，其土地涨价利益业已实现，故应予课征土增税。

1. 课税所得额(土地涨价总数额)

土地涨价总数额的计算公式如下：

土地涨价总数额 = 售价 - 调整后成本 - 费用

售价：台湾地区“税法”称为移转现值，在通常情形下，为当局每年1月1日公告的土地现值。原则上，土地移转以该公告现值为计税依据，例外情形有：法院拍卖土地或行政机关照价收买的土地，其拍定价格或实际收买价格低于公告现值者，按拍定或实际价格作为售价。

调整后成本：称为“原地价”或“原规定地价或前次移转时核计土增税的现值”。规定地价后，未经过移转的土地，其原规定地价。规定地价后，曾经移转的土地，其前次移转时计征土增税的现值。原地价应按消费者物价指数予以调整。

费用：指地主为改良土地所支付的全部费用，包括土地改良费、已缴纳的工程受益费、土地重划负担总费用及因土地使用变更而无偿捐赠作为公共设施用地，其捐赠土地的公告现值总额。

2. 税率结构

(1)一般税率土增税采累进税率课征，其税率结构如下：土地涨价总数额超过调整后成本未达100%者，就其涨价总数额征收土增税20%；超过100%以上未达200%者，其超过部分课征30%；超过200%以上者，其超过部分课征40%。

(2)自住用地税率：所谓自用住宅，指土地所有权人或其配偶、直系亲属于该地办竣户籍登记，且无出租或供营业用之住宅用地。土增税自用住宅税率为10%，可分为一生一次与一生一屋两种[请详(四)土地增值税的优惠措施]。

3. 土地增值税的优惠

(1)减征、免征与不课征

土地移转有应课征土增税者，其税额计算如上所述；有减征土增税者；有免征土增税者；有不课征土增税者。免征与不课征的区别在于，该土地再次移转时，其计算土增税的原地价认定。免征土增税的土地再次移转时，原则上，以前次移转时的公告土地现值为原地价，计算涨价总数额，课征土增税；不课征土增税之土地再次移转时，以该土地第一次不课征土增税前的原地价计算涨价总数额，课征土增税。兹就土增税的减征、免征与不课征的范围分述如下：①

① 颜庆章等：《租税法》(第3版)，自版，第621～626页。

A. 减征

a. 重划①及区段征收②的土地,于重划后及区征收领回抵价地后第一次移转,减征40%。

b. 长期持有的土地移转:持有土地年限超过20年以上者,就其土增税超过最低税率部分减征20%。持有土地年限超过30年以上者,就其土增税超过最低税率部分减征30%。持有土地年限超过40年以上者,就其土增税超过最低税率部分减征40%。

B. 免征

a. 因继承而移转的土地。

b. 各级行政机关出售或依有关规定赠与的公有土地,及受赠的私有土地。

c. 私人捐赠供兴办社会福利事业或依有关规定设立私立学校使用的土地。

d. 被征收的土地。

e. 依台湾地区"都市计划法"指定的公共设施保留地,尚未被征收前的移转。

f. 依有关规定得征收的私有土地,土地所有权人自愿按公告土地现值的价格售与需地机关。

g. 区段征收的土地,以抵价地补偿其地价或以现金补偿其地价者。

C. 不课征

a. 配偶相互赠与的土地。

b. 土地为信托财产,因信托行为成立、受托人变更、信托关系消灭时,于各信托关系人间移转土地所有权。

c. 作农业使用的农业用地,移转与自然人。

(2)自用住宅用地优惠

土地所有权人出售其自用住宅用地,按10%税率计征土增税。适用自用住宅用地税率课征土增税有两种类型,适用条件不同,分述如下:

A. 一生一次的自用住宅用地税率

a. 都市土地面积未超过3公亩部分或非都市土地面积未超过7公亩部分,超过部分的土地涨价总数额,按一般税率课征。

---

① 土地重划分为市地与农地两种。市地重划,是依照都市计划规划内容,将一定区域内,畸零细碎土地,加以重新整理、交换分合,并兴建公共设施,使成为大小适宜、形状方整,各宗土地均直接临路且立即可供建筑使用,然后按原有位次分配予原土地所有权人。农地重划,系将一定区域内不合经济利用的农地加以重新整理,予以交换分合,并同时配合兴修水利,改良灌溉排水、配置农水路,以改善生产环境,扩大农场规模,增进农地利用的一种综合性土地改良。

② 区段征收是行政机关基于都市开发建设、旧都市更新、农村小区更新或其他开发目的的需要,对于一定区域内土地全部予以征收,并重新加以规划整理后,由行政机关取得开发目的所需土地及公共设施用地,其余可供建筑土地,部分供作原土地所有权人领回抵价地,部分让售或拨供需地机关使用,剩余土地,则办理公开标售、标租或设定地上权,以处分土地的收入偿还开发总费用。

b. 出售时户籍设于该地；出售前一年内，不曾供营业使用或出租。

c. 自用住宅(房屋)的评定现值(房屋税的课税现值)不及所占基地公告土地现值10%者不适用。但自用住宅(房屋)建筑工程完成满一年以上者不在此限。

d. 适用自用住宅用地10%税率缴纳土增税者，以一人一生一次为限。

B. 一生一屋的自用住宅用地税率

土地所有权人适用一生一次的自用住宅用地10%税率后，再出售其自用住宅用地，符合下列各款规定者，不受一生一次的限制：

a. 出售都市土地面积未超过1.5公亩部分或非都市土地面积未超过3.5公亩部分。

b. 出售时土地所有权人与其配偶及未成年子女，无该自用住宅以外的房屋。

c. 出售前持有该土地6年以上。

d. 土地所有权人或其配偶、未成年子女于土地出售前，在该地设有户籍且持有该自用住宅连续满6年。

e. 出售前5年内，无供营业使用或出租。

(二)房屋交易所得课征所得税

个人出售土地的所得免纳所得税(台湾地区“所得税法”第4条第1项第16款)，出售房屋的所得则应并入出售年度的其他所得，合并申报缴纳个人所得税，其税率从5%~45%，视综合所得额而定。现行个人的房屋交易所得额，按下列3种方式计算。

1. 有实际交易价格及成本可资查核者：按查得的资料核实认定。

2. 未依规定申报或数据不完整者：不动产交易大多房屋、土地合并出售，按总价成交，实务上甚少区分房屋、土地的个别价格。因此，稽征机关仅查得或纳税义务人仅提供交易时的房地总实际成交金额，而无法证明原始取得成本，在台北市房地总成交金额新台币7000万元以上、新北市6000万元以上、台北市及新北市以外地区4000万元以上者，以查得的实际房地总成交金额，按出售时的房屋评定现值占公告土地现值及房屋评定现值总额的比例计算归属于房屋的收入，再以该收入的15%作为出售房屋的所得额。

3. 无数据可供查核者，按固定比率计算其所得额：以台北市为例，经认定为高级住宅者，按房屋评定现值的46%为其所得额；高级住宅以外的房屋，按房屋评定现值41%为其所得额。

(三)房地合一实价课征所得税新制

1. 课税范围

个人自2016年1月1日起交易下列房屋、土地，应依规定计算房屋、土地交易所得，课征所得税，排除台湾地区“所得税法”第4条第1项第16款免征所得税的规定：

(1)个人在2014年1月2日以后取得，且持有期间在2年以内的房地。

(2)个人在2016年1月1日以后取得的房屋、土地。

(3)个人在2016年1月1日以后取得，以设定地上权方式的房屋使用权，其交易视同取得房屋交易。

2. 免税规定

符合下列情形之一者,免纳所得税。

(1)自住房地:个人与其配偶及未成年子女符合下列规定之自住房屋、土地,但以依有关规定计算的所得额,减除依台湾地区“土地税法”计课土增税的张价数额后,其余额以不超过新台币400万元为限。

(2)农业用地:符合农业用地移转不课征土增税规定的农用土地(台湾地区“农业发展条例”第37条及第38条之1规定得申请不课征土增税的土地)。

(3)被征收或被征收前先行协议价购之土地及其土地改良物。

(4)依台湾地区“都市计划法”指定的公共设施保留地,在尚未被征收前移转。

3. 课税所得额计算

个人依规定计算房屋、土地交易所得,减除当次交易依台湾地区“土地税法”规定计算之土地涨价总数额后之余额,应按规定税率计算应纳税额申报纳税,不并计综合所得总额。其交易所得计算方式如下:

(1)出价取得:房屋、土地交易所得 = 交易时成交价额 - 原始取得成本 - 因取得、改良及移转而支付之费用。

(2)继承或受赠取得:房屋、土地交易所得 = 交易时成交价额 - 继承或受赠时之房屋评定现值及公告土地现值按行政机关发布之消费者物价指数调整后之价值 - 因取得、改良及移转而支付之费用。

4. 税率

(1)台湾地区境内居住之个人:持有房屋、土地之期间在1年以内者,税率为45%。超过1年,未逾2年者,税率为35%。超过2年,未逾10年者,税率为20%。超过10年者,税率为15%。因调职、非自愿离职或其他非自愿性因素,交易持有期在2年以下之房屋、土地者,税率为20%。个人以自有土地与营利事业合作兴建房屋,自土地取得之日起算2年内完成并销售该房屋、土地者,税率为20%。自住房屋、土地,按本项规定计算之余额超过400万元部分,税率为10%。

(2)非台湾地区居住之个人:持有房屋、土地之期间在1年以内者,税率为45%。超过1年者,税率为35%。

三、房地产交易所得课税制度分析

房屋、土地交易所得,原为所得税的课税范畴,因为台湾地区规定:土地价值非因施以劳力资本而增加者,应由当局征收土地增值税,归台湾居民共享之。因此,一笔不动产交易强制分割为:原所有权人所获得的土地涨价利益,应依台湾地区“土地税法”规定课征土地增值税,属于“地方税”;房屋交易所得课征所得税,属“中央税”。

2001~2010年,台湾地区房地产飙涨速度惊人,据房地产专业中介公司统计,台湾地区平均上涨幅度100%,台北市最大平均涨幅150%。由于购屋贷款快速攀升,严重排挤其他消费,影响经济成长。房地产价格上涨,企业的工厂和办公室,全都被迫提高租金,生产成本推高,出口商品失去竞争力。[①] 为遏制此一不正常现象,2011 年 6 月 1 日出台台湾地区"特种货物及劳务税条例",针对短期持有的房屋、土地出售,课征特种货物劳务税(以下简称房地特消税),持有期间在 2 年以内者,就其房地交易总额课征 10%;持有期间在 1 年以内者,税率为 15%。嗣因自 2016 年 1 月 1 日起实施"房地合一实价课征所得税"新制,该房地特消税同日起停止课征。兹就"房地合一实价课征所得税"新制分析及新、旧制比较如下:

(一)"新制房地合一实价课征所得税"分析

1. 以新制"房地合一实价课征所得税"取代房地特消税

"房地合一实价课征所得税"新制,系为取代房地特消税而制定,增加土地交易所得税,而旧制土增税、房屋交易所得税仍维持课征。然而在计算房地交易所得时,可扣除计征土增税的涨价总数额,以免旧制土增税与新制"房地合一实价课征所得税"重复课税。[②]

2. 以实际交易价格取代拟制价格

土增税的课征虽以所得税的概念课征土地涨价总数额,但涨价总数额的计算,其售价与成本都以公告土地现值作为依据,与土地出售人实际获得的涨价数额,可能差距甚大,因为售价与成本都是拟制的价格,与实际交易价格有所差异。甚至实际亏损,而在公告土地现值调高期间申报,依有关规定计算而有应纳税额的情形。然而,新制"房地合一实价课征所得税"系以房地出售人实际获取的涨价利益为课税标的,较切合实际。新制容许计算土增税的价总数额自实际涨价利益中扣除,符合课税合理原则,值得赞许。

论者谓何不以土增税的税额,自新制的应纳所得税额中减除。因为土增税的应纳税额系由土地涨价倍数决定税率(20%、30%、40%)及自用住宅的较低优惠税率,得出查定税额后,尚应减除长期持有的减征、重划或区段征收后移转的减征等,因此,以房地合一实价课税的涨价利益中减除土增税的涨价数额,反而是一项公平合理的措施。

土增税为台湾地区地方当局重要的施政财源,新制房地合一实价课税为"中央税收",并未改变土增税的税基与税率,各地的税课收入不受影响,亦符合涨价归公的精神。

房地合一实价课税,旨在打压不合理的房价上涨,虽失去量能课税的意义,但瑕不掩瑜,仍具有其阶段性意义,唯应建立退场机制,并彻底改革现行房地课税的拟制价格,全面改按房地合并实价课税,达到公平合理负担的境界。

3. 以房地合并课税取代房地分开课税

地上有建物的不动产交易,绝大多数以房地合并出售,并未区分房屋、土地价格,旧制

---

① 资料来源:载痞客邦:http://joejoeyourmoney.pixnet.net/blog/post/109131433-%E6%88%BF%E5%9C%B0%E7%94%A2%E9%A3%86%E6%BC%B2%E6%98%AF%E6%89%BC%E6%AE%BA%E5%8F%B0%E7%81%A3%E7%B6%93%E6%BF%9F%E7%9A%84%E4%B8%BB%E5%9B%A0,最后访问日期:2017 年 7 月 3 日。

② 余文彬:《个人改征事业房地合一税问题》,载《税务旬刊》第 2317 期。

土地部分课征土增税,房屋部分课财产交易所得税;新制则为房地合一,实价课征所得税。

4. 以持有期间决定税率取代以所得额决定税率

旧制土增税系以土地涨价数额的倍数决定税率,除自用住宅用地及免征土增税的土地以外,涨价倍数在1倍以内者课征20%,超过1倍未达2倍者30%,2倍以上者40%;房屋部分,则取决于个人综合净所得的高低,最高适用45%税率(台湾地区“所得税法”第5条)。新制原则上以持有期间决定税率高低,例如,持有房、地期间在1年以内者45%、超过10年者15%,其抑制短期投机、防杜炒作不动产的意旨非常明显。对于短期内非自愿性因素的出售房、地(如调职、非自愿性的离职),鼓励促进土地利用的合建分屋出售房屋,则有适用较低税率的规定。

以持有期间长短决定税率高低,持有期间越短者,税率越高,与量能课税原则有所违背,但在抑制短期炒作不动产,确实已达到打压房价效果。新制房地合一实价课征所得税开始实施时,台湾地区各地行政机关在课征房屋税的评定价格,及课征地价税的公告地价已陆续调高,尤其台北市不仅调高房屋税与地价税的税基,尚针对持有三户以上房屋提高房屋税率,形成万箭齐发,不动产价格明显受到控制,影响营建业的成长与发展。营建业向有火车头工业之称,其他产业因营建业萧条而受到负面冲击,台湾居民就业及经济成长因而受到影响。

(二)新旧税制比较

上述不动产移转的新、旧税制,并非完全以新制取代旧制,而是符合特定条件的不动产交易始适用新制;不符合特定条件者,仍按旧制课税,呈现新、旧税制并存。旧制,土地系按公告土地现值所计算的土地涨价总数额课征土增税,不纳入所得税课税范围,仅就房屋部分计算财产交易所得课税;2016年1月1日起实施新制,房屋、土地均应按实价计算交易所得课税。兹将新旧制比较见表1:

表1

项目	旧制(财产交易所得)	新制(房地合一实价课征所得税)
课税范围	土地:免纳所得税。 房屋:按实价课征所得税。纳税义务人应核实申报财产交易所得。未依规定申报或资料不完整者,按房屋评定现值设算财产交易所得课税	自2016年1月1日起交易下列房屋、土地者,所得合一按实价课税: 1. 2014年1月2日以后取得,且持有期间在2年以内。 2. 2016年1月1日以后取得。 2016年1月1日起取得以设定地上权方式的房屋使用权,视同房屋交易课征所得税
课税所得额(税基)	房屋收入-成本-费用	房、地收入-成本-费用-依土地税法计算的土地涨价总数额

续表

项目	旧制(财产交易所得)	新制(房地合一实价课征所得税)
境内居住者税率	并入综合所得总额按5% ~45%累进税率课税	1. 依持有期间认定:持有期间在1年以内者45%;超过1年,未逾2年者35%;超过2年,未逾10年者20%;超过10年者15%。 2. 因非自愿因素:符合台湾地区财政主管部门公告的调职、非自愿离职或其他非自愿性因素,交易持有期间在2年以下的房地:20%。 3. 以自有土地与营利事业合作兴建房屋,自土地取得之日起算2年内完成并销售该房屋、土地:20%。 4. 符合自住房地优惠适用条件,课税所得超过400万元部分:10%
非境内居住者税率	按所得额20%扣缴率申报纳税	依持有期间认定: 1. 持有1年以内:45%。 2. 持有超过1年:35%
自用住宅优惠	无	1. 个人或其配偶、未成年子女设有户籍、持有并居住连续满6年且无出租、供营业或执行业务使用。 2. 课税所得在新台币400万以下免税;超过新台币400万元部分按10%课税。 3. 6年内以1次为限
盈亏互抵	纳税义务人、配偶及申报受扶养亲属财产交易损失,其每年度扣除额以不超过当年度申报之财产交易所得扣除;当年度无财产交易所得可资扣除,或扣除不足者,得以以后3年度之财产交易所得扣除之	个人房屋、土地交易损失,得自交易日以后3年内之房屋、土地交易所得减除之。 免纳所得税之房屋、土地不适用。 新旧制之房屋土地交易损失不得互为减除
申报方式	1. 境内居住者:于交易次年5月并入综合所得总额办理结算申报。 2. 非境内居住者: (1)于交易次年5月申报期开始前离境,应在离境前申报纳税。 (2)在交易次年5月申报期限内尚未离境,应在5月办理申报纳税	分离课税,不并计综合所得总额,自完成所有权移转登记日的次日起算30天内申报纳税

四、房地产交易所得课税与经济成长

经济合作暨发展组织(Organization for Economic Co-operation and Development,OECD)于2010年出版《租税改革与经济成长》一书指出,各种课税对经济成长造成不同程度的伤害,其伤害程度依序为:公司所得税最大,个人所得税其次,消费税再次,不动产课税最不具伤害。

国际货币基金组织针对69个国家,在至少20年期间(1970~2009年)之观察,于2012年发表《租税结构与经济成长研究报告》结论:就长期而言,调降消费税及财产税,同时调高所得税,导致经济成长趋缓;社会安全捐及个人所得税与公司所得税比较,社会安全捐及个人所得税对经济成长更具负面影响;调降所得税同时调高财产税,对经济成长具有正面影响;调降所得税同时调高加值型营业税及销售税,促使经济快速成长。[①]

所谓"不动产课税最不具伤害",指对不动产定期课征的持有税,对经济成长最不具伤害,如台湾地区的房屋税、地价税。然而,"房地合一实价课征所得税"新制,以个人持有期间长短决定税率,课征于不动产交易所得,依上述国际货币基金组织的研究结论,对经济成长最具负面影响。况且,该"房地合一实价课征所得税"新制并非以所得额高低决定税率,违背量能课税的公平负担原则。若以不动产持有税取代交易所得税,加重不动产持有成本、降低持有意愿,对抑制房地产价格上涨,更具立竿见影效果。

五、结语

台湾地区"所得税法"课征部分的土地交易所得、全部的房屋交易所得,而房屋交易所得的课税所得额方面,部分为实际交易价格,部分为拟制价格;房地合一实价课税部分系以持有期间长短决定税率,并与其他所得分离课税,而旧制房屋交易所得则应并计综合所得课税;另外,土增税大部分以拟制的交易价格(公告土地现值)计征,失去量能课税的意义。然而,新制具有补充旧制不足的功能,维持涨价归公的精神,虽违背量能课税原则,但仍具有其阶段性意义。唯应建立退场机制,并彻底改革现行房地课税的拟制价格,全面改按房地合并实价课税,达到公平合理负担的境界。

不动产具有不可移动和无法隐匿等特性,每一笔不动产都具有无可取代的独特性,例如,方向、采光、楼层高低、空气流通、地理环境等,纵然是不动产专业估价,亦难评估其最合理、最适当的移转价值。因此,不动产交易所得课税,宜整合现行台湾地区"所得税法"与"土地税法"相关规定,全面改按"房地合一实价课税"。至于税率的决定,不动产交易既属财产交易所得范畴,自应以量能负担为考虑因素,持有期间较长者,可考虑适度减征,而非完全以持有期间长短决定税率高低。

不动产税课,无论持有的定期财产税或移转的资本利得课税,宜制定专门规定予以规范,加重不动产持有人的负担,降低持有不动产的诱因,才是正本清源之道。甚至定期课征的周期性持有税,亦应将房、地合并课征不动产财产税,较能让纳税人对财产价值与纳税数额产生直接的连接,提高纳税意愿。

---

① 税务旬刊2257期社论:《税制调整应有助于经济成长才是正确方向》,载《税务旬刊》第2257期。

中国台湾地区不动产交易所得税“房地合一”新制之税基认定问题

——以量能平等课征原则检视

黄若清*

一、制度背景

中国台湾地区与不动产相关之税目,可分为对不动产交易所生增益课征之“所得税”,如过去之土地增值税、房屋交易所得税,与新实施之房地合一税;有对于不动产之“潜在收益”课征之“财产税”,如土地税、房屋税,及台北市课征之豪宅税;有对不动产“交易”征之交易税,如土地契税、房屋契税。按纽马克(Neumark)所言:“没有任何税比所得税更为民主、更富人性及社会性。”①系因所得税以所得归属者为中心,考虑其个人生存所需与家庭扶养负担,而被认定最符合量能课税原则之精神,②故引发本文探讨不动产所得税之兴趣。

过去长久以来台湾地区之不动产交易所得,采取土地、房屋分别课征:土地交易所得,分离于台湾地区“所得税法”课征土地增值税(参见台湾地区“土地税法”第28条、台湾地区“所得税法”第4条第1项第16款),为地方税;房屋交易所得,属于财产交易所得之一种,与其他所得合并计算课征综合所得税或营利事业所得税。土地增值税与不动产交易所得税税基系以当局推估之“土地公告现值”与“房屋评定现值”认定,以出售当时之推估价值扣除取得推估价值与相关成本费用后,作为税基,唯该推土地与房屋推估之价格平均仅约市价之60%,偏离实价甚低,产生诸多不合理现象,如实际交易价格与推估

* 东吴大学法律研究所三年级生,具台湾律师资格。

本文为供第二十七届海峡两岸税法研讨会之与会论文,请稍勿引用,完成日期:2017年8月13日。

① Neumark, Theorie und Praxis der modernenEinkommensbesteuerung, 1971, S. 1., 转印自葛克昌:《综合所得税与宪法,收入所得税与宪法》(第3版),台北,翰芦图书出版有限公司2009年版,第29页。

② 葛克昌:《量能原则与所得税法》,载《税法基本问题——财政宪法篇》(第2版),台北,元照出版有限公司2005年版,第170页。

价格之价差,虽为出卖人之所得,该部分却毋庸课税;土地公告现值因一年调整一次,若于同一年度买卖土地则税基为 0,免于课征土地增值税等种种不合理,且对炒房投机者存在赚取不动产交易所得暴利却仅需负担低廉税负之诱因。

当局即开始进行一系列税捐改革,首先于 2011 年施行"特种货物及劳务税"(奢侈税),针对持有土地未满 2 年出售之土地,课征以管制为目的之不利税捐,以抑制土地炒作投机。唯实际运作下,却因制度考虑不周全引起成交量萎缩,未能达成抑制房价之政策目的,且对于非投机者多有误杀之情形,现已由房地合一税接轨而落日。[①] 2012 年开始实施"实价登录"制度,令每年将近 300 万件登记案件中之买卖契约书所载价额登记,使交易价格信息公开透明化,期望能建构合理房地产市场价格,杜绝房屋价格哄抬及炒作,并作为课税参考依据。最重要者,2015 年台湾地区"所得税法"中有关"房地合一"制度修正条文确立新制,[②]而此次修正系属不动产所得税之大幅修正,对于税基认定改以买卖实价计算,取代过去以推计标准计算,为少见加税的税改,不动产所得税负因此不再偏低。

二、问题意识

(一)台湾地区不动产交易所得税"房地合一课税"新制,其法律性质为何,究属管制诱导性不利性租税,或以财政收入为目的之税法?[③]

(二)房地合一新制下,仍因保障各地财政、保留土地增值税租税优惠等考虑,保留土地增值税与房地合一新制并课,再于房地合一税中扣除土增税税基,如此就土地重复以两种税目课征、再予减除,其正当性为何?

(三)若废除土地增值税由房地合一税全面替代,因房地合一税为所得税,而为"国税",此时如何解决各地财政漏洞之问题?

(四)房地合一税之税基将独立之房屋、土地民法上两物,合并认定"房地合一"一个税基,是否产生税法与民法规范之冲突?

(五)房地合一税一改过去以推计标准认定税基,改采核实认定,唯就房屋土地实际价值之调查应如何与"实价登录机制"配合,又有何法律问题?

三、量能课税原则为税法之结构性原则

(一)量能课税原则之具体内容

所谓量能课税原则(Leistungsfähigkeitsprinzip),可谓"依据负担能力而平等课税之原则"(PrinzipgleichmäßigerBesteuerungnach der Leistungsfähigkeit),[④]即纳税义务人之税捐

---

① 葛克昌:《房地产奢侈税与宪法》,载《税务旬刊》2161 期。

② 台湾地区"所得税法"增订第 4 条之 4、第 4 条之 5、第 14 条之 4 至第 14 条之 8、第 24 条之 5、第 108 条之 2 及第 125 条之 2 条文;并修正第 126 条。

③ 葛克昌:《法律原则与税法裁判》(下),载《台湾法学杂志》2008 年第 115 期。

④ 柯格钟:《论量能课税原则》,载《成大法学》2007 年第 14 期。

负担应依其负担能力加以衡量,[①]台湾地区"纳税者权利保护法"第5条亦明定"纳税者依其实质负担能力负担税捐,无合理之政策目的不得为差别待遇"。指出每人税捐给付义务之有无及范围,应取决于纳税者之经济上负担能力。若为以财政收入为目的之租税规范,应以量能平等负担为结构性原则;诱导管制性租税则以牺牲量能课税原则作为经济诱因以达成经济社会政策目的,应审查该目的之正当性与是否符合比例原则。[②] 是以,税法以量能课税原则形成一连串之价值体系链,从上而下贯串整部税法以符合税捐正义。

(二)量能课税原则衍生之子原则

1. 客观净值原则

所谓客观净值原则,与税基之计算有关,系指税基应以扣除相关成本、费用后之净额计算。客观净值原则属于量能原则之具体化要求,具有普遍性效力,立法者同时受到客观净值原则之拘束而不能借由立法裁量摆脱。[③] 如所得税之税基,应以"所得净额"认定,而非"所得毛额",此种扣除规定并非立法者体恤弱势者地位而给予之税捐优惠,盖纳税义务人为获取收入必须先行支付必要之成本费用,且可能承担亏损,在成本费用及损失额之范围皆本不属于纳税义务人具有负担能力之范围,国家自不得参与分配。另外,可减除之成本费用应限于与获取收入之经济活动具关联性者,始符"收入与成本费用间之关联性原则"。[④]

2. 主观净值原则

所谓主观净值原则,系指税基应减除纳税义务人"为自身与家庭所支出维持生活所需之费用"之余额计算。此原则源于社会主义思想及台湾地区宪制性规定第15条生存权与人性尊严保障,维护生存所为之支出范围构成"课税禁区"当局不得加以分配,减除生存所需费用绝非税捐优惠。[⑤] 居民赚取收入,首先需要用以维生,且依台湾地区"民

---

① 葛克昌:《综合所得税与宪法》,载《所得税与宪法》(增订版),2003年,第10页以下;陈清秀:《税法总论》(第3版),2004年,第23页以下;柯格钟:《论量能课税原则》,载《成大法学》2007年第14期。

② 黄奕超:《量能原则在德国之历史发展》(上)(下),载《司法周刊》2011年第1559期、第1560期。

③ Joachim Englisch:《客观净额所得原则的宪法基础以及界限》,邱晨译,载《成大法学》2016年第31期。

④ 柯格钟:《论量能课税原则》,载《成大法学》2007年第14期。

⑤ 过去台湾地区司法机构释字第415号解释,台湾地区"所得税法"有关个人综合所得税"免税额"之规定,其目的在以税捐之优惠使纳税义务人对特定亲属或家属尽其扶养义务。之错误认识,扣除现实扶养额绝非税捐优惠,而系为符合量能课税原则之诫命,系负担能力衡量之当然扣除。进一步参照葛克昌:《租税国家之婚姻家庭保障任务》,载《月旦法学》2007年第142期;黄士洲:《婚姻、家庭的制度性保障与夫妻所得合并申报——所得税对婚姻、家庭制度的承接与干预》,载《月旦法学》2010年第176期;柯格钟:《论免税额与扣除额之意义》,载《月旦裁判时报》2014年第28期;李建良:《扶养亲属免税额之认定与租税法律主义——释字第692号解释》,载《台湾法学杂志》2011年第189期;柯格钟:《论个人综合所得税之免税额》,载《月旦法学》2007年第142期。

法”亦对于亲属有扶养义务之诫命，[①]故税捐负担能力之衡量，至少应减除其维持自身与家庭成员最低生存需求之费用，始为纳税义务人能自由支配之所得。台湾地区“纳税者保护法”第 4 条第 1 项即明文“纳税者为维持自己及受扶养亲属享有符合人性尊严之基本生活所需之费用，不得加以课税。”即为主观净值原则之实践，参制定理由，指出《经济、社会、文化权利国际公约》要求缔约方应维持劳工及其家属符合基本生活水平，是纳税者为维持其个人及受扶养亲属的人性尊严及基本生活之水平所需之费用部分，有不受课税之权利。

（三）房地合一新制属于财政收入为目的之税捐应以量能课税原则审查

1. 以财政收入为目的之税法

台湾地区学说与实务见解普遍肯认以量能课税原则作为审查税捐负担正义之结构性原则，使税法规范具有实质正当性基础。[②] 民众缴纳税捐，因与行政机关提供之服务不具个别对价关系，统筹统支编入预算使有关组织运转及发挥功能，是以财政目的为税法之主要目的，[③]且应以负担正义为最高指导原则；反之，税捐优惠或加重税捐负担之管制诱导性规范，本质即透过较轻或较重的税负作为管制手段，借此诱导、左右纳税义务人之行为，其主要目的并非财政目的，而为追求其他政策目的，构成量能课税原则之牺牲，故审查上应针对该社会政策目的检视其存在何种更优先重大之公共利益，而可以牺牲量能课税原则，次应以比例原则检查该管制诱导性规范之形成效果，有无侵害纳税义务人之工作权、一般行为自由权或财产权等基本权之情形，且对于量能课税原则之牺牲亦不得过度，制定者皆应负说理义务。[④]

2. 房地合一新制为财政目的之税法

房地合一新制之法律性质，是否为财政目的之税法，而应符量能课税原则之要求？本文认为应其制定目的与规范内容加以检视。

---

① 参见台湾地区“民法”第 1114 条：下列亲属，互负扶养之义务：(1) 直系血亲相互间。(2) 夫妻之一方与他方之父母同居者，其相互间。(3) 兄弟姊妹相互间。(4) 家长家属相互间。明文规定亲属间有扶养义务。

② 学说赞成见解如葛克昌：《量能课税原则与所得税法》，载《税法基本问题——财政宪法篇》（增订版），台北，2005 年版，第 155 页以下；黄茂荣：《税捐之概念及其种类》，载《税法总论》（第 1 册）（增订二版），台北，植根法学丛书编辑室 2005 年版，第 2 页；陈清秀：《税法总论》（第 9 版），台北，元照出版有限公司 2016 年版，第 36 页以下；实务赞成见解如：台湾地区司法机构“大法官”解释第 565 号理由书（节录）：“依租税平等原则纳税义务人固应按其实质税负能力，负担应负之税捐。”展现对于量能课税原则之认同；“最高行政法院”1990 年判字第 369 号（节录）：“所得税系量能课征，所得增加，其负担租税能力当然增加；至于损失及费用部分，依租税公平原则，应以合理者为限，如系不合理之损失及费用，稽征机关自无从准予认列。”

③ 柯格钟：《论税捐正义的追寻：从宪法平等原则到税法量能课税原则的路径》，载《台湾大学法学论丛》2016 年第 45 期。

④ 葛克昌：《法律原则与税法裁判》，载《所得税与宪法》（第 3 版），台北，翰芦图书出版有限公司 2009 年版，第 567 页。

首先，税法虽以财政目的为主要目的，但仍可附随其他政策目的，[①]制定目的中载明“以建立合理税制、抑制短期炒作并健全不动产市场为目标”[②]应仅为附随目的，虽房地合一税看似是对于不动产交易所得者之加税规定，但台湾地区过去不动产所得税因推计税基偏离实价致税负过低，此次房地合一主要目的在于对不动产交易所得回归核实课征。[③] 早于房地合一新制前，台湾地区对不动产交易行为课征管制性目的之奢侈税（特种货物及劳务税），对一年内短期不动产交易之销售价格按最高15%税率，无论实际交易盈亏均予以不利性重课，导致资金雄厚之炒房者容易规避、短期急需资金周转之弱势者反被课税，未能达成原本打击炒房之目的，且牺牲量能平等负担原则过巨。是以，管制诱导性税捐之制定应高度审慎，须具正当且重大公益目的，尚须符合比例原则确认有助于目的之达成，不得对量能课税原则过度牺牲。[④] 又房地合一新制将税收按台湾地区“所得税法”第125条之2应房地合一税收扣除由当局统筹分配予地方之余额，循预算程序用于住宅政策及长期照顾服务支出。参房地合一课征所得税税课收入分配及运用办法总说明，[⑤]就税收用途分配，指出为预算筹编弹性及资金运用效能允许统筹分配，剩余部分用于长照与住宅政策则为指定用途税，具有确保当局用于当时设置目的之功能，[⑥]唯应注意指定用途税与税捐客体间是否具有合理关联性。房地合一部分预算用于住宅政策尚属妥适，[⑦]唯长期照顾服务部分[⑧]是否与房地合一税收内容具合理关联性，似待进一步厘清。

其次，观察房地合一具体内容，其对象系对所有构成房屋土地交易所得者课征，免税额、税率与均与过去不动产所得税相同，仅税基部分摆脱过去以推计标准认定而改以交易实价额课征，忠实反映个案实际交易所得，且税率亦未较他种资本利得税重，故内容上

---

① 税法作为财政收入工具外，同时可以协助其他目的达成，如综合所得税累进课征系为达成所得重分配此一社会目的。葛克昌：《论公法上金钱给付义务之法律性质》，载《行政程序与纳税人基本权》，北京大学出版社2005年版，第36页。

② 参见台湾地区立法机构法律系统：http://lis. ly. gov. tw/lglawc/lglawkm，最后访问日期：2017年8月13日。

③ 台湾当局财政事务主管部门负责人张盛和先生亦强调：“房地合一实价课征的改革，不是为了打房，而是要改正现行税制的缺失。”

④ 葛克昌：《房地合一税及其宪法课题》，载《会计师季刊》2016年第267期。

⑤ 房地合一课征所得税税课收入分配及运用办法总说明，系依台湾地区“所得税法”第125条之2授权台湾地区财政主管部门会同内政主管部门及卫生福利主管部门定之，属于有关规定授权所订定之“法规命令”，为台湾地区司法机构释字第443号解释理由书所称之相对性法律保留。

⑥ 袁义昕：《从比较法观点论特种货物及劳务税条例》，载《中原财经法学》2012年第29期。

⑦ 按前揭总说明，所谓住宅政策，系指运用于住宅贷款利息差额补贴、承租住宅租金补贴、兴建及修缮住宅费用补贴、补助地方兴办住宅相关支出、提升居住质量及住宅市场信息等相关支出。

⑧ 按前揭总说明，所谓长期照护政策，系指长期照顾之政策推动、资源发展、长期照顾服务发展基金、因应需求人口成长新增服务量或形态之费用、研究及创新，及长期照顾保险筹备期各项筹备工作、人力培训与储备、当局应负担之长期照顾保险经费等。

并未构成管制性不利税捐。若将房地合一税认定为具有特殊目的之管制性税捐,则应质疑何以就多种资本利得之所得类型,①仅对不动产之交易所得人增加其税负,而他种资本利得(证券交易税、台湾地区"所得税法"第14条其他财产交易所得等)却得免于加重税负,将欠缺差别待遇之正当理由。② 故制定者在为差别待遇之说理前,不能当然推导出不动产交易所得必然具有较高之负担能力,径为更不利之差别待遇。③ 综上所述,房地合一新制之法律性质为财政目的之税捐,应实践量能平等负担原则。④

四、房地合一新制税基计算之妥适性

(一)保留土地增值税与房地合一合并课征存有重复课税之疑虑

1. 土地增值税之法律性质

台湾地区土地增值税按土地价值非因施以劳力资本而增加者,应由当局征收土地增值税,归居民共享之。制定此规定乃承孙中山宪法遗教思想,将平均地权理论中"涨价归公、地利共享"之主张予以实现,⑤应依照土地自然涨价总数额计算,向获得其利益者征收,始符合涨价归公之基本政策及租税公平之原则。(台湾地区司法机构释字第180号解释理由书)。土地增值税,系指对于土地价值,非因投入劳力资本而增值部分所课税捐负担,系对已规定地价之土地于移转时所发生之增益所课征。按台湾地区"土地税法"第28条第1项,所谓"土地涨价总数额"为土地增值税之税基,即土地移转时所生之增益,计算方法以本次移转土地公告现值减除前次土地公告现值,⑥与所支出为改良土地之相关费用。就此税基计算方式而言,与台湾地区"所得税法"第14条第1项第7类"财产交易所得"相同,皆系以"以交易成交价额与取得成本之差额,取得、改良或移转时所生之一切费用",故两者之法律内涵并无二致。⑦

土地增值税之法律性质,系以财政收入为主,涨价归公为辅,且税收收入按台湾地区

---

① 资本利得,一般可包含营利所得、利息所得与财产交易所得,与财产权保障密切。其系相对于"勤劳所得"之概念,即因纳税人付出劳力、工作、执行职业赚取之所得,属工作权内涵。参见葛克昌:《两税合一之宪法观点》,载《所得税与宪法》(第3版),台北,翰芦图书出版公司2009年版,第194~197页。

② 参见葛克昌:《两税合一之宪法观点》,载《所得税与宪法》(第3版),台北,翰芦图书出版公司2009年版,第194~197页。

③ 葛克昌:《综合所得税之宪法理论》,载《所得税与宪法》(第3版),台北,翰芦图书出版公司2009年版,第107~108页。

④ 葛克昌:《量能原则为税法结构性原则——与熊伟台北对话》,载《税法基本问题》,台北,元照出版有限公司2005年版,第323页。

⑤ 温丰文:《土地法》(第2版),2016年9月自版,第469页;李鸿毅:《土地法论》(第24版),台北,三民书局1994年版,第837页。

⑥ 所谓土地公告现值,系指"直辖市"或县(市)当局对辖区内之土地,应经常调查其地价动态,绘制地价区段图,估计区段地价后,提经"地价评价委员会"评定,据以编制土地现值表于每年1月1日公告,作为土地移转及设定典权时申报土地移转现值之参考,并作为主管机关审核土地移转现值及补偿征收地价之依据。

⑦ 相同见解,"土地增值税应属所得类之税捐"。参见黄茂荣:《不动产税概说》,载《税法各论》(第2版),台北,植根法学丛书编辑室2007年版,第770~771页。

"预算法"充入财政统筹统支,支应普遍一般性政务,故其主要制定目的主要仍为财政收入目的,故其仍应属于税法,而应符量能课税原则之意旨。①

2. 房地合一新制采取"税基扣除"构成部分重复课税

所谓重复课税,系指就同一税捐客体,利用相同或不同税目,对于同一或不同一税捐主体,同时或先后课征两次以上之税捐而言。② 按房地合一新制增列之台湾地区"所得税法"第14条之4第3项,个人房屋、土地交易所得,应减除当次交易依台湾地区"土地税法"规定计算之土地涨价总数额后之余额,而按持有时间长短之税率,分离课税。此规定彰显房地合一新制与不动产增值税并课,且对同一土地增值税税基在房地合一税基部分③减除,以避免重复课税。参制定理由说明,系"为避免已课征土地增值税之税基重复课征所得税,且使土地增值税减免优惠得同步转轨至所得税,避免影响土地增值税之征,规定计算房屋、土地交易所得时,得减除依土地税法规定计算之土地涨价总数额。至于已缴纳之土地增值税则不得再列为成本费用减除,亦不得扣抵所得税"。探其旨意,制定者似认税基扣除已解决重复课税疑虑,且如此始能让台湾地区"所得税法"未规定之土地增值税减免优惠④在所得税课征中纳入计算,本文认为有构成部分重复课税之嫌。

现行有关规定不允许土地增值税税额扣除仍构成部分重复课税,且针对同一税捐客体土地,由当局与各地以不同税目重复课征再予以税基扣除,颇为叠床架屋。实例略举有二:(1)土地实际交易有亏损时:因土地增值税系以出售时与取得时之移转现值之差额计算,按台湾地区"平均地权条例"第46条⑤由"直辖市"或县(市)当局就个宗土地每年1月1日公告现值,逐年调升,导致即使实际出售土地有亏损,公告现值仍有正差额,而仍有土地增值税。唯在房地合一所得税部分,因所得为零,不能依有关规定扣除该涨价总

---

① 陈清秀:《税法基本原理》(初版),台北,三民书局1997年版,第551页。

② 黄茂荣:《重复课税》,载《税法总论》(第3册)(第2版),台北,植根法学丛书编辑室2008年版,第301~302页。

③ 房地合一课税之所得税税基,依台湾地区"所得税法"第14条之4第1项前段为"交易时之成交价额减除原始取得成本,与因取得、改良及移转而支付之费用后之余额为所得额",土地增值税税基为依台湾地区"土地税法"第31条第1项为"土地涨价总数额"。

④ 如台湾地区"农业发展条例"第37条第1项、第2项:作农业使用之农业用地移转与自然人时,得申请不课征土地增值税(第1项)。作农业使用之耕地依第33条及第34条规定移转与农民团体、农业企业机构及农业试验研究机构时,其符合产业发展需要、一定规模或其他条件,经"直辖市"、县(市)主管机关同意者,得申请不课征土地增值税(第2项)。

⑤ 台湾地区"平均地权条例"第46条:"直辖市"或县(市)当局对于辖区内之土地,应经常调查其地价动态,绘制地价区段图并估计区段地价后,提经"地价评议委员会"评定,据以编制土地现值表于每年1月1日公告,作为土地移转及设定典权时,申报土地移转现值之参考;并作为主管机关审核土地移转现值及补偿征收土地地价之依据。

数额,又该土地交易亏损不得于台湾地区“所得税法”盈亏互抵,[①]使明明土地交易实际上有亏损,却仍须缴纳土地增值税。(2)两种税目之税率有别导致土地之所得应纳税额不同,产生重复课税:土地增值税之税率系以涨价倍数为基础而实施之累进税率(20%、30%、40%),因长期持有之优惠减征(减征率为20%、30%、40%);房地合一税率则系依持有期间区分(持有1年以内为45%、持有2年以内超过1年为35%、持有10年以内超过2年为20%、持有超过10年为15%),导致虽然在房地合一新制中,可以在税基部分扣除土地涨价总数额,唯在税率差异之成数作用下,仍然存在土地增值税未能完全减除之重复课税可能。

由上述实务问题可见,制定者未认清土地增值税事实上系一种特别名称之土地交易所得税,本文将从废除土地增值税,由房地合一税完全负责课征土地与房屋交易所得税之脉络,进一步处理此中所存在之法律问题。

(二)废除土地增值税应修订保障各地财政

1.废止土地增值税将害于各地财政之疑虑

在房地合一新制之修订过程中有提出:土地增值税属于地方重要税收来源,若径予废除可能产生当局侵犯各地税捐收入之权力分立问题。爰地方区域居民对于地方政治与财政应有自我负责性,各地财政权力供给实践地方自治之物质基础,固为当局与各地权力分立之重要课题。[②]

土地增值税为“地方税”(“直辖市”及县、市税位阶),收益分配原可保留80%(参见台湾地区“财政收支划分法”第12条第2项),唯若废除之全面改以“房地合一所得税”征收,则按台湾地区“财政收支划分法”第8条第1项第1款属于“国税”,将由当局统筹分配所得税收给各地仅剩下总税收10%(参见台湾地区“财政收支划分法”第8条),将导致原属各地收益权之土地增值税税收,变成大部分归属当局,此缺失使地方当局产生财政缺口,恐害地方自治,本文解套如下。

① 虽台湾地区“所得税法”第14条之4第2项:个人房屋、土地交易损失,得自交易日以后3年内之房屋、土地交易所得减除之。土地增值税因外于台湾地区“所得税法”独立规定,不得享有房地合一税(台湾地区“所得税法”)而享有扣抵权。又土地交易亏损限扣抵交易日后之3年内之房地交易所得,唯非属以房屋买卖为主要业务之一般居民及营利事业,土地交易本非属经常性,甚至一生一次,3年内得盈亏互抵之规定,期间未免过短。相较于台湾地区“所得税法”第39条第1项:以往年度营业之亏损,不得列入本年度计算。但公司组织之营利事业,会计账册簿据完备,亏损及申报扣除年度均使用第77条所称蓝色申报书或经会计师查核签证,并如期申报者,得将经该管稽征机关核定之前10年内各期亏损,自本年纯益额中扣除后,再行核课。明定营利事业得将前10年间之亏损盈亏互抵,何以允许扣抵之期间差异甚大。更重要者,基于量能课税原则下之客观净额原则,亏损之部分本属课税禁区,因不能作为负担能力之衡量本应予扣除,基于稽征经济考虑而设定期间限制,欠缺正当理由,建议应允居民只要能举证则应全面允许亏损扣除。

② 葛克昌:《地方课税权与纳税人基本权》,载《税法基本问题》(修订2版),台北,元照出版有限公司2005年版,第223~224页。

2. 废止土增税之各地财政漏洞可透过“共分税”解决

财政为政务之运作基础，主要渊源为台湾地区“财政收支划分法”。财政权之划分，可分为税捐立法权①、税捐行政权②与税捐收益权③。按台湾地区“财政收支划分法”第6条，“国税”与“地方税”之划分系依税捐行政权之归属，④由台湾地区“国税局”征起为“国税”、由各“直辖市”及县（市）地方当局所属的税捐稽征处负责征起者为“地方税”。

以下针对假设废除土地增值税此一“地方税”后，以财政收支划分角度解决地方因此产生之财政漏洞：

（1）各地财政之保障

各地财政权之保障为各地自治保障之核心要素，首先应探讨当局与各地权限划分问题，财政以课税权为中心，税捐系属具无对价性之强制性收入，具有高度统治性格，自应加以考虑以实践地区居民之政治参与与自我负责等地方自治内涵。⑤ 各地自治为制度性保障事项，各地自治团体享有自主与独立之地位，以达成垂直分权与居民自治之功能。⑥若因当局“立法”而削弱各地之自有财源，“地方税”因此减少之税收，应按台湾地区“财政收支划分法”第4条与第12条之规定筹措相应财源给予地方补偿，重新划分当局与各地之共分税或统筹分配税，⑦始符合“替代财源之财政补偿原则”之要求。⑧

（2）“不动产”基于事务本质属地方自治事项

按台湾地区“地方制度法”第18条与第19条之列举，关于土地之相关行政管制事务为所属“直辖市”与县市之自治事项，盖土地属地性极强，属与各地居民邻近之公共事务，自应由地方自治团体自我决定、自我负责，更应将集中由居民缴纳之税源挹注至地方预算，故划分为“地方税”，房地产相关税捐收益为各地当局最重要之财政来源。⑨ 现行台

---

① 所谓税捐立法权（亦称“税捐立法高权”），系指地方自治团体依其级别对于该地方税捐享有制定法律或规范之权限。进一步参见陈清秀：《税捐高权》，载《税法总论》（第9版），台北，元照出版有限公司2016年版，第92～106页。

② 所谓税捐行政权（亦称“税捐行政高权”），系指依有关规定由各该级别地方自治团体负责执行税捐征收之公权力。依台湾地区“财政收支划分法”第6条规定：税课划分为“国税”、“直辖市”及县（市）税。

③ 所谓税捐收益权（亦称“税捐行政高权”），系指税捐收益归属于何级各地自治团体分配。

④ 按台湾地区“财政收支划分法”第8条第1项之规定，“国税”里有“所得税、遗产税及赠与税、关税、营业税、货物税、烟酒税、证券交易税、期货交易税、矿区税等”；第12条第1项规定，“地方税”有“土地税（地价税、田赋、土地增值税）、房屋税、使用牌照税、契税、印花税、娱乐税、特别税课等”。参见葛克昌：《房地合一税及其宪法课题》，载《会计师季刊》2016年第267期。

⑤ 葛克昌：《地方课税权与纳税人基本权》，载《税法基本问题》（第2版），台北，元照出版有限公司2005年版，第223页。

⑥ 林明锵：《国家与地方自治团体之关系》，载《法令月刊》2016年第67期第7卷。

⑦ 黄茂荣：《不动产税概说》，载《税法各论》（第2版），台北，植根法学丛书编辑室2007年版，第778页。

⑧ 黄锦堂：《地方财政》，载《地方制度法论》（第2版），台北，元照出版有限公司2012年版，第527页。

⑨ 葛克昌：《特别公课与地方财政工具》，载《台湾法学杂志》2012年第213期。

湾地区“财政收支划分法”存有缺失，对于当局与各地税目与税收划分之基本原则不明，①故本文以为应按财权应依事权而为划分之原则之法理，②使地方自治团体针对依有关规定享有权限之自治事项，在财政划分下亦可分得该部分之税捐收益。

（3）废止土地增值税之际仍可维持不动产交易所得税收益归属地方

台湾地区“财政收支划分法”并非仅囿于固定性的收支划分，而弹性以财政调整制度进行调节，③税捐行政权与税捐收益权并不当然一致，盖税捐行政权基于衡平与效率原则划分，由最易于掌握课税信息且能以最低稽征成本达成之层级负担稽征任务。④ 在税收分成制度下，⑤当局将税收全部或一部分配予各地之手段，有独分税、共分税⑥或统筹分配税⑦等类。

房地合一税内涵即“房屋、土地不动产交易所得税”，按台湾地区“财政收支划分法”第 8 条所得税属于“国税”，而应由当局征起，唯因房地合一新制并非源泉说这类反复发生之所得类型，而系多年所得一次实现之特性，不宜列入综合所得税中与各种所得合并采累进课税，⑧房地合一于是采不阻碍资本流通、有助于投资环境之分离课税。如此一来，在本文废除土地增值税全面由房地合一新制取代之论点下，即使税捐行政权之划分为“国税”，因不动产事项本属各地自治事权，仍可将房地合一收益权划分予地方，形成“当局稽征，各地收益”之模式，进而不会产生过去因房屋交易所得税必须与其他所得合并累进课税，税捐收益权无法独立出来归属地方之疑义。

税捐收益权之分配系直接由当局制定之规范，⑨按台湾地区“财政收支划分法”第 8 条，有部分“国税”之收入，以固定比例分给各地之共分税，乃每年以固定比例分配给地

---

① 柯格钟：《财政权限划分与地方税》，载《法令月刊》2016 年第 67 期第 7 卷。

② 黄锦堂：《地方财政》，载《地方自治法论》（第 2 版），台北，元照出版有限公司 2012 年版，第 527 页。

③ 财政调整制度之法理在于追求各地区财政公平与效率，因各地区环境、人口组成不同导致高低不一之财政能力，为避免各地区因条件差异而提供过低之公共服务，致居民享有之“纯财政利益”差距过大，诱发各地区间无效率人口迁徙致使地区发展落差更加恶化，故对于各地区调整财政盈虚。参照蔡茂寅：《财政收支划分之制度与法理》（上）（下），载《月旦法学教室》2015 年第 153 期、第 158 期。

④ 陈清秀：《税法总论》（初版），台北，元照出版有限公司 2006 年版，第 113 页。

⑤ 蔡茂寅：《财政收支划分之制度与法理》（上）（下），载《月旦法学教室》2015 年第 153 期、第 158 期。

⑥ 如遗产及赠与税按征起层级，分别分配 50%、80%、80% 给“直辖市”、市、乡镇市。

⑦ 所谓“统筹分配税”，系指将中央税收或地方自治团体之税收一部分由中央统筹后，再分配给各地，是受分配者在法律上具有请求权人之地位，以调整各地区财政不均衡之功能为目的定义，参见陈清秀：《现代财税法原理》（第 1 版），台北，元照出版有限公司 2015 年版，第 664 页。如所得税总收入 10%（台湾地区“财划法”第 8 条第 2 项）、营业税扣除规定项目后 10%（台湾地区“财划法”第 8 条第 3 项）。

⑧ 基于房地合一分离课税之特色，即可响应有论者质疑土地交易所得税基于社会国原则下之平均社会财富之目的之累进课税课征，而应归属于当局课征、收益之论点。

⑨ 柯格钟：《财政权限划分与地方税》，载《法令月刊》2016 年第 67 期第 7 卷。

方，为税收分成手段，优点在于分配比例较高，[①]对于各地自治保障较为完足；另有以统筹分配款方式分给各地之统筹分配税，[②]优点在于可适度达成区域均衡，使各区域居民能享有程度相当之公共服务预算，[③]唯台湾地区"财政收支划分法"与其授权订定之"中央统筹分配税款分配办法"对于统筹分配税并未确立指导原则，究竟系按该地区人口比例、地区面积、财政收入能力大小或是财政支出需要多寡等标准分配各区域？该标准晦暗不明，又每年分配比例不确定，形成每年各地区政治角力抢夺分配税之恶相，基于上述种种缺点本文认为以共分税处理较为妥适。

至于该如何制定，遗产及赠与税之模式可作为借镜，其虽划为"国税"，唯对于地方财政收入具特殊地位，[④]盖遗产多以不动产为主，而不动产具高度地区性本质属于地方事权，故依台湾地区"财政收支划分法"第 8 条第 3 项，[⑤]而将高达 80% 以共分税之方式将该税收收益分配给纳税义务人户籍所在地之地方自治团体。此种共分税之适例，可用于本文探讨之废止土地增值税以不动产交易所得税取代，亦同时保障各地财政不受侵害。进一步言，过去房屋交易所得税因与其他所得合并以累进税率课征而难以分割出部分收益归地方，唯在房地合一新制采取分离课税后，房屋交易所得之收益权亦应归属各地自治团体，如此不但能与不动产财产税（房屋税、地价税）归属各地收益形成体系之一致性，更能符合财权应与事权同一原则。

综上所述，建议将土地增值税予以删除，转由房地合一取代之，唯房地合一所得税。税捐收益权，皆应按照台湾地区"财政收支划分法"第 8 条第 3 项之遗产税收分配模式，修正台湾地区"财政收支划分法"与"所得税法"第 125 条之 2，将房地合一收入以共分税分配其大部分（本文认为至少 80% 以上）给各地，并且以剩余之 20% 作为统筹分配以弥平区域差异[⑥]或原本台湾地区"所得税法"第 125 条之 2 设定之附随社会政策目的。次应将原属土地增值税之税捐优惠，房地合一税中一并检讨该税捐优惠之妥适性，加以增定转轨到新制中，如此将达到简化税捐规定之效、解决重复课税之弊，更能进一步解决各地财政缺口，将不动产之事权与税收一致化归属地方，落实各地自治之制度性保障。

---

① 如台湾地区"财政收支划分法"第 8 条第 3 项遗产与赠与税、第 4 项之烟酒税，为当局征起由各地分成之财源。

② 亦有论者支持以统筹分配税解决废止土地增值税后地方财政亏损弥补之问题，陈姵伊：《从房地合一税论土增税之存废》，载《税务旬刊》2016 年第 2346 期。

③ 蔡茂寅：《财政收支划分之制度与法理》（上）（下），载《月旦法学教室》2015 年第 153 期、第 158 期。

④ 黄源浩：《从财税法角度看长期照顾服务法的建制化》，载《月旦法学杂志》2016 年第 257 期。

⑤ 台湾地区"财政收支划分法"第 8 条第 3 项：第 1 项第 2 款之遗产及赠与税，应以在"直辖市"征起之收入 50% 给该"直辖市"；在市征起之收入 80% 给该市；在乡（镇、市）征起之收入 80% 给该乡（镇市）。

⑥ 均衡各地发展，使各地区医疗照护、交通服务、就业机会差异缩小，并保障迁徙及至各地设置居住所之可能性，始符合保障人民居住、迁徙自由权之意旨（台湾地区司法机构释字第 443 号、第 454 号解释参见）。

(三)税基以“房屋、土地合一”认定为相对正确之规定

台湾地区“民法”第66条第1项明文：“称不动产者，谓土地及其定着物。”认定土地与房屋属于独立之二物，此基于民法传统理论自罗马时代起确立之“一物一物权主义”，[①]认为独立特定物之物体形态能全面支配，而构成单独所有权之客体。唯房地合一新制却以房屋与土地价值合并计算扣除取得成本、费用后计算税基，对此本文欲探讨房地合一新制与民法体系对房屋、土地认定不一致之疑义。

1. 房地税基合并认定与民法体系之关系

民法与税法之相同之处在于，其所建构之社会规范体系皆应符合宪法意旨。税法在符合量能平等课征原则与基本权保障之诫命下，自可与民法体系采取不同规范模式，此为税法立法者之立法裁量空间。[②]

房地合一对于房屋土地一并交易之情形，以总价认定税基，或与民法“一物一权主义下”屋、土地应有独立价值之认定有所不同。唯现实上房屋土地通常一并买卖，不区分其个别价格；又民法将“房、地分分认为二物”并非事物本质之必然，盖参德国民法第94条，[③]认为建筑物仅为其所定着土地之重要成分，分离需费过巨，故建筑物与土地为不可分离之同一物权而在民法与税法上均无独立之地位。[④]

2. 土地与房屋分开课税易受操弄规避

房屋土地一并交易时，习惯上多按建坪计价，即以每建坪之价格乘上房屋建坪总数计算买卖总价，而不对房屋与土地价格分别载明。[⑤] 此种案例，旧制因分别就土地、房屋课征土地增值税及(房屋交易)所得税，结果造成部分纳税人透过操作总价中房屋及土地之比例进行税捐规避，用契约提高土地售价、降低房价之方式操纵房地价格比例。除因土地增值税以固定之移转现值差额计算税基外，亦适用土地增值税较低倍数税率(若一倍仅20%)或自用住宅优惠税率(最低10%)，以规避综合所得税之累进税率(最高达45%)。[⑥] 台湾地区“财政主管部门为解决此一漏洞，以解释函令作成所谓“房地比”之计

---

① 温丰文：《区分所有权之客体》，载《东海大学法学研究》1985年第2期。

② 葛克昌：《公法对私法关系之承接与调整》，载《税法基本问题》，台北，元照出版有限公司2005年版，第199页。

③ 德国《民法》第94条：“土地及土地上固定附着的东西属于土地的重要成分，尤其是建筑物。”

④ 黄茂荣：《不动产价格之狂飙及其管制》(下)，载《植根杂志》2012年第28期第10卷。

⑤ 黄茂荣：《不动产价格之狂飙及其管制》(上)，载《植根杂志》2012年第28期第9卷。

⑥ 陈玉霖、高裕政：《如何善用不动产估价师资源解决房地合一税制度之缺失》，载《现代地政》2015年第356期。

算方法,[①]即针对同一笔交易土地与房屋之总价,估计其二者个别交易价金所设立之比例,认定房地价比应无条件以"3∶7"认定之。唯此一函释,因涉及税基此一税捐构成要件(参照台湾地区司法机构释字第705号解释[②]),应以明确授权之"法规命令"订定,此却径以台湾地区"行政程序法"第159条之解释函令作成,[③]违反税捐法定主义;于实质正当性角度,税基之认定首先应以台湾居民申报之内容为准,核实认定亦应符合同业利润标准与论理法则合于现实,不宜以僵硬且欠缺说理之标准径为认定,如此亦违反税法之核实课征原则。

3.房地合一计算符合量能课税原则之意旨

从量能课税原则分析,房地产出卖人因透过不动产市场交易产生收益,该收益自应为该次交易实际出售价格,减除过去实际购入价格与其他成本费用后之净额,构成不动产交易所得,房地合一课税忠实对于实际进行房地产出卖人之负担能力衡量,现实上较"分别认定、分别课税"为精准,亦解决实务上房屋及土地价格难以拆分之问题附带具有稽征经济之效。

(四)税基调查方与不动产交易实价登录制度之配合

1.第三人之税捐协力义务

协力义务之设置并不以纳税义务人本人为限,由第三人担任的情形非少见,如代缴义务与代征义务等,制定者可基于使稽征机关得以掌握税源资料,达成维护租税公平并确保财政收入之必要手段(台湾地区司法机构释字第317号解释参照),法理上亦可参酌德国法"财政上的实际性"解决租税行政大量行政之难题,在兼顾平等课税同时着重稽征成本之减轻,[④]作为增加纳税义务人以外之第三人税捐协力义务负担之正当性基础。其

① 参见台湾地区财政主管部门1994年台财税第831581093号函:个人出售房地,其原始取得成本及出售价格之金额,如经稽征机关查核明确,唯因未划分或仅划分买进或卖出房地之各别价格者,应以房地买进总额及卖出总额之差价,按出售时之房屋评定现值占土地公告现值及房屋评定现值之比例计算房屋之财产交易损益。说明:(2)个人出售房地,如能提示买进及卖出该房地之买卖契约书,且该契约书附有收、付价款之纪录或另有收、付价款之凭证,经稽征机关查明属实者,除可分别提示买卖时房屋、土地之各别价格,以凭核实计算财产交易所得外,余均依主旨规定办理;其如有财产交易损失者,并得依台湾地区"所得税法"第17条第1项第2款第3目第1小目之规定,自当年度及以后3年度之财产交易所得扣除。

② 台湾地区司法机构释字第705号解释文(节录):居民有依有关规定纳税之义务,系指当局课居民以缴纳税捐之义务或给予居民减免税捐之优惠时,应就租税主体、租税客体、租税客体对租税主体之归属、税基、税率、纳税方法及纳税期间等租税构成要件,以有关规定或具体明确授权之"法规命令"定之;若仅属执行有关规定之细节性、技术性次要事项,始得由主管机关发布行政规则为必要之规范。

③ 所谓解释函令,仅为行政机关之解释意见,不具代议士讨论制定或间接授权机关订定,欠缺民主正当性,而不得作为税法之法源依据。

④ 范文清:《薪资扣缴所得税之扣缴义务人及其责任之研究》,载《东海大学法学研究》2015年第47期。

中参照扣缴义务人之建置,在义务主体之选取上存在义务主体实然与应然不一致之瑕疵。[①] 是以,房地合一协力义务之课予应着重该主体履行义务之期待可能性与比例原则。

2. 现行实价登录制度之问题

(1)不动产实价登录机制之制定目的与内容

房地产若建立集中交易市场,将有助于交易信息之取得。[②] 2011 年 12 月通过修订台湾地区"平均地权条例"第 47 条[③]之实价登录制度,并于 2012 年 8 月开始推行,制度目的系为达到不动产价格信息透明化杜绝炒作哄抬,健全不动产市场使交易正常化,最终达成居住正义之实践。与房屋土地交易税税基调查链接,按台湾地区"平均地权条例"第 47 条第 6 项:已登录之不动产交易价格信息,在相关配套措施完全建立并完成制定后,始得为课税依据。实价登录制定之时原有意作为实价课税之基础,台湾地区财政主管部门亦对外发布新闻稿对于不动产交易有意参照实价登录信息,[④]唯基于各种利益团体之政治阻力,始折中产生此规定。唯实价课税之核心在于实价信息之掌握,健全实价登录信息对于健全实价课税应属相辅相成之制度,当登录信息作为课税基础上轨道,相关登录义务将认定为税法上之协力义务,本文欲针对该协力义务内容进行探讨。

实价登录义务之内容,散列于台湾地区"不动产经纪业管理条例"(第 24 条之 1)、"地政士法"(第 26 条之 1)与"平均地权条例"(第 47 条),此登记系独立之行政法上登记义务,主管机关于当局为内政主管部门,地方则为"直辖市"、县(市)当局,而与涉及不动产移转物权生效要件之土地登记有别。实价登录义务人依有关规定为"交易当事人、地政士、不动产经纪业",而实价登录义务之内容包含"房屋地址、建物格局、房地交易总价、土地与建物交易总价、车位交易总价、车位信息等"。违反上述登录义务者,则按制定第

---

① 唯目前台湾地区"所得税法"第 89 条将扣缴义务人定为"应扣缴单位主管及执行业务者、破产管理人及执行业务者",盖扣缴义务主体应为"给付薪资所得之事业体"此一法人本身,而非内部执行业务之自然人,渠等仅为协助法人履行义务之履行行辅助人,真正劳务利益归属者为法人本身,故构成扣缴义务人选定之错误,甚至使该内部人负担台湾地区"所得税法"第 94 条"对扣取不足之税额负有补缴义务"与进一步扣缴义务人不补缴将受"所得税法"第 114 条第 1 款"责令补缴及补报扣缴凭单"苛刻效果。参照柯格钟:《谈就源扣缴程序的扣缴义务人》,载《月旦裁判时报》2016 年第 46 期。

② 建立不动产集中交易市场之优点有:(1)维持市场价格机能;(2)解决核实计算土地相关税捐税基之困难;(3)可作为针对不动产之管制不利性税捐,灵活调控房地产之投资报酬率。参见黄茂荣:《不动产税及其对不动产产业的经济引导》,载《植根杂志》2008 年第 24 期第 12 卷。

③ 台湾地区"平均地权条例"第 47 条第 2 项:权利人应于买卖案件办竣所有权移转登记 30 日内,向主管机关申报登录土地及建物成交案件实际信息。前项买卖案件,有下列情形之一者,权利人免申报登录成交案件实际信息:(1)买卖案件委托地政士申请登记者,应由地政士申报登录。(2)买卖案件委由不动产经纪业居间或代理成交,除依前款规定委托地政士申请登记者外,应由不动产经纪业申报登录。

④ 参见台湾地区财政主管部门 2011 年 8 月 3 日新闻稿提及:目前不动产交易,尚未采实价登录,未来如能建立"实价登录"制度,非自用住宅房屋及土地交易可全面采实价课税。至自用住宅部分,为免增加台湾居民课税负担,仍应维持现行课税规定。载台湾地区财政主管部门网:http://www.dot.gov.tw/,最后访问日期:2017 年 8 月 14 日。

81条之2:处新台币30,000元以上150,000元以下罚锾,并限期改正;届期未改正者,应按次处罚。又实价登录之登记,属公务机关依据居民申报登录价格,所作成之公文书。是以故意陷公务员登载不实之情形,买卖当事人依台湾地区"刑法"第214条①可能构成"使公务员登载不实罪"之正犯,而地政士或经纪业者则依据其主观要件之不同可能成立过失犯或帮助犯。

(2)登录义务主体选取之正当性探讨

不动产实价申报义务,可解为税法上协力义务,目的在协助稽征机关更易掌握课税资料节省稽征成本,虽未直接受公权力委托,唯具有稽征机关无偿之行政助手之性格,违反义务之处罚准应考虑其无偿性,而不应过重,②且课予其义务时亦应考虑该义务与该主体职业执行之合理关联性。

不动产买卖双方当事人固对成交价格知之最稔,唯动机上契约当事人有租税诱因,出卖人倾向低报、买受人倾向高报,因具有高度利害关系故作为申报义务人略嫌欠缺公正性;次为不动产经纪业者,盖其为买卖双方当事人合议成交之居间,能够接触买卖价格之真实信息内容,而较不易受当事人隐匿事实。且办理不动产居间之报酬甚高,最高可达成交总价之6%,课予之此已申报义务应与其执行业务内容具相当关联性且具期待可能性;③地政士之业务则与实价登录义务之关联性较低。地政士系指不动产登记之代理人,多以当事人之利益取向执行职务,④俗称"土地代书",台湾地区按"地政士法"第27条其业务为土地登记相关事项,不动产交易契约实务上有所为私契与公契,过去地政士办理业务主要为向地政机关所为公契上公告现值与评定价格之登记业务。⑤ 买卖案件中地政士往往未参与价格磋商过程,如买卖交易双方提供不实成交信息,地政士恐欠缺查核该私契价格真实性之期待可能性。⑥

就不动产实价登录义务主体之选取,似可参照德国法公证人登录义务之规范,德国关于办理不动产移转须由公证人公证,公证人对于土地交易实价具有告知协力义务,使税捐稽征机关可以确实掌握不动产本次与前次之实际交易价格。⑦ 依德国民法规定,就

---

① 台湾地区"刑法"第214条:明知为不实之事项,而使公务员登载于职务上所掌之公文书,足以生损害于公众或他人者,处3年以下有期徒刑、拘役或新台币500元以下罚金。

② 葛克昌:《扣缴义务人及其处罚之违宪审查——释字第六七三号解释》,载《台湾法学杂志》2010年第155期。

③ 林清汶:《从法理探讨地政士未据实申报实价登录即予处罚之不当性》,载《台湾环境与土地法学杂志》2015年第19期。

④ 谢哲胜:《以公证代替不动产登记机关的实质审查责任》,载《公证法学》2015年第11期。

⑤ 林清汶:《从法理探讨地政士未据实申报实价登录即予处罚之不当性》,载《台湾环境与土地法学杂志》2015年第19期;蔡旻耿:《地政士实价登录适法性之研究》,载《土地问题研究季刊》2014年第13期第1卷。

⑥ 刘维真:《居住正义的课题——实价登录或实价课税》,载《台湾环境与土地法学杂志》2012年第1期第1卷。

⑦ 范文清:《德国不动产税制简介》,载《财税研究》2015年第44期第2卷。

土地或与土地相当的权利(如地上权等不动产物权),均须透过公证人之公证方可生效。[①] 德国税法着眼于上述私法交易历程,对于公证人设定完善告知义务,使税捐稽征机关能够对不动产移转过程当事人合意内容了解第一手可税信息。[②] 地政士就其执业内容与实价信息取得欠缺关联性,不适任实价登录义务主体,宜检讨修正,建议可参诸德国做法,落实民法不动产移转应经公证之要求,并使公证人此一法律专业且具公正立场者担任实价登录之协力义务主体。

五、结论

综上所述,本文对于所得房地合一新制税基部分探讨得到几项结论:

(一)按税捐法定主义,指当局之税捐稽征机关应就税捐主体、客体、税捐客体之归属、课税基础、税目、税率、纳税方法以及税捐减免及加重与租税稽征程序等税捐构成要件,属税法之核心,应以有关规定定之(台湾地区司法机构释字第640号、第703号参照)。台湾地区"纳税者权利保护法"第3条第1项亦明文,纳税者有依有关规定纳税之权利与义务。台湾地区财政主管部门订定"房地合一课征所得税申报作业要点",位阶为台湾地区"行政程序法"第159条未经授权之作业性行政规则,理论上仅得就执行有关规定之细节性、技术性次要事项予以规定(台湾地区司法机构释字第443号解释参照),唯参其内容却有若干对于税捐构成要件内涵径予形塑,[③]违反上述税捐法定主义之意旨,应由立法者讨论以母法订定,退一步言,至少须以有关规定明确授权之施行细则("法规命令")位阶规定。

(二)从实质正当性角度,房地合一新制本质为土地及房屋交易所得税之课征,系以财政收入为主要目的与减少社会贫富差距、增加税负公平与改革住房现况之附随目的,因参诸规范内容为对因出售不动产之所得此一负担能力之掌握,对纳税义务人课征与负担相应之税捐,而非为达成特殊社会政策为主要目的而刻意课予重税之管制性税法,[④]故应以量能平等负担原则作为最高指导原则。如此合乎税捐负担公平之税法,除能大为降低纳税人抗拒,避免产生当局目的仅"为打房课重税"或"中央税"与"地方税"互争财源之误会,使此规范能源远流长、达成社会安定;亦得解决台湾地区过去土地增值税与房屋交易所得税以推计课征低于市价甚低之税负,长期性地将不动产此一资本利得税恢复到

---

① 范文清:《非自用房屋交易所得从实课征》,载《月旦法学教室》2011年第109期。

② Wetzel Matthias:《不动产移转的税法上告知以及协力义务》,谢如兰译,载《植根杂志》2015年第31期第4卷。

③ 如台湾地区"作业要点"第6点至第18点就"个人房屋、土地交易所得计算及相关调整"之内容具体形塑,左右税捐客体之具体化,属于房地合一税捐构成要件层次。

④ 在稳定基本不动产台湾地区"所得税法"课征后,至于进一步以压制房地产炒作为目的之政策工具,得进一步立法讨论制定,例如,利用空屋税(或囤房税)等将税捐作为管制工具,将空屋逼入买卖或租赁市场,使闲置房屋价位拉回至与其边际生产力相称之理性价格,系为以闲置重税促使人民用益不动产之政策目的。进一步参见黄茂荣:《如何调控不动产价格》(上),载《植根杂志》2013年第29期第10卷。

应有之课征标准,使不动产资本利得者负担其能力范围之税捐,而非如同过去税负显著低于他种资本利得税而构成炒作之诱因。

(三)房地合一新制与土地增值税,就土地之交易所得重复课税之问题而言,本文主张应废除土地增值税,唯废除后地方受到削减之税捐收益,基于财权应依事权而为划分之原则,当局应将房地合一所得税收益以共分税之方式将80%以上之税捐收益分配给应税之土地坐落之户籍地所属之地方,而剩余之20%则可作为均衡各地区目的之统筹分配及为推动社会住宅目的之指定用途安排,以实践对于地方自治之制度性保障。

(四)房地合一新制将房屋、土地合并认定于同一税基,虽与民法上一物一物权原则不同,唯土、地是否为一物参照比较法并非事物本质之必然,税法在符合量能平等课征原则与基本权保障之诫命下,税法制定者自有立法裁量空间,且"房地合一"此一税基安排更贴近于现实房地不折价出售之现况,对出售人售出房地所得之实际总价忠实认定符合量能课税原则核实认定之意旨,亦额外具有稽征经济之效。

(五)房地合一新制就实价之调查,应配合"实价登录机制",若实价登录作为课税基础,此一义务即属税法协力义务之性质,唯协力义务主体之选取虽可由纳税义务人以外第三人为之,唯应考虑该义务与其执行业务之关联性,不宜选取业务上欠缺期待可能性者(如不会接触到买卖双方实际交易价格之地政士)作为法定义务人,使规范内容有助于制定目的之达成,始符合比例原则中"适当性"之要求。

六、附录——房地合一新制之"法规"内容参考

(一)房地合一课税之修正背景

参照2015年6月5日台湾地区"所得税法"部分条文修正草案总说明立法机构三读通过版本,点出几项过去不动产所得税存在之缺失,包含:鉴于房屋及土地交易分别课征所得税及土地增值税,致生土地实际交易价格超过公告土地现值部分之增益,尢土地增值税及所得税负担。同一年度买卖土地,公告土地现值尚未调整,无须缴纳土地增值税。纳税义务人运用操控房地价格,规避所得税等。

(二)房地合一新制修正内容

本次主要系针对台湾地区"所得税法"条文修订,自2016年1月1日起开始施行。就规范几项重点予以表列:

1.应税范围

个人部分,按台湾地区"所得税法"第4条之4个人及营利事业自2016年1月1日起交易房屋、房屋及其坐落基地或依有关规定得核发建造执照之土地,符合下列情形之一者,其交易所得应依第14条之4至第14条之8及第24条之5规定课征所得税:

(1)交易之房屋、土地系于2014年1月1日之次日以后取得,且持有期间在2年以内。

(2)交易之房屋、土地系于2016年1月1日以后取得。

个人于2016年1月1日以后取得以设定地上权方式之房屋使用权,其交易视同前项之房屋交易"第4条之5"前条交易之房屋、土地有下列情形之一者,免纳所得税。但符合第1款规定者,其免税所得额,以按第14条之4第3项规定计算之余额不超过新台币400万元为限:

(1)个人与其配偶及未成年子女符合下列各目规定之自住房屋、土地:

第一,个人或其配偶、未成年子女办竣户籍登记、持有并居住于该房屋连续满6年。

第二,交易前6年内,无出租、供营业或执行业务使用。

第三,个人与其配偶及未成年子女于交易前6年内未曾适用本款规定。

(2)符合台湾地区"农业发展条例"第37条及第38条之1规定得申请不课征土地增值税之土地。

(3)被征收或被征收前先行协议价购之土地及其土地改良物。

(4)尚未被征收前移转依台湾地区"都市计划法"指定之公共设施保留地。

前项第2款至第4款规定之土地、土地改良物,不适用第14条之5规定;其有交易损失者,不适用第14条之4第2项损失减除及第24条之5第1项后段自营利事业所得额中减除之规定。

系指个人于该范围内之不动产交易所得应课征房地合一税。此外免税所得额以新台币400万元内为限。营利事业之课税范围与个人相同(参照台湾地区"所得税法"第24条之5第1项、第2项)。

2. 税基

按台湾地区"所得税法"第14条之4规定之个人房屋、土地交易所得或损失之计算,其为出价取得者,以交易时之成交价额减除原始取得成本,与因取得、改良及移转而支付之费用后之余额为所得额;其为继承或受赠取得者,以交易时之成交价额减除继承或受赠时之房屋评定现值及公告土地现值按当局发布之消费者物价指数调整后之价值,与因取得、改良及移转而支付之费用后之余额为所得额。但依台湾地区"土地税法"规定缴纳之土地增值税,不得列为成本费用。个人房屋、土地交易损失,得自交易日以后3年内之房屋、土地交易所得减除之。

就其计算公式,区分为,出价取得者:房地收入-成本-费用-"土地税法"计算之土地涨价总数额(土地增值税税基)=应税所得;继承或受赠取得者:房地收入-房屋评定现值及土地公告现值-费用-依"土地税法"计算之土地涨价总数额=应税所得。营利事业若交易所得为负,得自营利事业所得额减除。

3. 税率

按台湾地区"所得税法"第14条之4第3项规定个人依前2项规定计算之房屋、土地交易所得,减除当次交易依台湾地区"土地税法"规定计算之土地涨价总数额后之余额,不并计综合所得总额,按下列规定税率计算应纳税额:

(1)台湾地区境内居住之个人:

第一,持有房屋、土地之期间在1年以内者,税率为45%。

第二，持有房屋、土地之期间超过 1 年，未逾 2 年者，税率为 35%。

第三，持有房屋、土地之期间超过 2 年，未逾 10 年者，税率为 20%。

第四，持有房屋、土地之期间超过 10 年者，税率为 15%。

第五，因台湾地区财政主管部门公告之调职、非自愿离职或其他非自愿性因素，交易持有期间在 2 年以下之房屋、土地者，税率为 20%。

第六，个人以自有土地与营利事业合作兴建房屋，自土地取得之日起算 2 年内完成并销售该房屋、土地者，税率为 20%。

第七，符合第 4 条之 5 第 1 项第 1 款规定之自住房屋、土地，按本项规定计算之余额超过新台币 400 万元部分，税率为 10%。

(2)非台湾地区境内居住之个人：

第一，持有房屋、土地之期间在 1 年以内者，税率为 45%。

第二，持有房屋、土地之期间超过 1 年者，税率为 35%。

第 4 条之 4 第 1 项第 1 款、第 4 条之 5 第 1 项第 1 款及前项有关期间之规定，于继承或受遗赠取得者，得将被继承人或遗赠人持有期间合并计算。

采取分离课税，就居住期间长短、自用住宅与否累进税率，并区分台湾地区境内居住者与境外居住者之税率，境外居住者较高。

营利事业，总机构在台湾地区境内者所得税税率为 17%；台湾地区境外者持有期间于 1 年内为 45%，超过 1 年为 35%。(参见台湾地区“所得税法”第 24 条之 5 第 3 项)

4. 推计课税

台湾地区“所得税法”第 14 条之 6 规定，个人未依前条规定申报或申报之成交价额较时价偏低而无正当理由者，稽征机关得依时价或查得资料，核定其成交价额；个人未提示原始取得成本之证明文件者，稽征机关得依查得数据核定其成本，无查得资料，得依原始取得时房屋评定现值及公告土地现值按当局发布之消费者物价指数调整后，核定其成本；个人未提示因取得、改良及移转而支付之费用者，稽征机关得按成交价额 5% 计算其费用。第 14 条之 7 规定，个人未依第 14 条之 5 规定期限办理申报者，稽征机关得依前条规定核定所得额及应纳税额，通知其依限缴纳。稽征机关接到个人依第 14 条之 5 规定申报之申报书后之调查核定，准用第 80 条第 1 项规定。前项调查结果之核定通知书送达及查对更正，准用第 81 条规定。第 2 项调查核定个人有应退税款者，准用第 100 条第 2 项及第 4 项规定。个人依第 14 条之 4 及前条规定列报减除之各项成本、费用或损失等超过规定之限制，致短缴自缴税款，准用第 100 条之 2 规定。

针对未能尽申报协力义务之纳税人或申报价额显然偏低者，稽征机关得推估其房地成交价额、取得成本及相关费用。

5. 自用住宅重购退税

台湾地区“所得税法”第 14 条之 8 规定，个人出售自住房屋、土地依第 14 条之 5 规定缴纳之税额，自完成移转登记之日或房屋使用权交易之日起算 2 年内，重购自住房屋、土地者,得于重购自住房屋、土地完成移转登记或房屋使用权交易之次日起算5年内,申请按重购价额占出售价额之比率,自前开缴纳税额计算退还。

个人于先购买自住房屋、土地后,自完成移转登记之日或房屋使用权交易之日起算2年内,出售其他自住房屋、土地者,于依第14条之5规定申报时,得按前项规定之比率计算扣抵税额,在不超过应纳税额之限额内减除之。前2项重购之自住房屋、土地,于重购后5年内改作其他用途或再行移转时,应追缴原扣抵或退还税额。针对供自住之房地,鼓励居民换屋,若更换为大屋则全额对税,更换为小屋可比例退税,且重购后5年内不得再做其他用途。

6. 课税收入分配

台湾地区"所得税法"第125条之2规定,依第14条之4至第14条之8及第24条之5规定计算课征之所得税税课收入,扣除由当局统筹分配予各地之余额,循预算程序用于住宅政策及长期照顾服务支出;其分配及运用办法,由台湾地区财政主管部门会同内政主管部门及卫生福利主管部门定之。针对房地合一税收益,扣除当局统筹分配税予地方之余额,将用于住宅政策与长期照顾服务之支出。

(三)房地合一课征所得税简表(见表1)。

表1

一、个人部分	
项目	内容
课税范围 (含日出条款)	出售房屋、房屋及其坐落基地或依有关规定得核发建造执照之土地。 2016年1月1日起交易下列房屋、土地者: 2016年1月1日以后取得; 2014年1月1日之次日以后取得,且持有期间在2年以内(继承、受遗赠取得或受赠自配偶者,得将被继承人、遗赠人或配偶持有期间合并计算); 2016年1月1日起取得以设定地上权方式之房屋使用权,其交易视同房屋交易
课税税基	房地收入-成本-费用-依"土地税法"计算之土地涨价总数额

续表

<table>
<tr><td colspan="4">一、个人部分</td></tr>
<tr><td colspan="3">项目</td><td>内容</td></tr>
<tr><td rowspan="5">课税税率</td><td colspan="2">台湾地区境内居住者</td><td>持有 1 年以内为 45%、持有 2 年以内超过 1 年为 35%、持有 10 年以内超过 2 年为 20%、持有超过 10 年为 15%
因台湾地区财政主管部门公告之调职、非自愿离职或其他非自愿性因素,交易持有期间在 2 年以下之房屋、土地及个人以自有土地与营利事业合作兴建房屋,自土地取得之日起算 2 年内完成并销售该房屋、土地为 20%</td></tr>
<tr><td colspan="2">非台湾地区境内居住者</td><td>持有 1 年以内为 45%
持有超过 1 年为 35%</td></tr>
<tr><td rowspan="2">台湾地区境内居住者自住房地</td><td>减免</td><td>个人或其配偶、未成年子女设有户籍;持有并实际居住连续满 6 年且无供营业使用或出租。
按前开课税税基(课税所得)计算在新台币 400 万元以下免税;超过 400 万元部分,按 10% 税率课征。
6 年内以 1 次为限</td></tr>
<tr><td>重购退税</td><td>换大屋:全额退税(与现制同)
换小屋:比例退税
重购后 5 年内不得改作其他用途或再行移转</td></tr>
<tr><td colspan="3">继承、受遗赠取得或受赠自配偶者,得将被继承人、遗赠人或配偶持有期间合并计算</td></tr>
<tr><td colspan="3">课税方式</td><td>分离课税,所有权完成移转登记之次日起算 30 天内申报纳税</td></tr>
<tr><td colspan="3">税收用途</td><td>课税收入循预算程序用于住宅政策及长期照顾服务支出</td></tr>
<tr><td colspan="4">二、营利事业部分</td></tr>
<tr><td colspan="2">项目</td><td colspan="2">内容</td></tr>
<tr><td colspan="2">课税范围及税收用途</td><td colspan="2">与个人相同(设定地上权方式之房屋使用权除外)</td></tr>
<tr><td colspan="2">课税税基</td><td colspan="2">房地收入 – 成本 – 费用 – 依“土地税法”计算之土地涨价总数额</td></tr>
<tr><td rowspan="3">课税方式及税率</td><td>台湾地区境内营利事业</td><td colspan="2">17%,并入年度营利事业所得额,于次年 5 月办理结算申报</td></tr>
<tr><td rowspan="2">台湾地区境外营利事业</td><td rowspan="2">依持有期间认定
持有 1 年以内为 45%
持有超过 1 年为 35%</td><td>境内有固定营业场所者:
分开计算税额、合并报缴</td></tr>
<tr><td>境内无固定营业场所者:
代理申报纳税</td></tr>
</table>

数据来源:台湾地区财政主管部门“赋税署”网站。

图书在版编目(CIP)数据

财税法学前沿问题研究. 8, 事权与支出责任的法治化研究 / 刘剑文主编. -- 北京 : 法律出版社, 2018
ISBN 978-7-5197-2751-2

Ⅰ. ①财… Ⅱ. ①刘… Ⅲ. ①财政法-法的理论-研究-中国②税法-法的理论-研究-中国 Ⅳ. ①D922.201

中国版本图书馆 CIP 数据核字(2018)第 225778 号

财税法学前沿问题研究 8:事权与支出责任的法治化研究
CAISHUI FAXUE QIANYAN WENTI YANJIU 8:
SHIQUAN YU ZHICHUZEREN DE FAZHIHUA YANJIU

刘剑文 主编

策划编辑 沈小英
责任编辑 沈小英 毛镜澄
装帧设计 汪奇峰

出版 法律出版社
总发行 中国法律图书有限公司
经销 新华书店
印刷 北京虎彩文化传播有限公司
责任校对 杨锦华
责任印制 吕亚莉

编辑统筹 财经法治出版分社
开本 720 毫米×960 毫米 1/16
印张 30
字数 600 千
版本 2018 年 10 月第 1 版
印次 2018 年 10 月第 1 次印刷

法律出版社/北京市丰台区莲花池西里 7 号(100073)
网址/www. lawpress. com. cn
投稿邮箱/info@ lawpress. com. cn
举报维权邮箱/jbwq@ lawpress. com. cn
销售热线/010-83938336

中国法律图书有限公司/北京市丰台区莲花池西里 7 号(100073)
全国各地中法图分、子公司销售电话:
统一销售客服/400-660-6393
第一法律书店/010-83938334/8335 西安分公司/029-85330678 重庆分公司/023-67453036
上海分公司/021-62071639/1636 深圳分公司/0755-83072995

书号:ISBN 978-7-5197-2751-2 **定价**:130.00 元
(如有缺页或倒装,中国法律图书有限公司负责退换)